Der eigenartige Genosse Enrico Berlinguer

CHIARA VALENTINI

Der eigenartige Genosse Enrico Berlinguer

Kommunist und Demokrat im Nachkriegseuropa

Aus dem Italienischen von
Klaus Pumberger, Cristiana Dondi
und Andrea Bertazzoni

DIETZ

Mit freundlicher Unterstützung des Instituts für Historische Sozialforschung (IHSF), Wien und der Arbeiterkammer (AK) Wien.

AK WIEN

IHSF INSTITUT FÜR HISTORISCHE SOZIALFORSCHUNG

Bibliografische Information der Deutschen Nationalbibliothek

Die Deutsche Nationalbibliothek verzeichnet
diese Publikation in der Deutschen Nationalbibliografie;
detaillierte bibliografische Daten sind im Internet
über http://dnb.dnb.de abrufbar.

ISBN 978-3-8012-0628-4

Italienische Originalausgabe »Enrico Berlinguer«, 2014

Verlag J. H. W. Dietz Nachf. GmbH
Dreizehnmorgenweg 24, 53175 Bonn
Tel. 0228/18 48 770 / info@dietz-verlag.de

Umschlag: Hermann Brandner, Köln
Umschlagbild: Angelo Palma/A3 /CONTRASTO/laif

Satz: Kempken DTP-Service | Satztechnik · Druckvorstufe · Mediengestaltung, Marburg

Druck und Verarbeitung: Bookpress, Olsztyn

Printed in Poland 2026

Besuchen Sie uns im Internet: www.dietz-verlag.de

Inhaltsverzeichnis

Vorwort zur deutschen Ausgabe

von Chiara Valentini

Der Titel der deutschen Ausgabe meiner Biografie über Enrico Berlinguer – »Der eigenartige Genosse« – ist, wie ich auch anderswo erwähne, eine von der US-amerikanischen Presse häufig verwendete Beschreibung seiner Person. Die Eigenartigkeit sowie die Einzigartigkeit Berlinguers sind auch nach seinem Tod offensichtlich. Nicht nur, weil die Generation der italienischen Linken, die ihn kannte und liebte, ihn seiner Persönlichkeit zum Trotz und gegen seinen Willen zu einem Mythos machte, sondern weil er in Italien auch heute noch immer ein Gegenstand von Auseinandersetzungen ist. Die politische Rechte sieht in ihm im Vergleich zur aktuellen Linken ein Vorbild an Integrität. Die Linke musste und muss weiterhin mit einer gewissen Mühe beweisen, dass sie ihn noch nicht vergessen hat, nachdem sie ihn lange als Antiquität betrachtete. All dies, obwohl 100 Jahre seit seiner Geburt und fast 40 Jahre seit seinem frühzeitigen Tod vergangen sind. Wir leben heute in einem anderen Jahrhundert und in einer anderen Welt.

Als Berlinguer 1984 bei einer Kundgebung für die Wahlen zum Europäischen Parlament vor seinem Volk starb, war Deutschland noch geteilt und der Kalte Krieg noch nicht beendet. Natürlich waren auch damals die Taliban siegreich, aber gegen die Sowjets und nicht, wie jetzt, gegen die US-Amerikaner. In Italien existierte noch der Gegensatz zwischen Christdemokraten und Kommunisten im Wettbewerb um die politische Vorherrschaft, den Berlinguers Partei, getragen von einer durch seinen herzzerreißenden Tod hervorgerufenen emotionalen Welle, nur einmal gewinnen konnte: Heute gibt es weder die eine noch die andere Partei. Durch Viren bedingte Epidemien gab es auch damals schon, sie schienen jedoch auf industriell nicht-entwickelte Länder beschränkt und waren daher nicht so ein Albtraum wie heute.

Enrico Berlinguer ist Gegenstand vieler professioneller historischer Arbeiten geworden. Aber da ich ihn gut kannte, schien es mir, dass die Einzigartigkeit dieses eigenartigen Genossen nicht nur durch die Analyse seiner öffentlichen Aktivitäten erklärt werden konnte, sondern ganz wesentlich auch durch die Analyse seines persönlichen Lebens. Ich meine auch, darin die Ursache für seine außergewöhnliche Popularität gefunden zu haben: Berlinguer trug keine Maske, wie es so oft bei Politikern (aber auch bei anderen Menschen) der Fall ist. Er war einfach so, wie er auftrat.

Daraus entstand die Idee zu einer Untersuchung mit jenen professionellen Methoden, die ich als Journalistin anwende. Ich musste mich auf die Suche nach Zeitzeugenberichten zu seinem an Gegensätzen reichen Leben machen. Von den Arbeitern in Sassari auf Sardinien, die den jungen, dem Marxismus zugewandten Bürgerlichen aufnahmen, über seine Genossen, die ihn unterstützten oder seine Gegner waren, bis hin zu den politischen Führern seiner Zeit und dem damaligen Präsidenten der Republik, Sandro Pertini, der zu seinem Freund wurde.

Folgende Aussage Berlinguers hat, als er bereits der politische Anführer der italienischen Kommunisten war, einen Skandal hervorgerufen: »Wir müssen Konservative und Revolutionäre sein«, das bedeutet Bewahrer des Besten unserer Zivilisation zu sein, aber zugleich auch bereit, das Schlechte an unserer Zivilisation auszumachen und es zu bekämpfen. Er hält vorerst die Freundschaft mit der Sowjetunion aufrecht, aber wird den sowjetischen Führern ins Gesicht sagen, dass »die Demokratie ein universeller Wert« sei. Er wird jegliche Beziehungen mit dieser Welt abbrechen und dafür bittere Feindschaft ernten. Er wird die Beziehung zu Willy Brandt und Olof Palme suchen und auch herstellen. Und ausgerechnet er, der Erfinder der großen Koalition zwischen Christdemokraten und Kommunisten, die durch den Mord an Aldo Moro, dem Präsidenten der Christdemokraten, in Brüche geht, wird am Ende seines Lebens zum Propheten einer neuen ökologischen, pazifistischen und feministischen Linken, die sich ihrer Herkunft und ihrer moralischen Verpflichtungen bewusst ist.

Vielleicht aber gibt es nicht nur Erinnerungen, sondern auch Lehren, die aus seinem Leben gezogen werden können. Ich habe das Leben meines Protagonisten ohne verklärende und heroisierende Absichten erzählt. Natürlich kann die Arbeit zu einer solch anspruchsvollen Biografie nicht ohne eine starke Sympathie für den Protagonisten auf sich genommen werden. Aber ich bin mir der überholten Datierung[1] und der daraus resultierenden Grenzen meiner Arbeit bewusst. Jedoch drängt sich mir spontan ein Vergleich mit einem großen Teil der Politiker auf, die ich in meinem Land und außerhalb aktuell am Werk sehe. Ich sehe die Rückkehr von politischen Positionen, von denen wir dachten, sie für immer überwunden zu haben. Die Erinnerung an die besten Erfahrungen der Vergangenheit kann auch dazu dienen, ihren Erfolg zu verhindern.

Rom, im Dezember 2021

---

1 Die italienische Originalfassung des Buches von Chiara Valentini erschien 2014 mit dem Titel *Enrico Berlinguer* im Mailänder Verlagshaus Feltrinelli.

Warum eine Enrico-Berlinguer-Biografie auf Deutsch?

von Klaus Pumberger

Seit Längerem beschäftige ich mich mit transformatorischen Persönlichkeiten in Politik, Wirtschaft, Wissenschaft, Kultur und Religion. Enrico Berlinguer ist ein herausragendes Beispiel für eine solche Persönlichkeit, wie auch sein Ausspruch belegt: »Wir müssen Konservative und Revolutionäre sein.« Darin zeigt sich eine wichtige Fähigkeit transformatorischer Persönlichkeiten, nämlich gegensätzliche Welten verbinden zu können. Im Falle Berlinguers sind dies auch Kommunismus/Katholizismus, Proletariat/Bürgertum, Partei/Bewegung und Demokratie/Kommunismus. Das war der Hintergrund meines Interesses, mich die letzten beiden Jahre intensiv mit seiner Person zu beschäftigen. Unterschiedliche Welten, die für viele in der damaligen Gesellschaft schroffe Gegensätze darstellten, scheinen bei ihm eine ganz selbstverständliche Einheit zu sein.

»Der eigenartige Genosse« ist daher eine zutreffende Beschreibung seiner Persönlichkeit, die deshalb auch der deutschen Version der von Chiara Valentini verfassten Biografie den Titel gibt. Das Auffallende an Enrico Berlinguer ist: Hier treffen wir auf einen typischen kommunistischen Funktionär, zugleich jedoch ist er anders und ganz wesentlich geprägt durch Welten, die dem kommunistischen Universum fremd sind. Und dabei bilden das Typische und das Fremde im Laufe seines Politikerlebens immer mehr ein integrales Ganzes.

Das Buch Chiara Valentinis hat mich auch deshalb nicht mehr losgelassen, weil die Autorin bei der Beschreibung seines Lebens jene fremden Welten sehr anschaulich nachzeichnet, auf die Berlinguer insbesondere in Umbruchphasen als eigenständige Ressourcen zurückgreifen konnte:

- die großbürgerliche, liberal-sozialistisch geprägte Herkunftsfamilie,
- die damit verbundene sardische Kultur,
- die ersten Kontakte als Jugendlicher mit Kommunismus und Marxismus, die jedoch nicht in der Begegnung mit geschulten Funktionären bestanden, sondern zunächst mit einfachen, kommunistisch gesinnten Arbeitern und dann mit jugendlichen Aktivisten,
- die Ehe mit einer gläubigen, katholischen Nicht-Kommunistin und das eigene Familienleben,

- die Verhandlungen mit den Sowjets, in denen er ab den 1950er-Jahren zusehends auf immer mehr Autonomie pochte.

Enrico Berlinguer ist eine Schlüsselfigur der jüngeren politischen Geschichte Italiens. Zugleich steht er mit Willy Brandt, Bruno Kreisky, Olof Palme und François Mitterrand in einer Reihe großer europäischer Politiker der Linken. Sein am 25. Mai 2022 bevorstehender 100. Geburtstag ist daher ein geeigneter Anlass, erstmals eine Biografie Berlinguers auf Deutsch zu veröffentlichen. Sie liefert ein Panorama spannender Perioden der italienischen und europäischen Nachkriegsgeschichte. Gute Biografien, wie auch die von Chiara Valentini, leisten etwas Spezielles: Sie lassen anhand von großen Persönlichkeiten Zeitgeschichte lebendig werden und sind somit besonders geeignet, historisches Wissen zu vermitteln.

Die Publikation einer Enrico-Berlinguer-Biografie auf Deutsch scheint mir darüber hinaus deshalb geboten zu sein, da seine öffentlichen Aktivitäten selbst fast 40 Jahre nach seinem frühen, tragischen Tod auch für ein deutschsprachiges Lesepublikum eine Inspirationsquelle für die heutige Politik in Europa darstellen können.

Er repräsentiert bis heute den Prototyp einer integren Politikerpersönlichkeit. Er trat stets seriös auf, war immer gut vorbereitet. Er konnte überzeugen und zuhören. Sein Wirken war auf das Gemeinwohl, nicht auf seinen eigenen Vorteil ausgerichtet. Das Land war ihm wichtiger als seine Partei, gerade in Krisenperioden fühlte er sich der Staatsräson verpflichtet. Er sah mehr die konkreten Menschen als den Parteiapparat, dessen Neigung, Politik als Instrument reiner Machtklientel zu betreiben, er früh erkannte und hart kritisierte.

Berlinguer führte eine für die damalige Zeit eigene Art der Politik ein, die sich durch einen beharrlichen Dialog auch in einem Umfeld auszeichnete, das für einen Dialog nicht bereit war, sei es inneritalienisch mit den Gegnern seiner Politik in der eigenen Partei und auf der extremen Linken oder mit dem »Klassenfeind« (Christdemokraten), mit dem er einen »historischen Kompromiss« anstrebte, sei es mit den Sowjets oder mit den Amerikanern. Er versuchte damit, auch auf der Gegenseite eine neue Dynamik auszulösen.

Das unbeirrbare Festhalten am Dialog darf jedoch bei Berlinguer nicht mit Beliebigkeit oder gar Naivität verwechselt werden. Sein Bemühen um Dialog über Grenzen hinweg ging einher mit einem ebenso beharrlichen und mutigen Verdeutlichen seiner für ihn wichtigen Werte, auch wenn er dafür einen Preis zahlen musste: Gefängnishaft, vorübergehende Rückstufungen in der Parteihierarchie, Wahlniederlagen, Exkommunikation aus der kommunistischen Weltbewegung, Verratsvorwürfe vonseiten der extremen Linken, Morddrohungen von den linksterroristischen »Roten Brigaden«, ein gegen ihn gerichteter Attentatsversuch in Sofia.

Wenn nach einem längeren Zeitraum das beharrliche Vorbringen einer Politik des Dialogs auf der Gegenseite keine positive Dynamik auslöste, begann Berlinguer, seine Strategie zu überdenken und infrage zu stellen. Als sich nach der Ermordung Aldo Moros zeigte, dass die Christdemokraten im Zuge einer Zusammenarbeit den Kommunisten lediglich einige wichtige Posten, jedoch keine gesellschaftlichen Reformen anboten, erklärte Berlinguer den »historischen Kompromiss« für gescheitert. Nach dem Einmarsch der Sowjetunion in Afghanistan und wenig später nach der Ausrufung des Kriegszustandes in Polen vollzog er endgültig den »Riss« (*lo strappo*) zwischen den italienischen Kommunisten und Moskau.

»Umbruchzeit ist Berlinguer-Zeit.« Enrico Berlinguer hat sich zu einer Persönlichkeit entwickelt, die im Amt des Generalsekretärs der KPI, der größten kommunistischen Partei in einem westlichen Land, offen im Geiste blieb. Sein Denken bewegte sich jenseits vorgefertigter Schablonen und Schubladen. Er war selbstkritisch und entsprechend bereit, alte Dogmen über Bord zu werfen, wenn dies die Zeitumstände erforderten.

Berlinguer war selbstreflexiv. Gerade in Krisen und Umbrüchen studierte er ganz genau die Veränderungen in der Gesellschaft. Aus diesen Phasen ist er jeweils gestärkt mit neuen Strategien und Politikkonzeptionen hervorgetreten. So wäre die heutige weltweite Pandemie wohl ebenso eine »Berlinguer-Zeit«. Es ist dieses nahezu prophetische und zugleich suchende Momentum an Enrico Berlinguer, das ihm auch heute noch weit über die Grenzen Italiens hinaus Bedeutung verleiht.

Für die Leserschaft im deutschsprachigen Raum habe ich einige Ergänzungen vorgenommen, um die Verständlichkeit des Textes zu erhöhen:

- Ausweitung der Fußnoten auf politische Begriffe, Personen und geografische Bezeichnungen, die für eine nicht-italienische Öffentlichkeit einer genaueren Erklärung bedürfen.
- Am Ende des Textes ist eine »Zeitschiene« angefügt, auf der Daten, Funktionen und Aktionen im Leben und Wirken von Enrico Berlinguer (1922–1984) sowie wichtige politische Ereignisse in Italien und international aus dieser Zeit nebeneinander aufgelistet sind.
- Es folgen Kurzbeschreibungen der im Text erwähnten italienischen Hauptfiguren.

Chiara Valentinis Buch ist »eine Biografie, die trotz der Strenge einer historischen Nacherzählung den Rhythmus und den Gang eines Romans hat.« Möge sich auf diese Weise die entsprechende Lesefreude und der politische Erkenntnisgewinn auch bei den deutschsprachigen Leserinnen und Lesern einstellen.

Gerade in der heutigen Zeit erleben wir weltweit immer stärker polarisierende gesellschaftliche Auseinandersetzungen. Auch vor diesem Hintergrund kann die Beschäftigung mit dem Leben von Enrico Berlinguer einen Beitrag leisten, sich dem Vordringen rechtspopulistischer und autoritärer Politikkonzepte in Europa und auf der Welt entgegenzustellen.

Wien, im Januar 2022

ERSTER TEIL

I.
Der »rote« Bürgerliche

Es ist ein klarer Tag, in der Luft liegt leichter Meeresgeruch. Auf dem Balkon des Gebäudes der Provinzverwaltung von Sassari wehen seit mehreren Stunden die Fahnen der drei Alliierten, die amerikanische, die englische und die französische. Es ist der 18. September 1943. Einen Tag zuvor verließen heimlich 35.000 deutsche Soldaten der 35. Panzerdivision Sardinien, genau in dem Moment, in dem die ersten alliierten Fallschirmspringer unter dem Befehl von General Theodore Roosevelt, einem Cousin des amerikanischen Präsidenten, auf der Insel landeten.[1] Unter dem Balkon, auf der quadratischen Piazza d'Italia, diskutiert gerade sehr lebhaft eine Gruppe von jungen Männern. Fast alle sind zwischen 20 und 25 Jahre alt. Sie tragen die typische heruntergekommene Kleidung von Menschen, die aus den Armenvierteln der Stadt kommen. Sie bilden eine Gruppe rund um einen jungen, mageren Mann, der eine dunkle Jacke und ein Hemd mit offenem Kragen trägt.

»Unser kleiner Enrico, das ist nicht gerecht. Dort wehen nur drei Fahnen, aber der Krieg gegen die Nazis wird von vier Mächten geführt.« »Wir können es nicht erlauben, dass Russland vergessen wird.« Enrico scheint in Gedanken versunken, dann hat er plötzlich einen Einfall: »Aber wir können auf dem Balkon die russische Fahne aufziehen. Wir haben sie. Sie ist dieselbe wie die unserer Partei.«

Einen Augenblick später tauchen die jungen Männer im Haus von Andrea Lentini auf, einem Kaufmann, der während des Faschismus eine lange Reihe von Abmahnungen und Verhaftungen ansammelte. Beim Genossen Lentini befindet sich der Sitz der kommunistischen Partei von Sassari, vorübergehend und faktisch noch im Untergrund. Und dort gibt es eine rote Fahne, ziemlich übel zugerichtet, oben unsicher bestickt mit einer Sichel, einem Hammer und einem Stern. Die Gruppe rennt durch die engen Gassen zurück und steigt vor den Augen der verblüfften Wächter die kurze Treppe des Provinzpalastes hoch. Einige Augenblicke später weht auch das Symbol von Stalins Russland auf dem Balkon, während kleine Gruppen der Faschisten beginnen, drohend vorzurücken. »Zusammen mit unserem kleinen Enrico sind wir den ganzen Tag dort geblieben

---

1 Francesco Spanu Satta: *Il dio seduto* (*Der sitzende Gott*), Sassari 1978.

und prügelten uns mit den Faschisten, um zu verhindern, dass die Fahne entfernt wird«, erinnert sich einer der jungen Männer von damals, Salvatore Delogu.[2]

An die Operation »Sowjetische Fahne«, wie wir sie nennen könnten, erinnert sich heute wahrscheinlich niemand mehr. Dennoch, durch einen eigenartigen Zufall war dies die erste öffentliche Aktion von Enrico Berlinguer, dem zukünftigen Generalsekretär der KPI. Der Mann, der genau 38 Jahre später als derjenige in die Geschichte eingehen wird, der den »Riss« (*lo strappo*)[3] zwischen seiner Partei und der Sowjetunion vollzogen hat.

Enrico ist 21 Jahre alt und erst vor weniger als einem Monat der KPI beigetreten. Ein ziemlich abenteuerlicher Beitritt in eine Partei, die in Sassari in den Jahren des Faschismus praktisch zerstört wurde. Auch nach dem Sturz von Mussolini wird sie von allen als eher im Untergrund tätig wahrgenommen. Der 25. Juli markiert in Sardinien nicht die Wiederaufnahme des demokratischen Lebens. Die Insel wird von einem beschränkten Militärkommandant, General Basso, mit eiserner Hand verwaltet. Er ließ die Deutschen ohne den geringsten Widerstand abziehen, verfolgt aber dafür unerschütterlich die Antifaschisten. Genau am 25. Juli verhaftet er einen der bekanntesten von ihnen: Enricos Vater, den Rechtsanwalt Mario Berlinguer,[4] weil dieser versuchte, eine kleine Demonstration auf der Piazza d'Italia zu organisieren. Die größte Härte ist jenen vorbehalten, die im Verdacht stehen, Kommunisten zu sein.

Auch deshalb erweist es sich als sehr schwierig, die Partei in der Anfangsphase auf die Beine zu stellen. Den Faschismus haben einige Gruppen überlebt, die aus einer anderen Zeit zu kommen scheinen. Ziemlich harmlos, in einigen Fällen sogar naiv, bezeichnen sie sich als »Bordigisten«.[5] Sie träumen von einer bolschewistischen und revolutionären Partei und verbringen ganze Tage damit, über Kleinigkeiten zu diskutieren. Da gibt es einen feurigen diplomierten Ju-

---

2 Salvatore Delogu, persönliche Mitteilung an die Autorin.

3 Gemeint ist damit die endgültige und vollständige Loslösung der KPI von der Politik der UdSSR und KPdSU in der Folge der Ausrufung des Kriegszustandes in Polen im Dezember 1981. Vgl. dazu das Unterkapitel »Die Stunde des ›strappo‹ (›Riss‹)« im Kapitel XXI (☛ S. 371 ff.).

4 Näheres zur Person siehe Kapitel: Die italienischen Hauptfiguren in Chiara Valentinis »Enrico Berlinguer« (☛ S. 451 f.).

5 Nach Amadeo Bordiga (1889–1970), Mitbegründer und erster Generalsekretär der KPI (1921–1924), nach Verhaftung, Prozess, Gefängnisaufenthalt unter der faschistischen Herrschaft wurde er 1930 von der KPI nach der Rückkehr aus der Verbannung wegen »trotzkistischer Fraktionstätigkeit« ausgeschlossen. 1943 gründet er mit mehreren Anhängern in Norditalien die »Internationalistische Kommunistische Partei«, später »Internationale Kommunistische Partei«, eine kleine Gruppierung von geringer Bedeutung. Bordiga wird ihr führender Theoretiker und vertritt dabei bis zu seinem Tod strikt internationalistische und orthodox marxistische Positionen.

risten, Antonio Cassitta, der den Ruf hat, als junger Mann in die Augen von Lenin geschaut zu haben. Da gibt es den Bekleidungsverkäufer Bruno Mura, und da gibt es die alte und unbeugsame Volksschullehrerin Anita Usai. Da gibt es den Eisenbahner Giovambattista Costa, den Goldschmied Dessi, den Angestellten Bazoni, den Kaufmann Lentini. Und es gibt auch den Festländer Renato Bianchi aus Pistoia,[6] der gleich außerhalb von Sassari, in der benachbarten Gegend von San Pietro, in einem Gewächshaus Blumen zieht.

Und in diesem Glashaus von Renato Bianchi finden die vertraulichsten Versammlungen statt. Dorthin geht Enrico Berlinguer Mitte August in großer Heimlichkeit, um der Partei beizutreten. Das Ereignis hat einen Zeugen, der völlig außerhalb der Geschichte und des Apparates der KPI steht: Sergio Siglienti,[7] ein 16-jähriger Cousin ersten Grades von Enrico, der zu dieser Zeit bei ihm wohnt und der sogar das Zimmer mit Enrico teilt. »Ich wusste, dass sich Enrico schon mit den Kommunisten traf, und ich bestürmte ihn mit Fragen. Eines Morgens sagte er zu mir auf geheimnisvolle Art und Weise: ›Du kannst mich zu ihnen aufs Land begleiten‹. Er nahm mich auf die Fahrradstange, trat unter der heißen Sonne mit Anstrengung in die Pedale und fuhr bis zu dem berühmten Glashaus. Ich hätte auch hineingehen wollen, um der Partei beizutreten, aber Enrico hat es mir im letzten Moment nicht erlaubt. ›Deine Mutter, Tante Ines,[8] würde sich sehr ärgern.‹ So habe ich auf dem sonnigen Land zwischen Schafen und Zikaden den ganzen Nachmittag gewartet. Als er endlich am Abend herauskam, wollte er mir nicht ein einziges Wort sagen, aber ich habe trotzdem verstanden, dass er den großen Schritt gemacht hatte.«[9]

Abseits von jedem Scheinwerferlicht und mitten auf dem Land Sardiniens beginnt somit eine Geschichte, deren Protagonist, Enrico Berlinguer, einen langen Weg gehen wird, weit weg von seiner Heimat.

---

6 Pistoia, Hauptstadt der toskanischen Provinz Pistoia, 35 Kilometer von Florenz entfernt, hat heute etwa 90.000 Einwohner.

7 Näheres zur Person siehe Kapitel: Die italienischen Hauptfiguren in Chiara Valentinis »Enrico Berlinguer« (☛ S. 467).

8 Näheres zur Person siehe Kapitel: Die italienischen Hauptfiguren in Chiara Valentinis »Enrico Berlinguer« (☛ S. 467).

9 Sergio Siglienti, persönliche Mitteilung an die Autorin. Später wurde Siglienti Generaldirektor der Banca Commerciale Italiana. Nach dem fehlgeschlagenen Versuch, der KPI beizutreten, wurde er kein Kommunist mehr.

Eine Familie von Mazzini[10]-Anhängern und Dichterinnen

Enrico stammt wie sein Cousin Sergio nicht aus irgendeiner Familie. In Sassari sind die Berlinguers – sie haben spanischen Ursprung – eine von drei oder vier bedeutenden Familien. Sie sind progressive Aristokraten, die mehr als ein Jahrhundert lang das Leben der Stadt prägten. Obwohl sie keine Grundstücke besitzen und keine Abgaben fordern können und obwohl ihr Titel offiziell nicht angeführt ist, werden sie mit der Anrede »Don« angesprochen. Unter den Ersten, die in den lokalen Berichten aufscheinen, ist Gerolamo Berlinguer, Offizier der Carabinieri. Er wurde 1836 mit einer Goldmedaille ausgezeichnet, da er den berühmten Banditen Canu fing. Gerolamo ist verheiratet mit der Dichterin Giovannica Segni, aus deren Familie später Antonio Segni,[11] einer der Präsidenten der Republik Italien, hervorkommt. Vor der Kulisse einer republikanischen und demokratischen Stadt sowie eines lebendigen politischen Lebens entstehen mit der Zeit verwandtschaftliche Beziehungen mit den Delitalas, den Cossigas und den Santa Brancas, große Familien aus Sassari, Adelige und Militärs, Anwälte und Richter.[12]

Eine wahrhaft herausragende Persönlichkeit dieser vielschichtigen Familiendynastie kommt um die Mitte des 19. Jahrhunderts auf die Welt. Er heißt Enrico Berlinguer und ist der Großvater des zukünftigen Generalsekretärs der KPI. Während seines Jurastudiums entwickelt er sich zu einem überzeugten Mazzini-Anhänger. Als er nach Sardinien zurückkehrt, arbeitet er, wie er in einem Brief schreibt, gemeinsam mit seiner Schwester Edoarda, einer Grundschullehrerin, ständig für »die Sache«. Edoarda ist eine der besonderen weiblichen Persönlichkeiten, unabhängig bis an die Grenze der Verrücktheit, von denen es in dieser Familiengeschichte zahlreiche gibt. Im Wohnzimmer der beiden Geschwister, oft besucht von verschiedenen Patrioten, hängt an einem Ehrenplatz ein großes Porträt von Mazzini, darunter eine brennende Lampe.

---

10 Giuseppe Mazzini (1805–1872), Freiheitskämpfer und einer der populärsten Protagonisten des »Risorgimento«, der italienischen Einigungsbewegung zwischen 1815 und 1870.

11 Antonio Segni (1891–1972), christdemokratischer Politiker, von 1946 bis 1948 Mitglied der Verfassungsgebenden Versammlung, von 1948 bis 1962 Mitglied der Abgeordnetenkammer, 1962 bis 1964 italienischer Staatspräsident, 1964 bis zu seinem Tod Mitglied des Senats, 1955 bis 1957 sowie 1959/60 Ministerpräsident, von 1946 bis 1951 Minister für Landwirtschaft, von 1951 bis 1954 Minister für öffentliche Bildung, 1958/59 Verteidigungsminister, 1959/60 Innenminister, von 1960 bis 1962 Außenminister.

12 Manlio Brigaglia: *La classe dirigente a Sassari da Giolitti a Mussolini (Die führende Klasse in Sassari von Giolitti bis Mussolini)*, Sassari 1979.

Als Garibaldi[13] ins Exil auf die Insel Caprera[14] geht, führt er mit dem jungen Enrico einen Briefwechsel, der reich an antiklerikalen Auslassungen ist.

Die politische Leidenschaft hindert Enrico Berlinguer nicht daran, einer der brillantesten Rechtsanwälte am Gericht von Sassari zu werden. Wenn dieser etwas extremistische, von allen für seine Großzügigkeit geschätzte Patriot spricht, dann ist das Geschworenengericht gesteckt voll wie ein Theater. Und es sind nicht nur die Leute aus dem einfachen Volk anwesend. »Die Damen aus der Aristokratie fehlten niemals. Ein wenig aus Snobismus, aber vielmehr, weil seine Redekunst überwältigend war«, erinnert sich die Tochter Ines Siglienti Berlinguer.[15] Die Ehefrau des Advokaten Enrico, »Donna« Caterina Falco Segni, ist eine entzückende Frau, mit türkisfarbenen Augen und blonden Haaren, um einiges jünger als er und sehr temperamentvoll. Zerbrechlich, fast ätherisch in der Erscheinung, bringt sie insgesamt acht Kinder zur Welt, die sie im Vergleich zu den Sitten ihrer Zeit in einem viel offeneren und antikonformistischen Klima aufzieht. Als die vielversprechendsten erscheinen Mario, der Älteste, ein schöner, junger und lebhafter Mann, der oft ein Matrosengewand trägt und höflich zu den Frauen ist, und Ines, die sehr aufgeweckt und neugierig auf Literatur und Politik ist und ihren Vater sehr bewundert.

Im August 1891 gründet Enrico zusammen mit anderen Republikanern, unter ihnen Pietro Satta Branca und Pietro Moro, die Tageszeitung »La Nuova Sardegna«, der es bestimmt ist, eine Art Schule zu werden, die eine ganze Generation von Antifaschisten heranbildet. Wenn Enrico am Nachmittag die Arbeit in der Kanzlei beendet, geht er mit den anderen Freunden in die Redaktion der Zeitung, schlägt Schlagzeilen vor und schreibt Leitartikel. Und hier entscheidet man praktisch über das Leben in Sassari. Oft begleiten ihn sowohl Mario als auch Ines. Und eben dieser Mario wird den Posten des Vaters in der Rechtsanwaltskanzlei und in der »Nuova Sardegna« einnehmen, als Enrico Berlinguer im November 1915 plötzlich stirbt – wahrscheinlich an einem Herzinfarkt – und die Familie in Verzweiflung zurücklässt.

Wie der Vater ist auch Mario ein Bürgerlicher, der in den Oppositionsreihen seiner Zeit steht, ausgestattet mit einem starken Radikalismus und einem ebenso starken Sinn für Gerechtigkeit. Gebildet, vornehm, ein wenig wie ein

---

13 Giuseppe Garibaldi (1807–1882), Freiheitskämpfer und einer der populärsten Protagonisten des »Risorgimento«, der italienischen Einigungsbewegung zwischen 1815 und 1870.

14 Eine Insel der Inselgruppe La Maddalena vor der Küste im Nordosten Sardiniens.

15 Diese Informationen stammen aus den unveröffentlichten Memoiren von Ines Siglienti Berlinguer: *Ai nipoti (An die Enkelkinder)*.

Salonlöwe, der die besten Eigenschaften seiner Klasse mit einer authentischen Progressivität in Einklang bringen kann.

Auch er begibt sich in die Politik. 1924 wird er Abgeordneter der liberaldemokratischen Allianz von Giovanni Amendola,[16] später nimmt er am »Aventino«[17] teil und tritt den von Mussolini verbotenen Freimaurern bei. Während einer Wahlversammlung in Ploaghe[18] wird er von Faschisten mit Messerstichen verletzt. In seinem Zimmer hängt immer ein frisch gebügelter Frack, um bei gesellschaftlichen Abenden getragen zu werden. Aber zur selben Zeit verteidigt seine Rechtsanwaltskanzlei in erster Linie die Armen und politisch Verfolgte. »Wie viele aus seiner Familie war Mario eine außergewöhnliche Persönlichkeit. Manche hielten ihn für einen Snob. In Wirklichkeit war er ein Aristokrat, aber einer, der auf der Seite des Volkes stand«, erinnert sich die Historikerin Marina Addis Saba, deren Familie aus Sassari kam, antifaschistisch gesinnt und sehr eng mit den Berlinguers verbunden war.

Das Drama

In diese Welt des aufgeklärten und gebildeten Bürgertums, mit starken Bindungen an das »Risorgimento«[19] sowie einer liberalsozialistischen Tendenz, in der die Politik tägliches Brot ist, wird der zukünftige Generalsekretär der KPI hineingeboren und von ihr geprägt. Es ist ein Umfeld von Antiklerikalen, die aber die Kinder taufen und firmen lassen (wie auch Enrico in der Pfarre von San Giuseppe), von Wohlhabenden, die Verschwendung und Vulgarität verachten, von Protestierenden, die immer nur innerhalb ihrer Klasse heiraten.

16 Giovanni Amendola (1882–1926), liberaler Politiker, Mitglied mehrerer Regierungen (1920–1922), Gründer der liberalen Zeitung Il Mondo, nach der Machtübernahme von Mussolini herausragender Antifaschist, 1923 überlebte er mehrere faschistische Angriffe, 1924 Anführer des »aventinischen« Auszugs aus dem Parlament (siehe nächste Fußnote). Er starb 1926 an den Folgen eines faschistischen Überfalls.

17 Aventino (dt.: Aventin), der südlichste der sieben Hügel, auf denen das antike Rom erbaut war. Nach der Ermordung des sozialistischen Führers und Abgeordneten Giacomo Matteotti verließen 1924 zahlreiche Parlamentarier aus Protest die Abgeordnetenkammer und zogen sich, wie einst die um ihre Rechte kämpfenden Plebejer, auf den Aventin zurück. Nach der erneuten Festigung der Position Mussolinis als Diktator wurden im November 1926 ihre Mandate für ungültig erklärt.

18 Etwa 20 Kilometer von Sassari entfernt gelegene Gemeinde, knapp 4.500 Einwohner.

19 *Risorgimento* (»Wiedererstehung«) meint die Einigungsbewegung zwischen 1815 und 1870, weltanschaulich durchaus heterogen, welche die Errichtung eines unabhängigen Nationalstaates Italien anstrebte.

Mario Berlinguer stellt da keine Ausnahme dar. Seine Frau Mariuccia Loriga,[20] Enricos Mutter, ist eine wunderschöne junge Frau, schüchtern und ein wenig verschlossen, die von den jungen Männern in Sassari sehr umworben wird, im Besonderen von Antonio Segni. Sie kommt aus einer guten Familie, die aber politisch linksorientiert ist. Mariuccias Vater, Giovanni, ist das Paradebeispiel eines Positivisten,[21] Gründer der Arbeitsmedizin und ein großer Bewunderer von Antonio Labriola.[22] Auch der Großvater mütterlicherseits ist somit ein Wissenschaftler und ein genauer Beobachter der Welt. Er wird einen starken Einfluss auf Enricos Bildung haben.

Mario und Mariuccia sind ein Paar, das dafür bestimmt zu sein scheint, die Höhen und Tiefen ihrer Zeit mitzuerleben. Sie bekommen viele Kinder, wie es in ihren Familien Tradition ist, führen einen Salon und konspirieren später gegen den Faschismus. Sie heiraten im Juni 1921 und wohnen in einem Mietshaus am Stadtrand von Sassari. Genau ein Jahr später kommt am 25. Mai 1922 der erste Sohn auf die Welt. Gegen die allgemeinen Erwartungen wünschte sich Mariuccia ein Mädchen. »Mariu, es ist ein Junge, und auch ein hässlicher«, kündigte ihr die Schwiegermutter, »Donna« Caterina, fröhlich an. Die Schwiegermutter hält als Erste den Neugeborenen in der Hand, der nach zwei Tagen der Wehen mitten in einem »Hofstaat« von Hebammen und Verwandten das Licht der Welt erblickte. Der Name, das wurde schon im Voraus entschieden, ist der des Großvaters väterlicherseits, Enrico. Zwei Jahre später kommt ein zweiter Junge[23] auf die Welt, und dieses Mal, mit entsprechendem Respekt für die familiären Traditionen, ist der Name jener des Großvaters mütterlicherseits, Giovanni.

Die ersten Jahre sind heiter. Enrico, der erste Enkel, wird von den Großmüttern und Tanten gehätschelt und von seinen kleineren Cousins sehr bewundert. Die schönste Zeit des Jahres ist der Sommer, wenn die verschiedenen Familien von Verwandten und Freunden sich in einem Fischerdorf namens

---

20 Näheres zur Person siehe Kapitel: Die italienischen Hauptfiguren in Chiara Valentinis »Enrico Berlinguer« (☛ S. 459 f.).

21 Der Positivismus ist eine Richtung in der Philosophie, die fordert, dass Erkenntnisse, die den Charakter von Wissen beanspruchen, auf der Interpretation von »positiven«, d. h. von tatsächlichen, sinnlich wahrnehmbaren und überprüfbaren Befunden beschränkt werden.

22 Antonio Labriola (1843–1904), Professor der theoretischen Philosophie an der Universität in Rom, gilt als einer der ersten und einflussreichsten italienischen Marxisten. Seine Werke und Ideen prägten unter anderem Philosophen wie Antonio Gramsci, Giovanni Gentile und Benedetto Croce.

23 Näheres zur Person siehe Kapitel: Die italienischen Hauptfiguren in Chiara Valentinis »Enrico Berlinguer« (☛ S. 451).

Stintino[24] wiedertreffen, das von Antifaschisten aus Sassari entdeckt und angenommen wurde. Speziell die Kinder bilden eine Art Bande unter Enricos Führung, die es liebt, »Französische Revolution« zu spielen. »Sie hatten die spezielle Vorliebe, sich gegenseitig ›Bürger‹ zu rufen. Enrico spielte immer Robespierre«, erinnert sich Ines Siglienti. Einmal organisiert Enrico auch einen kleinen Protestmarsch gegen die Gewohnheit, den Müll auf die Straßen zu werfen. Nichts mehr als ein Kinderspiel (auch wenn darin eine Art von politischer Vorahnung gelesen werden kann), das aber einen lebendigen und extrovertierten Jungen zeigt, ganz anders als er schon wenig später sein wird.

Die sorgenfreien Jahre enden fast plötzlich. Das Leben der Familie Berlinguer wird auf dramatische Weise verändert: Mariuccia erkrankt. Über eine lange Zeit hinweg werden die Symptome nicht erkannt, aber es ist klar, dass es sich dabei nicht um eine gewöhnliche Krankheit handelt. Der Lauf des Familienlebens wird unterbrochen und fortan von der Krankheit bestimmt: Die Kinder wagen es nicht mehr, Lärm zu machen, die Mutter ist verschlossen und still – wenn sie das Haus verlässt, dann immer öfter allein mit einem Pferdewagen. Unterstützt von der Dienerin Giovanna, führt die Köchin Mariangela, eine Bäuerin aus Bessude,[25] so gut es geht den Haushalt im neuen Haus in der Via Manto, in das inzwischen die Berlinguers umgezogen sind. Die Kinder sind der Köchin sehr zugetan. Mariangela bereitet die Fenchelsuppen vor, die Enrico sehr gut schmecken. In der Speisekammer sorgt sie für Laibe aus Schafskäse mit Würmern, der bei allen sehr beliebt ist. Der Vater versucht, sich um die Erziehung der beiden Buben zu kümmern. Das ist keine leichte Aufgabe. Besonders Enrico zeigt sich zunehmend ablehnend, fast rebellisch. Wahrscheinlich ist er geprägt vom Leiden der Mutter, der es immer schlechter geht. Sie zittert und wirkt entstellt.

Es ist der Großvater von der Loriga-Seite der Familie, dem es schließlich gelingt, Mariuccias schreckliche Krankheit zu diagnostizieren: eine epidemische Hirnhautentzündung. Es handelt sich dabei um einen Virus, der zu Beginn vor allem Apathie, Schläfrigkeit und geistige Verwirrung verursacht, aber dann nach und nach das Nervensystem zerstört, mit denselben Auswirkungen wie bei der Parkinsonkrankheit. Und tatsächlich ist Mariuccias Körper in den letzten Jahren immer mehr deformiert, mit einem Gesicht, das allmählich zu einer Art Maske wird. Es wird ihr praktisch unmöglich, sich zu bewegen. Marina Saba erinnert sich, dass die Schulkameraden Enricos und Giovannis es in der letzten

24 Gemeinde, heute mit knapp 1.600 Einwohnern, 35 Kilometer nordwestlich von Sassari. Erst 1988 wurde Stintino eine unabhängige Gemeinde, bis dahin war es Teil von Sassari.

25 Kleine Gemeinde (knapp 400 Einwohner), etwa 25 Kilometer südöstlich von Sassari gelegen.

Phase vermieden, in das Haus der Berlinguers zu gehen und dort Aufgaben zu machen. So erschütternd war der Anblick der Mutter für sie.

In diesen Jahren ist Enrico in der Schule eine Katastrophe. Seine Zeugnisse in der Mittelschule sind speziell in den ersten beiden Semestern eine Aufeinanderfolge von Vieren und Fünfen, also ungenügend. In Fächern wie Latein und Mathematik, die ihm weniger gefallen, tauchen Zweier und Dreier auf, also total ungenügend. Letztlich kommt er am Ende des Jahres dank privater Nachhilfe mit heiler Haut davon. Als Mariuccia am 15. Juni 1936 stirbt, beendet Enrico gerade die erste Klasse im Gymnasium nach der Mittelschule. Er ist unnahbar, verschlossen in ein stilles Unglücklichsein. Der Sommer ist eine Art Albtraum. Im Herbst gibt ihm einer seiner Professoren, Salvatore Brigaglia,[26] einen Nachhilfekurs. »Ich war beeindruckt von der tragischen Atmosphäre, die man in diesem Haus in einer fast körperlichen Art und Weise einatmete. Ich habe die abwesenden, verzweifelten Gesichter der beiden Buben nie vergessen«, erinnert sich der Professor.

Wenn die Lehrer in der Schule versuchen, Enrico abzufragen, erhebt er sich oft nicht einmal von der Bank. Am Ende des Schuljahres hat er in drei Fächern Nachprüfungen: Latein, Mathematik und Militärkultur. Man braucht gewiss kein großer Psychologe zu sein, um zu verstehen, inwieweit die Krankheit und der Tod der Mutter Einfluss auf Enrico Berlinguers Jugend und Charakter hatten.

Zügellose Jahre

Der Schicksalsschlag, der Mario und die Buben trifft, verändert die Gewohnheiten der Familie tiefgreifend. Ihr Leben organisiert sich nun neu zu einer kleinen Gemeinschaft von Männern, mit Ausnahme der unaufdringlichen weiblichen Präsenz der Köchin Mariangela sowie von Giovanna, die inzwischen Teil der Familie geworden sind. In dem Mehrfamilienhaus mit zwei Stockwerken in der Via Alghero, in das sie gezogen sind, ist jetzt die Bibliothek das wichtigste Zimmer. Dort treffen sich die antifaschistischen Freunde von Mario, um Mussolini und das Regime scharf zu kritisieren. Die Buben hören dabei oft zu und nehmen an den Diskussionen teil. Es ist eine der wenigen Gelegenheiten, bei denen Enrico auflebt, spricht und seine eigenen Ideen untermauert. Mit dem Tod von Mariuccia wurde er verschlossen und widerspenstiger.

26 Salvatore Brigaglia, Vater des Historikers Manlio Brigaglia, persönliche Mitteilung an die Autorin.

»Als Junge hatte ich in mir ein Gefühl der Rebellion. Ich protestierte gegen alles: Die Religion, den Staat, Schlagwörter und gesellschaftliche Gewohnheiten. Ich las Bakunin und ich fühlte mich wie ein Anarchist«, wird Enrico Berlinguer in einer der wenigen Aufzeichnungen über sich viel später in Bezug auf seine Jahre im Gymnasium sagen. In der Bibliothek des Vaters verbringt Enrico viel Zeit mit dem Lesen von Büchern der Philosophie, dem einzigen Gegenstand, der ihn zu begeistern scheint. Bakunins[27] Texte findet er aber natürlich nicht in der Bibliothek seines Vaters, die werden ihm ebenso wie das *Manifest*[28] von Marx und Schriften von Kropotkin[29] von Onkel Ettore geliehen, dem letzten der acht Kinder des väterlichen Großvaters Enrico: das klassische schwarze Schaf, das niemals in der typischen Darstellung einer bürgerlichen Familie fehlt. Journalist in der »Nuova Sardegna«, später entlassen, mit anarchokommunistischen Vorstellungen, Literat und Taugenichts, so scheint Onkel Ettorino für den rebellischen Enrico ein anziehenderes Vorbild zu sein als sein Vater, der so weltmännisch, so elegant, so erfolgreich ist und mit dem, auch wenn es nicht ausdrücklich ausgesprochen wird, ein feiner Zwist Gestalt annimmt. Der Denkweise und dem guten Geschmack des Vaters zieht Enrico die Zügellosigkeit von Onkel Ettorino vor, von dem er viele Schrullen und Leidenschaften übernehmen wird, von Fußball bis zur schlampigen Kleidung, von der Gitarre (die er übrigens immer ziemlich schlecht spielen wird) bis zu dem »verbotenen Spiel« schlechthin, dem Poker.

Im Gymnasium »Domenico Alberto Azuni«, an dem sich in den 1910er-Jahren Palmiro Togliatti[30] (er lebte eine Zeit lang in Sassari) im Durchschnitt eine Neun (das bedeutet: gut) verdient hat, sammelt Enrico Berlinguer ständig »ungenügend«. Eines seiner Schreckgespenster ist der Professor für Italienisch, der die Angewohnheit hat, die Studenten mit einer eigenartigen Ausgabe der *Göttlichen Komödie*[31] zu prüfen, geschrieben in einer ununterbrochenen Reihe, ohne Aufteilung der Gesänge, ohne Hinweise auf die Themen. Der Professor

---

27 Michail Bakunin (1814–1876), russischer Revolutionär und Anarchist, gilt als einer der einflussreichsten Denker, Aktivisten und Organisatoren der anarchistischen Bewegung.

28 *Manifest der Kommunistischen Partei*, verfasst von Karl Marx und Friedrich Engels um die Jahreswende 1847/48 im Auftrag des Bundes der Kommunisten, einer 1847 gegründete revolutionär-sozialistische Vereinigung mit internationalem Anspruch. Sie gilt als Keimzelle der späteren sozialistischen und kommunistischen Parteien der Welt.

29 Pjotr Kropotkin (1842–1921), russischer Anarchist, Geograf und Schriftsteller.

30 Näheres zur Person siehe Kapitel: Die italienischen Hauptfiguren in Chiara Valentinis »Enrico Berlinguer« (☛ S. 468 f.).

31 Das Hauptwerk von Dante Alighieri (1265–1321). Es gilt als bedeutendste Dichtung der italienischen Literatur und hat Italienisch als Schriftsprache begründet.

öffnet das Büchlein an einer zufälligen Stelle, liest mehrere Verse vor und fragt streng: »Wissen Sie, wo das steht?« Enrico richtet den Blick gegen den Himmel und schweigt. Nein, er weiß eigentlich gar nichts. Die Ergebnisse sieht man in den Zeugnissen. Im letzten Jahr des Gymnasiums hat er im ersten Semester eine Zwei in Naturkunde, eine Drei in Kunstgeschichte und eine Fünf in Italienisch. Nur in Geschichte und Philosophie gelingt es ihm, eine Sieben, also ein schwaches Befriedigend, zu erlangen, außerdem begeistert er sich für Diskussionen mit Professor Forteleoni. Von Religion hingegen lässt er sich befreien, ohne dies zur Schau zu stellen und frei von jeglicher Polemik. Darüber hinaus fehlt er oft in der Schule.

Der Grund ist allerdings ein ziemlich ungewöhnlicher. Zusammen mit drei Klassenkameraden, Franco De Giorgi, Luigi Bicheddu und Gigi Passino, der später der Schwager von Francesco Cossiga[32] werden wird, stellt er eine Pokerrunde auf die Beine. Die vier jungen Burschen schließen sich in eine heruntergekommene Spelunke namens »Apollo« ein. Sie steigen über eine Leiter in eine Art Scheune ein und verspielen dort mit dem Vergnügen des Verbotenen das gesamte Geld, das sie zu Hause auftreiben können. »Enrico war ein wahrhafter Spieler, mutig, auch mit Glück versehen, ein Siegertyp«, erinnert sich Franco De Giorgi.

Es ist eine Phase der Abnormität, wie sie für einen jungen, bürgerlichen Mann ziemlich typisch ist. Aber Enrico unternimmt mit seinen Pokerfreunden nicht die anderen Dinge, wie sie bei den Lebemännern aus der Provinz üblich sind, von Festen bis hin zu Bemühungen, jungen Mädchen den Hof zu machen. »Wir haben ihn nie auf einem Empfang gesehen. Er ist nicht einmal mit uns in die Bordelle gegangen, wo wir normalerweise den ersten Teil des Nachmittags verbrachten, da der reduzierte Tarif für Studenten um halb drei Uhr galt«, erzählt De Giorgi. Mit seinen Pokerfreunden spricht Enrico niemals über Politik. »Als wir erfuhren, dass er Kommunist geworden ist, fielen wir aus allen Wolken. Viele von uns fragen sich noch heute: Wie konnte das passieren?«, sagt abschließend der alte Schulkollege.

Tatsächlich gibt Enrico, vielleicht mit einem Schuss aristokratischem Snobismus, den jungen Burschen von »Apollo« über sein wirkliches Leben und über seine Interessen nicht Bescheid. Er spricht nicht über den Antifaschismus, auch wenn er die Opposition zu Mussolini für etwas Selbstverständliches hält, was er seit Geburt an von zu Hause mitbekommen hat. Sogar die Großmutter

32 Näheres zur Person siehe Kapitel: Die italienischen Hauptfiguren in Chiara Valentinis »Enrico Berlinguer« (☛ S. 453).

Caterina kam von ihren Reisen nach Rom mit Propagandaflugblättern zurück, die sie in einem kleinen Sonnenschirm versteckt trug, stolz darauf, die faschistische Polizei überlistet zu haben. Aber Enrico erzählt nicht einmal, dass er gemeinsam mit Onkel Ettorino beginnt, in anderen Spelunken zu verkehren, in noch gefährlicheren als in jener namens »Apollo«. Bei »Rubattu«, in der sehr zentral gelegenen Via Roma, fast gegenüber dem Gericht, verriegelt man nach elf Uhr abends die Türen und spielt Poker. Aber im Unterschied zum »Apollo« spricht man hier neben dem Hasardspiel über Politik. Unter niedrigen Gewölbedecken treffen sich Handwerker und Arbeiter aus Conce, einem Armenwohnbezirk in Sassari, an versprengten Tischen rund um eine massive Säule, die dem Raum eine besonders düstere Atmosphäre verleiht. So auch der Tischler Giovannino Santu, der Lackierer Pietro Sanna oder Bazoni, eine einzigartige Persönlichkeit, teilweise angestellt, teilweise als Lastwagenfahrer unterwegs, der angeklagt wurde, einen Journalisten des Regimes angegriffen zu haben.

Es ist ein Umfeld von antifaschistischen Männern aus dem Volk, die in einer kleinen Provinzstadt zusammentreffen und sich mehr darauf beschränken, Komplotte zu schmieden als zu handeln, aber ein Umfeld mit Hoffnung und Erinnerungen. Pietro Sanna, der Lackierer, ist ein Kommunist. 1934 wandert er nach Turin aus und tritt dort der kommunistischen Partei im Untergrund bei. Er wird verhaftet und ins Gefängnis gebracht. Danach wird er mit einem Entlassungsschein zurück nach Sardinien geschickt. Als Kommunisten bezeichnen sich auch der abenteuerlustige Bazoni, Giovannino Santu und verschiedene andere. Der junge Berlinguer, der bislang nur wohlerzogene Antifaschisten kennengelernt hat, ist von dieser Welt tief beeindruckt. Der Marmorbildhauer Andrea Pittalis, einer der regelmäßigen Besucher von »Rubattu«, erinnert sich: »Am Anfang waren wir erstaunt, hier unter uns diesen noblen, ein wenig verschlossenen jungen Mann zu sehen, der darüber hinaus schon kurze Zeit später begann, auch seinen jüngeren Bruder mitzubringen. Aber wir haben uns bald daran gewöhnt. Enrico spielte ausgezeichnet Poker, aber auch mit Billard kam er gut zurecht. Außerdem begeisterte sich unser kleiner Enrico, wie ihn damals alle genannt haben, für Gespräche über Politik. Er stellte Sanna viele Fragen zu Turin und zur Partei. Er wollte wissen, wie die Leute über die Kommunisten dachten und ob sie ihnen geholfen haben oder nicht.«

Zwischen einem Pokerspiel und politischen Diskussionen bringt Enrico seine neuen Freunde mit nach Hause, um heimlich »Radio London« zu hören. Eines Abends gehen sie alle etwas angeheitert hinaus. Sie werden von Polizisten angehalten und auf das Polizeipräsidium gebracht. Die Polizei von Sassari ist tatsächlich genau auf dem Laufenden, sowohl was das Hasardspiel betrifft als auch bezüglich der Diskussionen, die man bei »Rubattu« führt, drückt aber ein Auge zu. Sie sieht in dieser heterogenen und etwas wirrköpfigen Gruppe keine besondere Gefahr. Aber es sind genau die Stammgäste von »Rubattu«, durch die Enrico Berlinguer nach und nach in ein kommunistisches Umfeld eintritt, durch die er sehr engagierte Aktivisten kennenlernt und daraufhin einige Jahre später im Glashaus von Bianchi der Partei beitritt.

Ohne Vorbilder

Es ist sicherlich schwierig, in der Geschichte der politischen Führer des Weltkommunismus einen so wenig traditionell politischen Beginn zu finden wie den Berlinguers.

Schade, dass es müßig ist, Geschichte mit »Was wäre wenn ...« zu schreiben, sonst könnte man sogar sagen, dass Enrico Berlinguer ohne sein jugendliches Entgleisen und ohne seine Leidenschaft für das Pokerspiel nicht der Generalsekretär der größten kommunistischen Partei des Westens, sondern stattdessen ein Republikaner, ein Aktionist oder vielleicht sogar ein ruhiger, nur ein wenig der Politik zugeneigter Bürgerlicher in der Provinz geworden wäre.

Bei seinem Tod bezeichnete Giorgio Bocca Enrico Berlinguer als einen Anti-Italiener, um das zweifellos vorhandene Element seiner Einzigartigkeit begreifbar zu machen.[33] Aber im Gegenteil, seine Geschichte und sein Leben sind so einzigartig – im Vergleich mit dem alten kommunistischen Vorbild –, weil sie so italienisch sind, so verwurzelt in den Ereignissen und in den Stimmungen des bürgerlichen Antifaschismus, in der Rebellion des Volkes. Es ist sicherlich eine kommunistische Identität wie jene von Enrico Berlinguer, die sich langsam herausbildet, zusammen mit der Verfestigung seines Charakters, und die sich fast komplett mit seiner Persönlichkeit verflechtet. Zu Beginn ist es ein selbst beigebrachter Kommunismus mit einigen Elementen des Extremismus. Wie er viele Jahre später in einem Gespräch mit dem Historiker Pietro Sanna sagen wird: »Ich hatte eine Haltung der politischen Radikalisierung eingenommen, die für junge bürgerliche Intellektuelle dieser Zeit typisch war. Letztlich war das vor allem eine moralische Haltung.«

---

33 Giorgio Bocca: *Quel modo di essere uomo (Die Art, ein Mensch zu sein)*, in: *La Repubblica*, 9. Juni 1984. Giorgio Bocca (1920–2011), Schriftsteller und Journalist, neben »La Repubblica« schrieb er auch für die Zeitungen »Gazzetta del Popolo« und »Il Giorno« sowie für die Zeitschrift »L'Europeo«. In seiner Jugend war er ein begeisterter Anhänger Mussolinis. Ab Anfang 1943 distanzierte er sich vom Faschismus und schloss sich der *Resistenza* an. Er war einer der Gründer der Partisanenbewegung *Giustizia e Libertà (Gerechtigkeit und Freiheit)*.

Diese Haltung, die aus seinem familiären Umfeld stammt, aus der Lehre des Respekts für das Individuum und für seine Freiheiten, welche er von Kindheit lernte, wird immer eine der wichtigsten Bestandteile seiner politischen Einstellung bleiben und hat einen starken Einfluss auf die großen Entscheidungen seiner späteren Jahre. Sie wird ihn auch von seinem Meister Togliatti unterscheiden, von dessen Skeptizismus, dessen feinen Zynismus. Dies stellte einmal Giovanni Berlinguer fest: »Seit diesen ersten Jahren sind in Enrico eine große Hilfsbereitschaft und ein großes Einfühlungsvermögen in die Hoffnungen und in die Ziele der ganz bescheidenen Leute geblieben. Und er sah die Klassen als eine Summe von Individuen, und nicht nur als Motoren der Geschichte.«

Die erste Schule des Kommunismus beginnt für den 22-jährigen Enrico sicher nicht damit, »dass er Mitglied in der Führung in der Partei« wird, wie es eine berühmte, witzige Bemerkung von Giancarlo Pajetta[34] ausdrücken will, sondern mit der Arbeit in der extremen und abgelegenen Peripherie einer Partei, welche die Splitter ihrer Identität irgendwie zusammenfügen will. Die Kommunisten von Sassari – die Muras, die Lentinis, die Lehrerin Usai – geben dem jungen Berlinguer den Auftrag, eine Jugendgruppe zu bilden.

Das ist in einer Stadt nicht leicht, in der politische Parteien noch abwesend sind und in der die Kommunisten insgesamt nicht mehr als einige Dutzend Menschen sind. Für die Gründung seiner Gruppe steht Enrico Berlinguer kein Vorbild zur Verfügung. Der Gruppe tritt man aus verschiedenen Gründen bei. Salvatore Delogu, der später mit Enrico auf dem Balkon der Provinzverwaltung die rote Fahne hissen wird, kommt hinzu, nachdem er eine öffentliche Rede hörte. Nino Pinna, ein junger, friedlicher Bäcker, wird von seinem Hass auf die Faschisten angetrieben, die seinen Vater wegen einer Kleinigkeit in den Knast steckten. Nach dem Sturz von Mussolini halfen ihm einige Freunde, die dafür Verantwortlichen zu verprügeln. Als Berlinguer davon erfährt, fragt er ihn: »Warum trittst du nicht der kommunistischen Partei bei?« »Was für eine Partei ist das?«, entgegnet Pinna, der noch nie zuvor davon gehört hat. »Es ist eine Partei, die den Faschismus bekämpft«, antwortet ein etwas schematisch argumentierender Enrico Berlinguer, der ihn damit jedoch sofort überzeugt.[35] Unter den weiteren neuen Mitgliedern ist auch der Maurer Nino Manca. Er ist um einige Jahre älter als Enrico und ein echter Anführer, der zu einem der treuesten Genossen von Enrico werden wird.

---

34 Näheres zur Person siehe Kapitel: Die italienischen Hauptfiguren in Chiara Valentinis »Enrico Berlinguer« (☛ S. 463).

35 Nino Pinna, der später verschiedene Ämter in der KPI von Sassari ausgeübt hat, persönliche Mitteilung an die Autorin.

Inzwischen wurde Enrico Berlinguer wegen einer leichten Missbildung an den Füßen vom Militärdienst befreit. Am 5. November 1940 schreibt er sich in die Universität Sassari an der Juristischen Fakultät ein, ohne jedoch Mitglied der faschistischen Universitätsgruppe zu werden. Damals wurde dieser Beitritt für die Studierenden als obligatorisch erachtet. Aber der gewissenhafte junge Mann ackerte die Gesetze komplett durch und entdeckte dabei, dass es dazu keine genaue Norm gab. Bei der ersten Prüfung hat Enrico ein Problem mit dem Anziehen des schwarzen Hemdes,[36] wie es damals allgemein üblich war. Nach längeren Geheimtreffen mit Giovanni entscheidet sich Enrico dagegen und tritt etwas nervös mit einem von seinen gewöhnlichen, zerrissenen Jacketts an. Berlinguer bekommt eine Eins, und auch in den folgenden Prüfungen behält er seine Durchschnittsnote. Inzwischen hat er sein Gleichgewicht gefunden. Die zügellosen Jahre scheinen weit entfernt zu sein.

Die Jungs von Enrico

Während die Alten in der KPI von Sassari eher heimlich agieren und in sich verschlossen bleiben und damit sicherlich den Beitritt neuer Mitglieder nicht erleichtern, will Enrico alles öffentlich und am helllichten Tage stattfinden lassen. Im November 1943 zählt die Jugendgruppe von Enrico Berlinguer bereits 50 Personen, zu Beginn des darauffolgenden Jahres sind es 116.[37] Die erste Versammlung findet im Bäckereigeschäft des Vaters eines Mitgliedes, Lucio Mundula, statt. Doch Enrico Berlinguer hat seine vorbereiteten Notizen zum Thema des Klassenkampfes noch nicht einmal ausgebreitet, da kommt die Polizei, beschlagnahmt die Notizen und lässt die Versammlung räumen. Es ist ein Übergriff, dem er sich nicht passiv unterordnet. Er legt einen schriftlichen Protest bei dem alliierten Kommandanten ein und mietet daraufhin einen Raum in der Via San Sisto, das zum ersten öffentlichen Sitz der Partei in Sassari wird.

Die Jungs sind beeindruckt von diesem gebildeten und aristokratischen Genossen. Ohne dabei je die Geduld zu verlieren, spricht er von der Machtumkehr in Bezug auf die großen Kapitalisten und von der Sozialisierung der Produktionsmittel. Dabei wirft er oft einen Blick auf seine schnell hingeschriebenen Stichwörter auf einer Schachtel Zigaretten der Marke Tumac, die er seit damals hastig und ununterbrochen raucht. Der mittelmäßige Schüler aus dem

36 Uniform der faschistischen Organisationen.

37 Gemäß dem Bericht des Sekretariats der KPI in Sassari über die Aktivitäten der Jugendabteilung.

Gymnasium »Azuni« ist zu einem Lehrer geworden, der sich seiner Sache sicher und dabei weder pedantisch noch schematisch ist. In dieser Zeit ist es Enrico Berlinguers persönliche Überzeugung, wie auch bei vielen anderen Kommunisten jeden Alters überall in Italien, dass auf den Sturz des Faschismus eine proletarische Revolution folgen muss. Togliatti ist noch nicht aus der UdSSR[38] zurückgekehrt. Er wird dann bei seiner Rückkehr mit der »Wende von Salerno« auf den parlamentarischen Weg verweisen. Aber im Jugendsekretär von Sassari gibt es zur selben Zeit die Intuition, dass sich die kommunistische Partei öffnen, aus den halb konspirativen »Verstecken« hervorkommen, mit den Leuten reden und sich so in der Gesellschaft verankern muss.

Die dafür gewählten Mittel sind sicherlich naiv, manchmal fast romantisch. Am Abend verlassen Enrico Berlinguer und seine Jungs den Sitz in der Via San Sisto, ziehen in Grüppchen mit der Gitarre durch die Stadt, und singen populäre und antifaschistische Lieder wie die »Internationale«, »La guardia rossa«,[39] die ihnen die Rückkehrer aus der Verbannung lernten. »Wir haben das als eine Form der Propaganda gesehen, als eine Reaktion auf das Schweigen, das den Kommunisten über so lange Zeit aufgezwungen worden war«, sagt Salvatore Delogu. Darüber hinaus liebt Enrico Berlinguer diese Lieder. Er singt sie mit einer wahrhaften Rührung. Manchmal, am Ende des Abends, sitzen alle wie die Hirten auf dem Lande im Kreis am Boden und diskutieren über Politik. Eine weitere Idee war, ein Schild mit der Aufschrift »KPI Sektion Quattro cantonate« von einem Genossen, der Bildhauer war, meißeln zu lassen und es nahe an der Universität an einer Mauer anzubringen, genau auf der Kreuzung mit der »Quattro cantonate«, also in einem Gebiet, in dem damals viele heimliche Kommunisten gelebt haben.

Natürlich gab es diese Sektion nicht wirklich. Es sollte lediglich ein Aufruf an die vorbeigehenden Leute sein, um ihnen auf diese Art und Weise zu zeigen, dass die KPI existiert. Oft verlassen die jungen Genossen mit einem Pferdewagen auch die Stadt und verbreiten Propaganda unter den Tagelöhnern, die ihnen zu Fuß entgegenkommen.

Inzwischen ist die Gruppe zu einer Art Kollektiv geworden, wenn auch nur aus Männern bestehend, die mit Spaß und Begeisterung einen Großteil der Zeit

---

38 UdSSR – Union der sozialistischen Sowjetrepubliken, kurz: Sowjetunion, gegründet 1922 nach dem Sieg der Roten Armee im russischen Bürgerkrieg, aufgelöst 1991.

39 *La guardia rossa* (»die rote Wache«), komponiert von Raffaele Offidani während der »roten« Zweijahresperiode (1919/20) in Italien, beherrscht von Streiks, Fabrik- und Landbesetzungen, Demonstrationen, wurde dann im Spanischen Bürgerkrieg (1936–1939) von Freiwilligen der Garibaldi-Brigade, die ein Teil der Internationalen Brigaden war, gesungen.

miteinander verbringen. Manchmal versuchen sie auch, Tanzfeste zu organisieren und bringen dafür ein Grammofon mit einem Lautsprecher in die Via San Sisto. Einige Male machen alle zusammen einen Ausflug ans Meer, nach Porto Torres oder nach Stintino, oder treffen sich im Hause von Enrico Berlinguer zu einem Abendessen mit Umtrunk, es waren Zeiten des Hungers. »Wir haben eine innige Gemeinschaft geschaffen, eine große Zuneigung füreinander. Wir lebten alle zusammen in der Hoffnung auf eine neue Welt«, sagt Nino Pinna. Für Enrico Berlinguer ist es wahrscheinlich eine der glücklichsten Zeiten. Die jungen Arbeiter und Bauern hegen eine uneingeschränkte Bewunderung für ihren hageren Anführer mit diesem ausdrucksvollen Gesicht, der so viele Bücher liest und der so gut logisch denken kann (»Er ist ein genialer Kopf«, werden sie oft wiederholen). Er trägt jetzt einen alten, abgeflachten Hut der Marke Borsalino und einen blauen, zweireihigen Mantel, der leicht bolschewistisch aussieht. Außerdem hat er immer eine Peitsche der Marke »Nervo« bei sich, eine Peitsche, mit der die bürgerlichen Familien von Sassari ihre Kinder bestrafen. Die Peitsche ist allerdings keine unnütze Zurschaustellung, sondern eine Waffe der Verteidigung. Enrico Berlinguer wird viele Male von den Faschisten angegriffen, so oft, dass die Genossen ihn keinen Augenblick mehr allein lassen, sie begleiten ihn überall hin. In diesen Monaten erleben Enrico Berlinguer und seine Jungs ihre subversive Revolte.

Die Brotaufstände

Der Winter im Januar 1944 ist in Sassari bitterkalt. Die Stadt, die vom Krieg praktisch nicht berührt, von keinem einzigen Bombardement gestreift wurde, und dank einer Subsistenzwirtschaft überlebte, hungert jetzt. Die Macht ist noch immer zu einem guten Teil in den Händen des kurzsichtigen Generals Basso. Der Machtwechsel verläuft langsam und bürokratisch. In den Städten und Dörfern horten die Landbesitzer die Produkte, während sich Prominente und kleine Bürokraten einen guten Teil der kontingentierten Waren auf betrügerische Weise erschleichen. Der Schwarzmarkt blüht auf. Besonders in Sassari wurden seit zwei Monaten keine Nudeln, Kohlen und kein Öl verteilt. Zucker und Seife sind vom Markt verschwunden, es mangelt an Brot. In den Armenvierteln, wie in Conce und in Barcali, haben die Menschen buchstäblich nichts zum Essen. In diesem Klima brechen in Sassari die Brotaufstände aus. Es handelt sich dabei nicht um ein isoliertes Phänomen. Auch in anderen Ortschaften Sardiniens, von Lanusei über Carloforte und Sant'Antioco bis Ozieri, rebellieren die Menschen und überfallen die Bäckereien und Regierungskommissariate. Es sind Demonstrationen, die mehr den Kämpfen im 19. Jahrhundert gegen die Getreidesteuern ähneln als den Streiks und Landbesetzungen, die sich inzwischen im Rest von Italien ausgebreitet haben. Es bleibt auch aufgrund dieser Art der Rebellion mit dem Ziel des Überlebens unklar, ob es sich dabei um spontane Aufstände handelt oder ob diese von den daran teilnehmenden Kommunisten organisiert wurden.

In Sassari beginnen die Unruhen am 13. Januar. In der Früh setzen sich aus den verschiedenen Teilen der Stadt Frauen und junge Männer in Bewegung, die »auf einem Stock aufgehängte, rotte Lappen tragen«[40] und mit der Besetzung des Polizeipräsidiums und des Rathauses drohen. In der ersten Reihe der Demonstration sind auch Enrico Berlinguer und die jungen Männer aus der Via San Sisto zu finden. Den Demonstranten stellen sich Carabinieri entgegen, die Stadt ist in Aufruhr. Am zweiten Tag bricht das Chaos aus. Die Demonstranten, dieses Mal überwiegend Männer, überfallen Geschäfte: die Teigwarenfabrik Farbo Naseddu, den landwirtschaftlichen Betrieb Fara, die Sammelstelle für Öl, den öffentlichen Markt. Laut dem Polizeibericht marschiert die zahlenmäßig größte Gruppe »mit einer großen roten Fahne mit dem Emblem der Sichel und des Hammers« an der Spitze des Demonstrationszuges. Einige Frauen werden verprügelt, »nur weil sie einen Pelzmantel anhaben.« Der 17-jährige Mario Usai, ein sehr junges Parteimitglied, hält einer unbekannten Frau eine Handgranate unter die Nase, die daraufhin fast zu Tode erschrickt. Und auf ähnliche Weise, indem er eine Bombe gegen die aufgereihten Carabinieri wirft, gelingt es anderen jungen Kommunisten, zwei eingesperrte Genossen zu befreien. Alle Bäckereien in Sassari sind leer gefegt. Ein junger Mann aus der Via San Sisto, der 16-jährige Stefano Sechi, wird ertappt, als er »einen ganzen Sack voll von Brot« an die Menge verteilt und weitere Packungen Reis und Nudeln herumwirft. Enricos junge Männer bewaffnen sich mit Steinen gegen die berittenen Carabinieri, die sich auf die Menge stürzen, um sie zu zerstreuen.

Nino Pinna erinnert sich: »Wir haben uns mächtig ins Zeug gelegt, um die Steine auf die Füße der Pferde zu werfen, sodass sie wieherten und in einer Staubwolke scheuerten. Es war eine Szene wie aus einem Westernfilm.«[41] Berlinguer will einen Stein in Richtung eines Carabinieri werfen, wird aber von einem Genossen gerade noch rechtzeitig davon abgehalten. Plötzlich erscheint auf den Straßen von Sassari das Heer mit Panzern. Die jungen Kommunisten

---

40 *Atti processuali relativi alle manifestazioni del 13 e 14 gennaio a Sassari (Prozessakten in Zusammenhang mit den Demonstrationen am 13.* und *14. Januar in Sassari*), relazione dell'Ispettorato di polizia per la Sardegna (Bericht der sardischen Polizeibehörden).

41 Nino Pinna, persönliche Mitteilung an die Autorin.

ziehen sich in ihren Sitz zurück, wo wenig später die Polizei 30 von ihnen verhaftet. Berlinguer ist nicht unter ihnen. Er wird drei Tage später, am 17. Januar um 10 Uhr vormittags, in seinem Haus in der Via Alghero von Kommissar Colonna festgenommen. Er wird 14 Stunden lang in einem Sicherheitszimmer in genau jener Kaserne eingesperrt, die den Namen seines Vorfahren Gerolamo Berlinguer trägt. Um Mitternacht wird er verhört, es herrscht dicke Luft für ihn. »Ich erkläre, dass ich mich zu den kommunistischen Theorien bekenne«, ist seine erste Antwort.

Kurze Zeit später befindet sich Berlinguer in einer Zelle des Gefängnisses von San Sebastian, welches sich im Zentrum der Stadt, einen Katzensprung von der Bar »Rubattu« entfernt, befindet. Er wird vor dem Militärgerichtshof für Sardinien für Vergehen angeklagt, auf welche die Todesstrafe steht: bewaffneter Aufstand gegen die Staatsmacht, Zerstörung, Plünderung. Die Polizei betrachtet ihn als »den größten Aufwiegler und Hauptverantwortlichen für die Aufstände.« Der Generalinspekteur der Sonderpolizeikräfte, Dino Fabris, beschreibt ihn in seinem Bericht als »überzeugten Kommunisten, einen Gelehrten der leninistischen Theorie, einen der Anstifter und Gründer der Kommunistischen Partei in Sassari.« »Besessen von der Idee«, wie der Bericht weiter ausführt, »glaubte er, dass der Moment gekommen war, die extremistischeren Ideen der Partei in die Praxis umzusetzen.« Zu diesem Anlass erscheint der Name von Enrico Berlinguer das erste Mal in der süditalienischen Ausgabe der Parteizeitung »L'Unità« in einem Artikel mit dem Titel: *Die faschistische Unterdrückung auf Sardinien.*[42]

Den Anklägern gemäß habe Berlinguer die Aufstände geplant, unter anderem mit der Absicht, den Polizeipräsidenten aus dem Fenster zu werfen und so zu ermorden. Das sind allerdings Anschuldigungen, die nicht der Wahrheit entsprechen. Tatsächlich entspricht die Verteidigungslinie des Anwaltes Mario auch nicht der Wahrheit: Enrico und die Übrigen seien an den Aufständen völlig unbeteiligt, sie seien nicht einmal auf die Piazza gegangen, um dort herumzuschnüffeln. Wie man später aus den Prozessakten erfahren wird, unterwanderte die Polizei die jugendliche Gruppe mit einem eigenen Mann, Giuseppe Spanu, der dann die schwerwiegendsten Anschuldigungen untermauern sollte. Einige andere Parteimitglieder sprechen von Handgranaten, von denen auch zwei gefunden wurden. Von allen wird bestätigt, dass die erwachsenen Parteimitglieder gegen die Teilnahme der jungen Leute an den Aufständen

---

42 L'Unità (dt. »Die Einheit«), süditalienische Ausgabe, 12. Februar 1944.

waren. Lentini und Costa waren davor sogar in die Via San Sisto gegangen, um sie davon abzubringen.

Eingesperrt in das Gefängnis von San Sebastian, beschäftigt sich Berlinguer unter anderem mit dem Lesen des *Kapital*[43] von Karl Marx. Als Versuch zur eigenen Verteidigung schreibt er einen Brief in einem etwas gebrochenen Englisch an das alliierte Militärkommando auf Sardinien. Er macht auch Gymnastik nach dem deutschen System der Methode Müller, die ihm der Loriga Großvater beibrachte und die er über Jahre hinweg den Freunden weiterempfehlen wird.

Inzwischen beginnt Mario, der Teil des antifaschistischen Komitees wird, hektisch zu handeln. Es gelingt ihm, eine alliierte Kommission aus Salerno zu mobilisieren, die gegen das Verhalten der Polizei ermittelt. Die Presse, die sich im ersten Moment feindselig zeigte, beginnt Zweifel zu äußern. Von mehreren Seiten kommt Druck, dass die jungen Kommunisten freigelassen werden sollen. Am 25. April 1944, nach 100 Tagen im Gefängnis, werden Enrico und der größere Teil seiner Genossen im Ermittlungsverfahren davon freigesprochen, die Tat begangen zu haben. Als sie aus San Sebastian herauskommen, sind sie abgemagert, blass, und buchstäblich voller Läuse. Man vermutet, dass der Prozess bestimmt ein anderes Ende gefunden hätte, hätte es nicht den Einfluss von Mario gegeben. Die Bande von jungen Männern wird gelobt, dass sie sich selbstlos der Unterstützung des Aufstands des Volkszorns hingab. Sicherlich handelte es sich um eine naive Aktion. Aber in einer Stadt, welche die Deutschen, ohne einen Schuss abzugeben, abziehen hat lassen, die mit einer fast totalen Passivität den Sturz des Faschismus und den Regimewechsel erlebt hatte, zeigt diese subversive Revolte einer Gruppe von Zwanzigjährigen auch auf eine bestimmte Art und Weise das Verlangen, in der Geschichte eine neue Seite aufzuschlagen und ihr eine andere Richtung zu geben.

Auf persönlicher Ebene geht Enrico Berlinguer daraus erwachsener und reifer hervor. »Der Knast ist eine charakterbildende Erfahrung gewesen«, wird er in einem der letzten Interviews, das er anlässlich des 40. Jahrestages der Brotaufstände gibt, in seinem üblichen trockenen Ton sagen.[44] Aber er wird nicht hinzufügen, dass im Gefängnis von San Sebastian in ihm die Entscheidung reifte, das Studium abzubrechen und sich völlig der Partei zu widmen. So wurde er also, wie man damals sagte, zu einem Berufsrevolutionär.

---

43 Eine Analyse und Kritik der kapitalistischen Ökonomie und Gesellschaft mit weitreichenden Wirkungen in der Arbeiterbewegung und der neueren Zeitgeschichte.

44 Alberto Statera: *È giunto il momento di una nuova autonomia (Die Zeit ist reif für eine neue Autonomie)*, in: La Nuova Sardegna (dt. »Das neue Sardinien«), 15. Januar 1984.

Wagner gegen Beethoven

In den drei Monaten, die Berlinguer im Gefängnis verbrachte, geschahen viele Dinge. Der sardischen kommunistischen Partei gelang es, Anfang März 1944 in Iglesias[45] ihren ersten regionalen Kongress abzuhalten, wenn auch mit großer Mühe. Laut der Polizei wurden die Kommunisten auf der Insel zu der ersten Partei mit einer großen Unterstützung unter den unzufriedenen und hungernden Volksmassen und einer engmaschigen, »regulär gebildeten« Organisation.[46] Das ist allerdings eine Übertreibung. Tatsächlich ist die KPI auf Sardinien mit enormen organisatorischen und politischen Problemen konfrontiert, wie fast überall zu dieser Zeit, speziell in Süditalien. Die 170 Delegierten, die zuvor von den Regionalkomitees bestimmt wurden, kommen nach Iglesias und bringen dabei gebratene Spanferkel und Schafkäselaibe mit, um in den Tagen des Kongresses zu überleben. Man diskutiert über die Wirtschaft, über die Vergesellschaftung der Banken und Bergwerke, aber auch über die »militärischen Einberufungen und den Drill der Ausbildungen« (und Berichterstatter ist genau jener Bruno Mura aus Sassari, der als einer der politischen Mentoren von Enrico fungierte). Auch wenn die Partei daraus mit einem etwas weniger aufständischen Gesicht hervorgeht, ist es die allgemein herrschende Überzeugung, dass der Kapitalismus und die alten führenden Klassen im Zusammenbruch befindlich sind. Man denkt, dass die antifaschistischen Komitees nur vorübergehend sind und »der Sozialismus auf eine andere Art und Weise aufgebaut werden sollte.«

In Sassari, die als die Stadt mit der größten Desorganisation angesehen wird, wurde Renzo Laconi als Parteikommissar eingesetzt. Er ist ein gebildeter, attraktiver Mann, der Proust[47] liest und mit einer leidenschaftlichen Redekunst spricht. Sobald er eintrifft, verteidigt er die Aktion der jungen Männer aus der Jugendgruppe. Er beklagt, dass die Partei sie nicht unterstützte, und als eine fast polemische Geste ernennt er Berlinguer zum Verantwortlichen für die kommunistische Jugendbewegung in der Provinz Sassari. Zwischen Enrico und Laconi entsteht eine enge Beziehung, auch auf persönlicher Ebene, die noch sehr lange anhalten wird.

---

45 Iglesias, Stadt im Südwesten von Sardinien gelegen, etwa 60 Kilometer von der Hauptstadt Cagliari entfernt, ist der Hauptort des ehemals für seine zahlreichen Kohle-, Zink- und Bleigruben bekannten Gebietes Sulcis Iglesiente.

46 Bericht des Polizeipräsidiums von Cagliari über den Parteikongress von Iglesias, 14. März 1944.

47 Marcel Proust (1871–1922), französischer Schriftsteller und Sozialkritiker, sein Hauptwerk ist der siebenbändige Roman *Auf der Suche nach der verlorenen Zeit.*

Die Ereignisse des Prozesses bringen eine Wiederannäherung von Berlinguer mit seinem Vater mit sich. Inzwischen ist auch Bruder Giovanni der KPI beigetreten. Der Rechtsanwalt Mario erlebt »mit Bedauern, aber auch mit Respekt« die Entscheidungen dieser beiden Kommunistensöhne, die viel mehr Interesse für die Politik als für die Schule zeigen. Aber sehr lange wird er sich mit der Idee, dass der Erstgeborene (Enrico) mit der Universität auch die Perspektive aufgeben will, die brillante Rechtsanwaltskanzlei zu erben, nicht abfinden. Vater und Sohn sprechen darüber bei den abendlichen Treffen in der Bibliothek, zu denen inzwischen auch der alte Professor Loriga hinzukommt, der – nachdem er zuvor in Pension gegangen war – nach Sardinien zurückgekehrt ist. An diesen Abenden finden dort Auseinandersetzungen zu allen möglichen Themen statt. Enrico bekräftigt leidenschaftlich den Vorrang der Philosophie, während Loriga und Giovanni überzeugt davon sind, dass der Wissenschaft die Zukunft gehört. Man streitet sich sogar über Musik. Giovanni liebt Beethoven, Enrico ist ein überzeugter Wagnerianer. Aber das am leidenschaftlichsten debattierte Thema ist natürlich die Politik. Man diskutiert vor allem darüber, was aus Italien werden wird. Mario, der inzwischen der Aktionspartei[48] beigetreten ist, träumt von einem demokratischen Regierungssystem, während Enrico das Bild von Stalin-Russland vor Augen hat. Der etwas liberalere Giovanni versucht es mit einigen Einwänden, aber in diesem Punkt ist der ältere Bruder unverrückbar: Die Zukunft gehört der Diktatur des Proletariats.

Als Enrico ein junger Mann war, der sein Leben ganz der Politik und den Büchern widmete, waren in seinem Zimmer neben den philosophischen Texten ausschließlich Klassiker des Marxismus zu finden. Cousin Sergio Siglienti erinnert sich: »Es gab natürlich die Werke von Marx, es gab viel von Lenin, mit vielen Markierungen, und es gab *Die Geschichte der KPdSU*[49] *– kurzer Lehrgang* von Stalin. Ein etwas dünneres Büchlein als die anderen, *Der linke Radikalismus, die Kinderkrankheit des Kommunismus* von Lenin, war voll von Blutflecken. Wir haben es abwechselnd dazu verwendet, die Stechmücken zu erschlagen.« Unter den philosophischen Texten liebt Enrico im Besonderen *Die Phänomenologie des Geistes* von Hegel (und tatsächlich zwingt er seinen jungen Cousin, diesen Text zu lesen) sowie Kant und die hegelianische Linke.

---

48 Die Aktionspartei (*Partito d'Azione*) wurde im Juli 1942 von »liberalen Sozialisten« und Demokraten gegründet und war eine treibende Kraft in der *Resistenza*, 1946 aufgelöst, der größere Teil schloss sich der Sozialistischen Partei (PSI) an, eine kleine Gruppe (um Ugo La Malfa) der Republikanischen Partei (PRI).

49 KPdSU – Kommunistische Partei der Sowjetunion.

Im Sommer nimmt er in Stintino *Die Dialoge* von Platon und die Schriften von Croce[50] ins Boot mit, Werke, die er sehr schätzt. Von Antonio Gramsci[51] kann er nichts lesen, mit Ausnahme des Fragments zur süditalienischen Frage, spricht aber oft mit seinem Bruder Giovanni darüber. Er bewundert Gramsci mehr als Helden denn als Theoretiker. Er tritt entschlossen für seine Ideen ein, zugleich ist er schon ziemlich tolerant. Enrico versucht nicht, die anderen zu indoktrinieren. Mit dieser Bildung und diesem kulturellen Gedankengut verlässt er im September 1944 Sassari, die jungen Männer aus der Via San Sisto und Onkel Ettorino, um nach Rom zu gehen und dort in der Leitung der KPI zu arbeiten.

---

50 Benedetto Croce (1866–1952), Philosoph, Historiker, Politiker, Kunsthistoriker und Kritiker.

51 Näheres zur Person siehe Kapitel: Die italienischen Hauptfiguren in Chiara Valentinis »Enrico Berlinguer« (☛ S. 457).

II.
Der Antiheld

Vor seinem Umzug nach Rom hat Enrico Berlinguer ein bedeutsames Treffen mit Palmiro Togliatti. Der Chef der italienischen Kommunisten, der legendäre »Ercoli«,[1] kommt am 27. März 1944 nach zwölf Jahren im Exil von Moskau über Algier nach Neapel – unter den Blitzen der deutschen Bomber und während eines plötzlichen Ausbruchs des Vesuv. Noch bevor er seinen Fuß in die neapolitanische Parteizentrale in der Via San Potito setzt, wäscht er den Verantwortlichen, von Salvatore Cacciapuoti bis zu Clemente Maglietta, wegen der kärglichen Anzahl von Parteimitgliedern in der Stadt, nur 12.000,[2] den Kopf. Öffnet die Türen, hört mit den kleinlichen Kontrollen auf, geht unter die Leute – das waren die ersten Mottos dieses Menschen der kommunistischen Dritten Internationale, dieses Führers einer Partei, die bisher dachte, sich auf die Revolution vorzubereiten und diese dann auch umsetzen zu müssen.

Es waren vier Tage vergangen und Togliatti verblüffte mit seiner »Wende von Salerno« nicht nur seine Genossen, sondern ganz Italien. Um die Nazis aus Italien zu vertreiben, brachte Togliatti den Vorschlag einer Regierung der nationalen Einheit vor und verließ so die Sackgasse der antifaschistischen Parteien, die sich weigerten, in die Regierung Badoglio einzutreten, solange der König nicht zurückgetreten sei. Durch diese Entscheidung verschob Togliatti die institutionelle Frage auf später. Eine »neue Partei« der Volksmassen, die in einigen Jahren tief im Land verankert sein sollte, zeichnete sich ab. Es entstand auch jene Regierung Badoglio II, in der »Ercoli« zusammen mit dem Philosophen Benedetto Croce einer der Vizepremiers wurde.

Und es ist genau in Salerno, wohin Mario Berlinguer gegen Mitte Juni Enrico begleitet. Nach den Ereignissen des Prozesses und der Gefängnishaft ist der Rechtsanwalt bestrebt, den Sohn aus Sassari von einem Umfeld fernzuhalten, das er inzwischen für allzu beschränkt und darüber hinaus für gefährlich extremistisch hält. Er hofft, dass der Junge mit einer ruhigeren Aufgabe im Apparat der KPI in Rom die Studien an der Universität wieder aufnehmen und so wieder zur Ordnung zurückfinden würde. Er hat darüber schon mit Mauro Scoccimarro gesprochen, der in dem aufgrund der Besatzung noch geteilten Italien in der KPI-Leitung für Zentral- und Süditalien zuständig war. Aber vor

1 So der Deckname von Palmiro Togliatti im Kampf gegen den Faschismus.

2 Giorgio Bocca: *Palmiro Togliatti*, Laterza/Bari 1973.

allem will er darüber mit Togliatti sprechen, den er viele Jahre zuvor in Sassari kennenlernte, als sie beide das »Azuni«-Gymnasium besuchten.

In Salerno wohnt Mario Berlinguer zusammen mit seinem Sohn bei seiner Schwester Ines, die mit einem jungen Ökonomen aus der Aktionspartei verheiratet ist: Stefano Siglienti,[3] dem späteren Finanzminister in der Regierung Bonomi.[4] Diesem Paar ist es bestimmt, eine sehr bedeutende Rolle im Leben von Enrico einzunehmen. Die neue Ministermannschaft erinnerte mehr an eine Gruppe von Freunden, die sich, so gut es ging, durchschlugen, als an eine Regierung. Ines Siglienti erzählt: »Viele von uns lebten in der Villa Guariglia. Meuccio Ruini[5] hängte seine Unterhosen, die voll von Löchern waren, in die Sonne. Benedetto Croce stopfte sich in der Kantine mit Frikadellen voll. Einmal habe ich angemerkt, wie schlecht er sich bei Tisch benehme, da hat mir Enrico sofort erwidert: ›Erinnere dich, dass dies der intelligenteste Mensch auf der Welt ist.‹«[6]

Wer nicht an diesem gemeinschaftlichen Leben teilnimmt, sondern sofort abreist, sobald die Treffen beendet sind, ist Togliatti. So gehen Mario und Enrico an einem Vormittag in das Polizeipräsidium von Salerno, dem provisorischen Sitz der Regierung, um ihn dort zu treffen. Massimo Caprara, der als Togliattis Sekretär dem Treffen beiwohnte, erinnert: »Die Berlinguers hielten uns auf den Stufen an, als wir gerade ankamen. Ich war beeindruckt von diesem jungen Mann mit dieser Menge an tiefschwarzen Haaren, der mit etwas betretener Miene dastand, während sein Vater Togliatti die Ereignisse der Brotaufstände, der Gefängnishaft und des Freispruchs schilderte.«[7]

Es ist ein sehr kurzes Treffen. »Ercoli« beschränkt sich darauf, dem jungen sardischen Genossen die Hand zu schütteln und einige Höflichkeitsfloskel von sich zu geben. In den folgenden Tagen gibt es ein weiteres kurzes Gespräch.

---

3 Näheres zur Person siehe Kapitel: Die italienischen Hauptfiguren in Chiara Valentinis »Enrico Berlinguer« (☛ S. 467).

4 Ivanoe Bonomi (1873–1951), zunächst Mitglied der Sozialistischen Partei (PSI), später dann der Sozialistischen Reformpartei Italiens (PSRI), mehrfach Minister (1916, 1920, 1921, 1944–1945) und Ministerpräsident (1921–1922, 1944–1945), von 1948 bis 1951 Vorsitzender des Senats im italienischen Parlament.

5 Meuccio Ruini (1877–1970), Kolonialminister (1920), Minister ohne Geschäftsbereich (1944), Minister für öffentliche Arbeiten und Wiederaufbau (1944/45), Mitglied der Verfassungsgebenden Versammlung (1946–1948), Mitglied des Senates (1948–1953 sowie 1963–1970), Präsident des Senats (März bis Juni 1953), gehörte mehreren Parteien, zunächst Sozialist (1904–1913), dann Radikaler (1913–1922), Liberaldemokrat (1924–1926), Demokratische Arbeiterpartei (1942–1946), ab 1946 unabhängig.

6 Ines Siglienti, persönliche Mitteilung an die Autorin.

7 Massimo Caprara, persönliche Mitteilung an die Autorin.

Enrico gehört nicht zu jener Art von brillanten und extrovertierten jungen Männern, mit denen sich Togliatti mit einer gewissen Koketterie gerne umgibt und rund um die »Rinascita« sammelt, eine Zeitschrift mit einem großen kulturellen Ansehen, die schon im Juni 1944 erscheint. Er ist sicherlich nicht so humorvoll und unterhaltsam wie Antonello Trombadori,[8] Caprara, Fabrizio Onofri[9] oder der Maler Paolo Ricchi, der für Togliatti den Titelkopf der neuen Zeitschrift entworfen hat. Der junge Berlinguer ist von einer anderen Sorte, von jener der widerstandsfähigen und sturköpfigen Arbeitenden, deren revolutionäre Flamme schnell erschöpft ist und die bereit sind, sich vollständig mit der Organisation zu identifizieren.

Der sardische Genosse ist auch – trotz seiner Verschlossenheit und Orientierungslosigkeit – ein Großbürger. Das sind Eigenschaften, die ihn in den Augen von Togliatti jedenfalls zu der Persönlichkeit für den neuen Apparat machen, der die KPI wiederaufbauen und in der Gesellschaft verankern sowie den Hauch der Gewehrsalven vergessen lassen soll, der die Kommunisten noch lange Zeit umgeben wird. Es braucht gewiss kein großes Zögern, bevor »Ercoli« seine Entscheidung trifft: Enrico wird in der Leitung der Partei arbeiten, in der Jugendbewegung.

Ein Zettel mit »Ercolis« Unterschrift

Im Herbst 1944 ist Rom eine Stadt, die gerade ihr Gesicht verändert. Die Spuren der nationalsozialistischen Besetzung sind noch nicht verschwunden, aber die wiedergewonnene Freiheit erzeugt ein Klima der Fröhlichkeit, praktisch eine Vorankündigung der Explosion der kollektiven Freude, die Italien nach dem 25. April 1945 erfassen wird. Fast überall in der Stadt wird getanzt, in den Gaststätten, in den privaten Häusern, in den Vereinen, wo sich die alliierten Soldaten etwas arrogant und etwas unbeholfen herumtreiben. Auch die kommunistische Partei ist euphorisch, obwohl die Parteispitze aufgrund des fehlenden Aufstandes in Rom angefeindet wird.[10] In den Büros der Leitung in der Via Nazionale, in der Parteizeitung »L'Unità« und in den Sektionen, die sich

---

8 Antonello Trombadori (1917–1993), Journalist, Kunstkritiker, Dichter, kritischer Kommunist, für die KPI Mitglied des Stadtrates von Rom (1956–1968), Mitglied der Abgeordnetenkammer (1968–1983).

9 Fabrizio Onofri (1917–1982), Schriftsteller, Drehbuchautor, Mitglied des Zentralkomitees der KPI in den 1950er-Jahren, trat nach der sowjetischen Invasion in Ungarn 1956 aus der Partei aus.

10 Giorgio Amendola: *Lettere a Milano 1939–1945 (Briefe nach Mailand 1939–1945)*, Roma 1973.

wieder zu öffnen beginnen, treffen sich aus der Verbannung oder aus dem Ausland zurückgekehrte Genossen mit jungen Partisanenaktivisten, welche die SS in Schach hielten – extrem populäre Persönlichkeiten wie Sasà Bentivegna, der Protagonist des Attentates in der Via Rasella,[11] Carlo Salinari, Franco Calamandrei, Marisa Musu und Carla Capponi. Bentivegna erinnert sich: »Es dauerte nicht lange. Aber für einige Monate gab es eine wunderbare Partei, wo wir uns alle kannten, wo es eine absolute Vertrautheit zwischen der Parteiführung und der Basis gab.«[12] In diesem aufgeregten Rom, in dieser Partei der Genossinnen und Genossen, die sich zusammenfinden, fühlt sich Enrico wie ein Fisch auf dem Trockenen.

An Berlinguers ersten Tag in der Leitung der KPI erinnert sich Giulio Spallone, der Zuständige für die Jugendbewegung und Bruder von Mario Spallone, dem Vertrauensarzt von Togliatti. »Es kam ein junger Sarde, und praktisch ohne ein Wort zu sagen gab er mir einen handgeschriebenen Zettel. Sobald ich die Unterschrift von »Ercoli« sah, rückte ich meinen Sessel zurecht. Auf dem Zettel stand: ›Das ist Genosse Berlinguer, der aus Sardinien kommt. Macht ihn Euch für Eure Organisation nützlich.‹«[13] Als seine erste Aufgabe muss er die Arbeit der Gewerkschaftsjugend auf die Beine stellen. In der Zeitung »Gioventù Nuova«[14] erscheint am 14. Januar 1945 einer seiner ersten Artikel über die jungen Arbeiter, die an der Vorbereitung des Kongresses der Gewerkschaft CGIL[15] aus Neapel teilnehmen. Der Ton ist ziemlich flach gehalten. Er spricht darin unter anderem über die »Masse von jungen Leuten«, die aufgrund ihrer Arbeitslosigkeit »in Gefahr sind, physisch und moralisch zu degenerieren.« Der

11 Das Attentat in der Via Rasella war ein Anschlag der *Resistenza* am 23. März 1944 auf die deutsche Besatzung. Das Attentat forderte 35 Tote, 33 Männer des Polizeiregimentes Bozen, das jeden Tag zur selben Zeit in dieser Straße vorbeimarschierte, und zwei italienische Zivilisten, darunter ein 12-jähriger Junge. Zudem gab es 67 Verletzte, darunter elf italienische Zivilisten. Als Repressalie ließ der Kommandeur der Sicherheitspolizei und des Sicherheitsdienstes Herbert Kappler am 24. März 1944 das Massaker in den Ardeatischen Höhlen durchführen, bei dem 335 italienische Zivilisten umgebracht wurden.

12 Sasà Bentivegna, persönliche Mitteilung an die Autorin.

13 Giulio Spallone, persönliche Mitteilung an die Autorin.

14 Dt.: »Neue Jugend«.

15 CGIL – *Confederazione Generale Italiana del Lavoro*, gegründet am 3. Juni 1944 in Rom als Einheitsgewerkschaft von Kommunisten, Sozialisten und Christdemokraten. Durch die Annäherung der CGIL an die KPI und vor dem Hintergrund der zunehmenden politischen Polarisierung Italiens, auch als Folge des beginnenden Kalten Krieges, trennten sich die Christdemokraten 1948 ab und gründeten mit der CISL (*Confederazione Italiana Sindacati Lavoratori*) einen eigenen Gewerkschaftsbund. 1950 spalteten sich die Sozialdemokraten und laizistischen Kräfte ab und gründeten mit der UIL (*Unione Italiana del Lavoro*) einen weiteren Gewerkschaftsbund. Die CGIL ist bis heute der mitgliederstärkste Gewerkschaftsbund in Italien.

Artikel schließt damit, dass die jungen Leute »für Brot, für Arbeit und für eine würdige Zukunft kämpfen wollen«. Der Linksextremismus aus Sassari liegt definitiv hinter ihm.

Im Jugendausschuss, der aus einem Dutzend junger Leute besteht, steigt Berlinguer praktisch sofort auf und wird stellvertretender Leiter. Aber trotz dieses rasanten Aufstiegs wird er in der römischen Partei mit Distanz betrachtet. Giuliano Pajetta, der von der Gefangenschaft im KZ Mauthausen zurückkehrte, stellt fest, dass die engsten Genossen in der Partei wie Spallone und Michelino Rossi, ein ironischer und extrovertierter junger Mann, geboren in Tunis, den neuen Genossen aus Sardinien für jemanden halten, der keine große Persönlichkeit ist und der nur durch harte Arbeit vorankommt. Es ist eine Tatsache, dass Berlinguer keine große Biografie hinter sich hat, wie man damals sagte, das heißt keine militärische Geschichte im Partisanenkampf. Unter den jungen Aktivisten ist das oft der einzige Maßstab der Wertschätzung. Die Brotaufstände würden in diesem Umfeld wie ein Kinderspiel erscheinen. Und tatsächlich spricht Enrico niemals darüber.

Mit Beharrlichkeit gibt er sich hingegen der Organisationsarbeit hin, die zu diesem Zeitpunkt viele mit Abstand betrachten. Sogar eine junge Frau sardischer Herkunft und Freundin der Familie Berlinguer, Marisa Musu,[16] schaut ihn schief an, als sie Enrico in Rom sieht. Bis vor wenigen Monaten war sie »Rosa«, eine junge Partisanenaktivistin, die zwischen den Bomben ihr Leben riskierte. »Dieser Sarde, der kaum spricht, schien mir nichts Besonderes zu sein. Die erste Sache, die ich mir dachte, war: ›Von uns zweien bin ich die wahre Kommunistin‹«, erzählt Marisa Musu.[17]

Für einen verschlossenen und stolzen Charakter wie Berlinguer sind das keine leichten Proben. Vielleicht haben sie zu dieser etwas unfreundlichen Miene beigetragen, die ihm viele bis zum Ende vorwerfen werden.

Freitags bei Tante Ines

Auch wenn Berlinguer sich in der römischen Partei, die schon dabei ist, sich in Gruppen und Kleingruppen aufzuspalten, nicht wohlfühlt, findet er dafür im familiären Umfeld starke Anregungen. In Rom zog er zu Tante Ines und deren Mann Stefano Siglienti, der unter dem Spitznamen Fanuccio bekannt ist. Die

---

16 Näheres zur Person siehe Kapitel: Die italienischen Hauptfiguren in Chiara Valentinis »Enrico Berlinguer« (☛ S. 461).

17 Marisa Musu, persönliche Mitteilung an die Autorin.

beiden sind bemerkenswerte Persönlichkeiten. Sie leisteten Widerstand gegen den Faschismus in der Aktionspartei. In ihrem Haus fand das erste Treffen des Ausschusses der nationalen Befreiung statt. Sie sind eng mit jener Gruppe von Intellektuellen verbunden, die bei ihren Treffen in Wohnungen in der von den Deutschen besetzten Hauptstadt als Wiedererkennungszeichen auf der Klingel die ersten Töne der neunten Sinfonie von Beethoven spielen. Mitglieder der Gruppe sind unter anderem Manlio Rossi Doria, Bruno Visentini, Leo Valiani und Adolfo Battaglia.

Im Haus der Siglienti, ein harmonisches Mehrfamilienhaus in der Via Carlo Poma, ist das Leben in dieser Periode der Nachkriegszeit unterhaltsam und vielfältig. Ines und Fanuccio haben vier Kinder, unter ihnen Sergio, ein Kindheitsfreund Enricos, und Lina, die er sehr gerne hat, und die wiederholt von sich gibt: »Enrico wird ein großer Mann werden.« Aus Sardinien kamen auch Mario und Giovanni Berlinguer und brachten die zwei treuen Dienerinnen mit. Es ist nicht immer leicht, die jeweiligen Gewohnheiten in Einklang zu bringen. Eines Abends kommt Berlinguer, der ein Parteitreffen abgehalten hat, sehr, sehr spät, weit nach der Sperrstunde zurück. »Du hast deiner Tante großen Kummer bereitet«, sagt ihm ein strenger Fanuccio, der im Allgemeinen die Güte in Person ist. Enrico ist sehr betroffen. Ines ist für Enrico praktisch eine zweite Mutter. Sie ist eine auf ihre Art außerordentliche Frau, voller Witz und Mut, die während der Zeit des Widerstands die SS überlisten konnte, aber die einige Vorbehalte gegenüber den Kommunisten hat. Eines Tages trifft sie Togliatti im Haus von Bekannten und spricht ihn an: »Sie, die Sie immer so gut von Enrico sprechen, sagen Sie mir die Wahrheit: Wären Sie glücklich, wenn Ihr Sohn Aldo Funktionär der Partei wäre?« »Ercoli« ist etwas verlegen. »Was hat das damit zu tun, Aldo hat einen anderen Charakter«, antwortet er ausweichend.[18]

In der Stadt, die gerade dabei ist, das Leben wiederaufzunehmen, öffnet Ines wieder ihr Wohnzimmer. Wie Enricos Mutter, »Donna« Caterina, gibt auch sie jeden Freitag einen Empfang. Es sind unterhaltsame und gut besuchte Treffen, bei denen sich Persönlichkeiten wie der liberale Philosoph Guido De Ruggiero oder der Literat Angelandrea Zottoli (Autor der Studien über Casanova) mit Antonio Segni, Emilio Lussu,[19] Germaine und Giorgio Amen-

18 Ines Siglienti, persönliche Mitteilung an die Autorin.

19 Emilio Lussu (1890–1975), kämpfte aktiv in der Infanteriebrigade Sassari im Ersten Weltkrieg, zunächst im triestinischen Karst, später an der Isonzofront. Von 1921 bis 1924 Mitglied des italienischen Parlaments als Vertreter der sardischen Aktionspartei, 1926 Verbannung auf die Insel Lipari bei Sizilien, 1929 Flucht nach Tunis und später Exil in Paris, 1938 aktive Teilnah-

dola[20] und Ugo La Malfa[21] treffen. Berlinguer geht oft zu diesen Treffen. Besonders beeindruckt ist er von De Ruggiero. Seine *Geschichte der Philosophie* ist einer der nicht-marxistischen Texte, die ihn am meisten beeinflussten.

Er spricht sehr wenig, aber hört viel zu und knüpft Kontakte, zum Beispiel mit Visentini,[22] die lange andauern werden. Es sind wichtige Treffen für die Entwicklung des jungen Mannes, die ihn wieder mit der liberalen Strömung seiner Familie verbinden. Durch diese Treffen wird er im Gegensatz zu anderen zu einem weniger sektiererischen Kommunisten, der eben nicht in einem einzigen Umfeld eingeschlossen ist. Großen Einfluss auf ihn hat auch Fanuccio, der Ökonom, der seine politische Aktivität bald aufgeben wird, um einer der bedeutendsten italienischen Experten in Bankenfragen zu werden. Wie später Sergio wird er für Berlinguer einen Mittelsmann zur Welt der Wirtschaft und des Finanzwesens darstellen.

Oft geht Enrico mit allen Cousins ins Theater oder ins Kino »Adriano«, um Konzerte zu besuchen. In der Gruppe gibt es auch eine junge Frau mit blonden Haaren, Letizia Laurenti,[23] die engste Freundin von Lina, Tochter von Ines und Fanuccio. Letizia Laurenti ist extrovertiert und fröhlich. Sie langweilt sich beim Hören von klassischer Musik und tanzt lieber. Ab und zu wirft Berlinguer ihr einen vorwurfsvollen Blick zu. So verlässt er also im Sommer 1945 mit einigem Bedauern und einem alten Koffer das Mehrfamilienhaus in der Via Poma, um sich nach Mailand zu begeben.

---

me am Spanischen Bürgerkrieg, nach dem Sturz Mussolinis 1943 umgehende Rückkehr nach Italien, aktive Tätigkeit in der *Resistenza*, später Minister sowie Mitglied des Senats bis 1968 als Vertreter verschiedener sozialistischer Gruppierungen. Darüber hinaus Schriftsteller, dessen Werke sich intensiv mit der Geschichte Italiens auseinandersetzen: *Un anno sull'Altipiano (Ein Jahr auf der Hochebene)* schildert seine eigenen Kriegserfahrungen, *Marcia su Roma e dintorni (Marsch auf Rom und Umgebung)* beschreibt die Machtübernahme der Faschisten im Jahre 1922.

20 Näheres zur Person siehe Kapitel: Die italienischen Hauptfiguren in Chiara Valentinis »Enrico Berlinguer« (☛ S. 449).

21 Näheres zur Person siehe Kapitel: Die italienischen Hauptfiguren in Chiara Valentinis »Enrico Berlinguer« (☛ S. 458 f.).

22 Im Widerstand gegen den Faschismus, Mitbegründer der *Aktionspartei (Partito d'Azione)*, nach 1946 Politiker der *Republikanischen Partei (Partito Repubblicano Italiano)*, Mitglied der Abgeordnetenkammer und des Senates sowie des Europäischen Parlaments, Haushalts- und Finanzminister, Unternehmer (mehr als 20 Jahre Vorsitzender von Olivetti).

23 Näheres zur Person siehe Kapitel: Die italienischen Hauptfiguren in Chiara Valentinis »Enrico Berlinguer« (☛ S. 459).

Die Gnade ist tot

»Wir haben Eugenio Curiel sehnsüchtig und verzweifelt bei einem Treffen der Partei erwartet. Alle Genossen, die ihn erwartet haben, waren alte Genossen, mitgenommen durch die Verbannung, durch das Gefängnis, durch die Folter, durch den Tod. Vielleicht verhärtet durch den Kampf, waren sie sicherlich scheu gegenüber einer Rhetorik des Gefühls. Wir haben ihn mit einer dunklen Vorahnung erwartet: Wenige Zeilen in der Zeitung, in denen man von dem ›Unbekannten‹ spricht, der an der Ecke zur Piazzale Baracca von Banditen in Schwarzhemden getötet wurde, haben uns mit dem Geist der Angst erfüllt.«[24]

Als Enrico Berlinguer einige Wochen nach der Befreiung in Mailand ankommt, ist der Bericht aus erster Hand über den Mord von Eugenio Curiel eine der ersten Schriften, die er in den Händen hält. Eugenio Curiel, der Chef der jungen Kommunisten des Nordens, wurde von der faschistischen Polizei kurz vor dem Aufstand am 25. April ermordet. Die Hauptstadt des Nordens, die eben aus dem Partisanenkrieg herauskommt und von den Wellen der Rebellion erfasst wird, misstraut der »Wende von Salerno« und dem Eintritt in die Legalität. Enrico wurde von der Partei beauftragt, im Jugendsektor wieder Ordnung herzustellen.

Im Vergleich zu Rom, das sich inzwischen ziemlich gut im legalen Leben eingerichtet hat und sich bereits wieder für das politische Spiel interessiert, ist es hier wie in einer anderen Welt. Auf den noch von Trümmern blockierten Straßen treffen sich Gruppen von Partisanen mit roten Tüchern und umgehängten Maschinenpistolen, während in Rom hingegen alliierte Soldaten in Feierstimmung sind. Die Stadt ist eine einzige Parade von hupenden Autos, voll mit Männern von Cino Moscatelli, von Ciro, von anderen Kommandanten aus Valsesia, aus Villadossola, aus Biellese, die von den Bergen herunterkommen, um zu zeigen, dass sich die Zeiten geändert haben. In diesem Klima im Norditalien dieser Tage dreht sogar ein Gemäßigter wie Giorgio Amendola, der sein erste Wahlversammlung vor eine Volksmenge von Aufständischen in Turin hält, vor den Leichen der ermordeten Arbeiter in den Stahlwerken durch. Er schreit, dass die Ermordeten gerächt werden müssen, dass laut Lenins Lehre die Freiheit in den Gewehren liegt, die in den Händen der Arbeiter sind.

»Nachdem du uns heute Morgen auf dem Treffen der Partei erklärt hast, dass man sich darauf einstellen müsse, die Waffen den Amerikanern zu über-

---

24 »La nostra lotta« (»Unser Kampf«), hektografiert von der KPI im Untergrund, Nummer 7, April 1945.

geben, hast du ein schönes Schlamassel bereitet«, wirft ein Jugendführer, Gillo Pontecorvo,[25] Berlinguer freundlich vor.[26] Mussolini wird am 28. April hingerichtet. Zwei Tage später begeht Adolf Hitler im Bunker der Reichskanzlei in Berlin Selbstmord, am 8. Mai ist der Krieg in Europa vorbei. In den Straßen von Mailand wird jedoch weiterhin geschossen. Die Hinrichtungen ohne Verfahren gehen weiter und sie werden von vielen als Akte der Gerechtigkeit betrachtet. Nachts suchen die Partisanen die bekanntesten Faschisten, die Folterer, welche die Flucht nicht rechtzeitig geschafft haben, und sie ermorden diese auf den Wiesen und auf dem Asphalt am Stadtrand.[27] »Die Gnade ist tot« lautet der Titel eines Artikels der »L'Unità«.

Viele wollen nicht glauben, dass es der sehnsüchtig erwarteten Stunde X, diesem siegreichen Aufstand, der für einige Tage die Herzen und Köpfe berauschte, bestimmt ist, wieder einem grauen Alltag der bürgerlichen Legalität zu weichen. Schon Mitte Mai hatte Togliatti Pietro Secchia[28] zu sich nach Rom rufen lassen – ein Mann, der »die Revolution erwartete wie eine Person, die jederzeit ankommen muss«, um ihm die herausfordernde Aufgabe des Zuständigen für die Organisation der KPI zu übertragen, aber in Wirklichkeit auch, um die Revolte zu entschärfen. Diese revolutionären Versuchungen im Norden begannen, ihm ernsthafte Sorgen zu bereiten.

Der Leiter der Partei im Norden ist Luigi Longo.[29] Und genau dieser trifft Berlinguer, als dieser in der Via Filodrammatici ankommt, wo die Leitung der KPI für Norditalien ihren Sitz hat. Longo spricht, entsprechend seinem Stil, trocken und ohne jeden Schnörkel. Er erklärt Enrico, dass es neben dem Problem der Übergabe der Waffen noch ein weiteres, ebenso schwieriges gibt: nämlich diejenigen, die bislang nur Erfahrung im Untergrund haben, an das demokratische Leben zu gewöhnen. Er gab dies mit seinem typischen Akzent eines Bauern aus dem Piemont auf eine kurz angebundene Art und Weise von sich. Es handelt sich dabei um dieselben Direktiven, die er schon mitten im Aufstand unterschrieben hatte: »Der Übergang von der Illegalität in die Legalität wird wahrscheinlich abrupt sein. In diesen langen Jahren des illegalen

---

25 Näheres zur Person siehe Kapitel: Die italienischen Hauptfiguren in Chiara Valentinis »Enrico Berlinguer« (☛ S. 464 f.).

26 Amendola: *Lettere a Milano (Briefe nach Mailand)*, 1973.

27 Miriam Mafai: *L'uomo che sognava la lotta armata (Der Mann, der vom bewaffneten Kampf träumte)*, Milano 1984.

28 Näheres zur Person siehe Kapitel: Die italienischen Hauptfiguren in Chiara Valentinis »Enrico Berlinguer« (☛ S. 466).

29 Näheres zur Person siehe Kapitel: Die italienischen Hauptfiguren in Chiara Valentinis »Enrico Berlinguer« (☛ S. 459).

Lebens haben wir nach Gewohnheiten des sogenannten konspirativen Lebens sowie der konspirativen Arbeit gehandelt. [...] All diese Gewohnheiten müssen wir innerhalb von 24 Stunden tiefgreifend verändern. Am Höhepunkt und ab den ersten Stunden der Befreiung müssen die Kommunisten überall offen präsent sein. Wir hören auf, illegal zu sein, um bei Tageslicht zu handeln.«[30]

Tja, aber wie organisiert man sich bei Tageslicht? Das ist das Problem, mit dem Berlinguer vom ersten Tag an konfrontiert ist. In Mailand herrschen unter den jungen Kommunisten große Erwartungen und ein gewisses Misstrauen gegenüber Berlinguer, der schon als römischer Bürokrat wahrgenommen wird. Als Enrico zum ersten Treffen kommt, ist er das Sinnbild eines Antihelden. Auch im Juni ist er in eine dunkle Jacke hineingezwängt, an die weder ein Parteiabzeichen geheftet ist noch rote Tücher hineingesteckt sind, mit einem Stapel gut geordneter Blätter in den Händen. Mit einem systematischen Ton trägt er einen Bericht über das erste Jahr der legalen Arbeit in Rom vor, über die Schwierigkeiten und über die Fehler. Es ist eine bündige Ausführung voller Fakten, die ihm Respekt und sogar Sympathie einbringt, sicherlich mehr als in der Hauptstadt.[31]

Die Genossen in Mailand kommen praktisch alle aus der Sturmbrigade der Jugendorganisation. Sie sind direkt und entschlossen. Viele von ihnen haben nicht den blassesten Schimmer, wie man in der Öffentlichkeit spricht. Einer der Leiter ist Quinto Bonazzola, mit dem Decknamen »Remo«, einer der Mutigsten. Es gibt auch Aldo Tortorella,[32] dem, verkleidet als eine Rot-Kreuz-Schwester, eine gewagte Flucht aus dem Gefängnis in die Freiheit gelang, und es gibt Gillo Pontecorvo, ein zukünftiger Regisseur, extrovertiert, lebendig, immer mit Liebesgeschichten beschäftigt, der kurioserweise Enricos bester Freund werden wird.

Über mehrere Monate hinweg schlafen Berlinguer und Pontecorvo auf zwei Liegen, in einer provisorischen Unterbringung in einem Zimmer der Parteileitung in der Via Filodrammatici. Es gibt nicht einmal Betttücher, so legen sie sich voll bekleidet ins Bett. Im Herbst leiden sie enorm unter der Kälte, sind aber zugleich stolz auf dieses Leben als Bohemien. Wie zu seinen Zeiten im Gefängnis beginnt Berlinguer wieder mit der Gymnastik nach der Müller-Methode und erläutert Gillo deren Vorteile. »Wenn man körperlich fit ist, leistet man mehr in der Arbeit«, erklärt er ihm. Was Berlinguer an Mailand nicht ge-

30 »La nostra lotta« (»Unser Kampf«).

31 Gillo Pontecorvo, persönliche Mitteilung an die Autorin.

32 Näheres zur Person siehe Kapitel: Die italienischen Hauptfiguren in Chiara Valentinis »Enrico Berlinguer« (☛ S. 469).

fällt, ist das skrupellose Klima und die Liebesgeschichten, die sich miteinander verweben. »Die ersten Male, die er zum Sitz der Jugendorganisation kam, ein breites und niedriges Gebäude, im Inneren verschachtelt wie ein Labyrinth, war er erschrocken, Paare von Genossen und Genossinnen, umarmt und eng umschlungen auf der Couch liegen zu sehen. ›Ihr vergeudet die Zeit mit all diesen sinnlosen Geschichten‹, sagte er uns in einem vorwurfsvollen Ton«, erinnert sich Gillo Pontecorvo. Als aber später Gillo, der in der Schweiz eine Affäre mit einer verheirateten Frau hatte, Enrico bittet, sie an seiner Stelle anzurufen, um bei ihrem Ehemann keinen Verdacht zu erwecken, bietet sich Enrico gerne für diese kleine Intrige an.[33]

Ab und zu erinnert sich Togliattis strenger Repräsentant im Norden daran, ein junger Mann mit 23 Jahren zu sein, der eine außerordentliche Zeit durchlebt. Und das Mailand jener Monate ist tatsächlich eine einzigartige Stadt. Wie an keinem anderen Ort in Italien gibt es hier einen Drang nach Wiederaufbau und eine kulturelle Lebhaftigkeit, weshalb Einaudi, der höchst angesehene Herausgeber der Linken, Turin verlässt und hier seinen Sitz in der Via Tunisia eröffnet. Es erscheint die linke, zunächst von Elio Vittorini und dann von Alfonso Gatto geleitete Tageszeitung »Milano Sera«, und etwas später der »Nuovo Politecnico«, die wichtigste kulturelle Zeitschrift der Nachkriegszeit. Es entsteht das »Piccolo Teatro di Milano« von Grassi und von Strehler. Viele junge Regisseure und enttäuschte Schriftsteller kommen aus Rom hierher. In der Hauptstadt schließen die neuen Räume schon wieder.

Pater Camillo De Piaz, ein Priester und Partisan, der sich mit seiner schwarzen Kutte unter den Trägern der »roten« Tücher bewegte, erinnert sich, dass »auch Berlinguer vom Wind des Nordens eingenommen war. Im Gegensatz zu Togliatti hatte er keinerlei überhebliche Haltung gegenüber dem Widerstand und seinen Männern.«

Enrico will alles über Eugenio Curiel, den Partisan »Barbieri«, erfahren. Er wird niemals müde, sich dessen Reden erzählen zu lassen, und ist begeistert, als ihm Gillo erzählt, dass »Barbieri« sich selbst in den härtesten Momenten des Untergrundkampfes darum kümmerte, gute Lektüre für seine Männer zu finden. »Und so müssen wir es jetzt auch machen, wenn wir eine richtige Partei aufbauen wollen«, wiederholt er. Laut Pontecorvo identifiziert sich Berlinguer instinktiv mit dieser Persönlichkeit, die ihm in so vielen Aspekten ähnelt. »Beide waren sehr gebildet, sie teilten eine absolute Ernsthaftigkeit, eine große Schüchternheit, ein totales Vertrauen in die Kraft der Ideen«, sagt Ponte-

33 Gillo Pontecorvo, persönliche Mitteilung an die Autorin.

corvo. Eines Abends, weit nach Mitternacht, betritt ein junger Führer, Paolo Cinanni, zufällig die Büros der Partei. Berlinguer ist allein dort und studiert die Berichte von Curiel. Gianni Cervetti erinnert sich, dass 30 Jahre später der Generalsekretär der KPI das Schweigen brach, als er Berlinguer auf dem Weg zu einer Versammlung anlässlich des Jahrestages von Curiels Ermordung im Auto begleitete. »Wenn sie ihn nicht auf diese Weise ermordet hätten, dann wäre er heute der Chef der KPI, und nicht ich«, sagte Berlinguer, praktisch mit sich selbst sprechend.[34]

Der V. Parteikongress

Im Januar 1946 erhält Berlinguer eine Anerkennung von großer Bedeutung. In Rom findet der V. Parteikongress der KPI statt. Es ist der erste öffentliche Parteikongress nach 20 Jahren des »Untergrundkampfes, des Gefängnisses, des Exils, des faschistischen Terrors«, abgehalten gut 14 Jahre nach dem letzten 1931 in Köln. Enrico wurde zum Kandidaten für das Zentralkomitee gewählt. Damit wurde er auch Mitglied des Zentralkomitees.[35] In einer Kurzbiografie zur Vorstellung wird er als ein »Intellektueller« bezeichnet, der 1937 begonnen hat, »sich in Richtung Kommunismus zu orientieren, zuerst über die Lektüre von Büchern, später durch freundschaftliche Beziehungen, die er mit Arbeitergenossen hatte«. In der Tat ist dies etwas übertrieben dargestellt, wie es in offiziellen Biografien unvermeidlich ist. Aber die Anerkennung ist keine Kleinigkeit.

Das Zentralkomitee besteht nur aus 70 Mitgliedern, 57 tatsächliche und 13 Kandidaten. Vor allem bestand »das Zentralkomitee vollständig aus alten Genossen aus der Zeit des Untergrunds«, wie Pietro Secchia in seinen »Notizen« anmerkt. »Von den jüngeren Jahrgängen gab es nur Mario Alicata[36] und Enrico Berlinguer.«[37] Alicata ist der Mann, der 20 Jahre später, nach der Übergangsperiode von Luigi Longo, von einem Teil der Partei als Togliattis wahrer Nachfolger gesehen wird. Berlinguer ist der Führer, den Longo am XII. Parteikongress

34 Gillo Pontecorvo, persönliche Mitteilung an die Autorin.

35 In der KPI der Nachkriegszeit sind die Mitglieder der Leitungsgremien gemäß dem Gebrauch in der Sowjetunion noch unterteilt in tatsächliche Mitglieder, Kandidaten und Ersatzmitglieder.

36 Näheres zur Person siehe Kapitel: Die italienischen Hauptfiguren in Chiara Valentinis »Enrico Berlinguer« (☛ S. 448 f.).

37 *Archivio Pietro Secchia 1945–1973 (Das Archiv von Pietro Secchia 1945–1973)*, Fondazione Giangiacomo Feltrinelli, Milano 1979.

als Chef der Partei haben will. Die Wahl der beiden »neuen« Mitglieder des Zentralkomitees, welche die Leitungsgruppe jener KPI (die gerade dabei ist, sich in der politischen und gesellschaftlichen Realität von Italien zu verankern) im weit zurückliegenden 1946 trifft, ist also fast prophetisch. Als er in einem zahlenmäßig großen Publikum in der großen Aula der Universität sitzt, hört Enrico mit großer Spannung den langen Bericht von Togliatti. »Es gibt keine Provinz, keine Stadt, kein Dorf in Italien, wo man nicht mit einem Kreuz einen Ort markieren kann, an dem ein Kommunist sein Leben für sein Land hingegeben hat. Es gibt keinen Akt, kein Dokument, kein Wort unserer Partei, dem man vorwerfen könnte, dass es gegen die Interessen der italienischen Nation gerichtet wäre.«

Es ist die Geburtsstunde der neuen Partei, die es sich zum Ziel setzt, »sich im demokratischen Staat zu verankern, alle Poren der Gesellschaft zu durchdringen«, auch jene der Verwaltung und der Kultur, wie die französische Bourgeoisie vor deren Revolution. Es ist ein Projekt, das den alten Apparat des bewaffneten Kampfes verblüfft und erschüttert zurücklässt, von den neuen Kommunisten aber mit Begeisterung aufgenommen wird.

»Togliattis Kinder«, zu denen Berlinguer gehört, sehen in dieser gerade entstehenden Partei etwas, mit dem sie sich nicht nur auf politischer Ebene absolut identifizieren können, sondern sogar auch auf der menschlichen. So wird die Partei zu einer Art Antwort auf die Identitätskrise der Generation, die in der Nachkriegszeit erwachsen wird.

Eine weitere Neuheit ist die ideologische Öffnung der KPI, festgelegt in Artikel 2 des Parteistatuts. Der KPI können »alle ehrlich Arbeitenden der beiden Geschlechter, unabhängig von Rasse, religiösem Glauben und philosophischen Überzeugungen« beitreten. Ein Beweis dafür ist der Beitritt der kleinen Gruppe der kommunistischen Katholiken, die während des Widerstands rund um den jungen Franco Rodano[38] aktiv war. Über den gesamten Parteikongress hinweg spricht man von den »katholischen Massen«. Wenige Wochen zuvor entstand die Regierung unter der Führung von De Gasperi,[39] in der Togliatti Justizminister ist: Die Zusammenarbeit zwischen den kommunistischen, katholischen und sozialistischen »Massen« wird fast als eine historische Notwendigkeit dargestellt.

---

38 Näheres zur Person siehe Kapitel: Die italienischen Hauptfiguren in Chiara Valentinis »Enrico Berlinguer« (☛ S. 465).

39 Näheres zur Person siehe Kapitel: Die italienischen Hauptfiguren in Chiara Valentinis »Enrico Berlinguer« (☛ S. 454).

Eine weitere Lehre, die Berlinguer in dieser großen Aula der römischen Universität gerade realisiert, ist organisatorischer Natur. In weniger als einem Jahr wuchs die Partei, die bei ihrem Kongress in Köln nicht mehr als 3.000 Aktivisten zählte, in einem rasanten Anstieg auf 1.700.000 Mitglieder an: Eine Zahl, die vom historischen Höchststand in den 1950er-Jahren nicht so weit entfernt ist. Es ist auch für die Kommunisten ein erstaunliches Wachstum, wie man aus der Parteipresse entnimmt. »Am 10. September 1943 gab es in der regionalen Organisation von Turin circa 800 Aktivisten. Heute sind es 12.000. Unsere Organisationskraft hat sich verfünfzehnfacht. Es ist eine neue Partei, die Partei der Massen und des Volkes, die in Italien entsteht und sich darin behauptet«, so schreibt »La nostra lotta«[40] im Winter 1945.

Um diese heterogenen Kräfte einzuordnen und zu organisieren und um Togliattis neuer Partei Hand und Fuß zu geben, gibt es einen Mann, der in Bezug auf Ideen, Bildung und Kultur das Gegenteil seines Chefs ist. Es handelt sich um Pietro Secchia, seit wenigen Monaten zuständig für die Organisationsabteilung, ein Mann des Widerstands, des Windes aus dem Norden, der reinen und harten Partei. Secchia ist ein unermüdlicher Organisator, der die Entwicklung der Parteimaschine zur Grundlage seines Lebens macht.

Seit dem Verlassen des Untergrunds ist das von der KPI adaptierte Organisationsschema jenes traditionelle, das auf Zellen, Sektionen und regionalen Verbänden basiert. Ein Schema, das erlaubt, die Direktiven der Parteispitze schnell an die Peripherie zu vermitteln, das sehr wenig Spielraum für autonome Initiativen lässt und praktisch totale Kontrolle ermöglicht. Die Partei der »Wende von Salerno« entwickelt sich also gemäß dem typischen Organisationsschema der Parteien der Dritten Internationale und unter der strengen und harten Leitung jenes ehemaligen Arbeiters aus der Provinz Biella, der an Ordnung, Disziplin, an die Klassen und an Stalins Sowjetunion glaubt wie ein Katholik an die Zehn Gebote. Und es ist genau ein Satz von Stalin, der auf der ersten Seite der ersten Ausgabe des »organisatorischen Leitfadens« hervorsticht. Dieser Leitfaden ist eine Publikation, die zusammen mit dem »Heft der Aktivisten« die neuen Kader lehrt, wie sich die Partei leiten lässt. »Wenn der richtige Kurs einmal festgelegt ist, ist es die Organisationsarbeit, die alles entscheidet, inklusive dem Schicksal des politischen Kurses selbst, seiner Umsetzung, seines Erfolges.«

Secchia breitete sich genau zu dem Zeitpunkt in den Büros der römischen Leitung aus, die voller Verwirrung waren, als Enrico nach Mailand ging. Sie

40 Dt.: »Unser Kampf«.

sahen sich bisher nur flüchtig. Für den jungen Berlinguer ist es jetzt am Parteikongress das erste wahre Treffen mit dem Chef der »anderen« Partei, mit dem Mann, der die Mitglieder ohne Vergangenheit, das heißt ohne militärische Aktivität im Untergrund, und junge Männer, die noch ein Jahr zuvor in den Partisanenaktionsgruppen aktiv waren, in Berufsrevolutionäre verwandeln kann. »Die neuen kommunistischen Kader dürfen nicht nur Agitatoren und Propagandisten sein, sondern auch Leiter eines neuen Typs, verbunden mit den Volksmassen«, mahnt Secchia. Sie müssen diszipliniert und entschlossen sein, aber sie müssen auch dem kritischen Geist entsagen können, und sie müssen bereit sein, die Interpretation der Realität in einer einfachen, fast doktrinären Denkweise zu vermitteln.[41]

Das ist ein Lebensmodell, das oft ein Zerreißen der Persönlichkeit und des Gewissens erfordert, insbesondere bei jungen Intellektuellen. Und in diesem Auf und Ab zwischen Togliattis Politik, dessen Feinheiten, dessen Intuitionen, und der harten, alltäglichen Praxis von Secchia bildet sich die zweite Generation von Kommunisten, jene von Enrico Berlinguer, heran.

Ein anderer Exponent dieser Generation, Luigi Pintor,[42] verbunden mit Enrico in einer ungezwungenen freundschaftlichen Beziehung auch nach dem Bruch mit dem »il manifesto«, behauptet: »Es waren wir, die Zwanzigjährigen im Jahre 1945, durch die es die KPI vermieden hat, ausschließlich eine Partei der Exilanten zu sein. Wir wurden unvermeidlich durch die Geschichte der KPI und ihrer Bolschewisierung geprägt, aber gleichwohl dachten wir, dass wir etwas anderes wären. Zur selben Zeit war es sehr schwierig, sehr mühsam, einen Raum für unsere Andersartigkeit zu finden. Einige von uns sind weggegangen, einige andere wurden politische Karrieristen. Enrico hatte den großen Vorzug, ein Sohn der historischen Partei zu sein, ihre Tugenden und Fehler angenommen zu haben, aber auch erfolgreich den Raum für sich selbst gefunden und die alte Partei mit der neuen Sensibilität in Einklang gebracht zu haben.«[43]

Selbstverständlich muss viel Zeit vergehen, damit das alles passiert. Davor wird er vollständig die harte Lektion der Partei der Doppelbödigkeit und auch persönlich einen Preis für Mehrdeutigkeiten zahlen müssen.

---

41 Mafai: *L'uomo che sognava la lotta armata (Der Mann, der vom bewaffneten Kampf träumte)*, 1984.

42 Näheres zur Person siehe Kapitel: Die italienischen Hauptfiguren in Chiara Valentinis »Enrico Berlinguer« (☛ S. 464).

43 Luigi Pintor, persönliche Mitteilung an die Autorin.

Die Jugendfront bilden

Die Aufgabe von Berlinguer im Norden ist nicht nur, den Eintritt der jungen Kommunisten in die Legalität zu kontrollieren. Es gilt auch, das Wirken der Jugendfront auf nationaler Ebene auszuweiten. Die Einheitsorganisationen, die sogenannten Massenorganisationen, die gemäß dem Beispiel des Nationalen Befreiungskomitees die Kräfte der verschiedenen politischen Parteien vereinigen, entwickeln zu dieser Zeit in der Lombardei, in der Emilia und im Piemont eine große Kraft. Eine der wichtigsten davon ist eben die Jugendfront, die 1943 mitten im Kampf für die Befreiung auf Initiative von Giancarlo Pajetta entstand.[44] Die Idee von Pajetta, und später auch von Curiel, der bis zu seinem Tod der Chef der Jungendfront sein wird, war es, dass in dieser Phase der bewaffneten Auseinandersetzung die erneute Bildung einer kleinen Partei junger Kommunisten, wie es bei dem kommunistischen Jugendverband früher der Fall war, keinen Sinn machen würde. »Wir wollen nicht nur die Avantgarde der jungen Leute organisieren, sondern alle jungen Italiener, die an der Befreiung und am Fortschritt mitwirken wollen«, behauptete Pajetta.

Nach seiner Rückkehr und der »Wende von Salerno« war Togliatti sehr interessiert an dieser Einheitsorganisation, die es der KPI ermöglichte, durch junge Menschen eine enge Verbindung mit anderen Kräften der Gesellschaft aufrechtzuerhalten.

Togliattis Idee ist, dass die Jugendfront des Nordens nicht nur im befreiten Italien existieren, sondern sich auch auf Mittel- und Süditalien ausdehnen sollte. Deshalb kommt schon in den ersten Junitagen eine Delegation der Jugendfront des Nordens nach Rom, um in der Hauptstadt ihre Erfahrungen zu vermitteln und zu versuchen, ihr eine nationale Basis zu sichern. Die kleine Gruppe, geleitet von dem Kommunisten Paolo Cinanni, umfasst auch zwei Liberale, einen Vertreter der Parteilosen, einen gewissen Orsi, und den Verantwortlichen der jungen Sozialisten, Gianni Baldi.

Die jungen Männer der Jugendfront kommen nach einer abenteuerlichen Reise von drei Tagen ermüdet, ausgehungert und voller Hoffnung in Rom an. In der Leitung der KPI treffen sie sich mit Spallone, Rossi und Berlinguer, die zu ihrem Bezugspunkt in der politischen Landschaft der italienischen Hauptstadt werden. Das wichtigste Treffen ist jenes mit der christdemokratischen

---

44 Die Jugendfront FDG blieb als diese Organisation, die in der *Resistenza* geboren wurde, über die gesamten 1940er-Jahre hinweg bestehen. In der Folge wird die Bezeichnung vom MSI (vgl. Fußnote 24 in Kapitel IV; ☛ S. 82) für dessen eigene Jugendbewegung verwendet werden.

Partei (Democrazia Cristiana – DC), deren Jugendverantwortlicher, Giulio Andreotti,[45] ein sehr fähiger, junger Mann ist und schon das Vertrauen De Gasperis so sehr genoss, dass er dessen persönlicher Sekretär war. Paolo Cinanni erinnert sich: »Unsere Delegation, begleitet unter anderem auch von Spallone und von Enrico, wurde mit allen Ehren in der DC-Zentrale an der Piazza del Gesù empfangen. Andreotti war sehr, sehr höflich und hatte in einem mit Damast tapezierten Ehrensalon einen Empfang mit allem Erdenklichen organisiert. Für uns aus dem Norden, die wir seit Jahren daran gewöhnt waren, an Hunger zu leiden, war es fast wie im Traum. Wir waren begeistert und überzeugt, dass unsere politische Mission ein voller Erfolg wäre. Aber einen Tag später lasen wir hingegen im »Il Popolo«,[46] die Parteizeitung der DC, mit großem Erstaunen einen Kommentar desselben Andreotti, mit dem er praktisch der Jugendfront in den Rücken gefallen war. Er behauptete, dass die Jugendfront mehr einen politischen denn einen bewaffneten Kampf führte, der von den Kommunisten gesteuert war.«[47]

Es ist eines der ersten kleinen Anzeichen dafür, wie schwierig sich die Zusammenarbeit mit den Christdemokraten erweisen wird. Und es geschieht auch infolge dieses Vorfalls, dass die KPI beschloss, Berlinguer mit einer doppelten Aufgabe nach Mailand zu schicken: einerseits zu unterrichten, wie man eine legale Partei organisiert, aber gleichzeitig auch die Jugendfront zu stärken, indem er sie zu einer italienweiten, so weit wie möglich pluralistischen Organisation machen sollte. Deshalb ist Mailand für Enrico nicht nur ein Ort der Entdeckung, der persönlichen Emotionen, sondern auch ein Prüfstand auf politischer Ebene. Und von da an beginnt in einer konkreteren Weise seine Arbeit als politischer Führer.

Auf dem zweiten nationalen Rat der Jugendfront im Februar 1946, der zum ersten Mal in Rom tagt, wird die Vereinigung zwischen den Vereinen im Norden und den mühsam im Süden entstehenden verabschiedet. Berlinguer trägt einen Bericht in einem siegessicheren Ton vor, wie ihn die Kommunisten in diesen Jahren liebten. 60 Prozent der Mitglieder der Jugendfront sind unabhängig. Außerdem gibt es auch 30.000 Christdemokraten, viele Republikaner und Aktionisten. Die Erfolge haben viele Feinde geschaffen, aber auch viel Mobilisierung mit sich gebracht.

45 Näheres zur Person siehe Kapitel: Die italienischen Hauptfiguren in Chiara Valentinis »Enrico Berlinguer« (☛ S. 449 f.).

46 Dt.: »Das Volk«.

47 Paolo Cinanni, persönliche Mitteilung an die Autorin.

Die erste Wahlversammlung

Trotz der optimistischen Behauptungen Berlinguers ist die Jugendfront vor allem eine gesellschaftlich-kommunistische Organisation, wie es auch die anderen »Massenorganisationen« des Widerstands wenig später werden. Im September 1946 findet in Bologna der erste nationale Kongress der Jugendfront statt, der die Vereinigung zwischen den Gruppen des Nordens und des Südens bestätigt. Anwesend sind 1.818 Delegierte, sie vertreten alle italienischen Provinzen. Es gibt mehr als 2.500 Vereine und 330.000 Mitglieder.

Den Kongress leitet Berlinguer, der mit einer sogar übertriebenen Sorgfalt an den Vorbereitungen arbeitet. Eine seiner größten Sorgen gilt der politischen Kategorisierung der jungen Leute, die in die verschiedenen Leitungsorgane entsandt werden sollen. Seine Bedenken sind so groß, dass er die drei Nächte des Kongresses nicht im Bett verbringt, sondern nur einige Stunden auf der Bühne des kommunalen Theaters schläft, wo die Veranstaltung stattfindet. Und es ist genau auf dieser Bühne, wo eine seiner wenigen politischen Freundschaftsbeziehungen entsteht, jene mit Renzo Trivelli.[48] Genosse Trivelli ist ein Fräser aus Livorno, vor einigen Jahren von Funktionären entdeckt, die von Pietro Secchia auf die Suche nach »Berufsrevolutionären« in ganz Italien ausgeschickt wurden. Enrico und Renzo sind einander bereits auf dem V. Parteikongress begegnet, in jener Kommission, welche die Probleme der Jugendfront diskutierte, hier aber lernen sie sich kennen und sprechen miteinander. »Stell dir vor, wie schön es wäre, wenn man die Zeit, die man mit dem Essen und dem Schlafen verliert, investieren könnte, um zu arbeiten und Politik zu machen«, vertraut Enrico dem jungen Ex-Arbeiter an, der ihm mit einer gesunden Skepsis zuhört und ihm zu erklären versucht, dass es in seinem Leben in der Fabrik eine Illusion ist, sich am Sonntag auszuruhen.

Trotz der Sympathie, die dieser robuste und begeisterte Livornese in ihm erweckt, spart es Berlinguer sich nicht, ihm gehörig den Kopf zu waschen. Trivelli erinnert sich: »Enrico hat mich gebeten, beim nationalen Rat der Jugendfront eine Liste an Kandidaten auszufüllen. Mir, der damals noch wenig praktische Erfahrung hatte, gelang es nicht, jemanden zu streichen, und so machte ich eine sehr lange Liste. Als Enrico das sah, ärgerte er sich sehr. Er sagte mir, dass ein Kommunist niemals dem Druck nachgeben und den Mut zur Entschlossenheit haben soll.«

---

48 Näheres zur Person siehe Kapitel: Die italienischen Hauptfiguren in Chiara Valentinis »Enrico Berlinguer« (☛ S. 469).

Am Ende hielt Berlinguer seine erste große Wahlversammlung, vor Zehntausenden jungen Leuten aus ganz Italien. Der Text ist vom ersten bis zum letzten Wort vorbereitet, der Ton mehr schreiend als mitreißend, der Akzent ausgeprägt sardisch, völlig ohne doppelte Konsonanten. Für den zukünftigen Generalsekretär ist die Redekunst sicherlich keine angeborene Gabe, sondern eine Errungenschaft, die er schrittweise mit Geduld und Hartnäckigkeit erreichte. Trotzdem hat auch diese erste Höchstleistung ihre Wirkung. Unter anderem kam Nino Pinna aus Sassari, sein Kampfgenosse von den Brotaufständen. Als er sieht, welchen Weg »don«, der kleine Enrico, hinter sich gebracht hat, ist er zu Tränen gerührt. Am Ende kommt er auf die Bühne. Enrico lächelt glücklich und umarmt ihn. In Bologna wird Berlinguer zum Generalsekretär der Jugendfront gewählt. Wenig später wird er zum Leiter des nationalen Jugendkomitees der KPI ernannt. Die Mailänder Erfahrungen werden mit einer Art Triumph abgeschlossen. Nach dem Helden Eugenio Curiel wird dieser widerstandsfähige sardische Antiheld der Chef der jungen italienischen Kommunisten.

III.
Bei Togliatti in der Schule

1946 ist das Jahr des institutionellen Referendums, der Wahlen zur Verfassungsgebenden Versammlung und der großen Regierungsillusion von Togliatti. Bei den Wahlen zur Verfassungsgebenden Versammlung wird die KPI trotz ihrer großen organisatorischen Kraft mit 18,9 Prozent der Stimmen nur drittstärkste Partei hinter den Christdemokraten (35,2 Prozent) und den Sozialisten (20,7 Prozent). Aber Togliatti ist überzeugt davon, dass jenseits der durch die Wahlen bedingten Stärkeverhältnisse die Christdemokraten und die Kommunisten, mit Unterstützung der Sozialisten, gerade das neue Italien aufbauen.

In der »Rinascita« werden die »drei Massenparteien« KPI, PSI (Sozialisten) und DC (Christdemokraten) sogar mit einer Einheitsfront verglichen, wie jene in der Sowjetunion, die 99 Prozent der Stimmen erhält.[1] Es kommt zu einem historischen Treffen zwischen dem Chef der KPI und dem Chef der DC, Alcide De Gasperi. Camilla Ravera,[2] die vor ihm ihre Zweifel ausdrückt, antwortet Togliatti entschlossen: »Aber nein, glaub mir, De Gasperi und ich stimmen in einer Reihe von Dingen überein, von der Agrarreform bis zur Gewerkschaftseinheit. Du wirst sehen, wir werden zusammen gute Arbeit leisten.« Zumindest für einen Augenblick scheint das Klima idyllisch zu sein. De Gasperi lobt in einer Rede im Teatro Brancaccio in Rom die Sowjetunion und etwas später legt er sich darauf fest, eine Politik »im Zeichen der treuesten Sympathie für die Sowjetunion« zu machen.

Im Namen dieser Regierungsabkommen und der Stabilität in dieser Situation unternimmt Togliatti zwei Handlungen, die noch für maßlose Polemiken sorgen werden: eine Amnestie für alle politische Straftaten zur Zeit des Faschismus und die Abstimmung über Artikel 7 in der Verfassung, der das Konkordat, das während des Faschismus zwischen dem italienischen Staat und der Kirche abgeschlossen wurde, der neuen Republik überträgt. Dies ist ein höchst umstrittener Artikel, die Sozialisten, die Aktionisten und die Liberalen stimmen dagegen. Im Gegensatz dazu ist der Generalsekretär der KPI davon überzeugt, dass der neue Staat nur in einem Klima des »religiösen Friedens« aufgebaut

---

1 Mario Montagnana: *Nell'interesse della nazione (Im Interesse der Nation)*, in: Rinascita (»Wiederaufleben«), Nr. 7. Juli 1946.

2 Camilla Ravera (1889–1988), Mitbegründerin der KPI, ab 1945 Mitglied des Zentralkomitees der KPI, Mitglied der Abgeordnetenkammer (1948–1958), Mitglied des Senates, 1982 als erste Frau zur Senatorin auf Lebenszeit ernannt.

werden könne. Aber es gibt dabei auch ein feineres Kalkül. »Diese Zustimmung sichert uns einen Platz in der Regierung für die nächsten 20 Jahre«, sagt Togliatti Lelio Basso,[3] und begeht damit vielleicht seinen größten Fehler, was politische Vorhersagen in seinem Leben betrifft.[4]

In dieses Klima der nationalen Einheit kommt Berlinguer nach Rom zurück und nimmt seine Arbeit als Generalsekretär der Jugendfront auf. Aus dem Norden kehrt er mit einem Prestige zurück, das sich auch in kleinen äußerlichen Details widerspiegelt. Jetzt hat er einen persönlichen Sekretär, Mario Pirani, einer der am besten vorbereiteten Kader in der Jugendbewegung. Berlinguer hat jeden Morgen das Recht auf einen Stapel Tageszeitungen und als er merkt, dass Pirani die Gewohnheit hat, seine Tageszeitungen zu lesen, sagt er ihm mit dem Ton eines Leiters, dass er sie als erster durchlesen wolle.[5] Aber vor allem werden seine Beziehungen mit Togliatti viel intensiver. Die Treffen des neuen Leiters für die Jugendbewegung mit dem Generalsekretär der Partei werden nun praktisch tagtäglich abgehalten. Das Thema der Konversation ist oft die aktuelle politische Arbeit. Aber ab und zu wagt Berlinguer auch einige persönlichere Annäherungsversuche. Eines Abends vertraut er »Ercoli« einen großen Kummer an. Steht seine alte und niemals erloschene musikalische Leidenschaft für den Komponisten Wagner, geliebt von Hitler und den Nazis, im Gegensatz zum kommunistischen Aktivismus? Togliatti, der wenige Jahre später in einer Polemik mit Massimo Mila[6] die Komponisten Schönberg und Schostakowitsch als degenerierte Formalisten verurteilen wird, zeigt sich seinem Schüler gegenüber viel toleranter. Er ermutig Enrico, weiterhin in Ruhe *Parsifal* und *Rheingold* zu hören, indem er die Autonomie des ästhetischen Geschmacks gegenüber politischen Positionen behauptet.

Es ist eine Zeit, in der Togliatti eine enorme Attraktivität auf Berlinguer ausübt, der dazu tendiert, seinen Chef nicht nur in der Politik, sondern sogar im Stil und in seiner Art nachzuahmen. Aber »il Migliore«[7] ist eine viel komplexere und vielschichtigere Persönlichkeit, ebenso bereit zur Ironie wie zum Zynismus, fähig zum Narzissmus und zu intellektuellen Höchstleistungen, alles,

---

3 Lelio Basso (1903–1978), Jurist, Publizist und linkssozialistischer Politiker.

4 Bocca: *Palmiro Togliatti*, 1973.

5 Mario Pirani, persönliche Mitteilung an die Autorin. Pirani wird etwas später in die Organisationsabteilung des Pietro Secchia wechseln und 1960 die KPI verlassen. Er wird ein bekannter Journalist werden.

6 Massimo Mila (1910–1988), Musikwissenschaftler und Musikkritiker, u. a. schrieb er für »L'Unità«, »L'Espresso« und »La Stampa«.

7 Dt.: »der Beste«, Bezeichnung für Togliatti im parteiinternen Umgang der KPI.

was dem bürgerlichen jungen Sarden vollkommen fremd ist. So übernimmt Enrico von »Ercoli« vor allem die Distanz und die Pedanterie. Von ihm lernt er, dass sich ein kommunistischer Führer keine Freundschaften und kein Vertrauen erlauben kann, vor allem nicht unter den Genossen in der Partei, um nicht den Verdacht der Gruppenbildung, der »Fraktionierung« entstehen zu lassen. »Er hatte immer eine zurückhaltende, distanzierte Miene, die uns einschüchterte. Er war eine Person, die anders war, in gewisser Weise ein Auserwählter, und das beeinflusste all seine Beziehungen«, erinnert sich Mario Pirani.

Sogar die Beziehungen mit den Frauen. Der 24-jährige Berlinguer ist ziemlich gut aussehend. Er hat das etwas Schmächtige an sich sowie das etwas provinzielle Flair seit seiner Ankunft in Rom verloren. Sein Gesicht ist streng, das sich ab und zu aufhellt, wenn er sein berühmtes Lächeln zeigt. Er hat einen geheimnisvollen Ausdruck und zugleich ein Charisma, das den jungen Frauen sehr gefällt. Seine einzige Frivolität ist ein altes amerikanische Motorrad, eine Harley Davidson, die er wer weiß wo gekauft hat. Es gibt viele junge Frauen in der KPI und in der Union der italienischen Mädchen, die Mädchenorganisation der Union der italienischen Frauen, die davon träumen, sich auf dem Motorradsitz herumkutschieren zu lassen. Enrico scheint jedem Zuruf gegenüber taub zu sein, bis er für einige Zeit Tonia, eine kleine und graziöse junge Frau mit blonden Haaren erobert zu haben scheint. Wie es auch bei seiner künftigen Ehefrau der Fall sein wird, stammt Tonia aus einer guten Familie. Mit ihr scheint Enrico lockerer zu sein. Er akzeptiert sogar, einige Male mit römischen Genossen zum Abendessen auszugehen. So entdecken sie seine Leidenschaft für das Singen von Liedern und auch, mit einigem Erstaunen, für die alte sardische monarchistische Hymne (*Deu salva u regnu sardu*),[8] die er mit lauter Stimme singt, wenn er etwas getrunken hat. Die Geschichte mit Tonia endet plötzlich, auch wenn keiner den Grund kennt.

In diesen Jahren übernimmt Berlinguer von Togliatti nicht nur Ideen und Überzeugungen, sondern auch harmlose Marotten. Wie jene der von Hand mit einer Füllfeder und grüner Tinte beschriebenen Zettel, unterschrieben mit »Ercoli« oder Togliatti oder einfach mit einem großen T, die »il Migliore« oft seinen Mitarbeitern zukommen lässt. Aber Enrico beschränkt sich nicht darauf, die Zettel zu verschicken. Er verzichtet sogar auf einen Terminkalender und hält jeden Termin und jede Notiz auf diesen ungebundenen Blättern fest, die er in seine Tasche steckt und wieder herausnimmt, und die es ihm fast wie durch ein Wunder erlauben, sein Leben und seine Arbeit zu organisieren.

---

8 Dt.: »Gott rette das sardische Königreich«.

Die Entdeckung Russlands

Als er das erste Mal die Sowjetunion besucht, ist Berlinguer gerade 24 Jahre alt geworden. Es ist der Sommer 1946. Auch wenn Winston Churchill wenige Monate vorher jene berühmte Rede in den USA in Fulton im Bundesstaat Missouri hielt, die den Beginn des Kalten Krieges markieren sollte, ist die UdSSR vor allem für junge Europäer noch eher das Land der Schlacht von Stalingrad und des Sieges über Hitler. Besonders für die Kommunisten ist sie die Verkörperung jeglicher Sehnsucht und das Land der »glücklichsten Jugend der Welt.« Wie Berlinguer in verschiedenen Reden sagen wird, ohne jede Sorge um die Rhetorik: »Die sowjetische Jugend, heroisch und glücklich, singt auf den Plätzen ihr Lieblingslied: ›Wie schön ist es, im Land der Sowjets zu leben‹.«[9]

Enrico reist am 21. Juli als Chef einer Delegation von jungen Partisanen aus der Jugendfront ab, insgesamt 15 Personen. Die offizielle Propaganda der KPI wird später die Delegation als eine Gruppe von Vertretern aller Parteien präsentieren, die »mit eigenen Augen die sowjetische Realität sehen« und bei ihrer Rückkehr ergeben über die politischen und gesellschaftlichen Errungenschaften des Stalinismus berichten konnte. In der Tat handelte es sich um eine ziemlich heterogene Gruppe von Zwanzigjährigen, die von ihrem ersten, außerordentlichen Aufenthalt im Ausland begeistert waren. Für die Sozialisten ist Gemma Romita dabei, die Tochter des damaligen Innenministers. Dabei ist ein junger Mann von den Republikanern und Matteucci, der Meister im Speerwerfen. Dabei sind auch Marisa Musu, die Partisanenaktivistin, und der Turiner Genosse Vito D'Amico. Die Christdemokraten sollten von einem Studenten aus Bologna, Nerio Nesi, vertreten sein. Die DC drohte zwar, ihn seiner Funktion zu entheben, wenn er an der Reise teilnehmen wird, aber Nesi fuhr trotzdem mit. Streng genommen sollte er daher eher als unabhängiger Katholik denn als Christdemokrat betrachtet werden. Aber die Bedeutung, die in diesem Moment die Partei von De Gasperi für die KPI hat, führt dazu, dass Nesi trotzdem ein Ehrenplatz in der Delegation zugewiesen wird. Als Zeichen des Respekts lassen ihn die Sowjets immer im selben Zimmer wie Berlinguer schlafen. Zwischen den beiden entsteht eine Freundschaft, die viele Jahre halten wird. Für Enrico, wie auch für die anderen jungen Männer und Frauen, ist die Entdeckung von Russland voll von Emotionen, oft zwischen Erstaunen und Naivität schwankend.

---

9 Enrico Berlinguer: *All'avanguardia della gioventù italiana* (*An der Spitze der italienischen Jugend*). Die Rede hielt er am 6. Juli 1948 vor jungen Arbeitern in Turin.

Als sie an einem lauen Sommerabend in Moskau ankommen, sind sie zunächst einmal beeindruckt, dass die Fenster aller Häuser beleuchtet sind. Auch im Namen der anderen ersucht Berlinguer den Dolmetscher um eine Erklärung. »Die Bürger von Moskau, denen Eure Ankunft zuvor angekündigt wurde, haben alle Lichter aufgedreht, um ein Fest für Euch zu machen«, lautet die diplomatische Antwort. Keiner außerhalb der Sowjetunion hat schon von Wohngemeinschaften gehört, keiner argwöhnt, dass sich in jedem Zimmer eine gesamte Familie aufhält.

Genau einige Monate zuvor beschrieb Stalin in einer großen Rede im Bolschoi-Theater den Krieg als eine »Prüfung«, die gezeigt haben soll, dass das sowjetische System die »beste Organisationsform der Gesellschaft« und »besser als jedes nicht sowjetische System«[10] sei. Die gesamte Propagandamaschine ist darauf ausgerichtet, dieser Behauptung nicht zu widersprechen. So wird den ausländischen Delegationen, die nun langsam mehr und mehr in die UdSSR kommen, jeder Hinweis auf die enorme Krise vorenthalten, welche die ländlichen Gebiete nach dem Krieg traf. Die Ausländer werden von den erbärmlichen Dörfern in der Ukraine und in Weißrussland (Belarus) ferngehalten, wo nicht ein einziger männlicher Erwachsener überlebt hat, ebenso von den unterirdischen Zufluchtsorten, in denen gezwungenermaßen zwei Millionen Menschen leben, sowie von den nahezu leeren Geschäften. Der Verbrauch an Lebensmittel ist unter das Niveau der Kriegszeit gefallen.

Wie andere, so wird auch Berlinguers Delegation einen ganzen Monat lang auf florierenden Kolchosen herumgeführt, wo die Bauern erklären, wie die Umwandlung auf eine kollektive Landwirtschaft den Ertrag x-fach gesteigert hat. Sie besichtigen Modellfabriken, wo ihnen von Vertretern der Arbeiter gesagt wird, dass in der UdSSR seit 1929 die Arbeitslosigkeit nicht einmal mehr als Wort existiert. Marisa Musu erinnert sich: »Wir fuhren nach Stalingrad, unvorstellbar, wie es zerstört war, nach Gori in Georgien, der Geburtsort von Stalin, nach Leningrad, auf die Krim. Enrico war ein ausgezeichneter Leiter der Delegation, aufmerksam, genau. Er war sich seiner Rolle immer bewusst, auch wenn die Stimmung unter uns sehr fröhlich, kameradschaftlich war.«

Zumindest in einem Fall geht man über die Kameradschaft hinaus. In der Gruppe gibt es einen Homosexuellen, ein Vertreter der Republikaner, der auf einer der langen Reisen im Autobus einem Sowjetmann Avancen macht. Es sind Avancen, die scheinbar gutwillig erwidert werden. Matteucci, der Meister im Speerwerfen, ist vor Wut außer sich und betrachtet das, was geschehen ist,

10 Giuseppe Boffa: *Storia dell'Unione Sovietica (Geschichte der Sowjetunion)*, Milano 1979.

als eine wirkliche Schändung der Reise. Daraus entsteht eine Prügelei, aus der der arme Republikaner mit zwei blauen Augen davonkommt. Erniedrigt und wutentbrannt droht der junge Mann, die Delegation zu verlassen und daraus einen politischen Vorfall zu machen. Berlinguer, der als Moralist wahrscheinlich noch empörter als Matteucci ist, greift autoritär ein und überzeugt den Athleten, dass er übertrieben reagiert hat. Nach einem unendlich langen Treffen konnte der diplomatische Bruch vermieden werden.[11]

Bei anderen Gelegenheiten sind die Vorfälle harmloser. Beispielsweise findet die Delegation eines Abends in Armenien bei einem offiziellen Essen am Tische eine Suppenschüssel voller Spaghetti gewürzt mit Zucker vor. Alle zögern, aber Enrico greift mit Härte ein: »Macht daraus kein Drama.« Etwas später erklärt er gleichmütig: »Die armenischen Genossen wollten uns nur feiern. Wir konnten wegen diesem Blödsinn sicherlich nicht das Ergebnis der Reise beeinträchtigen.«

Auf seinem Entdeckungsprozess von Russland macht Berlinguer auch die emotionelle Erfahrung, von Stalin gemeinsam mit den Leitern anderer Delegationen in einem Salon im Kreml empfangen zu werden. Es ist ein sehr kurzes Treffen, das ihn beeindruckt zurücklässt. »Enrico hatte eine starke Bewunderung für den Staatsmann, für den Militärkommandanten. Als später die Dokumente von Jalta im Verlagshaus Editori Riuniti erschienen, empfahl er uns allen die Lektüre. Über viele Jahre hinweg hatte er zu Hause ein großes Porträt des Chefs der Roten Armee. Er betrachtete ihn als einen wichtigen Teil unserer Geschichte«, berichtet Renzo Trivelli.

Gewiss, die Sowjets lassen auch einige Anzeichen für ihre Oberflächlichkeit durchscheinen. Bei einem Treffen mit einer Gruppe von Jugoslawen spricht ein Sowjetführer Berlinguer direkt auf den Streitfall Triest an: »Warum macht ihr denn wegen einer Stadt so eine Geschichte? Lasst es doch zu, dass Triest zu Jugoslawien kommt. Ihr habt doch so ein großes Unternehmen wie FIAT.«[12] Eines Abends kleiden sich die 15 jungen Männer festlich und sehen sich im Bolschoi-Theater eine Aufführung an. Als sie eintreten, beginnt das Orchester die Noten von *'O sole mio* zu spielen. Aus den Worten des Dolmetschers versteht Enrico, dass die Russen dieses Lied für die italienische Nationalhymne halten. Das sind aber nur kleine Mängel, welche die Begeisterung Berlinguers vor allem für das sowjetische Leben und auch für das sowjetische System nicht beein-

11 Marisa Musu, persönliche Mitteilung an die Autorin.

12 Nerio Nesi, persönliche Mitteilung an die Autorin.

trächtigen. Er ist beeindruckt von der Ernsthaftigkeit der Studien und von der Tatsache, dass das Hören von klassischer Musik ein Massenphänomen ist.

Außerdem gefiel ihm die Keuschheit der Sitten sehr. Bei seiner Rückkehr nach Rom organisiert sein Vater ein Abendessen, damit der Reisende über die Sowjetunion berichten kann. Sergio Siglienti erinnert sich: »Es war ein peinlicher Abend. Enrico, der diese Gelegenheit aufgrund des Ernstes des Themas wahrscheinlich für allzu mondän hielt, antwortete praktisch einsilbig. Als dann Mario etwas frivol fragte, wie die Frauen waren, wie sie angezogen waren, wie sie geschminkt waren, antwortete er eiskalt: ›Im Land des Sozialismus haben die Frauen kein Blendwerk nötig, um die Männer anzuziehen. In der Sowjetunion gibt es keine Frauen, es gibt sowjetische Genossinnen‹. Und damit war die Konversation beendet.«

Während der vier Wochen in der Sowjetunion zeigt Berlinguer, wie schon in Mailand, dass seine Arbeitskapazität übermäßig groß ist. Seine zahlreichen Reden und Grußworte schreibt er selbst, vom ersten bis zum letzten Wort. Um über die Erlebnisse des Tages zu sprechen, versammelte er jeden Abend die 15 jungen Männer und Frauen, die es vorgezogen hätten, schon schlafen zu gehen. »Ich erinnere mich an einige Debatten über die Freiheit der Kirche und auch über die individuelle Freiheit«, sagt Nerio Nesi. Es handelt sich nicht nur um akademische Debatten unter jungen Leuten. Am Ende lässt Enrico die Delegation eine einheitliche Erklärung mit einem positiven Urteil über die Sowjetunion unterschreiben. Die Kommunisten beeilen sich, diese zu veröffentlichen. Bis zu einem gewissen Grad stellt sie zugleich das politische Ergebnis der Reise dar. Die im Archiv der Parteizentrale[13] der KPI aufbewahrte Erklärung ist ein Zeugnis der ausgezeichneten Arbeit des Delegationsleiters, Togliattis perfektem Schüler.

Aber von dieser Reise blieb auch ein weiteres Zeugnis erhalten, ein wohl privateres und weniger vorhersehbares, welches Licht auf weitere Aspekte in der Persönlichkeit des 24-jährigen Enrico Berlinguer wirft. Es ist ein mit einem Bleistift im Flugzeug geschriebener Brief, an seinen neuen Freund Nerio Nesi, der einige Reihen von ihm entfernt sitzt, und der später übergeben wird. »Lieber Nerio, wir haben uns vor nicht langer Zeit kennengelernt, aber ich bilde mir

13 Der Sitz der Parteizentrale der KPI befand sich in der Via delle Botteghe Oscure Nr. 4 im Zentrum von Rom. Die Autorin verwendet in ihrem Text immer die Bezeichnung »Botteghe Oscure«, wenn von der Parteizentrale der KPI die Rede ist. Für politisch interessierte Menschen in Italien waren »Parteizentrale der KPI« und »Botteghe Oscure« synonyme Begriffe. In der deutschen Übersetzung wird der Verständlichkeit halber durchgehend »Parteizentrale« verwendet.

ein, dass wir uns gegenseitig schätzen ... Ich bewundere sehr Deine Standfestigkeit, Dein Gleichgewicht, Deine Ehrlichkeit. Das sind Gaben, durch die man ein Mensch wird und bleibt«, schreibt Berlinguer. Und gleich danach sucht er die Charakteristika zu finden, die er mit dem jungen Katholiken teilt. »Wir wollen unserer Jugend eine glückliche Zukunft sichern ... Du liebst Italien sehr. Ich erlaube mir zu behaupten, auch wenn ich sardisch bin, dass ich es genauso liebe wie Du, da mein Leben der Sache der italienischen Arbeiterschaft, der Unabhängigkeit unseres Landes, der Emanzipation der Arbeit gewidmet ist ... Lass uns dafür sorgen, dass es niemals Streitigkeiten zwischen uns gibt, sondern Wertschätzung, Ehrlichkeit, Freundschaft, gemeinsame Ideale.«[14]

Einige Wochen später wird Nesi einen noch herzlicheren Brief von Enrico erhalten. Als er ihm darin seinen Aufenthalt in Bologna wegen einer Debatte über die Reise in die Sowjetunion ankündigt, zeigt Berlinguer eine noch unbekannte Seite seines Charakters. Er spricht darin über Feste und über Ausgelassenheit. »Ich hoffe, wir werden nicht nur über Politik diskutieren«, sagt er, »ich hoffe, wir werden Spaß haben. Wir sind jung, wir haben das Recht darauf.« Und tatsächlich wird Enrico in Corticella, eine Ortschaft am Stadtrand von Bologna, wo Nesi wohnt, zwei ungewöhnliche Tage der Unbeschwertheit verbringen.

Wer voranschreitet, ist ein eigenartiger Soldat

Zu Beginn des Jahres 1947 änderte Berlinguer seine Meinung zur Jugendorganisation. Er denkt nun, dass die Jugendfront weiter aufrechterhalten werden soll, dass aber daneben eine starke Bewegung der jungen Kommunisten existieren muss. Das erklärt er in Florenz auf der ersten nationalen Organisationskonferenz der KPI, auf der die Partei beginnt, ihre Struktur mehr den harten Zeiten, die sich abzeichnen, anzupassen. Auch Bruno Bernini und Marisa Musu von den Jungen sind seiner Meinung. Marisa Musu hat nach der Reise in die Sowjetunion jegliche gönnerhafte Miene ihm gegenüber verloren. Die Alten hingegen sind sich uneinig. Pajetta möchte die kommunistische Jugendbewegung nicht allzu sehr festlegen, und auch Longo fürchtet die Entstehung einer kleinen, sektiererischen Partei. Allerdings ist genau das, was Secchia möchte, der sich über die jungen Kommunisten ärgert, die ihre Zeit auf Tagungen verlieren, besonders zu einem Zeitpunkt, da schon große Probleme in Sicht sind.

---

14 Der mit der Hand geschriebene, unveröffentlichte Brief ist im Archiv von Nerio Nesi aufbewahrt.

In der Schlappe der Jugendfront kann man zwischen den Zeilen die Zermürbung der nationalen Zusammenarbeit und das Ende der Einheitshoffnungen der KPI erkennen. Die Verfassungsgebende Versammlung lehnt auch die gemäßigteren Forderungen der Jugendfront ab, wie jene nach dem Wahlrecht für 18-Jährige. Jegliche Illusionen, aus der Jugendfront eine Art Ministerium für die Jugend der neuen Republik zu machen, sind in der Zwischenzeit hinfällig geworden.

Ende Mai 1947 bricht De Gasperi nach der Rückkehr von seiner Reise in die USA das »erzwungene Zusammenleben« zwischen Kommunisten und Katholiken, wie »Il Popolo« es bezeichnet, ab und provoziert damit den Sturz der Regierung. Togliatti reagiert auf diesen »Verrat« von De Gasperi mit Mäßigung. Er behauptet: »Wir haben schon eine lange Strecke zurückgelegt und wir gehen noch einen weiten Weg.« Er bekräftigte die Idee von einer progressiven Demokratie, im Gegensatz zu der parlamentarischen. »Das einzig Progressive, das ich kenne, ist die Lähmung«, antwortet ihm Mario Missiroli[15] verächtlich.

Im Laufe weniger Monate wurde die Welt auf den Kopf gestellt. Die Kommunisten, die in Italien als Regierungspartei wirkten, wurden plötzlich zu Feinden, die es zu besiegen galt, zu Ruchlosen, die zu isolieren waren. Das sind die ersten Effekte von dem, was später als Kalter Krieg bezeichnet wird. Nachdem die Sowjetunion von den Westmächten verbannt worden war, wurden die Kommunisten automatisch den Verbündeten der Bolschewiki gleichgestellt, sprich der öffentlichen Gefahr Nummer eins. Während der starken gesellschaftlichen Spannungen, aufgrund von Not und Arbeitslosigkeit wird die Polizei des neuen Innenministers, Mario Scelba,[16] geschaffen, die dafür vorgesehen ist, einem Aufstand der Linken entgegenzutreten.[17] Inzwischen unterdrücken die Polizeikräfte des Ministers, die sogenannten »scelbinis«,[18] mit harter Hand die Streiks im Norden sowie die Demonstrationen der Bauern im Süden und lassen eine Reihe von Opfern auf den Straßen zurück.

Für Berlinguer, wie für viele seiner Generation, ist das ein großer Schock. Das Verhalten der DC wird als richtiger Verrat erlebt, mehr noch auf moralischer als auf politischer Ebene. Berlinguer, der in den Jahren der nationalen Einheit so vernünftig war, ist jetzt unter den ersten, die den Ton verschärfen. »Ange-

---

15 Mario Missiroli (1886–1974), eine der prägenden Persönlichkeiten des italienischen Journalismus, schrieb u. a. für »Il Messaggero« und »Corriere della Sera«.

16 Näheres zur Person siehe Kapitel: Die italienischen Hauptfiguren in Chiara Valentinis »Enrico Berlinguer« (☛ S. 466).

17 Corrado Pizzinelli: *Mario Scelba*, Milano 1982.

18 Dt.: »Die Männer von Scelba«.

sichts der durch reaktionäre Kräfte ausgelösten Offensive, ist der Geist des Widerstands wieder da, um unserer Jugend einen neuen Schwung zu verleihen«, schreibt er in »Vie Nuove«,[19] der von Luigi Longo geleiteten Wochenzeitung der Partei.[20]

Enrico ist angesichts der Opfer fassungslos – junge Arbeitslose, wie der Römer Giuseppe Tanas, sizilianische Bauern, Protagonisten der ersten Landbesetzungen, arme Teufel und Analphabeten. In dieser Phase kehrt er zu den Überzeugungen seiner extremistischen Anfangsphase zurück und stimmt mit dem harten Flügel der Partei überein. Luigi Longo, der in dieser Phase die Jugendarbeit betreut, erfindet eines Tages auf einer Zugreise den Namen der neuen Jugendgruppen, die sich vor allem im Süden zusammenschließen: die garibaldinische Avantgarde. Der Name erinnert einerseits an die Garibaldi-Brigaden des Widerstandes, andererseits passt er perfekt in die Darstellung der Volksfront, die sich mittlerweile zwischen Togliattis Kommunisten und den Sozialisten von Pietro Nenni[21] gebildet hat, um die große Herausforderung der ersten Parlamentswahlen am 18. April 1948 anzupacken. »Die garibaldinische Avantgarde ist die Jugendbewegung, welche die Ehre beansprucht, in der ersten Reihe zu kämpfen, und die sich weder von den Machenschaften der amerikanischen Gewehrschützen noch von jenen der ›scelbinis‹ erschrecken lässt«, verkündet Berlinguer in einem scharfen Ton.

Aber was ist diese Avantgarde wirklich, die plötzlich die Tanzsäle der Jugendfront eroberte?[22] Die jungen Männer und Frauen, die ihr angehören, tragen eine Art Uniform, eine schwarze Baskenmütze, ein rotes Tuch um den Hals und eine Trikolorerosette. Sie marschieren in kompakten Schwadronen, stören die Wahlversammlungen der Faschisten und der neuen Gruppe »Fronte dell'Uo-

---

19 Dt.: »Neue Wege«.

20 Enrico Berlinguer: *I giovani democratici truppa d'assalto del Fronte popolare (Die jungen Demokraten als Sturmtruppen der Volksfront)*, in: Vie Nuove (»Neue Wege«), Nr. 1, 4. Januar 1948.

21 Pietro Nenni (1891–1980), Generalsekretär der Sozialistischen Partei (PSI) von 1933 bis 1939, von 1943 bis 1945 und von 1949 bis 1963, Außenminister in den Regierungen De Gasperi (1946/47) und Rumor (1968/69), stellvertretender Ministerpräsident in der Regierung Moro (1963–1968), Mitglied der Abgeordnetenkammer (1948–1970) und des Senats (1970 bis zu seinem Tod 1980).

22 Inzwischen wurde auch eine Jugendallianz gegründet, die aber in der Realität praktisch nur auf dem Papier existiert. Nach der Niederlage von 1948 werden de facto sowohl die Jugendfront als auch die Jugendallianz verschwinden, ohne dass aber jemals deren Auflösung offiziell beschlossen wird.

mo Qualunque« von Giannini,[23] verbrennen deren Tageszeitungen und besetzen manchmal deren Parteisitze. In Umbrien stellen sie arbeitslose junge Leute ein und lassen sie eine »Straße der Jugend« bauen. In Tarent versuchen sie die Landung amerikanischer Soldaten zu verhindern.

Scelba beschuldigt die Kommunisten öffentlich der Militarisierung der jungen Leute. Mangels offizieller Dokumente ist es schwierig, die wahre Geschichte der garibaldinischen Avantgarde nachzuzeichnen. Sicher ist, dass diese Gruppen besonders im Süden mehr als einfache Formationen für die Wahlpropaganda sein sollten, auch wenn sich Di Vittorio,[24] der Generalsekretär der kommunistischen Gewerkschaft CGIL, in einer Rede in Andria[25] verpflichtet fühlt, sie zur Ordnung zu rufen und ihr Sektierertum kritisiert. Pietro Secchia erlebt seine goldenen Jahre, als sich einerseits eine enttäuschte und frustrierte Partisanenbewegung neu organisiert und andererseits eine sehr kleine Minderheit in der KPI – so die zahlenmäßig richtige Einschätzung – wieder beginnt, an eine revolutionäre Lösung zu denken.[26]

Die garibaldinische Avantgarde versammelt sich am 8. Februar in Genua zum Kongress. Es sind einige Zehntausend Personen, auch wenn die kommunistische Presse von 150.000 spricht. Auf der Bühne des Salons im »Ansaldo« nimmt Enrico Berlinguer, mit einem roten Tuch um den Hals, etwas verlegen ein großes Paket aus den Händen einer jungen Frau entgegen. Er öffnet es langsam, woraufhin eine weiße Taube zum Vorschein kommt, eine Friedenstaube, die über den Köpfen der jungen Garibaldiner fliegt. In der Rede bringt Enrico gleichermaßen Antiamerikanismus und Moralismus zum Ausdruck. »Die jungen Italiener vergessen nicht, dass die gerade in Tarent ankommenden Truppen die unglücklichen Zeiten zurückbringen, in denen unsere Städte in Spelunken und Bordelle verwandelt wurden.«[27]

Am Ende ziehen die Kongressteilnehmer, militärisch aufgereiht, durch die Stadt, begleitet von Partisanen in Uniformen und von Stafetten, die rote Fah-

23 Dt.: »Jedermann-Front«, kurzlebige rechtsgerichtete politische Bewegung, in der unmittelbar nach dem Zweiten Weltkrieg viele Anhänger und Mitläufer des faschistischen Regimes eine neu politische Heimat fanden, gegründet 1944 von Guglielmo Giannini (1891–1960), Dramatiker, Drehbuchautor, Theater- und Filmregisseur.

24 Näheres zur Person siehe Kapitel: Die italienischen Hauptfiguren in Chiara Valentinis »Enrico Berlinguer« (☛ S. 455).

25 Stadt in der Provinz Barletta-Andria-Trani, Region Apulien, heute mit knapp 100.000 Einwohnern.

26 Diese Phase wurde von Miriam Mafai nachgezeichnet in: *L'uomo che sognava la lotta armata (Der Mann, der vom bewaffneten Kampf träumte)*.

27 »Vie Nuove«, Nr. 7, 17. Februar 1948.

nen schwenken. Renzo Trivelli erinnert: »Die Straßen waren menschenleer, die Leute haben in den Geschäften die Rollladen heruntergelassen, als ob die Revolution selbst ankommen würde. Ich weiß nicht, wie viele Tausend Stimmen die Volksfront durch unseren Beitrag mit dieser Parade verloren hat.«

Diese alte, verkehrte Welt

Die Niederlage der Volksfront ist eklatant. Die DC bekommt allein 12.750.000 Stimmen (48 Prozent), während die Kommunisten und Sozialisten zusammen nur acht Millionen Stimmen erreichen (31 Prozent). Die Kommunisten sind erschüttert, praktisch fassungslos. »Die Ergebnisse waren schlechter als die schlechtesten Vorhersagen«, wird Jahre später Giorgio Amendola zugeben und zu einem großen Teil die Schuld dafür der Angst geben, welche die allzu aggressive Propaganda der Jugendfront unter den Wählern erfolgreich hervorgerufen hat.[28] Unmittelbar nach den Wahlen schreibt Togliatti hingegen die Niederlage berechtigterweise der massiven Unterstützung zu, welche die Partei De Gasperis durch den Vatikan und durch die Amerikaner erhielt, sowie dem Klima eines antikommunistischen Kreuzzuges und auch der Polizeigewalt. »Ich behaupte, dass die Wahl vom 18. April keine freie gewesen ist«, lautet die Botschaft, die »Ercoli« der Partei übermittelt.

Im allgemeinen Zusammenbruch der Hoffnungen unterscheidet sich die Reaktion der jungen Kommunisten von jener der Erwachsenen. Sie ist getragen von Zorn und Stolz. Sobald die jungen Männer von Berlinguer am 20. April die Wahlergebnisse erfuhren, warfen sie mit einer spontanen und nicht abgestimmten Geste die Abzeichen mit dem Gesicht von Garibaldi weg und brachten jenes mit Hammer und Sichel auf der Jacke an.[29] Dieser Ausbruch von Stolz ist auch deutlich in den ersten öffentlichen Erklärungen Berlinguers zu spüren. Er regt sich über die »Journalisten der Regenbogenpresse« auf, die von einem Klima der Niederlage in der Jugendbewegung sprechen. Dieser Auffassung erwidert der Jugendführer mit Härte: »Sie sollten mit einem jungen Kommunisten, mit irgendeinem Garibaldiner sprechen. Er wird antworten, dass er stolz ist, einen riesigen Beitrag geleistet zu haben, diese acht Millionen Stimmen zu erringen. Dass er stolz ist, der kombinierten Attacke durch Amerikaner, Faschisten, Klerikale, Banditen und Spekulanten Widerstand geleistet zu haben. Im Wahl-

28 Giorgio Amendola: *il rinnovamento del PCI. Intervista di Renato Nicolai (Die Erneuerung der KPI. Ein Interview von Renato Nicolai)*, Roma 1982.

29 Luciana Castellina: *Un contro-mondo nella dura Italia della guerra fredda (Eine Gegenwelt im harten Italien des Kalten Krieges)*, in: il manifesto (»Das Manifest«), 10. Dezember 1975.

kampf haben sich die Jugendorganisationen abgehärtet. Nicht ein einziger junger Garibaldiner wird sich dem Kampf entziehen.«[30] Unter den Jungen geht die Überzeugung um, dass sie im Moment dem härtesten Teil der Partei angehören, und dass die Regierung nicht mit Wahlen erobert werden kann.

Diese Ideen bringt Berlinguer öffentlich in einer Rede vor jungen Arbeitern aus Turin zum Ausdruck. Nachdem er gegen diejenigen, die »die Macht des Kapitalismus bewundern und die Gesetze des Parlamentarismus abgöttisch verehren«, polemisierte, schimpft der zukünftige Erfinder des historischen Kompromisses über die Christdemokraten, im Besonderen über Amintore Fanfani[31] und seine christlich-soziale Doktrin, die er als eine »unechte, ekelhafte und betrügerische«[32] bezeichnet. Er erzürnt sich über den Marshallplan, ein Plan der ökonomischen Hilfe Amerikas für Italien (»Es ist wahr, wir wollen dem Marshallplan ein Schach ansagen«). Und er veröffentlicht einen Aufruf zum Pazifismus, der trotz des viel naiveren Tons an die großen Reden am Ende seines Lebens erinnert. Mit den wissenschaftlichen Mitteln, über die wir heute verfügen, sagt Berlinguer, »könnten die Menschen ihr Leben verändern, könnten sie das Eis an den Polen schmelzen oder in großen Mengen in der Sandwüste es regnen lassen.« Hingegen nutzen »die Herrschenden dieser alten, verkehrten Welt« die neuen Entdeckungen, von der Radioaktivität bis zur Atomenergie, um die Zerstörung der Völker zu planen.

Diese Rede Berlinguers wird zum ersten Mal in einer Broschüre gedruckt, wie es bei den größten Parteiführern geschieht, und in den Sektionen um 30 Lire verkauft. Auf dem Titelblatt prangt eine Großaufnahme von Enrico.

Der Moment der Wahrheit

Die Nachricht, dass »Ercoli«, der Generalsekretär der Partei und ein Mensch, für den Enrico eine grenzenlose Wertschätzung und Bewunderung hat, in einem Zimmer der Poliklinik liegt, verwundet durch zwei Revolverschüsse, die fallen, als er gerade mit Nilde Iotti[33] den Palast der Abgeordnetenkammer verlässt,

---

30 Enrico Berlinguer: *I giovani del Fronte più decisi che mai* (*Die Jungen der Front, entschlossener denn je*), in: Vie Nuove, Nr. 18, 2. Mai 1948.

31 Näheres zur Person siehe Kapitel: Die italienischen Hauptfiguren in Chiara Valentinis »Enrico Berlinguer« (☛ S. 455 f.).

32 Berlinguer: *All'avanguardia della gioventù italiana* (*In der Avantgarde der italienischen Jugend*), 1948.

33 Näheres zur Person siehe Kapitel: Die italienischen Hauptfiguren in Chiara Valentinis »Enrico Berlinguer« (☛ S. 458).

ist für Berlinguer ein schwerer Schlag. Es ist der 14. Juli. Noch bevor das Radio um 13 Uhr das Attentat bekannt gibt, ist das kommunistische Rom und das Rom der Volksmassen in Aufruhr. Die zwei Männer, die in diesem Moment die Fäden in der KPI ziehen, Luigi Longo und Pietro Secchia, verlassen gerade mit dem Auto die Poliklinik, in der Togliatti noch nicht operiert wurde, und diskutieren gemeinsam mit Giorgio Amendola, was getan werden muss. »Wir sind auf der Piazza Venezia angekommen, und noch bevor wir entschieden hatten, ob man streiken sollte oder nicht, haben wir Kolonnen von Maurern gekreuzt, die ins Zentrum zogen. Der Streik lief bereits«, erinnert sich Amendola.

Im Laufe von zwei Stunden wird ganz Italien von einem Streik lahmgelegt werden, der in den großen Städten des Nordens aufständische Züge annimmt. In Genua, Turin, und Mailand erscheinen Maschinengewehre mit roten Fahnen auf den Dächern der besetzten Fabriken. Bei FIAT wird Professor Valletta[34] von den Arbeitern entführt, während in Mailand entschlossene Aktivisten aus der regionalen kommunistischen Parteiorganisation zu den Menschenmassen auf eine Art sprechen, die seit der Befreiung nicht mehr gehört wurde. »Am 18. April haben wir uns gezählt, heute wiegen wir uns«, schreit Alberganti[35] auf der Piazza Duomo. In Rom, wo sich Berlinguer befindet, ist die Situation deutlich anders. Scelba hat die Stadt mit seinen Einsatzkräften militärisch besetzt. Der enorme spontane Zug an Menschen, der sich in den Vororten bildete, versucht, die Via del Corso zu erreichen, wird jedoch von mit Schlagstöcken bewaffneten Polizisten angegriffen, während sich die Jeeps und Panzerwagen in rasenden Fahrvorführungen austoben. Die Aktivisten aus den Sektionen befinden sich in der ersten Reihe der Demonstration, die sehr bald die Form eines Guerillakampfes annimmt. Die jungen Männer und Frauen aus den Partisanenaktionsgruppen begeben sich an die heißesten Orte der Demonstration. Sie werfen Molotowcocktails und es werden Revolver gezogen, die den Alliierten nicht übergeben worden waren.

Aber all das ist armselig angesichts des stattlichen Aufgebots aufseiten der Männer von Scelba. Den Kommunisten gelingt es nicht einmal, einen ausreichend großen Platz für die Versammlung zu erhalten, und sie müssen sich in die gesteckt volle Piazza Esedra hineinzwängen, um die Reden von Longo und Lizzadri zu hören. »Selbst die Bronzestatue der Denkmäler vibrierte vor Jugendlichkeit und Leidenschaft«, tröstet die »Pattuglia«, die Tageszeitung der

34 Vittorio Valletta (1883–1967), seit 1920 bei FIAT tätig, 1928 Direktor, 1939 Geschäftsführer, Präsident (1946–1966), Mitglied des Senats (1966/67).

35 Giuseppe Alberganti (1898–1980), für die KPI Mitglied der Verfassungsgebenden Versammlung (1946–1948), Mitglied des Senats (1948–1958), Mitglied der Abgeordnetenkammer (1958–1963).

garibaldinischen Avantgarde. In Rom ist der Höhepunkt der Agitation bald überschritten. Im dringlich einberufenen Zentralkomitee vom 15. Juli ist es die Aufgabe von Pietro Secchia zu erklären, dass die revolutionäre Alternative unmöglich sei. »Die Genossen sollten überlegen: Bis jetzt haben weder die Polizei noch die Armee interveniert, aber sollten sie es tun, verfügen sie über Kanonen und Panzer, denen man keinen Widerstand leisten kann.«

Zwei Tage später, am 17. Juli, entscheidet man sich für die Beendigung des Generalstreiks. Ugo Pecchioli,[36] der kurz darauf zu einem der engsten Mitarbeiter Berlinguers werden wird, erinnert: »Der 14. Juli wurde zu einem großen Moment der Wahrheit. Der Prediger des Aufstands war sicherlich nicht Secchia. Es waren die Arbeiter, es waren genau wir Jungen, die wir den Widerstand erlebt haben. Aber in diesen Tagen wurde klar, dass das, von dem wir geträumt haben, nicht möglich war. Den aufständischen Wellen folgte eine große Selbstkritik der Massen.« Von diesem Moment an wird der Mythos des bewaffneten Aufstandes auch unter den jungen Leuten durch einen anderen, gleich starken Mythos ersetzt, jenen von Josef Stalin.

36 Näheres zur Person siehe Kapitel: Die italienischen Hauptfiguren in Chiara Valentinis »Enrico Berlinguer« (☛ S. 463 f.).

IV.
Die Generalprobe

Die mit roten Tüchern behangene Bühne wird von zwei riesengroßen Porträts überragt: einem von Togliatti, dem Generalsekretär der italienischen Kommunisten, und einem von Stalin, »dem Kämpfer für die Befreiung der Menschheit«, wie ihn eben Enrico Berlinguer in seinem Referat beschrieb.[1] Überhaupt nicht berührt von Stalins riesigem Porträt, verlässt Palmiro Togliatti entspannt die Bühne, löst von der Wand eine rote Fahne, auf der sich in der Mitte ein Stern mit fünf Zacken in einem Kreis befindet, überragt von der Abkürzung FGCI,[2] und winkt Enrico zu sich. »Genosse Berlinguer, du erhältst diese Fahne aus den Händen der italienischen kommunistischen Partei. Und Ihr Jungen seid Euch bewusst, ihr immer treu zu sein«, spricht »Ercoli« klar und mit deutlicher Stimme, während alle Delegierten aufstehen und mit aller Kraft, die sie haben, die *Internationale* singen.

Es ist der 2. April 1950. In Livorno, der Stadt, welche die Geburtsstunde der KPI erlebt hat, findet gerade der Kongress zur Wiedergründung des FGCI statt, der Organisation der jungen Kommunisten, zu deren Generalsekretär Enrico Berlinguer gewählt wurde. Die Übergabe der roten Fahne von einem Mann der Dritten Internationale an den jungen bürgerlichen Sarden ist mit ihrer gesamten Symbolik der Höhepunkt einer Parade, die für fünf Tage Livorno in eine Art von Sowjetrepublik verwandelte.

In der Stadt des Partisanenführers Ilio Barontini wurden die Kommunisten zu den Herren. Hier haben sie die absolute Mehrheit. Als Togliatti, Secchia und auch Berlinguer aus dem Theater Goldoni, wo gerade der Kongress stattfindet, hinausgehen, um frische Luft zu schnappen, werden sie triumphal empfangen. Die Fenster der Häuser sind mit Porträts von Stalin, Lenin und Mao geschmückt, der ein Jahr zuvor in China die Macht übernommen hat, natürlich neben jenem von Togliatti. Überall sind auf den Schildern der Geschäfte und Bars Sichel und Hammer, rote Nelken und Grußbänder angebracht.[3] Die Arbeiter aus einer Glasfabrik haben aus einem Kristallleuchter ein Porträt von Eugenio Curiel angefertigt, das so mächtig ist, dass es nur von einem kleinen Traktor transportiert werden kann. Curiel wird von einem Menschenzug getragen, der von

1 Enrico Berlinguer: *I compiti della gioventù comunista (Die Aufgaben der kommunistischen Jugend)*, Bericht auf dem XII. landesweiten Kongress der FGCI, Roma 1950.

2 *Federazione Giovanile Comunista Italiano (FGCI)*, Jugendverband der KPI.

3 Alberto Jacoviello, in: »Pattuglia« (»Die Streife«), 10. April 1950.

einer Mopedstreife und einer Musikband eröffnet wird, gefolgt von Hunderten Sport- und folkloristischen Gruppen in Uniform, von Fechtern, Radfahrern, Turnern. Es sind junge Männer und Frauen der Italienischen Union des Sports für alle (UISP), eine der Sport- und Freizeitorganisationen, die zum FGCI gehören und auch deshalb wiedergegründet wurden, wie Berlinguer festgestellt hat, »um der Jugend zu helfen, gesund, gebildet und fröhlich heranzuwachsen, um Sport, Unterhaltung und Kultur zu entfalten.« Da gibt es etwas in dieser gesamten Choreografie, was an andere traurige, kürzlich erfolgte Paraden erinnern lassen könnte, an andere triumphal gefeierte Helden, an andere Turner, die in Stadien geschickt wurden, um dort aufzutreten. Dies bemerken offensichtlich auch die jungen Kommunisten, wenn die »Pattuglia« – die Tageszeitung, die zunächst das Sprechorgan der garibaldinischen Avantgarde war und nun an den FGCI vererbt wurde – sich bemüßigt fühlt zu schreiben: »Welch großer Kontrast zu den vergangenen Paraden des faschistischen Regimes! Hier gibt es keine Müdigkeit, es gibt keine Befangenheit. Während sie umherziehen, scheinen diese Jungen zu sagen: Uns gehört das Leben!«

Nach dem Schlag der deutlichen Wahlniederlage von 1948 und nach den aufständischen Streiks, die auf das Attentat auf Togliatti folgten, sind die Tage von Livorno die erste große Organisationsprobe einer Partei, welche die DC von Scelba und De Gasperi gerade immer mehr in ein Getto sperren und zum Schweigen bringen wollen. Und dies, wenn notwendig, auch mit Gewehrschüssen. Es vergehen weniger als drei Monate, bis bei einem Streik der Metallarbeiter der Gießerei »Fonderie Riunite« in Modena die Polizeieinsatzkräfte sechs Opfer am Asphalt zurücklassen, erschossen durch Maschinengewehre. Drei unter ihnen, Renzo Bersani, Ennio Garagnani und Arturo Malagoli, waren nur 21 Jahre alt. Bei ihren Begräbnisfeierlichkeiten unterstrich Togliatti vor einer riesigen Menschenmenge die Herausforderung, dass die Partei entschlossen bleiben muss, sich nicht unterkriegen zu lassen: »Ich wage es nicht, ich bin nicht in der Lage, Euch zu sagen: ›Ruhet in Frieden‹. Eure Existenz war allzu kurz, allzu stürmisch und wurde auf tragische Weise beendet. Der Appell, der von Euren Särgen ausgeht, ist viel zu schwerwiegend.« Anschließend veröffentlicht die »Pattuglia« ein grauenhaftes Foto von Renzo Bersani, wie er im Sarg liegt, mit der Aufschrift: »Noch vor einer Woche hat er Fußball gespielt.« Als ob man den eigenen Aktivisten sagen würde: »Jeden von uns könnte es treffen.«

Angesichts eines Staates, der gerade auf der Basis von Antikommunismus wiederaufgebaut wird, schließt die KPI die Reihen. Sie erfindet neue Organisationsformen und verleiht dem eigenen Image und den eigenen Mythen, der Sowjetunion und Stalin, neuen Schwung.

Auch wenn es jetzt in Italien unmöglich ist, die Macht zu übernehmen, ob nun auf legalem oder illegalem Wege, auch wenn die Arbeiter, die Jungen und die Arbeitslosen arm und von der Polizei verfolgt sind, so gibt es dennoch einen Ort, wo all das beseitigt ist, wo die ehemals Ausgebeuteten triumphieren: die Sowjetunion. Und es gibt einen Mann, der auf praktisch wundersame Weise dieses Paradies auf Erden verkörpert: Stalin. Das ist die vereinfachte und tröstende Botschaft, die von Pietro Secchias Organisationsapparat ausgeht. Auf dem VI. Parteikongress musste Togliatti ohne allzu viel Begeisterung akzeptieren, dass dieser, an der Seite von Luigi Longo, als stellvertretender Generalsekretär nominiert wurde. Secchia ist der Mann, in den die Sowjets volles Vertrauen haben. Und tatsächlich, bis zu Stalins Tod wird er in der KPI eine Art Parallelmacht ausüben.

Zwischen »Ercoli« und Secchia

Von Anfang an präsentiert sich der FGCI als eine Art von solider, kompakter Gegenwelt, in der sich die jungen Kommunisten im Kampf gegen Arbeitslosigkeit und die NATO abhärten, aber auch »die Prinzipien und Grundideen des Marxismus-Leninismus« lernen sollen. Wenn sie Spaß haben, tanzen, Sport betreiben und Kultur machen, haben sie als Vorbild das Land vor Augen, »in dem die Jungen singen, scherzen und alles zum Blühen bringen können, in welchem sie die Zeit, den Raum und die Zukunft sowie das Universum beherrschen.«[4] Dies ist natürlich die Sowjetunion.

Die Wahl von Enrico Berlinguer zum Generalsekretär des FGCI war praktisch unumgänglich. Inzwischen ist er seit einigen Jahren der Chef der jungen Kommunisten. Er hat geduldig und unermüdlich gearbeitet und die Schäden, welche die schwierige Situation der KPI auch in der Jugendfront angerichtet hat, können ihm sicherlich nicht zugeschrieben werden.

Nach einer Diskussion in der Parteiführung der KPI wird entschieden, den Wiederaufbau des FGCI anzugehen. Longo wird dessen Schutzherr, der Berlinguers erste Schritte genau verfolgt und ihm mit Rat zur Seite steht. Einerseits drängt er ihn, einfallsreicher und fantasievoller zu sein (»Ihr seid junge Alte, ihr könnt nicht einmal lachen«, wiederholt er oft), aber andererseits kontrolliert er mit einer bolschewistischen Strenge jede Aktion und liest sogar alle Briefe des FGCI, die gesendet und empfangen werden.

---

4 Berlinguer: *I compiti della gioventù comunista* (*Die Aufgaben der kommunistischen Jugend*), 1950.

Natürlich, neben Longo gibt es noch Secchia und Togliatti, und jeder von ihnen hat eine eigene, unterschiedliche Vorstellung, was der FGCI sein soll, und nicht nur der FGCI. Togliatti möchte vor allem einen politischen Organismus haben, der als »Antikörper« gegenüber dem sich ausbreitenden Antikommunismus wirkt. »Wer einmal in unseren Reihen war, auch wenn er kein Mitglied der KPI ist, wird niemals ein Antikommunist sein«, behauptet er. Als Bruno Bernini ihm die Liste der Jungen zur Billigung vorlegt, die in die Leitung der FGCI eintreten sollen, weist Togliatti ihn daher scharf zurecht. »Diese denken alle wie ihr, da gibt es keine Dialektik.« Und er fügt selbst drei neue Namen hinzu: Magnani, der aus der katholischen Aktion kommt, Modica, ein Unabhängiger, und Roxas, ein junger Bauer aus Sizilien, der auf einem Treffen aufgestanden ist, um Li Causi[5] zu kritisieren. »Es soll zumindest einer mit Charakter sein. Er wird Euch die Stirn bieten können«, erklärt »Ercoli«.

Das ist eine kleine Schmach, die Secchia gleichmütig erleidet. Der alte Partisan weiß, dass er eine außergewöhnliche Kraft auf seiner Seite hat, jene des alltäglichen Lebens. Togliatti kann seine geistigen Höhenflüge machen, aber danach wird sich der FGCI, wie der Rest der Partei, nach dem Organisationsmodell entwickeln, das von Secchia erprobt wurde. Sie wird nach seiner vereinfachten und tröstenden Philosophie der Belohnungen und Strafen, des Aktivismus und der stillen Erwartung an die legendäre Stunde X leben. Natürlich ist die Wirklichkeit widersprüchlicher und die Schöpfung, die daraus entsteht, hybrider. Speziell in seinen frühen Jahren ähnelt der FGCI seinem Generalsekretär, Enrico Berlinguer. Und Berlinguer verbindet die Bewunderung für Togliatti, für dessen Scharfsinn und Prestige, mit dem eines Bürokraten im Dienst des Sozialismus, was ihn auf gewisse Weise Pietro Secchia näherbringt. Aber Berlinguer ist auch von Longos gesunden Realismus angezogen. Und er spürt in sich, auch wenn sie noch weit entfernt von ihm sind, die Eindrücke des säkularen Bürgertums und des Bürgertums des »Risorgimento«, aus dem er kommt. Das alles schlägt sich auf überraschende Weise in seiner neuen Organisation nieder.

Die »Erbarmungslosen« unterrichten

Der Auftrag, die Jugendorganisation, den glorreichen FGCI, neu aufzubauen, der in den 1920er- und 1930er-Jahren von Longo und von Secchia geleitet worden ist, ist sicherlich die wichtigste Lebenserfahrung Berlinguers, die seinen Charakter am meisten beeinflusste. Enrico, noch nicht ganz 30 Jahre alt, ist der Chef einer

5 Zu dieser Zeit regionaler Sekretär der KPI in Sizilien.

Organisation, die in ihren besten Zeiten 460.000 Mitglieder hatte. Eine Art Partei in der Partei, deren geliebter und populärer Anführer Enrico Berlinguer ist.

Als Hommage auf den Personenkult, der auch von Secchia stark vertreten wird, ist auch der Generalsekretär der jungen Kommunisten von einem Charisma umgeben, zu dem die Übergabe der roten Fahne durch Togliatti nur der Prolog ist. Berlinguers Reden werden als kleines Büchlein in den Ausgaben der Zeitschrift des FGCI – »Gioventù Nuova« – publiziert und im Netz der Sektionen und Zellen des FGCI verbreitet. Auf dem Deckblatt prangt stets das Porträt des jungen Generalsekretärs. Das Referat auf dem Kongress in Livorno, ein Buch von hundert Seiten, wird in der Parteipresse zusammen mit »heiligen« Texten wie *Der imperialistische Krieg* von Lenin und *Das siebte Kreuz*[6] von Anna Seghers beworben und zum Lerngegenstand für die Kader. Die Titelseiten der Tageszeitungen des FGCI wie »Pattuglia« oder »Il Costruttore«,[7] die etwas später gegründet wird, sind oft voller Fotos von Berlinguer, schön und etwas ungepflegt, wie er Genossen und Genossinnen auszeichnet, die sich bei der Anwerbung von neuen Mitgliedern hervorgetan haben. Und Fotos von Berlinguer, wie er zusammen mit Emilio Sereni[8] zusammen an einem kleinen Tisch sitzt und den Plan der jungen Friedenspartisanen ausarbeitet.

Auf den Festen der »L'Unità«, speziell in der Emilia und in der Toskana, tragen die Aktivisten sein Porträt an der Seite von denen der historischen Führer – Togliatti, Longo, Secchia – herum. Immer öfters konkurrieren die einzelnen Verbände um Berlinguers Anwesenheit bei Gedenkveranstaltungen, bei weiteren Aktivitäten und bei der Übergabe von Medaillen an junge Konstrukteure, das heißt an Aktivisten, die sich in der Rekrutierung neuer Mitglieder hervorgetan haben. »Viele Organisationen aus der Peripherie zahlten einen beträchtlichen Betrag an das Zentrum, damit wir ihnen Enrico schickten«, erinnert sich Marisa Musu. Das ist ein Mechanismus, den der zurückhaltende Berlinguer ohne große Begeisterung akzeptiert. Da dies allerdings auch eine der Pflichten seines neuen Amtes ist, würde er niemals davon träumen, sich dem zu entziehen.

Als Generalsekretär der jungen Kommunisten besucht er auch eine ganz eigene Schule: die Leitung der KPI, in die er im Januar 1948 berufen wird. Das

6 Roman von Anna Seghers über die Flucht von sieben Häftlingen aus einem Konzentrationslager während der Zeit des Nationalsozialismus.

7 Dt.: »Der Konstrukteur«.

8 Emilio Sereni (1907–1977), Mitglied des ZK der KPI (1946–1975), Mitglied der Abgeordnetenkammer (1945–1972), Mitglied des Senates (1948–1963), Minister für öffentliche Arbeiten (1947) und Nachkriegshilfe (1946/47). Hinsichtlich des Aufstandes in Ungarn 1956 gehörte er zu den wenigen führenden KPI-Politikern, die sich offen auf die Seite der Sowjetunion stellten.

ist eine Art Olymp der »roten« Orthodoxie, die die Crème de la Crème der Parteiführer aus den Zeiten, in denen diese im Untergrund aktiv waren. Sie reicht von D'Onofrio über Giuseppe Di Vittorio, Girolamo Li Causi, Celeste Negarville, Antonio Roasio, Giancarlo Pajetta, Teresa Noce, Arturo Colombi bis zu Mauro Scoccimarro und Giorgio Amendola. Von dieser Gruppe von Menschen veröffentlicht das amerikanische Außenministerium ein Foto mit der schrecklichen Betitelung: »Die Erbarmungslosen«. Es handelt sich dabei um eine Gruppe von 20 Personen, die bis 1955/56 kompakt und unverändert bleiben wird. Erst dann beginnen einige Exponenten der nachfolgenden Generation einzutreten: Pietro Ingrao[9] und Mario Alicata. Alessandro Natta[10] zum Beispiel wird erst 1963 in Erscheinung treten.[11]

Berlinguer war also über gute sieben Jahre hinweg der einzige offizielle Mittelsmann zwischen der »neuen Partei« und der alten. Er ist der Einzige, der an den Diskussionen, an den dramatischen Treffen teilnehmen kann. Er ist der Einzige, der im innersten Kreis des höchsten Leitungsorganismus mit den Männern und Frauen der historischen KPI diskutieren kann, und er wird direkt davon beeinflusst.

Das ist eine Erfahrung, die seine Andersartigkeit unterstreicht. So erzählt Emo Egoli, der über viele Jahre hinweg der Führer der jungen Sozialisten war und somit in verschiedenen, gemischt besetzten Organisationen mit Enrico in direkten Kontakt kam: »Dass Berlinguer, obwohl er viele übereinstimmende Charakteristika hatte, nicht wie die anderen aus dem Togliatti-Umfeld war, konnte man praktisch physisch wahrnehmen. Sein Image war das eines Berufsrevolutionärs wie aus einer anderen Epoche, der auf der Welt keine Interessen zu haben schien, außer jene für den Kommunismus. Er war immer extrem vertieft in Bücher und Zeitungen, er verbrachte die Nächte mit Lesen, mit Vorbereitungen. Er ließ sich die Haare erst dann schneiden, wenn er sich daran erinnerte. Er aß sehr wenig, er rauchte wie ein Schlot. Er war süchtig nach Politik. In den letzten Jahren seines Lebens schien er mir im Vergleich zu damals ein junger Mann zu sein.«[12]

---

9 Näheres zur Person siehe Kapitel: Die italienischen Hauptfiguren in Chiara Valentinis »Enrico Berlinguer« (☛ S. 457 f.).

10 Näheres zur Person siehe Kapitel: Die italienischen Hauptfiguren in Chiara Valentinis »Enrico Berlinguer« (☛ S. 462 f.).

11 Ivano Sabatini (Hg.): *Organismi dirigenti del Pci dal '43 all'83 (Leitungsgremien der KPI zwischen 1943 und 1983)*, Roma 1983.

12 Emo Egoli, persönliche Mitteilung an die Autorin.

Als Chef des FGCI verschärft Berlinguer noch einmal seinen Moralismus und verzichtet auf die wenigen jugendlichen Wunschvorstellungen aus vergangenen Jahren. Auf sein Motorrad verzichtete er nach dem Attentat auf Togliatti, weil die Partei das für gefährlich hielt. Wie auch die anderen Parteiführer wird er seitdem von einem Personenschutz, dem Genossen Capri, begleitet, zu dem er eine herzliche Beziehung entwickelt, was ihm aber auch sicherlich die letzten Reste an Privatheit nimmt.

Zusammen mit seinem Vater und seinem Bruder Giovanni sowie den beiden sardischen Dienerinnen verließ er vor Langem das Haus der Siglienti und zog in die Via Simon Boccanegra um. Die Wohnung ist bürgerlich ausgestattet, aber Enrico lebt in extremer Armut, noch krasser, als es der bescheidene Betrag seines Gehalts erlauben würde, der wie bei den anderen Funktionären 5.000 Lire monatlich beträgt.

Antonio Rubbi erinnert sich, dass einmal die italienische, von Berlinguer angeführte Delegation auf einem Kongress der jungen französischen Kommunisten auf einem Campingplatz übernachtete. Die jungen Frauen des FGCI zwangen Enrico, einen halben Tag im Zelt zu verharren, damit sie sein einziges Hemd waschen und bügeln konnten, welches sie ihm zuvor fast mit Gewalt ausgezogen hatten. Piero Pieralli berichtet von einem Wutanfall, den Berlinguer beim FGCI in Empoli[13] – Pieralli war dort der Sekretär des FGCI – wegen eines vorbestellten Abendessens in einem Restaurant nach einem Treffen bekam. »Mir genügen ein Teller klarer Gemüsebrühe und ein Stück Käse«, sagte er eiskalt.

Die Friedensfahnen

Die ersten Jahre im Jugendverband sind für Berlinguer eine sehr erfolgreiche Zeit. »Vor einem Jahr hätte man noch diskutieren können, und es wurde tatsächlich darüber diskutiert, ob es möglich sei, den FGCI wiederzugründen. Heute ist es nicht nötig, darüber zu diskutieren. Heute sprechen die Fakten«, kann er beim Kongress in Livorno stolz behaupten. Schon in dieser ersten Phase steigt die Zahl der Aktivisten trotz der harten Verfolgungen vonseiten der Scelba-Polizei von 214.000 auf 394.000 an.[14] Sicherlich ist die geografische Verteilung nicht einheitlich, da die Emilia allein 20 Prozent der jungen Kommunisten stellt, die Toskana 14 Prozent, während Kampanien nur knappe 3 Pro-

13 Stadt mit knapp 50.000 Einwohnern in der Toskana, liegt rund 20 Kilometer westlich der Provinz- und Regionalhauptstadt Florenz.

14 Donatella Ronci: *I giovani comunisti dalla Liberazione al 1957 (Die jungen Kommunisten von der Befreiung bis 1957)*, Roma 1971.

zent erreicht. Es sind junge Männer, zwischen 14 und 20 Jahre alt, zum größten Teil Arbeiter und Tagelöhner (52 Prozent), Arbeitslose (18 Prozent), Bauern (18 Prozent) und Studenten (knappe 5 Prozent): Die große Mehrheit stellt der proletarische Block, der durch eine tiefe Kluft von der bürgerlichen Gesellschaft getrennt ist, was sowohl die Kultur als auch die Gewohnheiten betrifft.[15]

Berlinguer wird von einem Sekretariat unterstützt, mit dem er in der besten Zeit des FGCI in großer Übereinstimmung zusammenarbeitet. Dabei ist Bruno Bernini, der mit ihm schon zusammen in der Jungendfront war und sich um die Arbeit mit den Massen kümmert. Dabei ist Marisa Musu, die Zuständige für die jungen Frauen, die mit Enrico nach und nach eine Art von »männlicher Freundschaft« entwickelt und immer bereit ist, ihm gegenüber Einspruch zu erheben, aber auch im Vertrauen zuzuhören. Silvano Peruzzi, ein junger Arbeiter, zugleich der unnachgiebigste Vertreter von Secchias wachsamer Organisationskommission, gerät ab und zu in Auseinandersetzungen mit dem Pragmatiker. Für die Propaganda ist Ugo Pecchioli zuständig, ein großer und robuster junger Mann, der aus der Piemonteser *Resistenza*[16] kommt. Nach Gillo Pontecorvo wird Pecchioli – auch auf eine tiefergehende Weise als Trivelli – bis zu Enricos Lebensende einer seiner sehr wenigen Freunde aus dem inneren Kreis der Partei sein.

Schon von Anfang an zeigt sich Berlinguer als einer jener Führer, welche die Treffen sehr lieben, die aber am Ende die wichtigsten politischen Entscheidungen allein treffen. Jeden Vormittag findet ein zweistündiges Treffen des Sekretariats statt, jede Woche ein Spitzentreffen der verschiedenen regionalen Leiter. So berichtet Lauro Casadio, ein Führer in der Lombardei: »Es waren unendlich lange Reisen, auf den Holzbänken der Waggons in der dritten Klasse. Einmal bat ich Enrico, mich davon freizustellen, um für eine Weile eine schwierige Situation in den Fabriken von Sesto San Giovanni näher mitzuverfolgen. Er machte mir daraus einen Vorwurf und sagte mir, dass ein wahrer Führer niemals die allgemeinen politischen Pflichten vernachlässigen darf.«

Berlinguer zeichnet sich durch die Fähigkeit aus, jedem eine bestimmte Aufgabe zu geben, die seinem Charakter am meisten entspricht. Auch seine Reden sind ein kollektives Werk. Von den drei oder vier engsten Mitarbeitern schreibt jeder einen Teil. Dann wird am Ende alles zusammengefügt und in

15 Die Daten beziehen sich auf eine vom FGCI im Jahr 1952 durchgeführte Stichprobenerhebung.

16 Dt.: »Widerstand«: Gesamtheit von Parteien und politischen Gruppierungen, die zwischen September 1943 und April 1945 Widerstand gegen die deutsche NS-Besatzung Italiens und die von Mussolini in Nord- und Mittelitalien errichtete faschistische Italienische Soziale Republik (Repubblica Sociale Italiana, RSI) leisteten. Mit rund 200.000 aktiv kämpfenden Partisanen stellt die italienische *Resistenza* die größte Partisanenbewegung in Westeuropa dar.

zermürbenden, nächtlichen Treffen, in denen Enrico immer das letzte Wort hat, wird dem Ganzen ein vollständiger Sinn gegeben. Das ist keine Routinearbeit. Berlinguer lebt jedes Mal, wie es sein ganzes Leben lang sein wird, in Angst vor der endgültigen Fassung der Rede, wiegt jeden Satz mit einer Gewissenhaftigkeit ab, die so mancher für exzessiv hält. »Er war tief davon überzeugt, dass alles, was er machte, eine große politische Bedeutung hatte«, sagt Casadio.

Der erste Prüfstein, den Berlinguer und seine Gruppe anpacken müssen, sind die großen Kampagnen für den Frieden, gegen die atomare Bewaffnung und für Korea. Am 4. April 1949 wird in Washington der Nordatlantikpakt (NATO) unterschrieben, eine antisowjetische militärische Allianz, der auch das Italien von De Gasperi beitritt. Im Gegensatz zur Sowjetunion besitzt der westliche Block die Atombombe. In ganz Europa entsteht eine Friedensbewegung, die ihre Vorreiter in den Friedenspartisanen hat, die angeblich von Stalin persönlich gewollt waren. Es sind Sozialisten, Katholiken, Intellektuelle und verschiedene progressive Wissenschaftler, die vor dem Schreckgespenst eines Dritten Weltkrieges warnen. Aber die Partisanen sind vor allem Kommunisten. In Italien wird der FGCI sofort eine der Speerspitzen der neuen Bewegung. Enricos junge Männer demonstrieren auch auf gewalttätige Weise gegen die Errichtung der ersten amerikanischen Militärstützpunkte und sammeln mit bewundernswerter Hartnäckigkeit gut viereinhalb Millionen Unterschriften für den Appell von Stockholm gegen die atomare Bewaffnung.

Eine einzigartige Erfindung des Sekretariats von Berlinguer ist die Bewegung der Friedensfahnen. Das sind Fahnen aus Stoffstreifen in den unterschiedlichsten Farben, welche die jungen Frauen aus dem FGCI mit Begeisterung nähen. Sie werden auf den Dächern der Fabriken angebracht, in denen gekämpft wird, auf den Tennen der Bauern im Süden während der Kämpfe gegen die Großgrundbesitzer und auf den Gefängnissen, in denen die verhafteten Kommunisten aufgrund des Widerstands gegen die Streitkräfte eingesperrt sind.

Vor allem bemüht sich Berlinguer, im Netzwerk der Jungen die Angst und die Ablehnung des Krieges zu verbreiten. »Der Dritte Weltkrieg sollte von einer Koalition der imperialistischen Staaten, angeführt von den USA, gegen die sozialistischen und demokratischen Länder ausgetragen werden. Es ist also der ungerechteste, der infamste Krieg, der Italien und die gesamte Welt in die Sklaverei treiben würde«, schreibt er.[17]

---

17 Enrico Berlinguer: *La coscienza nazionale dei giovani tra la pace e la guerra (Das landesweite Bewusstsein der jungen Leute zwischen Frieden und Krieg)*, in: Gioventù Nuova, Nr. 6-7, Januar 1950.

Die eigenartige Annäherung an Rauti

Kurz zuvor behauptete Berlinguer, dass im Falle eines Krieges die jungen Italiener niemals gegen die Sowjetunion kämpfen würden – eine Anmerkung, die De Gasperi höchstpersönlich in einer seiner Reden scharf kritisierte. Eine wahre Kampagne gegen den FGCI läuft an, der von der gemäßigten und konservativen Presse angeklagt wird, die Soldaten zum Desertieren und zum Verrat zu verleiten. Ein schwerwiegender Vorwurf für eine Partei, die seit der Nachkriegszeit immer auf ihrer italienischen Ausrichtung bestand. Und so denkt sich jetzt das Sekretariat eine weitere Erklärung aus, mit der das »Risorgimento« wieder thematisiert wird. »Ihr klagt uns an, das Vaterland zu verraten, aber in Wirklichkeit seid ihr es, die es in die Hände der Amerikaner übergeben habt«, antworten der Generalsekretär des FGCI und seine Mitarbeiter De Gasperi, indem sie ihre Kämpfe für den Frieden mit jenen verbinden, welche die Helden des »Risorgimento« gegen die Österreicher führten. »Damals konnte man für die Unabhängigkeit des Vaterlandes nur konspirativ agieren. Heute kann und muss man öffentlich dafür kämpfen«, schreibt Berlinguer in der »Pattuglia«.

Der Vergleich ist etwas an den Haaren herbeigezogen, aber der FGCI stürzt sich mit Leib und Seele in das Unterfangen. Wahrscheinlich in Erinnerung an seine mazzinischen und garibaldinischen Vorfahren organisiert Berlinguer in Mantua eine Gedenkfeier im großen Stil zum 100. Jahrestag des Opfers der »Martiri di Belfiore«.[18] Er schickt Agitprop-Busse nach Sapri,[19] nach Curtatone[20] und nach Montanara[21] und feiert somit schon viele Jahre vor Bettino Craxi[22] die Abfahrt des »Zuges der Tausenden« aus Quarto.[23]

18 Dt.: »Belfiore-Märtyrer«, eine Gruppe von Unabhängigkeitskämpfern, die zwischen 1852 und 1853 während des »Risorgimento« zum Tode durch Erhängen durch den österreichischen Feldmarschall Josef Wenzel Graf Radetzky von Radetz, damals Generalgouverneur der Lombardei-Venetien, verurteilt wurden. Die Gruppe ist nach dem Ort der Urteilsvollstreckung im Tal von Belfiore am Südeingang von Mantua benannt.

19 Gemeinde, heute mit etwa 6.600 Einwohnern, in der Provinz Salerno in der Region Kampanien.

20 Gemeinde, heute mit etwa 15.000 Einwohnern in Provinz Mantua in der Region Lombardei.

21 Ortsteil und Verwaltungssitz der Gemeinde Curtatone.

22 Näheres zur Person siehe Kapitel: Die italienischen Hauptfiguren in Chiara Valentinis »Enrico Berlinguer« (☛ S. 454).

23 Marsch einer 1.067 Mann starken Truppe aus Freiwilligen, die unter Führung von Giuseppe Garibaldi am 11. Mai 1860 auf Sizilien landete und im Zuge des »Risorgimentos« die Insel von der Herrschaft der Bourbonen befreite. In der Nacht vom 5. Auf 6. Mai 1860 schifften sich »die Tausend« in Quarto bei Genua ein.

Die Verherrlichung des Vaterlandes, der Fahne und des nationalen Territoriums geht sogar so weit, dass der FGCI einen einzigartigen Annäherungsversuch an die jungen Faschisten wagt. Die von Togliatti stammende Idee dahinter ist, die entpolitisierten Studierenden zurückzugewinnen, die von den patriotischen Kampagnen des rechtsextremen »Movimento Sociale Italiano« (MSI),[24] wie jene für das italienische Triest, angezogen werden. Es ist eine skrupellose Aktion, nur wenige Jahre nach dem Ende des Partisanenkrieges. Trotz des Widerstandes von einem Teil des Sekretariats richtet Berlinguer eine Art offiziellen Appell an die faschistische Basis im Theater Splendore zu Rom. Der Schwerpunkt der Argumente liegt vor allem auf Anti-NATO-Positionen (wie gestern Europa riskiert hat, von Hitler beherrscht zu werden, so riskiert es heute, »dass die Herrschaft der Vereinigten Staaten hergestellt wird«) und Antikapitalismus (»Die Christdemokraten halten an ihrer Sympathie für das Amerika der Konzerne, der Milliardäre, der Dutzend Millionen Arbeitslosen fest«).[25] Der Führer der jungen Faschisten Pino Rauti veröffentlicht einen Artikel in der »Pattuglia«. Aber damit sind im FGCI viele nicht einverstanden, sowohl in der Spitze als auch in der Basis. Pino Rauti berichtet: »Mit einem Dutzend Kameraden sind wir zur Sektion der KPI in Monte Sacro gefahren, um über den Nordatlantikpakt zu diskutieren. Auch wenn wir alle gegen Amerika waren, war die Stimmung fürchterlich. Sie waren eine Gruppe von 400 Leuten, alle Stalinisten. Nach einer Weile sagten sie uns, dass sie uns nur aufgrund von Parteidisziplin erlaubt haben, zu ihnen zu kommen und mit ihnen zu sprechen, aber dass sie nicht mehr länger mit Leuten diskutieren wollen, gegen die sie geschossen haben. Einige Tage später haben sie uns mitgeteilt, dass die Initiative gestorben war.«[26]

---

24 Dt.: »Soziale Bewegung Italiens«, gegründet 1946 von faschistischen Aktivisten und Funktionären des Marionettenstaates der sog. Italienischen Sozialrepublik (RSI) und einzelnen Führern der dieses Regime tragenden Republikanisch-Faschistischen Partei, von 1943 bis 1945 in Nord- und Mittelitalien, während der deutschen NS-Besetzung. Dabei wurde die faschistische Traditionslinie – auch als bestimmend für die neue politische Gruppierung – ausdrücklich bejaht. In den 1990er-Jahren erfolgte eine Transformation in die gemäßigtere *Alleanza Nazionale*, die zum einen 2009 in dem von Berlusconi dominierten Rechtsbündnis *Il Popolo della Libertà* (»Das Volk der Freiheit«) aufging, zum anderen erfolgten davon mehrere Abspaltungen, die sich wieder mehr an den rechtsextremen Wurzeln des MSI orientierten. U. a. entstand daraus 2012 die von Giorgia Meloni geführte Gruppierung *Fratelli d'Italia* (»Brüder Italiens«), eine rechtsnationale, populistische, anti-EU-ausgerichtete, teilweise auch rechtsextreme Partei.

25 Enrico Berlinguer: *Impediamo al fascismo di tradire la gioventù* (*Hindern wir den Faschismus, die Jugend zu betrügen*), Roma 1950.

26 Pino Rauti, persönliche Mitteilung an die Autorin.

Besonders nach der von Papst Pius XII. umgesetzten Exkommunikation aller Anhänger von marxistischen Theorien finden tägliche Auseinandersetzungen statt. Die Jungen aus dem FGCI und jene aus der katholischen Aktion, die von dem fanatischen Professor Carretto geleitet wird, der die Sowjets als »asiatische Unmenschen« bezeichnet, streiten wild über die Vorherrschaft in der jugendlichen Welt. Die Auseinandersetzungen ziehen sich endlos hin. Aber die jungen Katholiken sind sensibel für das Thema des Friedens. Berlinguers Versuche, den Dialog zu diesem Thema offen zu halten, zeigen Wirkung. So sieht sich Carlo Carretto mit drei klugen Fragen konfrontiert, die der Generalsekretär des FGCI in Bezug auf die Verurteilung des Krieges und des Verbots der Atombombe stellt und auf die zu antworten er gezwungen ist. Die Sache hat ein starkes Echo unter seinen Aktivisten.

Enricos Gegenwelt

Die Verherrlichung des Patriotismus, der Dialog mit den Katholiken und vor allem das Friedensthema sind wichtige Etappen in der politischen Biografie Berlinguers. Als Enrico auf dem VII. Parteikongress der KPI im April 1951 seine gesamte Rede dem Kampf der Jungen für den Frieden widmet, erntet er einen nicht endend wollenden Applaus. Aber es ist gewiss, dass all diese Ideen zumindest in ihren allgemeinen Begriffen von »il Migliore« vorgeschlagen wurden. »Togliatti hat uns empfohlen, das Monopol auf die patriotischen Gefühle weder den Christdemokraten noch der Rechten zu überlassen. Er drängte uns, für Triest zu demonstrieren und die italienische Trikolore zu verwenden«, erinnert Bruno Bernini.

Was hingegen die wahrscheinlich originellste Schöpfung Berlinguers und seines Teams ist, ist das kompakte System an Werten, Lebensregeln und Kultur, sowie die Erziehung zum Aktivismus, der über einige Jahre hinweg die effizienteste Kaderschule war, welche die kommunistische Partei jemals hatte. Die Spuren davon bleiben in den »roten« Regionen der Emilia und der Toskana erhalten, wo sich gerade die Generation der »guten Regierung« herausbildet. Aber diese Schule beeinflusst auch die Entwicklung des zersplitterten Südens, wo es in den Massen der jungen Proletarier, die von der Schule diskriminiert werden und von Arbeitslosigkeit und gesellschaftlicher Ausgrenzung betroffen sind, doch nur einen bescheidenen und schematischen kulturellen Hintergrund gibt.

»Eine Zelle des FGCI pro Glockenturm«, lautete das Motto, das Berlinguer von Anfang an ausgab und damit Togliatti aus dem Jahr 1945 nachahmte. Aber es gibt nicht nur die Zellen und Sektionen. Rund um den Kern des FGCI entsteht eine Vielzahl von Vereinigungen, die von Laienschauspieltheatern bis Sportgruppen reichen, von Orchester bis zu Turngruppen. Diese Vereinigungen erleichtern die Teilnahme für diejenigen, die nicht den Mut haben, Mitglied zu werden. Die Laienschulspieltheater entstehen zum Beispiel nicht, um irgendwelche Texte zu rezitieren, sondern um das zu realisieren, was hochtrabend »Theater der Massen« genannt wird. Es handelt sich dabei um eine Erfindung, auf halbem Weg zwischen Erwin Piscator[27] und den Texten des sozialistischen Realismus des Regisseurs Marcello Sartarelli. Das erste Beispiel dafür ist das Stück *Un popolo in lotta*[28] zu einem Thema aus der *Resistenza*, von ehemaligen Partisanen in Modena auf die Bühne gebracht. Die Texte, wie die Zeitungen des FGCI vorgeben, sollen Themen wie die proletarischen Kämpfe, Streiks und Landbesetzungen behandeln. Aber das Neue daran ist, dass der einzelne Schauspieler des bürgerlichen Theaters durch die Massen ersetzt wird. »Die Schauspielergruppen haben keine Grenzen, sie können 40 junge Leute umfassen, die in den Sektionen vorlesen, und 500 bei den Aufführungen in den großen Theatern«, wird erklärt.[29] Einige dieser Aufführungen werden später bei den großen europäischen Festivals der Jugend aufgeführt, wie beispielsweise das Stück *Hanno ucciso Maria*[30] über die Ermordung der Reisfeldarbeiterin Maria Margotti, in dem mutige Reisfeldarbeiterinnen den Kapitalisten, die wie Mackie Messer bei Brecht aussehen, entgegentreten.

Nicht nur das Theater der Massen, sondern auch die Sportgruppen und sogar die unschuldigen Volleyballgruppen werden zu Instrumenten, um die jungen Männer und Frauen aus den geschlossenen Häusern zu locken, um sie dem Einfluss der Pfarreien zu entziehen und sie im Wertesystem der jungen Kommunisten zu verankern.

Der FGCI ist eine allumfassende Einrichtung, die versucht, den eigenen Aktivisten in jedem Moment des Lebens Orientierung zu geben und Hilfe zu leisten. Es gibt das *Breve guida del giovane propagandista*.[31] Darin finden sich Argumente, um Zweifelnde zu überzeugen und sowohl dem Pfarrer als auch den Anhängern der Monarchie angemessen zu antworten. Aber es gibt auch

---

27 Erwin Friedrich Max Piscator (1893–1966), deutscher Theaterintendant, Regisseur und Theaterpädagoge, der zu Zeiten der Weimarer Republik das Theater unter Ausweitung der bühnentechnischen Möglichkeiten zum »politischen Tribunal« umfunktionierte.

28 Dt.: »Ein Volk im Kampf«.

29 Gioventù Nuova, Nr. 5, Dezember 1949.

30 Dt.: »Sie haben Maria ermordet«.

31 Dt.: »Kurzes Handbuch des jugendlichen Propagandisten«.

ein Handbuch für die persönlichsten Momente. Die Zeitungen des Jugendverbandes, von der wöchentlichen Kampfzeitschrift »Pattuglia« bis zur monatlichen, von Berlinguer persönlich geleiteten »Gioventù Nuova« sind voll von Rubriken, die Ratschläge erteilen, Zweifel zerstreuen und vorbildliches Verhalten aufzeigen. So gibt es zum Beispiel einen Aktivisten aus Pistoia, der sich entmutigt fühlt, weil er eine Gruppe von Pionieren, die »Kleinen« des Jugendverbandes, auf die Beine gestellt und entdeckt hat, dass ihre Eltern sie verprügeln, damit sie nicht mehr zu Versammlungen gehen. »Mach dir keine Sorgen, der Samen ist gesät. Er wird Frucht bringen«, lautet die Antwort. Irmo, der Sekretär der Sektion aus Colle Valderice,[32] ist hingegen in einem Konflikt mit den eigenen Eltern, die in Wut über die Idee geraten sind, dass er in Kürze auf die Parteischule in Frattocchie gehen wird. »Die große Idee, die du angenommen hast, und der es bestimmt ist, auf der ganzen Welt zu triumphieren, ist die Idee von Millionen Frauen und Männern. Die Idee wird triumphieren. Geh auf die Schule, Irmo, sag es Deinen Eltern, dass sie damit stolz auf ihren Sohn sein können«, antwortet die »Pattuglia«. Adriano Farmella aus Riva in der Provinz Rovigo in der Region Venetien hat Angst, weil er sich verhaspelt, wenn er in der Zelle Berichte vortragen soll. »Bereite die Reden immer schriftlich vor, was übrigens die Pflicht eines jeden guten Aktivisten ist«, so der Hinweis. Und es gibt diejenigen, die Zweifel in Bezug auf kulturelle Themen haben. Wie zum Beispiel Remo aus Modena, der Salgari[33] »progressiv« gefunden hat und wissen will, ob die Zeitung dem zustimmt. Die Antwort ist vorsichtig. Es ist wahr, dass sich Salgari immer auf die Seite der Schwachen gegen die Starken stellt. Aber oft verliert er sich in reinem Abenteuer. Besser sind die Bücher von Verne,[34] »die auch in der Sowjetunion sehr weit verbreitet sind.«

Ein Schlüsselthema ist jenes der Beziehungen mit der katholischen Welt. Paolo Vaio aus Neapel hat Angst, weil ihn der Priester nach der päpstlichen Exkommunikation nicht mehr beichten lassen wollte, weshalb ihn seine Freundin verlassen will. »Die aufrichtige Liebe, die du für diese junge Frau empfindest, wird gegenüber diesem Konflikt Vorrang haben, den der Priester mit seiner absurden Ablehnung verursacht hat.« Noch dringender ist das Problem des Liliano Redini aus Uliveto Terme bei Pisa. Seit er Mitglied des Leitungskomitees seiner Sektion wurde, hasst ihn seine Mutter, eine christdemokratische Akti-

32 Gemeinde auf Sizilien, heute mit knapp 12.000 Einwohnern.

33 Emilio Salgari (1862–1911), italienischer Schriftsteller, der Abenteuerromane und historische Romane verfasste.

34 Jules-Gabriel Verne (1828–1905), französischer Schriftsteller, gilt als einer der Begründer der Science-Fiction-Literatur.

vistin. Sie macht ihm kein Essen mehr, wäscht ihm nicht mehr die Wäsche und spielt ihm einen bösen Streich, indem sie sich beim Plaudern mit bekannten Faschisten sehen lässt. »Soweit bringt es der Fanatismus, die parteiische und aufwieglerische Propaganda des Klerus, dass eine Mutter die Pflichten und die Fürsorge gegenüber ihrer eigenen Schöpfung vergessen lässt«, antwortet der Kolumnist in der »Gioventù Nuova« besorgt, und er rät Liliano, auszuziehen und eine Frau zu finden, »jedoch den Dialog mit der Mutter nicht abzubrechen.«

Andere Male kommt die Auseinandersetzung aus der Partei selbst. Iginio aus Pisa ist in die Sekretärin seiner Sektion verliebt, zögert aber, ihr seine Liebe zu gestehen, weil sie eine Aktivistin ist, die auch den roten Stern erhalten hat, weil sie sich auf den Demonstrationen gegen den Besuch von Eisenhower in Italien hervorgetan hat, wohingegen er, obwohl Parteimitglied, selten zur Partei kommt und viele bürgerliche Freunde hat. Die Antwort ist streng. Ein guter Kommunist soll in erster Linie ein Parteileben haben. Es mangelt nicht an Empfehlungen für das künftige »rote« Paar: »Denk daran, wenn zwei Genossen sich wirklich lieben, dann wird dies ihren Einsatz für die Sache nicht beeinträchtigen.« Es gibt also kein Problem für einen guten Kommunisten, dass nicht erfolgreich gelöst werden kann.

Was ist mit dieser freien Liebe?

Eines Morgens, als Palmiro Togliatti in seinem Büro im zweiten Stock der Parteizentrale wie gewohnt aufmerksam eine frisch gedruckte Ausgabe der »Pattuglia« durchblättert, macht er einen Sprung aus dem Sessel. Eine Karikatur zieht seine Aufmerksamkeit auf sich, auf der man eine junge Frau mit einem schönen runden Hintern sieht, der aus einem etwas zerfetzten Badeanzug hervortritt. »Signorina, haben Sie ein Loch im Hintern?«, fragt sie tückisch ein junger Mann. Togliatti ist empört. Etwas später erhält Berlinguer einen Zettel, unterschrieben mit T.: »Glaubst du nicht, dass es besser wäre, eine Zeitung einzustellen, die diese Unanständigkeiten veröffentlicht?«[35] Verantwortlich dafür ist der extrovertierte Gillo Pontecorvo, der Chefredakteur der »Pattuglia«, der umgehend durch Pecchioli ersetzt wird. Die Karikatur mit dem offenen Hintern ist eine der wenigen Bedenkenlosigkeiten, die dem wachsamen Auge Berlinguers und seiner Mitarbeiter entgangen sind.

Diese Sexualmoral, dieses strenge und keusche Bild der kommunistischen Frau, ist eine ständige Sorge des jungen Generalsekretärs. Viele der jungen

35 Renzo Trivelli, persönliche Mitteilung an die Autorin.

Männer, die im sittenstrengen und scheinheiligen Italien der 1950er-Jahre zur Partei kommen, haben neben dem Mythos der Revolution noch einen anderen im Ohr, jenen der freien Liebe. Sie denken an einen Satz von Lenin, den die katholische Propaganda verbreitet, um die Niederträchtigkeiten des Marxismus aufzuzeigen: »In der kommunistischen Gesellschaft ist es so einfach und so unbedeutend, seine eigenen sexuellen Triebe zu befriedigen wie ein Glas Wasser zu trinken.« Viele neue Mitglieder hoffen insgeheim, dass es sich dabei nicht nur um Propaganda handelt. Sie wieder auf Linie zu bringen, ist für Berlinguer eine sehr wichtige Aufgabe, fast eine revolutionäre Pflicht.

In Bezug auf die sexuelle Freiheit wird eine wahre Theorie ausgearbeitet, nach der die erotische Zügellosigkeit »eine der offenkundigsten Erscheinungsformen der Verdorbenheit der kapitalistischen Welt ist.« Diese Theorie besagt, dass die Frau in der neuen kommunistischen Gesellschaft zwar emanzipiert sein soll, aber Emanzipation bedeutet sicherlich nicht, wie die Bürgerlichen denken, »dass die Frau in der Nacht nach Hause kommt, wann sie will, dass sie in Gesellschaften verkehrt, die ihr mehr gefallen, dass sie schmutzigen Witzen mit größter Leichtigkeit zuhört oder selber welche erzählt.«[36] Die neue Genossin soll für den Mann sowohl in Italien als auch in der Sowjetunion eine geliebte und respektierte Lebensgefährtin sein, mit der man für die Errichtung des Sozialismus kämpft. Der Theorie vom Glas Wasser wird ein anderes berühmtes Zitat von Lenin entgegengestellt: »Sicherlich muss der Durst gestillt sein. Aber wird sich ein normaler Mensch unter normalen Bedingungen vielleicht auf der Straße auf den Boden werfen, um in einer Pfütze schmutziges Wasser zu trinken?« Nichts wird also zügellos getrunken. Es gibt nicht einmal übertrieben lange Diskussionen über sexuelle Beziehungen, welche die Fantasie allzu sehr anregen, »verbotene Liebe« verursachen und vor allem »die physische Gesundheit und moralische Kraft beeinträchtigen« könnten, »welche die arbeitende Jugend braucht, um für ihre Emanzipation zu kämpfen.«

Es ist offensichtlich, dass dies eine nicht leicht zu vermittelnde Moral ist, da das Thema in den Zeitungen des FGCI immer wieder auftaucht. Der berühmte Professor Aloisi erklärt in der »Pattuglia«, dass das physische sexuelle Bedürfnis leicht von der Vernunft beherrscht werden kann. Es ist Berlinguer selbst, der nach der Rückkehr von einer Reise in die Sowjetunion auf eindringliche Fragen der Leser der Wochenzeitschrift in Bezug auf die Moral der jungen sowjetischen Frauen eindeutig antwortet: »Die Situation heute ist sehr unter-

36 Luciano Gruppi: *L'emancipazione della donna e l'emancipazione sessuale (Die Frauenemanzipation und die sexuelle Befreiung)*, in: Gioventù Nuova, Nr. 2-3, September 1949.

schiedlich von jener zur Zeit der Oktoberrevolution, in der die Freiheiten der Sitten in der Jugend sicher ausgeprägt waren. Aktuell ist die Moral der Jugend sehr hoch, die jungen Frauen heiraten sehr früh und haben praktisch nie vor der Hochzeit mit Männern Geschlechtsverkehr.«

»In Wirklichkeit waren wir, trotz der Zitate von Lenin, scheinheilig und gequält davon, ein Bild des Spießbürgertums abgeben zu müssen«, stellt Marisa Musu fest. Und in diesem Klima vergleicht Berlinguer in einer Rede die heilige Jungfrau Maria Goretti, die sich ermorden lässt, um ihre Jungfräulichkeit zu verteidigen, mit der jungen Partisanin Irma Bandiera. Diese wurde von den Nazis gefoltert und ermordet, weil sie ihre Kameraden nicht verraten wollte. Beide präsentiert er als Beispiel für die Tugendhaftigkeit der jungen italienischen Frauen. In diesem Klima stürzt er sich dann auf die »amerikanischen Comiczeitschriften und Filme«, »in denen versucht wird, die jungen arbeitenden Frauen glauben zu lassen, dass ihr Ideal sein soll, Geliebte ihres Chefs zu werden.« Er lässt in der »Gioventù Nuova« »den degenerierten Lakaien des Imperialismus, Jean-Paul Sartre«, verurteilen, »der sich an der Päderastie und am Onanieren erfreut.«

Dieser ganze Moralismus, der jenem der Katholiken um nichts nachsteht, wird darüber hinaus nicht nur gepredigt, sondern auch von den Führern des FGCI praktiziert, angefangen bei seinem Generalsekretär. Einmal hielt sich Berlinguer auf einem Sommerlager junger Kommunistinnen zu einigen Konferenzen auf. Dabei verknallte er sich in eine schöne 16-Jährige, die in einem Friseurgeschäft in Ligurien arbeitete. Er verhält sich wie der vorbildliche Protagonist eines Bildungsromans. Er lässt seinen Gefühlen keinen freien Lauf, sondern bittet nach seiner Rückkehr in Rom eine junge Leiterin, in den Norden zu fahren und die junge Frau mit dieser Botschaft aufzusuchen: »Enrico fragt dich: Darf ich hoffen?« Der Auftrag wird von der verlegenen Führerin genau ausgeführt. Die junge Frau, die mit Händen voll mit Shampoo aus dem Geschäft herausgerufen wurde, reagiert auf ebenso vorbildliche Weise: »Antworte dem Genossen Berlinguer, dass ich mich von seinem Vorschlag geschmeichelt fühle. Ich schätze ihn und bewundere ihn riesig, aber ich liebe meinen Verlobten, der auch der Sekretär meiner Zelle ist. Eben in diesen Tagen haben wir entschieden zu heiraten.« Enrico nimmt die Antwort mit der gewohnten Distanz auf, aber für einige Zeit zeigt er sich noch verschlossener und distanzierter als gewöhnlich.

Miss oder Signorina?

Obgleich tadellos und asexuell – die jungen Frauen des FGCI können auch hübsch sein. Sie können sogar eine Miss sein. Wenn Silvana Mangano und Lucia Bosè die Heldinnen des bürgerlichen, aber äußerst populären Wettbewerbs »Miss Italia« sind, so haben auch die jungen Kommunisten ihre proletarischen Heldinnen. Aber sogar diese Wahlen werden zu einer Gelegenheit der engmaschigen Mobilisierung. In den Städten und Dörfern wird im Laufe von Festen, die auch der Finanzierung der Zeitung dienen, die Miss Pattuglia ausgewählt. Natürlich sind die Auserwählten nicht nur hübsche, sondern auch tapfere Aktivistinnen, die sich bei der Anwerbung neuer Mitglieder hervortun.

Der Höhepunkt dieser Wettbewerbe ist die Wahl der »Miss Primavera« (»Frühlingsmiss«), der Miss des »roten« Italien, die zum ersten Mal 1950 gewählt wird. In der Jury sitzen Künstler und Spitzensportler, die mit der Linken sympathisieren, von Claudio Villa[37] bis zu Massimo Girotti,[38] von Renato Guttuso[39] über Fausto Coppi[40] bis zu Giampiero Boniperti[41] sowie Ugo Pecchioli und natürlich Enrico Berlinguer. Gemeinsam mit den anderen Juroren wählt Berlinguer die Fotos aus, die nach und nach in der »Pattuglia« veröffentlicht werden. Es sind schöne junge Frauen, oft etwas kräftiger, die ihrem Bild eine Beschreibung von sich selbst hinzufügen. »Das größte Streben ist für eine bessere Zukunft der italienischen Jugend zu kämpfen«, schreibt Adriana Torelli ohne allzu viel Fantasie.

Im November trifft sich die Jury in Rom. Für Fausto Coppi sollte die Siegerin »nicht eine der gewöhnlichen Miss sein, sondern eine junge, gesunde, sportliche Frau«. Claudio Villa schlägt vor, sie nicht Miss zu nennen, ein Wort, das allzu stark zu Amerika gehört, sondern »Signorina«. Derjenige, der die deutlichste Idee hat, ist Renato Guttuso. »Die Miss Primavera, die ich mir vorstelle, ist aus dem Volk und typisch italienisch. Sie hat jene Form von Schönheit, welche die Maler aus der Renaissance immer im Volk finden konnten, wie die *Fornarina* von Raffaello Sanzio Raphael und die *Madonna* von Antonello da Messina.« Am Ende

37 Claudio Villa (1926–1987), Sänger und Schauspieler, vertrat Italien zweimal beim Grand Prix Eurovision de la Chanson.

38 Massimo Girotti (1918–2003), Schauspieler, spielte u. a. in Filmen von Roberto Rossellini, Luchino Visconti und Vittorio De Sica.

39 Renato Guttuso (1911–1987), Maler, Zeichner, Illustrator, Bühnenbildner, Kunstkritiker, Essayist und Politiker, Mitglied des Senates (1976–1983) für die KPI.

40 Fausto Coppi (1919–1960), Radrennfahrer, dreifacher Weltmeister.

41 Giampiero Boniperti, geboren 1928, Fußballspieler, Stürmer bei Juventus Turin.

wird eine römische 18-Jährige ausgewählt, eine Tanzschülerin, die Ballett lernt, sich selbst ihr Studium finanziert und die sich bei der Siegerehrung mit einem weißen Volantkleid und einem bescheidenen Dekolleté präsentiert. Der Generalsekretär des FGCI wäre an der Reihe, die Tänze mit Liliana zu eröffnen, aber Berlinguer, der sein Leben lang nichts vom Tanzen wissen will, entzieht sich. Die Aufgabe geht an den ungezwungeneren Ugo Pecchioli.

Triumphator in Berlin

In den Jahren seiner Generalprobe als Chef einer politischen Organisation macht Berlinguer auch eine wichtige internationale Erfahrung, die in seiner Zukunft großes Gewicht haben wird. Von 1950 bis 1953 ist er Präsident des demokratischen Weltjugendverbandes, ein großer Organismus, der weltweit 72 Millionen Mitglieder in 74 Ländern versammelt. Ein Jahr zuvor wurde sein Bruder Giovanni – ein interessanter Zufall – Generalsekretär einer anderen Jugendorganisation, der internationalen Studentenunion mit Sitz in Prag.

Sowohl der Jugendverband als auch die Studentenunion sind stark von den Sowjets beeinflusst. Aber in den Jahren des Kalten Krieges sind sie trotzdem eine Schnittstelle, an der Jugendliche diesseits und jenseits des Eisernen Vorhangs miteinander in Dialog treten und sich mit Vertretern der Dritten Welt treffen können. Und bei den Treffen in verschiedenen europäischen Hauptstädten, insbesondere in Budapest, wo der Jugendverband seinen Sitz hat und er für eine bestimmte Zeit zehn Tage pro Monat verbringt, entwickelt Berlinguer eine Begeisterung für internationale Fragen.

Und hier lernt er, den sowjetischen Genossen und ihrer langatmigen und arroganten Beharrlichkeit die Stirn zu bieten. Wie zum Beispiel bei der Verurteilung der jugoslawischen Kommunisten, die Stalin durch die Kominform aussprechen ließ und der sich formell auch Togliatti angeschlossen hat. Auch wenn Enrico zu diesem Zeitpunkt die Verurteilung teilt, ist er nicht damit einverstanden, das Schisma auf eine Jugendorganisation zu übertragen, die zumindest den Anschein von Autonomie erwecken soll. Auch sein Bruder stimmt ihm zu. Die zwei Berlinguers messen sich in unendlich langen Diskussionen mit den Sowjets, um sie zu überzeugen, dass die Beziehungen zwischen den Parteien eine Sache ist, jene zwischen den Jugendorganisationen eine andere. Natürlich gelingt es ihnen nicht, die Positionen der Sowjets nur um einen Millimeter zu verschieben. Aber für die beiden Italiener ist es schon eine erste, gesunde Lehre.

In diesen Jahren knüpft Berlinguer Beziehungen, die ihm künftig nützlich sein werden, etwa zu Michailow, dem Leiter der Komsomol, dem sowjetischen

Gegenstück zum FGCI, sowie zu dem zukünftigen Generalsekretär der chinesischen Partei Hú Yàobāng und zu dem ostdeutschen Honecker. Er gewöhnt sich an das Verfassen unendlich langer gemeinsamer Erklärungen und an die spitzfindigen Rituale des kommunistischen Universums. Die diplomatische Arbeit hat ein geheimnisvolleres Gesicht. Dann gibt es jene großen öffentlichen Volksfeste wie die Weltjugendfestivals: praktisch wie überdimensionierte Feste der »L'Unità«, wo sich für einige Wochen lang chinesische und russische junge Leute mit deutschen und amerikanischen zwischen Tänzen, Aufführungen, Debatten und Konferenzen verbrüdern. Für eine Jugend, die gerade einem Weltkonflikt hinter sich hat, sind das wichtige Gelegenheiten, wie Italo Calvino[42] erklärt: »Auf dem Festival von Prag war der Krieg vorbei, und wir haben uns endlich wiedergefunden: Wir, Italiener, Indonesier, diese schwarze Frau aus Jamaika, dieser Russe mit den Medaillen, diese Koreaner, die die ganze Nacht am Gang der Unterkunft diskutierten und uns nicht schlafen ließen [...]. Der Sinn war folgender: uns wieder zu finden, nachdem wir junge Menschen uns aus der ganzen Welt voneinander gerissen fühlten. Uns wieder zusammenzuführen, nachdem wir im Dunkel des Krieges durch Tunnel voller Schwierigkeiten und Gefahren hindurchzugehen hatten.«[43]

Das erste dieser Festivals findet 1947 in Prag statt, das zweite 1949 in Budapest. Berlinguer leitet die turbulente italienische Delegation in der ungarischen Hauptstadt mit größerer Sicherheit als jene drei Jahre zuvor in Moskau. Géza Mihályi, der für ihn bei dieser Gelegenheit übersetzte, erinnert sich: »Er war selbstbewusst, äußerst ruhig, im Gegensatz zu seinem Adjutanten Bernini, der immer aufgeregt war. Er hielt die Ordnung unter den Italienern aufrecht, die es vorgezogen hätten, die Abende lieber mit Tanzen zu verbringen als an Konferenzen teilzunehmen und die Fabriken zu besichtigen.« Eines Abends befindet sich Berlinguer mit seinen Genossen auf einem Hügel außerhalb von Budapest, um an einem symbolischen Feuer zu Ehren der im Kolonialismus unterdrückten Völker teilzunehmen. Am Ende entsteht Panik. Das Festival hat verabsäumt, Busse für die Rückfahrt zu organisieren, man muss sehr viele

42 Italo Calvino (1923–1985), Schriftsteller, viele seiner Bücher sind heute in Italien Volksgut und Schullektüre. 1944/45 Aktivist in der *Resistenza* und Beitritt zur KPI, später Kulturredakteur in der »L'Unità« und in der »Rinascita«, 1957 Austritt aus der KPI als Folge der Enttäuschung über die gewaltsame Niederschlagung des Aufstandes in Budapest durch die Rote Armee ein Jahr zuvor. Die freundschaftliche Verbundenheit mit Enrico Berlinguer, die schon zu dessen Zeiten als führender kommunistischer Jugendfunktionär entstand, bleibt jedoch über Jahrzehnte hinweg bis zu dessen Tod 1984 aufrecht.

43 Italo Calvino: *Il festival di Budapest* (*Das Festival von Budapest*), in: Pattuglia, 22. Mai 1949.

Kilometer zu Fuß gehen. Natürlich ist Berlinguer der Erste, der vorbildlich handelt und sich stoisch zu Fuß auf den Weg macht.

Aber der Höhepunkt für Berlinguer ist das Festival 1951 in Ostberlin. Als Präsident des Weltjugendverbandes ist er die Nummer eins eines riesigen Apparates, der sein Herz auf dem Alexanderplatz hat, auf dem eine Unmenge von Fahnen aus der ganzen Welt von einem großen Leuchtschild überragt werden: »Haus der Weltjugend«.

Die Delegationen kommen mit allen möglichen Transportmitteln nach Ostberlin, im Zug, mit dem Flugzeug, in Fahrradteams, auch wenn viele Länder des Nordatlantikpakts (NATO), einschließlich Italiens, einem Großteil der Delegierten die Pässe entzogen haben. Die Teilnehmerzahl ist trotzdem riesig, siebenhunderttausend Personen, die größte Jugenddemonstration nach dem Zweiten Weltkrieg. Im festlichen Berlin laufen die großen Namen der kommunistischen Kultur herum, von Pablo Neruda bis zu Joliot-Curie, der Präsident der Friedenspartisanen. Jede junge Frau kommt mit einer Packung Milchpulver für dic koreanischen Kinder. Die deutsche Wochenzeitschrift »Der Spiegel« schreibt besorgt: »Etwas muss passieren, bevor diese jungen Leute Erwachsene werden, ansonsten wird die freie Welt jede Hoffnung verlieren.« Viele westliche Zeitungen sprechen von einem »Putsch«. Berlinguer ist überall präsent. Eingepackt in ein hellgraues Sakko, mit einer grellen roten Krawatte eröffnet er das Festival mit einer rhetorischen brillanten Rede, wie es der Anlass erfordert: »Hier in Berlin erhebt sich die kräftige Stimme einer Jugend aus verschiedenen Rassen, politischen und religiösen Überzeugungen, als Warnung an die Kriegstreiber«, sagt er. Es ist ein Begriff des Neutralismus, den die Sowjets für einen wichtigen Keil im westlichen Block erachten. Berlinguer wiederholt diesen in unendlich vielen anderen Demonstrationen, an denen ihn die unversöhnlichen Deutschen teilnehmen lassen. Bis er den hektischen Rhythmus nicht mehr aushält. Er hat eine Magenentzündung und muss für einige Tage im Bett liegen bleiben. Aber inzwischen sind seine Worte in ganz Europa bekannt.

De Gasperi ist wutentbrannt von der Idee, dass ein Italiener dieses antiatlantische Volksfest leitet. »Il Tempo« veröffentlicht einen Bericht von Sandro Paternostro, laut dem Berlinguer behauptet haben soll, »an der Spitze von fünfhundert treuen Stalinisten nach Berlin gekommen zu sein, ungeachtet der Drohungen von Scelba und anderer Reaktionäre in der römischen Regierung«, und sofort spricht De Gasperi von einer »Beleidigung der Würde Italiens« und ordnet den Einzug des Reisepasses des kommunistischen Jugendführers an.

Zurück in Italien wird er von seinen Genossen wie ein Held empfangen. Berlinguer bestreitet mit einem stenografisch verfassten Text in der Hand die

Version von Paternostro. Er habe nur gesagt: »Trotz der Verleumdungen und des Terrors der Kriegstreiber treffen sich die jungen Menschen aus der ganzen Welt frei auf unserem Festival.« In einem Interview mit der »Pattuglia« behauptet Paternostro, dass der Text seines Berichts vom Chefredakteur von »Il Tempo«, Renato Angiolillo, selbst geändert worden sei – derselbe, der die Notwendigkeit verfechtet, eine Atombombe auf Korea zu werfen. Trotzdem wird der Einzug des Reisepasses bestätigt. Nach dem Triumph von Ostberlin wird Berlinguer drei Jahre lang von jedem internationalen Treffen ausgeschlossen sein.

Wir haben unseren Großen Freund verloren

In seinen besten Jahren zwischen 1949 und 1953 ist Enrico Berlinguers FGCI eine kompakte und kämpferische Organisation. Der FGCI versucht vor allem, den Massen an jungen Proletariern eine Identität zu geben, die sich in erster Linie in Protestdemonstrationen niederschlägt. Dabei geht es viel um einige ziemlich vereinfachte und spektakuläre Begriffe des Marxismus und des Klassenkampfes sowie um den Kult der Sowjetunion und ihres Führers Josef Stalin.

In der Presse des Jugendverbandes, auf den Versammlungen und auf den Demonstrationen ist der Ruf an den »Führer der großen Armee, der für einen radikalen Wandel in der Welt kämpft«, häufiger und lauter zu hören als jener an Palmiro Togliatti. Stalin sei ein guter und weitsichtiger Führer, der aus seinen Büros im Kreml ein Auge auf die Proletarier auf der ganzen Welt wirft. So lässt ihm der FGCI zu seinem 70. Geburtstag am 21. Dezember 1949 einen Brief zukommen, geschrieben auf einem »künstlerischen Pergament«, als ob man einem guten, weit entfernt weilenden Vater einen Brief schicken würde: »Lieber Genosse Stalin, wir sind arm und deshalb können wir zu Deinem Fest nichts mehr als dieses Pergament schicken. Aber wir sind sicher, dass Du Dich darüber freuen wirst. Wir teilen Dir mit, dass die jungen Kommunisten heute in ganz Italien 318.000 Personen zählen, und dass im Laufe der Stalinkampagne, die wir zu deinen Ehren gemacht haben, 80.000 junge Menschen angeworben wurden.«

Es handelt sich sicherlich um Propaganda, welche die elementarsten Gefühle der Aktivisten nutzen will. Aber gleichfalls ist sicher, dass in diesen Jahren auch Berlinguer nur ganz wenige Zweifel in Bezug auf Stalin und die Sowjetunion hat.

Der XIII. Kongress des FGCI, der vom 4. bis 8. März 1953 in Ferrara stattfindet, kreuzt sich, quasi als ein Scherz des Schicksals, mit dem Tod von Stalin.

Seit dem Kongress in Livorno ist der FGCI zahlenmäßig stärker geworden. Die Mitgliederzahl ist von 394.000 auf 431.000 angestiegen. Man ist nicht mehr weit von dem Ziel der halben Million entfernt, das Togliatti aufgestellt hat, aber nie erreicht wird. Dieses Mal werden sogar 1.200 Delegierte entsandt. Vor allem aus dem Süden kommen, dank der Sammlungen ihrer Genossen, viele Delegierte angereist. In Neapel gehen Domenica Davoli und ihre Delegation zum Bahnhof von Mergellina und kaufen die Tickets mit einem Packen von 5er und 10er Lire-Scheinen, die sie unter den jungen Männern der Basis gesammelt haben. Es ist eine große Zurschaustellung der Kraft, aber die Stimmung in der Stadt ist nicht so elektrisiert wie in Livorno.

Berlinguer eröffnet den Kongress, indem er drei Stunden lang durchgehend spricht. Sobald er seine Rede beendet hat, beginnt sich unter den Delegierten die Nachricht zu verbreiten, dass Stalin etwas zugestoßen ist. Giorgio Amendola betritt die Bühne: »Während Genosse Berlinguer gesprochen hat, hat die Nachrichtenagentur TASS eine Erklärung veröffentlicht, wonach der Genosse Stalin eine Gehirnblutung erlitten hat. Die sowjetischen Ärzte kämpfen darum, sein Leben zu retten. Unsere Herzen sind voller Hoffnung. Wir hoffen, dass die Natur des »Großen Riesen« das Böse besiegen und sein kostbares Leben dem Kampf für den Sozialismus erhalten bleiben wird.«[44] In Wirklichkeit war Stalin bereits gestorben, aber die Nachricht davon wird erst am 7. März 1953 veröffentlicht. Aber von nun an ist die Arbeit des Kongresses praktisch lahmgelegt. In den Reden preist man den Komsomol, die sowjetische Jugend. Die jungen Männer des Eisenbahnherstellers »Officine Meccaniche Reggiane« betreten die Bühne und singen die Hymne des Traktors R 60, *La vacca di ferro*,[45] das Symbol des Kampfes in den Fabriken. Es kommt die Schriftstellerin Sibilla Aleramo und liest ein Gedicht. Die gespannte Atmosphäre wird von Giuseppe Dozza, dem Leiter der Partei, unterbrochen: »Das Herz des Kampfgenossen Lenins hat aufgehört zu schlagen«, verkündet er, während der gesamte Kongress in absoluter Stille aufsteht, und aus den Lautsprechern die Noten des Trauermarsches aus der dritten Sinfonie von Beethoven erklingen.

Es ist ein Stück, das von den Kommunisten bei anderen feierlichen Gelegenheiten verwendet wird. Dieses Mal kam die Idee von Berlinguer, der trotz Fassungslosigkeit die von der Parteizentrale in Rom ausgegebenen Vorgaben mit der gewohnten Effizienz ausführt: den Tod des Führers der Sowjetunion möglichst feierlich zu begehen. Der Ablauf des Kongresses wird schnell ge-

---

44 Aus einem Bericht der L'Unità, 6. März 1953.

45 Dt.: »Die eiserne Kuh«.

ändert. Die zwei üblichen Porträts von Togliatti und von Stalin werden durch ein alleiniges, riesiges Bild von Stalin ersetzt, umrahmt von einer Unmenge roter Fahnen mit Trauerflor. Ganz Ferrara ist eine Art Verabschiedungsort. Vom Bahnhof fährt der Zug ab, der Togliatti gemeinsam mit Roasio und Boldrini zu den Begräbnisfeierlichkeiten des Helden von Stalingrad bringt. Berlinguer und die anderen jungen Führer laufen herbei und verabschieden ihn. Es ist ein sehr kurzes und berührendes Treffen. Viele haben die Augen voller Tränen. Auch die Arbeiter und Bauern aus fast ganz Italien weinen in diesem Moment, genau wie die kommunistischen Parlamentarier, die kleinen und die großen Führer. Nur einige der Älteren, welche die Jahre der Emigration in den schäbigen Zimmern des Hotel Lux in Moskau verbracht haben, murmeln leise: »Es war höchste Zeit, dass er gestorben ist.« Aber davon dringt nichts nach außen. Darüber hinaus ist Togliatti davon überzeugt, dass der Stalinmythos ein äußerst wichtiges Instrument der politischen Propaganda ist. Das erklärte er Antonio Giolitti, einem seiner fähigsten Mitarbeiter, als dieser einige Zeit zuvor bestimmte Vorbehalte in Bezug auf Übertreibungen des Personenkultes zum Ausdruck gebracht hatte. Aber jetzt, da Stalin tot ist, ist es undenkbar, Vorbehalte zu haben.

Eine ganze Woche lang lobpreist die »L'Unità« den Chef der Sowjetunion, sein »wundersames Leben«, sein »unsterbliches Werk«, in Tönen der wahrhaftigen Heiligsprechung. Bevor der Kongress im Zeichen der Trauer unterbrochen wird, schreibt Berlinguer persönlich das Telegramm, das der FGCI an das Zentralkomitee der KPdSU schickt: »Im Namen der gesamten italienischen Jugend schwören wir feierlich, inspiriert durch die unsterbliche Lehre des Großen Verstorbenen, dass wir unsere gesamte Energie dafür einsetzen werden, immer die Fahne von Stalin hochzuhalten.«[46] Zur selben Zeit schreibt der Generalsekretär des FGCI zügig einen Artikel für die »Pattuglia«. Es ist mit »Wir haben unseren größten Freund verloren« betitelt.

Die letzte Rede auf der Bühne, die für die Bewohner von Ferrara im Freien aufgebaut wurde, geht an Berlinguer und an Giancarlo Pajetta. Es weht ein eiskalter Wind. Enrico, mit einem aufgestellten Jackenkragen, ist blass und erschöpft. Pajetta hingegen verzichtet nicht auf sein rhetorisches Ungestüm: »Erinnern wir uns immer an das, was Stalin sagte. Wenn sich plötzlich ein Sturm auf der großen Wolga erhebt, dann gibt es einen Teil der Matrosen, de erschreckt von den Rudern ablässt und die Hände hochhebt. Während sie ihre Verzweiflung rausschreien, werden sie fortgerissen und kommen um. Aber

46 L'Unità, 7. März 1953.

es gibt auch Matrosen, die in die Ruder greifen, sobald sie den Sturm stark spüren mit größter Kraft zupacken und auf diese Weise sich selbst und die eigenen Kameraden retten. Wir sollen es wie diese Matrosen machen.« Weder Pajetta noch Berlinguer noch die Tausenden Kommunisten, die diese Sätze hören, können sich vorstellen, wie passend dieses Gleichnis künftig sein wird, auch wenn die Ereignisse in eine Richtung gehen werden, die im Moment noch niemand vorhersehen kann.

V.
Mit Stalin abrechnen

»Die DC hat der italienischen Jugend in den letzten Jahren nur Elend, Hunger, Entmutigung und Verzweiflung beschert. Sie verspricht den Jungen und dem ganzen Land nur noch düstere Perspektiven von Uneinigkeit, Krieg, Diktatur und nationalem Verfall.« Mit diesem dramatischen Appell ruft Enrico Berlinguer den FGCI zur Mobilisierung gegen das Betrugsgesetz im Frühjahr 1953 auf. Die DC, die in den Kommunalwahlen 1951 und 1952 im Vergleich zu 1948 Stimmen verloren hat, versucht sich mit einem Trick die Regierungsstabilität für die bevorstehenden Parlamentswahlen zu sichern. Gemäß dem in der Parteizentrale der DC entworfenen Gesetz würde die Koalition aus Parteien, die bei den Parlamentswahlen 50 Prozent plus eine Stimme erhält, zwei Drittel der Parlamentssitze bekommen und könnte somit die Verfassung ohne Referendum ändern.

Die Kommunisten rufen sofort »Betrug« (die Definition stammte von Pajetta), da sie überzeugt sind, dass ihnen auf diese Weise ihre Rolle der verfassungsmäßigen Opposition entzogen und sie zu einer schmächtigen Gruppe von Agitatoren verkommen würden.[1] Vor allem im Senat hat Pietro Secchia eine unvergessliche Obstruktion organisiert, die Ende April durch einen Handstreich des Präsidenten Meuccio Ruini zum Stillstand gebracht wird. Er missbraucht die Geschäftsordnung, schließt die Debatte und erklärt die Abstimmung für eröffnet. In der Aula des Senats ist der Teufel los. Die Kommunisten dringen in den Abstimmungshalbkreis ein, um die Wahlurnen zu zerstören. Von kräftigen Sicherheitswachleuten zurückgeschlagen, beginnen sie, mit allem, was sie griffbereit haben, nach dem Präsidenten Ruini zu werfen. Celeste Negarville[2] schreit ihn wie ein Wilder an: »Drecksau, Drecksau!« Lussu gelingt es, den Sicherheitswachleuten zu entkommen. Er nähert sich Ugo La Malfa, der dem Gesetz positiv gegenübersteht, und gibt ihm eine Ohrfeige.

---

1 Donald Sassoon: *Togliatti e la via italiana al socialismo* (*Togliatti und der italienische Weg zum Sozialismus*), Torino 1980.

2 Celeste Negarville (1905–1959), Staatssekretär im Außenministerium (1945/46), Bürgermeister von Turin (1946–1948), Mitglied der Verfassungsgebenden Versammlung (1946–1948), Mitglied des Senats (1948–1958), Mitglied der Abgeordnetenkammer (1958/59), erster Herausgeber der kommunistischen Parteizeitung »L'Unità« nach der Befreiung Roms, Co-Drehbuchautor des berühmten Films von Roberto Rossellini: *Roma città aperta* (*Rom, offene Stadt*).

Und in diesem dramatischen Klima, nachdem das Gesetz trotz alledem vom Parlament verabschiedet wurde, stürzen sich die Kommunisten in eine Wahlkampagne, die in ihrem Ton an 1948 erinnert. Aber dieses Mal herrscht im Land eine andere Stimmung. Die Kommunisten werden neben den Sozialisten auch von einigen liberalen und sozialdemokratischen Kräften unterstützt, die wegen des Gesetzes besorgt sind, das sie für einen Akt der Arroganz vonseiten der Partei De Gasperis halten.

Im Wahlkampf steht Berlinguers FGCI mit seinem engmaschigen Netzwerk, seinen Anführern und seinem Agitprop[3] in der ersten Reihe. Für die jungen Kommunisten handelt es sich um Monate der hektischen Arbeit. Gemäß der Vorgabe des Generalsekretärs muss jeder Aktivist eine genaue Aufgabe durchführen, eine bestimmte Anzahl an Verwandten und Bekannten indoktrinieren und einer Wahlsektion zugewiesen werden, von der er sich an den beiden Wahltagen nie entfernen darf. Schließlich gelingt es der Mittekoalition, die neben der DC auch die PLI (Liberale), die PRI (Republikaner) und die PSDI (Sozialdemokraten) umfasst, nicht, das Ziel zu erreichen. Es fehlen lediglich 56.000 Stimmen. Die verhinderte Anwendung des Betrugsgesetzes ist für die Kommunisten die Revanche für den 18. April 1948. Für Berlinguer ist das eine persönliche Befriedigung. Es gibt mehr »rote« Stimmen für die Abgeordnetenkammer als für den Senat. Ein Zeichen dafür, dass die Propaganda unten den jungen Leuten ihre Wirkung zeigt.

Dem FGCI dient diese Auseinandersetzung dazu, die Entdeckung, in einer Krise zu stecken, um einige Monate hinauszuschieben. Die von Berlinguer und seinem Sekretariat entwickelte Organisation, die allmählich die Aufmerksamkeit von Luigi Longo auf sich gezogen hat, funktionierte gut, solang es in Italien eine frontale Auseinandersetzung gab. Aber jetzt beginnt gerade eine komplexere Zeit des Überganges zu den Jahren des Neokapitalismus. Der KPI selbst gelingt es nicht, diese richtig zu erfassen. Es beginnt jenes »sich Abschließen« der Partei »in sich selbst«, von dem Togliatti auf dem VIII. Parteikongress im stürmischen Jahr 1956 sprechen wird. Für die Gegenwelt von Enrico kommt es aber noch schlimmer. Dieses Abgetrenntsein von der Gesellschaft, das zuweilen sogar die Form eines Sektierertums annimmt, das in den Jahren von Scelba und des Kalten Krieges zu ihrer Stärke geworden ist, droht nun, sich in ihre Schwäche zu verwandeln.

---

3 Ein Kunstwort aus den beiden Wörtern *Agitation* und *Propaganda*, ein zentraler Begriff der kommunistischen politischen Werbung seit Lenin. *Agitprop* bezeichnete die Gesamtheit der Vermittlung kommunistischer Politik.

Berlinguer merkt dies. In seinen Reden beginnt er den Irrtum zu erwähnen, eine »perfekte Gesellschaft« durch die jungen Kommunisten schaffen zu wollen, ohne ausreichende Verbindungen zu den Parteien, den Gewerkschaften und anderen Organisationen zu haben. Jetzt, da die Krise begonnen hat, merkt er an, dass »es ein völlig neues Problem für unser Land ist, eine kommunistische Massenjugendorganisation aufzubauen und zu leiten.« »Wir spüren manchmal, dass es uns schwerfällt, diese große Kraft zu leiten und sie so voranzubringen, wie wir uns das gerne wünschen«, gesteht er.

Trotzdem steigt die Zahl der Mitglieder über das ganze Jahr 1953 hinweg noch an. Zugleich lässt der Umstand zu wünschen übrig, dass die große Organisationsmaschine mit ihren Führern, die von oben herab predigen, während die Basis passiv zuhört, oft droht, ins Leere zu laufen.

Der FGCI der Tischfußballtische

Eine große Anstrengung der Fantasie wäre notwendig. Vielleicht wäre es auch notwendig, die Türen für eine Debatte, für einen Dissens zu öffnen. Der Weg hingegen, der nach dem Kongress in Ferrara eingeschlagen wird, führt genau in die entgegengesetzte Richtung. Besorgt über die Konkurrenz der katholischen Organisationen, die verstärkt Freizeitaktivitäten anbieten, senkt man das Eintrittsalter der Mitglieder auf 13 Jahre und entpolitisiert die Zellen und Sektionen, indem man sie in Vereine umwandelt.

Diese Vereine wollen eine Art »Haus der jungen Leute« sein. Sie sind viel dezentralisierter, autonomer und bieten nicht nur politische Treffen, sondern auch Unterhaltungsaktivitäten: Im Wesentlichen spielt man also Tischtennis und Tischfußball. Und das ist das, was man Jahre später mit einer gewissen Ironie als »FGCI der Tischfußballtische« bezeichnen wird, um seinen Fluchtcharakter zu unterstreichen. Auf diese Weise verliert Berlinguers Organisation ihre Entschlossenheit und ihre Einzigartigkeit, ohne im Gegenzug viel dafür zu bekommen. In den Vereinen sinken die Begeisterung und der Aktivismus, während die interne Demokratie nicht vorankommt.

Der FGCI wird auch von Togliatti kritisiert, der über dessen niedriges kulturelles Niveau wie auch über dessen geringe politische Öffnung besorgt ist. Aber nicht einmal die Neuerungen, die in diesem Bereich eingeführt wurden, sind besonders erfolgreich.

»Gioventù Nuova«, die kultivierte Monatszeitschrift, die für Berlinguer ein bisschen zu dem geworden ist, was »Rinascita« für Togliatti war, wird eingestellt und durch »Incontri oggi«[4] ersetzt, geleitet von Lucio Lombardo-Radice mit dem Ziel, mit der katholischen Welt in den Dialog zu treten. Auch die »Pattuglia«, die wahre Fahne der Gegenwelt, wird geschlossen. An ihrer Stelle wird die Wochenzeitschrift »Avanguardia« herausgegeben. Der Chefredakteur ist ein vielversprechender junger Mann, Gianni Rodari, der sofort mit der Abgeordneten Nilde Iotti über die Bedeutung der Comics in der Jugendkultur diskutiert. Er publiziert in Fortsetzungen nicht nur *Die Mutter* von Gorki, sondern auch bürgerliche Fotoromane. Er startet Umfragen unter der Leserschaft, um zu erfahren, welches der schönste Film, das schönste Lied, das schönste Buch, das sie gelesen haben, sei. Aber ein Aktivist aus Pistoia, Idillio Pastorini, der die Leichtsinnigkeit hat, auf *Vom Winde verweht* hinzuweisen, fängt sich sofort von einer sehr aktiven und sehr jungen Redakteurin, Luciana Castellina, einen Vorwurf ein.[5] Im Endeffekt ist die »Avanguardia«, trotz der guten Absichten, noch mehr als die »Pattuglia« eine Zeitschrift des Komsomol. Es gibt einen wesentlichen Unterschied. Der Name Josef Stalin kommt nicht mehr vor.

Die Jahre des Unbehagens

In Moskau, der Hauptstadt des Weltkommunismus, begann gerade ein Erdbeben. Stalin war einige Monate tot, als die Nachricht kam, dass der Chef der mächtigen Geheimpolizei, Beria, aus der KPdSU ausgeschlossen und vor dem Obersten Gerichtshof angeklagt wurde. Praktisch niemand im Westen erfuhr, dass Beria im Laufe eines Treffens im Kreml erschossen worden war. Und dass die Trojka der neuen Chefs, Malenkow,[6] Molotow[7] und Chruschtschow,[8] begonnen hatte, Stalins Abweichungen und den Personenkult zu kritisieren.

---

4 Dt.: »Treffen heute«.

5 »Idillio Pastorini ist kein Rassist und wahrscheinlich wird er auch mit dem Fortschritt der Menschheit übereinstimmen. Warum aber muss ihm *Vom Winde verweht* so gefallen, ein Film, der Sklavenhändler zu Helden und Paladinen der Zivilisation macht?«, fragt sich Luciana Castellina in *Risposte spontanee e conformiste al referendum di Avanguardia (Spontane und konformistische Antworten auf die Umfrage der »Avanguardia«)*, in: Il Costruttore (»Der Konstrukteur«), Nr. 9-10, September–Oktober 1955.

6 Georgi Malenkow (1901–1988), sowjetischer Ministerpräsident (1953–1955), Mitglied des Politbüros (1946–1957).

7 Wjatscheslaw Molotow (1890–1986), sowjetischer Regierungschef (1930–1941), Außenminister (1939–1949 und 1953–1956), Mitglied des Politbüros (1926–1957).

In der KPI beginnt eine Zeit des Zwiespalts, der sich erst 1956 auflösen wird. Bis dahin wird Stalins Name immer seltener und flüchtiger erwähnt, aber man erklärt das den Aktivisten und Kadern, die seinem Mythos weiterhin verhaftet bleiben, nur verhalten.

Inzwischen ist der Fall Seniga aufgebrochen. Secchias Sekretär, Giulio Seniga, ein radikaler und aufgedrehter junger Mann, dem der Chef der Organisation totales Vertrauen gewährt, verschwindet mitsamt der Parteikasse und verschiedenen geheimen Dokumenten. Für Secchia, den Togliatti bereits einzuschränken versuchte, bedeutet dies das Ende. Nach einem langen internen Prozess, durchgeführt von einer von Scoccimarro geleiteten Kommission, wird Secchia seines Amtes als stellvertretender Generalsekretär enthoben, von der Organisationskommission entfernt und in die Lombardei geschickt, um dort die Funktion des regionalen Sekretärs zu übernehmen. An seine Stelle wird der gemäßigte Giorgio Amendola mit der Aufgabe eingesetzt, die Art von Partei in der Partei aufzulösen, zu der Secchias Organisation allmählich geworden war.

Wie die ersten Kritiken an Stalin, so sind auch die Ereignisse um Secchia, die in gewisser Hinsicht die italienische Konsequenz sind, nicht im Detail bekannt geworden. Aber die KPI, auch wenn sie sich dessen nicht wirklich bewusst ist, neigt sich gerade dem Ende einer Epoche zu: jene der ruhigen Gewissheiten, des gut geordneten kommunistischen Universums, in dem alles einen Sinn hat.

In diesen Kontext ist die Krise des FGCI sowie jene seines Chefs eingebettet. Für Berlinguer hat somit schon vor 1956 eine persönliche Qual begonnen, die mehrere Jahre andauern wird. Wie andere Parteiführer auf seiner Ebene weiß er nicht, was sich gerade im kommunistischen Universum ereignet. Nach seiner Rückkehr aus Moskau erzählt Secchia etwas davon. Es gibt Gerüchte. Aber Enrico hört vor allem auf Togliatti. Und Togliatti schweigt.

Jetzt gibt es für seine Krise auch externe Gründe. Gerade 30 Jahre alt geworden, ist er es müde, den ewig jungen Mann zu spielen, den Generalsekretär einer Organisation, in der es inzwischen auch 13-jährige Kinder gibt. Er will ein Amt in der Partei. Er sehnt sich danach, sich an anderen Herausforderungen zu messen. Das ist absolut verständlich. Aber zudem verspürt er ein tiefergehendes Unbehagen. Berlinguer versteht, dass die kommunistische Identität, wie er sie bisher erlebt hat, das gesamte kommunistische Universum, zu dem er sich zugehörig gefühlt hat, gerade Risse bekommt.

---

8 Nikita Chruschtschow (1894–1971), Generalsekretär der KPdSU (1953–1964), Mitglied des Politbüros (1939–1964), Mitglied des Zentralkomitees (1934–1966), Erster Sekretär der ukrainischen Parteiorganisation der KPdSU (1938–1949).

Zur selben Zeit fürchtet er aber die plötzlichen Neuheiten, da er nichts sieht, was diese bisherige Identität und Gesamtheit ersetzen würde. Wie es auch 1968 der Fall sein wird, tendiert er jetzt dazu, sich zu verschließen, wenn auch in einem geringeren Ausmaß als später. Von Zeit zu Zeit verschanzt er sich im Elfenbeinturm. In seinen Reden entschlüpfen ihm auch weitaus schwerwiegendere Banalitäten als rhetorische Verdrehungen der Vergangenheit. So appelliert er zum Beispiel an die Eltern der italienischen Jugend und beansprucht dabei den Verdienst, so vielen jungen Menschen »Vertrauen in schöne und wahre Dinge des Lebens, der Familie, des Vaterlandes« gegeben zu haben, und schließt: »Reichen wir uns die Hand, unterstützen wir uns gegenseitig bei diesem heiligen Werk für die Erziehung, für die physische und moralische Gesundheit, für die Freude und das Glück der jungen Generationen.«[9] Dies scheint quasi eine Parodie auf die Ideen zu sein, die in den vergangenen Jahren mit so großer Begeisterung entwickelt wurden.

Die Auseinandersetzung

In diesem FGCI ohne große Gewissheiten und Hoffnungen hört man zunehmend kritische Stimmen von jüngst eingetretenen Mitgliedern. Es sind vor allem die Studierenden der Universität, welche die Epoche des Gehorsams nicht erlebt haben und sich äußern, ohne ein Blatt vor dem Mund zu nehmen. Einer von ihnen ist der Mailänder Michelangelo Notarianni, der bei einem Treffen Berlinguer beispiellos angreift, indem er ihn anklagt, die rückständigste Linie der Partei zu vertreten. »Wenn wir in einem Moment neuer Unruhen auf den Universitäten nur Sportlager und Tischfußballturniere veranstalten, bedeutet dies, dass wir immer noch auf den magischen Moment, auf die Stunde X der Revolution warten.«[10] Berlinguer wird im Grunde genommen bezichtigt, ein Anhänger von Secchia zu sein – das Gefährlichste, was zu dieser Zeit einem politischen Führer passieren kann. Und tatsächlich antwortet Berlinguer dem jungen und unbekannten Notarianni lange und mit großer Härte. Das ist nur eine Episode. Aber dass Berlinguers Charisma gerade Risse bekommt, sieht man auch an anderen Symptomen.

Im Juni 1955 findet in Mailand der XIV. Kongress des FGCI statt. Es ist der trockenste Kongress seit der erneuten Gründung der Organisation. Auch wenn

9 Enrico Berlinguer: *L'avvenire della gioventù italiana* (*Die Zukunft der italienischen Jugend*), Bericht auf dem XIII. landesweiten Kongress der FGCI, Roma 1953.

10 Michelangelo Notarianni, persönliche Mitteilung an die Autorin.

es öffentlich nicht bekannt gegeben wird, die Zahl der Mitglieder ist rückläufig. Berlinguer scheint sich praktisch ausschließlich mit Organisationsproblemen zu beschäftigen. Gianni Cervetti erinnert sich: »Vor dem Kongress hielt er in Mailand mehrere Treffen ab. Ich war beeindruckt von seinem Beharren, sich sogar um die Unterkünfte der Delegationen und der Ordnung im Saal zu kümmern.«[11] Im Gegenzug dazu fehlen aber die neuen Ideen und Vorschläge. Beginnend mit seinem Bericht. Secchia hält in seinen »Notizen« fest: »Nationaler Kongress des FGCI. Berlinguer ist weniger gut als üblich.«[12] Longo, der nach Mailand kam, um die Abschlussrede zu halten, wird wütend, als er die politischen Dokumente sieht, die vom Generalsekretär und seinen Mitarbeitern vorbereitet wurden. Er findet sie leer und zu allgemein und er lässt sie von vorne bis hinten neu schreiben. Die Beobachter der bürgerlichen Zeitungen verstehen sofort, dass im FGCI etwas nicht stimmt, und toben sich aus. »Erschöpfte und traurige junge Leute, Vertreter einer Partei mitten in der Krise«, tituliert »Il Resto del Carlino«. Andere Schlagzeilen sind noch boshafter: »Klassenkampf oder Tischfußball spielen?«, »Marxismus oder Moped-Liebe?« und auch: »Gramsci würde sich für Euch schämen«.

In Mailand denkt die kommunistische Parteispitze, dass Berlinguers Jahre im FGCI zu Ende gegangen sind, und dass man sich um eine Nachfolge umschauen muss. Enrico hat sein Auge auf Renzo Trivelli geworfen, den Fräser aus Livorno, einer seiner engsten Mitarbeiter, der seine Linie weiter vertreten würde. Aber Giorgio Amendola, der mit seinem Amt an der Spitze der Organisation steht, hat etwas anderes vor. Dieser FGCI erinnert ihn zu sehr an die Vergangenheit. Es ist besser, ihn radikal zu erneuern.

Der designierte Nachfolger ist der ehemalige Sekretär der Regionalorganisation aus Modena, Giuseppe D'Alema[13] (Massimos Vater),[14] der wie ein Panzer in die gut geordnete Welt von Enrico einstürmt. Die beiden scheinen dafür geschaffen zu sein, einander nicht zu verstehen. Während Berlinguer reserviert, höflich, distanziert ist, zeigt sich der Neuankömmling hingegen ungestüm und kurz angebunden. In der Organisation spricht man inzwischen nur mehr über

11 Gianni Cervetti, persönliche Mitteilung an die Autorin.

12 *Archivio Pietro Secchia (Das Archiv von Pietro Secchia).*

13 Giuseppe D'Alema (1917–1994), für die KPI Mitglied der Abgeordnetenkammer (1963–1983).

14 Massimo D'Alema, geboren 1949, Generalsekretär des FGCI (1975–1980), Mitglied der Abgeordnetenkammer (1987–2004), Generalsekretär der KPI-Nachfolgeorganisation »Demokratische Partei der Linken« (1994 - 1998), Präsident der daraus hervorgegangenen Linksdemokraten (1998-2007), Mitglied des Europäischen Parlaments (2004-2006), Vizepräsident der Sozialistischen Internationale (1996–1998), italienischer Ministerpräsident (1998-2000), Außenminister (2006–2008).

die Meinungsverschiedenheiten der beiden. Man stellt sich entweder für oder gegen einen der beiden Widersacher. Auf der Seite von Berlinguer sind die Bürokraten, auf der Seite von D'Alema jene, die diese verdammte Erneuerung wollen: von Lombardo-Radice, dem Chefredakteur von »Incontri oggi« bis hin zu den Jungen wie Notarianni, Romano Ledda, Luciana Castellina. Berlinguer, beleidigt und verbittert, scheint sich praktisch zu entfremden, eingeschlossen in seinem Büro.

Die Krise eskaliert so sehr, dass die Partei eine Art von Kommissar, Arturo Colombi, schickt, auch wenn die Sache nicht öffentlich gemacht wird. Togliatti persönlich entscheidet, einzugreifen. Der Generalsekretär verwendet sein ganzes diplomatisches Geschick. »Man muss es nicht dramatisieren. Wir stehen hier vor politischen Divergenzen, nicht vor persönlichen«, stellt er auf einem angespannten Treffen fest. Man entscheidet, dass die Auseinandersetzung allzu weit vorangeschritten ist, als dass es Sieger und Verlierer geben könnte: Sowohl Berlinguer als auch D'Alema werden den FGCI verlassen. Zum neuen Generalsekretär wird Renzo Trivelli bestimmt, Enricos Liebling. Das ist ein von Togliatti gewolltes Trostpflaster, das Berlinguers Entfernung von seiner Organisation etwas weniger bitter erscheinen lassen soll. Zum Abschied wird eine große Versammlung organisiert. Enrico äußert einige wenige Sätze zum Abschied. Dann kann er der Rührung nicht widerstehen und weint. Alle, Freunde und Gegner, stehen und applaudieren ihm. Dies ist die Anerkennung, dass ein Chef gerade dabei ist zu gehen.

Die Nachkommen sind da

Berlinguer verlässt den FGCI 1956, dem dramatischsten Jahr für die italienischen Kommunisten. Es ist Ende September. Schon seit Monaten hat der berühmte Sturm der großen Wolga, von dem Pajetta drei Jahre zuvor in einer rhetorischen Anspielung auf Stalins Tod sprach, die KPI erfasst. Im Februar findet der XX. Parteikongress der KPdSU in Moskau statt. Chruschtschow trägt einen Bericht über die Stalinjahre vor, der ein Erdbeben darstellt. Zum ersten Mal scheint die KPdSU die Möglichkeit parlamentarischer Wege zum Sozialismus zu akzeptieren und die Epoche, in der es nur ein einziges sozialistisches Gesellschaftsmodell geben kann, zu beenden. Aber Chruschtschows Bericht enthält auch einen geheimen, absolut explosiven Teil, eine gnadenlose Anklagerede gegen Stalin, seine Autokratie und seine Verbrechen. Darin werden die »Säuberungen«, die Massenexekutionen und die systematischen Verletzungen der sozialistischen Legalität beschrieben.[15] Der Bericht wird Togliatti von zwei sowjetischen Offizieren streng vertraulich um Mitternacht zum Lesen gegeben. Die beiden drücken ihm den Bericht in die Hand und bleiben dann als Wache vor seiner Hotelzimmertür stehen. Der Befehl lautet, vorerst darüber zu schweigen. Aber schon beginnen die ersten Nachrichten durchzusickern. Suslow[16] klagt in seinem Bericht den Personenkult an. Er spricht von der Illegalität und von eigenmächtigen Handlungen, ohne jedoch ins Detail zu gehen. Angesichts dieses tiefgreifenden Umbruchs gilt Togliattis erste Sorge der Eindämmung der Konsequenzen, die diese Enthüllungen im kommunistischen Universum verursachen könnten.

»Il Migliore« will vor allem Zeit gewinnen. So spricht er vor dem Zentralkomitee, dem er nach seiner Rückkehr in Italien über den XX. Parteikongress der KPdSU berichtet, über neue Politiken, beschreibt im Detail den neuen Fünfjahresplan, geht aber auf keine weiteren Details ein. Einige Tage später, während die Aktivisten noch mit dem Lesen der 28 Spalten seines Berichtes in der »L'Unità« beschäftigt sind, erscheinen in den bürgerlichen Zeitungen die ersten Indiskretionen über den Geheimbericht von Chruschtschow. Für die italienischen Kommunisten ist das ein unglaublicher Schock. In der Parteizentrale sowie in der Redaktion der »L'Unità« häufen sich die Anrufe, die einen sofortigen Widerruf zu den »Verleumdungen der bürgerlichen Presse« fordern. Togliatti weiß, dass die Maschine in der Zwischenzeit in Bewegung gekommen ist und man nicht mehr widerrufen kann. Aber er versucht weiterhin, Zeit zu gewinnen.

Auf dem Nationalrat der KPI in den ersten Apriltagen lässt sich der Generalsekretär praktisch drei Stunden lang über die nächsten Wahlen aus, während alle Parteiführer nur darauf warten, etwas über Stalin und den XX. Parteitag der KPdSU zu erfahren. Giancarlo Pajetta unterbricht ihn zögerlich und spricht das Thema mutig an. Unmittelbar danach wird Giorgio Amendola in seiner Rede noch deutlicher: »Wir sind von externen Hypotheken befreit worden«, sagt er unter Applaus.[17]

Inzwischen ist in der Partei das Chaos ausgebrochen. Es ist eine Art von kollektivem Psychodrama, das über mehrere Monate hinweg die Sektionen und Leitungsorgane erfasst, welches die Aktivisten an der Basis sowie die Intellektuellen, die Tagelöhner sowie die Professoren an den Universitäten er-

---

15 Bocca: *Palmiro Togliatti*, 1973.

16 Michail Suslow (1902–1982), Mitglied des Zentralkomitees der KPdSU (1941–1982), Sekretär des Zentralkomitees (1947–1982), Chefredakteur der Parteizeitung »Prawda« (1949/59), Mitglied des Politbüros (1952/53 und 1955–1982).

17 Amendola: *il rinnovamento del PCI* (*Die Erneuerung der KPI*), 1982.

schüttert. Die Delegierten der regionalen Organisationen, die versuchen, eine Linie vorzugeben, können jedoch oft nicht mehr eingreifen und lassen die Diskussionen über ganze Tage hinweg frei weitergehen. Einerseits gibt es diejenigen, die sagen, man müsse bis zu einem gewissen Punkt alles über Bord werfen, andererseits gibt es diejenigen, die sich am Stalinmythos festklammern. In Rom empfangen die Mitglieder der Parteisektion »Mazzini« den Gesandten der Regionalorganisation rund um das Stalinporträt aufgereiht und bereit, dieses gegen die Anordnung, es zu entfernen, zu verteidigen. Italo Calvino fasst dieses Wirrwarr mit einem Satz zusammen: »Die Nachkommen sind da.«

Während dieser Diskussionen veröffentlicht am 4. Juni die »New York Times« den gesamten Text der Geheimrede, der ihr von den Männern um Chruschtschow zugespielt wurde. Mit einigen Tagen Verspätung berichtet auch die »L'Unità« von der Geheimrede. Und Togliatti gewährt den »Nuovi Argomenti« ein berühmtes Interview. Es ist die erste Stellungnahme eines kommunistischen Führers zur Stalinfrage, der es nicht an Kritik an den Sowjets mangelt. Togliatti sagt im Großen und Ganzen, es könne nicht alles, was passiert ist, mit dem Personenkult um Stalin erklärt werden. Alles auf Stalin zu schieben, sei eine starke Vereinfachung. Man müsse also die Dinge untersuchen, die innerhalb der sowjetischen Macht beziehungsweise in der Führungsgruppe nicht funktionieren. Wodurch war es möglich, dass Stalin all das tun konnte, was er tat, ohne dass jemand Widerstand dagegen geleistet hat?

Die Spannungen in der KPI haben gerade begonnen sich abzuschwächen, als sich am 28. Juni die polnischen Arbeiter aus Poznań (Posen) gegen das Regime von Gomułka erheben. Im Oktober bricht die ungarische Revolte aus, die dann von den sowjetischen Panzern niedergeschlagen wird. Selbst jene, die über ihre Zweifel an der Sowjetunion schwiegen, finden sich nun im Sturm wieder.

Zur Verteidigung von Di Vittorio

Die ganze Qual dieser Monate erlebt Berlinguer etwas im Abseits. Er ist mit den letzten Auseinandersetzungen im FGCI beschäftigt. Im Gegensatz zu den anderen erhebt er weder Anklage noch übt er Selbstkritik. In dem Aktivisten aus der Schule Togliattis überwiegt das Pflichtgefühl gegenüber der persönlichen Emotion. Angesichts der Desorientierung der Mitglieder sowie der Attacken vonseiten der Gegner entwickelt er die Vorstellung, dass man die Einheit der Partei erhalten müsse. Renzo Trivelli erinnert: »Berlinguer war davon überzeugt, dass in dieser schwierigen Lage Togliattis Vorsicht die einzig richtige

Haltung war. Wie Togliatti empfand auch er keine besondere Sympathie für Chruschtschow. Er fand dessen Methoden allzu sprunghaft, allzu abenteuerlich.« Die öffentlichen Reden, die Berlinguer in dieser Zeit hält, sind vorsichtig, aber Zweifel beginnen aufzutauchen. Im März bekräftigt er auf einem Treffen des FGCI: »Wehe, wenn gerade die jungen Kommunisten noch in der Vergangenheit zurückbleiben und die gesamte Neuigkeit des XX. Parteikongresses der KPdSU nicht erfassen.« Er fügt auch hinzu, dass es die »festgestellten Fehler und eigenmächtigen Handlungen in der Vergangenheit und im Werk von Stalin« leichter machen würden, unter den jungen Leuten, die gewissen Aspekten des Sozialismus misstrauen, Anhänger zu finden. Das ist seine eindeutigste Stellungnahme zum Thema.

Angesichts eines Problems, welches das allgemeine Bewusstsein der Aktivisten in der Partei gerade derart erschüttert, ist das nicht ausreichend. Und tatsächlich bricht im Jugendverband, im Gegensatz zum Rest der Partei, keine wirkliche Debatte aus. Enrico scheint unsicher zu sein. Auch seine wenigen Reden bei Treffen der Partei sind nicht gut. Er spricht vor dem Zentralkomitee, das zusammengekommen ist, um den VIII. Parteikongress vorzubereiten, und bezeichnet dabei die dramatische Auseinandersetzung, welche die Kommunisten zu zerreißen droht, als »einige Ungewissheiten, die sich in unseren Reihen zeigen.«[18]

Er zeigt sich nicht besser in Udine, wo ihn die Partei hingeschickt hat, um den Kongress der gleichnamigen Provinz abzuhalten. Diese vorbereitenden Kongresse, die zeitgleich zu den Ereignissen in Ungarn stattfinden, sind ein wahres Pulverfass. Vor den anwesenden nationalen Parteiführern bringen die Delegierten all ihre Bitterkeit, all ihre Zweifel und Leidenschaften zum Ausdruck. Oft richtet sich der Groll in direkter Weise gegen die Männer an der Parteispitze, die als die wahren Schuldigen für das, was passiert ist, angesehen werden – eine privilegierte Kaste, welche die Basis getäuscht hat.

Die sich häufenden Anklagen sind sehr unterschiedlich. Giorgio Amendola erinnert sich, dass auf einem Treffen der Zelle »Romana-Gas« sogar die Trennungen einiger Parteiführer von deren Ehefrauen infrage gestellt wurden.

»Es waren schwierige Treffen, auf denen es notwendig war, aufrichtig und ehrlich zu sein«, schreibt Amendola. In diesen Jahren waren Aufrichtigkeit und Ehrlichkeit nicht die wesentlichen Gaben von Enrico, der allzu sehr an die Politik der Parteispitze und an durchweg vorbereitete Reden gewohnt war. Vor allem als Folge der Unterdrückung der ungarischen Revolte begann er, sich

18 Rede von Enrico Berlinguer auf dem Zentralkomitee, in: L'Unità, 27. Juni 1956.

selbst zu hinterfragen, sich zu öffnen, mit sich selbst abzurechnen. Auch wenn er sich öffentlich an die Empfehlung von Togliatti hält, »die Einheit der Partei zu retten«, bringt er hinter verschlossenen Türen auf Treffen der Leitung mehrmals die Notwendigkeit zum Ausdruck, die Kritik nicht zu ersticken, sondern zu verstehen, was gerade passiert, sowie zu ermitteln, wo bisher Fehler gemacht wurden.

Mit der Veröffentlichung der Sitzungsprotokolle der kommunistischen Parteiführung erfuhr man, dass Berlinguer sogar mehr als das tat. Am 30. Oktober 1956 fand ein Treffen der Leitung statt. Im Wesentlichen ging es dabei darum, Giuseppe Di Vittorio unter Anklage zu stellen. Der autodidaktische Bauer aus Cerignola,[19] ein Gewerkschafter mit einem abenteuerlichen Leben, in der ganzen Welt als der große Chef der kommunistischen Gewerkschaft CGIL bekannt, konnte angesichts der Unterdrückung der ungarischen Revolte nicht schweigen. Wie er seinem Freund Antonio Giolitti[20] anvertraute, »ist es unakzeptabel, dass die Rote Armee gegen Arbeiter eines sozialistischen Landes schießt.« Und tatsächlich, als sich die CGIL einstimmig für die Aufständischen in Budapest aussprach, fügte Di Vittorio eine eigene Erklärung (»Die sowjetische Intervention verletzt das Prinzip der Selbstbestimmung der sozialistischen Staaten«) hinzu, die bei Togliatti einen Wutanfall auslöste. »Man steht auf der Seite der eigenen Partei, auch wenn diese Fehler macht«, erinnerte er ihn mit Härte. Unter anderem ermutigte diese Positionierung der CGIL und ihres Führers den Dissens, der unter den Intellektuellen und Arbeitern der KPI wiederkehrte und anstieg. Eine unerträgliche Sache für »il Migliore«, der mit der schwerwiegendsten Anklage gegen Di Vittorio losgezogen war, nämlich gegen die Partei eingestellt zu sein. Wenn auch in unterschiedlichen Tönen – alle Männer der Parteiführung, von Amendola bis Ingrao, von Longo bis Terracini, stellten sich an die Seite des Generalsekretärs, indem sie den Chef der CGIL hart kritisierten. Die einzige Gegenstimme kam von dem jüngsten Mitglied, ausgestattet mit einer weniger gewichtigen Geschichte, von dem etwas über 30-jährigen Enrico. »In Ungarn fand eine Explosion der massenhaften

---

19 Cerignola ist eine Stadt mit knapp 60.000 Einwohnern in Provinz Foggia, Region Apulien.

20 Antonio Giolitti (1915–2010), zunächst Kommunist, 1946–1948 Mitglied der Verfassungsgebenden Versammlung, 1948–1957 Mitglied der Abgeordnetenkammer, 1957 tritt er infolge des Ungarnaufstandes aus der KPI aus und tritt den Sozialisten (PSI) bei, 1958–1976 Mitglied der Abgeordnetenkammer, Haushaltsminister in mehreren Mitte-links-Regierungen, 1977–1985 EG-Kommissar für Regionalpolitik, 1985 verließ er nach einer Auseinandersetzung mit Bettino Craxi die PSI, Antonio Giolitti ist der Enkel des liberalen Regierungschefs Giovanni Giolitti (siehe Fußnote 70 in Kapitel XV; ☛ S. 256).

Unzufriedenheit statt, und man muss daher die Gründe dafür untersuchen«, sagte er. Und er fügte eine weitere Häresie hinzu: »Wenn die Genossen der CGIL und der Partei zwei Positionen eingenommen haben, dann sollte man öffentlich darüber reden.«[21] Einige berichteten, dass der Generalsekretär des FGCI der Einzige gewesen sei, der in der absoluten Kälte, die Di Vittorio umgab, den Mut und die politische Sensibilität hatte, ihn nicht wie einen Pestkranken zu behandeln.

Zur Wache der Säulen des Herkules

Der VIII. Parteikongress, der im Dezember 1956 in Rom stattfindet, ist die Abrechnung mit der gesamten Qual der vorangegangenen Monate. Mit dem Zusammenbruch des Stalinmythos löste sich »die Rationalität des kommunistischen Universums« auf, wie Franco Rodano feststellte. Togliatti weiß, dass es zu diesem Zeitpunkt notwendig ist, eine neue Rationalität zu finden. Die Emotionen liefen über, alle konnten ihre Kritik ausdrücken. Jetzt ist die Stunde gekommen, wieder zur Linie zurückzukehren, die Ordnung wiederherzustellen. Der VIII. Parteikongress wird als eine große demokratische Versammlung präsentiert. In Wirklichkeit wurden die Delegierten einem strengen Filter der Sektionen und regionalen Organisationen unterzogen, der allzu unruhige, allzu sektiererische Genossen ausschloß. Die Regie der Reden ist so angeordnet, dass diejenigen, die eine kritische Rede halten, getadelt und von denjenigen, die danach sprechen, wieder auf Linie gebracht werden.

In der Geschichte der KPI ist es trotzdem ein sehr wichtiger Kongress. Die Abschlussdokumente beseitigen einen Teil der Zurückhaltung in Bezug auf die Frage der demokratischen Politik, die lange nach der »Wende von Salerno« weitergeführt wurde. »Bis damals glaubte man, dass das Parlament und die repräsentativen Institutionen gut für die Phase des Voranschreitens in Richtung Sozialismus sein würden, aber nicht danach«, erinnert sich Pietro Ingrao und stellt fest, dass es in den Köpfen der Kommunisten immer eine sehr konkrete Frage gab: »Also, wenn wir einmal die Macht erlangt haben, geben wir sie wieder auf oder nicht?« »Am VIII. Parteikongress gab die KPI ihre Antwort darauf, indem sie den Pluralismus und den Machtwechsel akzeptiert hat«, schrieb Ingrao.[22] Nachdem Togliatti in seinem Bericht feststellt, dass es keine Führungs-

21 Maria Luisa Righi (Hg.): *Quel terribile 1956. I verbali della direzione comunista tra il XX congresso del PCUs e l'VIII congresso del PCI (Dieses schreckliche Jahr 1956. Die Protokolle der kommunistischen Leitung zwischen dem XX. Parteitag der KPdSU und dem VIII. Parteitag der KPI)*, Roma 1996.

22 Pietro Ingrao: *Masse e potere (Massen und Macht)*, Roma 1977.

rolle und keine führende Partei mehr gibt, stellt er die Formel von der »Einheit in der Verschiedenheit« auf. Er stellt sogar fest, dass der Parteikongress in Livorno, dem Gründungsort der kommunistischen Partei, stattfinden hätte sollen, weil dieser Parteikongress eine Neugründung der KPI ist.[23] Es ist eine umfassende Rede mit faszinierenden Passagen. Aber sie vermittelt auch die Herkulessäulen[24] der neuen Orthodoxie. Die Erneuerung wird innerhalb dieser Grenzen durchgeführt werden. Darüber hinaus darf man nicht gehen.

Zum ersten Mal redet Berlinguer nicht als Generalsekretär des FGCI. Er ist nicht mehr verpflichtet, über die Probleme der jungen Leute zu sprechen. Er darf über die politische Linie sprechen. Er versucht, zwei der wenigen Delegierten, die antikonformistische Positionen zum Ausdruck gebracht haben, wieder auf Linie zu bringen: den florentinischen Arbeiter Valerio Bertini und Furio Diaz. Vor allem Bertini fasst mit großer Wirksamkeit den Leidensweg eines Kommunisten der Basis zusammen. »Genossen, in der UdSSR legen die Hühner mehr Eier und die Kühe gebären mehr Kälber. So hat man das idyllische Klima dieses Landes dargestellt. Das war die Realität, die wir in der ›L'Unità‹ gelesen haben. Aber was ist dann passiert? Es gab die Enthüllungen des XX. Parteikongresses der KPdSU, die uns über die bürgerliche Presse erreicht haben. Stalin war ein manischer Krimineller [...]. Aber in Wirklichkeit wurde nichts Grundlegendes geändert, und so kam es zu den tragischen Ereignissen in Ungarn. Und erst jetzt entdeckt die ›L'Unità‹, dass die Parteifunktionäre in absoluten Luxuskarossen von einer Stadt zur anderen reisen, mit heruntergelassenen Sonnenrollos, und dass sie von den Bauern und den Arbeitern, also von der Mehrheit des Landes abgehoben waren.«[25] Sowohl Bertini als auch Diaz fordern, bei der Erforschung der Wahrheit weiter voranzuschreiten als Togliatti es tat, und sie fordern eine größere interne Demokratie in der KPI. Die beiden gingen über die Säulen des Herkules hinaus.

In seiner Antwort auf die beiden Genossen beklagt Berlinguer die Gefahr des Revisionismus, der Fuß zu fassen droht, sowie die Tendenz »eines Teils der abhängig Beschäftigten und ihrer Organisationen«, sich »im neuen entstandenen Klima« dem Kapitalismus anzupassen und sich der falschen Hoffnung hinzugeben, dass der Kapitalismus korrigier- und reformierbar sein würde.

---

23 Bericht von Palmiro Togliatti, in: *VIII Congresso del Partito Comunista Italiano (VIII. Parteikongress der Kommunistischen Partei Italiens)*, Roma 1957.

24 Auch ein Wortspiel, das italienische Wort für Herkules – »Ercole« – ist identisch mit dem Decknamen von Togliatti in der Zeit des Widerstandes gegen den Faschismus: »Ercoli«.

25 Rede von Valerio Bertini, in: *VIII Congresso del Partito Comunista Italiano (VIII. Parteikongress der Kommunistischen Partei Italiens)*, Roma 1957.

Aber er kritisiert auch das Sektierertum jener, welche »die Partei abschotten« möchten. Und vor allem verteidigt er die Taten der KPI in den Jahren 1948 bis 1953, ihre Entscheidungen und ihre Kämpfe. »Der italienische Weg zum Sozialismus fand nicht nur im Kopf des Genossen Togliatti statt«, schließt er.[26] Der Vortrag ist gemäßigt und ausgewogenen. Einige sprechen hinter vorgehaltener Hand auf dem Parteikongress davon, wahrscheinlich fälschlicherweise, dass dies der Vortrag eines Konservativen gewesen sei.

Die Finsternis

Auf dem Parteikongress versuchte Berlinguer, seine politische Figur neu zu errichten. Aber sein Misserfolg in der letzten Periode im FGCI ist dennoch schwerwiegend. Und seine Verteidigung von Di Vittorio fällt ebenso ins Gewicht. »Berlinguer kommt schlecht weg. Aber sicherlich ist Trivelli kein Berlinguer«, kommentiert Pajetta mit seiner gewohnten Unvoreingenommenheit. Es wird angenommen, dass der ehemalige Generalsekretär des FGCI jetzt eine Niederlage erlitten hat, aber gleichzeitig wird ihm eine außergewöhnliche politische Statur zugeschrieben. Nach einer typisch kommunistischen Methode vertraut man ihm nach einiger Zeit zunächst ein weniger gewichtiges Amt ohne präzise definierte Aufgaben an, um zu sehen, wie er damit zurechtkommen wird.

Das Amt ist das des Verantwortlichen für die Parteischule in Frattocchie. Für einen Mann, der über Jahre hinweg eine Organisation von fast einer halben Million Menschen aufgebaut und geleitet hat, ist das tatsächlich etwas wenig. Da Berlinguer nun nicht mehr Generalsekretär des FGCI ist, verlässt er darüber hinaus die Parteileitung und bleibt nur Mitglied des Zentralkomitees. Zum ersten Mal seit 1948 nimmt er nicht mehr an Treffen der Parteispitze teil. Jetzt ist er – wie so viele im Gebäude der Parteizentrale – das, was als ein mittlerer Kader bezeichnet wird. Diese Geschehnisse verbittern ihn zutiefst.

Sein Cousin Sergio Siglienti erinnert sich, dass er in ihrem Landhaus in Grottaferrata, ein Katzensprung von Frattocchie entfernt, mit großen Taschen voller Bücher und Skripte ankam. »Er saß ganze Nachmittage unter den Bäumen im Garten und studierte. Er bereitete unermüdlich die Kurse und Unterrichtseinheiten vor, als ob es sich um eine Herausforderung handeln würde. Ich versuchte ihn zu fragen, ob etwas in der Partei nicht stimmte. Er wich dem Thema aus. Aber es war klar, dass er sich zurückgestellt fühlte.«

26 Rede von Enrico Berlinguer, in: *VIII Congresso del Partito Comunista Italiano* (*VIII. Parteikongress der Kommunistischen Partei Italiens*), Roma 1957.

Enricos Bitterkeit ist nicht nur die eines Politikers, der fürchtet, die eigene aussichtsreiche Karriere unterbrochen zu sehen. Laut Aldo Natoli,[27] einem Zeugen, der der Parteilichkeit unverdächtig ist und zu den Männern und Frauen zählt, die später von der KPI im Gefolge der Ereignisse rund um »il manifesto« ausgeschlossen werden, »war Berlinguer selten von persönlichen Motivationen angetrieben. Er trug nicht das Fieber in sich, vorwärtszukommen. Er betrachtete alles in Kategorien der politischen Moral. Sein Pflichtgefühl beinhaltete sogar Komponenten von Asketismus.«[28] Wahrscheinlich quälte sich Berlinguer in diesen Monaten, weil er seiner Aufgabe nicht gerecht wurde und Irrtümer beging. Mit der für ihn typischen Starrköpfigkeit beginnt er, hierüber nachzudenken. Alles in allem gibt es dabei einige Gemeinsamkeiten zu dem, was er viele Jahre später als Generalsekretär der KPI nach dem Scheitern des historischen Kompromisses und nach der Wahlniederlage von 1979 erleben wird. Auch damals, wie jetzt, wird er daraus erst nach einer langen politischen Reflexion, die er persönlich schmerzhaft erleidet, hervorkommen. Diese Reflexion erneuert ihn aber auch in intellektueller Hinsicht.

Aggressiv und verwirrt

Berlinguer wird im Januar 1957 zum Verantwortlichen des Institutes für kommunistische Studien, so der offizielle Name der Parteischule in Frattocchie. Zu diesem Zeitpunkt existiert die Schule praktisch nur noch auf dem Papier, da sie seit Monaten geschlossen ist. Diese Art von »rotem« Seminar, in dem ein guter Teil der zukünftigen zentralen und peripheren Parteiführer Zeiten des absoluten Rückzuges verbrachten, wo sie studierten, jeden Tag einige Stunden der »körperlichen Arbeit« widmeten und strenge Regeln der Disziplin einhielten, wurde in Massen von Professoren und Studierenden verlassen. Die Erschütterung durch den XX. Parteikongress der KPdSU wirbelte unter anderem eben diese angenehme Residenz, die leicht einem englischen College ähnelte, durcheinander. Die Schule war über einen Gang im Garten mit einem Landhaus verbunden, in dem sich Togliatti oft aufhielt. »Il Migliore« liebte es, plötzlich zur Schule zu kommen, sich in der Bibliothek aufzuhalten und mit den Studierenden zu kommunizieren.

---

27 Näheres zur Person siehe Kapitel: Die italienischen Hauptfiguren in Chiara Valentinis »Enrico Berlinguer« (☛ S. 462).

28 Aldo Natoli, persönliche Mitteilung an die Autorin.

Das waren die Jahre der stalinistischen Ordnung, als die Parteischule in Frattocchie von einer Sektion abhängig war, die in der KPI von einer mythischen Aura umgeben war, dem Kaderbüro. Sein Direktor Edoardo D'Onofrio, der beliebte Edo, das Idol der römischen Proletarier, beaufsichtigte mit absoluter Strenge das Leben, die Gewohnheiten und die Moral eines jeden Genossen, der im Apparat arbeitete. Wer seine Ehefrau verließ oder eine außereheliche Beziehung hatte, musste D'Onofrio die Gründe hierfür erklären und versuchen, die eigenen Entscheidungen zu verteidigen. Jedes Detail des privaten Lebens war Edo bekannt, dank seiner vertraulichen Akten und darüber hinaus dank der Autobiografien. Alle zwei Jahre musste jede Autobiografie wieder neu verfasst werden, damit auf diese Weise langfristig die Lügen und Widersprüche ans Tageslicht kommen konnten.

Das war ein System, das D'Onofrio in der UdSSR gelernt hatte. Er übernahm verschiedene Ideen von der Sowjetunion, welche die Basis der Schule bildeten. Zunächst einmal, dass man nicht nur den Marxismus lehren, sondern auch den Charakter bilden sollte. Eines der Werkzeuge war jenes der öffentlichen Autobiografie. Zu Beginn jedes Kurses wurden einige Schüler ausgewählt, die ihr eigenes Leben erzählen sollten. Eine Art Vorläufer der Selbsterkenntnis, auf die aber eine Form von inquisitorischem Prozess folgte. Alle übrigen Kursteilnehmer ergriffen das Wort und übernahmen dabei die Rolle des Advocatus Diaboli. Als ein Funktionär aus Süditalien erklären wollte, dass er seit seiner Kindheit ein Atheist war und daher wenige Minuten, bevor er von den Eltern in die Kirche zur Feier der Erstkommunion gebracht worden war, zwei Äpfel gegessen hatte, wurde ihm scharf entgegnet: »Dies zeigt, dass du keine Person mit Prinzipien bist. Wenn du innerhalb eines Systems bist, musst du seine Regeln beachten.«

Einer der zentralen Gegenstände des Studiums war die Geschichte der UdSSR, die auf der Basis des Textes von Josef Stalin, *Die kurze Geschichte der KPdSU*, unterrichtet wurde, gespickt mit Fälschungen. Tatsächlich wurden in den letzten Jahren verschiedene Änderungen von Frattocchie vorgenommen. So wurde der Mailänder Intellektuelle Mario Spinella zum Leiter der Schule ernannt. Er gefiel Togliatti. Außerdem wurden neue Lehrer mit gutem Niveau, wie Luciano Cafagna, Alberto Caracciolo und der Wirtschaftswissenschaftler Vincenzo Vitelli, eingesetzt. Letztendlich blieb es aber bei der Struktur von D'Onofrio. Mit dem XX. Parteikongress der KPdSU waren die neuen Lehrenden in Frattocchie die Ersten, die in eine Krise gerieten und die Schule verließen. Spinella wurde ebenso vom Wirbel der Ereignisse erfasst und kündigte. Darüber hinaus wollte niemand mehr einen Fuß dorthin setzen, während es früher als ein Ehrentitel angesehen wurde, einige Monate in Frattocchie verbringen zu können.

Das Problem wurde in den Thesen zum VIII. Parteikongress aufgegriffen, die für die Schule der Partei »die Notwendigkeit einer echten Wende« aufzeigten. Zur selben Zeit wurde das Kaderbüro von D'Onofrio geschlossen, praktisch als Zeichen für das Ende einer Epoche. Die Aufgabe der Beaufsichtigung der Aktivisten ging auf die zentrale Kontrollkommission über. Und für die Bildung war eine weniger sowjetisch anmutende Kader- und Schulkommission geschaffen worden, die Togliatti mit der Aufgabe betraut hatte, noch einmal von Neuem zu beginnen. Die Leitung dieser Aufgabe wurde einem jungen ligurischen Parteiführer, Alessandro Natta, übertragen, der einer der brillantesten Abgänger der Hochschule Normale in Pisa war. Als Leiter der Parteischule in Frattocchie war Berlinguer ihm direkt untergeordnet. Es ist ein besonderer Zufall, der die beiden zukünftigen Generalsekretäre der KPI in einem Moment Seite an Seite arbeiten lässt, in dem die alten Ideen ins Wanken geraten und neue Wege eingeschlagen werden müssen.

Im Großen und Ganzen wird es zur Hauptaufgabe der Parteischule, die Ideen des VIII. Parteikongresses unter den Aktivisten zu verbreiten sowie die neuen Begrifflichkeiten in Bezug auf die UdSSR, die führende Partei und den italienischen Weg zum Sozialismus zu unterrichten und zu begründen. Unterstützt von Berlinguer stellt Natta eine komplett neue Einrichtung auf die Beine, in deren Mittelpunkt das Studium der Geschichte und der italienischen Partei steht. Der theoretische Bezugspunkt ist neben Marx und Lenin Antonio Gramsci. »Es wird klar sein müssen, dass der Sinn der Schule nicht darin bestehen kann, den Charakter zu bilden, sondern den Genossen, die die Schule besuchen, lediglich eine Möglichkeit zu bieten, unsere Prinzipien und unsere Politik besser zu studieren«, präzisieren Natta und Berlinguer in den vorbereitenden Dokumenten für den Parteikongress.

Wahrscheinlich denkt Enrico auch über die Lektion nach, die ihm Giuseppe Di Vittorio mit seiner glasklaren Feststellung erteilte, dass »die tiefgreifende Demokratisierung eine Bedingung dafür ist, das sozialistische System zu retten«. Und praktisch mit denselben Worten wird er Jahre später seine Idee von einem Kommunismus, der mit der Demokratie untrennbar verbunden ist, zum Ausdruck bringen.

Inzwischen werden Tausende Bändchen über Stalin und die UdSSR eingestampft, welche die Schule den Regionalorganisationen als Handbuch für kurze Kurse geschickt hatte. Und man beschließt, italienische Genossen nicht mehr in die UdSSR zu schicken, um dort am Institut Marx Engels und Lenin zu studieren. Wenn es schon keine führende Partei mehr gibt, dann hat es auch keinen Sinn mehr, von den Sowjets Unterricht im historischen Materialismus zu erhalten.

Die Verweltlichung der kommunistischen Partei hat begonnen. Es ist ein schwieriges Unterfangen, das eine gewisse Zeit erfordern wird. Die wenigen Schüler, die wieder beginnen, die Schule zu besuchen, sind aggressiv und verwirrt. Berlinguer zeigt eine gute Portion an Geduld. Er gibt wieder Unterricht wie zu Zeiten seines jugendlichen Vereins in Sassari. Es erinnerte sich Loris Gallico, der zu jener Zeit auch an der Schule unterrichtet: »Enrico hatte eine besondere Methode zu unterrichten. Er hat seine Gedankengänge vor seinen Gesprächspartnern entwickelt, als ob er mit sich selbst im Zwiegespräch sei. Auch wenn diese Zeit für ihn keine besonders glückliche war, war er sehr menschlich, sehr hilfsbereit. Er hat sich gegenüber allen wie ein wahrhaftiger Genosse verhalten, was nicht immer bei Parteiführern der Fall ist.«[29]

Die Unterrichtseinheiten, die Berlinguer selbst vorbereitet, handeln von der chinesischen Revolution Maos, von den Befreiungsbewegungen in den kolonialen Ländern, aber auch von der Möglichkeit der Arbeiterklasse, die Macht auf demokratischem Wege zu erobern.[30]

In den zehn Monaten, in denen sich Berlinguer in Frattocchie aufhält, widmet er dem Studium und den Überlegungen viel Zeit. Die Gewissheiten des FGCI hat er dabei hinter sich gelassen. Wahrscheinlich passiert es hier, dass er sich endgültig von Dogmen und dem Stalinismus distanziert.

---

29 Loris Gallico, persönliche Mitteilung an die Autorin.

30 *Sull'attività educativa e ideologica del partito. Una risoluzione della Commissione Nazionale scuole (Über die erzieherische und ideologische Aktivität der Partei. Eine Resolution der landesweiten Schulkommission)*, in: Il quaderno dell'attivista (»Das Heft des Aktivisten«), Nr. 15, 1956.

VI.
Dieser kleine und nervöse junge Mann

Seit Berlinguer ein junger Mann war, gefielen ihm Sardiniens kleine rote Täler, hier und da gezeichnet von den schwarzen Silhouetten der Olivenbäume, die kalkweiß gestrichenen Häuser sowie die prächtigen Trachten bei den Prozessionen. Diese Landschaften und Szenerien sind in den Bildern des Malers Giuseppe Biasi präzise eingefangen, die Berlinguer sein ganzes Leben lang bei den Umzügen von einer Wohnung zur nächsten folgen werden. Die Landschaft um Sassari unterscheidet sich stark von dem Gebiet um Cagliari mit den weiten, ebenen Flächen und den monotonen Sandstränden. Im Herbst 1957 zieht Enrico Berlinguer ohne allzu große Begeisterung in dieses Gebiet. Seit er im Oktober 1944 weggegangen war, sind 13 Jahre vergangen. Speziell in Cagliari erinnern sich nur wenige an den Protagonisten der Brotaufstände. Für die sardischen Kommunisten gibt es tatsächlich nur zwei berühmte Persönlichkeiten: Velio Spano und Renzo Laconi. Der erste ist eine Art Held aus der Zeit des Untergrunds, der zweite ist jener brillante Funktionär mit einer großen Leidenschaft für Proust, von dem Enrico in den letzten Monaten seiner Zeit in Sassari fasziniert war.

Inzwischen gibt es einen offenen Kampf zwischen Spano und Laconi, der seit geraumer Zeit anhält. Spano ist ein Mann aus der Generation Secchia, ein Berufsrevolutionär alter Schule, äußerst populär bei den Minenarbeitern von Carbonia und Guspini sowie bei den Hirten um Nuoro und bei den Bauern von Campidano. Laconi hingegen ist ein Erneuerer, ein Mann, der verschiedene Allianzen für die Partei sucht und an die Unvoreingenommenheit der Politik Togliattis gewöhnt ist, mit dem er direkt in Rom in der Fraktion der kommunistischen Parlamentarier der Abgeordnetenkammer zusammenarbeitet. Die allgemeinen Meinungsverschiedenheiten, deutlich verschärft nach dem XX. Parteikongress der KPdSU, vergrößern sich durch die einander diametral entgegengesetzten Vorstellungen in Bezug auf die sardische Frage. Während Spano den separatistischen Ideen gegenüber aufgeschlossen ist und praktisch an die nationale Emanzipation der Insel glaubt, fürchtet Laconi jede Art von Verbindung mit der sardischen Bewegung, die er für eine Sache aus vergangenen Zeiten erachtet. Dank seines Charismas und seines alten Prestiges gelingt es Velio Spano, auch nach dem Sturm des VIII. Parteikongresses im Sessel zu verbleiben. Aber bei den Regionalwahlen erleidet die KPI plötzlich einen starken Rückgang an Stimmen und fällt von 22 Prozent auf 17 Prozent zurück. Die Schuld dafür liegt wahrscheinlich weniger bei den Methoden Spanos als in dem Umstand, dass Achille Lauro[1] auf der Insel landete, um mit seinen klassischen Methoden Stimmen für die monarchistische, sezessionistische Partei zu gewinnen: mit der Verteilung von Nudelpackungen, Schuhen und auseinandergeschnittenen Geldscheinen, deren zweite Hälfte nur nach erfolgter Stimmabgabe für die sezessionistische Partei übergeben wurde. »Die Verluste der KPI waren so groß, dass man davon ausging, dass ein Teil der kommunistischen Stimmen auf die Monarchisten überging«, schreibt der Historiker Simone Sechi.[2]

Togliatti ist mit Blick auf die kommenden Parlamentswahlen äußerst besorgt. Diese sollen im darauffolgenden Jahr stattfinden, die ersten nach dem Erdbeben im kommunistischen Universum. Mitten im Zentralkomitee macht er nämlich Velio Spano für die Geschehnisse in Sardinien verantwortlich. Unmittelbar danach beruft er einige sardische Kommunisten, die im Ruf stehen, Erneuerer zu sein, in die Parteizentrale ein. Laut Umberto Cardia, einem dieser Kommunisten, war es zu diesem Zeitpunkt nicht die Idee des Generalsekretärs, Spano durch Laconi zu ersetzen, sondern einen neuen Mann hinzuschicken: Enrico Berlinguer. »Ich bat um das Wort und erklärte, dass für die Sarden nur Renzo Laconi als Nachfolger annehmbar war. In gewisser Hinsicht haben wir Togliatti dazu gezwungen«, sagt Umberto Cardia.[3]

Die gefundene Lösung ist eine salomonische. Der Verantwortliche für das regionale Sekretariat wird Laconi sein. Aber da er wegen seiner parlamentarischen Arbeit einen guten Teil der Woche in Rom verbringen muss, wird mit ihm zusammen ein stellvertretender Verantwortlicher mit allen Vollmachten ernannt, nämlich Enrico Berlinguer.

Schon wenige Wochen nach diesem Treffen befindet sich Enrico bereits in Cagliari. Er kommt nicht allein in die sardische Hauptstadt. Kurz vor seiner Abreise aus Rom hat er dort geheiratet. Seine Ehepartnerin ist jene schöne junge Frau, die vor einigen Jahren bei den Konzerten im Adriano-Theater gähnte: Letizia Laurenti, die Schulfreundin von Lina Siglienti. Das neue Familienleben ist die einzige Sache, die Berlinguer die Monate in Cagliari angenehm macht.

1 Achille Lauro (1887–1982), Unternehmer (Reeder), bereits aktiver Politiker während des Faschismus, nach der Befreiung zunächst aufseiten der monarchistisch, später neofaschistisch orientierten Rechten, gilt als einer der ersten prototypischen Vertreter des modernen italienischen Populismus, Bürgermeister von Neapel (1952–1958 und 1961), Mitglied der Abgeordnetenkammer (1958–1968 sowie 1972–1979), Mitglied des Senates (1953–1958 und 1968–1972), Präsident des Fußballvereins SSC Napoli (1936–1940 und 1952–1954).

2 Manlio Brigaglia (Hg.): *Enciclopedia della Sardegna (Enzyklopädie von Sardinien)*, Sassari 1982.

3 Umberto Cardia, persönliche Mitteilung an die Autorin.

Auch wenn er sich mit großer Aufmerksamkeit der Vorbereitung der Regionalkonferenz widmet, die der Partei ein neues Gerüst geben soll, interessiert ihn die Arbeit nicht mehr so stark. Wie es auch in Zukunft für ihn sein wird, ist er gelangweilt von den lokalen Auseinandersetzungen und der kleinen Politik, auch wenn es um »sein« Sardinien geht. Berlinguer gehört zu den Menschen, die die Auseinandersetzungen an der Parteispitze, die großen Vermittlungen, oder aber den direkten Kontakt mit der Basis, mit den einfachen Leuten lieben. Er entwirft seine üblichen allgemeinen Schemata und übergibt daraufhin die Aufgabe verschiedenen Funktionären, die über die ungewöhnliche Methode etwas erstaunt sind. Wenn Renzo Laconi jeden Freitagabend aus Rom zurückkommt, stellt er fest, dass die Arbeit zügig voranschreitet.

Die Ergebnisse sind bald zu sehen. Bei den Parlamentswahlen im Juli 1958 kann die KPI in Sardinien einige der verlorenen Prozentpunkte aufholen, während ihr prozentmäßiger Stimmenanteil landesweit mehr oder weniger gleich bleibt. Unmittelbar darauf wird Berlinguer nach Rom zurückgerufen. Den ersten Teil der Prüfung hat er somit bestanden.

Stopp für Amendola

Im Gebäude der Parteizentrale, in dem er die bitteren Tage von 1956 erlebte, hat Berlinguer jetzt ein Büro im wichtigsten Stockwerk, dem zweiten. Es ist das Stockwerk, dass man nur nach strengen Kontrollen des kommunistischen Sicherheitsdienstes betreten kann, das Stockwerk Togliattis und des Sekretariats. Berlinguer wird in das Exekutivbüro, das dem politischen Sekretariat bei dessen Arbeit zur Seite steht, berufen. Sein direkter Vorgesetzter ist Luigi Longo. Sein Stellvertreter ist ein Mann aus Neapel, der ehemalige Sekretär aus der neapolitanischen Regionalorganisation, Salvatore Cacciapuoti, ein Dutzend Jahre älter als er. In der Partei ist dieser für seine scharfe Zunge sowie für seine Schlagfertigkeit bekannt. Er war Teil der italienischen Delegation auf dem XX. Parteitag der KPdSU. Als er bei den üblichen Nachrufen auf die seit dem letzten Parteikongress verstorbenen Parteiführer den Namen von Josef Stalin unmittelbar nach jenem eines unbekannten japanischen Parteiführers hörte, sprang er daraufhin vom Sessel und schrie dabei laut aus: »Scheiße!« Noch vor dem Bericht von Chruschtschow hatte Cacciapuoti bereits alles verstanden ...

Die neue Arbeit Berlinguers und seines Stellvertreters besteht darin, die vom Sekretariat entschiedene Politik in die praktische Umsetzung zu bringen. Das ist die typische Arbeit eines Bürokraten, die Aufmerksamkeit, Gewissenhaftigkeit und Effizienz erfordert. Enrico beginnt wieder, intensiv Notizen auf kleinen Zettelchen zu machen. Er gibt allen Aufgaben und kontrolliert deren Ausführung sehr genau.

Zum ersten Mal verzichtet er sogar auf die Ferien im Sommer. Letizia ist inzwischen mit Bianca,[4] der ersten Tochter, schwanger und fährt weg, um sich mit der Familie zu erholen. Eines Tages, mitten in der Augusthitze, hört man Paolo Bufalini[5] im Hotel von Santa Fiora[6] telefonieren, wo er mit seiner Ehefrau und den Kindern die Ferien verbringt. Es ist Berlinguer, der die Hitze in Rom nicht mehr aushält und sich ihnen für einige Tage anschließen möchte.

Berlinguer und Bufalini kennen sich noch nicht lange, aber dieser extrovertierte und scharfsinnige Römer, dieser geborene Politiker, ist Enrico sofort sympathisch und wird in der Tat später über viele Jahre hinweg einer seiner wichtigsten Ratgeber sein. Mit der Heirat wird Berlinguer offener und hilfsbereiter gegenüber anderen. Im Besonderen zeigt er seine Leidenschaft für kleine Kinder. Bufalini erinnert sich, dass Berlinguer ganze Stunden damit verbrachte, in Santa Fiora mit seiner fünfjährigen Tochter im Auto unterwegs zu sein, wobei er sie in den Arm nahm und ihr vorgaukelte, dass sie das Auto lenken würde. Später wird er sich mit einer für einen Mann ungewöhnlichen Geduld mit seinen eigenen Kindern beschäftigen und auch den zahlreichen Neffen, Nichten, Cousins und Cousinen viel Aufmerksamkeit schenken. Und auch als Generalsekretär wird er ein wahres Interesse für die Kinder der Männer seines Sicherheitsdienstes zeigen.

Berlinguer kam in das Büro des Sekretariats, um Paolo Bufalini zu ersetzen, den Giorgio Amendola nach Rom beordert, um die dortige Regionalorganisation mit dem Auftrag zu leiten, eine drastische Erneuerung einzuleiten. Es sind die Jahre, in denen die weitreichenden Wellen des VIII. Parteikongresses und der Entstalinisierung die Peripherie der Partei erschüttern. Im Parteizentrum hat die Führungsgruppe eine neue Ordnung gefunden, die bis zum Tod von Togliatti andauern wird. In dieser neuen Ordnung werden die »Alten«, also die Stalinisten, in der zentralen Kontrollkommission zusammengefasst. Somit bleiben sie ohne größeren Einfluss in der Leitung, während die mittlere Generation, die Pajettas, die Ingraos, die Amendolas, die Posten mit der größten Verantwortung

4 Näheres zur Person siehe Kapitel: Die italienischen Hauptfiguren in Chiara Valentinis »Enrico Berlinguer« (☛ S. 451).

5 Näheres zur Person siehe Kapitel: Die italienischen Hauptfiguren in Chiara Valentinis »Enrico Berlinguer« (☛ S. 452).

6 Kleine Gemeinde (heute etwas mehr als 2.500 Einwohner) in der Provinz Grosseto in der Toskana.

innehaben. In der Peripherie hingegen ist die Machtverteilung viel weniger klar. Es gibt ganze Regionen, wie die Emilia und die Lombardei, die vom Untergang der führenden Partei weder hören noch darüber sprechen wollen. Sie sehen in Stalin weiterhin einen Helden und in Chruschtschow eine gefährliche Nervensäge. Auch wenn seit dem Widerstandskampf inzwischen 15 Jahre vergangen sind, haben de facto noch immer die alten Partisanen die Spitzenpositionen inne. Sie sind nach wie vor äußerst populär bei ihrer mehr traditionell ausgerichteten Basis, aber verschlossen gegenüber dem neuen Italien, das gerade im Entstehen ist.

In Mailand, dem Königreich von Giuseppe Alberganti, ist ein außerordentlicher Parteikongress notwendig, um die Stalinisten zur Seite zu schieben. Togliatti persönlich hält eine gramerfüllte Rede. Alberganti und seine Leute werden durch eine Gruppe von Erneuerern erster Ordnung ersetzt: Aldo Tortorella, Elio Quercioli, Rossana Rossanda. Als Sekretär der regionalen Organisation will Amendola einen jungen Funktionär namens Armando Cossutta[7] einsetzen. Er ist der Mann, der 20 Jahre später der größte Gegner des »Risses« *(lo strappo)* zwischen der KPI und der UdSSR sein wird.

Nicht überall ist die Lösung eine glückliche Sache. Die Lösung ist vor allem in der Emilia chaotisch. In der Hochburg der »roten« Macht, die innerhalb der KPI praktisch ein Viertel aller Mitglieder stellt, war die Partei, gemäß den Klagen von Giorgio Amendola, »wie ein Heer, das seine Zeit mit dem Polieren der Knöpfe verbringt«.[8] Die Erneuerung erfasste jede Ebene der Partei wie ein Sturm. Überall geht die Macht auf eine Generation von neuen Parteiführern über, die nicht immer hinreichend gebildet sind und die sich an erster Stelle als Anhänger von Amendola und erst dann als Kommunisten betrachten.

Auch in vielen anderen Regionen teilt sich die Partei in Erneuerer, die Amendola gegenüber äußerst treu sind, und in die alte, verbitterte und enttäuschte Garde. Amendolas Lösung erweist sich als nicht zielführend. In nur wenigen Jahren erfolgt ein Rückgang an Mitgliedern, wie es ihn niemals zuvor gab. Auf dem IX. Parteikongress im Juni 1960 gibt es 1.790.000 Mitglieder, 1956 hingegen waren es mehr als zwei Millionen.

Die Abrechnung findet genau auf dem IX. Parteikongress statt. Der Chef der Organisation zieht in einem eisigen und feindseligen Klima eine selbstkritische Bilanz seiner Arbeit. Laut Amendola war er es selbst, der vor dem

---

7 Näheres zur Person siehe Kapitel: Die italienischen Hauptfiguren in Chiara Valentinis »Enrico Berlinguer« (☛ S. 453 f.).

8 Amendola: *il rinnovamento del* PCI *(Die Erneuerung der KPI)*, 1982.

Parteikongress darum bat, ihn von dem Sessel, der ihm inzwischen zu heiß geworden war, zu entfernen. Auf jeden Fall hütete sich Togliatti davor, sich dem entgegenzustellen. Anstelle von Amendola wird zur Überraschung aller Enrico Berlinguer als Chef der Organisationssektion bestimmt. Sein Stellvertreter ist wiederum Salvatore Cacciapuoti.

Blut in Reggio Emilia[9]

»Das positive Urteil des Genossen Longo in Bezug darauf, wie sich die Partei in den Herausforderungen und Kämpfen der letzten Wochen geschlagen hat – ein Urteil, das ich teile –, soll uns nicht daran hindern, einige Defizite in Hinblick auf Initiative und Orientierung festzustellen [...]. Das ist sicherlich eine Überraschung angesichts der Großartigkeit und der Kampfbereitschaft der Massen gewesen. In der Tat definierte sich diese einmalige Bewegung der letzten Jahre als etwas Neues. Ihre neuartige Natur lag nicht nur in ihrem gesellschaftlichen, sondern auch in ihrem politischen und ideellen Elan sowie in ihrer massenhaften Unterstützung seitens junger Leute.« Diese Rede hält Enrico Berlinguer als der neue Verantwortliche für die Organisation auf dem außerordentlich einberufenen Zentralkomitee, das über die blutige Revolte diskutiert, von der Italien erschüttert wurde. In neun Spalten erscheint sie auf der ersten Seite der »L'Unità« vom 20. Juli 1960 mit dem Titel »Tambroni verjagt«.[10]

Berlinguer übernimmt sein neues Amt im Augenblick der tiefsten Krise der Mitteregierung. Um jede weitere Öffnung zu vermeiden, brachte die DC die Karte einer Alleinregierung mit externer Unterstützung durch den rechtsextremen MSI ins Spiel. Niemand, nicht einmal die Kommunisten erwarteten, dass Italien, das sich durch das Wirtschaftswunder im Halbschlaf befand, explodieren würde. Entfacht wurden die Proteste durch das Ansinnen der neofaschistischen Partei, ihren Parteikongress in Genua abzuhalten, einer absolute Hochburg der *Resistenza*. Plötzlich waren die Partisanenvereinigungen auf die Plätze zurückgekehrt. Die Männer der nationalen Befreiungskomitees, etwas in die Jahre gekommen und enttäuscht, stehen bei einer Serie von Streiks und Auseinandersetzungen mit der Polizei in der ersten Reihe, was die bürgerliche Presse von aus Moskau ferngesteuerten Demonstrationen sprechen lässt. Auf der Piazza De Ferrari in Genua schreit ein sozialistischer Senator, Sandro

---

9 Norditalienische Provinzhauptstadt am südlichen Rand der Po-Ebene mit rund 175.000 Einwohnern.

10 Fernando Tambroni Armaroli (1901–1963), DC-Politiker, Mitglied der Abgeordnetenkammer, Unterstaatssekretär, Minister, Ministerpräsident (1960).

Pertini,[11] angesichts einer Menschenmenge von 30.000 Personen von einer Bühne herab: »Die Polizei sucht gerade die Aufwiegler dieser einheitlichen Demonstration. Wir haben keine Schwierigkeit, diese anzugeben: Es sind die Erschossenen aus Turchino, aus Cravasco, aus Benedicta, es sind die Gefolterten aus dem Studentenhaus. Nach Genua werden die Faschisten nicht zurückkehren.«

Und tatsächlich kamen sie nicht zurück. Der Parteikongress des MSI wird abgesagt, aber inzwischen setzt sich ein unumkehrbarer Mechanismus in Gang. Um in Rom eine Demonstration der Einheit am Tor San Paolo aufzulösen, greift sogar die berittene Polizei ein. Ingrao und Lizzadri werden mit Maschinengewehren bedroht und verhaftet, während die Polizisten des neuen Innenministers, Spataro, schreien: »Mörder, Diener von Moskau!« In proletarischen Vierteln wie Testaccio errichtet man Barrikaden. Im Süden schießt die Polizei auf streikende Bauern und Arbeiter. Dabei werden ein Tagelöhner in Licata, ein Bauarbeiter in Catania und vier Personen in Reggio Emilia erschossen. Aber die dramatischsten Dinge passieren in Reggio Emilia. Während eine Menge von einigen Tausend Personen versucht, in das Verdi Theater einzudringen, um einer Demonstration gegen Ministerpräsident Tambroni beizuwohnen, bricht plötzlich ein Inferno aus. Wasserwerfer, Tränengasbomben, Polizeifahrzeuge und unmittelbar danach Schüsse, abgefeuert aus Maschinenpistolen, gezielt auf Menschenhöhe.

Fünf kommunistische Arbeiter, Ovidio Franchi, Marino Serri, Emilio Reverberi, Afro Tondelli und Lauro Ferioli, werden von der Polizeisondereinheit »Celere« umgebracht, die sich so brutal wie in den heftigsten 1950er-Jahren aufführte.

Berlinguer versteht schnell, was auf dem Spiel steht. Auf den Plätzen beenden die Schusswechsel die letzten Hoffnungen der Mitteregierung. Zur selben Zeit betritt im Land eine neue Generation die Bühne, eine Generation der Jüngsten in der Revolte, die überall neben den älteren Aktivisten in der ersten Reihe stehen: die jungen Männer in den gestreiften Hemden, wie sie Andrea Barbato im »L'Espresso«[12] beschrieb, und über die man etwas später als die »Nuova Resistenza«[13] sprechen sollte. Als Salvatore Cacciapuoti von seiner Mission in Moskau aus anruft und wissen will, was er tun soll, antwortet

---

11 Näheres zur Person siehe Kapitel: Die italienischen Hauptfiguren in Chiara Valentinis »Enrico Berlinguer« (☛ S. 464).

12 Andrea Barbato: *Dovunque magliette a strisce* (*Überall gestreifte Hemden*), in: L'Espresso, 17. Juli 1960.

13 Dt.: »Neue Widerstandsbewegung«.

ihm Berlinguer: »Komm sofort zurück, es handelt sich um einen sehr bedeutsamen Moment.«

Aber nicht die gesamte KPI, die noch immer von dem Streit um Stalin und die Rolle der führenden Partei erfasst ist, versteht mit derselben Schnelligkeit, dass die Ereignisse von Juli weder mit dem Sturz von Tambroni, der inzwischen von der DC selbst als »verbrannt« angesehen wurde, noch mit der Entstehung der ersten Regierung Fanfani ein Ende gefunden hatten. Man muss auch analysieren, warum »zum ersten Mal seit zehn, zwölf Jahren eine reaktionäre Regierung auf direkte Weise von einer großen Massenbewegung gestürzt wurde«, wie Berlinguer in seiner Rede auf dem Zentralkomitee feststellt. »Die Frage, die sich jetzt für uns stellt«, führt er weiter aus, »ist jene, welche unmittelbaren politischen Ziele und Perspektiven wir diesem Schwung anbieten können.«

Besonders interessiert zeigt sich Berlinguer für die spontanen Formen, in denen sich die ganz jungen Leute organisieren, wie die »Consigli della Resistenza«,[14] die nicht nur die Kämpfe koordinieren, sondern sich auch darum kümmern, die Ordnung in den verschiedenen Stadtvierteln aufrechtzuerhalten. Er ist beeindruckt von der Anwesenheit der Intellektuellen und der Bürgerlichen, speziell im Norden, sowie von dem plötzlichen Wiederaufflammen der Kämpfe in den Fabriken. Die KPI, wie man seinen Worten gut entnehmen kann, riskiert gerade, die völlig neue Gärung an Unruhe zu unterschätzen.

Niemanden zurücklassen

Als er das zuvor von Pietro Secchia und Giorgio Amendola ausgeübte Amt übernimmt, ist Berlinguer 38 Jahre alt. Sehr jung für eine Partei wie die KPI. Und tatsächlich ist seine Nominierung, vor allem von Longo gewollt, ein mutiger Schritt. Darüber hinaus ist die Situation extrem vielschichtig. Man muss die von Amendola eingeleitete Enthauptung der Kader bremsen, aber zugleich die Erneuerung fortführen, indem man allzu eklatante Brüche reduziert, und keinen Millimeter zurückweicht, um alte Ideen und alte Dogmen zu überwinden. Man muss berücksichtigen, dass Italien sich gerade rasant verändert, dass sich die führenden Klassen anpassen und dass es dem Kapitalismus scheinbar mitnichten bestimmt ist, unter seinen Widersprüchen zusammenzubrechen, wie es die mehr klassisch angelegten Analysen vorhersagen. Aber man darf auch nicht die Hoffnung auf einen Wandel und den Durst nach Gerechtigkeit ver-

14 Dt.: »Räte der Widerstandsbewegung«.

gessen, die Hauptgründe für eine Stimmabgabe zugunsten der Kommunisten bei den Wahlen.

Wenn Berlinguer an seinem Schreibtisch in dem legendären Zimmer im vierten Stock sitzt, in dem Pietro Secchia von der unmöglichen Revolution träumte, denkt er lange über die tausend Seelen der KPI nach. Er denkt an die jungen Männer in ihren gestreiften Hemden und an ihren Wunsch, einen völlig neuen Kommunismus zu schaffen. Er denkt an die Intellektuellen, die beginnen, die neue Konsumideologie kritisch zu betrachten. Er denkt an jenen Genossen Sekretär aus der Sektion von Cava de' Tirreni,[15] der sich im Konflikt mit den Führern der »Erneuerung« rund um Amendola blind vor Wut das Abzeichen der kommunistischen Partei vom Körper riss und sich dafür ein neues anheftete: »Sozialdemokratische Partei«. Es kommt ihm auch ein alter Maurer aus Sassari in den Sinn, Genosse Piana, ein wütender Stalinist, der, gequält von den Fragen der Gegner zu den Geschehnissen in Moskau, mit den offiziellen Erklärungen antwortet, die er in der »L'Unità« gelesen hat. Aber dann am Samstagabend, bereits etwas betrunken, lässt er sich gehen: »Inzwischen ist alles für die Katz, die Revolution machen wir eh nicht mehr«, sagt er weinend und wirft seine Mütze auf den Boden. Man muss eine neue Partei aufbauen, die sich weder auf Dogmen noch auf die Erwartung der Stunde X stützt, die italienisch und legitimiert ist, die aber auf ihrem Weg weder Genosse Piana noch jenen aus Cava de' Tirreni verliert. Man muss den Weg der Demokratie einschlagen, darf aber gleichzeitig nicht darauf verzichten, Kommunist zu sein.

Genau das ist es, was er in seiner Rede auf dem X. Parteikongress sagen wird, indem er an »Werte« erinnert, »welche die Existenzgrundlage einer kommunistischen Partei darstellen, nämlich: politische und ideelle Leidenschaft, zusammengenommen eine praktische Leidenschaft, auch für die hintergründige und minutiöse Arbeit, Opferbereitschaft, Disziplin, Kampfbereitschaft.«[16]

Sein ganzes Leben lang wird die Suche nach der Auflösung der Quadratur des Kreises zwischen Kommunismus und Demokratie das große Unterfangen von Enrico Berlinguer sein. Die »hintergründige und minutiöse« Arbeit, um dieses Ziel weiterzuverfolgen, beginnt hier an Secchias Schreibtisch. Viele Dinge haben sich bei Berlinguer seit den Jahren im FGCI geändert. Er wurde auf schmerzhafte Weise immun gegenüber Mythen und Rhetorik. Er verstand, dass man neue Wege beschreiten muss, die Mut zum Experimentieren erfordern.

---

15 Gemeinde (heute mit mehr als 52.500 Einwohnern) in der Provinz Salerno, Region Kampanien.

16 Rede von Enrico Berlinguer, in: *X Congresso del Partito Comunista Italiano* (*X. Kongress der KPI*), Roma 1963.

Er bewahrte sich seine alte Leidenschaft für Organisationsfragen, auch die bedingungslose Hingabe an die Parteiarbeit, die er selbst vorlebt, aber auch von anderen einfordert. Als Rossana Rossanda,[17] die Togliatti nach Rom zur Arbeit gerufen hat, sich einer dringenden und schwierigen Operation unterziehen muss und daher Berlinguer um einen freien Monat bittet, antwortet er distanziert: »Schade, dass du dich gerade jetzt, da wir uns mitten in einer Wahlkampagne befinden, der Operation unterziehst.« »Ich war so sehr daran gewöhnt, ihn als eine Art von Parteikleriker wahrzunehmen, dass ich sehr erstaunt war, ihn eines Tages wie eine ganz normale Person am Flughafen mit der Tasche in der Hand und einem kleinen Kind an seiner Seite anzutreffen«, berichtet Rossana Rossanda.[18]

Von Anfang an ist Berlinguer in Italien unterwegs, um die Partei wieder zusammenzuführen. Er versucht, das Gleichgewicht in der Peripherie wiederherzustellen, indem er, wo auch immer er kann, seine alten Mitarbeiter aus dem FGCI in Schlüsselpositionen des Apparates befördert. Ab und zu streitet er sich mit Amendola, manchmal marschieren sie gemeinsam, wie zum Beispiel in Neapel. Mit der Erneuerung bekam dort die regionale Organisation einen Sekretär, Abdon Alinovi, der zuvor noch keine Funktion innehatte. Ihm wurde vorgeworfen, autoritär und bürokratisch zu sein. Und er hatte das Pech, Togliattis Ärger zu provozieren, den er mit enormer Verspätung zu einer Wahlversammlung auf die Piazza del Plebiscito geführt hatte, wo er eine tosende Menge von Hunderttausenden Menschen antraf. Alinovi wurde ausgetauscht. An seine Stelle setzt Berlinguer Amendolas brillantesten Anhänger, Giorgio Napolitano.[19]

Schwierigkeiten gibt es weiterhin in der Emilia, wo sogar ein neuer Begriff – »Homogenisierung« – erfunden wird. Dieser weist darauf hin, dass die neuen Leitungskader alle gleich denken und es keine Nostalgiker mehr gibt. »Wir sind alle homogenisiert«, erklären die strahlenden Funktionäre Berlinguer, der sich bemüht, die Wichtigkeit der Diskussion und des Wertes der Dialektik aufzuzeigen.

Aber diese »roteste« Region von allen italienischen Regionen ist nicht nur eine Quelle von Sorgen. Hier formiert sich gerade rund um die KPI ein neuer Block, welcher der Partei ihren starren Klassencharakter nimmt und ihre künftige gesellschaftliche Zusammensetzung vorwegnimmt. Die Partei besteht nicht

17 Näheres zur Person siehe Kapitel: Die italienischen Hauptfiguren in Chiara Valentinis »Enrico Berlinguer« (☛ S. 465 f.).

18 Rossana Rossanda, persönliche Mitteilung an die Autorin.

19 Näheres zur Person siehe Kapitel: Die italienischen Hauptfiguren in Chiara Valentinis »Enrico Berlinguer« (☛ S. 461 f.).

nur aus Arbeitern, die 40 Prozent der Aktivisten ausmachen, sondern auch aus Handwerkern, Kaufleuten, Freiberuflern und sogar Kleinunternehmern. Dies ist ein Beispiel für das, was schon damals als »italienische Besonderheit« beschrieben wurde.

In den drei Jahren, in denen Berlinguer Chef der Organisation ist, ändert sich die gesamte Struktur der Partei. Einerseits nimmt die Zahl der Mitgliederzahl weiter ab, die 1963 – mit einem Verlust von 500.000 Mitgliedern im Vergleich zu den besten Zeiten im Jahre 1956 – auf 1.614.000 gesunken ist. Andererseits aber steigt die Stimmenanzahl bei den Wahlen. Während die Gegner den Untergang der KPI prophezeien, erreichen die Kommunisten bei den Parlamentswahlen im April 1963 einen deutlichen Zuwachs um 3 Prozentpunkte, sodass sie auf 25 Prozent der Stimmen kommen. Seit der Krise, die mit dem XX. Parteikongresses der KPdSU ausgelöst wurde, ist dies der erste beachtliche Wiederaufschwung. Die aufmerksameren Beobachter beginnen zu verstehen, dass die KPI gerade dabei ist, sich von einer vor allem aus Aktivisten bestehenden Partei wie die der französischen Kommunisten in eine modernere und vielschichtigere Partei zu verwandeln. Außerdem ist die Veränderung der gesellschaftlichen Struktur in der Abnahme der Zahl der Arbeiter und in einem Anstieg der Mittelschichten immer deutlicher wahrnehmbar.

Dank der von Amendola angestoßenen Veränderungen, aber vor allem dank dem durch Berlinguer wiederhergestellten Gleichgewicht gelingt es der kommunistischen Partei, sich anzupassen und sich so auf die gesellschaftlichen Veränderungen der Jahre der Industrialisierung und des Wirtschaftswunders einzustellen. Unter den Leuten entsteht eine neue Art des Umgangs mit der Politik und ein neues Verständnis des Aktivismus, der deutlich säkularer und weniger sektiererisch ist. Eine neue Kultur, moderner und europäischer, setzt sich gerade durch.

»Unsere Veränderung ist nicht nur eine organisatorische gewesen. Sie wurde von einer politischen und ideologischen Vertiefung begleitet. Wir haben den Versuchungen der Rochade und des Ausverkaufs unserer Werte widerstanden.« Im Großen und Ganzen ist es das, was Berlinguer in einem Aufsatz für die Zeitschrift »Critica Marxista« schreibt, der in etwa die Summe seiner Organisationsarbeit darstellt.[20] Aus der tödlichen Abteilung, die Secchia vernichtete und Amendola in Schwierigkeiten brachte, geht Berlinguer auf positive Weise hervor.

20 Enrico Berlinguer: *Lo stato del partito in rapporto alle modificazioni della società italiana (Der Zustand der Partei in Bezug auf die Veränderungen der italienischen Gesellschaft)*, in: Critica Marxista (»Marxistische Kritik«), Nr. 5-6, September 1963.

Auf dem X. Parteikongress wird ihm im Dezember 1962 eine noch heiklere Aufgabe übertragen, wenn auch weniger auffallend: jene des Verantwortlichen für das Büro des Sekretariats. Der Stellvertreter ist Alessandro Natta.

Die graue Eminenz

Ende 1961 ist Berlinguer einer der geheimen Protagonisten in der letzten großen Auseinandersetzung in der Parteispitze der KPI vor Togliattis Tod. Anlass dazu war der XXII. Parteikongress der KPdSU, auf dem Chruschtschow den Stalinismus erneut angriff, neue Gräueltaten öffentlich anprangerte und auch einige demonstrative Gesten setzte: Stalins Leichnam wurde ohne viel Aufhebens aus dem Mausoleum am Roten Platz entfernt und der Name Stalingrad wurde in Wolgograd geändert. In der KPI spaltet sich die Führungsgruppe. Auf einer dramatischen Sitzung des Zentralkomitees wird Togliattis allzu milde Einstellung attackiert: von Amendola, der vorschlägt, dass sich zu den verschiedenen Fragen »Mehrheiten und Minderheiten bilden können«, über den alten Terracini bis hin zu Aldo Natoli, der sogar die Einberufung eines außerordentlichen Parteikongresses gefordert hatte. Unter der Kritik der Parteirechten um Amendola sowie der neuen Linken, die um Ingrao herum langsam Gestalt annimmt, scheint Togliattis Autorität das erste Mal ins Wanken geraten zu sein.

Darüber hinaus spricht auf diesem Treffen Paolo Robotti und berichtet dabei mit 20-jähriger Verspätung von seiner Verhaftung und den erlittenen Folterungen in den Stalinzeiten. »Warum haben wir damals darüber nicht gesprochen? Weil wir uns der Meute der Gegner des Kommunismus nicht anschließen durften«, erklärt Robotti mit Tränen in den Augen, in einer Szene wie in einem elisabethanischen Drama nach Shakespeare. Robotti ist Togliattis Schwager. Das ist der endgültige Beweis, dass der Generalsekretär davon wusste und schwieg. Das stürmische Treffen wird zum ersten Mal ohne die rituellen Abschlusserklärungen beendet, sondern mit wenigen strengen Worten von einem inzwischen alten und mitgenommenen Togliatti: »Ihr habt Euch wie wahre Provinzler aufgeführt«, sagt er wütend. Im aufgeregten Klima dieses Tages zieht es Berlinguer vor zu schweigen. Auch in diesem Fall hatte er lange hinter verschlossenen Türen bei einem Treffen der Leitung, das unmittelbar danach einberufen wurde, gesprochen. Seine Rolle, wie jene von Bufalini und Ingrao, bestand darin, die Beziehung mit dem Generalsekretär wiederherzustellen, aber auch die erneuernde Kraft des XXII. Parteitages der KPdSU zu betonen.

Paolo Bufalini erinnert sich: »Am Tag danach rief mich Longo zu sich und gab mir einen Zettel von Togliatti in die Hand. ›Ich schlage vor, dass man nach dem Treffen des Sekretariats ein Dokument erstellt. Die Genossen, die das machen sollen, sind Togliatti, Bufalini und Berlinguer. Bufalini und Berlinguer werden es vorbereiten. Sie werden es mir am Montag bringen, um das Dokument zu diskutieren.‹ Das war eine höchst schwierige Aufgabe, und darüber hinaus war es schon Freitag. Sowohl Enrico als auch ich versuchten Ausreden vorzubringen, wir sprachen von Wahlversammlungen, die bereits geplant waren. Amendola kam vorbei. ›Ihr dürft keinen Rückzieher machen, versteht ihr nicht, dass Ihr aufgrund einer exakten politischen Entscheidung mit dem Verfassen des Dokumentes beauftragt wurdet?‹, sagte er zu uns in seinem gewohnten Ungestüm und seiner Ehrlichkeit. Wir arbeiteten einen Tag und zwei Nächte daran mit Enrico.« Am Montagvormittag liest Togliatti das Dokument und billigt es, nachdem er verschiedene Korrekturen anbringt. »Und jetzt lesen wir das ganze Dokument noch einmal«, schlägt zum Schluss Berlinguer vor, beharrlich wie immer. »Das ist unmöglich. Ich habe die Seiten, die ich fertiggestellt habe, nach und nach in die Druckerei geschickt. So wird es zumindest niemand mehr ändern können«, lautet Togliattis Antwort.

Das Dokument von Bufalini und Berlinguer, präsentiert auf der bestbesuchten Pressekonferenz, die man bis zu diesem Zeitpunkt in der Parteizentrale gesehen hatte, mit 200 Journalisten aus der ganzen Welt, löst in Italien und im Ausland größtes Erstaunen und Lob seit den Zeiten des VIII. Parteikongresses aus. Vittorio Gorresio spricht in »La Stampa« von »der Umkehr im wahrsten Sinne des Wortes« und von »der liberalen Evolution der Kommunisten«. Die Republikaner machen ihren Einfluss darauf geltend und sprechen darüber wie von einem »Erfolg der dritten Kraft«. »Die jüngste Debatte der KPI ist in die Geschichte als die wichtigste in der Nachkriegszeit eingegangen«, schreiben die Zeitungen. Tatsächlich fassen Berlinguer und Bufalini auf den 22 eng beschriebenen Seiten Ideen zusammen, die so fortgeschritten für die kommunistische Bewegung in diesen Jahren sind, dass das Dokument in »Glorreiche Oktoberrevolution« umbenannt wird. In Bezug auf die UdSSR spricht man offen davon, ohne Änderung in den Leitungsmethoden nicht zum Kommunismus gelangen zu können. Man übt mutig Selbstkritik in Bezug auf die Jahre des Stalinismus und erkennt an, dass damals »Formen der rhetorischen und erziehungsmäßigen verderblichen Propaganda« angewandt wurden. Außerdem ist die Rede von demokratischen Regeln, die der Sozialismus in den Ländern des kapitalistischen Europas respektieren müsse.[21]

Das Dokument gibt Togliatti das Prestige zurück, wodurch er die Macht in der Partei wieder übernehmen kann. Bei diesem Ereignis handelte Berlinguer sicherlich nicht im Rampenlicht. Dennoch entgeht seine Rolle als graue Eminenz den aufmerksameren Beobachtern nicht. »Der Protagonist auf dem letzten Zentralkomitee der KPI war ein junger Mann, nur wenig älter als 30 Jahre, klein, nervös, mit kurzen, immer unordentlichen Haaren, Enrico Berlinguer«, schreibt Antonio Gambino in »L'Espresso«,[22] wobei er dessen Rolle nicht übertrieb, allerdings dessen Alter zu gering angab.

Togliattis Begräbnisfeierlichkeiten

Als Togliatti am 13. August 1964 im Pionierlager von Artek in der Nähe von Jalta von einer Gehirnblutung getroffen wird, ist Berlinguer gerade mit Letizia, seinem Bruder Giovanni und dessen Frau Giuliana im Urlaub in Teti, einem abgelegenen Dorf im Inneren von Sardinien. Es ist ein äußerst mühsamer Aufenthalt. Die zwei Berlinguer-Paare, jeweils mit drei kleinen Kindern, sind in einem schlichten unbewohnten Landhaus der Siglientis untergebracht, das nicht einmal Licht und fließendes Wasser hat. Dafür ist das Haus gratis. Beide Familien haben es aufgrund ihres angespannten Haushaltsbudgets ausgewählt. Enrico und Giovanni verzichten auf die viel angenehmeren Ferien in Stintino mit Bootsfahrten am Meer. Die Entscheidung stellt sich als unglücklich heraus. Alltägliche Probleme hindern Berlinguer daran, sich wie in den anderen Sommer auf seine Philosophiebücher zu konzentrieren. Die kleinen Kinder, gequält von der Hitze und den Stechmücken, weinen abwechselnd ganze Nächte durch und rauben so auch den Erwachsenen den Schlaf. Als die Nachricht von Togliattis Gehirnblutung das abgelegene Landhaus erreicht, müssen Enrico und Giovanni, erledigt von der Müdigkeit, zunächst an ihre »kleine aktuelle Realität« denken und den schwierigen Auszug ihrer gesamten Familien organisieren, bevor sie an die »Große Geschichte« denken können.

Deshalb kommt Enrico erst in Rom an, als Longo zusammen mit dem Arzt Spallone, Colombi und Alessandro Natta mit einer Spezialmaschine bereits nach Jalta abgereist ist. Die Partei schwebt zwischen Angst und Entsetzen. Aus der UdSSR kommen widersprüchliche Meldungen über leichte Besserungen und über Rückfälle. Am 21. August ist es zu Ende. Togliatti stirbt nach einer Woche in Agonie.

---

21 *Il XXII Congresso del PCUS, risoluzione della segreteria del PCI, 27 novembre 1961 (Der XXII. Parteikongress der KPdSU, Resolution des Sekretariates der KPI, 27. November 1961)*, in: *Atti dal IX al X Congresso (Protokolle vom IX. bis zum X. Parteikongress)*, Roma 1962.

22 Antonio Gambino: *I due scudi di Togliatti (Die zwei Schilde des Togliatti)*, in: L'Espresso, 31. Dezember 1961.

Der Leichnam des Chefs der italienischen Kommunisten kehrt am Samstag, den 22. August nach Rom zurück, an Bord einer großen weißen Iljuschin-Maschine.[23] Sie landet am Flughafen Ciampino[24] um vier Uhr an einem äußerst heißen Nachmittag. Berlinguer wartet zusammen mit den anderen Genossen der Parteileitung, mit Marisa Rodano[25] sowie mit Togliattis Bruder und Schwester unterhalb des Flugzeugs. Berlinguer umarmt Nilde Iotti, die ein schwarzes Damenkostüm und eine Bluse mit weißen Zeichnungen trägt. Ihr Gesicht ist voller Tränen und Schweiß. Er umarmt Marisa Malagoli, die Stieftochter Togliattis, bestürzt und schweigsam, er umarmt Leonid Breschnew, der nach Rom gekommen ist, um die sowjetischen Genossen zu vertreten. Etwas entfernt, vor den Sälen des Flughafens, stehen die Männer des Zentralkomitees, die Parlamentarier und die Männer des Apparates. Auf einem Platz außerhalb des Flughafens wartet die Basis. Das ist nur ein erster Vorgeschmack auf die starre Regie, die die Begräbnisfeierlichkeiten von Togliatti prägen wird. »Nicht einmal dem Tod gelingt es, die Strenge eines Protokolls, fixiert auf der Basis der Hierarchiekette, zu durchbrechen, nicht einmal für einen Augenblick. Es gibt Männer, die über 40 Jahre lang Togliattis Genossen im Kampf waren [...], aber wenn sie sich nicht die Sporen der aktuellen Führung verdienten, dann haben sie kein Recht, sich auch nur einen Schritt dem Bereich, der den Auserwählten vorbehalten ist, zu nähern«, notiert Pietro Secchia mit Verbitterung.[26]

Und es ist diese Regie, aufgrund derer Berlinguer zusammen mit Longo, Pajetta, Amendola, Ingrao, Natta und Alicata die letzte Ehrenwache an der Bahre des Generalsekretärs übernimmt, aufgestellt im Atrium der Parteizentrale, wo mehr als 250.000 Menschen vorbeiziehen und ihm die letzte Ehre erweisen. Und es ist diese Regie, aufgrund der Berlinguer im riesigen Leichenzug, der sich am Ausgang der Parteizentrale bildet, in der ersten Reihe steht, unmittelbar hinter Nilde und Marisa. Der Sarg verlässt inmitten einer Unmenge hochgereckter Fäuste die Parteizentrale, in einer absoluten Stille, die aufgrund ihrer Intensität erschüttert. Die Regie ist genauso streng wie die massenhafte Teilnahme berührend und leidenschaftlich ist, noch imposanter, als man es erwartet hätte. Schon in den frühen Morgenstunden des 25. August wird

23 Iljuschin ist ein russischer Flugzeughersteller.

24 Nach Fiumicino der kleinere der beiden internationalen Verkehrsflughäfen von Rom.

25 Marisa Rodano, geboren 1921, verheiratet mit Franco Rodano (siehe Kapitel: Die italienischen Hauptfiguren in Chiara Valentinis »Enrico Berlinguer«; ☛ S. 465), für die KPI Mitglied der Abgeordnetenkammer (1948–1968), Vizepräsidentin der Abgeordnetenkammer (1963–1968), Mitglied des Senates (1968–1972), Mitglied des Europäischen Parlamentes (1979–1989).

26 *Archivio Pietro Secchia (Archiv von Pietro Secchia).*

Rom von einer riesigen Menschenmenge aus ganz Italien überflutet, die sich auf den Wiesen ausbreitet und unter den Denkmälern ausstreckt. Als hätte es dazu eine Vorgabe gegeben, tragen sehr viele Menschen ein rotes Hemd oder ein rotes T-Shirt. Der Trauerzug ist so imposant, dass vier oder fünf Stunden notwendig sind, um die drei Kilometer seiner Länge abzugehen. Ein Meer an Kränzen ist zu sehen, auf deren Bändern sich die Namen aus Kuba und aus Ungarn mit jenen aus Molise,[27] aus Reggio Emilia und des Obst- und Gemüsemarktes in Rom mischen. Es gibt sehr viele Aktivisten, die ihren Kranz am Arm tragen, die Familienangehörigen helfen ihnen dabei. Die Vertreter des Weltkommunismus sind gekommen. An ihrer Seite stehen Intellektuelle wie Jean-Paul Sartre, Simone de Beauvoir und Rafael Alberti.[28] Auch Delio Gramsci ist gekommen, der sich an die leeren Straßen von Rom bei den Begräbnisfeierlichkeiten seines Vaters erinnert.

Direkt auf der Bühne der Piazza San Giovanni hört Berlinguer, gekleidet in einen schwarzen Anzug mit einer schwarzen Krawatte und noch etwas benommen von seinem Urlaub, unbewegt die Nachrufe von Breschnew, Longo und Dolores Ibárruri, der Pasionaria.[29] Er sieht eine endlose, erhitzte Menge, erhobene Fäuste, die sich mit dem Kreuzzeichen mischen, eine Unmenge an roten Fahnen und Hüten, die die Maurer aus dem Zeitungspapier der »L'Unità« hergestellt haben, um sich vor der extremen Hitze zu schützen. Sicherlich kann sich Enrico Berlinguer nicht vorstellen, dass seine Begräbnisfeierlichkeiten 20 Jahre später denen von Togliatti auf beeindruckende Weise ähneln werden.

Viele der Anwesenden weinen. Nach seiner Rede, in der er enthüllt, dass Togliatti ein politisches Testament hinterlassen hat, nämlich das Memorandum von Jalta, beginnt auch Longo ohne Scham zu weinen. Es ist ein grandioses Begräbnis mit einer Million Menschen. »Eine beispiellose Demonstration in Italien, und vielleicht wird man eine vergleichbare Sache nicht mehr sehen«, notiert darüber hinaus Secchia.

---

27 Eine seit 1963 eigenständige Region, an der Adria zwischen den Abruzzen und Apulien gelegen.

28 Rafael Alberti (1902–1999), spanischer Dichter, nach der Niederlage der Republikaner im Spanischen Bürgerkrieg lebte er im Exil bis 1963 in Argentinien, dann in Italien, 1977 Rückkehr ins demokratische Spanien, saß auch für die kommunistische Partei im Parlament.

29 Dolores Ibárruri (1895–1989), in den 1920er-Jahren für die kommunistische Partei Spaniens (PCE) unter dem Pseudonym »La Pasionaria« (dt.: »die Passionsblume«) aktiv, Generalsekretärin der PCE (1942–1960), Präsidentin der PCE (1960–1989), Abgeordnete zum Parlament (1933–1939 und 1977–1979).

Das offizielle Italien ist hingegen auf eine ziemlich bescheidene Weise vertreten, auch wenn die kommunistische Presse zu Übertreibungen neigt. Für die Sozialisten sind Nenni, Pertini und De Martino[30] anwesend. Aber die Delegation der DC wird von dem kaum bekannten Abgeordneten Truzzi angeführt. Und für die Regierung kam Scaglia, ein unwichtiger Minister.

Wie Eugenio Scalfari[31] mit Schärfe schreibt, handelt es sich bei Togliattis Begräbnisfeierlichkeiten um ein Ereignis, das das Land in zwei Hälften teilt. Denn während »die eine Hälfte Italiens, die Togliatti liebt«, seinen Tod wie den eines Familienmitglieds oder einer sehr lieben Person beweint, bleibt »die andere Hälfte, die ihn verabscheut und fürchtet«, standhaft. Diese zweite Hälfte »betrachtet ihn als einen Feind, oder besser gesagt: als einen zynischen, auf teuflische Weise geschickten Rechner, der handelte, um das Land umzustürzen, um es zu zerstören.«[32] Und wahrscheinlich liegt der wahre Unterschied zwischen Palmiro Togliattis Begräbnisfeierlichkeiten und den zukünftigen von Enrico Berlinguer bei diesem Hass und Terror vonseiten der politischen Gegner und in der großen landesweiten Berührung, welche die Grenzen der Partei überschreiten wird.

---

30 Näheres zur Person siehe Kapitel: Die italienischen Hauptfiguren in Chiara Valentinis »Enrico Berlinguer« (☛ S. 454 f.).

31 Näheres zur Person siehe Kapitel: Die italienischen Hauptfiguren in Chiara Valentinis »Enrico Berlinguer« (☛ S. 466).

32 Eugenio Scalfari: *Il nemico Togliatti (Der Feind Togliatti)*, in: L'Espresso, 30. August 1964.

VII.
Letizia, Ines und die anderen

Je weiter seine politische Karriere voranschreitet, desto mehr scheint Enrico Berlinguer das Bedürfnis zu spüren, parallel dazu sich ein privates Leben zu schaffen, das getrennt von dem allumfassenden kommunistischen Universum existiert. Er findet es in seiner Ehe und in seinem Familienleben.

Anfang der 1950er-Jahre schlägt die Nachricht von Enrico und Letizia Laurentis Verlobung im Clan der Verwandten und der sardischen Freunde wie eine Bombe ein. Marina Saba erzählt: »Es ist schwer, sich zwei Charaktere vorzustellen, die verschiedener wären. Auf der einen Seite war Enrico ausgeglichen, schweigsam, streng, auf der anderen Seite war Letizia fröhlich, witzig, extrovertiert. Es schien so, als ob sie nichts gemeinsam haben könnten.«

Als Tochter eines hohen Beamten im Senat, Gioacchino Laurenti, ist Letizia eine typische junge Frau aus dem guten römischen Bürgertum, weit entfernt von politischem Engagement und vom Kommunismus. Die Mutter Bianca ist eine Signora, die ein extravagantes Leben lebt und liebt. So oft sie können, tragen Letizia, Lina und weitere Freundinnen Letizias Abendkleider mit Ausschnitten und Glitzerstreifen bei Festen mit Gleichaltrigen. Letizia ist am meisten umworben. Sie ist nicht sehr groß, aber gut gebaut, hat schwarze Augen, ein geistreiches Gesicht, eine Menge an hellbraunen Haaren, durchzogen mit natürlichen, blondierten Strähnen. Sie liebt es zu tanzen und ist bekannt für ihre schönen Beine. Sie hat einen sonderbaren Charakter, ziemlich rebellisch. In der Schule, im Gymnasium Mamiani, kommt sie nicht gut zurecht. Trotz des Drängens der Eltern will sie nach dem Ende der fünften, also letzten Klasse des Gymnasiums die Prüfungen der Matura gar nicht mehr ablegen. Einmal läuft sie sogar für einige Tage von zu Hause weg und kommt bei den Siglientis unter. Man findet eine Stelle in einer Kunstgalerie in der Via del Babuino für sie, aber auch dort langweilt sie sich schließlich.

Über Jahre hinweg laufen sich Letizia und Enrico ohne ein besonderes gegenseitiges Interesse über den Weg. Im fröhlichen Chaos im Hause Siglienti bevorzugt es Enrico eher, mit seiner Cousine Lina zu plaudern, einer leidenschaftlichen Wagnerianerin, ernsthaft, fleißig, die ihn manchmal mit einer jüngeren Schwester begleitet, wenn ihn die Partei in die Ferien schickt, um sich von den Herausforderungen in der kommunistischen Jugendorganisation FGCI zu erholen.

Es war genau während einer dieser kurzen Ferien, in Champoluc im Aostatal,[1] dass sich plötzlich auch Letizia dem Trio anschließt. Bei langen Spaziergängen in Wäldern und auf Wiesen erwacht die Liebe. Von diesem Moment an haben sich Enrico und Letizia nicht mehr verlassen. »Auch wenn sie so unterschiedlich waren, haben sie fast sofort eine ganz eigene Vertrautheit gefunden, eine gemeinsame Welt, in der es keinen Platz für andere gab. Es gab etwas Tiefgreifendes, das sie vereinte«, sagt Lina Siglienti.

Die Verlobung dauert einige Jahre an. Letizias Eltern sind im ersten Moment etwas perplex über diesen künftigen Schwiegersohn, der so weit von ihrer Welt entfernt war. In der Familie Berlinguer hingegen erobert Letizia sofort alle mit ihrer Fröhlichkeit und mit ihrer Lebensfreude, die man ihr im Gesicht ansieht, mit ihrem Lächeln, das manchmal sogar Enrico ansteckt. Die junge bürgerliche, sehr hübsche, etwas verwöhnte Frau zeigt sofort, dass sie Charakter hat. Obwohl sie sehr verliebt und jünger ist (sie ist 1928 geboren) und einen weniger festen politischen Hintergrund hat, gibt sie ihre Ideen nicht auf, sondern bekräftigt diese im Gegenteil. Sie wird niemals eine Kommunistin werden, vielmehr wird sie Enrico bis zuletzt kritisieren, auch vor Freunden.

Von klein auf war sie katholisch, ohne besondere Überzeugungen. Jetzt beteuert sie ihre Haltung als Gläubige, auch wenn sie weder je so streng katholisch sein wird, wie in den Porträts der Zeitungen beschrieben, noch davon träumen wird, am Sonntag mit ihrem Mann, der geduldig auf der Schwelle zum Kirchenportal auf sie wartet, in die Messe zu gehen. Dies erklärt unter anderem, dass sie eine standesamtliche Hochzeit akzeptiert, im Gegensatz zu jener, die ein Jahr später Giovanni Berlinguer mit seiner jungen und streng katholischen Frau Giuliana Ruggerini halten werden. Die Kinder werden jedoch alle getauft und gefirmt, sogar von einem Jesuiten, Fabrizio Valletti, ein Freund der Familie. Enrico und Letizias Hochzeit findet am 26. September 1957 auf der Piazza del Campidoglio[2] in Rom statt, sehr schlicht, nur mit den Eltern und den Trauzeugen. Letizia verzichtet auf ein weißes Kleid, trägt stattdessen ein hellgraues und ein Seidenband im Haar. Unmittelbar danach gibt es einen Empfang in privatem Kreis im Hotel Eliseo, spendiert von Enricos Vater.

Vom ersten Moment an bilden Enrico und Letizia ein Paar, das bürgerlich und antikonformistisch zugleich ist, wenn auch in etwas unterschiedlicher Art und Weise im Vergleich zu den familiären Traditionen der Berlinguers. Letizia

---

1 Autonome Region mit Sonderstatut im Nordwesten Italiens, die an Frankreich und die Schweiz angrenzt.

2 Zentraler Platz auf dem Kapitol in Rom.

akzeptiert gutmütig die Last, die Ehefrau eines kommunistischen Parteiführers zu sein. Sie passt sich den besonderen, bisweilen schrecklichen zeitlichen Rhythmen von Enrico an, den unendlich langen abendlichen Treffen, den Wahlversammlungen am Samstag und Sonntag, der langen Abwesenheit des Ehemannes im Ausland. Aber sie hütet sich davor, sich in eine wartende Ehefrau zu verwandeln. Sie verfolgt ihre tausend Interessen, liest viel und trifft Freunde, die, mit Ausnahme von Tonino Tatò,[3] niemals Genossen aus der Partei des Ehemannes sind. Um den Haushalt kümmert sie sich nicht besonders viel, auch wenn es nur ein Gerücht ist, dass man zu Hause von Dosen und Tramezzini lebt. Sie hat großen Verdienst daran, für sich selbst und Berlinguer ein Leben mit einem normalen Alltag geschaffen zu haben, ohne in Langweile zu fallen oder die eigene Identität aufzugeben. Innerhalb weniger Jahre kommen drei Kinder auf die Welt: Die erste Tochter, Bianca, nach Letizias Mutter benannt, wird am 9. Dezember 1959 geboren. Am 16. September 1961 kommt Maria,[4] benannt nach der armen Mariuccia Loriga, Enricos Mutter, auf die Welt und Marco[5] am 7. Januar 1963. Das vierte Kind, Laura,[6] wird etwas später geboren, 1970.

Die Familie lebt alles andere als wohlhabend. »Sie vermittelten den Eindruck, dass sie immer sehr wenig Geld hatten. Das hat man sogar an der Bekleidung gesehen. Aber es schien auch, dass es ihnen nicht wichtig war«, erinnert sich Marina Saba. Bufalini erzählt, dass Berlinguer einmal von zu Hause wegging, um Marco abzuholen, der gemeinsam mit Bufalinis Sohn Klavierstunden nahm, und ihn dabei fragte, ob sie ihm 10.000 Lire leihen könnten. »Ich muss dringend eine Rechnung begleichen«, gibt er etwas peinlich berührt von sich. Ab und zu schenken ihm Leute aus der Partei einen Anzug, besorgt wegen seiner formlosen Jacketts.

Als Mario aus Sardinien weggeht, verkauft er seine wenigen Grundstücke und investiert das dabei erzielte Geld zur Gänze in eine Wohnung in der Viale Tiziano, wo er mit seiner zweiten Frau Niki wohnte. Die erste römische Wohnung von Enrico und Letizia war eine kleine Dachgeschosswohnung mit nur

3 Näheres zur Person siehe Kapitel: Die italienischen Hauptfiguren in Chiara Valentinis »Enrico Berlinguer« (☛ S. 468).

4 Näheres zur Person siehe Kapitel: Die italienischen Hauptfiguren in Chiara Valentinis »Enrico Berlinguer« (☛ S. 451).

5 Näheres zur Person siehe Kapitel: Die italienischen Hauptfiguren in Chiara Valentinis »Enrico Berlinguer« (☛ S. 451).

6 Näheres zur Person siehe Kapitel: Die italienischen Hauptfiguren in Chiara Valentinis »Enrico Berlinguer« (☛ S. 451).

einem Zimmer im selben Gebäude, einen Katzensprung von Ponte Milvio entfernt. Wie alle nachfolgenden Wohnungen ist sie mit einigen alten Familienmöbeln und mit vielen Bücherregalen eingerichtet.

Von der Viale Tiziano ziehen sie in die Nähe der Farnesina, in die Via Albricci, dann in die Via Friggeri bei Balduina, um 1969 in eine Wohnung nahe der des Vaters zurückzukehren, aus der sie delogiert werden, als Enrico schon Generalsekretär der KPI ist. Es handelt sich um bescheidene, kleinbürgerliche Mietwohnungen, wo es nie genug Platz für ein Arbeitszimmer gibt und Katzen frei herumlaufen. Hier schreibt Berlinguer seine berühmten Dokumente und hört seine geliebten Platten von Wagner, mitten im Lärm der Kinder und im Wirrwarr ihrer vielen Freunde. Der Stil ist nicht jener der linken Intellektuellen aus dieser Zeit, vielmehr nach außen gerichtet, auf Mode und Neuigkeiten. Aber es ist auch nicht jener einer typisch »roten« Familie, mit dem ständigen Aktivismus aller Mitglieder. Letizia nimmt niemals an Wahlversammlungen oder Demonstrationen teil. Und wenn über Politik gesprochen wird, sagt sie oft »Ihr Kommunisten« und wirft dabei Enrico einen etwas ironischen Blick zu.

Im Königreich von Grottaferrata

Wenn Berlinguer die Auseinandersetzungen in der Partei oder sein überfülltes familiäres zu Hause nicht mehr erleiden kann, verschwindet er für einige Tage. Sein Zufluchtsort ist ein großes Haus auf dem Land in Grottaferrata, einige Dutzende Kilometer von Rom entfernt, wohin Ines und Fanuccio Siglienti gezogen sind. In der Villa, mitten im Grünen gelegen, voll von Familiengegenständen, Gemälden und Porträts, beherbergt Ines abwechselnd ihre inzwischen verheirateten Kinder, Freunde und Enkelkinder. Die Jungs gaben allen Schlafzimmern im ersten Stock einen Namen. Das, in dem Enrico schläft, wird wegen des Goldes und des Brokats der Sessel das »Prinzenzimmer« genannt. Es steht immer für ihn frei.

Seit den Nachkriegsjahren ist Ines im Leben von Berlinguer ein Bezugspunkt geblieben, der die zweite Hochzeit seines Vaters 1951 mit einigem Bedauern erlebte. Sein Vater heiratete die attraktive römische Signora Corinna Fidelia, genannt Niki, die bereits zwei vorangegangene Ehen hinter sich hatte. Das Auftauchen von Niki stellte das Leben von Mario, Enrico und Giovanni völlig auf den Kopf. Die beiden treuen sardischen Dienstangestellten wurden entlassen und alles wurde nach übertriebenen und bürgerlichen Vorstellungen umgestaltet. Aufgrund seines Respekts gegenüber der Familie bemühte sich Enrico, seine Schwiegermutter zu akzeptieren, die Jahre später in Interviews für die Illustrierten über ihn sprechen und ihn damit immer wieder wütend machen wird. Aber inzwischen wurden seine Beziehungen mit den Siglientis noch enger.

Im Laufe der Jahre wird Grottaferrata für Berlinguer nicht nur eine Oase des Friedens, sondern auch ein Ort, wo wichtige, vertrauliche politische Treffen organisiert werden. Zwischen den Möbeln aus dem 18. Jahrhundert im Wohnzimmer von Tante Ines und in den Korbsesseln auf der großen Terrasse, von der aus man auf einen Wald blickt, finden speziell in den 1960er-Jahren Gespräche statt, die die italienische, politische Szene prägen. Ines Siglienti erinnert sich: »In Grottaferrata hat sich Enrico mehrmals mit Visentini, mit Fanfani getroffen. Der Name von Anselmi als Vorsitzende der Untersuchungskommission zur P2[7] ist hier das erste Mal ausgesprochen worden.«

In Grotta, wie es im Familienkreis genannt wurde, kann sich Berlinguer auch in aller Ruhe Fußballspiele im Fernsehen ansehen. Fußball, sowohl als eigens praktizierter Sport wie auch als Unterhaltung zum Zuschauen, ist die einzige Leidenschaft, die ihn sogar von der Politik ablenken kann. Eines Abends findet ein vertrauliches Treffen mit Guido Carli, dem Gouverneur der italienischen Notenbank, statt. Berlinguer ist nervös, weil im Fernsehen ein Spiel von Juventus Turin läuft, die Mannschaft, für die er eine Schwäche hat, auch wenn seine Präferenzen offiziell der Mannschaft aus Cagliari gelten. »Hoffen wir, dass er den Weg nicht findet und verspätet ankommt«, sagt er ständig. Carli trifft jedoch pünktlichst ein. Gemäß Ines war es ein nur wenig ertragreiches Treffen. Enrico schlägt vor, die Partie anzusehen, der etwas erstaunte Carli antwortet, dass es ihn nicht interessiere. So kommt der Dialog mit Berlinguer, der den eingeschalteten Fernseher im Auge behält, nur mühselig voran.

Die Republik von Stintino

Wenn Berlinguer nicht völlig pleite ist und wie im Sommer 1964 auf einen Notfallplan zurückgreifen muss, kann ihn im August niemand von Stintino fernhalten. Das alte Dorf, von den Antifaschisten aus Sassari entdeckt, blieb über

---

7 Die Organisation *Propaganda Due* (P2) war ursprünglich eine italienische Freimaurerloge, die in den 1970er-Jahren zur Tarnung einer politischen Geheimorganisation zweckentfremdet wurde. Dabei wurde ein konspiratives Netzwerk aus Führungspersonen der Polizei, des Militärs, der Wirtschaft, der Politik, der Mafia und von Geheimdiensten geschaffen. Wie spätere gerichtliche Untersuchungen bestätigten, entwickelte dieser Geheimbund Pläne für einen Staatsstreich und stand auch in Zusammenhang mit mehreren Terroranschlägen der 1970er-Jahre, die er unter »falscher Flagge« inszenieren ließ.

lange Zeit hinweg fast identisch mit dem, an das sich Enrico aus seiner Kindheit erinnerte, mit seinen weißen Fischerhäusern, den an der Mole angelegten Holzbooten, den Gesichtern der immer gleichen Freunde, die sich hier jedes Jahr wiedertreffen und am Abend auf einem Mäuerchen plaudern. Stintino bedeutet Berlinguer sehr viel. Es ist die Rückkehr in die Welt seiner Herkunft, zu den Farben, Düften und Personen aus seinen Jugendjahren. Und jedes Mal ist es ein Wiederentdecken seiner eigenen Wurzeln, der tiefgreifenden Bedeutung, sardisch zu sein. Aber auch die Freude, in Freiheit zu leben und zur See zugehen.

Das Fahren von Holzbooten mit dem Lateinersegel, die auf sasserisch »guzzi« genannt werden, hat Enrico von klein auf gelernt. Seine Meister waren Onkel Ettore, aber vor allem ein alter Fischer aus Stintino, der ihm und Giovanni alle Geheimnisse des Segelns lehrte. Seit den Zeiten im kommunistischen Jugendverband FGCI scharte Enrico eine spezielle Mannschaft von jungen Männern um sich herum, um Segelmanöver durchzuführen und die bereit waren, auch bei Sturm aus Meer hinauszufahren. Sein Liebling unter diesen jungen Männern war Andrea Saba, der Mutigste, der auch dann die Segel setzen konnte, wenn es aufgrund des hohen Wellengangs keinem mehr gelang, auf den Füßen zu stehen, und der sich dabei fast bis zum Wasser hinauslehnte. Andrea Saba erinnert sich: »Auch als Erwachsener liebte Enrico es sehr, auf das Meer hinauszufahren, wenn es stürmte. Sobald der Levante-Wind anstieg, kam er zu uns, und wir sprangen alle in ein Boot. Man fuhr mit dem Ruder aus dem Hafen hinaus, jedoch ohne Rettungsring, um der Gefahr zu trotzen. Manchmal waren die Wellen so hoch, dass man, hundert Meter von der Küste entfernt, nicht einmal mehr den Glockenturm von Stintino sehen konnte.«

Die Liebe zum Risiko ist vielleicht eine der stärksten Komponenten Berlinguers Liebe für das Meer. Enrico war niemals ein Fischer. Seine Leidenschaft ist seit jeher, am Steuerrad zu stehen, stundenlang zu segeln, auch ohne Ziel, und sich dabei mit Geschick zwischen den Winden und den Strömungen durchzuwinden. Wenn dann das Boot alt ist und Schwierigkeiten hat, sich über Wasser zu halten, wird die Herausforderung noch aufregender. In der ersten Zeit seiner Beziehung mit Letizia zwingt er sie zu einer abenteuerlichen Überfahrt von Civitavecchia[8] bis nach Stintino auf einem Fischerboot, das einem Wrack ähnelt und mehrere Male in Gefahr gerät, unterzugehen. Letizia geht ganz erschrocken ans Land und schwört, dass sie niemals mehr mit Enrico zur See fahren würde. Das Versprechen wird eingehalten. Wer hingegen bereit war,

8 Stadt in der Region Latium, mit knapp 53.000 Einwohner, ca. 70 Kilometer nordwestlich von Rom gelegen.

ihm zu folgen, auch wenn das Meer stürmte, ist Tante Ines, die wirkliche Chefin des »Stammes« von Stintino, die Einzige, die ihm keine Vorwürfe macht, wenn er sich daran erfreut, der Gefahr auf eine sogar absurde Art und Weise zu trotzen, wenn er auf gefährliche Felsen klettert oder unsichere Stellen im Meer durchschwimmt.

In der Vorliebe für das Risiko, so einzigartig bei einem Menschen, der in anderen Bereichen des Lebens ausgeglichen ist, taucht vielleicht eine Spur jener katalanisch-sassarischen Verrücktheit auf, die bei anderen Mitgliedern der Familie Berlinguer so offensichtlich war. Bei Onkel Ettorino zum Beispiel, dem Meister der zügellosen Jahre, der zu einem bestimmten Zeitpunkt beschloss, das Haus unter dem Vorwand der Platzangst nie mehr zu verlassen und seine Tage mit Lesen, Gitarre spielen und Komponieren von Sonetten im Oktavreimen verbringt, eingeschlossen in einer großen Wohnung in Sassari. Oder wie Gigiotti Pintus, ein Cousin ersten Grades von Enrico, Sohn seiner Tante Lidia, ein besonders einzigartiger Erfinder und Dichter, der sich rühmt, nicht einen Tag seines Lebens jemals gearbeitet zu haben.

Wie die anderen aus der »Bande« von Stintino hat Berlinguer kein Haus, sondern mietet einige Zimmer bei einer Fischerfamilie, die ihm dann tagsüber in einer alten Küche mit hellblauen Fliesen das Mittagessen zubereitet. Am Abend gibt es fast immer große Tafelrunden mit den Freunden. In der Republik von Stintino gilt nur eine einzige Regel, nämlich das Verbot, über Politik zu sprechen. In der Gruppe ist Marina Saba neben Enrico und Giovanni die einzige Kommunistin. Was den Rest betrifft, ist die Bandbreite der Einstellungen unglaublich groß. Mario und Celestino Segni, Söhne von Präsident Segni, sind Christdemokraten wie der Vater. Andrea Saba und der Ökonom Paolo Sylos Labini sind Sozialisten. Adolfo Battaglia, die Freunde riefen ihn Dodo, ist Republikaner, und verschiedene Siglientis sind liberal. Es fehlt auch nicht an einem Trotzkisten, Livio Maitan, dem Führer der italienischen Sektion der Vierten Internationale.[9] Und es gibt auch einen Jesuiten, Franco Maletti, dem Berlinguer, als er 1968 Abgeordneter wird, seine Flugtickets als Abgeordneter schenken wird, um ihm die Reise nach Stintino zu erleichtern.

Mario Segni erinnert sich: »Ich glaube, dass man in so vielen Jahren nicht ein einziges Wort zu politischen Themen gesprochen hat. Auf Livio Maitan, der Einzige, der versuchte, die Vorgabe zu umgehen, wurde mit Ironie reagiert. Nur einmal, als ich Mitte August in Stintino ankam, weil wir mitten in einer

9 Die Vierte Internationale ist ein Verbund trotzkistischer Parteien und Gruppen, die am 3. September 1938 in Paris gegründet wurde.

Regierungskrise steckten, sagte Enrico mit einem Lächeln zu mir: ›Du bist in Rom geblieben, um gegen mich zu arbeiten.‹« Es sind alte Familienbeziehungen und gemeinsame Lebensauffassungen, welche diese eigenartige Freundesrunde zusammenhalten. Bei allen gibt es denselben Überdruss für das Zurschaustellen von Mode und Reichtum, die Lust auf gute Gespräche, das feine Vergnügen, »sich unter uns zu befinden«, wie es schon bei der Gruppe der Eltern der Fall war. Andrea Saba sagt: »Es war in Stintino, dass ich verstand, dass Enrico den Kapitalismus und die Konsumgesellschaft hasste, nicht nur, weil er Marxist war, nicht nur, weil er Moralist war, sondern auch im Namen des guten Geschmacks. Gelegentlich sagte er mir: ›Ich kann die Luxushäuser nicht leiden, die großen Hotels, die großen Motorboote. Diese zusätzlichen Dinge braucht es nicht. Sie dienen nur dazu, das Leben zu erschweren.‹«

Der Beruf des Vaters

Wie alle Berlinguers hat Enrico die Gabe, gut mit kleinen Kindern umgehen zu können. Sobald er in Stintino ankommt, organisiert er umgehend eine Fußballmannschaft mit den Kindern der verschiedenen Freunde. Wenn das Meer ruhig ist, ist er mit den kleinsten Kindern unterwegs und kümmert sich dabei auch um ihr Essen. Er liebt seine Töchter – neben Letizia die »andere« Liebe in seinem Leben –, die er im Vergleich zum einzigen Sohn sogar um einen Hauch mehr schätzt. Lina Siglienti erinnert sich, dass Berlinguer während eines Sommers allein mit der noch sehr kleinen Bianca nach Stintino kam. Um sich um sie zu kümmern, verlässt er praktisch nie das Haus. Enrico bereitet das Essen für sie zu und wiegt sie in den Schlaf. Jahre später kam er erneut ohne Letizia nach Stintino, aber diesmal mit allen drei Kindern. Marina Saba berichtet, dass er sie am Vormittag zum Strand brachte, er ließ sie schwimmen und trocknete sie nach dem Baden ab. »Alle bewunderten ihn. Nicht einmal eine Frau hätte so geduldig und so zärtlich sein können.«

Auch in Rom unterbricht er oft die Vorbereitungen für ein Dokument oder eine Rede, um Maria, die in der Schule weniger gut war, Geschichte und Mathematik zu erklären. Manchmal nimmt er die Kinder auf seine großen internationalen Reisen mit, wobei er gut dafür sorgt, dass sie sich im Vergleich mit den anderen Kameradinnen ihres Alters nicht als »anders« oder privilegiert fühlen. Die Beziehung von Enrico und Letizia zu ihren Kindern ist sehr frei und auf Augenhöhe. Jeder muss Verantwortung übernehmen, und der Vater, immer wichtiger und berühmter, versucht niemals, sich durchzusetzen, im Gegenteil: Er versucht zu erklären, ohne sich aufzudrängen.

»Wenn eines Ihrer Kinder Ihnen sagen würde ›Ich bin kein Kommunist‹, wie würden Sie darauf reagieren?«, wird Berlinguer in der letzten Phase seines Lebens in einer Fernsehsendung gefragt werden. »Ich würde seine Einschätzung und seine Meinung respektieren«, antwortet er trocken. Mit seiner gewohnten Reserviertheit vermeidet er, es jedoch zu erwähnen, dass seine Töchter und sein Sohn, mit der einzigen Ausnahme von Maria, eine andere Wahl als die kommunistische getroffen haben.

VIII.
Die italienische Häresie

Der vervielfältigte Text in Form eines langen Briefes, den Togliatti kurz vor seinem Tod für Nikita Chruschtschow auf Jalta vorbereitete, wird Enrico Berlinguer wie den anderen Mitgliedern der Leitung der Partei übergeben, während noch in der Eingangshalle der Parteizentrale eine Flut an Aktivisten vorbeizieht, um dem Leichnam ihres Chefs die letzte Ehre zu erweisen.

In denselben Stunden trifft sich das aufgeregte Gremium der kommunistischen Parteispitze. Die zu treffende Entscheidung ist sehr schwerwiegend. Longo und Natta kehrten mit diesem »Vermächtnis« aus Jalta zurück, das von Nilde Iotti übergeben wurde und das »Ercoli« selbst als Memorandum für den Generalsekretär der KPdSU verfasst hatte. Mit großer Wahrscheinlichkeit dachte Togliatti beim Verfassen nicht an seine Veröffentlichung in Italien. Er wollte eine Reihe von Argumenten niederschrieben, als Basis für eine Diskussion, die sich im Voraus als dramatisch ankündigte.

In diesem Sommer 1964 sind die Meinungsverschiedenheiten zwischen dem rationalen und aufgeklärten Togliatti und dem improvisatorischen sowie aufgeregten Chruschtschow sehr stark. Ein signifikanter Punkt der Unstimmigkeiten betrifft den Konflikt zwischen der UdSSR und China, der bereits Ende der 1950er-Jahre begonnen hat, als China nach und nach mit immer größerer Unduldsamkeit der wirtschaftlichen Kontrolle und der ideologischen Vormundschaft durch die führende kommunistische Partei der Sowjetunion (KPdSU) gegenübertrat. Als Folge eines dunklen Spiels mit spitzfindigen Hinweisen und Dokumenten, verfasst in einer für das kommunistische Universum typischen Art und Weise, nimmt der Konflikt immer explizitere Töne an, während die Macht von Chruschtschow immer stärker wird. »Mao ist ein alter, aber unvernünftiger Mann, der an einen alten Schuh erinnert, der nur noch dafür gut ist, in die Ecke gestellt zu werden, um bewundert zu werden«, so die derbe Behauptung von Chruschtschow auf einem Empfang.[1] Die Grundfragen der kommunistischen Strategien lösen Meinungsverschiedenheiten auf dem XXII. Kongress der KPdSU aus. Im Unterschied zu den Chinesen, die überzeugt waren, dass ein Weltkrieg mit dem Kapitalismus unvermeidlich sei und dass daher die Kommunisten überall die Macht mittels der Revolution erobern

---

1 Michel Tatu: *La lotta per il potere in URSS (1960–1966)* (*Der Machtkampf in der UdSSR – 1960–1966*), Milano 1969.

müssten, befürwortet Chruschtschow weiterhin die friedliche Koexistenz mit dem Westen. In einem typischen Ritual der Dritten Internationale übt der Generalsekretär der KPdSU von der Rednerbühne des Parteikongresses herab scharfe Kritik an der unbedeutenden albanischen kommunistischen Partei, eine treue Verbündete von Peking, um in Wirklichkeit den chinesischen Riesen anzugreifen.

»Die albanischen Führer wiederholen in ihrem Land jene Methoden, die in der UdSSR zur Zeit des Personenkults angewendet wurden«, bekräftigt Chruschtschow und klagt damit hinterrücks Mao Tse-tung an, ein unverbesserlicher Stalinist zu sein. An diesem Punkt der Rede erhebt sich der Leiter der chinesischen Delegation, Tschu En Lai, und verlässt den Parteikongress, um mit all seinen Männern nach Peking zurückzukehren. Die chinesische Abspaltung hat somit offiziell begonnen.

An der Seite des »Gallo«[2]

In den immer schärfer werdenden Polemiken war die Position der italienischen Kommunisten am Anfang vor allem defensiv. In Bezug auf grundlegende Themen wie die friedliche Koexistenz und den demokratischen Weg war die Nichtübereinstimmung mit den Chinesen offensichtlich. Aber zur selben Zeit den Ausschluss von Peking zu akzeptieren, hätte die erneute Anerkennung der Existenz eines Zentrums in der kommunistischen Bewegung und damit einen Schritt zurück nach 1956 bedeutet.

Aus all diesen Gründen kritisiert man im ersten Punkt jenes Textes, später »Memorandum von Jalta« genannt, den frontalen, schädlichen und oberflächlichen Angriff, den die UdSSR gerade gegen China führte, wodurch als Folge die gesamte kommunistische Bewegung in den Jahren der internationalen Unsicherheit nach der Ermordung des amerikanischen Präsidenten Kennedy geschwächt wird. Aber die Bemerkungen des italienischen Generalsekretärs gehen noch weiter. Wenn es nicht gerecht ist, uns zu spalten, schreibt Togliatti im Großen und Ganzen, so ist es auch nicht gerecht, über die sozialistischen Länder so zu sprechen, als ob sie ein Paradies wären, und ihre Rückständigkeit und ihre Schwierigkeiten zu verschweigen.[3] Togliatti, ein Führer der Dritten Internationale, ein Mann, der von seiner eigenen Partei beschuldigt wurde, die

2 Dt.: »Hahn«, Deck- und Kampfname von Luigi Longo im Spanischen Bürgerkrieg und in der *Resistenza*.

3 Palmiro Togliatti: *Promemoria di Yalta (Memorandum von Jalta)*, in: Rinascita, Nr. 35, 5. September 1964.

Geschehnisse zu Stalins Zeiten gekannt und verschwiegen zu haben, fordert jetzt, auch auf sozialistischer Ebene zu diskutieren. Vor allem verlangt er die Wiederherstellung der demokratischen und persönlichen Freiheiten.

Was Togliatti auf der weit entfernten Krim schrieb, war im Vergleich zu anderen offiziellen Dokumenten der KPI, beginnend mit der »Glorreichen Oktoberrevolution«, nicht radikal neu. Aber dies war ein Text, der von einem der Führer des Weltkommunismus zügig und spontan geschrieben wurde, und kein ausgefeilter oder Mediationstext. Ohne die üblichen Passagen und Lobhudeleien stechen die Kritik und tiefgehende Besorgnis hervor. Aber vor allem kommt zum ersten und letzten Mal in Togliattis Leben offen das Misstrauen gegenüber der UdSSR und dem System des real existierenden Sozialismus offen heraus.

Während sich die Männer der kommunistischen Führung um den Tisch versammeln, noch berührt von der Lektüre des Memorandums, haben sie eine einleuchtende Wahrheit vor Augen. Dieses Memorandum stellt Togliattis politisches Testament dar. Allerdings ist dieser erschütternd ehrliche Brief an die Sowjets gerichtet. Darf man ihn veröffentlichen? Darf man dies ohne das Einverständnis der Sowjets machen? Longo, den alle schon als Togliattis Nachfolger betrachten, schlägt vor, alles schnellstmöglich durchzuführen. Andere haben Zweifel. Während der langen Diskussion unterstützt Berlinguer die Idee von Longo und beharrt auf der sofortigen Veröffentlichung. Und das ist der Standpunkt, der sich schlussendlich auch durchsetzt.

Um Ränkespiele zu vermeiden, enthüllt Longo die Existenz des Memorandums schon in seiner Rede bei den Begräbnisfeierlichkeiten für Togliatti. Der Partisan »Gallo«, der niemals ein großer Redner war, schreitet bei der Gedenkveranstaltung mit Mühe voran, bis er Mut gefasst hat. Er blickt von den Notizen für die Rede auf und sagt mit fester Stimme: »Genosse Togliatti hat uns ein Dokument hinterlassen, ein politisches Testament.« Leonid Breschnew, der nicht weit weg vom Redner auf der Bühne steht, hört zu, ohne auch nur eine Miene zu verziehen.

»Rote« Diplomatie

Es gibt einen Grund, warum Berlinguers Beharren auf der Veröffentlichung des Memorandums schließlich ausschlaggebend für die Entscheidung der Führer der KPI ist, die noch immer fassungslos über Togliattis Ableben sind. Einige Jahre vor seinem Tod begann Togliatti Enrico immer öfter bei internationalen Missionen einzusetzen, vor allem im sowjetischen Block. Der Grund für die

Wahl lag wahrscheinlich in der Erfahrung, die Berlinguer als Generalsekretär des kommunistischen Weltjugendverbandes sammeln konnte, als er Hand in Hand mit vielen der zukünftigen Führer aus den Ländern des Ostens zusammenarbeitete. Seit damals hat der ehemalige Leiter des kommunistischen Jugendverbandes FGCI immer wieder ein einzigartiges Geschick im Umgang mit den endlosen und spitzfindigen Ritualen der »roten« Diplomatie gezeigt.

Schon 1960 hat Berlinguer mit einer beispiellosen Genauigkeit die Vorbereitungsarbeiten einer jener Versammlungen in Angriff genommen, die für Laien unverständlich sind: internationale Konferenzen wie jene der 81 Arbeiter- und kommunistischen Parteien. Der russisch-chinesische Konflikt befand sich zu dieser Zeit noch im Stadium von Schlachten um Zitate sowie von Hinweisen auf die Klassiker des Marxismus, um über die aktuelle Gegenwart zu sprechen. Gemeinsam mit Giuliano Pajetta hält sich Berlinguer gute drei Monate in Moskau auf, um am Vorbereitungsdokument zu arbeiten. Den Enthusiasmus aus der weit zurückliegenden Reise von 1946, die Bewunderung für »die glücklichste Jugend der Welt« hatte er seit Längerem hinter sich gelassen. Er hatte die sowjetischen Führer kennengelernt, ihre Härte, ihre Tricks. Aber gleichzeitig ist er überzeugt, dass man mit der führenden Partei einen Modus Vivendi finden müsse, dass man vermitteln müsse, damit es nicht zum Bruch zwischen Russen und Chinesen komme.

Jeden Morgen überquert Berlinguer den Roten Platz, lässt die Kremlmauer hinter sich und betritt die Paläste der alten Zarenfestung, um schließlich im Konferenzsaal anzukommen. Die Verhandlungen verlaufen schwierig. Die Männer des Ostens versteifen sich auf jedes Detail und die anderen europäischen Kommunisten akzeptieren alles bedingungslos. Während die Delegierten am Abend ins Theater oder Wodka trinken gehen, bleibt Berlinguer zurück, um beharrlich an den Formulierungen der Dokumente zu feilen. Er hat nur ein persönliches Anliegen, nämlich nach Rom zu telefonieren, um Nachrichten von Tochter Bianca zu bekommen, die kurz vor seiner Abreise geboren wurde. Giuliano Pajetta erinnert sich: »Ich versuchte, ihn zum Ausgehen zu motivieren, ich sagte zu ihm: ›Es ist alles zwecklos, nachher werden die alles ändern.‹« Aber Berlinguer lässt sich nicht überzeugen. Wie er Jahre später einem Genossen aus der Delegation sagen wird: »Es ist wahr, dass keiner die Dokumente liest. Aber das Geschriebene bleibt.«[4]

Je mehr sich der Konflikt zwischen der UdSSR und China verschärft, desto schwieriger werden die diplomatischen Spitzfindigkeiten. Wenige Jahre nach

4 Persönliche Mitteilung an die Autorin.

der Konferenz der 81 Parteien will Moskau eine weitere Plenarversammlung einberufen. Dieses Mal, um die Chinesen auszuschließen. Über Jahre hinweg werden die italienischen Kommunisten versuchen, eine derartige Konferenz zu vermeiden oder zumindest hinauszuschieben. Mit diesem Auftrag geht Berlinguer als Nummer zwei einer Delegation unter der Leitung von Pietro Ingrao im Mai 1964 nach Moskau. Auch wenn es in dieser kleinen Gruppe der KPI einen prosowjetischen Menschen der alten Garde wie Arturo Colombi gibt, gelingt es den italienischen Kommunisten in der schlussendlich veröffentlichten gemeinsamen Erklärung die Passage hinzuzufügen, wonach sie »Vorbehalte« gegenüber der Idee der Konferenz haben.

Und eben um Chruschtschow zu überzeugen, die berühmte Ausschlusskonferenz nicht einzuberufen, begibt sich Togliatti persönlich in die UdSSR, um von seiner letzten Reise nach Jalta nicht mehr zurückzukommen.

Goodbye Chruschtschow

Knapp zwei Monate nach Togliattis Tod machen erste Gerüchte über die Absetzung von Chruschtschow die Runde. Die offizielle Bestätigung erfolgt am 16. Oktober, als die »Prawda« eine kurze Mitteilung veröffentlicht, in der Nikita Chruschtschows Rücktritt als Generalsekretär aus »gesundheitlichen Gründen« verlautbart wird, ganz als ob es sich um eine alltägliche Angelegenheit handeln würde. Wie andere europäische Kommunisten sind auch die italienischen in Aufruhr. Die »L'Unità« erscheint mit einer Forderung nach Aufklärung, zu der es aber nicht kommen wird. An diesem Punkt beschließt Longo, eine Delegation nach Moskau zu schicken. Als Leiter der Delegation wählt er Enrico Berlinguer, der am X. Parteitag zum Koordinator des Sekretariats wurde, mit dem Auftrag, sich um internationale Angelegenheiten zu kümmern. Die anderen zwei sind Paolo Bufalini und Emilio Sereni.

Für Berlinguer ist dies ein großer Test des Vertrauens vonseiten des neuen Generalsekretärs. Es handelt sich um eine direkte Konfrontation mit den Männern aus Moskau und um die Forderung an das sowjetische »Allerheiligste« nach internen Erklärungen. Für einen Kommunisten der 1960er-Jahre ist das gewiss nicht leicht. Aber Berlinguer, im Unterschied zu anderen Kommunisten seiner Generation, nimmt keine ehrfürchtige Haltung gegenüber den Sowjets ein. Er kennt sie schon, seit er ein junger Mann und Vorsitzender des kommunistischen Weltjugendverbandes war. Und nach 1956 kennt er sie noch viel besser.

Im Oktober trägt Moskau schon die ersten grauen Farben des Winters. Berlinguer, Sereni und Bufalini erreichen, nicht – wie für offizielle Delegationen üblich – in eine Datscha auf dem Land verbannt zu werden, sondern in einem Hotel einen Katzensprung vom Zentrum entfernt wohnen zu können. Wie bei den vorangegangenen Missionen trifft Berlinguer die sowjetischen Führer gekleidet wie in den 1930er-Jahren an, mit langen schwarzen Mänteln und Homburger-Hüten. Da ist Suslow, der Ideologe, lang und knöchrig, mit einem Haarbüschel, das ihm ständig ins Gesicht fällt. Da ist Ponomarjow,[5] der sich als der am wenigsten Nachgiebige zeigt, und da ist Podgorny, der Gewandteste, der Staatschef. Das erste Treffen findet mit ihnen statt. Paolo Bufalini erinnert sich: »Nach dem Austausch von Höflichkeiten hielt Enrico die Eröffnungsrede, sehr nüchtern und schlüssig. Obwohl höflich formuliert, hat er nicht an schwerwiegenden Sätzen gespart: ›Versteht ihr nicht, dass ihr mit diesen Methoden Euer Prestige beeinträchtigt?‹, sagte er.« Erstaunt über den entschiedenen Ton, an den sie nicht gewohnt sind, antworten die Sowjets und erklären, dass Chruschtschow ein Improvisator war, der ständige Umwälzungen in der Politik der Arbeitenden mit sich brachte. Und dass er die Spaltung der Partei in zwei Lager plante, in jenes der Industrie und jenes der Landwirtschaft. Bufalini sagt: »Wir bestanden darauf zu fragen, ob bei der Entfernung von Chruschtschow seine Polemik mit China eine Rolle gespielt habe, aber das haben sie ausgeschlossen. ›Es gibt darin nichts Mysteriöses, wir zeigen Euch die Protokolle der Treffen‹, sagten sie. ›Nein, wir wollen sie nicht ansehen. Versucht zu verstehen, dass wir nicht nach vertraulichen Informationen fragen. Wir wollen, dass der Weltöffentlichkeit ausführliche Erklärungen gegeben werden‹, antwortete Berlinguer. Genau an diesem Punkt legten sie das ›Memorandum von Jalta‹ auf den Tisch.«

Es ist die erste direkte Konfrontation zwischen den Italienern und den Sowjets zu einem geschriebenen Text, der selbst der Beweis der italienischen Abweichung ist. Die Kreml-Führer haben jetzt den diplomatischen Ton aufgegeben und zeigen ihre ganze Irritation. »Ihr hattet nicht das Recht, es zu veröffentlichen. Es waren vertrauliche Notizen, für eine Diskussion unter Genossen. Togliatti hätte das nie gemacht«, sagten sie in unterschiedlichen Betonungen, jedoch mit derselben Empörung in der Stimme. Berlinguer bleibt aber unerschütterlich. Er bietet Suslow die Stirn, der ihn mit seinem radikalen, ein bisschen aus dem 19. Jahrhundert stammenden Gedankengut überwältigen will. Am härtesten ist Ponomarjow, der die Italiener anklagt, gegen die allgemeinen Gesetze des Marxismus verstoßen zu haben. Das Treffen endet auf

---

5 Boris Ponomarjow (1905–1995), Sekretär des ZK der KPdSU (1961–1986), zuständig für internationale Angelegenheiten, Kandidat des Politbüros (1972–1986), Herausgeber der offiziellen Parteigeschichte der KPdSU (1962), Referent und Gruppenleiter der Komintern (1936–1943).

stürmische Art und Weise, obwohl Podgorny am Ende einige Versuche der Vermittlung unternimmt.

Am Tag darauf werden Berlinguer, Sereni und Bufalini von Breschnew empfangen. Die Stimmung ist eine andere, der Ton ist versöhnlicher. Breschnew raucht eine Zigarette nach der anderen, drückt sein Verständnis für die Position der Italiener aus, nur an einem Punkt bleibt er steinhart: In die rituelle, gemeinsame Erklärung der beiden Delegationen kann die Kritik der KPI nicht Eingang finden. Dieses Eingeständnis der Fehlbarkeit kann die KPdSU niemals zulassen.

Das ist ein Schachzug, der scheinbar unvermeidlich anzunehmen ist. Aber sobald die drei nach Italien zurückgekehrt sind, geben sie der »L'Unità« gemeinsam ein langes Interview, in dem viele Dinge erklärt werden. Bufalini weist sogar auf einer Wahlversammlung am Kolosseum auf die Gespräche in Moskau hin. Etwas später veröffentlicht die Parteizentrale ein Dokument der Führung, laut dem bei der Absetzung des Genossen Chruschtschow »die Existenz verschiedener Standpunkte zwischen der KPdSU und der KPI festgestellt wurden.«[6] Es handelt sich dabei um einen kleinen Satz, bestehend aus zehn Wörtern, versteckt in einem offiziellen Dokument. Aber dieser kleine Satz stellt einen bedeutenden Sieg für Berlinguer und für jene dar, welche die sowjetische Vormundschaft lockern wollen. Als Auflehnung gegen das führende Land schafft dieser eine Satz einen Präzedenzfall. Wie Berlinguer einmal sagte, die Dokumente bleiben bestehen, auch wenn sie niemand liest. Das ist sicherlich noch kein »Riss« *(lo strappo)*, aber das erste, jetzt noch weit entfernte Anzeichen dafür.

Wie für andere kommunistische Führer seiner Generation, von Ingrao bis Napolitano, beginnt auch für Berlinguer mit der Absetzung von Chruschtschow das Vertrauen in die Fähigkeit der Länder des Ostens, den Sozialismus zu realisieren, zu bröckeln. Es scheint offensichtlich, dass die neue sowjetische Führung gerade dabei ist, den XX. Parteitag der KPdSU und die Idee der Erneuerung hinter sich zu lassen. Enricos Unduldsamkeit gegenüber einem System, an das er in seinen Jugendjahren mit Überzeugung geglaubt hat, wird immer stärker.

---

6 *Sui colloqui di Mosca e l'andamento della campagna ellettorale. Risoluzione della Direzione del Pci (Zu den Gesprächen in Moskau und der Verlauf der Wahlkampagne. Resolution der Leitung der KPI)*, in: *Atti del Pci dal X all'XI Congresso (Protokolle der KPI zwischen dem X. und dem XI. Parteikongress)*.

Revolution oder Chaos?

Die Einladung nach Hanoi vonseiten der vietnamesischen Arbeiterpartei kam Mitte November 1966 an. Bis zu diesem Zeitpunkt war die Position der KPI in Bezug auf die amerikanische Aggression gegen das kleine, südostasiatische Land vor allem eine anklagende und eine verurteilende. Longo ruft Berlinguer zu sich. Gemeinsam arbeiten sie eine komplexere Position aus. In der Vietnamfrage kann die KPI versuchen, eine Vermittlungsrolle zu anderen nicht-kommunistischen Kräften einzunehmen, angefangen bei den Katholiken, die über die Brutalität des schmutzigen Krieges empört sind. Sie kann Wege für eine Verhandlung ausfindig machen, die dem Massaker ein Ende bereiten soll. Für die vietnamesische Mission stellt Longo Berlinguer Carlo Galluzzi, ein Experte für auswärtige Angelegenheiten, und Antonello Trombadori, ein Ex-Mitglied der patriotischen Aktionsgruppen,[7] zur Seite.

Die kleine Delegation fährt mit einem Ansehen ab, das erstmals weit über das engere Umfeld der Partei hinausreicht. Galluzzi wird von Außenminister Fanfani im Außenministerium empfangen, der ausdrücklich darum bittet, über die Gespräche in Hanoi auf dem Laufenden gehalten zu werden. Antonello Trombadori gelingt es nach einer komplizierten Verhandlung mit dem Vatikan, ein Zettelchen mit einer Nachricht von Paul VI. für Hô Chí Minh überreicht zu bekommen, kurz bevor er in das Flugzeug einsteigt. Der ziemlich allgemein gehaltene Text drückt die Besorgnis des Heiligen Stuhls bezüglich der Katholiken in Vietnam aus. Aber er enthält auch die Anerkennung des Rechtes des vietnamesischen Volkes auf Selbstbestimmung. Und es ist vor allem eine politische Entscheidung, die Nachricht in kommunistische Hände zu übergeben.

Die erste Etappe der Reise ist Moskau, wo die Delegation die Visa für Vietnam und Nordkorea abholen muss, das der Reise hinzugefügt worden ist, sowie für China, eine obligatorische Etappe, um nach Hanoi zu kommen. Berlinguer ist vor allem am Aufenthalt in Peking interessiert. Er hofft, dass es im Land von Mao möglich sein wird, politische Gespräche zu führen, auch wenn sich die Beziehungen zwischen der KPCh und der KPI seit dem X. Parteikongress der KPI sehr abgekühlt haben, als der chinesische Delegierte, nachdem dieser den italienischen Genossen eine Lektion zur revolutionären Strategie von sich gegeben hat, von Togliatti und von Giancarlo Pajetta hart angegriffen wurde.

7 *Patriotische Aktionsgruppen* (*Gruppi di Azione Patriottica – GAP*), gebildet ab Oktober 1943 als Teil der *Resistenza*, waren kleine Gruppen von Partisanen, die auf Initiative der KPI gegründet wurden, um hauptsächlich in der Stadt zu operieren, basierend auf den Erfahrungen des französischen Widerstands gegen die deutsche NS-Besetzung.

Schon in Moskau zeigen sich die Chinesen eiskalt. Um sie nicht zu reizen, steigen Berlinguer, Galluzzi[8] und Trombadori einige Hundert Meter vor der chinesischen Botschaft aus dem Auto der KPdSU, das sie begleitet. Ein naiver Trick, der den Botschafter noch steifer werden lässt. Auf Berlinguers Bitte hin, ob sie in Peking einige politische Führer treffen könnten, antwortet er in die Leere starrend: »Es ist bekannt, dass zwischen der chinesischen und der italienischen KP keinerlei Beziehungen existieren und auch nicht existieren können.«

Berlinguer kann es noch nicht wissen, aber eben in diesen Tagen nahm in China gerade die Kulturrevolution ihren Anfang. Es waren Suslow und Ponomarjow, die wenig später mit großer Sorge diese noch geheimnisvolle Bewegung erwähnten, die anscheinend die Partei verschwinden ließ und durch Legionen von »roten« Garden zu ersetzt haben schien. Und es war eben mitten in der maoistischen Revolution, dass die drei Italiener hereinschneien und in Peking landen. In der Empfangshalle des Flughafens ist Enrico erstaunt über den Anblick eines riesigen Altars, gedeckt mit einem roten Tuch, auf dem eine Statue von Mao Tse-tung aufgestellt ist, umgeben von Vasen in jeder Form voller Chrysanthemen. Die Straßen von Peking sind eine Art gigantischer Jahrmarkt, auf dem Züge von Rotgardisten rote Fahnen und große Porträts des Präsidenten herumtragen. Gruppen von jungen Männern und Frauen versammeln sich an jeder Ecke, um zu singen oder um spontane Propagandaversammlungen abzuhalten. Jede Mauer, jedes Denkmal, jeder mögliche Platz, sogar die Lichter der Fahrräder sind bedeckt mit Ideogrammen in rotem oder schwarzem Lack, alle mit einem Ausrufezeichen am Ende. Es handelt sich dabei um Zitate aus der *Mao-Bibel*, die Tausende und Abertausende Chinesen in einem blauen oder grauen Arbeitsanzug auf dem Tiananmen, dem riesigen Platz im Zentrum der Stadt, in der Luft schwenken.

Berlinguer, der zuvor noch keinen Fuß nach China gesetzt hat, ist alles andere als begeistert. Im Gegensatz zu anderen italienischen und europäischen Kommunisten spürt er den Ruf der Kulturrevolution gar nicht, auch wenn er Mao sehr schätzt. Für seine strenge und konsequente Denkweise ist dieser Aufruhr unverständlich. In ihm taucht der orthodoxe Kommunist auf, der Leninist, der sich darüber empört, die Partei von revolutionären Gruppen entmachtet zu sehen. »Mir scheint, dass der Trotzkismus in der Luft liegt«, sagt er Galluzzi.[9]

---

8 Näheres zur Person siehe Kapitel: Die italienischen Hauptfiguren in Chiara Valentinis »Enrico Berlinguer« (☛ S. 456).

9 Carlo Galluzzi: *La svolta* (*Die Wende*), Milano 1983.

Darüber hinaus gelingt es Berlinguer nicht, auch nur den Schatten eines politischen Treffens zu erzielen. Zudem wird er zusammen mit seinen zwei Genossen im Hotel Hsin Chiao praktisch eingesperrt, wo sie von der vietnamesischen Botschaft untergebracht wurden. Die Chinesen beschränkten sich darauf, ihnen Kopien von der »Peking Review«, mit einem historischen Foto von Mao, im Jangtsekiang[10] schwimmend, zukommen zu lassen. Sie erwähnen jedoch weder ein Treffen noch den zu erledigenden Papierkram für die Abreise.

Eingeschlossen in das große Hotel aus dem 19. Jahrhundert wird Berlinguer nach und nach von einer Schlaflosigkeit erfasst, trotz des Glases Rotwein, das er gewohnheitsgemäß jeden Abend vor dem Schlafengehen trinkt und das seiner Meinung nach beruhigend wirkt. Der einzige Versuch, ins Freie zu gehen, endet desaströs. Berlinguer und seine Begleiter ziehen sich, sicherlich unvorsichtig, in Moskau erstandene Mäntel und Russenhüte an. Praktisch sofort sind sie von Gruppen bedrohlicher Chinesen umgeben und müssen so rasch ins Hotel zurückkehren. Es ist ein diplomatisches Scheitern, aber nicht ohne komische Momente. Es werden mehr als 15 Jahre vergehen und es wird viele weitere Versuche brauchen, bevor Berlinguer nach China zurückkehren darf und die Beziehungen zwischen den beiden Parteien wieder aufgenommen werden. Dann wird er jedoch mit allen Ehren, wie sie einem Staatschef zustehen, empfangen werden.

Das Lächeln von Onkel Hô

Wenn die Kulturrevolution auf Berlinguer keinerlei Faszination ausübt, so ist er im Gegensatz dazu von Vietnam bereits vor seiner Reise fasziniert. In den Positionen des vietnamesischen Weges zum Sozialismus hört er, so scheint es ihm, das Echo der italienischen Autonomie. Er ist davon überzeugt, dass sich deshalb die Vietnamesen an die KPI gewendet haben. Und als er dann einmal dort ist, sind es eben das Leben und die Wirklichkeit dieses kleinen Landes der Dritten Welt, die ihn beeindrucken.

Angesichts der von Napalm verbrannten Bauern sowie des Volksheeres, das gerade Widerstand gegen die Invasion des amerikanischen Riesen leistet, spürt Berlinguer in sich das Erwachen der alten Empörung über Ungerechtigkeit sowie die Solidarität mit den Unterdrückten. Einige Male wird der Führer der

10 Längster Fluss der Volksrepublik China, längster Fluss Asiens (6.380 Kilometer), nach dem Nil und dem Amazonas der drittlängste Strom der Welt.

italienischen Kommunisten, der inzwischen an die Kälte diplomatischen Vermittlungen gewöhnt ist, während der Reise von Betroffenheit und Wut überwältigt.

Ein unvergessliches Treffen ist jenes mit Hô Chí Minh, das noch am selben Abend der Ankunft, um drei Uhr nachts, in einer kurzen Pause zwischen zwei Bombardements stattfindet. Onkel Ho erwartet die Italiener in einem weißen Anzug, mit Schuhen an den Füßen und einem Lächeln im Gesicht, auf der Veranda des ehemaligen Palastes des französischen Gouverneurs. Er hat einen sanften Blick, wie ein alter Weiser. Während des Abendessens spricht er weniger über die vietnamesische Politik als über sich selbst, über sein abenteuerliches Leben. Er erzählt, wie er vom einfachen Aktivisten zum Führer und Dichter wurde. In diesen Jahren hat Hô Chí Minh, schon sehr alt, die Leitung der Partei nicht mehr in den Händen. Mit den neuen Führern, Phạm Văn Đông, Lê Duân und Tru'ò'ng Chinh besprechen Berlinguer und seine Begleiter die Inhalte der Mission. Die Ausführungen der Vietnamesen erscheinen zum Teil als widersprüchlich. Sie sprechen über nationale Wege zum Sozialismus, verurteilen aber unterschiedliche Modelle wie jenes in Jugoslawien.

In Bezug auf ihre eigenen vietnamesischen Angelegenheiten und vor allem in Bezug auf die Zukunft von Südvietnam hörte man nach Einschätzung von Galluzzi bereits jenen Nationalismus anklingen, der dann in den 1980er-Jahren den vietnamesischen Mythos drastisch zusammenbrechen lassen wird. Ein Punkt, bei dem die Vietnamesen besonders unerschütterlich sind, ist der Abstand zu China und zur Sowjetunion in gleichem Maße. Als Berlinguer fragt, was sie über die *Mao-Bibel* denken, folgt ein peinliches Schweigen. »Wir lesen Shakespeare«, antwortet ein hoher Funktionär mit einer undurchdringlichen Miene. »Seht ihr, wie man mit einem Witz eine Meinung zu einem historischen Ereignis abgeben kann?«, kommentiert Enrico.

Was die Verhandlungen betrifft, so wollen die Vietnamesen davon nicht einmal hören, bis die Amerikaner die Aggression nicht gestoppt haben. Auch die Nachricht des Papstes, von Berlinguer an Hô Chí Minh in einer speziellen Audienz übergeben, lässt sie ziemlich kalt. Berlinguer ist hin- und hergerissen zwischen der Solidarität und der offensichtlichen Sympathie, die er für seine Gesprächspartner empfindet, sowie der Notwendigkeit, an der eigenen Linie festzuhalten.

»Wir sind zu der absoluten Überzeugung gekommen, dass die Vereinigten Staaten keinerlei Möglichkeit haben, weder auf kurze noch auf lange Sicht, den Widerstand des vietnamesischen Volkes zu brechen«, berichtet Berlinguer bei seiner Rückkehr in Rom, auf einer bewegten Pressekonferenz, die dazu beiträgt, die Spannungen zu Vietnam in Italien ansteigen zu lassen.[11] Über lange Zeit hinweg, bis zu den Enttäuschungen der 1980er-Jahre, wird Berlinguer davon überzeugt bleiben, dass für Vietnam ein dritter sozialistischer Weg möglich ist.

11 *Una guerra atroce che gli Stati Uniti non possona vincere (Ein grauenhafter Krieg, den die USA nicht gewinnen können)*, in: L'Unità, 19. Januar 1977.

IX.
Das unvergessliche Jahr 1966

»Wir sind in einem Moment der großen Gefahr. Wenn man nicht größte Vorsicht walten lässt, kann alles Mögliche passieren.« Diese vertrauliche Nachricht wird von Berlinguer im Spätfrühling 1965 an eine der wenigen Personen übergeben, mit denen er manchmal offen spricht. Hinter diesen wenigen, fast mit Mühe ausgesprochenen Wörtern, versteckt sich die größte Sorge, die ein kommunistischer Führer empfinden kann: dass es in der Partei zu einem unüberbrückbaren Bruch kommt, wenn nicht sogar zu einer Spaltung.

Schon einige Monate nach Togliattis Tod ist die Parteispitze in der Zentrale im Aufruhr. Luigi Longo, der neue Generalsekretär, wurde, wenn auch zu Unrecht, als Parteiführer des Übergangs angesehen, der früher oder später das Zepter an den wahren Nachfolger Togliattis übergeben sollte. Aber wer könnte der wahre Nachfolger sein? Unter den Führern der mittleren Generation mangelt es nicht an außergewöhnlichen Persönlichkeiten. Es gibt Männer von großer Popularität wie Giancarlo Pajetta oder von parteiinternem Prestige wie Paolo Bufalini. Die wahren Anwärter auf die Nachfolger sind jedoch drei: Giorgio Amendola, Pietro Ingrao und Mario Alicata. Es ist schwierig, sich drei verschiedenere Persönlichkeiten vorzustellen. Am unaufhaltsamsten war Giorgio Amendola, der es schon 1956 gewagt hatte, Togliatti zu kritisieren. Ungestüm, autoritär, für seine Wutanfälle berühmt (einmal zerbricht er im Laufe einer Diskussion mit der Faust eine mehrere Zentimeter dicke Kristallplatte, die auf dem Tisch lag), ist er ein Mann, der der Partei ein anderes, von ihrer Vergangenheit abgetrenntes Gesicht geben will, um im Großen und Ganzen den Blick auf ein sozialdemokratisches Vorbild zu richten.

Mario Alicata, der zu dieser Zeit von den Zeitungen und der Öffentlichkeit nicht als ein Protagonist auf dem höchsten Niveau betrachtet wird, ist eine interessante Mischung aus einem römischen Intellektuellen und einem Wächter der Orthodoxie à la Suslow. Alicata, ein ehemaliger Literaturkritiker und ein großer Freund von Luchino Visconti,[1] mit dem er am Drehbuch des Films *Besessenheit* zusammenarbeitete, hat in den Jahren des Stalinismus jedes Zeichen von Antikonformismus gnadenlos niedergeschlagen, vom »Politecnico«[2] des

1 Luchino Visconti (1906–1976), Theater-, Opern- und Filmregisseur, Mitbegründer des italienischen Neorealismus.

2 eine kommunistische Kulturzeitschrift.

Vittorini[3] bis zu den Romanen seines Freundes Carlo Levi.[4] Er arbeitet unermüdlich, mit einer wahren Neigung zu Auseinandersetzungen. Alicata ist der Hauptvertreter der Gegner jener linken Orientierung, die Mitte der 1960er-Jahre in Erscheinung tritt.

Wenn Alicata für die großen Gewissheiten steht, so ist Pietro Ingrao ein Mann des permanenten Zweifels. Problematisch und faszinierend wie Alicata, war er nüchtern und unerbittlich, bis wenige Jahre vor Togliattis Tod. Ingrao war wahrscheinlich der Mensch, der die größte Wertschätzung Togliattis genoss. Aber in der letzten Phase beginnen sich Meinungsverschiedenheiten zwischen ihnen zu entwickeln, wenn auch sicherlich nicht auf einem vergleichbaren Niveau wie jene zwischen Togliatti und Amendola. Angesichts des Endes der Einheitlichkeit, der raschen Veränderungen der italienischen Gesellschaft, der Neugestaltung des wirtschaftlichen Systems und der Machtgleichverhältnisse widmet sich Pietro Ingrao unter den kommunistischen Führern am meisten auch unvoreingenommenen Überlegungen. Seine Ideen, die die Gegner in der Partei als nebulös und intellektualistisch verurteilen, wären in einem orthodox-marxistischen Kontext als Häresie abgelehnt worden. Aber in einem ohnehin schon ketzerischen Marxismus wie dem italienischen wirkten sie aufgrund ihrer neuen Weise, die großen Themen der Gegenwart anzupacken, anziehend.

In den nicht immer leicht verständlichen Texten und Reden dieser Führungspersönlichkeit mit den durchdringenden braunen Augen tauchen zu dieser Zeit praktisch unbekannte Begriffe wie »Entwicklungsmodell« oder »Kontraplan« (Gegenschlag) auf. Um ihn herum versammeln sich viele aufgeweckte Persönlichkeiten, von Luciano Barca,[5] Rossana Rossanda, Luigi Pintor, Aldo Natoli und Lucio Magri bis hin zum Generalsekretär des kommunistischen Jugendverbandes FGCI Achille Occhetto,[6] dem Gewerkschafter Bruno Trentin[7] und dem Chefredakteur der Parteizeitung »L'Unità«, Alfredo Reichlin. Das ist sicherlich keine Fraktion und nicht einmal eine Strömung im wahrsten

---

3 Elio Vittorini (1908–1966), Schriftsteller, Publizist und Übersetzer, einer der wichtigsten Vertreter des literarischen Neorealismus.

4 Carlo Levi (1902–1975), Schriftsteller (*Christus kam nur bis Eboli*), Maler, Arzt, Mitglied des Senates (1963–1972) als Unabhängiger auf der Liste der KPI.

5 Näheres zur Person siehe Kapitel: Die italienischen Hauptfiguren in Chiara Valentinis »Enrico Berlinguer« (☛ S. 450 f.).

6 Näheres zur Person siehe Kapitel: Die italienischen Hauptfiguren in Chiara Valentinis »Enrico Berlinguer« (☛ S. 463).

7 Näheres zur Person siehe Kapitel: Die italienischen Hauptfiguren in Chiara Valentinis »Enrico Berlinguer« (☛ S. 469).

Sinne des Wortes. Ebenso handelt es sich nicht um eine Gruppe wie jene der Unterstützer von Amendola, wie Giorgio Napolitano, Gerardo Chiaromonte[8] und verschiedene Führer aus der Emilia. Aber zugleich waren die Zeiten längst vorbei, in denen Togliatti mit Stolz behaupten konnte, dass in der KPI keine Fraktionen, sondern nur verschiedene »Temperamente« existierten.

In der Mitte der zwei gegensätzlichen Flügel des italienischen Kommunismus gibt es ein Zentrum, das seinen Angelpunkt im neuen Generalsekretär Luigi Longo hat. An der Seite von Longo steht Berlinguer. Trotz unterschiedlicher Charaktere, Hintergründe und wahrscheinlich auch unterschiedlicher politischer Überlegungen zielen die beiden in einem Klima der Unsicherheit und eines faktischen Provisoriums, das sich durch die KPI zu ziehen scheint, auf eine bodenständige Erneuerung. In den internationalen Fragen, insbesondere in den Beziehungen mit Moskau, zeigen sie großen Mut. In den internen Angelegenheiten sind sie vorsichtiger. Wie Berlinguer es zu Lebzeiten Togliattis als Verantwortlicher für die Organisation gezeigt hat, will er eine Partei, die sich den neuen Zeiten anpasst, die aber im Prozess des Wandels keinen ihrer Bestandteile verliert. Dieses Anliegen, bei den sich abzeichnenden Auseinandersetzungen zu vermitteln und die verschiedenen Seelen des italienischen Kommunismus zu vereinen, empfindet Berlinguer als seine persönliche Pflicht. Jetzt, da der alte Generalsekretär – mit seiner Doppelzüngigkeit, mit seinem sich Aufbäumen, aber auch mit seinem unbestreitbaren Charisma – nicht mehr da ist, muss Berlinguer zuallererst daran denken, die Einheit der Partei um den neuen Leader – Luigi Longo – zu erhalten.

Wahrscheinlich auch aus diesem Grund befindet sich Berlinguer niemals in der ersten Reihe, wenn verschiedene Probleme diskutiert werden, die in den Vordergrund treten. In einem Streitgespräch zum Neokapitalismus, das seinen Höhepunkt in einer großen Tagung des Gramsci-Institutes findet, ergreift er nicht ein Mal das Wort.[9] Seine größte Sorge ist, nicht festzustellen, ob die Mitte-links-Regierung den Kapitalismus stärkt und daher bekämpft werden muss, wie es Ingrao behauptet, oder ob hingegen die daraus resultierenden Widersprüche ausgenutzt werden können, wie es Amendola will. Ihm hingegen ist wichtig, dass die zentrifugalen Kräfte nicht zu weit auseinanderdriften.

---

8 Näheres zur Person siehe Kapitel: Die italienischen Hauptfiguren in Chiara Valentinis »Enrico Berlinguer« (☛ S. 452 f.).

9 *Tendenze del capitalismo italiano (Tendenzen im italienischen Kapitalismus)*, in: *Atti del Convegno di Roma (Protokolle der Tagung in Rom)*, Roma 1972.

Die Auseinandersetzung

Den Boden für die Auseinandersetzung zwischen den Männern in der kommunistischen Parteispitze liefert die Vorbereitung zum XI. Parteikongress, dem ersten ohne Togliatti. Es ist ein vielschichtiger Kampf, bei dem sich mehrere Ebenen ineinander verweben. Es ist nicht nur ein persönlicher Konflikt darüber, wer das Erbe des »Besten«, also von Togliatti, antreten wird. Es ist ein heftiger Kampf zwischen gegensätzlichen Modellen. Rund um diesen Kongress, der mühseligste in der Geschichte der KPI nach dem Krieg, entscheidet man über die Gestalt der Partei für die künftigen Jahre.

Travelli erinnert sich: »Mit dem Tod von Togliatti haben wir gespürt, dass eine Ära zu Ende gegangen war. Man musste sich ohne festen Boden bewegen. Jeder musste damit so gut er konnte zurechtkommen.«[10]

Es beginnt Anfang des Jahres 1965 mit Amendola, der mit dem Vorschlag, die Kommunisten, Sozialisten und Liberaldemokraten in eine einzige »große Partei« der Arbeiterbewegung zusammenzuführen, einen Skandal auslöst. Ingrao ist da aus seiner Sicht mit seiner neuen Linken nicht anders. Die Unterschiede zwischen den Ingrao-Anhängern und den mehr traditionell ausgerichteten Schemata betreffen praktisch alle Politikfelder. Auf internationaler Ebene blicken sie im Gegensatz zur Idee der friedlichen Koexistenz mit großer Begeisterung auf die Kriegsschauplätze in der Dritten Welt als Orte, an denen gegen den Imperialismus gekämpft wird, angefangen mit Vietnam. Was die italienische Politik betrifft, muss laut Ingrao auf die Neustrukturierung des Kapitalismus mit einem gesteigerten Konfliktniveau geantwortet werden, wobei man sich sicherlich nicht in »Tausenden kleinen Rinnsalen« von Kampfabschnitten verlieren dürfe, die auch von Amendola gepredigt werden. Dem aufstrebenden Kapitalismus müsse ein neues Entwicklungsmodell entgegengesetzt werden, basierend auf radikalen Strukturreformen nicht nur des öffentlichen Sektors, sondern auch des privaten. Mitte 1965 ist Mitte-links bereits aufgrund der wirtschaftlichen Rezession und der Unfähigkeit, tatsächliche Reformen vorzuschlagen, in der Krise. Die von den Christdemokraten bedrängte Sozialistische Partei unter Führung von Pietro Nenni nimmt immer gemäßigtere Positionen ein und beginnt, über eine Vereinigung mit der Sozialdemokratischen Partei nachzudenken. Allen ist klar, dass man den Raum für die Linke in Italien neu definieren muss. Aber wie? »Wir befinden uns in einer Auseinandersetzung«, wiederholt Ingrao unter mitleidigem Gelächter seiner

10 Persönliche Mitteilung an die Autorin.

Gegner immer wieder. Um diese Auseinandersetzung anzugehen, entwirft Ingrao das Bild einer Partei, in der es eine freie und öffentliche Diskussion und Raum für Meinungsverschiedenheiten gibt. Es ist eine neue und unterschiedliche Art zu denken, die die Demokratie der Räte wiederentdeckt und die parteiinterne Rechte erschaudern lässt.

Wer parteiintern in dem – in einer Rhetorik des Kreuzzuges geführten – Kampf gegen Ingrao die Vorreiterrolle einnimmt, ist nicht so sehr Giorgio Amendola, auch wenn jetzt die Zeitungen am meisten über ihn schreiben, sondern: Mario Alicata. Mit Ingrao verbindet ihn ursprünglich eine alte Freundschaft. Die zwei gingen gemeinsam zur Universität. Genauso wie Bufalini und Trombadori gehören sie zu jener Gruppe von römischen Kommunisten, die gemeinsam in die Politik kamen. Aber jetzt existieren ihre persönlichen Beziehungen nicht mehr. Die Auseinandersetzungen mit den jungen, extremistischeren Ingrao-Anhängern wie Rossanda, Magri und Pintor, die oft weit über die Positionen ihres Führers hinausgehen, sind heftig und werden mit allen Mitteln geführt.

Die bürokratischen Vorbereitungen der Thesen für den Kongress, die Longo in der Hoffnung, dass sich die Diskussionen damit auflösen, an eine breit aufgestellte Kommission überträgt, verwandeln sich in eine Art von Löwengrube. Etwas später ist klar, dass es unter diesen Bedingungen unmöglich ist, voranzukommen, und so wird ein Komitee von acht Personen ernannt, geleitet von Alicata. In diesem Komitee sind Ingrao und zwei seiner Anhänger, Trentin und Garavini, denen für die parteiinterne Rechte Amendola und Chiaromonte entgegengestellt werden. Die Aufgabe, zwischen diesen verschiedenen Positionen zu vermitteln, überträgt Longo an Berlinguer und Bufalini.

Diesen Sommer verbringt Berlinguer zusammen mit Bufalini und ihren jeweiligen Familien in Frattocchie, einen Katzensprung von Rom entfernt, in der Parteischule, wohin er Jahre zuvor zur Strafe geschickt wurde. Während die Kinder in der Wiese herumtollen, arbeitet Berlinguer mit der gewohnten Unermüdlichkeit an den Dokumenten. Aber dieses Mal steht nicht so viel Zeit zur Verfügung, wie bei internationalen Gipfeltreffen. Ein großer Teil der KPI wird ungeduldig, beseelt von revolutionären Versuchungen, gepaart mit libertären Verlockungen. Eine solche explosive Mischung war nicht einmal zu Zeiten von Pietro Secchia zu sehen. Wie er seinem Gesprächspartner anvertraut, fürchtet Berlinguer, dass es zu einem Bruch, vielleicht sogar zu einer Spaltung kommen könnte, wie es bereits bei anderen kommunistischen europäischen Parteien geschehen ist.

Wie Longo, dessen Ideen er in dieser ganzen Phase treu wiedergibt, will Berlinguer nicht, dass die Ingrao-Anhänger die Oberhand gewinnen. Aber gleichzeitig missbilligt er das Klima einer Hexenjagd, das von Alicata und der parteiinternen Rechten ausgeht, und deren Wunsch, die Opposition zu vernichten. Laut Trivelli »hatte Berlinguer eine große persönliche Wertschätzung für Ingrao, auch wenn es keine wirkliche Freundschaft war. Er dachte, dass Ingrao eine bestimmte Realität von Italien, eine rebellische und unduldsame Seele zum Ausdruck brachte. Man musste das berücksichtigen, auch wenn es sich letztendlich um schwache Positionen handelte.«

Aufgrund seines eigenen Temperaments und seiner Gewöhnung an die sonst üblichen Ausdrucksformen des Kampfes innerhalb der KPI, ist Berlinguer aufrichtig erschrocken, dass die zwei Gruppen sogar auf persönlicher Ebene miteinander gebrochen haben. Sein Vertrauensmann erinnert sich, dass Enrico diesen ganzen Sommer über diplomatisch arbeitete: Er war eine Art Sprachrohr, durch das die Kontrahenten auf gewisse Art und Weise weiterhin miteinander sprachen.

Dank Berlinguers Anstrengungen werden Thesen entwickelt, die Ingrao zufriedenstellend findet. Andere aus der Gruppe wie Rossana Rossanda halten sie nur für einen Kompromiss, den sie aber im Moment zwangsläufig akzeptieren müssen.

Schlag die Ingrao-Anhänger!

Während sich die Kommunisten in Auseinandersetzungen über ihre künftige Identität befinden, gibt es in der politischen Landschaft Italiens zum ersten Mal etwas, das links von den Kommunisten steht. Ende 1965 geschieht etwas Unerwartetes in Mailand. Auf einer Vietnamdemonstration stößt eine Gruppe von Jungen nicht mit der Polizei zusammen, sondern mit dem Ordnungsdienst der KPI. Die extremistische Splittergruppe besteht aus fünf Parteilosen, zwei Aktivisten der Sozialistischen Partei der proletarischen Einheit, vier vom kommunistischen Jugendverband FGCI und drei von der neuen marxistisch-leninistischen Vereinigung, die pekinghörig ist. Im Moment beschränken sich die Kommunisten darauf, von einer Provokation zu sprechen. Aber kurze Zeit später endet der Kongress der Sozialistischen Partei der proletarischen Einheit, die Partei von Lelio Basso, Foa und Libertini, die aus einer Spaltung der sozialistischen Linken hervorging, mit einem unvorhergesehenen Schrei: »Es lebe Mao!« Die jungen Männer und Frauen, die den Saal gemischt mit älteren Ex-Sozialisten bevölkern, skandieren Losungen, die zuvor niemals gehört worden sind. »Longo, Longo/vollende den Sozialismus«, »Giorgione, Giorgione/du willst keine Revolution machen«, Giorgione ist natürlich Giorgio Amendola.

Mit der Revolution ist jene gemeint, die China in der *Mao-Bibel* aufblitzen lässt. Aber einige sehen die Revolution auch in den populären Texten von Ingrao oder zumindest in den Übertreibungen, die darüber in der Presse zu lesen sind.

Auch die Veranstaltungen, die dem Parteikongress der KPI vorangehen, werden von dieser neuen linken Welle erfasst. Von Rom aus empfiehlt man, die Debatte nicht auf Personen zu fokussieren, sondern die friedliche Koexistenz und das Wirtschaftsprogramm zu diskutieren. Dennoch drehen sich aber die Auseinandersetzungen sehr oft um Personen. Für die am Rand stehenden Beobachter der KPI gibt es nur zwei Duellanten: Giorgio Amendola, den »Sozialdemokraten«, und Pietro Ingrao, den »Revolutionär«. Die Korrespondenten der großen Zeitungen finden auf der Suche nach Sensationen Gruppen vor, in denen junge Parteimitglieder aufstehen und sagen: »Die Chinesen haben recht« oder auch »Man muss an die Revolution denken«.

Die Rechte der KPI ist davon überzeugt, dass die Ingrao-Anhänger die Fahnenträger dieser ganzen Unruhe sind und dass sie ohne Zögern ausgeschlossen werden müssen. Am regionalen Kongress von Mailand, geleitet von Mario Alicata, wird Rossanda Rossanda nicht mehr in das regionale Parteikomitee wiedergewählt. Große und kleine Ausschlüsse von Ingrao-Anhängern werden fast überall verzeichnet.

Anders ist die Haltung Berlinguers, der den Kongress von Rom leitet. Die regionale Organisation der Hauptstadt ist eine der bewegtesten. Natoli, der drei Jahre später einer der Spalter aus der Gruppe »il manifesto« sein wird, spielt hier eine wichtige Rolle. In der römischen KPI-Organisation gibt es eine Bewegung von Dritte-Welt-Aktivisten, die von der chinesischen Kulturrevolution begeistert sind. Berlinguer befindet sich in einer Situation, in der er sich vielen Thesen, die er nicht teilt, entgegenstellen muss. Aber er weigert sich, diejenigen, mit denen er Meinungsverschiedenheiten hat, aus den leitenden Organen der Partei auszuschließen. Zumindest in Rom endet der Kongress ohne Hexenjagd.

Die Waisenkinder von Togliatti

Der XI. Parteikongress der KPI wird am 25. Januar 1966 um 9 Uhr vormittags im Versammlungssaal des Eur-Kongresspalastes in Rom eröffnet. Bevor die Arbeiten beginnen, gibt es neue Auseinandersetzungen. Unter dem Druck der parteiinternen Rechten um Alicata, Amendola und Pajetta nimmt Longo gegenüber Ingrao weniger versöhnliche Positionen ein als Berlinguer in seinen Thesen.

In seinen viereinhalbstündigen, schier unendlichen Ausführungen bringt Longo, der niemals die Gabe der Rednerkunst hatte, das Publikum mit einer »monotonen Stimme, mit einem schlampigen Stil in der Prosa und einem absoluten Mangel an menschlicher Herzlichkeit« zum Einschlafen, so die Berichterstattung des »Corriere della Sera«. Aber die Inhalte sind für die Linke sicherlich nicht einschläfernd. Im Rahmen der Öffnung hin zur katholischen Welt, im Besonderen hin zum Pontifikat von Paul VI. rund um die Themen des Friedens und der Koexistenz und Vietnam, ist der Bericht von Longo in der Tat eine Form der Anklage gegen Ingraos Ideen.[11] Der Generalsekretär greift darin den Modellentwurf der Entwicklung an. Aber vor allem tritt er sehr unnachgiebig in Bezug auf die interne Demokratie auf. »Wir sind eine große Massen- und Klassenpartei. Wir wollen nicht zu einer Partei der Meinung werden, wie irgendeine sozialdemokratische Partei. Umso weniger wollen wir zu einem von der Realität losgelösten Debattierklub werden. Wir werden die Natur und die Einheit der Partei verteidigen, indem wir jeden Versuch zurückweisen, Gruppen, Strömungen, Fraktionen zu bilden.«[12] Im kommunistischen Jargon kommt das praktisch einem Ausschluss gleich. Zudem richten sich diese Worte an ein Mitglied des Sekretariats. An dieser Stelle sollte Ingrao, um die Spielregeln zu akzeptieren, einen taktischen Rückzug machen und eine allgemein formulierte Rede halten.

Zwei Tage später, am 27. Januar, fast zur Mittagszeit, wird ihm das Wort erteilt. Es ist ein sonniger, kalter Tag, und Ingrao schwitzt ein wenig im dunklen Anzug aus Wollstoff, ein Geschenk der Genossen aus Umbrien zu seinem 50. Geburtstag. Von Anfang an ist klar, dass er einen für eine kommunistische Versammlung neuen Weg eingeschlagen hat, nämlich den des öffentlichen Widerspruchs gegen den Generalsekretär. Er hebt die Augen von seinen Zettelchen voller Notizen und richtet seinen ketzerischen Satz an den Generalsekretär: »Ich wäre nicht ehrlich, Genossen, wenn ich sagen würde, ich sei überzeugt.«[13] Damit ist das ganze System des demokratischen Zentralismus infrage gestellt. Suslow, der am Kongress die KPdSU vertritt, wirft mit einem Ruck sein

11 *»Il PCI vuole aprire direttamente il dialogo con la Chiesa cattolica«* (*»Die KPI will auf direkte Weise den Dialog mit der katholischen Kirche eröffnen«*), schlagzeilt der »Corriere della Sera« vom 26. Januar 1966. »Longo hat keinen Parteitag eröffnet, er hat ein Konzil eröffnet [...]. Es ist ein gewisses rücksichtsloses Manöver, ein Aufschub, der dazu dient, den tatsächlichen Problemen zu entkommen«, schreibt Alberto Cavallari im Kommentar.

12 Bericht von Luigi Longo, in: *XI Congresso del Partito comunista italiano* (*XI. Parteitag der KPI*), Roma 1966.

13 Rede von Pietro Ingrao, ebd.

weißes Haarbüschel nach hinten. Longo bewegt sich auf dem Stuhl hin und her. Als Ingrao das Podium verlässt, blicken ihn die hinter dem Tisch des Präsidiums aufgereihten Genossen mit unverhohlener Missbilligung an. Keiner rührt eine Hand zum Applaus, keiner, auch nicht Berlinguer, schüttelt ihm – wie normalerweise üblich – die Hand. Das Publikum, die kommunistische Basis, tobt hingegen in Ovationen.

Von diesem Moment an gibt es praktisch keinen Delegierten, der in seiner Rede Ingrao nicht verurteilt. Reichlin hält vergeblich eine versöhnliche Rede. Nur Amendola hält sich mit großer Koketterie aus der Auseinandersetzung heraus und diskutiert scharfsinnig die Arbeitslosigkeit im Süden von Italien. Am härtesten treten Alicata und Pajetta auf.

Der Stern von Ingrao ist gesunken, aber der Kongress schleppt sich dank der Desorientierung der Delegierten, die so etwas Ähnliches zuvor noch nie erlebt haben, vor sich hin. An dieser Stelle gibt es nur einen Parteiführer, der noch sprechen muss: Berlinguer. Enrico schrieb die Rede um und passte sie dem ständig anwachsenden Sturm gegenüber an. Bevor er das Wort ergreift, lässt er Longo die aktualisierte Rede lesen. Gemeinsam stimmen sie dann die heikelsten Passagen ab. Es ist eine allzu diplomatische Rede, die sowohl mit einem Zitat von Ingrao als auch mit einem von Alicata beginnt, denen er beiden in absolut nachrangigen Fragen zustimmt. Ingraos Forderung nach einer Öffentlichkeit bei Debatten und Meinungsverschiedenheiten wird abgelehnt, aber ohne dabei die Sache groß zu dramatisieren. Berlinguer beendet seine Rede mit dem Versuch, die Pflichten eines kommunistischen Leaders neu zu definieren. Von einem solchen erwartet die Partei, dass »die Ausübung der demokratischen Rechte und die freie Debatte immer vor allem von dem Geist der Brüderlichkeit sowie von Disziplin, gegenseitiger Verantwortung, Selbstkontrolle und auch von Bescheidenheit begleitet werden. Diese Eigenschaften stellen keinen Verzicht dar, sondern sind unverzichtbarer Teil unserer proletarischen und revolutionären Moral.«[14]

Es ist das Modell eines idealen Parteiführers, wie es Berlinguer bei anderen Gelegenheiten bereits mehrmals skizziert hat. Aber jetzt kann man es zwischen den Zeilen als eine Kritik an Ingrao lesen. Es sind Worte, die auch gegen Alicata gerichtet sein können. In der Tat sind beide Protagonisten, wenn auch auf unterschiedliche Weise, verärgert. Der Anführer der Linken findet diese Rede allzu vorsichtig, allzu linientreu. Alicata hingegen ist einfach wutentbrannt. »Diesem Berlinguer fehlt es völlig an Entschlossenheit«, wiederholt er.[15]

14 Rede von Enrico Berlinguer, ebd.

Eine verdiente Abstrafung?

Nach dem stürmischen XI. Parteikongress ist Berlinguer nicht mehr in der Parteispitze. Er hat nicht einmal mehr ein Amt im Zentrum, aber er wird der verantwortliche Leiter der Region Latium. Unter den politischen Ereignissen in seinem Leben ist dieses am meisten umstritten. Eine erste Interpretation sieht darin eine Art Bestrafung dafür, die Häresie Ingraos nicht mit hinreichender Entschiedenheit verurteilt zu haben. Anderen zufolge wollte Longo, der Berlinguer schon als seinen Nachfolger sah, ihn für einige Jahre aus dem Sekretariat heraushalten, von den brandheißen Auseinandersetzungen fernhalten und ihn gleichzeitig eine Erfahrung in einem peripheren Apparat machen lassen: eine unabdingbare Voraussetzung für einen zukünftigen Generalsekretär.

Wahrscheinlich ist keine der beiden Versionen ganz korrekt, auch deshalb, da das nach dem Kongress in der Partei hergestellte Gleichgewicht sehr fragil ist. Unter allen Rivalen bleibt am Ende als einziger Sieger Longo übrig, der Mann, der ursprünglich als ein Generalsekretär des Übergangs angesehen wurde. Der alte Partisan akzeptiert die Säuberung der Ingrao-Anhänger nicht, die Alicata laut fordert. Auf einem Treffen der Parteispitze stellen sich Longo und Berlinguer der Forderung entgegen, Ingrao zu zensieren und aus der Leitung zu entfernen. Pietro Ingrao bleibt im Führungsgremium, und praktisch alle seine Anhänger behalten mit einigen Ausnahmen ihre Ämter.

Ingrao wird auch Mitglied eines neu geschaffenen Organs, dem Politbüro, aber nicht des Sekretariats, in das Longo im Namen der Erneuerung die jüngere Generation miteinbezieht. Dem Sekretariat gehören jetzt Alessandro Natta, Napolitano, Macaluso,[16] Bufalini und Cossutta an, aber nicht Enrico Berlinguer. Die Aufspaltung der Führungsorgane ist ein Trick von Longo, um diejenigen etwas auf die Seite zu schieben, die sich in einem Kampf, von dem es in der Geschichte der KPI keinen vergleichbaren gegeben hat, allzu sehr hervorgetan haben. Die Unzufriedenheit der parteiinternen Rechten in Bezug auf seine Rolle als Vermittler beeinflusste sicherlich den Ausschluss von Berlinguer aus dem Sekretariat. In diesem Moment scheint Giorgio Napolitano, Amendolas Liebling, der ziemlich sichere Nachfolger zu sein. Neben Longo ist er der einzige Mann, der Teil der Leitung, des Politbüros und des Sekretariats

15 Diese Episode ist von Alfredo Reichlin festgehalten worden in: *Il pensiero politico di Mario Alicata (Das politische Denken von Mario Alicata)*, in: *Mario Alicata, intellettuale e dirigente politico (Mario Alicata, Intellektueller und politischer Führer)*, Roma 1978.

16 Näheres zur Person siehe Kapitel: Die italienischen Hauptfiguren in Chiara Valentinis »Enrico Berlinguer« (☛ S. 460).

ist, von dem er Koordinator wird: eine Position, die bis zum XI. Parteikongress Berlinguer innehatte.

Enrico erlebt diese teilweise Niederlage ohne all die Bitterkeit und Dramen aus dem Jahr 1956. Er akzeptiert die Funktion eines regionalen Parteisekretärs, auch wenn er diese wahrscheinlich für eine Ungerechtigkeit hält. Doch das erste Angebot, das ihm gemacht wird, nämlich regionaler Leiter der Lombardei zu werden, lehnt er so hartnäckig ab, dass ihn niemand davon abbringen kann. Er bringt Argumente wie Schwierigkeiten beim Umzug nach Mailand mit Letizia und den drei kleinen Kindern, das Klima und die Gesundheit vor. Aber in Wirklichkeit will er sich nicht allzu weit von der Parteizentrale entfernen, weil er davon überzeugt ist, dass diese sowohl sein Leben als auch seine Aufgabe sei.

Nach den Umwälzungen dieses unvergesslichen Jahres 1966 findet die KPI nach und nach wieder ihre Identität. Die Führungsgruppe in der Nach-Togliatti-Zeit hat sich geformt, in dem sie die extremen Flügel an den Rand gedrängt hat. Auch wenn er von niemandem bestraft wurde, hat Ingrao inzwischen mit der Karriere an der Spitze abgeschlossen. Ein weitaus dramatischeres Schicksal wartet auf Mario Alicata, den Chefredakteur der »L'Unità«. Longo schätzte seine Rolle als Dampfwalze nicht. Es gibt die Idee, den Umfang der Tageszeitung und damit auch die Figur des Chefredakteurs im Zuge des Umzugs der »L'Unità« nach Mailand zu ändern. Aber Alicata hat nicht mehr die Zeit, diese Niederlage zu erleben. Wenige Stunden, nachdem er in der Abgeordnetenkammer gewohnt ungestüm eine Rede über die von der DC verursachten stadtplanerischen Verunstaltungen in Agrigento[17] und den dortigen archäologischen Stätten gehalten hatte, erleidet er einen Herzinfarkt. Mario Alicata stirbt in der Nacht von 5. auf 6. Dezember 1966. Wie in einem antiken Drama ist die Person, der von der Partei die Aufgabe übertragen wird, die Trauerrede zu halten, sein Freund-Feind Pietro Ingrao.[18]

---

17 Auf einer Anhöhe gelegene Stadt (heute 60.000 Einwohner) an Siziliens Südwestküste. Sie ist für die Ruinen der antiken Stadt Akragas und das Tal der Tempel bekannt, eine riesige Ausgrabungsstätte mit gut erhaltenen griechischen Tempeln.

18 Episoden und Umstände, die in diesem Kapitel beschrieben sind, wurden der Autorin auch von Personen erzählt, die es wünschten, nicht angeführt zu werden.

X.
Das große Endspiel

Am Ende des Jahres 1967 ist das Zentrum von Rom voll von Protestumzügen, die von der Gewerkschaft und der KPI organisiert werden. Im Strom von Genossen, der sich von der Via dei Fori Imperiali bis hin zur Via Cavour zieht, schwenkt ein kleines Grüppchen der marxistisch-leninistischen Vereinigung Plakate über die Weltrevolution und ruft Parolen gegen die »revisionistischen Verräter«. Von der Menschenmenge löst sich ein Mann in einer grauen Jacke mit schwarzen, zerzausten Haaren. Er stürzt sich auf das kleine Grüppchen und versucht mit mäßigem Erfolg, die Plakate aus den Händen der prochinesischen Demonstranten zu entreißen. Nach einem Moment der Verblüffung drängen sich diese um den Eindringling und sind bereit, ihn zu verprügeln. Der Eindringling ist Berlinguer. Trivelli erinnert sich: »Mit einigen Genossen vom Ordnungsdienst mussten wir ihn mit ganzer Kraft wegziehen, um eine Schlägerei zu vermeiden.«

Für Enrico sind die ersten Beziehungen mit der aufsteigenden Ultralinken stürmisch. Wie es typisch in der kommunistischen Tradition ist, kann im ersten Moment alles, was links von der Partei existiert, auch von Berlinguer nur als Provokation wahrgenommen werden, wenn nicht sogar als persönlicher Angriff, der ihn seine gewohnte Distanz und Toleranz überschreiten lässt.

Seit seiner Ankunft in der regionalen Organisation in Latium sah sich Berlinguer mit ersten Anzeichen des Protests konfrontiert. Im April 1966 stirbt der römische Student Paolo Rossi, nachdem er vor der Universität von einer Gruppe von Faschisten verprügelt wurde, die sich seit geraumer Zeit ungestört auf dem Gebiet der Universität herumtrieben. Auf den eindrucksvollen Begräbnisfeierlichkeiten hält einer der meist angesehenen Professoren, Walter Binni, die Trauerrede, eine Anklage gegen Rektor Papi. Die Ermordung von Paolo Rossi erfüllt Berlinguer mit Empörung. Die römische Parteiorganisation wurde als Unterstützung für die Studenten mobilisiert, die die Universität besetzten, um ihre Forderung nach dem Rücktritt von Rektor Papi zu bekräftigen. Mehrere Bauern aus den Parteisektionen aus Castelli werden zur Versammlung geschickt, um mit ihrer gewaltigen Anwesenheit die Sicherheit der Besetzer zu gewährleisten. Aber die guten Beziehungen halten nicht lange an.

Auch wenn die Besetzung mit dem Rauswurf des Rektors endet und es einigen kommunistischen Professoren wie Lucio Lombardo-Radice gelingt, die Bewegung im Griff zu halten, drängt ein Teil der Studenten darauf, die Besetzung bis zum Äußersten fortzusetzen. Nachdem er die ersten Dokumente durchgeblättert hat, liest Berlinguer mit Erstaunen die neuen Forderungen, wie die, aus der Universität ein mit der Stadt verbundenes Zentrum für politische konzeptionelle Ausarbeitung zu machen. »Aber was hat das mit dem Studium zu tun, mit dem Kampf um eine demokratischere Schule?«, fragt er mit wahrhaftem Staunen seinen Bruder Giovanni, der hingegen als Universitätsprofessor bis zum Hals mitten in der studentischen Debatte steckt.[1] Über mehrere Monate hinweg sind die Diskussionen zwischen den beiden Berlinguers hitzig, wie in alten Zeiten in Sassari. Nur dass jetzt Giovanni der Linkere von den beiden ist, der die revolutionären Werte der neuen Bewegungen unterstützt, während Enrico ihm widerspricht. Außerhalb der Partei könne es nichts anderes als Unordnung und ehrgeiziges Wunschdenken geben.

Die Studentenbewegung und die Entstehung erster ultralinker Gruppierungen in Rom ist eines der wenigen Phänomene, die Berlinguer in seiner neuen Funktion recht direkt mitverfolgt. Die lokale Politik, die Auseinandersetzungen zwischen den Parteien im Gemeinderat und die Probleme der Region interessieren ihn nur begrenzt. Er ist in der sonderbaren Position, einerseits Teil des Politbüros einer der größten italienischen Parteien zu sein sowie große internationale Erfahrung angesammelt zu haben, sich andererseits aber darum kümmern zu müssen, was in Provinzstädten wie Latina[2] oder Viterbo[3] geschieht.

In einer Loge des Pariser Odeon-Theaters

Im Laufe weniger Monate wird die Protestbewegung für die KPI zum Problem Nummer eins. Wie Berlinguer waren auch viele andere kommunistische Parteiführer erstaunt über diese »eigenartige Bewegung der eigenartigen Studenten«, geboren aus dem Schoß des Marxismus, die aber dessen historische Organisationen kritisiert. Und die sich mit neuen Kampfformen jenem System als Gegenspieler gegenüberstellt, dessen einzige Opposition bisher die Kommunisten waren. Angesichts des Lobs auf den Antiautoritarismus, das in den Dokumenten des Palazzo Campana[4] in Turin formuliert wurde, und angesichts

1 Giovanni Berlinguer wird einer Arbeitsgruppe zu den Problemen der Studentenbewegung beitreten, gemeinsam mit Chiarante, Bufalini, Petruccioli: Die Gruppe bildete sich im Juli 1968, sie wurde von Achille Occhetto geleitet.

2 Hauptstadt der Provinz Latina, nach Rom zweitgrößte Stadt (heute mit knapp 130.000 Einwohnern) in der Region Latium, wurde ab 1932 zur Zeit des Faschismus als Planstadt realisiert.

3 Sitz der Verwaltung der Provinz Viterbo in der Region Latium, heute knapp 67.500 Einwohner.

der neuen Gewalt bei Auseinandersetzungen in der Valle Giulia in Rom ist die Führungsgruppe der KPI gespalten. Der linke Ingrao-Flügel sieht in diesen Kämpfen, die die traditionell ausgerichtete Klassenanalyse auf den Kopf stellen, ein Echo der eigenen Unruhe. Amendola, Pajetta und die parteiinterne Rechte sind davon überzeugt, dass es sich um ein Strohfeuer handelt, um den Ausdruck eines kleinbürgerlichen Extremismus, den es zu isolieren und zu schlagen gilt. Für einen Kommunisten wie Giorgio Amendola ist die Existenz selbst dieser »extremistischen und anarchischen« Bewegung ein Skandal, die auf ihre Weise Marx und Lenin neu deutet und Bücher von Marcuse[5] wie eine Bibel betrachtet. Und die es noch dazu wagt, die entwickelte kapitalistische Gesellschaft und die sozialistischen Gesellschaften auf dieselbe Ebene zu stellen und beide als repressiv betrachtet.[6]

Luigi Longo ist anderer Meinung, wie bald ein Artikel mit dem eindrücklichen Titel »Die Studentenbewegung in den antikapitalistischen Kämpfen« zeigt, der in »Il Contemporaneo«[7] (Beilage der kommunistischen Wochenzeitschrift »Rinascita«) veröffentlicht wird. Dieser Artikel ist die Zusammenfassung eines mehrstündigen Treffens zwischen dem Partisan »Gallo«, also Luigi Longo, und Oreste Scalzone, einem der Anführer der römischen Studentenbewegung, sowie weiteren jungen Aktivisten, was von einem Teil der kommunistischen Parteispitze als Skandal hingestellt wurde.

In dieser gesamten Debatte tritt Berlinguer nicht öffentlich auf. Wie immer in Momenten des großen Wandels hält er eine Nachdenkpause für notwendig. Aber inzwischen hat ihn neben dem Artikel von Longo die »Aufführung« des französischen Mai 1968 stark beeinflusst. Auf der Rückreise von seinem zweiten Aufenthalt in Hanoi legt Berlinguer in Paris einen Zwischenstopp ein, wo wenige Tage zuvor eine Vorbereitungskonferenz zwischen Amerikanern und Vietnamesen auf der Suche nach einem Frieden begann, der sich noch als weit entfernt herausstellen sollte. Berlinguer war gekommen, um die französischen Kommunisten zu treffen, um eben die Vietnamfrage zu diskutieren. Stattdessen findet er sich jetzt inmitten einer Revolte wieder, in einem gelähmten Paris mit einem scheinbar ohnmächtigen Präsidenten de Gaulle, der die jugendlichen Massen toben lässt.

---

4 Zentrum der Turiner Studentenbewegung.

5 Herbert Marcuse (1898–1979), deutsch-amerikanischer Philosoph, Politologe und Soziologe.

6 Giorgio Amendola: *Necessità della lotta su due fronti* (*Notwendigkeit des Kampfes an zwei Fronten*), in: Rinascita, Nr. 23, 7. Juni 1968.

7 Luigi Longo: *Il movimento studentesco nelle lotte anticapitalistiche* (*Die Studentenbewegung in den antikapitalistischen Kämpfen*), in: Il Contemporaneo, Beilage von Rinascita, Nr. 18, Mai 1968.

Den französischen Parteiführern, die versuchen, ihn davon zu überzeugen, in einer Parteiresidenz in der *Banlieue* am Stadtrand von Paris eine Unterkunft zu nehmen, antwortet Berlinguer höflich, aber mit großer Entschlossenheit, dass dies gar nicht infrage käme. Er wolle in Saint-Germain in einem Hotel wohnen. »Das ist Wahnsinn. Das Stadtviertel Quartier latin ist übersät von Dynamit«, bemühen sich die Vertreter der KPF zu erklären. Als hätte er das nicht gehört, antwortet Berlinguer stur: »Ich will mit meinen Augen sehen, was geschieht.«

Alberto Jacoviello, der in diesen Tagen als Korrespondent der »L'Unità« in Paris über die Mairevolte berichtet, erinnert sich: »Mehr als von den studentischen Protestumzügen war Berlinguer beeindruckt von den geschlossenen Fabriken, von der enormen Menge der roten Fahnen sowohl im Zentrum als auch in der Peripherie. Es erstaunte ihn die Tatsache, dass die zentrale Macht ins Stottern geraten war.«[8]

Berlinguer will von Jacoviello auf die Sorbonne und in das Odeon-Theater begleitet werden. Das große, dauerhaft besetzte Theater, ist praktisch zur Gänze mit Manifesten des Mai 1968 austapeziert. Enrico beobachtet mit Neugierde eine erhobene Faust, darunter die Schrift »La lutte continue«.[9] Er steigt auf eine Bühne und bleibt dort einige Stunden, um die Reden der aufgewühltesten Trotzkisten, der Schauspieler im Streik und der jungen Frauen aus Saint-Germain zu hören. Als auch Jacoviello aufsteht und eine Rede hält, sieht ihn Berlinguer merkwürdig und ohne ein Wort zu sagen an. Vom Odeon ist Berlinguer nicht besonders begeistert. Aber er fand auch die Härte der französischen Parteiführer übertrieben, die kurz zuvor Daniel Cohn-Bendit mit einem Zeichen der Verachtung als einen »deutschen Juden« bezeichnet hatten. Und diese betrachten jetzt den Umstand, dass ein italienischer kommunistischer Parteiführer nach Paris kam und sich hier auf einer Versammlung einmischte, als einen Affront gegenüber ihren Positionen.

Den Tiger streicheln

Inzwischen verhärten sich in Italien die Positionen der Parteien der Mitte-links-Regierung angesichts der sich ausbreitenden Protestbewegung. Die DC von Aldo Moro[10] schwankt zwischen dem Vorwurf an die KPI, sich nach links,

8 Alberto Jacoviello, persönliche Mitteilung an die Autorin.

9 Dt.: »Der Kampf geht weiter«.

10 Näheres zur Person siehe Kapitel: Die italienischen Hauptfiguren in Chiara Valentinis »Enrico Berlinguer« (☛ S. 460 f.).

hin zur außerparlamentarischen Versuchung gewendet zu haben, und – im Gegensatz dazu – der Charakterisierung der KPI als einer Partei, die von den neuen Bewegungen isoliert ist und von allen Seiten überholt wird. Es gibt in der Tat zwei extreme Pole, zwischen denen die italienischen Kommunisten einen Weg finden müssen.

Derjenige, dem es in diesem Moment mehr als anderen gelingt, eine nüchterne Vision aus dem Dilemma heraus zu entwickeln, ist wahrscheinlich Longo. Berlinguer steht in der riskantesten Wahlkampagne der 1960er-Jahre an seiner Seite, und zwar in der für die Parlamentswahlen am 19. Mai 1968. Es handelt sich um Wahlen, in denen nicht nur die Führungsposition der DC auf dem Spiel steht, sondern auch der reformistische Sozialismus in Gestalt der neuen sozialistischen Einheitspartei (PSU)[11] von Nenni und Saragat, die dem Block der KPI und der von den Sozialisten abgespaltenen Partei der proletarischen Einheit (PSIUP) gegenübersteht. Um diese Herausforderung zu meistern, muss es den Kommunisten gelingen, ihre mehr traditionell orientierte Wählerschaft mit den jungen Aktivisten der Protestbewegung, die mit massenhafter Stimmenthaltung drohen, in Einklang zu bringen. Darüber hinaus müssen sie auch das gesamte Erwachen der spontanen Arbeiterkämpfe berücksichtigen, die oft die Gewerkschaft zu überholen drohen.

Wie schon andere Male in Momenten der Auseinandersetzung wendet Berlinguer einen härteren Ton und eine direktere sowie effektivere Ausdrucksweise an, als es für ihn üblich ist. Das geschieht auch jetzt so. In einer Wahlkampfsendung mit Colombo, Bozzi und Brodolini zeigt Berlinguer in einem seiner ersten Fernsehauftritte eine Entschlossenheit, die seine Parteigenossen erstaunt. Er beginnt mit einem Angriff auf die DC, welche die öffentlichen Medien für ihre Propaganda nütze. Er vertritt die Meinung, dass die Arbeiterkämpfe, die gerade im Norden ausbrechen, »die Einheit der Linken wiederherstellen.« Er bekräftigt: »Wir Kommunisten wollen, dass Italien ein sozialistisches Land wird, das von der Arbeiterklasse regiert wird.« Auf die unvermeidliche Frage in Bezug auf die Länder des Ostens antwortet er: »In Bezug auf das, was in den sozialistischen Ländern geschieht, sind wir gar nicht mit allem einverstanden: Es gibt Dinge, die uns gefallen und das sagen wir. Es gibt Dinge, die uns nicht gefallen, und das sagen wir auch.«

Die jungen Demonstranten, denen er kurz zuvor die Plakatschilder zu entreißen versuchte, bezeichnet er jetzt als eine Bewegung, die »dazu bestimmt

11 Zwischen 1966 und 1969 schlossen sich die sozialistische Partei (PSI) und die sozialdemokratische Partei (PSDI) zur sozialistischen Einheitspartei (PSU) zusammen.

ist, sich mit einer großen politischen Kraft wie der unseren zu verbinden, und sie verbindet sich schon, in dem sie ihren eigenen kritischen Beitrag einbringt.« Berlinguer spürt die Bewegung auch unter den Intellektuellen, Journalisten, Theaterleuten und Kulturschaffenden. Deren Sehnsucht, sich nach links zu bewegen, kann nicht als ein kleinbürgerlicher Extremismus abgetan werden. Es ist ein Klima, das er auch unter seinen Freunden aus Stintino wiederfindet, und sogar bei den Lehrern seiner drei kleinen Kinder, die er, wenn er kann, selbst von der Schule abholt. Eines Tages geht er auf einer Vietnamdemonstration neben dem Genossen Verdini und dessen Schwester. Es kommt zu einem Angriff durch die Polizei und die junge Frau wird verprügelt. Berlinguer greift wütend ein. »Ihr könnt eine Frau so nicht behandeln«, schreit er mit seinem etwas naiven Moralismus die Polizisten mitten im Rauch von Tränengasgranaten an. Sofort wird er festgenommen und in einen Polizeiwagen gesteckt. Nach den Brotaufständen ist dies seine zweite Verhaftung, wenn auch weniger aufsehenerregend. Ingrao muss eingreifen, damit er freigelassen wird.[12]

Die Wahlergebnisse zeigen, dass Longo und Berlinguer mit dem Streicheln des Tigers nicht falschlagen. Die KPI erzielt einen doppelten Sieg: einen Wahlsieg, der ihren Stimmenanteil von 25,3 auf 26,9 Prozent ansteigen lässt und zehn zusätzliche Sitze in der Abgeordnetenkammer einbringt. Und einen politischen Sieg, der von weitreichender Dimension ist. Die Niederlage der sozialistischen Einheitspartei (PSU) zeigt das Scheitern jenes hypergemäßigten Sozialismus, der vor allem entwickelt wurde, um die Kommunisten zu isolieren. Diese Vereinigung der PSU zwischen Sozialisten und Sozialdemokraten gerät daraufhin in eine Krise, die bereits ein Jahr später zu einer neuen Spaltung führt. Die DC hat ihrerseits in einem Klima der scharfen Auseinandersetzung zwischen den beiden Seiten des politischen Spektrums die Wählerschaft auf der Rechten zurückgeholt. Die Regierung Moro fällt aufgrund des Misserfolges der sozialistischen Einheitspartei auseinander und wird durch eine Einparteienregierung ersetzt.

Neue Bündnisse?

In den Jahren, in denen er offensichtlich auf die regionale Ebene von Latium verbannt zu sein scheint, beginnt hingegen Berlinguers wahrer politischer Aufstieg. Nicht auf der italienischen Bühne, sondern auf der internationalen. Eines Tages lässt Luigi Longo ihn zu sich rufen und fragt ihn, ob er bereit sei,

12 Claudio Verdini, persönliche Mitteilung an die Autorin.

eine schwierige und sehr verantwortungsvolle Aufgabe zu übernehmen: Die KPI bei den Vorbereitungsarbeiten für die berühmte internationale Konferenz der Arbeiter- und kommunistischen Parteien zu vertreten. Moskau ist seit Jahren dabei, diese auf die Beine zu stellen, um die Chinesen auszuschließen. 1964, nach Togliattis Tod und dem »Memorandum von Jalta«, war dieser Plan gescheitert. Aber ein paar Jahre später kommen die Männer im Kreml darauf zurück und greifen die jetzt von den Ungarn und Bulgaren vorgebrachte Idee einer neuen Konferenz auf.

Jetzt ist Longo noch mehr als früher gegen die Konferenz. Mit dem Memorandum aus Jalta und der Kritik an Chruschtschows Absetzung haben die italienischen Kommunisten ihre Autonomie hervorgehoben. Auch wenn ihre Einschätzung der chinesischen Kulturrevolution sicherlich nicht positiv ist,[13] wollen sie um jeden Preis einen Ausschluss vermeiden, der die Autorität Moskaus in der kommunistischen Bewegung wieder bestätigen würde. Berlinguer ahnt, dass es nur eine Art und Weise gibt, um den Ausschluss von China zu vermeiden: Diplomatie zu spielen und das Datum der Konferenz zwischen Treffen und vorbereitenden Dokumenten so weit wie möglich zu verschieben. Es ist ein Spiel, dessen Feinheiten Berlinguer in den Missionen zu Beginn der 1960er-Jahre sehr gut kennengelernt hat.

Seine diplomatische Arbeit beginnt wie immer im Stillen. Und es ist eine sehr langsame Partie, die nur gemächlich über mehrere Jahre hinweg vorankommen sollte. Enrico beginnt zwischen Rom und Budapest zu pendeln, der Stadt, in der die Vorbereitungsarbeiten stattfinden. Es beginnt wieder die Prozedur der zermürbenden Abfassung von Dokumenten und tausender Vermittlungen. Carlo Galluzzi, der Teil der italienischen Delegation war, erinnert: »In diesen Jahren wurden die Beziehungen zwischen Berlinguer und verschiedenen europäischen kommunistischen Parteiführern wie Georges Marchais oder Santiago Carrillo, auf den Enrico viel Hoffnung setzte, intensiver. Auf gewisse Art und Weise entwickelte sich der erste Keim des Eurokommunismus eben in diesen Treffen. In Berlinguer bildete sich die Überzeugung heraus, dass es, je mehr man sich nach und nach von der UdSSR entferne, notwendig sei,

13 Die Positionen von Berlinguer sind übrigens mit Klarheit im Artikel *Noi e la China (Wir und China)* zusammengefasst in: Rinascita, Nr. 2, 3. Januar 1967. Berlinguer spricht dabei von den Fehlern der »sogenannten Kulturrevolution«, zugleich weist er auf die schwerwiegendsten Fehler »bei der Aufgabe der Politik des friedlichen Zusammenlebens und der Solidarität zwischen den sozialistischen Ländern« hin, »der Aufgabe jener Politik, die allein es uns ermöglichen kann, den Imperialismus ernsthaft zu bekämpfen«.

über einen neuen Block an Bündnissen nachzudenken, um nicht in der Isolation zu enden.«[14]

Monatelang setzt Berlinguer seine ermüdende Taktik fort. Im Gegensatz zu Suslow, zum ostdeutschen Honecker, zum Polen Kliszko, die einige konkrete Schlussfolgerungen erreichen wollen, schlägt er ständig Verschiebungen vor.

An Dubčeks Seite

Es ist jetzt nicht mehr nur die chinesische Frage, wegen der sich die internationale politische Situation dramatisch zuspitzt. Es ist auch der »Prager Frühling«. Die Welle der Freiheit, die die Welt scheinbar erfasst hat, macht auch vor dem Osten nicht halt. Für die italienischen Kommunisten wird das Experiment von Alexander Dubček sofort zu einem Gradmesser für die Möglichkeit der Erneuerung des realen Sozialismus.

Über die Hoffnungen des neuen Kurses diskutiert Berlinguer in der etwas langweiligen Ruhe der Augustferien. Diese verbringt er in einer kleinen Villa im Sezessionsstil in Eforie im Osten Rumäniens, ganz am Meeresufer gelegen, wohin er mit Letizia, ihren drei kleinen Kindern, Bufalini und dessen Familie reist. Dort trifft er auch Georges Marchais an. Die drei Parteiführer sprechen lange, auch mit einer gewissen Uneinigkeit, über das »Manifest der 2.000 Worte«.[15] Aber alle drei hoffen auf Dubčeks Erfolg. Bufalini erinnert sich: »Die Nachricht, dass die sowjetischen Truppen mit Panzern in die Tschechoslowakei einmarschiert waren, brachte uns Letizia, die es im Radio gehört hatte, in ein nahe gelegenes Restaurant. Wir waren verblüfft. Noch vor der Abreise aus Rom hatte Enrico eine gewisse Ratlosigkeit darüber zum Ausdruck gebracht, in solch einer heiklen Situation ins Ausland zu reisen. Aber Pajetta, der gerade aus Moskau zurückgekommen war, beruhigte ihn. »Dubček traf sich mit Breschnew, alles wird bestens ausgehen.«

---

14 Carlo Galluzzi, persönliche Mitteilung an die Autorin.

15 Einer der wichtigsten Texte aus der Zeit des »Prager Frühlings«, veröffentlicht am 27. Juni 1968, von dem Schriftsteller Ludvík Vaculík auf Anregung einiger Mitarbeiter der Tschechoslowakischen Akademie der Wissenschaften verfasst. Der Text ging in seinen Forderungen deutlich über das Reformprogramm der tschechoslowakischen KP-Parteiführung hinaus, beleuchtete deren Rolle im Prozess des »Prager Frühlings« durchaus kritisch und übte zudem heftige Kritik an den »Irrtümern des Sozialismus«. Konservative und reaktionäre Kräfte in den Staats- und KP-Parteiführungen der Tschechoslowakei und anderer Staaten des Warschauer Paktes (kommunistisches Militärbündnis), insbesondere der UdSSR, nahmen den Text zum Vorwand, um vor einer »drohenden, unmittelbar bevorstehenden Machtübernahme durch die Konterrevolution in der Tschechoslowakei« zu warnen.

In den Autos, die ihnen von den Rumänen sofort zur Verfügung gestellt werden, um das erste Flugzeug nach Wien zu nehmen, erleben Berlinguer, Bufalini und Marchais, jeder auf seine Art, einen Wirbel an Gefühlen. Als Enrico während der Fahrt aus den Autofenstern auf die Donau-Ufer blickt, denkt er daran, dass das, was in Prag geschehen ist, eben die Grundlagen genau jenes politischen Denkens und Handelns negiert, das so viele Jahre mit seinem Leben verwoben war.

Mit einem ähnlichen Gefühl ruft Giorgio Napolitano, der Parteiführer höchsten Ranges, der in Rom geblieben ist, ein Sondertreffen des Politbüros ein. »Mit den wenigen Genossen, die es zu versammeln gelang, unter ihnen erinnere ich mich an Natta und Terracini, gab es eine kurze Diskussion. Wir waren einverstanden, eine Erklärung herauszugeben, welche die militärische Intervention ohne Wenn und Aber verurteilte, unsere Solidarität mit dem neuen Kurs erneut bekräftigte und den sofortigen Rückzug der Truppen des Warschauer Paktes forderte. Vor der Veröffentlichung des Textes war die Zustimmung von Longo notwendig, der auch auf Urlaub, in der Nähe von Moskau, war. Der Generalsekretär ließ sich das, was wir geschrieben hatten, zwei Mal vorlesen und sagte dann ›Geht, sehr gut‹«, erzählt Napolitano.[16]

Es ist aufgrund des harten Tons und aufgrund der Schnelligkeit eine ganz andere Erklärung als gewöhnlich: sie wird den Fernsehnachrichten um eins übergeben, als noch keine andere italienische Partei ihren Standpunkt erklärt hat. Eine Verurteilung der Invasion, wenn auch weniger hart, wird auch von den französischen Kommunisten veröffentlicht.

Inzwischen haben die Vertreter der verschiedenen kommunistischen Parteien in Budapest nach stürmischen Diskussionen entschieden, die ins Auge gefasste Konferenz aller Arbeiter- und kommunistischen Parteien zu verschieben. Die Sowjets nutzen diese Pause, um zu versuchen, die Meinungsverschiedenheiten einzuebnen. Als erste werden die Franzosen nach Moskau einberufen. Sie schicken ihren Generalsekretär Waldeck Rochet. Von diesen Gesprächen, die mit der Kapitulation der KPF endeten, kennt man heute dramatische Details, nachdem 1984 in Frankreich posthum die Notizen von Jean Kanapa veröffentlicht wurden. Kanapa war der Mann, der über viele Jahre hinweg Waldeck Rochet bei all seinen Treffen begleitete.[17] Im Großen und Ganzen wurde der Generalsekretär der KPF gezwungen, in Bezug auf die Einschätzung der Inter-

16 Giorgio Napolitano, persönliche Mitteilung an die Autorin.

17 Jean Kanapa: Kremlin-Pcf, Conversations secrètes (Kreml – KPF. Geheime Gespräche), Paris 1984.

vention in der ČSSR einen Schritt zurückzugehen, nachdem ihm Breschnew eine große Akte gezeigt hatte. »Also, hier ist das gesamte Dossier gegen Eure Partei«, sagt er zu ihm und gab ihm zu verstehen, dass im Falle eines weiteren Ungehorsams das Dossier veröffentlicht werden würde.[18]

Gleich nach den Franzosen sind die Italiener an der Reihe, sich im Kreml zu zeigen. Auch dieses Mal wählt Longo Berlinguer als Chef der Delegation aus. Die anderen Mitglieder sind Bufalini, Galluzzi, Cossutta und Arturo Colombi. Enrico hat keine Ahnung davon, wie es Waldeck Rochet ergangen ist. Er liest mit Staunen die Erklärung, in der die Russen und die Franzosen ihre Übereinstimmung zum Ausdruck brachten. Berlinguer weiß, dass es mit ihm auf keinen Fall auf die gleiche Weise so enden darf. Die Russen versuchen, bei den Italienern eine weichere Taktik anzuwenden, vielleicht weil sie kein vergleichbar kompromittierendes Dossier in der Hand haben oder weil das Risiko, eine große Partei wie die KPI zu etwas zu zwingen, zu unberechenbar ist.

Ständig erklären die Sowjets: »Machen wir wenigstens eine allgemein gehaltene Erklärung, in der wir der tschechoslowakischen Partei Erfolg wünschen. Wenn ihr euch danach sehnt, dass Dubček weiter vorwärtskommt, warum wollt ihr ihm nicht alles Gute wünschen?« »Nein, das ist unmöglich. Das würde wie eine Rechtfertigung der Intervention klingen«, erwidert Berlinguer daraufhin immer wieder.[19]

Am Ende sind es die Sowjets, die nachgeben müssen. Dafür kürzen sie allerdings den jährlichen Beitrag an die KPI um zwei Millionen Dollar.

Die Iljuschin-Maschine von Cossutta

Einige Monate später werden die Vorbereitungsarbeiten für die internationale Konferenz wieder aufgenommen, dieses Mal schon nicht mehr in Budapest, sondern in Moskau. Inzwischen manifestierten sich in der italienischen Führungsgruppe Meinungsverschiedenheiten. »Da wir mit dem Dissens in Bezug auf die Tschechoslowakei schon so viele Schritte gemacht haben, lasst uns den letzten machen. Brechen wir mit der UdSSR«, schlägt Galluzzi vor. Der Ingrao-Flügel liegt auf derselben Linie, während die Parteirechte eindeutig dagegen ist. Auf einem langen und stürmischen Treffen der Parteiführung, auf dem entschieden wird, welche Haltung auf der Weltkonferenz eingenommen werden soll, geht Amendola zum Angriff über. Er vertritt die Meinung, dass es gegen-

18 Wenige Monate später wurde Waldeck Rochet von einem Gehirnschlag getroffen.
19 Paolo Bufalini, persönliche Mitteilung an die Autorin.

über der KPdSU eine Tendenz der »Politik der Störung« gibt und dass man in einem so schwierigen Moment lieber auf die eigenen Angelegenheiten schauen und nicht die Nase in die Angelegenheiten der anderen stecken soll. In Amendola, wie auch in anderen Parteiführern, die 1956 in der ersten Reihe standen, um eine Erneuerung zu fordern, kommt jetzt die Furcht vor einem endgültigen Bruch mit der Sowjetunion auf. Wie es Jahre später Rodano in den Zeiten des »Risses« (*lo strappo*) prägnant sagen wird: Es ist die Angst, »vom Rücken des Riesen herunterzufallen«, die Kraft zu verlieren, die von der Entscheidung für ein eigenes Spielfeld in einer in Blöcke aufgeteilten Welt kommt.

Sowohl Berlinguer als auch Longo sind immer noch der Meinung, dass es nicht zu einem ausdrücklichen Bruch kommen sollte. Auch wenn er das Vertrauen in den realen Sozialismus verloren hat, vertritt Enrico den Standpunkt, dass die KPI in verschiedenen Konflikten eine wichtige Vermittlerrolle ausüben und gleichzeitig dabei ihre eigene Autonomie stärken kann. Am Ende, auch wenn Pajetta und Amendola dagegen sind, stimmt die Parteileitung dafür, sich bei der abschließenden Erklärung der Konferenz der Stimme zu enthalten.

Noch einmal fährt Berlinguer mit Bufalini, Galluzzi und Cossutta in die Sowjetunion. Jetzt, da die Vorbereitungsarbeiten abgeschlossen sind, herrscht in Moskau die Stimmung wie bei einer offiziellen Parade. Die Sowjets setzen ihre Hoffnung auf ein großes Konzil, das die Stürme in der kommunistischen Welt mildern und ihre wackelige Führung neu bekräftigen wird. Unter den 67 Parteien, die das Wort ergreifen, sind die Italiener die einzigen, die ihnen ernste Sorgen bereiten.

Vom ersten Tag an ist die Datscha auf den grünen Hängen der Leninhügel, in der die Delegation der KPI untergebracht ist, praktisch unter Belagerung. In einem Bruch des Protokolls, das nur ein offizielles Mittagessen bei der Ankunft vorsieht, verbringen die Männer aus dem Kreml die Tage damit, Berlinguer und seinen Genossen Frühstück und Abendessen aufzutischen. Nach dem Essen bleibt Kirilenko[20] anwesend, wie ein Pensionist, der nicht weiß, wie er die Zeit verbringen soll, und spielt mit Berlinguer Billard und unendlich viele Schachpartien. Beim Schach erweist sich der Sowjetführer als der Bessere. Aber im Billard gewinnt Enrico, der darin seinerseits die alte Erfahrung aus der Bar »Rubattu« mitbringt. Zwischen einer Partie und einem Glas Wodka gibt es immer dieselben Gespräche. Wie könnt ihr euch vorstellen, der Erklärung nicht zuzustimmen, die Einheit der kommunistischen Bewegung in einem so schwie-

20 Andrei Kirilenko (1906–1990), Kandidat des Politbüros der KPdSU (1957–1962), Vollmitglied des Politbüros (1962–1982), Sekretär des ZK der KPdSU (1966–1982).

rigen Moment zu brechen? Wie könnt ihr die grundlegenden Gesetze des Marxismus nicht beachten? Auch als die Sowjets sie schließlich allein lassen, fühlen sich Berlinguer und die anderen kontrolliert. Man braucht nicht viel Fantasie, um sich vorzustellen, dass die Datscha voll von Abhörmikrofonen ist. So gehen sie in einen Obstgarten, der an den die Villa umgebenden Garten angrenzt. So können sie an der Rede feilen, die Berlinguer halten soll, ohne abgehört zu werden. »Wir haben uns unter einem Apfelbaum niedergelassen, mit den Notizblättern der Rede auf den Knien. Während wir diskutierten, setzte ein dichter Nieselregen ein. Als wir in die Datscha zurückkehrten, waren wir komplett durchnässt«, erinnert sich Galluzzi.

Der Druck und die Umzingelung machen Berlinguer Sorgen. Beides ist stärker, als erwartet wurde. Einer der Männer aus der Delegation, Armando Cossutta, genießt im Kreml besondere Sympathie. Er ist nicht nur Mitglied der Delegation, sondern auch Präsident der Ital Tourist, einer italienisch-sowjetischen Reiseagentur, weswegen er sich sehr häufig in Moskau aufhält. Wie die anderen Mitglieder der Delegation verurteilte auch er den Einmarsch in die Tschechoslowakei. Aber kurze Zeit später wurde er von Longo diskret damit beauftragt, die Reaktionen der Russen herauszufinden.[21] Darüber hinaus ist er ein persönlicher Freund von Kirilenko, den er auf dessen Rundreise in Italien begleitet hat. Armando Cossutta erinnert sich: »Als wir inzwischen kurz vor der Eröffnung der Konferenz standen, hat uns Enrico zu sich gerufen. ›Es ist notwendig, dass einer von uns nach Rom reist und dort erzählt, was hier vor sich geht. Und dass er mit einem präzisen Auftrag der Leitung in Bezug auf die Entscheidung zurückkommt, sich der Stimme zu enthalten. Ich schlage vor, dass mit dieser Mission Genosse Cossutta beauftragt wird‹, sagte er.«[22]

Es ist der typische Zug eines Spielers, der sich seiner Karten sicher sein will. Und die Sowjets, die immer noch auf eine Änderung der Positionen der Italiener hoffen, stellen Cossutta eine private Iljuschin-Maschine zur Verfügung. Das alles passiert innerhalb eines Tages. Longo wird per Telefon benachrichtigt, und als das Flugzeug in Rom-Ciampino landet, ist die Führung schon um einen Tisch herum versammelt. Die Entscheidung zur Stimmenthaltung wird noch einmal bestätigt, und am Abend ist die Maschine mit ihrem einzigen Passagier wieder in Moskau.

21 Die Episode wurde von Armando Cossutta beschrieben in: *Lo strappo (Der Riss)*, Milano 1982.
22 Armando Cossutta, persönliche Mitteilung an die Autorin.

Der Samen des Zweifels

Die Sowjets scheinen ungeduldig zu sein und wollen die Ergebnisse der Reise möglichst schnell erfahren. Cossutta erinnert sich: »Berlinguer hat mich gebeten, ihn zu den Gesprächen mit ihnen zu begleiten. In einem wunderschönen Saal im Kreml haben wir das gesamte, aufgereihte Politbüro angetroffen. Einige von ihnen reagierten hart und wollten uns noch einmal überzeugen. Aber Breschnew beendet die Diskussion abrupt und fasste sich kurz: ›Die italienische kommunistische Partei ist eine große Partei, die weiß, was sie tut. Wenn sie nein sagt, ist es ein Nein, wenn sie ja sagt, ist es ein Ja. Die Dinge, die uns verbinden, sind auf jeden Fall gewichtiger als jene, die uns trennen.‹« Zum zweiten Mal nach der Tschechoslowakei kassiert der große Bruder zumindest scheinbar eine Niederlage.

Dieses Mal ist die Schmach noch eklatanter. Einen Tag später, am 7. Juni 1969, beginnt im Kreml die Konferenz.

Vor einem gleichmütigen Publikum von Parteisekretären und Staatschefs beginnt Berlinguer, seine Rede in einem leisen Ton vorzulesen. Aber nach und nach wird seine Stimme lauter. Seine Sätze beinhalten alle Antworten, die er Suslow, Ponomarjow und Kirilenko nicht gab. »Wir lehnen das Konzept ab, wonach es nur ein einziges Modell der sozialistischen Gesellschaft geben kann, gültig für alle Situationen [...]. In Wahrheit existieren dieselben allgemeinen Gesetze der gesellschaftlichen Entwicklung niemals in einem reinen Zustand, sondern immer nur in einer besonderen Wirklichkeit, historisch bedingt und unwiederholbar. Diese zwei Aspekte gegenüberzustellen, ist schematisch und dogmatisch und bedeutet, das Wesen des Marxismus selbst zu leugnen.« Das ist nicht mehr nur eine Forderung nach Autonomie. Es ist ein Angriff auf die Sowjets auf der Ebene des ideologischen Monopols.

Kurz danach skizziert Berlinguer in seiner Rede das Modell des italienischen Weges zum Sozialismus als »pluralistisch und demokratisch«. Und Breschnew, der von der »beschränkten Souveränität« theoretisierte, antwortet er, dass der Einmarsch in die Tschechoslowakei »eine unterschiedliche Auffassung in Bezug auf Fragen von wichtiger Bedeutung« ans Tageslicht gebracht hat: »die nationale Souveränität, die sozialistische Demokratie, die Freiheit der Kultur.«[23]

---

23 Enrico Berlinguer: *Unità e autonomia del movimento operaio e comunista internazionale (Einheit und Autonomie der internationalen Arbeiter- und kommunistischen Bewegung)*, in: Antonio Tatò (Hg.), *La questione coumnista (Die kommunistische Frage)*, Roma 1975.

Es geschieht zum ersten Mal, dass im Kreml ein andersartiges Modell des Kommunismus dargelegt wird. Das macht großen Eindruck. Berlinguers Name findet sich auf den ersten Seiten der großen westlichen Tageszeitungen. »Le Monde« widmet ihm am 13. Juni sogar einen Leitartikel, um darin festzuhalten, dass die Rede des italienischen Parteiführers zum ersten Mal die übliche Düsterkeit einer kommunistischen Konferenz verlassen hat. Der Dissens durch die KPI wird, so »Le Monde«, für die kommunistische Welt nicht folgenlos bleiben, denn inzwischen »ist der Samen des Zweifels gesät«. Giancarlo Pajetta, der nicht unter jenen war, die sich für die Entscheidung der Stimmenthaltung stark gemacht haben, erinnert sich: »Eben um zu zeigen, dass die gesamte KPI angesichts einer so großen Bewährungsprobe vereint war, holte ich Enrico nach seiner Rückkehr aus Moskau am Flughafen ab. Wenn jemand in der Geschichte der KPI um jeden Preis einen ersten »Riss« *(lo strappo)* zwischen der KPI und der UdSSR finden wollte, dann ist es jener Moment.«[24]

Bei der Stimmenthaltung fanden sich an der Seite der italienischen Kommunisten nur die australische Partei, die Partei von Réunion[25] und jene von San Marino. Und sonst niemand. Aber wie auch die italienische Presse bemerkt hatte, war die KPI alles andere als isoliert. Im Gegenteil, innerhalb des politischen Lagers der Kommunisten, das seit Längerem schon nicht mehr einheitlich ist, ist ein neuer Bezugspunkt hervorgetreten. Es ist der erste Keim eines Prozesses, der einen langen Weg vor sich haben wird. Berlinguer, der das Spiel anführte, hat damit die Rolle eines internationalen politischen Führers erobert, noch bevor er Generalsekretär der KPI wurde.

24 Giancarlo Pajetta, persönliche Mitteilung an die Autorin.

25 Die Insel Réunion ist ein französisches Überseedepartement im Indischen Ozean.

XI.
Die Geburt eines politischen Anführers

Zwei Monate waren seit jenem August 1968 vergangen, als die KPI den Einmarsch in die Tschechoslowakei verurteilt hatte. Luigi Longo, der Generalsekretär der Partei, der Nein gesagt hatte, erlitt einen Hirnschlag, was später auch Waldeck Rochet widerfahren wird, dem französischen kommunistischen Generalsekretär, der sich der Erpressung durch die Sowjets hingegen beugte. Überwältigt vom Stress allzu großer Emotionen, bleiben die beiden alten Kommunisten teilweise beeinträchtigt zurück.

Dass Berlinguer zum kleinen Kreis der Nachfolgekandidaten gehört, wissen viele in der Parteizentrale. Schon im Frühling 1968 wollte Longo, damals noch in sehr guter Verfassung, um jeden Preis, dass drei Namen auf der Kandidatenliste für die Parlamentswahlen stehen: Giorgio Napolitano, Alessandro Natta und Enrico Berlinguer. Schon lag die Idee in der Luft, einen stellvertretenden Generalsekretär zu bestimmen. Und in der kommunistischen Praxis waren die Männer an der Parteispitze immer Teil des Parlaments.

Bis zu diesem Zeitpunkt wollte Berlinguer niemals daran denken, Abgeordneter zu werden. Im Gegensatz zu Togliatti hat Enrico weder Lust auf die parlamentarische Arbeit noch spürt er die Faszination des Parlaments. Bis zu diesem Zeitpunkt widmete er seine Leidenschaft, neben den internationalen Beziehungen, ganz der Arbeit in der Parteizentrale, dem Aufbau jenes eigenartigen, komplizierten Gebildes einer politischen Partei. Auch 1968 besteht Berlinguer darauf, nicht auf die Kandidatenliste gesetzt zu werden. Und als die Parteileitung entscheidet, ihn als Spitzenkandidat in Rom, dem Wahlkreis Togliattis aufzustellen, fordert er mit seiner typischen Sturheit, dass im Protokoll niedergeschrieben wird, dass er dagegen gestimmt hatte.

Wie man seit dem XI. Parteikongress sehen konnte, setzt die Parteirechte auf Giorgio Napolitano. Viele wiederholen ständig, dass er der designierte Nachfolger sei. Hinterher negiert Napolitano, dass es tatsächlich so gewesen sei. »Man sagt also, dass ich der Liebling war. Das war eine übereilte Interpretation. Longo hat mir die schwierige Funktion für den Zusammenhalt übertragen, weil er dachte, dass ich, der ich außerhalb des alten Sekretariats stand, für diese Aufgabe passender wäre.

Aber es gab keine Vorwegnahme der Entscheidung im Voraus. Im Frühling 1968 waren wir alle drei Kandidaten gleichauf im Rennen, ohne dass es für einen von uns dreien besondere Präferenzen gab.«[1]

Nach der Hirnblutung und der darauffolgenden teilweisen Besserung beginnt Longo mit den Konsultationen. Seine persönlichen Präferenzen liegen bei Berlinguer. Aber die Situation ist wohl schwieriger als vorhergesehen. Jetzt geht es nicht nur darum, einen stellvertretenden Generalsekretär zu bestimmen. In der Praxis muss, auch wenn das Amt formell noch drei weitere Jahre von Longo ausgeübt werden wird, der eigentliche Generalsekretär bestimmt werden. Es ist ein sehr heikler Moment. Der Parteikongress wird verschoben, während die Parteizentrale durch das Dilemma in der Nachfolgefrage von Longo wie gelähmt ist. Unweigerlich sind die Namen der alten Parteiführer zurück im Spiel, die das Jahr 1966 so dramatisch gestaltet haben.

Eines Morgens trifft Giorgio Amendola auf dem Flur der Leitung unerwartet auf Pietro Ingrao. Die Beziehungen zwischen den beiden sind sicherlich nicht idyllisch. Amendola blickt für einen Augenblick in das Gesicht seines historischen Gegners und sagt ihm dann ohne viel Umschweife: »Ich ziehe mich aus dem Spiel zurück. Zieh Du dich auch zurück, dann wählen wir Berlinguer.« Die Führer der beiden extremen Flügel haben verstanden, dass keiner der beiden ausreichend Macht hat, um es zu schaffen. Und auch, dass die Nominierung von einem von ihnen die Partei spalten würde. Es sollte eine Wahl getroffen werden, die eine Generation überspringt und das Amt einem Mann aus der Mitte anvertraut, der allen Kontinuität garantieren würde.

Natürlich ist es notwendig, auch die Meinung der Leitung und der angesehensten Mitglieder des Apparates zu erfragen. Für diese Konsultationen werden Armando Cossutta und Agostino Novella[2] beauftragt. Ihre Arbeit erweist sich als viel leichter. Ein guter Teil der Befragten ist mit dem Namen Berlinguer einverstanden: Natta und Napolitano ziehen sich mit großem Fair Play aus dem Spiel zurück. Der Einzige, der ein gewisses Zögern zeigt, ist der Ausgewählte selbst.

Auch wenn Longos Präferenzen von Anfang an ihm gelten und sich jetzt die gesamte Parteispitze für ihn ausspricht, zögert Berlinguer, bevor er annimmt. In der Sitzung des Politbüros, auf der er nominiert wird, äußert er seine Bedenken. Überwältigt von der Last, den Stuhl von Togliatti erben zu müssen,

1 Giorgio Napolitano, persönliche Mitteilung an die Autorin.

2 Agostino Novella hatte kurz zuvor die CGIL verlassen, um in die Leitungsgruppe der KPI kooptiert zu werden.

fürchtet er die Härte der ihm bevorstehenden Aufgabe. Nur mit ganz wenigen Personen spricht er über seine Zweifel. Aber das Zögern ist ehrlich, nicht diplomatisch. Und so kann Berlinguer nach der Wahlniederlage von 1979, als jemand sein Amt an der Parteispitze infrage stellt, dem vollständig versammelten Zentralkomitee sagen, ohne dabei fürchten zu müssen, dementiert zu werden: »Ich habe nichts dafür gemacht, Generalsekretär der Partei zu werden, und ich werde nichts machen, um es zu bleiben.«

Che quält Italien, oder: Das, was Italien quält

Der XII. Parteikongress, der die Nominierung von Berlinguer als stellvertretender Generalsekretär bestätigt, findet vom 8. bis 15. Februar 1969 in Bologna im Sportpalast statt. Auf der Bühne der Parteileitung steht überdimensioniert geschrieben: »Um aus der Krise zu kommen, die Italien quält«. In Wirklichkeit sind es zu diesem Zeitpunkt die Kommunisten, die am meisten gequält sind. Die KPI wurde einer durch die Welle des französischen Mai 1968 und den großen Arbeiterkämpfen inspirierten Protestbewegung völlig überfahren. Die Gruppe der Linken, von der sich Ingrao inzwischen distanziert hat, und die etwas später »il manifesto« ins Leben rufen wird, bereitet ihre Offensive vor. Auch wenn es auf den lokalen und regionalen Kongressen, die dem Parteikongress vorausgingen, eine harte Auswahl gibt, ist eine bestimmte Anzahl von Delegierten offen andersdenkend. Aber den »Chinesen«, wie die Anhänger von Pintor und Rossanda genannt werden, gelingt es, unter den Eingeladenen viele Sympathisanten einzuschleusen. Einer von ihnen ist der chilenische Maler Roberto Matta, der seine Interpretation des Parteikongresses in einem Bild zum Ausdruck bringt, welches er eben in diesen Tagen malt. Der Titel des Bildes, mit einer klaren Anspielung auf die Schrift des Parteikongresses, lautet: »Il Che travaglia l'Italia«.[3] Und tatsächlich treibt sich der Mythos Guevara zusammen mit Fidel Castro, General Giáp[4] und Mao im Geiste des kommunistischen Parteivolkes um, das so rege und so linksorientiert wie nie zuvor ist. Das bemerkt Giorgio Amendola, der gewohnt ist, das Publikum mit seiner leidenschaftlichen Redekunst und einer donnernden Stimme mitzureißen. Zu Beginn

---

3 Ein Wortspiel, das als »Che quält Italien« oder »Das, was Italien quält« übersetzt werden kann.

4 Võ Nguyên Giáp (1911–2013), vietnamesischer General, Politiker und Guerillakämpfer, militärischer Führer der Việt-Minh-Truppen im Unabhängigkeitskampf gegen die französische Kolonialherrschaft, Sekretär der Zentralen Militärkommission der kommunistischen Partei Vietnams (1946–1977), Verteidigungsminister der Demokratischen Republik Vietnam (1948–1980), Oberbefehlshaber der (Nord-)Vietnamesischen Volksarmee während des Vietnamkrieges.

seiner Rede verkündet er »keine Nachsicht, keine Koketterie« für den jugendlichen Extremismus. Schließlich endet er immer leiser werdend »wie in einer Verwirrung angesichts des Verlusts des Kontaktes mit dem Publikum«, wie die Tageszeitung »La Stampa« anmerkt.[5] Es ist klar, dass der Einfluss der Linken weit über ihr zahlenmäßiges Gewicht hinausgeht.

Etwas später scheint sich Luigi Pintor praktisch vom Togliattismus lossagen zu wollen. »Einige Jahre zuvor wäre er dafür ausgeschlossen worden«, wie Enzo Forcella in der Tageszeitung »Il Giorno« kommentiert.[6] Rossana Rossanda wagt es, in einer heftig applaudierten Rede das Tabuthema China zur Sprache zu bringen, und wirft offen das Problem der Revolution im kapitalistischen Westen auf. Als extreme Gegenposition denkt Giorgio Napolitano nur an die institutionelle Politik und spricht von einer »demokratischen Regierungsalternative«, die die Kommunisten miteinbeziehen müsse. Ambrogio Donini[7] stimmt Lobeshymnen auf die gute alte Sowjetunion an, während der Tagungspräsident, Pio La Torre, gestikulierend zu verstehen gibt, er möge sich kurzfassen. Es ist ein unausgewogener und gespaltener Parteikongress, auf dem alles passieren kann und der anders als alle anderen kommunistische Parteikongresse ist. Das bemerken die Journalisten, die den Delegierten hinterherlaufen, welche die neuen revolutionären Wege lobpreisen, und andere Delegierte treffen, die murmeln: »Die Panzer von Prag bräuchte man auch hier.«

Es ist vor allem das Gefühl, dass die KPI bereits keinen wahren Chef mehr hat, das ein unsicheres und schwankendes Klima schafft. Luigi Longo liest mit heldenhafter Anstrengung seinen 83 Seiten langen Bericht vor, wobei er oft über die Worte stolpert. Er sitzt dabei auf einer Art Barhocker, um dem Publikum den Eindruck zu vermitteln, er stünde in Wirklichkeit. Aber hinter ihm bemerken viele die Gestalt von Mario Spallone, dem Vertrauensarzt der Parteizentrale. Es scheint fast so, als ob dieser Longo bei dessen Bemühungen, den Vortrag der Rede durchzuhalten, unterstützen würde. Vor diesem Hintergrund ist es nicht schwer zu verstehen, dass Luigi Longo in der Zwischenzeit nur mehr ein Generalsekretär mit halber Kraft ist.

---

5 Fausto De Luca: *Amendola contro l'estremismo dei giovani* (*Amendola gegen den Extremismus der Jungen*), in: La Stampa, 12. Februar 1969.

6 Enzo Forcella: *Si fa viva la nuova sinistra* (*Die neue Linke zeigt sich*), in: Il Giorno, 11. Februar 1969.

7 Ambrogio Donini (1903–1991), Historiker, Professor an der Universität Rom (1946–1959) und Universität Bari (1960–1971), Mitglied des Senates (1953–1963) für die KPI, stellvertretender Chefredakteur der »Rinascita« (1949–1953), Sekretär der italienisch-sowjetischen Gesellschaft (1960/1961), lehnte 1968 eine Verurteilung des Einmarsches der Warschauer-Pakt-Truppen in die ČSSR ab.

Die Ernennung

Schon seit dem Nachmittag am Mittwoch, dem 12. Februar, war Berlinguer von seinem Platz am Tisch der Parteileitung verschwunden. Eingeschlossen in einem Zimmer des Hotel Garden verbringt er dort die letzten drei Tage des Parteikongresses, um – mithilfe von Paolo Bufalini – die Worte der Abschlussrede abzuwiegen und um am verschriftlichten Text zu feilen. Eine Aufgabe, die normalerweise dem amtierenden Generalsekretär zusteht und Berlinguers Ernennung zum tatsächlichen Chef der KPI markiert.

Unter den Journalisten, die noch nicht vollständig über die Entscheidungen der Parteizentrale informiert sind, ist mit immer größerer Hartnäckigkeit der Name Berlinguer im Umlauf. Nur wenige wissen, wer er ist und was er bisher gemacht hat. Die künstliche Darstellung seiner Person als ein grauer Mann des Apparates ohne eine wirkliche Geschichte innerhalb der Partei überwiegt. Jemand zieht alte Witze aus der Tasche, etwa das Wortspiel »sardo-muto«.[8] Ein Berichterstatter hält Amendola auf, der gerade während einer Arbeitspause einen Spaziergang mit Napolitano macht. »Also, nach so vielen Ungewissheiten seid ihr dann doch dazugekommen, einen Bürokraten auszuwählen.« »Unterschätzen Sie uns nicht. Sie kennen die Personalreserven nicht, über die wir verfügen«, antwortet ihm Amendola, der niemals mit Berlinguer sympathisiert hat, aber dessen Fähigkeiten kennt und weiß, dass dieser jetzt der Mann ist, den man braucht. Vor Genossen gesteht er im engsten Kreis: »Berlinguer hat das Geschick, interne Gegensätze zu überwinden, anstatt sie zu verschärfen. Das ist eine Fähigkeit, die mir immer gefehlt hat.«[9]

In seiner Abschlussrede vor dem Parteikongress geht Berlinguer weit über dieses charakteristische Geschick von ihm hinaus. Der geduldige Vermittler, der Parteiführer, der es gewohnt ist, die Sätze abzuwiegen, allzu entschlossene Behauptungen mit etwas zu dämpfen, das diese in Zweifel stellt und abmildert, zögert jetzt nicht, die großen Fragen, die die KPI spalten, anzupacken. Nachdem die Zweifel und Ungewissheiten überwunden sind, beginnt er mit einer unerwarteten Aussage, indem er diesen XII. Parteikongress mit dem V., also mit jenem der Wiedergründung, und dem VIII., jenem der Entstalinisierung vergleicht. Gleich danach greift er den heikelsten Punkt auf, nämlich die Pro-

8 Ein Hinweis auf »sordo-muto«, im Italienischen heißt taub »muto« und stumm »sordo«, klingt fast wie »sardo« (dt.: »sardisch«). Hier wurde mit leicht abwertendem Unterton auf die sardischen Wurzeln von Berlinguer angespielt.

9 Davide Lajolo: *Finestre aperte alle Botteghe Oscure (Offene Fenster in der Parteizentrale)*, Milano 1975.

testbewegung, die er in einen breiteren europäischen Kontext einordnet. Er behauptet, dass die neuen Kämpfe der Arbeiter und der Studenten eine »besondere Bedeutung und einen besonderen Wert« haben, da sie »eine historische Leere« füllen, die »sich nach dem Ersten Weltkrieg mit der Niederlage der Arbeiterbewegungen in den kapitalistischen Ländern geöffnet hat.« Und das ist schon eine überraschende Aussage. Aber Berlinguer vertieft seine Analysen und kommt dabei zur Feststellung, dass »in Italien gerade eine demokratische Bewegung und eine revolutionäre Bewegung entstehen, die weit über die kommunistische Partei hinausgehen und deren Entwicklung wir begünstigen wollen.« Und deshalb müssen die Kommunisten »jede Form des ausschließlich alleinigen Machtanspruchs und der Anmaßung durch die Partei« hinter sich lassen, die im Übrigen weder den Bedürfnissen des Kampfes noch unserer Auffassung hinsichtlich des Zugangs und der Ausübung von Macht entsprechen.«

Berlinguer erfasst scharfsinnig die positive Substanz von 1968. »In jedem Kampf, egal wie unmittelbar und elementar er ist, egal, was seine Reichweite, seine Inhalte und Ziele sind, und unabhängig von der Bewusstseinsreifung entstehen [...] Probleme der Freiheit, der Demokratie, der Teilnahme, der Kontrolle und der Macht.« Dies ist eine Auffassung, die sich zumindest bis zu einem gewissen Punkt als wichtiger erweisen wird als die harten Auseinandersetzungen, die in den frühen 1970er-Jahren die Kommunisten von den Ultralinken trennen werden. Tatsächlich wird sie es der KPI von Berlinguer ermöglichen, von dieser »anderen« Linken nicht überrollt zu werden, wie es anderen europäischen kommunistischen Parteien der Fall sein wird. Selbst dann nicht, wenn die Auseinandersetzung scheinbar an Härte zunehmen. Nachdem die wütendsten Auseinandersetzungen vorbei sein werden, kann die KPI diese »andere« Linke zumindest teilweise absorbieren und ihr eigenes Vorankommen darauf aufbauen. Aus einigen dieser Splittergruppen der »anderen« Linken, die außen vor bleiben und in keiner Hinsicht Teil der KPI-Familie sind, wird später der Terrorismus entstehen.

Gleichzeitig definiert Berlinguer, wie Togliatti in einer dramatischeren Periode, die »unüberwindbaren Grenzen« der neuen Orthodoxie. Scherzen wir nicht mit Gramsci, erwidert er im Großen und Ganzen auf Pintors Analysen. Und Rossanda, die eine sprichwörtliche Lobeshymne auf die chinesische Kulturrevolution singt, antwortet er Machiavelli zitierend: »Macht es Sinn, Genossin Rossanda, über Republiken und Fürstentümer zu diskutieren, die man weder jemals gesehen noch selbst erlebt hat?« Das heißt im Großen und Ganzen: Lassen wir die Abstraktionen beiseite, denken wir eher daran, einen neuen westlichen Sozialismus aufzubauen.

In Bologna greift Berlinguer auch die Frage der Beziehungen mit der UdSSR auf und nimmt dabei den Inhalt seiner Rede im Juni auf der Konferenz der Arbeiter- und kommunistischen Parteien in Moskau vorweg. Er kritisiert die parteiinterne Rechte hart, die nur über politische Manöver nachdenkt, um schon in kurzer Zeit in die Regierung einzutreten. Zum Abschluss erspart er sich nicht einen Aufruf zu »genauen, moralischen Regeln«, die eine »säkulare, weltliche, rationale« Kraft, wie sie die kommunistische Partei sein will, weiterhin respektieren muss. Nach dem Ende seiner Rede hält der Applaus einige Minuten an. Alle Männer der Parteiführung verlassen ihren Platz am Tisch der Leitung und umringen ihn, nehmen ihn in die Mitte, um damit praktisch auch visuell zu zeigen, dass die KPI einen neuen Leader hat.

Der Riss des »Manifesto«

Der Erfolg von Bologna weist aber auch einen dunklen Fleck auf. Die extreme Linke konnte nicht überzeugt werden. Vielmehr hat sie erreicht, in einem Schlussantrag die Gegenposition zum Standpunkt der Mehrheit zum Ausdruck bringen zu können. Mit Unterstützung von Longo kämpfte Berlinguer darum, dass den drei Dissidenten, Rossanda, Pintor und Natoli, die Posten im Zentralkomitee erhalten blieben. Der neue stellvertretende Generalsekretär will seine Zeit als politischer Anführer sicherlich nicht mit einer internen Repression beginnen, wie von der parteiinternen Rechten gefordert. Er hofft, dass die Dissidenten zu einer Art öffentliches Meinungsforum werden, wie es Jahre später beim »Laboratorio politico«[10] der Fall sein wird. Er denkt auch, dass die Existenz eines »andersartigen« kommunistischen Flügels als Verbindung zur Protestbewegung dienen kann. Dafür tut er alles, was ihm möglich scheint, um so einen Bruch zu vermeiden, wie die folgenden, bis jetzt unveröffentlichten Aussagen von Rossana Rossanda bestätigen.

An einem windigen Aprilvormittag sieht Berlinguer die dünne und anmutige Figur der Genossin Rossana in sein neues Büro in der Parteizentrale eintreten. Rossanda erklärt, dass sie zusammen mit weiteren Genossen mit einem linken Verlagshaus, Dedalo, vereinbart hat, eine Zeitschrift herauszubringen, die man »il manifesto« nennen wird. Rossanda erinnert sich: »Ich sicherte ihm zu, dass wir keine spalterischen Absichten haben, dass wir vor allem theoretische

10 Dt.: »Politisches Labor«, eine Zeitschrift, die 1981 in Rom von einer der KPI nahestehenden – und von dieser auch tolerierten – »Arbeitergruppe« gegründet wurde, erschien als Theorie- und Diskussionsforum bis 1983 zweimonatlich.

Studien durchführen wollen. Enrico blieb für eine Weile wortlos. Dann sagte er zu mir: ›Kommst du, um mich nach einem Rat zu fragen oder um mich von einer schon beschlossenen Sache zu benachrichtigen?‹ ›Ich weiß, ich würde Dich in eine peinliche Situation bringen, wenn ich Dich als Berater hinzuziehen würde. Wir wollten, dass du weißt, was wir gerade machen.‹ Im Großen und Ganzen versuchte er mich davon nicht abzubringen. ›Ich muss in Erfahrung bringen, was die anderen Genossen darüber denken. Ruf mich in einer Woche wieder an.‹ Also fragte ich ihn: ›Glaubst du, dass es disziplinarische Maßnahmen gegen uns geben wird?‹ Und Berlinguer sagte dazu: ›Nein, das steht außer Frage.‹«[11]

Rossanda erzählt, dass der Ton von Berlinguer beim Rückruf deutlich formeller war. »Die Genossen sind damit nicht einverstanden«, sagt er trocken. »Wir machen die Zeitschrift trotzdem. Aber bevor sie herauskommt, werde ich Dir einen Entwurf bringen.« Das Versprechen wird pünktlich eingehalten. Gegen Ende Mai findet ein erneutes Telefonat zwischen Rossanda und Berlinguer statt. »Das ist nicht nur eine Forschungspublikation. Es gibt sehr genaue politische Vorschläge. Ich reise gerade nach Moskau zur Konferenz ab, um dort unter anderem die Positionen von Dubček zu unterstützen. Lasst mich die Sowjets nicht mit der Last dieser Zeitschrift im Rücken treffen.« »Die Forderung erschien uns vernünftig. Tatsächlich ging die erste Nummer von »il manifesto« Mitte Juni raus in die Kioske, mehr als einen Monat, nachdem sie gedruckt worden war« erinnert sich Rossanda. In der Partei erzeugt die Zeitschrift einen Skandal, vor allem wegen der Forderung nach einem richtigen und tatsächlichen Bruch mit der UdSSR.

Inzwischen trifft Berlinguer mehrere Male die Dissidenten und versucht, dabei eine Versöhnung herbeizuführen, während gleichzeitig der »Fall Manifesto« bereits der fünften Parteikommission übertragen wird. Rossanda erinnert sich: »Im August hatte ich mit Enrico eine Reihe von Gesprächen, die die freiesten und authentischsten in unserer langjährigen Beziehung waren. Unter anderem haben wir offen über die Problematik des Dissenses gesprochen. Berlinguer war verblüfft über die Formulierungen, aber war sehr interessiert daran, zu einer Lösung zu kommen.« Die nach und nach erscheinenden Nummern sind jedoch immer peinlicher für die KPI. Luigi Pintor berichtet, dass er in dieser Zeit Berlinguer am Flughafen in Cagliari zufällig traf: »Ich habe noch nicht verstanden, ob ihr euch entschieden habt, mit der Partei zu brechen und

11 Rossana Rossanda, persönliche Mitteilung an die Autorin. Die Treffen wurden auf der Basis der Erinnerungen von Rossanda nachgezeichnet.

ihr daher eure Forderungen ständig erhöht, um ausgeschlossen zu werden, oder ob ihr aber einen Ausweg finden wollt«, sagt Berlinguer in extremer Offenheit zu ihm. »Ich habe ihm geantwortet, dass wir keine Rechnung angestellt haben, dass wir an unsere Position glauben und sie einbringen wollen, ohne darüber zu verhandeln, ohne sie abzuwerten.«[12]

Als in der veröffentlichten Nummer 5 von »il manifesto« behauptet wird, dass »Prag allein sei«, ist für die KPI das Maß voll. Nicht nur Amendola und die Parteirechte, sondern auch das gemäßigtere Zentrum nähert sich nun der Forderung nach Ausschluss an. Laut einem der Protagonisten der Spaltung, Aldo Natoli, soll dabei auch der Druck durch die Sowjets von großer Bedeutung gewesen sein. Demnach hätten Longo und Berlinguer für ihre kritische und eigenständige Haltung in Bezug auf den Einmarsch in der ČSSR zumindest ein Trostpflaster geben müssen. In einem letzten Gespräch wenige Tage vor dem Ausschluss soll ihm das Bufalini zu verstehen gegeben und ihm praktisch mit Tränen in den Augen erzählt haben: »Aldo, versuche zu verstehen, wir sind gezwungen, diesen Preis zu zahlen.« Berlinguer soll dabei gewesen sein, stumm und mit betretener Miene. Es ist eine Tatsache, dass Berlinguer selbst in der letzten Phase mit einer deutlich versöhnlich gestimmten Rede vor dem Zentralkomitee noch einmal zu vermitteln versucht. Das Zentralkomitee führt den Ausschlussprozess durch, Berichterstatter ist Natta. Vor allem will Berlinguer die Debatte in die Basis, in die Sektionen zurückverlegen. Als er Rossanda am Flur trifft, sagt er ihr beunruhigt: »Siehst Du, ich habe eine Verhandlungsbereitschaft herbeigeführt.« »Nein, du hast das Wesen unseres Dissenses nicht akzeptiert. Du kommst und forderst von uns Gehorsam«, antwortet ihm Rossana, die noch aufgeregter ist. »Ich fordere von Euch nur die Schließung von ›il manifesto‹, um die Frage in der Partei auf eine andere Weise erneut aufgreifen zu können«, erwidert Berlinguer.

Kurz nachdem im November die Maßnahme des Ausschlusses beschlossen worden ist, sagt ihm Rossanda mit Bitterkeit: »Wir lagen falsch, sowohl Du als auch ich, als wir dachten, dass es nicht zum Ausschluss kommen würde.« Enrico entgegnet: »Ihr wart unbeugsam.« Für den neuen stellvertretenden Generalsekretär ist der Ausschluss von »il manifesto« ein bitterer Vorfall. Ausgerechnet er, der gerade in Moskau für die Freiheit des Dissenses kämpft, ist gezwungen, in der Partei, zu deren Leiter er eben berufen wurde, Repression auszuüben. Über einige Zeit hinweg wird die Haltung von »il manifesto« gegen Berlinguer hart sein. Jahre später hingegen werden die Protagonisten der

12 Luigi Pintor, persönliche Mitteilung an die Autorin.

Spaltung ihm zugutehalten, die Debatte öffentlich gemacht zu haben. Damit wurde die Operation auf eine ganz andere Art und Weise durchgeführt und unterschied sich somit positiv von allen Aktionen, die jemals zuvor gegen Ketzer irgendeiner kommunistischen Partei in Gang gesetzt wurden. Im Gegensatz zu anderen Parteiführern bricht Berlinguer die persönlichen Beziehungen mit den Aktivisten von »il manifesto« jetzt nicht ab, er dämonisiert sie nicht. Das ist eine charakterliche Eigenschaft des neuen Leaders der KPI. Und es ist schon ein bedeutendes Signal dafür, welchen Stil das neue Sekretariat pflegen wird.

In einer jener geheimnisvollen Zufälligkeiten, die im Leben der Menschen vorkommen, stirbt unmittelbar nach dem Parteikongress Onkel Ettorino und einige Monate später am 6. Juli Berlinguers Vater. Der alte Rechtsanwalt erlitt einen Schlaganfall. Die Cousine Lina Siglienti erinnert sich: »Auf den Begräbnisfeierlichkeiten habe ich Enrico das erste Mal, seitdem er ein junger Mann war, rückhaltlos schluchzen gesehen, mit Tränen, die ihm im Gesicht herunterflossen, während er Letizia umarmte.« Berlinguer muss genau in dem Moment lernen, sein eigener Vater zu sein, als seine Zeit als politischer Anführer beginnt.

ZWEITER TEIL

XII.
Auf dem Stuhl von Togliatti

Es war vielleicht der Wind, der in dieser Nacht wehte und Berlinguer im frühen Morgengrauen in seinem Hotelzimmer aufweckte. Um die Beklemmung zu beherrschen, die ihn immer am Vortag wichtiger Ereignisse befällt, zündet sich Berlinguer die erste Zigarette des Tages an und blättert durch seine wie immer gut geordneten Blätter: den Text der Abschlussrede, die er am nächsten Vormittag dem Publikum des XIII. Kongresses der KPI vortragen muss, bevor er zum Generalsekretär der italienischen Kommunisten gewählt wird. Die höchste kommunistische Versammlung findet in einer unruhigen Atmosphäre statt, was ihn mit Besorgnis erfüllt. Vorzeitige Parlamentswahlen stehen vor der Tür, und in Mailand liegt Gewalt in der Luft.

Die Stadt der Bomben auf der Piazza Fontana[1] empfängt den Kongress mit einem Nachmittag der Unruhen. Eine Demonstration von Adamo Degli Occhis »Maggioranza silenziosa«,[2] die vom Polizeipräsidium gegen jede Vernunft genehmigt wurde, besetzt die Altstadt: Ihre Schläger aus dem Stadtteil San Babila stehen nur wenige Hundert Meter voneinander entfernt den Jungs vom harten Flügel der »Lotta Continua«[3] gegenüber, die zum ersten Mal eine Uniform der Stadtguerilla tragen. Die Polizei, die sich dazwischen befindet, geht gewaltsam vor und hinterlässt auf der Straße Dutzende Verletzte und einen Toten, den Pensionisten Giuseppe Tavecchio. Und danach kommt es zu einem Vorfall beim »Corriere della Sera«, der großen Zeitung des Establishments, die im Moment des Amtsantritts des neuen Chefredakteurs, Piero Ottone, von außerparlamentarischen Aktivisten gestürmt wird ...

---

1 Siehe dazu in diesem Kapitel das Unterkapitel »Der Extremist Berlinguer« (☛ S. 203 ff.).

2 Dt.: »Schweigende Mehrheit«, eine Bewegung, die im Februar 1971 in Mailand von Vertretern von Mitte-rechts (DC, darunter Personen, die später auf der Liste von P2 auftauchten) und der Rechten (Jugendfront des MSI) gegründet wurde, um mit eigener Mobilisierung der angeblichen Vorherrschaft der Linken auf den Straßen seit dem heißen Herbst 1969 entgegenzutreten. Von Anfang an versuchten der MSI und seine militanten Aktivisten, die Bewegung zu dominieren. Das definitive Ende der Bewegung markierten die Ereignisse rund um die Demonstration in Mailand am 12. April 1973, bei eine von zwei Protagonisten der Bewegung geworfene Handgranate ein Todesopfer erforderte.

3 Dt.: »Ständiger Kampf«, außerparlamentarische Gruppierung der Linken, die 1969 im Zusammenhang mit der Studentenbewegung entstand, entwickelte zunächst einen radikalen, teilweise auch gewaltbereiten Politikbegriff, Ende der 1970er-Jahre löste sich die Gruppe wieder auf, viele Mitglieder änderten ihre vormalige politische Einstellung zugunsten eines pragmatischeren Politikverständnisses und wechselten zu etablierten Parteien bzw. gründeten neue (z. B. die Grünen).

Das plötzlich klingelnde Telefon kündigte dem in seinen Blättern vertieften Berlinguer die unerwartete Ankunft eines Genossen aus der »L'Unità« an. Die Nachricht, die der Neuangekommene zu dieser ungewöhnlichen Stunde bringt, scheint für Berlinguer an der Grenze des Wahrscheinlichen zu liegen. Die Leiche von Giangiacomo Feltrinelli, milliardenschwerer Herausgeber, wurde am Vortag auf einer Wiese in Segrate gefunden, am Fuße eines Hochspannungsmastes in der Peripherie von Mailand, zerfetzt von einer Dynamitladung. Feltrinelli trug eine paramilitärische Uniform und hatte nur einen Identitätsausweis bei sich, ausgestellt auf den Namen eines gewissen Vincenzo Maggioni. Es dauerte keine zehn Stunden, bis die Carabinieri und die Männer des Polizeisonderkommandos »Squadra Politica« die wahre Identität des Toten herausfanden.

Es wurde beschlossen, die wahre Identität so lange wie möglich verborgen zu halten und den Zeitungen nur den Namen von Maggioni mitzuteilen. Die Geschichte schien aber so schwerwiegend zu sein, dass die Kommunisten umgehend informiert werden mussten. »Es ist eine gegen uns gerichtete Provokation, um unseren Kongress zu treffen. Dies ist die einzig mögliche Erklärung«, sagt ein ungewöhnlich blasser Berlinguer zu demjenigen, der neben ihm sitzt, während ein Auto der Partei ihn mit Blaulicht zum »PalaLido«,[4] dem Tagungsort des Parteikongresses, bringt.

Für Giangiacomo Feltrinelli hatte Berlinguer niemals besondere Sympathie gehabt. Er hatte ihm schon im lange zurückliegenden 1945 nicht gefallen, als er – in Mailand angekommen, um die Parteijugend zu reorganisieren – diesen introvertierten und aggressiven kräftigen Burschen, Sohn einer großbürgerlichen Familie, flüchtig getroffen hatte. Aber vor allem war Berlinguer über die in der letzten Zeit zunehmend extremistischen Entscheidungen Feltrinellis besorgt: die Kontakte mit bewaffneten Gruppen, später die Gründung der »Aktionsgruppen der Partisanen – Volksbefreiungsarmee« und der Gruppen der »revolutionären Aktion« sowie das Abtauchen in den Untergrund, aus dem heraus er mit einem Text in der Zeitschrift »Compagni«,[5] die seinem Freund Nanni Balestrini gehörte, zum bewaffneten Kampf aufrief.

Aber Feltrinelli war auch über viele Jahre hinweg ein kommunistischer Aktivist. Er gründete ein Verlagshaus, das seinen Namen trug und aufgrund seiner besonderen kulturellen und politischen Rolle erfolgreich war. Feltrinelli rief auch die »Bibliothek und das Institut zur Erforschung der Arbeiterbewe-

---

4 Mehrzweckhalle in Mailand, in der große Sportveranstaltungen, Konzerte, Tagungen, Kongresse sowie Messen stattfinden.

5 Dt.: »Genossen«.

gung« ins Leben, trieb diese voran, wobei er Beziehungen mit den größten Führern der Partei aufrechterhielt, beginnend mit Togliatti. Und dann gab es Feltrinellis Beziehung zu Pietro Secchia, dem alten Leiter der Organisation der Partei, der zwar zur Seite geschoben worden war, aber sich sicherlich noch nicht damit abgefunden hatte. In diesen Tagen nahm er zum ersten Mal in seinem Leben nicht am kommunistischen Kongress teil, da er in der Klinik des Genossen Spallone infolge eines weiteren obskuren Vorfalls eingesperrt war. Auf der Rückkehr von seiner Reise nach Chile wurde er von einer heftigen Lebensmittelvergiftung getroffen, und er dachte, er sei von der CIA[6] vergiftet worden. Auch wenn die Emissäre der KPI, die sich um die Krankheit kümmerten, ihm nicht glauben wollten, fügte Secchias Geschichte dem Vorfall von Feltrinellis Tod eine weitere, düstere Note hinzu.[7]

Auch wenn sich Berlinguer bemüht, an etwas anderes zu denken, hat er doch ständig die entsetzliche Beschreibung von jenem, der unter dem Hochspannungsmast gefunden worden ist, vor seinen Augen: der an einem Bein verstümmelte Körper Feltrinellis, den die Explosion etwa zehn Meter weit weggeschleudert hat, die Fleisch- und Knochensplitter auf dem Gras, die Dynamitstangen ... Dieser absurde Tod, der sich genau in den Tagen seiner Wahl zum Leader der größten kommunistischen Partei im Westen ereignet, wirkt auf ihn wie ein düsteres Zeichen. Wäre Berlinguer abergläubisch, könnte er vielleicht darin ein Omen für die weiteren, zukünftigen Dramen, für die weiteren mysteriösen und gewaltsamen Tode sehen. Aber Berlinguer war nicht abergläubisch.

Den ganzen Tag über war Enrico sehr angespannt. Während des Mittagessens zeigt er eine der wenigen rüpelhaften Gesten, die von ihm in Erinnerung bleiben: Er kritisiert heftig Carlo Galluzzi, den extrovertierten Florentiner, der für die Abteilung Presse und Propaganda verantwortlich ist, weil das Fernsehen parteiische Berichte über den Kongress veröffentlicht habe. Galluzzi ist wutentbrannt, droht, alles stehen zu lassen und zu verschwinden. Am nächsten Tag wird der zukünftige Generalsekretär Galluzzi öffentlich um Entschuldigung bitten, nachdem zuvor Berlinguer bewusst geworden ist, dass er übertrieben hat.[8]

---

6 US-amerikanischer Geheimdienst.

7 Professor Biocca, einer der Krankenhausärzte, die Secchia pflegten, berichtete Paolo Bufalini, der von der Partei dorthin geschickt wurde, von der These der Vergiftung. Aber Bufalini antwortete: »Und warum hätte ausgerechnet Secchia vergiftet werden sollen?« Etwas später wurde die Diagnose der Vergiftung von Professor Giunti, einem anderen der Krankenhausärzte, die ihn betreuten, erneut vorgelegt.

8 Carlo Galluzzi, persönliche Mitteilung an die Autorin.

Anders als gewohnt hört Berlinguer den letzten Reden nur unkonzentriert zu und wird erst dann wieder wachgerüttelt, als der Delegierte aus Chile, Volodia Teitelboim, das Wort ergreift. Seit fast zwei Jahren läuft Salvador Allendes Experiment, einen chilenischen Weg zum Sozialismus zu entwickeln, was viele Hoffnungen bei der italienischen Linken hervorgerufen hat. »Heute ist Chile ein lebhaftes soziales Labor, in dem versucht wird, die revolutionären Werte mit dem Pluralismus und dem Mehrparteiensystem zu vereinen«, sagt Teitelboim, während das kommunistische Parteivolk im »PalaLido« stehend applaudiert.

Am Nachmittag schreibt Berlinguer mehrere Male die Passage zum Tod von Feltrinelli um, die der Rede für den nächsten Tag hinzugefügt werden muss. Über die Nachricht von der wahren Identität der Leiche aus Segrate wird in den Abendzeitungen ausführlich berichtet. Mailand ist gespalten zwischen einer libertären Linken, die einen politischen Mord beklagt, und einer gemäßigten Rechten, die sich im Vorfall des toten »roten« Herausgebers unter dem Strommast in ihren Albträumen der Subversion bestätigt sieht. Es ist also notwendig, dass die KPI so schnell wie möglich Position bezieht.

Nach langem Zögern und Beratungen unter anderem mit Luigi Longo schreibt er eine harte Stellungnahme, eine Herausforderung an die christdemokratische Regierung. Diese steht in starkem Widerspruch zu den Vorschlägen einer Zusammenarbeit, die er eben in seinem Bericht unterbreitete. »Wer und was haben Giangiacomo Feltrinelli zu diesem tragischen Ende geführt? Es gibt den schwerwiegenden Verdacht einer schrecklichen Inszenierung [...]. Die Geschehnisse in Segrate mögen noch im Dunkeln sein, nicht aber der Umstand, dass die DC die Ordnung in unserem Land nicht sichergestellt hat und noch immer nicht sicherstellt. Und es ist eine Tatsache, dass die Bomben auf der Piazza Fontana und die Reihe von Terroranschlägen in diesen Jahren von der Art und Weise, wie die DC regiert, begünstigt wurden. Die Herausforderung der reaktionären Kräfte an die italienische Demokratie ist anmaßend und die Gefahren sind schwerwiegend. Aber wir nehmen diese Herausforderung an. Diese Herren sollen aufpassen, die DC soll aufpassen, dass sie sich nicht den Hals bricht.«

»Ich werde wohl weder ein Togliatti noch ein Longo sein ...«

»Genossen, ihr sollt wissen, dass ich kein Generalsekretär sein kann, wie ihr es von Togliatti und Longo kanntet ...« Diese Worte, die Enrico Berlinguer aus dem Stegreif vor einer kleinen Menge an Menschen im Zentralkomitee ausspricht, das ihn auf Vorschlag Longos zum Generalsekretär wählte, finden sich in keinem offiziellen Dokument der kommunistischen Partei. Sie sind nur im Gedächtnis derjenigen aufbewahrt, die an diesem Tag anwesend waren. Dennoch sind sie wichtig, um zu verstehen, wer der neue Generalsekretär ist und wie er handeln wird. »Erwartet nichts von mir, was ich nicht geben kann«, sagt Berlinguer im Großen und Ganzen. Ich gehöre nicht der heroischen Generation derer an, die mich zum Chef der KPI gewählt haben. Ich habe nicht die Vergangenheit eines Pajetta, eines Amendola, eines Terracini oder eines Novella.

Er spürte die ganze Last des kommunistischen Erbes. Dies lässt ihn gegenüber dem Enthusiasmus der Parteibasis zurückhaltend sein, was wiederum den englischen Journalisten Peter Nichols veranlasst zu schreiben: »Es schien fast so, als ob ihn die Ovationen zum Schluss störten, als ob er die Bewertung seiner selbst, die so dünn ist wie sein unglaublich magerer Körper, dämpfen wollte.« Dies ist die äußere Erscheinung. Im Inneren spürt Berlinguer auf eine fast physische Art die Härte der übernommenen Macht. Als Antwort auf eine handgeschriebene Glückwunschkarte, die ihm sein alter Freund aus dem kommunistischen Jugendverband FGCI, Gillo Pontecorvo, zukommen lässt, schreibt er spontan: »Lieber Gillo, ich bin ein bisschen ›größer‹ geworden, aber du kannst dir nicht vorstellen, wie ich die Grenzen meiner Kraft spüre, vor allem im Hinblick auf die Verantwortung, die plötzlich auf mir lastet.«[9] Vielleicht spürt er tief in sich, dass sich diese Last auch als allzu schwerwiegend herausstellen könnte. So schreibt er ein Jahr später einem alten Schulkollegen aus Sassari: »Man kann den Kampf, um das zu ändern, was nicht gut ist, nicht aufgeben. Es ist sicherlich schwierig, mitten im Gewühl an einem Ideal festzuhalten und sich dabei nicht in mehr oder weniger schlechte Aspekte, die es in jeder Schlacht gibt, verwickeln zu lassen. Aber eine Alternative dazu gibt es nicht.« Sein Leben und sein Tod haben dies eindrücklich gezeigt.

Es ist der 17. März 1972. Berlinguer steht kurz davor, 50 Jahre alt zu werden. Über drei extrem harte und schwierige Jahre hinweg hat er eine undankbare Aufgabe ausgeführt, nämlich jene des stellvertretenden Generalsekretärs, das heißt eines nicht ganz vollwertigen Leaders. Berlinguer ist dabei ein Anführer, der sich speziell in der ersten Zeit noch nicht völlig in den Vordergrund drängen wollte. Manchmal wiederholte er gegenüber Armando Cossutta, dem Organisator des Sekretariats, und dann bis 1975 tatsächlich auch sein Stellvertreter als Generalsekretär: »Es ist nicht gesagt, dass ich Generalsekretär werde.«

9 Gillo Pontecorvo hat die Karte aufbewahrt.

In Wirklichkeit hatte weder er noch irgendein anderer Kommunist in der Parteispitze wirkliche Zweifel an diesem Punkt gehabt.

Die äußerst belastende Aufgabe der Leitung der KPI nimmt Berlinguer als eine Pflicht und auf eine gewisse Art auch als eine Mission an. Ein unverdächtiger Zeuge, Luciano Lama,[10] der mit Berlinguer speziell in der letzten Phase sehr starke Auseinandersetzungen hatte, schreibt: »Die Macht um der Macht willen hat ihn niemals interessiert. Er war ein Mensch der höchsten und unstrittigen Ethik. Er sah die Politik als fast religiöse Schlacht. [...] Bei ihm habe ich niemals einen Ehrgeiz um des Ehrgeizes willen gespürt. Sicherlich, er wollte gewinnen. Er hat sich ständig dafür eingesetzt, manchmal auch aggressiv, zu gewinnen. Aber er strebte den Sieg für ein Ideal an, um eine Idee, ein gesellschaftliches Projekt durchzusetzen.«[11]

Man kann sicherlich sagen, dass Berlinguer in Bezug auf die mühseligen und dramatischen Jahre seines Sekretariats mehrmals seine Meinung hinsichtlich der einzuschlagenden Wege änderte, gleichzeitig hielt er aber ziemlich stabil an einem generellen Projekt fest.

Sowohl bei den Überlegungen zu den »Elementen des Sozialismus«, mit denen ein kapitalistisch-westliches Land verändert werden sollte, als auch mit dem Hinweis auf die Perspektive zu einem dritten Weg hat Berlinguer ein Modell der demokratischen, pluralistischen Gesellschaft im Kopf. Dieses ist charakterisiert durch komplexe Vertretungsformen, es ist nicht allzu konsumorientiert und gründet auf Gerechtigkeit und Gleichheit. Ein Modell, das in Teilen von dem Togliattis abwich, das Berlinguer in den ersten Jahren fortzusetzen vorgab.

Renzo Trivelli erinnert sich, dass Berlinguer ihm kurz nach dem Tod Togliattis sagte, dass es in der aktiven Politik des alten Generalsekretärs mindestens zwei Punkte gab, die ihn nicht überzeugten: Zum einen die Beziehungen in der Tradition der Dritten Internationale, also die Beziehungen mit der UdSSR, über die Togliatti in den Augen von Berlinguer bis zum Ende nicht hinausgegangen ist. Der andere Punkt betraf die Demokratie. Berlinguer meinte, Togliatti habe eine gewisse Zurückhaltung gegenüber der Demokratie als universellen Wert beibehalten. Und Berlinguer dachte auch, dass Togliatti keine wirklichen Hintergründe für den italienischen Weg zum Sozialismus geliefert hatte, was seinen Vorschlag teilweise unglaubwürdig erscheinen ließ. »Werden wir dazukommen,

10 Näheres zur Person siehe Kapitel: Die italienischen Hauptfiguren in Chiara Valentinis »Enrico Berlinguer« (☛ S. 458).

11 Luciano Lama: *Intervista sul mio partito (Interview über meine Partei)*, hg. von Giampaolo Pansa, Laterza/Bari 1967.

diese Fragen öffentlich zu diskutieren?«, fragte Trivelli Berlinguer. Und Berlinguer antwortete: »Mit der Zeit werden wir gegenüber Togliatti einen Standpunkt der Diskussion und nicht einen der Verherrlichung einnehmen müssen.« Aber später passierte dazu nichts. Warum? Trivelli antwortet darauf, indem er von einer weiteren privaten Unterhaltung mit Berlinguer zu Papst Johannes XXIII. berichtet. »Ein großer Verdienst von Papst Johannes XXIII.«, sagte Berlinguer, »bestand darin, alles verändert zu haben, ohne von seinen Vorgängern Abstand zu nehmen. Das ist der einzig mögliche Weg, große Institutionen zu erneuern, ohne dabei Katastrophen zu erzeugen. Wir haben gesehen, welches Ende es bei Chruschtschow genommen hat, weil er sich nicht an diese Regel gehalten hat.«

»Ecken und Kanten des Charakters …«

Die Tatsache, dass er nicht sofort zum obersten, sondern 1969 zunächst zum stellvertretenden Parteiführer gewählt wurde, erlaubte es Berlinguer, sein Leben etwas weniger drastisch zu ändern. So konnte er nach und nach Kontakt mit den Labyrinthen der Politik und mit dem ökonomischen Establishment, kurz gesagt, mit der Macht aufnehmen.

In dieser ersten Zeit warfen ihm seine Kritiker vor, etwas pedantisch Togliattis Stil nachzuahmen, allzu viel auf Details zu achten und nur wenig Lust auf offene Auseinandersetzungen zu haben.

In Italien setzt sich Berlinguer langsam durch, gerade wegen seiner zurückhaltenden Persönlichkeit, aufgrund derer er die politischen Spiele und besonders die der Massenmedien nicht gerne mitspielt. Die Durchsetzung des »Berlinguer-Stils« erfolgt in und außerhalb der Partei nach und nach. Über einige Jahre hinweg ist Enrico in den typischen Beschreibungen der Zeitungen eine »graue und traurige« Persönlichkeit, ein »stummer Sarde«. Diese Zuschreibungen sind wegen seiner Widerspenstigkeit und seiner Härte allerdings nur teilweise gerechtfertigt. Gianni Minoli, der Berlinguer Jahre später fragen wird: »Was stört Sie am meisten, über Sie zu hören?«, antwortet Berlinguer: »dass ich traurig sei, weil das nicht stimmt.« Im selben Gespräch gesteht er auch, dass sein größter Fehler immer darin bestand, »gewisse Ecken und Kanten im Charakter zu haben.«[12]

---

12 Interview mit Enrico Berlinguer, geführt von Gianni Minoli, Sendung *Mixer* in RAI 2, 27. April 1983.

In Bezug auf diese Ecken und Kanten geraten sofort Anekdoten in Umlauf. So wird erzählt, dass ein amerikanischer Journalist, dem es nicht gelang, Berlinguer auch nur eine einzige Erklärung zu entlocken, diesen fragte: »Könnten Sie mir zumindest sagen, wie alt Sie sind?« Berlinguers Antwort lautete: »Fragen Sie das die Presseabteilung meiner Partei, die bewahrt die biografischen Daten aller Führungspersonen auf.« Raffaele Mattioli, ein aufgeklärter Banker, der eine große Neugierde für neue Protagonisten hat, bittet ihn um ein vertrauliches Treffen. »Er ist ein Mensch von großer Intelligenz und Menschlichkeit. Schade, dass er all diesen ideologischen Kram mit sich herumtragen muss«, sagt er, anspielend auf das kulturelle kommunistische Gedankengut, das Berlinguer in diesen Jahren noch mit einer gewissen Orthodoxie zur Schau stellt.[13]

Auf den Gängen der Abgeordnetenkammer, wo Togliatti sich gewöhnlich mit Journalisten unterhielt und dabei beißende Witze über Freunde und Gegner erzählte, huscht Enrico immer mit einem Stapel Zeitungen unter den Arm geklemmt und mit einer schwarzen, überquellenden Tasche in der Hand wie ein Schatten vorbei, was fast wie eine Verteidigung gegen alles um ihn herum erscheint.

Der Christdemokrat Gerardo Bianco, der während der Periode der »nationalen Solidarität«[14] eine bedeutende Rolle einnahm, erinnert sich, dass er in mehr als 15 Jahren nur etwa 20 Wörter mit Berlinguer wechselte. »Er war in sich gekehrt, und keinem von uns wäre es in den Sinn gekommen, mit ihm ein Gespräch anzufangen. Andererseits war auch das Charisma, das um ihn herum nach und nach größer wurde, mit seiner Einsamkeit, mit dieser Andersartigkeit verbunden. Und seine Reden im Plenum, zum Beispiel, waren niemals so brillant wie jene von Ingrao, aber sie fesselten uns in unseren Reihen, und wir hörten ihm zu aufgrund des Tones der Ernsthaftigkeit und der Wahrheit, die uns aus seinen Worten herauszukommen schien.«

Es ist eine Rede in jenem Parlament, in dem er nicht hatte sitzen wollen, die gleich nach seiner Ernennung zum stellvertretenden Generalsekretär den

---

13 Sergio Siglienti, persönliche Mitteilung an die Autorin. Der Cousin von Enrico Berlinguer, der in der COMIT (Banca Commerciale Italiana) arbeitete, war der Organisator des Treffens. Für dieses Treffen musste Berlinguer seine Anwesenheit bei einer Aufführung des *Parsifal* von Wagner in der Scala absagen, die ihm sehr am Herzen lag.

14 Die Periode der »nationalen Solidarität« meint die christdemokratischen Minderheitsregierungen zwischen Juli 1976 bis März 1979, geführt von Giulio Andreotti, toleriert von der KPI, zunächst mittels Stimmenthaltung (»Nicht-Misstrauen«) bei den Vertrauensabstimmungen in beiden Kammern des Parlaments, ab März 1978 auch als Teil der parlamentarischen Mehrheit (wenngleich ohne Vertretung in der Regierung selbst). Manchmal wird für diese Periode auch der Begriff »demokratische Solidarität« verwendet.

politischen Beginn Berlinguers markiert. Im Sommer 1969 stürzte die Mitte-links-Regierung von Rumor, nachdem sich die sozialistische Einheitspartei (PSU) gespalten hatte. Kurz vor dem »heißen Herbst« ist es der DC in einem von Demonstrationen und Stürmen der Linken erschütterten Land lediglich gelungen, wiederum unter dem Vorsitz von Rumor eine schwache Einparteienregierung zu bilden. Es liegt an Berlinguer, dem alten und dem neuen Ministerpräsidenten, eine Misstrauensrede zu halten. Enrico bereitet sich mit einem Einsatz, der solch großen Gelegenheiten entspricht, vor und arbeitet einige Tage und Nächte daran.

Er schätzt die Gelegenheit nicht nur deshalb als besonders wichtig ein, weil sie sein erstes Auftreten auf der politischen Szenerie Italiens darstellt, sondern weil er meint, dass dieses aus den Wahlen 1968 hervorgegangen Parlament eines der Signale für Italiens aktuelle Veränderung ist. Dieses Signal kann und soll daher als Hebel für diese Veränderung genutzt werden.[15]

Seine 39 Seiten lange Rede in der Abgeordnetenkammer, die von einigen Genossen mit einiger Übertreibung mit Tacitus verglichen wird, ist eine Anklage gegen die Regierung, die in einem Moment der höchsten Spannungen in Italien und in der Welt ohne Schwung und ohne große Pläne gebildet wurde. Das Wichtigste, speziell im Vergleich zu den von Berlinguer nur kurze Zeit später eingenommen Positionen, ist jedoch die Behauptung, dass es die Perspektive der KPI sei, die Alternative zu sein. In Anlehnung an bereits kursierende Gerüchte über eine zukünftige ›repubblica conciliare‹, also über eine Art »Große Koalition auf italienische Art zwischen Christdemokraten und Kommunisten«, argumentiert Berlinguer, dass »diese Perspektive nicht unsere ist und niemals unsere sein wird. Sie ist nämlich [...] unserer Natur der proletarischen und sozialistischen Partei völlig fremd, eine Natur, die wir niemals bereit sind, für den Zugang zu irgendwelchen führenden Machtpositionen preiszugeben.« Er führt auch genauer aus, dass diese Alternative noch nicht reif ist und dass sie nur aus »einem weiteren Fortschritt der sozialen Kämpfe« entstehen kann. Er weist nicht auf die Kämpfe der Studenten hin. So wie die Zeichen der letzten Zeit standen, steht der »heiße Herbst« kurz vor der Explosion.

15 Enrico Berlinguer: *Una nuova guida è la svolta che esige il paese (Eine neue politische Führung ist die Wende, die das Land verlangt)*, Roma 1969. Die Broschüre wurde von der Presse- und Propagandaabteilung der KPI herausgegeben. Auszüge dieser ersten Parlamentsrede sind veröffentlicht worden in: Antonio Tatò (Hg.): *La questione comunista*. Interessanterweise hat Tatò die Passage, in der die Wahl von einer Alternative proklamiert wird, herausgeschnitten.

»Der Mai kann zehn Jahre dauern ...«

Wie viele Kommunisten aus dem Parteiapparat hat Berlinguer niemals den Gruß mit der erhobenen Faust gemacht. Die in Deutschland zu Zeiten der Spartakisten[16] nach dem Ersten Weltkrieg in Verwendung gekommene Geste verkörperte für die kommunistischen Leitungskader, die dem parlamentarischen Weg von Togliatti treu ergeben waren, die Abweichungen der Linken, Sektierertum und Abenteuer. Eben in diesem Geist wurde die Geste von der Studentenbewegung demonstrativ wiederaufgenommen, und kurze Zeit später wurde ihre Verwendung auch in der kommunistischen Parteibasis üblich, die die Herkunft dieser Geste nicht kannte. Einem Mitarbeiter, der Berlinguer fragt, warum ihm die erhobene Faust nicht gefalle, da sie ja ein Symbol der Einheit sei, antwortet Enrico: »Nein, es ist ein Zeichen der Feindschaft, und keiner wird mich jemals überzeugen, es zu machen.«

Dennoch muss sich Berlinguer von Anfang an mit der Faust und mit der Begeisterung, der Naivität und den Mythen, die diese Geste symbolisiert, auseinandersetzen.

Als er als stellvertretender Generalsekretär an die Parteispitze in der Parteizentrale kommt, bremst er etwas die Begeisterung von Generalsekretär Luigi Longo, dem frühere Partisanenkommandant mit dem Kampfnamen »Gallo«, der seine Zustimmung zu den Demonstrationen praktisch ohne Vorbehalte zum Ausdruck brachte. Es scheint Longo, auch wenn er krank und teilweise vom aktiven Leben abgeschnitten ist, dass auf den Plätzen und in den Universitäten gerade eine Verbindung zwischen den Werten der *Resistenza*, des Antifaschismus, zwischen dem ideologischen Gedankengut der alten Partei des Nordens und der neuen jugendlichen Welle entsteht. Zudem beharrt Longo darauf, dass die allgemeine Betroffenheit im Volk über den Tod des alten Helden des Antifaschismus, Alcide Cervi, Vater der italienischen Widerstandskämpferbrüder Cervi, in einer großen Parade im Stil der 1950er-Jahre Ausdruck

---

16 Vereinigung von marxistischen Sozialisten am Ende des Deutschen Kaiserreichs, die während des Ersten Weltkriegs am Ziel einer Revolution des Proletariats festhielten, um Kapitalismus, Imperialismus und Militarismus weltweit zu stürzen. Diese Ziele verfolgte ab August 1914 die als »oppositionelle Gruppe« um Rosa Luxemburg und Karl Liebknecht agierende Gruppe zunächst noch innerhalb der SPD. Ab 1916 nannte sie sich »Spartakusgruppe« und schloss sich 1917 der von der SPD abgespaltenen Unabhängigen Sozialdemokratischen Partei Deutschlands (USPD) an. In der Novemberrevolution 1918 gründete sich die Gruppe neu als deutschlandweite, parteiunabhängige Organisation mit dem Namen »Spartakusbund« und dem Ziel einer gesamtdeutschen Räterepublik, Am 1. Januar 1919 ging der »Spartakusbund« in der neu gegründeten Kommunistischen Partei Deutschlands (KPD) auf.

finden soll. Bei den eindrucksvollen Begräbnisfeierlichkeiten, an denen zweihunderttausend Menschen teilnehmen, marschieren die Männer aus der Garibaldi-Brigade neben den Jungen aus der neuen *Resistenza*. Die von Giancarlo Pajetta geleitete »L'Unità« erscheint drei Tage lang mit Trauerrand und mit langen Artikeln über die Parade.

Berlinguer ist fest davon überzeugt, dass die KPI in ihrem erkämpften Netzwerk verbleiben soll, ohne sich jedoch von dem neuen Extremismus überholen zu lassen und dessen Doktrinen nachzugeben. Über ein ganzes Jahr hinweg nimmt die kommunistische Partei, die teils noch im Hintergrund vom neuen stellvertretenden Generalsekretär geleitetet wird, maßgeblich an dem großen Aufwallen der Proteste teil, wenn auch mit einiger Zurückhaltung. Berlinguer geht es auch darum zu zeigen, dass er mit dem Ausschluss der Gruppe um die Zeitung »il manifesto« keinen Freiraum auf der Linken offengelassen hat. »Wir sind eine revolutionäre Partei und wollen es bleiben«, sagt er in seiner Rede vor dem Zentralkomitee, das mit dem Ausschluss der »il manifesto«-Gruppe endet.

Im darauffolgenden Januar wird er im Januar bei einem Symposium kommunistischer Intellektueller noch deutlicher. Dieses wird von jungen Ingrao-Anhängern einberufen, die fürchten, dass mit dem Ausschluss der »il manifesto«-Gruppe beziehungsweise von Rossanda, Pintor und Magri die kulturelle Autonomie wie zu Zeiten von Elio Vittorini infrage gestellt würde. In Italien kann mit den gerade stattfindenden Kämpfen und der Beziehung, die zwischen der Arbeiter- und Studentenbewegung entstanden ist, tatsächlich die traditionelle Ordnung in eine Krise geraten, behauptet Berlinguer. »Bei uns kann der französische Mai zehn Jahre dauern, der Kapitalismus und der Imperialismus kann schachmatt gesetzt werden«, fügt er hinzu. Kurioserweise blieb von diesem feurigen Symposium kein schriftlicher Bericht übrig. Aber ziemlich ähnliche Ideen bringt Berlinguer auch in weiteren Artikeln und Reden aus dieser Zeit zum Ausdruck.[17]

Aber es ist für eine Persönlichkeit, die praktisch seit ihrer Jugend an die Parteidisziplin gewöhnt war, nicht leicht, mit diesem etwas provokatorischen Fest der Studenten von 1968 in Einklang zu bleiben. Für Berlinguer ist der neue Kampfgeist der Arbeiter, der aus dem »heißen Herbst« hervorgeht, viel wichtiger. Die studentischen Kämpfe interessieren ihn erst, als sie sich den Kämpfen der Arbeiter anschließen.

---

17 Ein Beispiel dazu ist der Artikel von Enrico Berlinguer: *I comunisti e gli studenti (Die Kommunisten und die Studenten)*, in: L'Unità, 14. Mai 1970.

In den USA und im industrialisierten Europa haben die Demonstrationen an der Schwelle der Fabriktore haltgemacht. In Italien ist genau die Fabrik der Kristallisationspunkt für alle neuen Spannungen. Schon 1968 bricht das Fieber der Kämpfe in den Fabriken aus. Man beendet einen Streit, und sofort beginnt ein weiterer. Es wird über Akkordlohn, Qualifikationen und Produktionsprämien gesprochen. Die Arbeiterklasse selbst wird neu zu definiert. Zum ersten Mal wird die Arbeiterklasse nicht nur für die Kommunisten zu einem Bezugspunkt. Die studentischen Klassen und Intellektuellen haben den Ehrgeiz, ihre Verbündeten und Sprecher zu sein.

An der Seite der »Blaumänner« ...

Die Kämpfe des »heißen Herbstes«, insbesondere die für die Erneuerung der Tarifverträge von Piloten und Metallarbeitern, beschreiten neue Wege. Die Forderungen sind nicht nur gewerkschaftlich. Es kommt auch zu noch nie da gewesenen Diskussionen und Forderungen im Laufe von Basisversammlungen. Es wird nicht nur für einen Lohnanstieg in Prozenten gekämpft, sondern auch um einen gleichen Betrag für alle. Als eine Methode des Kampfes wird der unbefristete Streik gewählt, der auch während der Verhandlungen fortgesetzt wird.

Im November machen die drei Gewerkschaftsführer der Metallarbeiter – Trentin, Macario und Benvenuto – einen Vorschlag, der auch mehrere kommunistische Führungspersönlichkeiten verblüfft: Die Metallarbeiter sollen in Rom zu einer großen Demonstration zusammenkommen, die auch eine politische Herausforderung der Herrschenden sein soll. Viele, auch in der KPI, fürchten diese »Überflutung« der Stadt Rom mit Demonstranten und die Auswirkung, die diese Zusammenkunft der »Blaumänner« in der Hauptstadt haben könnte. Bruno Trentin, der Generalsekretär der italienischen Metallarbeitergewerkschaft FIOM[18] erinnert sich: »Berlinguer hat sich mit großer Entschiedenheit dafür ausgesprochen, dass die Demonstration stattfindet. Er war davon überzeugt, dass nicht nur der Arbeitsvertrag für die eine Kategorie von Arbeitenden, obwohl höchst wichtig, auf dem Spiel steht, sondern dass unser Kampf dabei war, etwas Tiefergehendes in der sozialen italienischen Ordnung infrage zu stellen.«[19]

Am Morgen des 28. November marschiert Berlinguer in einem langen dunklen Mantel, sehr ähnlich jenem, den er als junger Mann in Sassari in seiner extremistischen Phase trug, mit hunderttausend Arbeitern, die in Zügen und

18 FIOM – *Federazione Impiegati Operai Metallurgici* (Metallgewerkschaft), Teil der CGIL.
19 Bruno Trentin, persönliche Mitteilung an die Autorin.

Bussen in die Hauptstadt kamen. Auf der Piazza del Popolo ist er auf der Bühne und bezeugt somit die Zustimmung durch die KPI. Und vielleicht ist dies sein Moment des größten Optimismus hinsichtlich der weiteren Entwicklung der Kämpfe. »Die Herrschenden, die Regierung haben also noch nicht verstanden, dass die eindrucksvollen Kämpfe, in denen die Arbeiter seit Monaten die Protagonisten sind, bedeuten, dass eben das System geändert werden muss, dass man ein neues System braucht, und dass man das aktuelle System ändern kann, ändern muss?«, sagt er zu den Aktivisten des Gewerkschaftsverbandes aus Turin, gesteckt voll von FIAT-Arbeitern.

Und er verspricht, dass auf den »heißen Herbst« ein »heißer Winter« voller Kämpfe für soziale Reformen folgen wird. Es werden Verträge abgeschlossen. Über die gesamte erste Hälfte des Jahres 1970 hinweg finden überall in Italien Demonstrationen statt, die eine Familienreform, Schul- und Gesundheitsreform einfordern, die sich mit Demonstranten einer neuer Kampfkategorie (zum Beispiel Staatsbedienstete) ebenso vermischen wie mit den ständigen Demonstrationen gegen die Bombardements in Vietnam und Kambodscha. Die Straßen sind voll mit roten Fahnen, aber der Optimismus und das Vertrauen in den Sieg haben bereits Risse bekommen.

Der Extremist Berlinguer

Am 12. Dezember 1969 explodieren in Mailand auf der Piazza Fontana mehrere Bomben. Die Studentenbewegung und das progressive Bürgertum, das erstere unterstützt, bezeichnen dies sofort als Putsch. Die Bomben von Mailand, der Tod des Anarchisten Pinelli, der aus dem vierten Stock des Polizeipräsidiums hinunterstürzte, als er dort gerade verhört wurde, und die fingierte anarchistische Ermittlungsspur, also die Entdeckung, dass die Vertreter des Staates lügen und Beweise verschleiern, all das führt gesellschaftliche Gruppen, die bislang wenig politisiert waren, zu radikalen Einstellungen. Es entstehen Komitees gegen die Repression von Staatsanwälten und Journalisten. Ein Wind der Revolte erfasst die Richterschaft. Die Zeitungen beginnen, jenseits offizieller Verlautbarungen nach der Wahrheit zu suchen.[20] Der Wille zu einer realen Veränderung entsteht in einem nicht unbeträchtlichen Teil der führenden Klasse des Nordens.

20 Ein Beispiel dazu ist die Publikation *Le bombe di Milano* (*Die Bomben von Mailand*), Milano 1970, die erste große Gegenuntersuchung zu den Ereignissen auf der Piazza Fontana, veröffentlicht drei Monate nach dem Bombenattentat.

Berlinguer erfasst in dieser Situation sofort das Ausmaß der Gefahr. Mit den Bomben will man »ein Gefühl der Angst, ein Klima der extremen Spannung und des Chaos« erzeugen, »das zu einem Versuch der autoritären Lösung führt«, schreibt er einige Tage nach dem Gemetzel.[21] Es ist die Strategie der Spannungen, die bis in die 1980er-Jahre anhalten wird, mit weiteren ungestraft bleibenden Massakern, mit subversiven Machenschaften vonseiten der Loge P2 und instrumentalisierter Geheimdienste. Diese beginnen die gewalttätigsten Grüppchen zu unterwandern, um die Intensität der Auseinandersetzungen zu steigern.

Rumor stürzt und Berlinguer besteht nachdrücklich auf der Notwendigkeit, dass »man nach den Bomben nicht wieder eine Vier-Parteien-Regierung bildet«. Gleichzeitig besteht er darauf, dass das »als Folge des Linksrucks bei den Wahlen im Mai 1968« entstandene Parlament nicht aufgelöst wird. Auf der Verteidigung dieses Parlamentes, das unter anderem mit kommunistischer Stimmenthaltung ein hochinnovatives Gesetz wie das Arbeitsverfassungsgesetz beschlossen hat, wird Berlinguer noch fast zwei Jahre lang hartnäckig beharren. Nur die Angst, das Scheidungsreferendum zu verlieren, wird ihn zu Beginn des Jahres 1972 dazu bringen, die vorzeitige Auflösung des Parlaments zu akzeptieren.

Nach mehreren gescheiterten Versuchen bildet Rumor wieder eine Einparteienregierung wie die vorangegangene. Berlinguer und Longo denken daran, den Druck der Demonstrationen dafür zu nutzen, um etwas zu erreichen, was die KPI schon seit mehr als 20 Jahren vergeblich fordert: die Einrichtung von Regionen, auch wenn dieses »historische« Ziel die Herzen der Demonstrierenden nicht höherschlagen lässt. Die DC und ihre Verbündeten stellten sich dazu immer taub. Sie wollten damit die Entstehung »roter« Inseln vermeiden, auf denen die Kommunisten sicherlich die Mehrheit haben könnten, nämlich in der Emilia Romagna, in der Toskana und in Umbrien. Eine der ersten Aktionen der neuen Regierung Rumor ist eben den Termin für die Regionalwahlen zu fixieren, den 7. Juni. Diese Wahlkampagne ist die letzte Höchstleistung des »Extremisten« Berlinguer.

Es ist eine merkwürdige Kampagne, die die Kommunisten mit scharfen Tönen führen. Nach den Bomben auf der Piazza Fontana fürchtet man um die Demokratie des Landes. Die DC hingegen versucht, die Bedeutung der Regionalwahlen herunterzuspielen, als handele es sich um eine unwichtige Volksbefragung. Nach dem »heißen Herbst« blieb das soziale Klima in Italien über-

---

21 Enrico Berlinguer: *La forza della democrazia è nella lotta delle masse* (*Die Kraft der Demokratie liegt im Kampf der Massen*), in: Rinascita, 19. Dezember 1969.

hitzt. Am Vortag der Wahlen befindet sich das Land de facto in einer Konfrontation. Zum ersten Mal seit den 1950er-Jahren spricht sich die DC durch Fanfani und Andreotti für die Einschränkung des Streikrechts aus. In einer Wahldebatte im Fernsehen wird Berlinguer von verschiedenen Journalisten wie Mangione, die für ihren Antikommunismus berühmt sind, brutal angegriffen. »Sie haben nicht das Recht, diese westliche Gesellschaft zu kritisieren, Sie sind ein Sklave Moskaus!«, schreit ein Reporter der »Nuova Tribuna«. »Niemand hat uns in diesem Land auf demokratischen Boden das Recht geschenkt zu kämpfen. Wahr ist, dass wir das System ändern wollen, dass wir die Ungerechtigkeiten des Kapitalismus beseitigen wollen«, antwortet Berlinguer mit Härte. Am Ende schlagen sie ihm vor, die Sendung, die in einer wirklichen Aggression gegen ihn ausartete, noch einmal aufzuzeichnen. »Für mich ist sie so ok. Diejenigen, die die Verfehlungen provoziert haben, disqualifizieren sich selbst. Die Menschen sind intelligent genug, um das zu verstehen.«

Die Wahlresultate sind enttäuschend. Die KPI erreicht ihre Stimmenanzahl von 1968 nicht. Sie kommt auf knappe 28 Prozent, 10 Prozentpunkte weniger als die DC. Sicherlich, drei Regionen in Italien sind jetzt »rot«. Sicherlich, in der Hochburg Emilia Romagna kann der neue Präsident der Region, Guido Fanti, in kurzer Zeit die Vorstellungen der Kommunisten hinsichtlich »der neuen Art und Weise zu regieren« in die Praxis umsetzen, die in den nächsten Jahren in Italien und im Ausland große Zustimmung erhalten wird. Aber es handelt sich um keinen Durchbruch. Die große soziale Bewegung hat sich nicht in dem Wahlergebnis niedergeschlagen.

Der Transmissionsriemen stottert

Im »heißen Herbst« musste sich Berlinguer nicht nur mit den Arbeiterkämpfen beschäftigen, sondern auch mit der Revolution, die die Gewerkschaften durchmachten. 1968 öffnet man sich, nach vielen Jahren der Spaltung, wieder dem Konzept der gewerkschaftlichen Einheit. Bahnbrechend dabei sind die drei Gewerkschaftsverbände der Metallarbeiter, die sich für gewerkschaftliche Autonomie und Einheit einsetzen. Das ist nicht nur die FIOM des Bruno Trentin, sondern auch die UILM,[22] deren Führung der aggressive 30-jährige Giorgio Benvenuto übernahm, und die FIM CISL,[23] bei der gerade Pierre Carniti an die

22 UILM – Unione Italiana Lavoratori Metalmeccanici (Metallgewerkschaft), Teil der UIL.
23 FIM – Federazione Italiana dei Metalmeccanici (Metallgewerkschaft), Teil der CISL.

Spitze kam. Sie steht in offener Revolte gegen konservative Tendenzen eines Teils der CISL.

Das politische Problem ist jenes der Autonomie der Gewerkschaften gegenüber den Parteien. Über eine lange Zeit hinweg wurde in der KPI die CGIL als eine Art Anhang wahrgenommen, als ein »Transmissionsriemen«. Jetzt, unter dem Druck der Demonstrationen, muss alles neu definiert werden.

Noch komplizierter ist die Frage der neuen, während der Kämpfe entstandenen Organisationen, nämlich die Fabrikräte, die die internen gewerkschaftlichen Kommissionen an Bedeutung überholten. Hier ist die Struktur, auf der die Gewerkschaften begründet sind, auf den Kopf gestellt. Die Delegierten aus den Abteilungen und Produktionslinien sind keine Vollzeitgewerkschaftler, das heißt, nicht dafür von der Arbeit freigestellt, sondern Arbeiter wie alle anderen und gewählt von allen Beschäftigten, ohne Unterschied, ob sie Mitglieder in den Gewerkschaften sind oder nicht.

Alte kommunistische Gewerkschaftsführer wie Agostino Novella missbilligen dies. Dieselbe Position vertreten Giorgio Amendola sowie die kommunistischen Führer aus der Lombardei und aus der Emilia Romagna. Im Gegensatz dazu ist die Linke um Pietro Ingrao gegenüber dieser spontanen Bewegung enthusiastisch eingestellt, da sie in ihren Augen die bürokratischen Strukturen umkippt und als direkterer Weg zur Herstellung der gewerkschaftlichen Einheit erscheint.

Die Diskussionen zwischen Gewerkschaftern und Parteiführern gehen einige Monate weiter. Die entscheidende Auseinandersetzung findet in einer geschlossenen Versammlung in Frattocchie statt.[24] Am entschiedensten tritt dort Giorgio Amendola auf, der ein Loblied auf die alten, treuen internen gewerkschaftlichen Kommissionen anstimmt und sich auch gegen die gewerkschaftliche Einheit ausspricht. Er behauptet, dass das Konzept, auf dessen Basis diese gründet, kein präzises und kohärentes sei. Und das ist im Großen und Ganzen der Standpunkt, den die harte Front des kommunistischen Gewerkschaftswesens einnimmt, angefangen mit Novella.[25]

Es gibt eine große Erwartung an den Leader der KPI. Berlinguer befürwortet in seiner Rede eindeutig die gewerkschaftliche Einheit. Mit viel mehr Sinn für die Realität als Amendola verstand er, dass der Widerstand gegen die Erneuerung der Gewerkschaften nicht nur bedeutet, die Isolation innerhalb der

24 Bruno Trentin, persönliche Mitteilung an die Autorin.

25 Luciano Lama behauptete dies im *Intervista sul mio partito* (*Interview über meine Partei*): »Die härtesten Gegner der gewerkschaftlichen Einheit hatte ich im eigenen Hause, innerhalb der CGIL«.

Gewerkschaftsbewegung zu riskieren, sondern auch die gewaltige Unterstützung einer großen Oppositionskraft gegen die Regierung aufzugeben. Zugleich verstand Berlinguer, dass das Zusammenspiel der katholischen Gewerkschaften mit der DC gerade in eine Krise geraten ist. Die kommunistische Partei hingegen wird sich zwangsläufig als Verbündete der neuen Bewegung sehen.

Auch die neue Basisdemokratie der Fabrikräte findet seine volle Zustimmung. »Keiner sollte ignorieren, dass gerade wir Kommunisten die Förderer und prinzipiellen Protagonisten aller Formen der Arbeiterdemokratie und der Demokratie des Volkes waren, die die Geschichte der Arbeiterbewegung auszeichnen: von der Erfahrung Gramscis in den Fabrikräten 1919/20 über die Erfahrung der Bildung eines engmaschigen Netzes der Nationalen Befreiungskomitees während der *Resistenza* bis hin zur Erfahrung der ›Abteilungskommissare‹, der Leitungsräte und der Landkomitees nach der Befreiung im April 1945«, sagt er zu den kommunistischen Arbeitern in Mailand, die auf der fünften Arbeiterkonferenz versammelt sind.

Der Aufstieg von Lama

In diesem Klima reift die Erkenntnis heran, Agostino Novella an der Spitze des kommunistisch dominierten Gewerkschaftsverbandes CGIL durch Luciano Lama abzulösen. Der neue Generalsekretär der CGIL ist mit seinen 48 Jahren fast gleich alt wie Berlinguer. Er wuchs als Sohn eines Eisenbahners in der Romagna der Tagelöhner auf. In seiner Jugend wurde er Mitglied der Sozialistischen Partei Italiens (PSI), und über eine lange Zeit hinweg arbeitete er mit dem legendären CGIL-Führer Di Vittorio zusammen. Er ist das Paradebeispiel eines norditalienischen Reformpolitikers. Auch mitten im »heißen Herbst« sprach er davon, dass »man die Arbeitnehmer nicht sich selbst überlassen soll, denn auch sie können Fehler machen.« Aber Lama glaubt im Gegensatz zu Novella zutiefst daran, dass »die gewerkschaftliche Einheit erst dann entsteht, wenn wir sie auch praktizieren.« An die Spitze der CGIL kommt er auch infolge einer Einigung mit dem linken Flügel von Bruno Trentin, dem er die Zustimmung zu den Fabrikräten garantierte: eine Aktion, die ihm für immer das Misstrauen Amendolas sichern wird.

Luciano Lama, ein umsichtiger und moderater Gewerkschafter, wird in einem Moment des radikalen Bruchs zum Führer der Arbeiterbewegung und übernimmt dabei die Aufgabe, die Veränderung zu leiten. Bis zum Ende wird er eine ambivalente Beziehung zu Berlinguer haben, der aber seine Nominierung bestätigte. Die Unterschiede zwischen dem lebhaften, pragmatischen Lama und Enrico Berlinguer sind gravierend. Ihre Geschichte verwebt sich über 15 Jahre hinweg in verschiedenen Phasen, von Solidarität über Distanz bis zu offenen Auseinandersetzungen, ohne dass es einen wirklichen Kontakt auf persönlicher Ebene gab. »Die Beziehungen zwischen mir und Berlinguer verliefen immer auf politischer Ebene, und nur auf dieser. Ich glaube nicht, dass seine Urteile über Menschen auf Gefühlen wie Sympathie oder Antipathie gründeten. Die Ähnlichkeit des politischen Gedankens war das Einzige, was für ihn zählte. Berlinguer maß mich oder andere daran, und nur daran«, wird Luciano Lama viele Jahre später sagen.[26]

Von Anfang an scheint gewiss, dass die beiden Männer in Bezug auf die Rolle der Gewerkschaften eine unterschiedliche Vision haben. Lama denkt, dass die neue vereinigte Gewerkschaftsbewegung eine Art von Superpartei werden solle, Berlinguer hingegen ist überzeugt, dass die Gewerkschaften sich »den Horizont des körperschaftlichen Charakters« bewahren sollen, dies sei ihre Aufgabe. Darüber hinauszugehen, würde sowohl für die Gewerkschaften als auch für die Politik ein Risiko mit sich bringen. Schon darin liegen die Wurzeln für die Meinungsverschiedenheiten zwischen den beiden, die später explodieren werden.

26 Ebd.

XIII.
Einen Deckel auf den Topf

Vom Rücktritt des Ministerpräsidenten Mariano Rumor erfährt Berlinguer am Vorabend eines Generalstreiks, als er gerade eine selbstgefällige Erklärung zum Amtsantritt der neuen Regionalparlamente verfasst, für die er so stark gekämpft hat. Der Rücktritt Rumors kommt für Berlinguer unerwartet, da dessen Regierung erst vor weniger als drei Monaten gebildet wurde. Es ist der 6. Juli 1970. Bis zu diesem Moment schien die Situation trotz des fehlenden Fortschritts bei den Regionalwahlen günstig für die KPI und schwierig für die moderaten und konservativen Kräfte zu sein.

Nur ein Jahr zuvor wurde die sozialistische Partei zu den Klängen der *Bandiera rossa*[1] mit dem Ziel wiedergegründet, eine Brücke zwischen der Regierung und den linken Bewegungen zu bilden und somit eine Antwort auf die Probleme zu geben, die von den Jungen und den Arbeitern in den Kämpfen vorgebracht wurden. Aber am anderen Ende des Antikommunismus reiht sich nach der sozialdemokratischen Spaltung an der Seite jenes Teils der DC, der um die Verschiebung des politischen Gleichgewichts nach links fürchtet, Giuseppe Saragat ein, der Präsident der Republik wird. In dieser Hinsicht entwickelt sich Saragat bald zu einem Anführer der »amerikanischen Partei«, der sich bei Präsident Nixon und seinem Berater Kissinger als vertrauenswürdiger Gesprächspartner erweist. Saragat warnt die beiden vor der KPI, »einer den Interessen des Kremls ergebenen Partei«, die das Ziel habe, die NATO zu zerstören.[2] In der Zwischenzeit spitzt sich innerhalb der DC der heimliche Krieg zwischen verschiedenen Gruppen und Strömungen zu, die bezüglich der Beziehungen zur KPI ebenso gespalten waren wie die zwei sozialistischen Parteien.

Die Entscheidung zum Rücktritt wird von Rumor gemeinsam mit wenigen anderen christ- und sozialdemokratischen Ministern mitten in der Nacht getroffen. Francesco De Martino, stellvertretender Ministerpräsident und Generalsekretär der sozialistischen Partei (PSI), der sich zu diesem Zeitpunkt in Neapel befindet, wird per Telefon verständigt, kurz bevor die Nachricht bekannt

---

1 Das Lied *Bandiera rossa*, oft auch nach seinem Liedanfang *Avanti Popolo* genannt, gehört zu den bekanntesten Arbeiterliedern. Der Text wurde 1908 von Carlo Tuzzi verfasst, die Melodie stammt von zwei lombardischen Volksliedern.

2 Viele Informationen zu diesen Themen stammen aus Dokumenten der USA, veröffentlicht in »Corriere della Sera« von Ennio Caretto, März–April 2004.

gegeben wurde. Als der DC-Minister Camillo Ripamonti im Palazzo Chigi[3] ankommt und den Hof voller Fotografen sieht, fragt er die Reporter, was denn geschehen sei: »Es ist passiert, dass du nicht mehr Minister bist«, antwortet man ihm.

Warum tritt Rumor überstürzt und hastig zurück? Lässt sich der Rücktritt wirklich allein mit der Angst vor dem für den nächsten Tag ausgerufenen »Generalstreik für die Reformen« erklären? Diese Frage beschäftigt auch die Mitglieder des Politbüros der KPI, das sich in großer Eile versammelt. Die Antworten sind nicht beruhigend. Allen ist das extrem starke Unbehagen der Arbeitgeberschaft in Bezug auf die Verträge vom Herbst 1969 präsent. Diese wurden nicht nur durch die Kämpfe der Arbeiter ermöglicht, sondern auch durch die Vermittlung des christdemokratischen Arbeitsministers Carlo Donat-Cattin. Es ist bekannt, dass der italienische Unternehmerverband Confindustria von einem »aufgezwungenen Vertrag« spricht. In den folgenden Monaten steigen die Wut und die Feindseligkeit weiter an, sowohl aufgrund des generellen gesellschaftlichen Klimas infolge anhaltender Spannungen als auch aufgrund einer sich am Horizont abzeichnenden wirtschaftlichen Krise. Die Zeiten der fetten Jahre scheinen vorbei zu sein, und zumindest teilweise wird die Schuld dafür, so sagen viele, dem zugeschrieben, was von den Arbeitenden erreicht worden ist. Die FIAT fordert Ordnung, und die große Presse wirft den Gewerkschaften Verantwortungslosigkeit vor. Zudem gibt es starke italienische und ausländische Kräfte, die überzeugt davon sind, dass der »rote« Aufschwung um jeden Preis gestoppt werden müsse.

Carlo Galluzzi erinnert sich: »In dieser Zeit haben uns die Sowjets mehrmals informiert, dass es laut den ihnen nahestehenden Quellen in Italien die reale Gefahr eines Staatsstreiches gab. Für viele von uns, angefangen mit Berlinguer, gab es das Gespenst der griechischen Generäle, das Gespenst des Endes der Demokratie.«[4] Die Signale kamen nicht nur von den Sowjets. Arbeitsminister Donat-Cattin sagte einige Monate zuvor zu Giorgio Benvenuto, dass man sich inzwischen am Vorabend der Stunde X befände und der Putsch vor der Tür stünde, »es sei denn, man setzt einen Deckel auf den heiß kochenden

---

3 Seit 1961 der Amtssitz des italienischen Ministerpräsidenten. Das Gebäude liegt im Zentrum von Rom an der Piazza Colonna gegenüber der Marc-Aurel-Säule. Im Westen grenzt es an den Palazzo Montecitorio, in dem sich die Abgeordnetenkammer befindet, im Osten an die Via del Corso.

4 Carlo Galluzzi, persönliche Mitteilung an die Autorin.

Topf.« Berlinguer informiert Lama sofort darüber und nimmt die Warnung sehr ernst.[5]

Die erste öffentliche Erklärung der Parteizentrale spricht offen von »autoritären Anzeichen«, und die Gewerkschaften, die den Streik eingestellt haben, beschreiben den Rücktritt der Regierung als »einen offensichtlichen Versuch, in der politischen und gesellschaftlichen Situation des Landes einen heftigen Kurswechsel nach rechts zu erzwingen.«

Ein aufsehenerregendes Dokument

In den folgenden Tagen unternimmt die KPI eine radikale Kehrtwende. Von der kommunistischen Parteispitze wird das vollzogen, was einige Monate später eine Illustrierte als die »rosarote Wende« beschreiben wird.[6] Von diesem Moment an schiebt Berlinguer die Hoffnungen auf einen beschleunigten Wandel zur Seite und beginnt den langen und unbequemen Marsch durch die Institutionen. Das erste Anzeichen dafür ist ein wirtschaftliches Dokument, das acht Punkte umfasst und in der »L'Unità« am 9. Juli drei Tage nach dem Rücktritt Rumors erscheint.

In den Regionalorganisationen und Parteizellen trauen viele Aktivisten, die gerade die Fahnen für den abgesagten Streik eingerollt haben, kaum ihren Augen. Vom ersten Tag an wurde behauptet, dass die wirtschaftliche Krise eine Erfindung der Arbeitgeber sei und »jeder ehrliche Demokrat die Erpressung durch die reaktionären Kräfte mit ihrer Drohung eines finanziellen Zusammenbruchs entschlossen zurückweisen muss«. Jetzt wird anerkannt, dass es in der italienischen Situation große Schwierigkeiten gibt, dass es jedoch »keine wirtschaftliche Entwicklung ohne den Einsatz der Arbeiterklasse geben kann.« Es wird präzisiert, dass man nicht »alles und sofort« wolle, und es werden Lösungen für den Ausweg aus der Krise in detaillierter Weise angeführt.

Zum ersten Mal nach 1968 wird ein KPI-Dokument im Ton einer Partei verfasst, die sich bereits im Regierungsumfeld bewegt. Darin erscheint die KPI als eine Partei, die ohne heftige Brüche an der Veränderung teilnehmen will. Der Text wurde von zwei Männern verfasst, die über einen langen Zeitraum hinweg einen großen Einfluss auf Berlinguer haben werden, nämlich Paolo Bufalini und Luciano Barca. Beide glauben an den Dialog mit der DC und mit den Katholiken. Beide haben Verbindungen zum Vatikan und beide arbeiten

---

5 Tommaso Giglio: *Berlinguer o il potere solitario* (*Berlinguer oder die einsame Macht*), Milano 1982.
6 Lino Rizzi: *La svolta rosa* (*Die rosarote Wende*), in: Panorama, 5. November 1970.

im Herz der Institutionen als Vizepräsidenten der kommunistischen Fraktion im Senat beziehungsweise der Abgeordnetenkammer. Wenn Barca, der von den katholischen Kommunisten um Franco Rodano kommt, ein Spezialist für ökonomische Fragen ist, so ist Bufalini eine Mischung aus marxistischer Kultur und jener von Benedetto Croce, mit einer großen Leidenschaft für lateinische Literatur und internationale Angelegenheiten. Er wird als einer der hellsten Köpfe der Partei angesehen und versteht sich auf politische Vermittlungen sowie auf die Verständigung innerhalb der Parteispitze. Er ist durch und durch ein Togliatti-Mann, das genaue Gegenteil von einer eher abenteuerlichen Persönlichkeit wie Luigi Longo oder Giancarlo Pajetta, zwei historische Führer, die bis zu diesem Zeitpunkt für die politische Linie der KPI wichtig waren.

Hinter diesem wirtschaftlichen Dokument steht auch Giorgio Amendola. Die Dominanz des gemäßigteren und regierungsfreundlicheren Teils der Partei kam nicht ohne Schmerzen zustande. Longo stellt sich gegen das Dokument und wird ab diesem Zeitpunkt heimliche Auseinandersetzungen lostreten. Auch Pajetta ist dagegen. Er wird kurz darauf von der Leitung der »L'Unità« entfernt werden. Und sicherlich ist auch Armando Cossutta dagegen. Cossutta, geschützt von Longo und gut angesehen bei den Sowjets, ist ein Mann des Apparates, der allgegenwärtige Manager der Parteizentrale, der eine viel traditionellere Vorstellung vom Klassenkampf hat und der über Bufalinis wachsende Bedeutung für den stellvertretenden Generalsekretär Berlinguer verärgert ist.

Berlinguer zögert, bevor er sich zugunsten der »Wende« entscheidet. Luciano Barca erinnert sich: »Er war darauf bedacht, in Bezug auf die Prinzipien keine Kompromisse einzugehen. Zum Beispiel wollte er im Austausch für eine größere Flexibilität vonseiten der Arbeiterbewegung, dass man mit großer Entschlossenheit neue Formen öffentlicher Maßnahmen fordere.«[7] Berlinguer fürchtet, dass die Wende als ein Nachgeben interpretiert wird. In den folgenden Monaten kommt er oft darauf zurück, die Inhalte zu erläutern, wobei er sich bemüht, der kommunistischen Wende einen ideellen Wert zu geben.

In der Rede vor der Abgeordnetenkammer, in der er das Misstrauen gegenüber der neuen Vierparteienregierung von Emilio Colombo begründet, stellt er fest: »Wir sind bestrebt, diese tiefgreifende Übereinstimmung zwischen den Interessen der Arbeiterklasse und den allgemeinen Interessen des Landes wahrzunehmen.«

7 Luciano Barca, persönliche Mitteilung an die Autorin.

Faschisten greifen zu den Waffen[8]

Zur Stärkung der gemäßigten Wende Berlinguers trägt das steigende Unbehagen aufseiten der Konservativen und der Neofaschisten bei. Neben dem sich radikalisierenden Italien, neben den neuen Schichten, die ungeduldig auf Neuerungen drängen, tritt auch eine heterogene Mischung von Ordnungsnostalgikern und von Antikommunisten der verschiedensten Art auf die Bühne, die, wenn auch aus unterschiedlichen Gründen, den neuen Geltungsdrang der Arbeiter nicht aushalten. Man darf sie nicht einfach als Faschisten bezeichnen, aber zweifellos dient der Movimento Sociale Italiano (MSI) diesen Kreisen als Anziehungspunkt. Der Movimento Sociale Italiano wird seit 1969 von dem neuen Generalsekretär Giorgio Almirante geleitet, einem ehemaligen Funktionär der faschistischen Italienischen Sozialrepublik,[9] der den »Squadrismus«[10] wiederbelebt.

Mitte Juli 1970 bricht inmitten der Regierungskrise in der ärmsten Region des Südens, in Kalabrien, eine Revolte aus. Dabei geht es um die Frage, welche Stadt die regionale Hauptstadt werden soll. Reggio Calabria füllt sich mit Barrikaden, es tun sich »schwarze«[11] Anführer wie Ciccio Franco, ein Gewerkschafter von der CISNAL[12] und der Leader der Gruppe »Boia chi molla«,[13] hervor. Mehrmals, und wiederum bis Februar 1971, ist die Stadt in den Händen der Neofaschisten, die auf jede Art versuchen, die Unzufriedenheit und die Hoffnungen der Arbeitslosen auszunutzen. Etwas Derartiges, wenn auch in viel bescheideneren Dimensionen, ereignet sich auch in L'Aquila,[14] wo der Sitz der Regionalorganisation der KPI angezündet wird. Auch hier geht es um die Frage, welches die regionale Hauptstadt sein soll. Dass es sich dabei nicht um kleine Phänomene handelt, zeigt sich auch an den Regionalwahlen von Juni 1971, bei denen der MSI ihre Stimmen verdoppelt. Das »rote« Italien scheint praktisch plötzlich von dem »schwarzen« Italien befleckt worden zu sein.

---

8 In der italienischen Originalversion lautet dieser Untertitel: *All'armi son fascisti*, eine Anspielung auf das faschistische Kampflied *All'armi, siamo fascisti* (»Zu den Waffen, wir sind Faschisten«).

9 Faschistischer Satellitenstaat im Norden Italiens während der deutschen Besetzung 1943–1945.

10 Organisierte politische Gewalt von faschistischen Gruppen nach der Gründung der faschistischen Bewegung 1919 durch Mussolini.

11 »Schwarz« im politischen Sinne gilt in Italien immer als die Farbe der (Neo-)Faschisten, der Rechtsextremen.

12 Gewerkschaft, dem Movimento Sociale Italiano (MSI) nahestehend.

13 »Wer den Kampf aufgibt, ist ein Mörder«, ein von Rechtsradikalen und Neofaschisten verwendetes Motto, das u. a. in den 1970er-Jahren sehr verbreitet war.

14 Hauptstadt der Region Abruzzen und der Provinz L'Aquila (heute knapp 70.000 Einwohner).

Die Schlägertrupps, die mit dem Movimento Sociale Italiano verbunden sind, treiben sich in den großen italienischen Städten herum, vor allem in Mailand. Die Stadt der Bomben auf der Piazza Fontana wird die Hauptstadt der rechten Subversion: Ihre »schweigende Mehrheit« zieht die Gemäßigten an. Und die Jungen aus der Vorstadt San Babila, die Aktivisten der Jugendfront des MSI, der neuen Ordnung, der nationalen Avantgarde, machen die Straßen im Zentrum für jeden unsicher, der wie ein »Roter« aussieht. Fast jeden Tag gibt es Gegendemonstrationen. Die Unfälle häufen sich ebenso wie die Toten.

Berlinguer sieht sich in seiner Angst vor einer rechten Wende bestätigt. In nur einem Monat sind im März 1971 zwei Sitzungen des Zentralkomitees dem Thema gewidmet. Während der zweiten Sitzung, als Giorgio Amendola im Sitzungssaal im obersten Stock der Parteizentrale gerade seinen Bericht »Der Kampf gegen die reaktionären und faschistischen Drohungen« beginnen will, kommt die Nachricht, dass der Genosse Vidali, ein legendärer Partisanenführer, von den Faschisten auf dem Bahnhof in Triest angegriffen wurde und gerade im Krankenhaus ärztlich behandelt wird.

Berlinguer spricht offen über den »Squadrismus«, der vom »Movimento Sociale Italiano« gefördert und von einem Teil der DC verteidigt wird. »Die Haltung der öffentlichen Entscheidungsträger angesichts des Wiederauflebens des »Squadrismus« weist viele Analogien zu den Regierungen von 1921 bis 1922 auf, die den Faschismus akzeptierten, um die Arbeitenden zu stoppen«, schreibt er in der »Rinascita«. Berlinguer fordert darin den Rücktritt des Innenministers Restivo. Gleichzeitig hält er es für notwendig, eine möglichst weit gespannte antifaschistische Front zu errichten und ebenso den Extremismus der Linken zu dämpfen. Auch die Revolten des Südens stehen im Zentrum seiner Sorgen.

Elio Quercioli, ein Mailänder Parteiführer, trägt zu dieser Zeit ein kurioses und vielsagendes Wortgefecht mit Berlinguer aus, das nicht nur die politischen Positionen sehr gut darstellt, sondern auch die stark vom Süden geprägte Ansicht, mit welcher der stellvertretende Generalsekretär die Frage aufgreift.

Bei der Diskussion zu den Vorfällen in Reggio Calabria behauptet Quercioli mit einem polemischen Unterton: »Wenn die Faschisten in Kalabrien durchkommen, dann ist das wie ein Furunkel auf einem gesunden Körper. Wenn sie aber in Mailand durchkommen, dem Herz der großen Industriegebiete, dann ist dies das Ende.« Berlinguer erwidert, dass er damit nicht einverstanden sei. Die ausschlaggebende Bedeutung des Südens sei für die Kommunisten sehr wichtig, führt er weiter aus. Daraufhin antwortet ihm Quercioli verärgert: »Aber weißt du schon, dass eine Gemeinde wie Cinisello[15] größer als Sassari ist?«

Wenn etwas angegriffen wird, das seinem Herzen sehr nahesteht und ihm wichtig ist, verliert Enrico jeden Sinn für Ironie. So hält er einen improvisierten Vortrag über die historische Bedeutung der Bürger des Südens, ihrer Traditionen, ihrer Präsenz in den Gerichten und Universitäten.[16]

Spaghetti mit chilenischer Sauce

Die Auswirkungen der gemäßigten Wende der KPI zeigen sich bald. Schon seit einigen Jahren gewann die »kommunistische Frage«[17] begünstigt durch die Agonie von Mitte-links immer mehr an Bedeutung. Zudem führt sie zu Spaltungen innerhalb der anderen Parteien. Aber seit Berlinguers KPI gezeigt hat, dass sie bereit ist, in das politische Spiel einzusteigen, wird das Gleichgewicht innerhalb des Regierungslagers noch instabiler: Das Misstrauen wächst und die Streitigkeiten zwischen den Verbündeten nehmen zu. Die kleine sozialdemokratische Partei von Ferri, Tanassi und von Saragat erweist sich, wie schon erwähnt, als Fahnenträger des Antikommunismus, während die Sozialistische Partei (PSI) von Giacomo Mancini und Francesco De Martino ihre linke Position hervorhebt. Die DC zeigt sich gespalten und zerrissen zwischen ihren verschiedenen Seelen.

Der neue Ministerpräsident, Emilio Colombo, Rumors Nachfolger, unterstreicht anlässlich seiner Reise in die Vereinigten Staaten, dass »die italienische Regierung keine chilenische Sauce für unsere Spaghetti importieren muss.« In Wirklichkeit versucht er jedoch auf parlamentarischer Ebene von Anfang an, mit der kommunistischen Opposition in Kontakt zu kommen. Diese Annäherung wurde schon zuvor von Andreotti eingeleitet, als dieser Fraktionsvorsitzender der DC in der Abgeordnetenkammer war. Die Gelegenheit dafür bieten die Maßnahmen, welche die neue Regierung verabschieden will, um die wirtschaftliche Situation wieder anzukurbeln: das sogenannte »große Dekret«.

Tullio Vecchietti, Dario Valori und Vittorio Foa von der sozialistischen Partei der proletarischen Einheit (PSIUP), die sich als Vertreter der Protestbewegung innerhalb der Institutionen verstehen, sehen darin einen Angriff auf die Errungenschaften der Arbeiterklasse. Sie entscheiden sich daher für eine harte Obstruktionspolitik und möchten die Kommunisten überzeugen, eben

15 Stadtteil im Norden von Mailand mit ca. 75.000 Einwohnern.

16 Elio Quercioli, persönliche Mitteilung an die Autorin.

17 Gemeint ist damit die Frage, ob die Kommunisten bzw. die KPI Teil des regierungsfähigen politischen Spektrums sein können bzw. sollen, oder ob sie weiterhin von der Regierung, wie seit 1947, fernzuhalten und auszuschließen sind.

so zu handeln. Luciano Barca erinnert: »Berlinguer war von Anfang an dagegen. Er dachte, dass in diesem Moment die Logik der frontalen Auseinandersetzung sehr, sehr gefährlich wäre. Darüber hinaus sah er die Obstruktionspolitik als eine extreme Entscheidung an, die man nur dann rechtfertigen könne, wenn grundsätzliche Fragen im Spiel waren, wie zu den Zeiten des Betrugsgesetzes.«

Es beginnt eine vorsichtige Verhandlung zwischen Ministerpräsident Colombo und den zwei Vizepräsidenten der kommunistischen Fraktionen im Parlament, Barca und Bufalini, die positiv endet. Am 20. Oktober 1970 sprechen sich 120 kommunistische Abgeordnete bei der Abstimmung für eine Stimmenthaltung aus. Aber das ist nicht alles. Dank der Vermittlung durch die KPI beenden die Abgeordneten der PSIUP im Austausch für einige Zugeständnisse im wirtschaftlichen Bereich ihre Obstruktionspolitik. »Die KPI ist aus ihrem Getto des Radikalismus herausgetreten«, »Berlinguer hat seine Berufung zum Ausdruck gebracht, in die Regierung zu gehen«, schreiben die Zeitungen mit einem unterschwelligen Wohlgefallen.

Darüber ist ein großer Teil der Parteibasis perplex und irritiert. Vielen Kommunisten fällt es schwer, diese Vollbremsung zu verstehen. Verschiedene Gruppen, angefangen mit jener des »il manifesto«, die jetzt ihre eigene Tageszeitung hat, beschuldigen die Partei immer wieder des Revisionismus. In der folgenden Zeit verwendet Berlinguer viel Mühe darauf zu erklären, dass eine geeinte Basis die unverzichtbare Bedingung ist, um voranzukommen. »Dieses 1970 ist einer der dramatischsten und schwierigsten Momente im italienischen politischen Leben gewesen [...]. Wir haben eine der wichtigsten Verteidigungsschlachten der letzten Jahre gekämpft und gewonnen«, sagt er im Oktober zu den regionalen Sekretären und Verbänden, die mit einem gewissen Euphemismus von einer »Zone der Unzufriedenheit« in der Basis sprechen. »Es gibt Gruppen, die Klatsch über unsere scheinbare Eingliederung in das Regierungslager verbreiten, aber wir gehen einen Weg in einem verminten Gelände«, sagt Berlinguer sehr eindeutig.

Ab diesem Moment setzt sich der kommunistische Apparat in Bewegung, um den Extremismus in Schach zu halten und die Aktivisten davon zu überzeugen, dass die »Arbeiterklasse in allen Bereichen die Fahne der Ernsthaftigkeit und der Strenge vorantragen muss«. Ein Konservativer ist kein Reaktionär, und ein Gemäßigter ist kein Konservativer, die Splittergruppen gehören isoliert. Gleichzeitig versucht Berlinguer, nichts zu erzwingen. Er besteht darauf, dass eine Hexenjagd gegen die Ultralinken innerhalb der Partei vermieden werden muss und nichts unternommen werden darf, dass die Basis unnützerweise irritiert.

Alle Männer von Enrico

Wenn einige historische Führer der KPI dachten, als sie Berlinguer die Spitze der Partei stellten, dass dieser schweigsame Parteiführer nicht allzu schwer zu beeinflussen sein würde, müssen sie diese Meinung ziemlich bald ändern. Nach dem XI. Parteikongress, der auf Togliattis Tod folgte, wurde neben dem Sekretariat das Politbüro mit einer Kontroll- und Aufsichtsfunktion geschaffen. Und dort findet Berlinguer die wichtigsten Namen versammelt, von Amendola über Ingrao und Pajetta bis zu Agostino Novella, die alle bereit sind, ihn zu beraten und ihm die Wege zu empfehlen, die es einzuschlagen gilt. Aber Berlinguer macht ziemlich bald deutlich, dass er keine Absicht hat, unter Vormundschaft zu handeln. Nach und nach geht der größere Teil der praktischen Aufgaben und Entscheidungsbefugnissen in die Hände einer Generation über, die altersbedingt anders als ihre Vorgänger keine heldenhafte Geschichte aufzuweisen hat. Diese 40- und 50-Jährigen, die sich in den Jahren der Entstalinisierung behauptet haben, werden bald zu unverzichtbaren Nebendarstellern des stellvertretenden Generalsekretärs auf dem Marsch durch die Institutionen.

Von Anfang an bestand Berlinguer darauf, im Sekretariat Ugo Pecchioli zur Seite zu haben, ein großer Piemonteser mit hellblauen Augen, der zu Zeiten des FGCI seine rechte Hand war. Wie in den Jahren des Jugendverbandes wurde Pecchioli als Leiter der wichtigen Organisationsabteilung eingesetzt, wo er mit Geschick das Wachstum der Aktivisten leitete, das nach dem Stillstand der 1960er-Jahre unaufhaltsam schien: 1969 waren es 1.490.000 Mitglieder, 1970 waren es 12.000 mehr als im Vorjahr und 1971 wurden weitere 14.000 Mitglieder angeworben. Aber Pecchioli war auch auf einem viel heikleren Gebiet sehr präsent: jenem der Kontakte mit der Welt, die seit jeher der KPI verschlossen und feindlich war, nämlich die Armee und die Polizei, die nach Enricos Ansicht in einem demokratischen Sinne erneuert werden sollten.

Pecchioli will den traditionellen kommunistischen Antimilitarismus überwinden. Dafür knüpft er Beziehungen zur Armeeführung, organisiert Treffen mit Ex-Partisanen und Soldaten und beginnt die Grundlagen für die spätere Polizeireform zu erstellen. Aber er erleidet auch in einige schwerwiegende Blessuren, im Besonderen wegen der Affäre P2 während der Periode der »nationalen Solidarität«.

Völlig gegensätzlich hingegen ist die Einstellung eines anderen Parteiführers, Armando Cossutta, ein Organisator aus der Lombardei, der anfangs nach außen hin als der engste und unverzichtbarste Mitarbeiter Berlinguers erscheint. Im Organigramm deckt er die Koordinierungsfunktionen des Sekretariates ab, das heißt, im Großen und Ganzen ist er ein Superorganisator, aber eine weitere seiner wichtigen Aufgaben besteht darin, sich um die Parteifinanzen zu kümmern. Im Auftrag von Berlinguer (der später Gianni Cervetti beauftragen wird, die finanziellen Beziehungen der KPI mit Moskau abzubrechen) wird er für ein Gesetz zur öffentlichen Finanzierung der Parteien kämpfen.

Enrico hat, schon bevor die wirklichen Meinungsverschiedenheiten beginnen, keine gute Beziehung mit dem strengen Cossutta. Besser ist die Übereinstimmung mit einem scharfsinnigen Professor aus Imperia,[18] einem Absolventen der Hochschule »Normale« in Pisa, Alessandro Natta, der im Oktober 1970 in das Politbüro kooptiert und zum Leiter der von Togliatti gegründeten Wochenzeitung »Rinascita« ernannt wird. Zur selben Zeit wird Aldo Tortorella, der Longo nahesteht, an die Spitze der »L'Unità« auf den Posten von Giancarlo Pajetta gesetzt: ein Intellektueller, der ein unverwechselbar schwaches R ausspricht, ein Schüler des Philosophen Antonio Banfi, dem Meister des kritischen Rationalismus. In der zweiten Hälfte der 1970er-Jahre leitet er die Beziehungen der KPI mit der Kulturwelt.

Neben Paolo Bufalini und Luciano Barca wird die Mannschaft vervollständigt durch Alfredo Reichlin, Ingraos brillante rechte Hand, Emanuele Macaluso, dem schon Togliatti verantwortungsvolle Aufgaben übertragen hatte, Fernando Di Giulio, der diplomatisch auftritt sowie feine Argumentationen liebt und Berlinguers Botschafter in der Regierung Andreotti zu Zeiten der »nationalen Solidarität« sein wird, und Gerardo Chiaromonte, ein starker Ingenieur aus Neapel, ebenfalls ein zukünftiger Protagonist der »nationalen Solidarität«. Dann gibt es noch Giorgio Napolitano, Berlinguers alter Mitbewerber um die Nachfolge Longos, jetzt aber im Vergleich zu früheren Aufgaben in einer ziemlich nachgeordneten Position. Er wird erst 1975 wieder eine wichtige Führungsposition übernehmen.

Berlinguer organisiert auch die bedeutende Auslandsabteilung neu. An die Stelle von Carlo Galluzzi, der unter den Parteiführern der KPI am deutlichsten antisowjetisch eingestellt ist, kommt ein Outsider: der Journalist der »L'Unità« Sergio Segre,[19] Longos ehemalige Sekretär, der schon begonnen hatte, Beziehungen zur SPD von Willy Brandt zu knüpfen.

Mit Unterstützung dieser Männer präsentiert sich Berlinguer auf der Tribüne des XIII. Parteikongress in Mailand und entwirft dabei den Vorschlag für

---

18 Hafenstadt in Ligurien, nahe der französischen Grenze, die Entfernung zum nordöstlich gelegenen Genua beträgt etwa 120 Kilometer.

19 Näheres zur Person siehe Kapitel: Die italienischen Hauptfiguren in Chiara Valentinis »Enrico Berlinguer« (☛ S. 467).

eine »Zusammenarbeit zwischen den großen Komponenten des Volkes: die kommunistische, die sozialistische und die katholische«. Für diejenigen, die diesen Vorschlag nicht gut aufnehmen, weist er schnell darauf hin, dass »die Einheit der Linken eine notwendige, aber sicherlich nicht hinreichende Voraussetzung für diese Zusammenarbeit ist.« Dies ist eine stimmige Konsequenz der gemäßigten Wende und zugleich die Voraussetzung für den Vorschlag des historischen Kompromisses. Die Neuigkeit in den Tönen und in der Einstellung vonseiten des Führers einer zukünftigen Regierungspartei wird von der ausländischen Presse mehr zur Kenntnis genommen als von der italienischen. Während die wichtigsten italienischen Tageszeitungen dazu tendieren, alles in Begriffen der Propaganda wahrzunehmen, schreibt »Le Monde«, die Berlinguer fast eine ganze Seite widmet, dass »dieser im Großen und Ganzen gemäßigte Bericht alle Elemente eines möglichen Regierungsübereinkommens enthält«. Und die »Welt« schreibt: »Die wichtigste aktuelle Karte in den Händen der KPI ist die Kompaktheit und die Stabilität in einem unsicheren und aufgewühlten Umfeld.«

In der Tat hat Berlinguer in Bezug auf die Zukunft der Partei und des Landes viel größere Angst, als er durchblicken lässt. Seine Sorgen veranlassen ihn kurz vor dem Parteikongress zu einer Entscheidung, die er bisher immer ablehnte: eine Übereinkunft mit der DC zu treffen, um die Legislaturperiode vorzeitig zu beenden und damit in die nächsten Wahlen zu gehen.

XIV.
Das unvermeidliche Treffen

Enrico Berlinguer und Aldo Moro sprechen am Vormittag des Heiligen Abend 1971 zum ersten Mal unter vier Augen miteinander. Für das Treffen wurde das Haus von Tullio Ancora ausgewählt, einer der engsten Mitarbeiter von Moro. In einer Ecke des Wohnzimmers steht ein noch nicht fertig geschmückter Weihnachtsbaum. Beide sind, wie für sie typisch, dunkel gekleidet, zurückhaltend und reserviert. Berlinguer und Moro mustern einander einige Minuten lang, ohne ein Wort zu sagen. Laut Luciano Barca, der dem Gespräch beiwohnt, ist spürbar, dass sich beide bewusst sind, zwei große politische Kräfte zu repräsentieren, und dass ihr Geheimtreffen aus dem ehrlichen Willen erwächst, eine gemeinsame Basis zu finden.

Berlinguer unterbricht die Stille: »Wir Kommunisten sind bereit, für Sie als Präsidenten der Republik zu stimmen, weil wir in Ihnen einen Garanten des freien, demokratischen Spiels sehen, der nicht diejenigen ausschließt, welche die Regeln der Demokratie garantieren.« Wenn Berlinguer, wie es typisch für seinen Charakter ist, sich bemüht, praktisch wortwörtlich die Formulierungen aus den offiziellen Dokumenten zu verwenden, so steht ihm Moro darin um nichts nach. Er macht eine kleine Verbeugung, streckt den Arm als Zeichen des Dankes aus und erwidert dann: »Ich fürchte, es ist zu spät, um den Lauf der Dinge zu ändern. Andererseits könnte ich es niemals akzeptieren, Präsident nur mit der Hälfte der Stimmen aus meiner Partei zu werden. In diesem Fall wären die Bedingungen für ein zukünftiges Projekt nicht gegeben. Für die DC wäre es ein Bruch, und auf einem Bruch baut man nichts auf.«[1]

Der Anlass für das Treffen der beiden Politiker ist die Wahl des Präsidenten der Republik. Die beiden sind schon seit zwei Jahren über Tullio Ancora und Luciano Barca in Kontakt. Es ist also eine Wahl, für die schon lange im Voraus große politische Schachzüge unternommen wurden. Als Dreh- und Angelpunkt der verschiedenen Strategien erweist sich auch in diesem Fall die »kommunistische Frage«. Im Großen und Ganzen sind die verschiedenen Parteien sogar intern gespalten in diejenigen, die denken, dass in den Quirinalspalast[2] ein

---

1 Rocco Di Blasi: *Enrico, ma perché senza scorta? (Enrico, aber warum ohne Geleitschutz?)*, in: *Enrico Berlinguer*, Roma 1985.

2 Amtssitz des Präsidenten der Italienischen Republik in Rom.

Mann einziehen soll, der dem von Francesco De Martino gepredigten »Gleichgewicht der fortgeschritteneren politischen Kräfte« oder sogar dem Einbezug der Kommunisten in die Mehrheit wohlwollend gegenüber eingestellt ist, und diejenigen, die vom neuen Präsidenten eine Garantie wollen, dass genau dies nicht passieren wird.

Offiziell ist De Martino der Kandidat der Linken. Berlinguer hingegen hat vom ersten Moment an Aldo Moro im Sinn. Wie er im September auf seiner Abschlussrede beim Festival der »L'Unità« in Turin sagt, »fordern wir Kommunisten einen Präsidenten, der Ausdruck eines Verfassungspaktes ist«, ohne die KPI auszuschließen. Aber auch, wie er es wenig später in der »Rinascita« präzisieren wird, »eine Persönlichkeit, die fähig ist, uns im richtigen Moment gegen eine von Carabinieri, vorgezogenen Wahlen, Gaullismus und von Obristen herbeigeführte Wende nach rechts zu verteidigen.«

Aber der Plan geht nicht auf. Nach verschiedenen Ereignissen taucht der Name von Giovanni Leone auf, ein den Konservativen genehmer Rechtsanwalt aus Neapel. Im Namen des Antikommunismus stimmen die DC, deren linker Flügel miteingeschlossen, und die laizistischen Parteien gemeinsam mit den Abgeordneten des MSI von Giorgio Almirante für Leone. Almirante lässt unmittelbar danach wissen, seine Unterstützung für Leone ausgehandelt zu haben. Das erste Treffen zwischen Enrico Berlinguer und Aldo Moro endet also in einem Misserfolg. Sicherlich kann keiner der beiden wissen, was die Zukunft für sie bereithält. Aber es scheint bereits klar, dass jeder Versuch der Zusammenarbeit zwischen der KPI und der DC zu einer tiefgehenden Feindschaft führen und unvorhersehbare Allianzen festigen kann.

Mit der Wahl von Leone ist eine Kraft in die Öffentlichkeit getreten, die bis zu diesem Moment im Schatten stand, nämlich die Freimaurerei.

Erst viele Jahre später wird man erfahren, dass dabei auch Licio Gelli, der Chef der Loge P2, mitwirkte. Es wird ein Brief auftauchen, in dem Gelli Leone mitteilt, allen großen Wahlmännern, die Mitglieder seiner Vereinigung sind, »Anweisungen erteilt« zu haben, dass »sie ihre Stimmen ausschließlich auf Ihren Namen abgeben«. Wenige Monate nach der Wahl wird Licio Gelli, begleitet vom Großmeister der Freimaurer Lino Salvini im Amtssitz des Präsidenten vom neuen Staatschef Leone empfangen. Aber dass die Freimaurerei, und nicht nur diese, etwas mit der Wahl von Leone zu tun hatte, erfährt Berlinguer noch am selben Tag. Er ist davon so betroffen, dass er nach Abschluss der Wahl beim Mittagessen mit einigen Journalisten, unter ihnen Miriam Mafai von »Paese Sera«, diese auffordert, die geheimnisvolle Rolle der Freimaurer in Italien zu untersuchen.[3] Und etwas später stellt er bei einer Rede vor den Regionalsekretären und -verbänden fest, dass »bei der Wahl des Präsidenten externe Kräfte (ökonomische, imperialistische, vatikanische, geheimdienstliche) ein gewichtige Rolle eingenommen haben und sogar die Freimaurerei mitgewirkt hat.«[4] Mit Ausnahme des Vatikans ist es mehr oder wenige die Clique, die in den 55 Tagen der Entführung von Moro hinter den Kulissen agieren wird.

Gegenseitige Aufmerksamkeiten

»Aldo Moro ist der hellste Kopf, den die DC seit De Gasperi gehabt hat«, sagt Berlinguer in einem Gespräch zu einem Freund Anfang der 1970er-Jahre. Sein Interesse, seine Neugierde für diesen in einer Lehrerfamilie aufgewachsenen Rechtsprofessor ist erst 1968 erwacht. Moro ist nur sechs Jahre älter als Berlinguer, sieht aber aus wie ein Mann aus einer anderen Generation. Enrico hatte niemals eine besondere persönliche Neigung zu den Christdemokraten. Wie sich der Bruder Giovanni erinnert, »betrachtete er sie als den fundamentalen Teil einer führenden Klasse, für die er ein unnachgiebiges Urteil übrighatte. Er war überzeugt, dass sie oft nicht den Bedürfnissen des Landes gerecht wurden, und dass keiner von ihnen auf demokratischer Ebene voll vertrauenswürdig war.«

Darin übernahm er voll und ganz Togliattis Meinung. Oft hört seine Umgebung, wie er sich Luft macht: »Wer weiß, wo sie gerade das Land hinführen [...]. Italien würde heutzutage etwas anderes brauchen.« Aldo Moro scheint ihm über viele Jahre hinweg mit seinem Transformismus,[5] seiner Fähigkeit, sich durch die Gegensätze durchzulavieren, und auch seinem düsteren Stil einer der typischen Repräsentanten der christdemokratischen Seele zu sein. Aber als Moro mitten in der Protestbewegung beginnt, die neuen Phänomene in einer völlig neuen Sprache und mit einer neuartigen Offenheit zu analysieren, wird Berlinguer zu einem aufmerksamen Beobachter. Die Transformation dieses Machtmenschen beeindruckt ihn, der, angeklagt von seiner Partei wegen

3 Miriam Mafai, persönliche Mitteilung an die Autorin.

4 Aus: *Relazione di Enrico Berlinguer ai segretari regionali e di federazione (Bericht von Enrico Berlinguer an die Regional- und Verbandssekretäre)*, in: L'Unità, 30. Dezember 1971.

5 Ein Begriff, der sich in der italienischen politischen Publizistik ab den 1880er-Jahren herausbildet. Er bezeichnet den Auflösungsprozess der alten historischen rechten und linken Parteien und ihren Zusammenschluss zu parlamentarischen Mehrheiten. Solche Mehrheiten bildeten sich jedoch nicht auf der Grundlage stabiler und allgemeiner Programme, sondern rund um nebensächliche Probleme und vor allem rund um einzelne Persönlichkeiten mit großem Ansehen.

der Wahlniederlage von 1968, begonnen hatte, die Gründe für die Krise der DC zu reflektieren, und der die Notwendigkeit spürte, viele Dinge infrage zu stellen.

Dieser plötzlich ausgegrenzte Moro, der er sich von der Mehrheit seiner Partei immer mehr entfernt, ruft in der DC eine kleine Minderheitenströmung ins Leben und äußert sich zunehmen angriffslustiger gegen den »konfusen Empirismus«, gegen die »Politik der Dinge« und gegen die »graue Partei der Bewahrung«. Dieser Moro, der forderte »endlich die Fenster dieses Schlosses zu öffnen, in dem wir uns verschanzt haben, um den Wind hereinzulassen, der im Leben um uns herumweht«,[6] weckt in Berlinguer die Hoffnung, dass sich auch in der DC, der Partei der relativen Mehrheit, eine andere Art und Weise Politik zu begreifen, durchsetzen könnte. In Moros Worten schimmert auch eine Öffnung gegenüber den Kommunisten durch.

Seit Langem hatte Berlinguer eine direkte Verbindung zum christdemokratischen Parteiführer hergestellt. Als Vermittler dafür wählte er Luciano Barca aus, der das Vertrauen Moros wegen einer kuriosen Geschichte besaß, die mit der studentischen Protestbewegung zusammenhing. Barca ging mitten in der 1968er-Bewegung zum damaligen Ministerpräsidenten Moro, um sich bei ihm für einige Studenten einzusetzen. Diese hatten sich einen Strafbefehl eingefangen und flüchteten anschließend in die Räumlichkeiten der Fraktion der kommunistischen Abgeordneten. Moro stimmte zu, im Sinne des Anliegens von Barca wohlwollend einzugreifen, vorausgesetzt, die Protestierenden räumten im Gegenzug die Piazza Colonna[7] und die Vorhalle des Palazzo Chigi, des Amtssitzes des Ministerpräsidenten, wo sie sich aufhielten.[8] Diese eigenartige Verhandlung war erfolgreich. Moro, der beim Blick auf die jungen Aufständischen unter seinem Fenster schaute, wiederholte, »wir haben nichts von ihnen verstanden«, zeigte großes Interesse, eine Beziehung mit einem kommunistischen Vertreter aufzunehmen. Als dann Barca später im Namen Berlinguers bei ihm erschien, verliefen die Gespräche angespannter. Auch das heikle Thema der Ehescheidung wurde angesprochen.

Von diesen Treffen will Berlinguer bis ins letzte Detail informiert sein. Er ist immer mehr davon überzeugt, dass es inzwischen in der Partei der DC zwei verschiedene und weit voneinander entfernte Seelen gibt. Neben der alten DC

6 Aldo Moro: *L'intelligenza e gli avvenimenti (Die Intelligenz und die Ereignisse)*, Milano 1979.

7 Platz im Zentrum von Rom, liegt im Stadtteil Colonna an der Via del Corso. An seiner Nordseite befindet sich der Palazzo Chigi, der Amtssitz des italienischen Ministerpräsidenten.

8 Luciano Barca, persönliche Mitteilung an die Autorin.

von Forlani,[9] von Amintore Fanfani, die konservativ ist und auch die sogenannte Dorotei-Strömung[10] umfasst, sieht er eine neue DC heranwachsen, die Probleme in sich trägt und selbstkritisch ist. Er denkt, dass die Geschichte Italiens verändert werden kann, wenn es den Kommunisten gelingt, sich mit dieser zweiten Seele der DC zu verbünden und ihr damit innerhalb der DC zur Mehrheit zu verhelfen.

Die Zweifel Berlinguers

Damit dieses Bündnis voranschreiten kann, ist es notwendig, dass die »katholischen Massen« in der Frage der Scheidung nicht mit den kommunistischen und säkularen Kräften in Konflikt geraten. Das ist von Anfang an die feste Überzeugung des Generalsekretärs der KPI, als das von den beiden Abgeordneten Loris Fortuna[11] und Antonio Baslini[12] ausgearbeitete Gesetz seine mühsame Reise durch das italienische Parlament antritt. Diesen Standpunkt vertritt Berlinguer auch später während des gesamten langen und komplizierten Referendumsprozesses. Die Möglichkeit, wie in den allermeisten westlichen Ländern auch in Italien ein Gesetz zu haben, das die Trennung der Ehe ermöglicht, wird zu Beginn von Berlinguer und einem beträchtlichen Teil der kommunistischen Parteiführer mit Sorge gesehen. Nilde Iotti, in der KPI die Verantwortliche für die Frauen, teilt diese Linie nicht. Iottis Leben war durch die Unmöglichkeit geprägt, mit ihrem Partner, Palmiro Togliatti, eine reguläre Familienbeziehung zu führen. »Unser Treffen ist ein Schwindel vor dem Abgrund«, schreibt er ihr in der ersten Zeit ihrer Beziehung, um darauf hinzuweisen, welches Tabu er brechen musste, damit die junge und attraktive Iotti[13] an die Stelle der Ehefrau Rita Montagnana treten konnte, die wie Togliatti der KPI 1921 beitrat und ihm später in die UdSSR ins Exil folgte.

Nilde durfte nicht nur keine Kinder mit ihrem Lebensgefährten haben, um im moralistischen Italien keinen Skandal auszulösen. Zumindest in den An-

9 Näheres zur Person siehe Kapitel: Die italienischen Hauptfiguren in Chiara Valentinis »Enrico Berlinguer« (☛ S. 456).

10 Diese gemäßigt konservative, wenngleich strikt antikommunistische Strömung innerhalb der DC wurde 1959 auf einem Treffen im Kloster der *Santa Dorotea* in Rom gegründet, deshalb wurde sie parteiintern und in der Öffentlichkeit auch als der »Dorotei-Flügel« bezeichnet.

11 Loris Fortuna (1924–1985), Mitglied der Abgeordnetenkammer (1963–1985) für die sozialistische Partei (PSI bzw. PSU) und Minister (1982/83 und 1985).

12 Antonio Baslini (1926–1995), Mitglied der Abgeordnetenkammer (1963–1987) für die liberale Partei (PLI).

13 Luisa Lama: *Nilde Iotti*, Roma 2013.

fangsjahren zahlte sie auch einen hohen politischen Preis für ihre Beziehung, die von der Parteispitze der KPI abgelehnt wurde. Um beispielsweise das eheliche Haus, in dem er noch mit der Ehefrau Rita Montagnana lebte, verlassen zu dürfen, bat Togliatti um die Hilfe eines Vermittlers, Eugenio Reale.[14] Dieser leitete eine kleine Kommission auf höchster Parteiebene, die Togliatti dann ermächtigte, die Adresse zu wechseln.[15] So ist es nachvollziehbar, dass Nilde Iotti eine der überzeugtesten Unterstützerinnen der Scheidung ist.

Sie ist mit der Aufgabe der Steuerung des Bildes in der Öffentlichkeit zu dieser Frage betraut. Es ist eine Aufgabe, die Iotti mit Umsicht erfüllt, wobei sie nicht müde wird, die Werte der Familie zu loben, sodass sie den Sarkasmus der säkularen und radikalen Presse auf sich zieht, welche die KPI als rückschrittlich betrachten. In der Realität hat Nilde Iotti, flankiert von Adriana Seroni,[16] innerhalb der Leitungsgruppe heftige Auseinandersetzungen. Ihr direkter Gegenspieler ist Paolo Bufalini, der zusammen mit Luciano Barca der große, geheimnisvolle Vermittler ist, und der einen erheblichen Einfluss auf Berlinguer ausübt.

Nilde Iotti erinnert sich: »Enrico war in Bezug auf dieses Thema ängstlich. Es war eine tiefe Qual in ihm, die Sorge um das, was eine so explosive Neuigkeit wie die Scheidung in einer großen Partei wie der unsrigen auslösen könnte.«[17] Gewiss, das Wort Scheidung machte ihm Angst. Während des gesamten Gesetzgebungsprozesses wirkt die KPI als Vermittler. Als der im November 1969 von der Abgeordnetenkammer angenommene Gesetzestext im Senat aufgehalten wird, tritt Paolo Bufalini mit seinem feinen diplomatischen Geschick in Aktion. Er ist eben genau dieser an internationaler Diplomatie erfahrungsreiche »rote Bischof« Bufalini, der die Verhandlungen zwischen den Parteien und Präsident Leone führt. Zugleich gelingt es ihm, die streitsüchtigen und misstrauischen Christdemokraten und Sozialisten sowie die anderen säkularen, von Marco Pannellas liberaler Partei (PLI) unterstützten Kräften auf eine Linie zu bringen. Bufalini sieht in dieser Arbeit des Zusammenführens der Parteien eine Chance, die KPI zu legitimieren und sie Teil der politischen Landschaft Italiens werden zu lassen.

---

14 Eugenio Reale (1905–1986), Mitglied der KPI seit Anfang der 1930er-Jahre, für die KPI Unterstaatssekretär (1944–1947), Mitglied der Verfassungsgebenden Versammlung (1946–1948), Mitglied des Senates (1948–1953), nach dem Ungarnaufstand 1956 Austritt aus der KPI.

15 Emanuele Macaluso: *50 anni nel Pci* (*50 Jahre in der KPI*), Soveria Mannelli 2003.

16 Adriana Seroni (1922–1984), Journalistin, führende Aktivistin der feministischen Bewegung, KPI-Politikerin, seit 1969 Verantwortliche der zentralen Frauenkommission in der KPI, Mitglied der Abgeordnetenkammer (1972–1984).

17 Nilde Iotti, persönliche Mitteilung an die Autorin.

Auch in der Öffentlichkeit bewegen sich die Kommunisten mit Umsicht. In den Reden und auf den Wahlversammlungen wird Berlinguer nicht müde festzustellen, dass das Gesetz »ohne Sieger und Besiegte« angenommen werden müsse. Und als endlich im Dezember 1970 der Vorschlag von Fortuna und Baslini als Gesetzestext zur endgültigen Annahme in die Abgeordnetenkammer zurückkommt, verdeutlicht Nilde Iotti die zustimmende Haltung der KPI mit einer Erklärung, die voll von sorgenvollem Verständnis für die Katholiken ist.

Berlinguer nimmt an der Abstimmung mit stockendem Atem teil, wobei er bis zuletzt an dem Ergebnis zweifelt: Die Scheidung wird mit 319 Stimmen dafür zum Gesetz. Diese kommen von der gesamten Front der säkularen Kräfte, von den Liberalen bis zu den Kommunisten. Es gibt 286 Gegenstimmen aus den Reihen der Christdemokraten und den Abgeordneten des MSI. Nilde Iotti erinnerte sich: »Es war fast schon im Morgengrauen, als wir die Abgeordnetenkammer verließen. Eine kleine Menschenmenge erwartete uns. Enrico lächelte, er war zufrieden und gleichzeitig überrascht, dass wir es geschafft haben.« Von diesem Moment an kultiviert Berlinguer neben der Überzeugung, dass rund um das Thema der Scheidung nicht ein Religionskrieg ausbrechen dürfe, eine weitere Idee mit ebenso fester Entschlossenheit: Dieses Gesetz, das eine zivile Errungenschaft für Italien darstellt, könne im Detail verändert werden, ist aber in seiner Substanz nicht zur Diskussion zu stellen. Die gesamte Auseinandersetzung, die Berlinguer über mehr als drei Jahre hinweg führt, um einen aufhebenden Volksentscheid zur Scheidung zu vermeiden oder zumindest hinauszuschieben, ist wichtig, um seinen Charakter und seine Art und Weise, Politik zu machen, zu verstehen. Der Parteiführer der KPI kämpft gegen das, was er zu Unrecht für eine Gefahr hält. Wenn aber das Referendum unvermeidlich wird, wirft er sich mit ganzer Kraft und Energie ins Gewühl, auch wenn er überzeugt ist zu verlieren. Der vorsichtige Parteiführer wird zu einem Mann, der für Ideen kämpft, die er für gerecht hält, und für moralische Entscheidungen, die für ihn die Grundlage von politischen Entscheidungen sind.

Weiche, Referendum

Das Sammeln von Unterschriften für ein aufhebendes Referendum zur Scheidung beginnt unmittelbar nach der Annahme des Gesetzes. Die Antischeidungsfront, angeführt von Gabrio Lombardi,[18] lässt das Land wieder die Stimmung von 1948 erahnen. Es werden wieder die alten Bürgerkomitees in Bewegung gebracht. Viele Bischöfe und sehr viele Pfarreien unterschreiben und lassen unterschreiben. Die MSI-Leute stehen mit zahlreichen Christdemokraten in der ersten Reihe. Der Generalsekretär der DC, Arnaldo Forlani, unterschreibt höchstpersönlich. Am 19. Juni 1971 wird die von 1.370.000 Wählern unterschriebene Forderung übergeben. Berlinguer führt in seinem Bericht vor dem Zentralkomitee die Argumente an, mit denen er in den folgenden Jahren weiterkämpfen wird: Die Front für das Referendum »vereinigt alle rückschrittlichen Kräfte des Landes«, sie gibt den Faschisten die Möglichkeit zum Sprechen, sie stellt für die politische Landschaft eine »reaktionäre Bedrohung« dar. Er ist sich dabei nicht einmal der »roten« Wählerschaft sicher und schickt tatsächlich ein Rundschreiben mit der Aufforderung, die Mitglieder vom zivilen Wert des Gesetzes zu überzeugen, an die Regionalverbände.

In der Zwischenzeit beginnt Berlinguer wieder mit dem Flügel um Moro innerhalb der DC zu verhandeln. Und er sucht auch über den Vermittler Pompei, dem damaligen Botschafter Italiens beim Heiligen Stuhl, den direkten Kontakt mit dem Vatikan.

Die Geschichte der Beziehung zwischen der KPI und dem Vatikan bezüglich der Scheidungsfrage ist ein ziemlich einzigartiges Abbild des Italiens der 1970er-Jahre. Der Montini-Papst, Papst Paul VI., nahm natürlich mit Bedauern die Verabschiedung des Gesetzes zur Kenntnis. Er sprach von einer »Wunde«, auch davon, dass mit der Einführung der Scheidung die Lateranverträge[19] verletzt

---

18 Gabrio Lombardi (1913–1994), Jurist, akademische Lehrtätigkeit an den Universitäten Pavia und Mailand sowie an der Päpstlichen Lateranuniversität in Rom, Präsident der katholischen Akademikerbewegung (1964–1970), ab 1970 Präsident des Ausschusses für das Referendum über die Scheidung.

19 Abgeschlossen am 11. Februar 1929, zwischen dem Heiligen Stuhl und dem damaligen Königreich Italien, vertreten durch den faschistischen Ministerpräsidenten Benito Mussolini. Sie klärten endgültig die »römische Frage« sowie den Status der Vatikanstadt nach der 1870 erfolgten Auflösung des Kirchenstaates. Darin erkennt der Papst die Stadt Rom als Sitz der italienischen Regierung an, während der italienische Staat die politische und territoriale Souveränität des Vatikans garantiert. Der Name der Verträge leitet sich vom Ort der Unterzeichnung, dem Lateranpalast ab. Dieser stammt aus dem 16. Jahrhundert und grenzt im Stadtteil Monti im Zentrum von Rom unmittelbar an die Lateranbasilika.

wurden, »auch weil im Artikel 34 des Konkordates die Eheschließung reguliert ist.« Aber im Gegensatz zu vielen seiner Bischöfe und Priester ist der Heilige Stuhl vorsichtig und wenig entschlossen, sich in einen Religionskrieg hineinzubegeben. So sind diese drei Jahre, die zwischen der Annahme des Gesetzes und dem Referendum vergehen, voller Treffen zwischen Prälaten und kommunistischen Abgesandten, zwischen Kommunisten und Christdemokraten und manchmal zwischen allen dreien. Auch wenn die Vertraulichkeit groß ist, sind die Zeitungen voller Artikel und Reportagen über die Gefahr einer »konziliaren Republik«, über den Anbruch einer Epoche des »Kreuzes und des Hammers«.[20]

In Wirklichkeit beunruhigt das Referendum alle, einschließlich den Vatikan. Sogar die DC hat bis zu einem gewissen Moment eine schwankende Einstellung, auch aufgrund des Interesses, die guten Beziehungen zu den Kommunisten am Vorabend der Präsidentenwahlen aufrechtzuerhalten. Als aber nach der Nominierung von Giovanni Leone die Verhandlungen wiederaufgenommen werden, hat sich die Stimmung komplett geändert. Forlani lässt wissen, dass die einzige Möglichkeit, das Referendum zu vermeiden, darin besteht, vorzeitige Wahlen durchzuführen.

Für Berlinguer sind die Schmach und die Enttäuschung, auch auf persönlicher Ebene, beträchtlich. Aber er will nicht der Generalsekretär der KPI sein, in dessen Amtszeit der Bruch mit den Katholiken vollzogen wird. Die vorgezogenen Wahlen, die er lange Zeit als ein Schreckgespenst hinstellte, werden jetzt als ein unvermeidliches Übel akzeptiert. Später wird er auf eigene Kosten erkennen müssen, dass das Zugeständnis nur dazu dient, das Referendum zu verschieben, nicht aber um es zu beseitigen. In der ganzen Angelegenheit erweist sich die DC sicherlich nicht als eine vertrauenswürdige Partei. In Berlinguers Augen gibt es dafür aber eine Rechtfertigung, dass es sich nämlich um die »alte« DC handelt.

Der Berater des »Fürsten«

Keiner könnte Enrico Berlinguers Familie verdächtigen, ihn als Junge einer katholischen Erziehung unterzogen zu haben. Getauft und gefirmt aus reinem Anstand, wuchs Enrico bei einem progressiven und antiklerikalen Vater auf, mit einem positivistischen Großvater mütterlicherseits und einem anarchistischen Onkel. In der Schule ließ er sich praktisch immer von der Religionsstunde befreien. Und für religiöse Fragestellungen zeigte er wenig Interesse,

20 Luciano Barca, persönliche Mitteilung an die Autorin.

mit Ausnahme von einigen Ausflügen in die Wissenschaft der Schriften und Lehren der Kirchenväter. Warum ist also jenseits seines politischen Interesses für die DC das, was im kommunistischen Wortschatz als die »katholische Frage« bezeichnet wird, eine seiner größten Sorgen? In einer ersten Phase übernimmt er Togliattis Lehre, derzufolge man sich ein sozialistisches Italien nicht ohne die Übereinkunft der Arbeiterklasse mit den »katholischen Massen« vorstellen konnte. Einige Überlegungen können dem Umstand zu verdanken sein, dass seine Frau Letizia gläubig, wenn auch keine praktizierende Katholikin ist. Aber auch die Anwesenheit einiger katholischer Kommunisten innerhalb seines engsten Kreises beeinflusst ihn.

Einige Monate nach seiner Wahl zum stellvertretenden Generalsekretär tritt Tonino Tatò an seine Seite, eine Persönlichkeit, die sich noch als bedeutend erweisen wird. Einen Privatsekretär für Berlinguer zu finden, der sich an seinen Charakter und seine Art, Politik zu leben, anpassen kann, schien von Anfang an ein kompliziertes Unterfangen zu sein. Nach ein paar unglücklichen Versuchen erscheint Genosse Tonino Tatò auf der Bühne, präsentiert von Pecchioli und Luciano Barca. Er ist ein ziemlich ungewöhnlicher Mann mit dem Körper und dem Gesicht eines Schauspielers aus den *Telefoni-Bianchi*-Filmen.[21] Und tatsächlich, auch wenn niemand in der Parteizentrale davon weiß, spielte er als junger Mann eine Nebenrolle im Film *Idillio a Budapest*.[22] Als Sohn eines Parlamentsjournalisten atmet er von klein auf die Luft der römischen Politik ein. Tatò ist all das, was Enrico nicht ist. Während Berlinguer schüchtern, scheu und reserviert ist, ist sein neuer Sekretär extrovertiert und wendig. Es ist wahrscheinlich auch diese Art von gegenseitigem Zusammenspiel, das auf unerwartete Weise zuerst eine gute Arbeitsbeziehung und später eine Freundschaft festigt. Und nach und nach wird Tatò für Enrico zu einem unverzichtbaren Sprachrohr in der Welt der Mächtigen, in der Welt der Massenmedien. »Rufen Sie Tatò für mich an«: In den Jahren des Aufstiegs der Kommunisten und später in der Periode der »nationalen Solidarität« werden diese Worte zu einer magischen Formel, die das Rom der politischen Führer, der Chefredakteure der Tageszeitungen, der hohen Staatsbeamten verwendet, um mit dem Parteiführer der KPI am Gipfel des Erfolges in Kontakt zu treten. Und Tatò schlägt

21 Dt.: »Weiße Telefone«, ein Genre von Filmen, die in Italien der 1930er-Jahre als Nachahmung der amerikanischen Filme dieser Zeit hergestellt wurden. Zum Beispiel wurden kostspielige Art-Déco-Filmsets verwendet, die oft weiße Telefone als Statussymbol des bürgerlichen Reichtums enthielten.

22 Dt.: »Idylle in Budapest«, italienischer Komödienfilm (1941), siehe auch <www.comingsoon.it> (Stichwort: Idillio a Budapest).

vor und informiert, wobei er die Gesprächspartner mit der Überzeugung zurücklässt, mit Berlinguer gesprochen zu haben.

Tatò wird zum Zeremonienmeister der neuen, nicht immer selbstlosen Freunde, der Bittsteller und Bewunderer. Er hat die Fähigkeit, sich in seiner Rolle unverzichtbar zu machen und erweist sich zumindest bis zu einem gewissen Moment als treu. Seine Macht ist beträchtlich, auch weil er das Amt des persönlichen Sekretärs von Berlinguer ebenso wie die Leitung der Presseabteilung der Parteizentrale ausübt.

In Tatòs politischer Vergangenheit, der viele Jahre in der CGIL gearbeitet hat, gibt es einen Umstand, der sich als fundamental erweist. Er war bei den katholischen Kommunisten aktiv und ist ein großer Freund des Gründers dieser Bewegung, Franco Rodano: ein Name von mythischer Bedeutung in der politischen Szene Italiens, berühmt als graue Eminenz, als die er sich inszenieren konnte. Bei Rodano ist alles an der Grenze zum Romanhaften. Als Ehemann einer kommunistischen Abgeordneten, Marisa Cinciari, die aus einer sehr reichen Familie kommt, lebt Franco Rodano, auch bedingt durch seine schlechte Gesundheit, in einer Art freiwilligen Selbstisolation in einer Villa zwischen der Porta Latina und der Porta San Sebastiano, am Beginn der antiken Via Appia,[23] umgeben von einem riesigen Garten, übersät von römischen Memorabilien. Rodano, blass, streng, mit einem intensiven Blick hinter einer schwarz umrandeten Brille, führt eine spartanische Existenz, zieht sich für einen guten Teil des Tages in sein Arbeitszimmer zurück und beschäftigt sich mit seinen Lieblingsautoren, die Marx und Machiavelli sowie den heiligen Thomas von Aquin und Stalin umfassen.

Rodano, ein strenger Katholik, seit der Nachkriegszeit zugleich Mitglied in der KPI, ist eine der Figuren, die man sich in keiner anderen Welt als jener der italienischen Katholiken und Kommunisten vorstellen könnte. Er bewegt sich auf einem schmalen Grat zwischen dem gegenseitigen Hass und dem gegenseitigen vorsichtigen Interesse der beiden Welten. Er knüpft Kontakte mit dem Vatikan, der ihn zu Zeiten von Papst Pius XII. zuerst exkommuniziert und von den Sakramenten ausschließt und ihn später zu Zeiten von Papst Paul VI. wieder stillschweigend rehabilitiert. Zur selben Zeit wird er zum Freund und Berater Togliattis. Es ist eine oft erwähnte, aber bis heute nie vollständig rekonstruierte Beziehung zwischen zwei einzigartigen Männern. Nilde Iotti, die

23 Via Appia, die erste große Straße Europas führte über 540 Kilometer vom Zentrum Roms nach Brindisi, dem Tor zum Osten, an der Küste zum Adriatischen Meer. Vgl. Paolo Rumiz: Via Appia. Auf der Suche nach einer verlorenen Straße. Wien/Bozen 2019.

generell bei allem, was die politische Figur ihres Lebensgefährten betrifft, sehr vorsichtig war, schrieb dazu: »Togliatti betrachtete Franco Rodano nicht nur als Freund, sondern auch als wesentlichen Vermittler von Wissen und Beziehungen. Es genügt, an die Beziehungen mit dem Vatikan und an jene mit einer außergewöhnlichen Persönlichkeit wie Raffaele Mattioli[24] zu erinnern«.[25] Die Verständigung und sogar die intellektuellen Koketterien zwischen den beiden sind gefestigt. Eines Tages zeigt Togliatti auf der Terrasse der Parteizentrale Rodano die Kuppel des Petersdoms: »Merk dir, Franco, dass wir Kommunisten immer mit dieser Kuppel zu tun haben werden«, sagt er.

Tatò in Aktion

Wenn Franco Rodano in seinem Leben die Rolle des Beraters des »Fürsten« ausübte, so tat er dies mehr bei Togliatti als bei Berlinguer. Auch wenn darüber verschiedene Kommentatoren anderes schreiben werden. Mit dem neuen Generalsekretär entwickelt sich keinerlei persönliche Freundschaft. Enrico empfindet eine Art Verlegenheit und ein subtiles Misstrauen gegenüber diesem geheimnisvollen »Anzettler«, der auf eine so ungewöhnliche Art und Weise Politik macht. Bei von Tatò organisierten Abendessen mit wenigen Gästen werden rund um einen rechteckigen Tisch aus grünem Marmor der Christdemokrat Giovanni Galloni mit Pietro Ingrao, mit Paolo Bufalini und mit Armando Cossutta zusammengebracht, der legendäre Generaldirektor der Banca Commerciale Italiana Raffaele Mattioli sitzt neben Monsignore De Luca[26] und Giorgio Amendola. Berlinguer bevorzugt freundschaftliche, weniger verbindliche Abende. Im Gegensatz zu Togliatti hat er keine Lust auf brillante Konversationen, auch nicht darauf, sich unter den Mächtigen wiederzufinden. Er ist viel direkter, frei von doppeltem und dreifachem Boden.

Einmal ging er mit seinem Cousin Sergio Siglienti, damals Leiter der Banca Commerciale Italiana, mit dem er seit Kindheit an eng verbunden ist, zum Abendessen. Im letzten Moment schließt sich ihnen auch Rodano an. Es ist die Zeit der Auseinandersetzung um das Scheidungsgesetz, und genau darüber will Rodano mit dem kommunistischen Generalsekretär reden. Sein ziemlich komplizierter Vorschlag lautet, dass man das Gesetz so lassen könnte, wie es vom

24 Raffaele Mattioli (1895–1973), Bankier (fast 40 Jahre lang Generaldirektor der Banca Commerciale Italiana – BCI), Volkswirt und Verleger.

25 Nilde Iotti: *L'amicizia con Togliatti* (*Die Freundschaft mit Togliatti*), in: Quaderni della rivista trimestrale, Juni–Dezember 1983.

26 Antonio De Luca (geboren 1956), heute Bischof der Diözese Teggiano-Policastro (seit 2011).

Parlament angenommen wurde, aber in Zukunft denjenigen, die sich scheiden lassen, eine Art Sanktion androht. Siglienti, der einen starken säkularen, liberalen Hintergrund hat, ist verblüfft. »Es ist also so, als würde man Hunden, die in Parks pissen, eine Strafe geben«, sagt er und versucht, alles ins Lächerliche zu ziehen. Rodano schaut ihn daraufhin mit einem Blick der Missbilligung an, und das Abendessen endet in einer Verlegenheit. »Aber wie kommst du dazu, Freunde von dieser Art zu haben?«, fragt Siglienti später Berlinguer. Enrico erklärt ihm, dass ihn mit Rodano keinerlei persönliche Freundschaft verbindet und dass er ihn seit mindestens sechs Monaten nicht gesehen hat. »Aber man kann nicht leugnen, dass einige seiner Ideen interessant sind«, fügt er hinzu.[27]

Was Rodano betrifft, so ist auch er einigermaßen unschlüssig. Als er Berlinguer zum ersten Mal auf dem Parteikongress in Bologna 1969 trifft, beurteilt er Berlinguer als »einen jungen Mann, der die Lehre von Togliatti weiterentwickeln könnte.« Aber bald stellt er fest, dass der »junge Mann« etwas Ungewöhnliches an sich hat, dass er von einem sehr starken Idealismus angetrieben wird und zu intellektuellen Skrupellosigkeiten unfähig ist. Und dass dies in seiner politischen Vorstellung nicht nur etwas Gutes ist. Und dennoch hört er in all den Jahren des Generalsekretariates von Berlinguer nicht auf zu versuchen, einen eigenen Einfluss auszuüben. Es finden insgesamt nicht mehr als sechs oder sieben persönliche Treffen statt, wie Giaime, der Sohn von Rodano, bezeugt. Rodano hingegen wählt für die Kommunikation zwischen den beiden den Weg langer Aufsätze in Briefform, auch 20 oder 30 Seiten lang, auf die Berlinguer in kurzen Nachrichten antwortet. Mehrere dieser Dossiers werden nach seinem Tod in Berlinguers Schreibtischschubladen gefunden.

Aber den entscheidenden Weg, um das zu sein, was er zu Zeiten von Togliatti war, nämlich Berater des »Fürsten«, geht Rodano über seinen sehr engen Freund Tonino Tatò. Von seinem Büro im zweiten Stock der Parteizentrale, gleich neben dem Berlinguers, ruft Tatò mindestens drei bis vier Mal am Tag Rodano an, der so das Geschehen in der Parteispitze der KPI live mitverfolgt und seine Empfehlungen nach reiflicher Überlegung abgeben kann.[28] Es ist keine ganz unschuldige Angewohnheit, diesen Fluss an Informationen an jemanden weiterzugeben, welcher der Führungsgruppe der Partei nicht angehört. Aber bis zu einem bestimmten Moment verläuft alles ganz gut. Manche von Rodanos Empfehlungen gehen durch Tatò hindurch, manche Formulierungen finden sich in den Reden von Berlinguer wieder, aber es handelt sich praktisch nie um

27 Sergio Siglienti, persönliche Mitteilung an die Autorin.

28 Giaime Rodano, persönliche Mitteilung an die Autorin.

essenzielle Vorschläge. Manchmal versucht Rodano das, was der Generalsekretär gesagt hat, innerhalb seines Wertesystems einzuordnen, und zieht daraus für sich selbst Interpretationen, wie es beim historischen Kompromiss der Fall sein wird. Noch komplizierter wird die Sache nach dem »Riss« (*lo strappo*) zwischen der KPI und Moskau sein, wenn der »Fürst« und seine zwei Berater in Bezug auf die Beziehungen zur UdSSR auf entgegengesetzten Seiten stehen werden.

Diese DC ist die Unordnung ...

Die Kampagne zu den Wahlen am 4. Juni 1972 ist für Berlinguer ein Test seiner Strategie gegenüber der DC. Die von Forlani geführte Partei der relativen Mehrheit, die sich immer weiter nach rechts orientiert, um die Stimmen zurückzugewinnen, die ihr bei den Regionalwahlen von den Neofaschisten genommen wurden, setzt alles auf den wildesten Antikommunismus. »Die DC wird die rote Gefahr schlagen, das Privateigentum wird nicht beeinträchtigt werden«, verspricht Forlani. Aber dieser Schwenk nach rechts verstärkt nur das neue Phänomen des katholischen Protests. Nicht nur die DC, sondern die ganze Welt um sie herum scheint seit einiger Zeit am Siedepunkt zu sein, hervorgerufen – wenn auch mit einiger Verspätung – durch die Ideen der 1968er-Bewegung. Bis zu diesem Zeitpunkt stimmen die Katholiken immer geschlossen für die DC. Jetzt sind progressive Pfarren auf der Bühne erschienen, die Briefe an die Gläubigen richten, in denen sie diese einladen, die Zustimmung zur DC zu verweigern, »eine Partei, welche die Christen seit 25 Jahren betrügt«. Auch die ganz traditionellen Hochburgen der DC schwanken. Die Kleinbauern pfeifen auf einer Demonstration in Rom ihren Präsidenten Paolo Bonomi[29] aus. Die Katholische Aktion[30] hat in ihren Statuten die politische Neutralität verankert, und viele Aktivisten erklären den Zeitungen, dass »in der Katholischen Aktion aktiv zu sein und zugleich für die Linke zu stimmen, kein Gegensatz mehr ist.«

29 Paolo Bonomi (1910–1985), gründete 1944 die *Coldiretti* (*Bauernverband*), dessen Präsident er bis 1980 blieb. Er war Mitglied der christdemokratischen Fraktion in der Verfassungsgebenden Versammlung Italiens von 1946 bis 1948, anschließend Mitglied der Abgeordnetenkammer bis 1983.

30 *Azione Cattolica* (*Katholische Aktion*), italienische Laienorganisation in der katholischen Kirche, gegründet 1905.

Als ob das nicht genügen würde, marschiert die CISL in Richtung Einheit mit der CGIL und der UIL, die ACLI[31] rebellieren. Es ist ein Umfeld, das der Schwenk nach rechts unter Forlani unruhig und misstrauisch gemacht hat. In Berlinguer sieht es hingegen einen Mann, der die Rechte der Enterbten verteidigt, der die Moral nicht von der Politik trennt, sondern im Gegenteil zur Grundlage von Politik macht. Berlinguer kümmert sich darum, dass der Dialog lebendig bleibt. »Die Werte wie jene der Gerechtigkeit, der Brüderlichkeit unter den Menschen, der Erneuerung der Familie, der menschlichen Würde sind nicht nur in den Texten niedergeschrieben, auf die sich das religiöse Bewusstsein der Katholiken stützt, sondern auch in unserem Programm«, wiederholt er während der gesamten Wahlkampagne.

Die Wahlen bringen auch eine weitere Neuheit mit sich. Zum ersten Mal präsentiert eine katholische Gruppe außerhalb der DC ihre eigene Liste. Es ist die politische Bewegung der Arbeitnehmer, gegründet vor eineinhalb Jahren von dem Ex-Präsidenten der ACLI, Livio Labor, ein Kämpfer aus Triest, der immer wieder wiederholt, wie absurd der christdemokratische Anspruch ist, den Katholiken ein elftes Gebot aufzuzwingen: »Du sollst keine eigene Partei neben meiner Partei haben.«

Das gesamte Szenario überzeugt Berlinguer davon, dass große Neuheiten heranreifen können. Er trifft Labor gerne und ermutigt ihn, mit einer eigenen Liste in die Wahlen zu gehen, auch wenn er nicht das alte Schema eines Bruches innerhalb der DC durch eine zweite katholische Partei ins Auge fasst. Wie er oft vor seinen Mitarbeitern wiederholt: »In Italien gibt es schon eine zweite katholische Partei, und das ist die KPI. Unser Ziel ist es, die erste zu werden.«[32]

Während der gesamten Wahlkampagne bemüht sich Berlinguer, das Bild von einer KPI als der ruhigen Kraft glaubhaft zu machen, welche die demokratischen Spielregeln respektiert und ein Garant für gesellschaftlichen Frieden ist. »Diese DC ist die Unordnung«, verkünden die kommunistischen Plakate und stellen damit die übliche christdemokratische Argumentation auf den Kopf. Die Wahlergebnisse scheinen ihm zumindest teilweise Recht zu geben. Die Gruppe um Labor wie auch die vom »il manifesto« und andere Gruppierungen der extremen Linken, die mit eigenen Listen an den Wahlen teilgenommen haben, erreichen nicht einmal das für den Einzug ins Parlament erforderliche

31 ACLI (*Associazioni Cristiane Lavoratori Italiani*), katholische Gewerkschaften, gegründet im Juli 1944 auf Wunsch und Drängen der katholischen Kirche, nachdem einige Woche zuvor mit der CGIL eine Einheitsgewerkschaft aus Kommunisten, Sozialisten und Christdemokraten entstanden war.

32 Antonio Tatò, persönliche Mitteilung an die Autorin.

Quorum an Stimmen und verschwenden damit eine Million Stimmen. Die KPI legt zu, wenn auch nur um 0,3 Prozentpunkte, während die DC einige Zehntelprozentpunkte verliert. Trotz dieses positiven Bildes sind die ersten Statements von Berlinguer und anderen kommunistischen Parteiführern vorsichtig. Es besteht die Befürchtung, dass sich die DC auf einen Rechtsruck vorbereitet. Eine Befürchtung, die sich bald als real herausstellen wird.

XV.
Zwischen historischem Kompromiss und Scheidung

Als er die schicksalhafte Formulierung schreibt, welche die italienische Politik revolutionieren wird, sitzt Enrico Berlinguer nicht an seinem Schreibtisch in der Parteizentrale, wie es dem Bild großer politischer Wenden entsprechen würde. Er sitzt bescheidener im Unterhemd und mit Hausschuhen an dem runden Tisch im Esszimmer seines Hauses, zusammen mit den Töchtern Bianca und Maria, die in Trainingsanzügen herumsausen, im Hintergrund der Lärm, der von der Piazzale di Ponte Milvio durch das Fenster hereindringt. Zwei der drei Artikel, in denen die Analysen und Vorschläge des Generalsekretärs niedergeschrieben sind, wurden bereits veröffentlicht. Nun fehlt noch der dritte, der wichtigste, an dem er gerade feilt. Tonino Tatò, der zu Besuch kommt, trifft ihn mit einem Kugelschreiber in der Hand vor vielen Blättern, die voll mit durchgestrichenen Teilen sind.[33]

Nach außen hin scheint Berlinguer ruhig und nur auf seine Arbeit konzentriert zu sein. Das Gegenteil ist aber der Fall. Es fällt Enrico schwer, die Bilder von etwas sehr Ernstem aus seinem Kopf zu entfernen, das ihm wenige Tage zuvor, am 3. Oktober 1973, am Ende eines stürmischen Besuches beim bulgarischen Premier Todor Živkov passiert war. Todor Živkov, ein Vertreter der rückschrittlichsten Teile in der kommunistischen Welt, hatte lange darauf bestanden, dass Berlinguer nach Sofia kommen müsse. Der Generalsekretär hat die Bilder von jener Straße zum Flughafen vor Augen, auf der er in einem massiven schwarzen Chaika-Regierungswagen fuhr, angeführt von einem Polizeiwagen in Blaulicht, begleitet von zwei weiteren bulgarischen Parteiführern, Boris Weltschew und Konstantin Tellalov, sowie dem Dolmetscher. In einem weiteren Wagen folgten ihm zwei Parteiführer der KPI, Gastone Gensini und Angelo Oliva. Aber die Routine des Transfers zum Flughafen wird jäh durch einen mit Steinen beladenen Militärlastwagen unterbrochen, der von der entgegengesetzten Richtung kommt und sie genau am Beginn einer Brücke mit heftiger Gewalt erfasst. Im Bruchteil einer Sekunde werden die Räder des Chaika-Wagens von einem provisorischen Lichtmast am Rande der Straßen-

33 Antonio Tatò: *Così nacquero le parole e le formule che segnarono la linea del Pci* (*Wie die Worte und Formulierungen entstanden, welche die Linie der KPI kennzeichneten*), in: *Enrico Berlinguer*.

böschung gestoppt. Die beiden bulgarischen Parteiführer sind schwer verletzt, der Dolmetscher stirbt auf der Stelle.

Auch wenn er übel zugerichtet ist und eine Prellung am Kopf davonträgt, versteht Berlinguer sofort, dass dies kein Unfall gewesen sein konnte. Und je mehr er darüber nachdenkt, desto mehr ist er davon überzeugt. Dies erzählt er seiner Frau und den Kindern, als er mit einem von der italienischen Botschaft in Sofia zur Verfügung gestellten Flugzeug nach Rom zurückgekehrt ist, da er mit bulgarischen Transportmitteln nichts mehr zu tun haben wollte. Noch ausführlicher vertraut er es Emanuele Macaluso an, einem Mitglied des Sekretariates, zu dem er ein gewisses Vertrauen hat. »Auf meine direkte Frage ›Enrico, war das ein Unfall?‹ antwortete er mit absoluter Überzeugung ›Nein, war es nicht‹. Er fügte aber hinzu, dass man darüber auf keinen Fall sprechen sollte. Enrico war sich ziemlich sicher, dass ich wie ein Grab schweigen würde.«[34]

Nach einer dokumentierten Untersuchung bleiben wenig Zweifel übrig. Diese wird nach dem Fall des kommunistischen Regimes von zwei Journalisten, Giovanni Fasanella und Corrado Incerti, durchgeführt, basierend auf Dokumenten aus Archiven und auf schwer anfechtbaren Zeugenaussagen der zwei ehemaligen bulgarischen Parteiführer. Unter anderem war der Wichtigere von ihnen, Boris Weltschew, mit Živkov in Konflikt geraten, und sein unfallbedingter Tod hätte es dem Premier erlaubt, sozusagen zwei Fliegen mit einer Klappe zu schlagen.[35]

Der Grund für Berlinguers öffentliches Schweigen bestand darin, wie es Emanuele Macaluso 1991 in einem Interview erklären wird, dass die KPI bei Bekanntwerden der Angelegenheit die Beziehungen mit Bulgarien und der UdSSR, dem wahrscheinlichen Auftraggeber, sofort hätte abbrechen müssen. Dafür war die Zeit noch nicht reif. Macalusos Enthüllungen werden innerhalb der KPI schlecht aufgenommen. Die wichtigen Parteiführer, einschließlich Natta, Bufalini und dem allgegenwärtigen Tatò, sorgen dafür, dass diese offiziell dementiert werden. Und auch sein Bruder Giovanni erklärt, dass ihm Enrico davon niemals etwas erzählt habe.

An diesem Punkt meldet sich jedoch die engste Familie öffentlich zu Wort. Nach internen Beratungen geben die Ehefrau Letizia und die vier Kinder eine Erklärung heraus. Und Letizia gibt zum ersten und letzten Mal in ihrem Leben

---

34 Emanuele Macaluso, persönliche Mitteilung an die Autorin.

35 Giovanni Fasanella/Corrado Incerti: *Sofia 1973: Berlinguer deve morire (Sofia 1973: Berlinguer muss sterben)*, Roma 2005.

ein Interview, in dem sie Enricos Verdacht bestätigt und weitere Details hinzufügt.[36]

Ein faschistischer Putsch

Es liegt kein Zeugnis vor, das Aufschluss darüber geben könnte, inwieweit der bulgarische Vorfall Einfluss auf Berlinguer hatte. Gleichwohl ist es schwer vorstellbar, dass der Umstand, einem versuchten Mord durch ein »befreundeten Landes« entkommen zu sein, vergessen werden könnte, ohne Folgen zu haben. Gleichzeitig ist sich Enrico der rücksichtslosen Kämpfe einer bipolaren Welt bewusst. »Er glaubte, dass die UdSSR jedoch ein Hindernis für die Vorherrschaft des Imperialismus sei und dass man dies in einer gewissen Weise berücksichtigen müsse«, stellt Macaluso fest. Die Bestätigung dafür erhält er einmal mehr in jenen Wochen des Herbstes 1973 mit den Ereignissen in Chile.

In der Nacht des 11. September 1973 empfängt Berlinguer, wie viele andere politische Führer auf der ganzen Welt, die dramatische Nachricht, dass Salvador Allende, der Führer der Volksfront, im Präsidentenpalast La Moneda in der Hauptstadt Santiago ermordet wurde und der von der CIA unterstützte Putsch in Chile erfolgreich war. Die KPI setzt sich daraufhin sofort mit Aufrufen zur Mobilisierung sowie mit Kundgebungen und Umzügen in ganz Italien in Bewegung. Berlinguer jedoch meldet sich nicht persönlich zu Wort. Einige Tage später wird von Paris aus, wo er sich zu einem Treffen mit dem Generalsekretär der KPF aufhält, ein gemeinsamer Appell von Berlinguer und Marchais veröffentlicht, der die »politischen und moralischen Autoritäten in allen Teilen der Welt« aufruft einzugreifen, damit der blutige Terror, der sich gerade in Chile austobt, angehalten werde.

Mittlerweile hat Berlinguer zwischen einer Kundgebung und dem Flug einige Blatt Papier vollgeschrieben, von denen er in der Tasche immer reichlich mit sich herumträgt, sogar ohne dass Tatò etwas bemerkt hätte. »Das, was in Chile passiert ist, betrifft in gewisser Hinsicht alle. Im Moment ziehe ich es vor, nicht darüber zu sprechen. Ich bin gerade dabei, etwas für die »Rinascita« vorzubereiten«, vertraut er etwas später Tonino an, als sie über den Flur im Parlament spazieren.

---

36 Das von Walter Veltroni geführte Interview wurde am 28. Oktober 1991 auf der ersten Seite der »L'Unità« veröffentlicht. Die Enthüllung des wahrscheinlichen bulgarisch-sowjetischen Komplotts, so scheint es verstanden worden zu sein, gefiel unter anderem jenen nicht, die immer noch versuchten, die Aufrichtigkeit von Berlinguer in Bezug auf seine Distanzierung von der UdSSR infrage zu stellen.

Zunächst hätte es sich um einen Text handeln sollen, der in einer einzigen Ausgabe der »Rinascita« erscheinen sollte, aber im Laufe der Arbeiten wird der Text umfangreicher und wichtiger. Es wird viel dazu geschrieben, um den Inhalt, den politischen Plan und die historische Herkunft der drei Artikel zu analysieren, die ab 28. September 1973 wöchentlich in der »Rinascita« erscheinen.[37] Das, was die Kommentatoren nicht wissen, ist der Umstand, dass Berlinguer wie durch ein Wunder dem Tod entkommen war und der letzte Artikel genau davon gezeichnet ist. So verlieren jene Analysen zumindest teilweise an Aussagekraft, denen zufolge der Vorschlag des historischen Kompromisses, mit dem der letzte Artikel abschließt, der Moment sei, in dem Berlinguer Togliatti am nächsten komme: Gemäß dieser Interpretation habe sich Berlinguer mit der Konzeption des historischen Kompromisses bemüht, als Togliattis Erbe zu erscheinen und dessen Vorhaben zu vollenden.

Und es ist sicherlich so, dass vieles im historischen Kompromiss von »il Migliore« stammt, auch wenn die Definition nicht identisch ist. Es war der frühere Chef der KPI, der im lange vergangenen Jahr 1946 in einem Leitartikel der »Rinascita« vom »Kompromiss« (jedoch ohne das Adjektiv »historisch«) sprach, um auf die Übereinkunft hinzuweisen, welche die progressiven Parteien im Anschluss an die *Resistenza* mit dem konservativen Flügel hatten schließen müssen. Mit diesem »bestimmten Kompromiss«, so schrieb Togliatti, hatte die Linke akzeptiert, dass die Führung der Wirtschaft, wenn auch unter bestimmten Garantien, in den Händen der Konservativen blieb. Im Austausch dafür erhielt man die republikanische Verfassung. Es wurde »die Demokratisierung des Landes in seiner Gesamtheit« eingeleitet, und man vermied, dass in Italien die Demokratie wie in Griechenland von einem Staatsstreich überwältigt würde.

Berlinguer selbst wird 1979, nachdem das Experiment gescheitert war, an den Text von Togliatti erinnern. Und es handelt sich dabei sicherlich nicht um eine nachträgliche Rechtfertigung. Aus allem, was Berlinguer tut und sagt, wird seine Sorge über die Auswirkungen, die der Eintritt der Kommunisten in die Regierung ohne die Garantie einer vollständig im Westen verankerten Partei wie der DC haben könnte, offensichtlich. Ugo Pecchioli erinnert sich: »Enrico war sich immer bewusst, dass wir von einem franquistischen Spanien, von

37 Enrico Berlinguer: *Imperialismo e coesistenza alla luce dei fatti cileni* (*Imperialismus und Koexistenz im Lichte der Ereignisse in Chile*), in: Rinascita, 28. September 1973. Ders.: *Via democratica e violenza reazionaria* (*Demokratischer Weg und reaktionäre Gewalt*), ebd., 5. Oktober 1973. Ders.: *Alleanze sociali e schieramenti politici* (*Gesellschaftliche Bündnisse und politische Gruppierungen*), ebd., 12. Oktober 1973.

einem Griechenland der Obristen und von einem Portugal eines Salazar umgeben waren. Er wusste zu gut, dass viele ausländische Kräfte von einem übereinstimmenden Interesse angetrieben waren, den italienischen Sonderweg zu vernichten, und dass die Terroranschläge, die das Land mit Blut überzogen, eben ein Ausdruck davon waren.«

Aber Enrico weiß im Unterschied zu seinen Vorgängern, dass die Gefahren nicht nur vom rechten Europa und vom amerikanischen Imperialismus stammen. Als er schreibt »wir haben festgestellt, dass der demokratische Weg weder geradlinig noch schmerzlos ist«, bringt dies das Bewusstsein zum Ausdruck, wie feindselig Breschnews UdSSR gegenüber dem »italienischen Sonderweg« eingestellt ist, der Mischung aus historischem Kompromiss und europäischer Ausrichtung, die als Bedrohung für die bipolare Welt angesehen wird.[38]

Gleichzeitig betrachtet Berlinguer den historischen Kompromiss als das Instrument, um eine »zweite Phase« der Demokratisierung des Landes einzuleiten. Er denkt, dass die Zeiten reif sind, um die »Wunden von 1948 zu heilen und die Kommunisten wieder in die Regierung zu bringen«, wenngleich sie auch dieses Mal einen Preis dafür zu zahlen haben.

Ein umstrittenes Adjektiv

Wie es bei Togliatti mit der Verfassungsgebenden Versammlung der Fall war, ist auch hier die Überwindung der Politik der Alternative der Höhepunkt der angestrebten politischen Operation, um auf das Treffen mit der DC zu setzen. »Es wäre vollkommen illusorisch zu denken, dass, selbst wenn die Parteien und Kräfte der Linken 51 Prozent der Stimmen erreichen könnten [...], dieser Umstand das Überleben und Wirken einer Regierung garantieren würde, die Ausdruck dieser 51 Prozent wäre.« Also, »um endlich der Nation einen sicheren Weg der wirtschaftlichen Entwicklung, der gesellschaftlichen Erneuerung und des demokratischen Fortschritts zu eröffnen«, ist es notwendig, dass sich die Kommunisten und Sozialisten mit den Katholiken, die sich um die DC herum sammeln, treffen und dabei einen »neuen großen historischen Kompromiss« in die Welt bringen.

Dieses Adjektiv – »historisch« – ist wahrscheinlich der wahre Unterschied zum Vorhaben Togliattis. Im Gegensatz zum alten Chef der KPI ist Berlinguer zu einem Treffen mit der DC ohne andere Hintergedanken bereit. Wie Luciano

---

38 Silvio Pons: *Berlinguer e la fine del comunismo* (*Berlinguer und das Ende des Kommunismus*), Torino 2004.

Barca erinnert: »Berlinguer sah dieses Treffen auch als eine große historische Übereinkunft in Bezug auf die demokratischen Spielregeln an, die von diesem Zeitpunkt an zu respektieren sind. ›Wir müssen uns auf gleicher Augenhöhe wiederfinden‹, war seine Grundidee, von der er dachte, dass sie auch Aldo Moro teilen würde. ›Wenn die politische Situation in Italien einmal entspannt sein wird, können wir uns später auch abwechseln, nicht nur gemeinsam in der Regierung sitzen.‹«

Es gibt auch eine andere Interpretation, die von seinem Bruder Giovanni vorgebracht wurde. Im Treffen der KPI mit so unterschiedlichen Kräften sah Enrico eine weitere Garantie. Der historische Kompromiss hätte den Kommunisten auch geholfen, jeder Versuchung zu widerstehen, auf einem ähnlichen Weg wie der Osten zu enden und die demokratische Ausrichtung vor jeder Abweichung zu schützen. Es gibt keine spezifischen Hinweise für diese Ideen in Berlinguers veröffentlichten Texten. Aber ein Hinweis kann in der immer wachsenden Aufmerksamkeit liegen, die er der Entwicklung der Demokratie und der Suche nach einem Sozialismus widmen wird, der die Vervollkommnung von Demokratie darstellt.

Als die »Rinascita« auf dem Tisch der wichtigsten kommunistischen Parteiführer landet, sind die Erschütterung und das Murren beträchtlich. Wohlgemerkt, Berlinguer gab nichts außerordentlich Neues von sich in Bezug auf das, was in den letzten Jahren die Ausrichtung der KPI und ihre Aufmerksamkeit gegenüber der DC war. Aber er schrieb eine Strategie schwarz auf weiß nieder, die bislang jeder auf eine eigene Weise verstand. Jetzt hat der Generalsekretär mit seiner Autorität dazu eine authentische Interpretation abgegeben.

Ingrao und der linke Flügel sind nicht besonders begeistert. Sie wollen die DC eher spalten als sich mit dem gesamten christdemokratischen Organismus zu verbünden. Nicht begeistert sind die historischen Führer wie Amendola und – auf andere Weise – Pajetta, die denken, man dürfe die Strategie der Alternative nicht auf so drastische Art und Weise beiseitestellen. Später ist Longo entschieden dagegen. Aber nicht einmal die Männer, die oft als die grauen Eminenzen des historischen Kompromisses beschrieben wurden, sind begeistert. Paolo Bufalini zum Beispiel hätte es vorgezogen, mehr auf politischem Weg zu einer Übereinkunft mit der DC zu kommen, ohne historische Verpflichtungen.

Mit Ausnahme von Longo spricht sich keiner der Parteiführer öffentlich gegen den historischen Kompromiss aus. In der KPI sind die Zeiten noch weit entfernt, in denen man sich gegen die Linie des Generalsekretärs stellt. Derjenige, der nicht übereinstimmt, sucht andere Wege, beschränkt sich auf Unterschiede. Was sofort klar zu sein scheint, ist der Umstand, dass der Vorschlag von den jungen Amendolianern wie Chiaromonte und Napolitano, die als die »neue Rechte« beschrieben werden, gut aufgenommen wird, auch wenn sie dazu tendieren, diesen auf ihre Weise zu interpretieren. Mehr als das gesamte politische Vorhaben interessiert sie die Perspektive auf einen schnellen Eintritt der Partei in die Regierung, was sie für unerlässlich erachten. Es wird sicherlich kein Zufall sein, dass sie es sind, welche die »nationale Solidarität« tatsächlich steuern werden.

Die Arbeiter sind verblüfft

Am Vormittag des 8. November 1973, genau einen Monat nach der Vorlage des Vorschlags des historischen Kompromisses, ist Berlinguer inmitten einer großen Menschenmenge von Arbeitern im Anic-Werk[39] in Ravenna. Die Aktivisten überhäufen den Generalsekretär der Partei mit den Fragen, die sich die Kommunisten gerade in ganz Italien in den Zellen und Sektionen stellen. »In den städtischen Bussen, in den Überlandbussen, welche die Menschen zur Arbeit bringen, spricht man nicht mehr über Fußball, sondern über den historischen Kompromiss«, erzählt ein alter Arbeiter. »Aber was ist dieser historische Kompromiss konkret betrachtet?« Auf dieses Treffen bereitet sich Berlinguer mit besonderer Sorgfalt vor. Der Bericht darüber erreicht später eine große Verbreitung und wird von Tatò in die Publikation *La questione comunista*[40] aufgenommen. Er ignoriert nicht, dass die Sympathie für die DC in der kommunistischen Basis sehr gering ist und die DC, die Partei der relativen Mehrheit, seit den weit entfernten Zeiten von 1948 als verhasster Rivale betrachtet wird, an dem es sich zu rächen gilt und dessen Untaten zu enthüllen sind. Er weiß sehr wohl, dass der von den verschiedenen außerparlamentarischen Gruppierungen gehegte Traum einer vereinigten Linken auch an der kommunistischen Parteibasis Wirkung zeigt. Gerade nach der chilenischen Tragödie übte diese »andere« Linke scharfe Kritik an der »revisionistischen« KPI.

Den Einwand, der einige Tage zuvor von Luigi Pintor im »il manifesto« formuliert wurde (»Es ist ein Angebot ohne Gegenleistung, von dem die DC das annimmt, was für sie vorteilhaft ist, und alles andere vollkommen ablehnt«), hört man hier wieder, fast mit denselben Worten vorgetragen. Sie fragen ihn:

---

39 Anic – petrochemisches Unternehmen in Italien. Das Werk in Ravenna, errichtet zwischen 1949 und 1951, war eines der größten Chemiewerke in Europa.

40 Dt.: »Die kommunistische Frage«.

»Warum sollen wir darauf verzichten, einen gesellschaftlichen Block aufzubauen, der auf den Kämpfen der letzten Jahre beruht und uns in die Regierung trägt? Wenn wir eine Übereinkunft mit dieser DC der Betrüger schließen, schwächen wir damit nicht den Geist der KPI, den Zusammenhalt der Genossen unserer Partei?« Es sind erste, spontane und direkte Signale der Unruhe, die das kommunistische Volk quälen wird. Aber an diesem klaren Novembertag in der Romagna denkt Berlinguer, dass sich das Misstrauen auflösen wird und sich die Partei, wie schon in anderen Momenten der Wende, anpassen wird.

In seinen Antworten geht er nicht in die Tiefe der Probleme und fokussiert sich vor allem auf die DC: »Es ist absurd zu denken, dass in Italien eine Partei, die 38 Prozent der Stimmen bekommt, nur aus Kapitalisten, Großgrundbesitzern und Finanzleuten besteht. Die gibt es in der DC und sie haben dort Gewicht, auf jeden Fall. Aber wir wissen auch, wie viele Arbeiter, Bauern, Frauen, Handwerker, kleine Kaufleute, kleine Industrielle es in der DC gibt oder für die DC stimmen«, zählt Enrico geduldig auf. Und er fügt hinzu: »Wohlgemerkt, ich sage nicht, dass die DC gut oder böse ist. Aber die Geschichte der DC ist sehr vielseitig. Es liegt an uns, eine Politik zu machen, die verhindert, dass die DC einen reaktionären Weg einschlägt oder ob sich im Gegensatz dazu ihr besserer Teil durchsetzt, der sich auf den antifaschistischen Kampf, auf den Kampf für die *Resistenza* und auf die Verteidigung der demokratischen Werte beruft.«

Die Herausforderung

Als Berlinguer den Vorschlag des historischen Kompromisses formuliert, sieht der Generalsekretär der DC, Fanfani, der den Traum einer christdemokratischen Neugründung und Isolation der Kommunisten verfolgt, den richtigen Zeitpunkt für den Angriff auf die Kommunisten gekommen. Und es ist eben Fanfani, der die Fahne des Referendums über die Scheidung in die Hand nimmt, während die Kirche zögert und die DC gespalten und unsicher ist.

1972 noch mit der Ausrede der vorgezogenen Wahlen beiseitegelegt, wird das Problem des Referendums in der darauffolgenden Legislaturperiode von der DC in Klammern gesetzt. Jeder Anfrage zur Klärung wird eine Nebelwand entgegengestellt.

Bis zum Schluss versucht Berlinguer verzweifelt zu verhandeln. Da er spürt, dass Papst Paul VI. zögert, schickt er ihm Botschaften, sowohl über Don Levi, dem Chefredakteur von »L'Osservatore Romano«,[41] als auch über den Kardinal

41 »L'Osservatore Romano« (»Der römische Beobachter«), die Tageszeitung des Vatikans.

von Bologna, Antonio Poma, zu dem Guido Fanti[42] und Renato Zangheri[43] ausgezeichnete Beziehungen haben. Noch im Januar 1974, als die anderen laizistischen Parteien jede Vermittlung für gescheitert erachten, schreibt die »L'Unità«, dass »es noch nicht zu spät ist, wenn man wirklich eine Übereinkunft suchen will«. Aber inzwischen sind die Würfel gefallen. »Wir können die Seele der Katholiken nicht länger gequält lassen«, sagt Fanfani auf einer Kundgebung am 24. Januar. Kurz darauf setzt der Präsident der Republik, Giovanni Leone, das Referendum für den 12. Mai 1974 an. Es ist das erste Referendum in der Geschichte der Republik nach jenem, das 1946 zur Niederlage der Monarchie geführt hatte. Und auch dieses Mal geht es um eine grundsätzliche Frage, wenn auch auf einem unterschiedlichen Gebiet.

In der Kampagne zum Referendum über die Scheidung ist Berlinguer nicht nur der politische Leader einer großen Partei, die gemäß den Regeln der Politik gezwungen ist, alles zu unternehmen, um zu gewinnen. Er ist auch ein Mann, der für eine Idee kämpft, die er für zutiefst gerecht hält. Wie er mit Klarheit sagen wird, stellt die Kampagne gegen die Scheidung die bürgerliche Freiheit und die Gewissensfreiheit sowie den Respekt vor der Meinungspluralität und der Säkularität des Staates infrage. Der Generalsekretär, der sich über vier Jahre hinweg in quälenden Verhandlungen abmühte, die viele laizistische Kräfte die Nase hat rümpfen lassen, und der den Spott der extremen Linken auf sich gezogen hat, scheint eine andere Person geworden zu sein. Er hat alles Erdenkliche getan, um eine Auseinandersetzung zu vermeiden, die ihm als ein Fehler erscheint. Es ist ihm nicht gelungen. Jetzt kann er endlich er selbst sein, seine eigenen Ideen zum Ausdruck bringen und nicht nur eine politische Linie, die mit der Spitze in der Parteizentrale übereinstimmt. Sein Gemütszustand erscheint allen Mitarbeitern offensichtlich. Als er im April zu einer hektischen Reise zu Wahlversammlungen in ganz Italien aufbricht, scheint Berlinguer wie von einer Last befreit worden zu sein. »Jetzt sollen wir auch das Risiko eingehen zu gewinnen«, sagt er mit einem Lächeln zu einem Genossen.

In Wirklichkeit denkt Berlinguer, dass dieser heilige Kampf verloren sei. Auch in einem Interview wenige Wochen vor der Abstimmung traut er sich

---

42 Guido Fanti (1925–2012), Politiker der KPI sowie von deren Nachfolgepartei »Partito Democratico della Sinistra« (»Demokratische Partei der Linken«), unter anderem war er Bürgermeister von Bologna (1966–1970), Mitglied der Abgeordnetenkammer des italienischen Parlaments sowie Mitglied des Europäischen Parlaments.

43 Renato Zangheri (1925–2015), Politiker der KPI sowie von deren Nachfolgeparteien, 1970 bis 1983 Bürgermeister von Bologna, anschließend bis 1992 Mitglied der Abgeordnetenkammer des italienischen Parlaments.

nicht, klar auf die Frage zu antworten, wie die Abstimmung ausgehen würde, und beruft sich dabei auf den Optimismus des Willens und auf den Pessimismus der Vernunft seines Meisters Gramsci. »Es ist besser, dass ich meine Vorhersagen nicht von mir gebe, ansonsten entmutige ich die Genossen«, traut er Cervetti anlässlich einer Wahlversammlung in Mailand an. Gegenüber Ugo Baduel,[44] einem Journalisten der »L'Unità«, der beauftragt wurde, über seine Reden zu berichten, wird er deutlicher: »Wir erreichen höchstens 35 Prozent.« Auf dieselbe Weise denkt übrigens auch die Mehrheit der kommunistischen Parteiführer.

Dennoch ist Berlinguer überhaupt nicht entmutigt. Es sind nur wenige Monate seit dem Vorschlag des historischen Kompromisses vergangen. Jetzt greift er jedoch auf den Plätzen und während der Fernsehdebatten die Partei hart an, die er zuvor als unerlässlichen Bündnispartner bezeichnet hat. Es ist, als ob sich in dieser Phase ein befreiender Moment in seiner ganzen Daseinsart, in seiner Art sich auszudrücken eröffnet hätte, insbesondere in Bezug auf die von ihm vorgetragenen Hypothesen des historischen Kompromisses, die ihn später zu dem wenig erfolgreichen Treffen mit der DC führen werden. Angesichts eines infrage gestellten Zivilrechts findet er zur laizistischen und progressiven Tradition seiner Familie zurück. Er will nicht riskieren, dass Italien zu »einem theokratischen, konfessionellen Staat« wird, »der allen Bürgern die Verpflichtung auferlegt, die Vorschriften und Sakramente einer Religion einzuhalten.«[45] Ohne allzu sehr übertreiben zu wollen, kann man in diesen Ausführungen fast ein Anzeichen für die Ideen sehen, die Berlinguer in der zweiten Phase seines Generalsekretariats zum Ausdruck bringen wird: die Hinwendung zu den Rechten des Einzelnen und zu einem gerechten Staat statt zu großen, allumfassenden Plänen und einer vagen gesellschaftlichen Entwicklung.

Im Gegensatz zu Berlinguer, der sich vorstellt zu verlieren, hat sein Gegner, Fanfani, keinen Zweifel am Sieg. Er versucht daher, die Auseinandersetzung in eine Art persönliches Duell zu verwandeln. Von Anfang an reserviert er in Bologna den Hauptplatz der Stadt für den 13. Mai, den Tag nach der Abstimmung: Er beabsichtigt, im Herzen der »roten« Emilia den für sicher gehaltenen Triumph zu zelebrieren. Fanfani ist davon überzeugt, dass sich die KPI – die im Laufe des Referendums gezeigt hat, dass sie die Auseinandersetzung scheu-

---

44 Näheres zur Person siehe Kapitel: Die italienischen Hauptfiguren in Chiara Valentinis »Enrico Berlinguer« (☛ S. 450).

45 Enrico Berlinguer: *Sventare con il no le insidie alla democrazia costituzionale* (*Die Fallstricke für die konstitutionelle Demokratie mit einem Nein vereiteln*), in: *La questione comunista* (*Die kommunistische Frage*).

te – sich nicht allzu sehr einsetzen wird und fordert sie heraus. Auf Sizilien, das er für seine Wahlkampftour als eine bevorzugte Region in der Hoffnung ausgewählt hat, dass das Land des Ehrenmordes ihm einen plebiszitären Erfolg sichern wird, spricht er in apokalyptischen Tönen: »Wenn die Scheidung nicht verboten wird, werden in Italien bald Homosexuelle heiraten können. Eure Ehefrauen werden dann mit der Dienerin durchbrennen«, behauptet er.

Angesichts all dieser emotionalen Ausbrüche versucht Berlinguer an die Vernunft zu appellieren. Sizilien, wo der regionale Parteisekretär Achille Occhetto gerade die Intellektuellen, angefangen von Leonardo Sciascia,[46] mobilisiert, klappert er Ort für Ort ab. »Mir scheint, dass der Generalsekretär der DC die Sizilianer für ein politisch unterentwickeltes Volk hält«, skandiert Enrico mit seinem typischen Akzent in die Menge von Bauern, Geschäftsleuten und Frauen mit schwarzen Tüchern auf dem Kopf, die herbeigelaufen sind, um ihn zu hören. Er erinnert daran, dass es für die Katholiken, speziell wenn sie reich sind, schon eine Form der Scheidung gibt, und zwar die Annullierung durch das Gericht der Heiligen Rota[47] im Vatikan. Er fügt hinzu, dass die KPI, auch wenn sie das Referendum gewinnen würde, bereit wäre, sich mit den Katholiken zu verständigen, um das Gesetz zu modifizieren.

Die zwei Italien

Während er auf seinen Wahlreisen quer ganz Italien fährt, erlebt Berlinguer eine immer aufgeheiztere Stimmung und immer drastischere Positionen. Die kommunistische Peripherie beginnt, sich wirklich für den Erhalt der Scheidung einzusetzen. In den Organisationen der größeren Städte tauchen neue Gesichter auf: junge Intellektuelle, Freiberufler, Lehrer, die bislang noch nie in einer kommunistischen Organisation dabei gewesen sind und die sich einfach nur für das einsetzen wollen, was sie für eine große gesellschaftlichen Prüfung erachten. Es bildet sich eine eigenartige Front, von Malagodi[48] über die Radi-

46 Leonardo Sciascia (1921–1989), italienischer Schriftsteller, bekannt durch seine Kriminalromane, die häufig in seiner sizilianischen Heimat spielen und die Mafia thematisieren.

47 Zweithöchstes Gericht der römisch-katholischen Kirche, überwiegend beschäftigt mit sog. Ehenichtigkeitsverfahren. Da die Ehe nach katholischem Verständnis unauflöslich ist, kann die Rota lediglich feststellen, dass eine Ehe von Beginn an nie gültig zustande kam und damit nichtig ist.

48 Giovanni Francesco Malagodi (1904–1991), italienischer Politiker der Partito Liberale Italiano, von 1953 bis 1979 Mitglied der Abgeordnetenkammer, anschließend bis zu seinem Tode Mitglied des Senats des italienischen Parlaments, darüber hinaus hatte er auch führende Funktionen in der Liberalen Internationale inne.

kalen von Marco Pannella bis zur Studentenbewegung des Mario Capanna. Die KPI scheint der Bezugspunkt dafür zu sein. »Wir haben uns immer davor gescheut, dieser Kampagne einen engen Parteicharakter zu verleihen«, wird Berlinguer auf der Abschlusskundgebung auf der Piazza San Giovanni in Rom erinnern.[49] Diese Entscheidung ist geschickt und trägt zu einem bessern Bild der KPI bei. Die angesehene Qualitätspresse, etwa der »Corriere della Sera« des Piero Ottone, spricht sich für die Scheidung aus. »Ottone, Du politisch gleichgültiger, Du bist der erste auf der schwarzen Liste«, schreien die Anhänger von Gedda,[50] einem der Promotoren des Referendums und ahmen damit die Slogans der Ultralinken nach.

Was die katholische Welt betrifft, so ist diese gespalten und verunsichert. Die verschiedenen Laienorganisationen wie die ACLI zögern, Partei zu ergreifen, während »die Katholiken für das Nein«[51] mit großem Prestige auf die Bühne treten. Unter ihnen befinden sich bekannte Persönlichkeiten wie der Rektor der Katholischen Universität, Lazzati,[52] der bekanntermaßen Papst Paul IV nahesteht. Maßnahmen wie die Suspendierung des Abtes Giovanni Franzoni,[53] der sich öffentlich für das Nein ausgesprochen hatte, von seinen kirchlichen Weihen, empören die Reihen der Gläubigen, die nicht bereit sind, sich von den Bischöfen herumkommandieren zu lassen und für die Abschaffung der Scheidung zu stimmen. Italien, das mit einem starken zivilgesellschaftlichen Bewusstsein aus 1968 hervorgegangen ist und die Front aus extremistischen Christdemokraten, MSI-Leuten und extrem unversöhnlichen Katholiken als unannehmbar ansieht, wird sich am 12. Mai 1974 mit einer Mehrheit von 59 Pro-

---

49 »L'Unità«, 10. Mai 1974.

50 Luigi Gedda (1902–2000), italienischer Arzt, Verleger, Sportfunktionär, Wahlkampfmanager der DC, Aktivist und Präsident der katholischen Aktion, 1938 verteidigte er die faschistischen Rassengesetze.

51 Es handelte sich hier um ein sog. aufhebendes Referendum (*referendum abrogativo*), bei dem entschieden wird, ob ein bestehendes Gesetz aufgehoben wird oder bestehen bleibt. Es müssen mehr als 50 % der Wahlberechtigten teilnehmen, wenn mehr als 50 Prozent der abgegebenen Stimmen sich für den Antrag aussprechen, ist das Gesetz aufgehoben. In diesem Fall hätte also das Ja die Aufhebung des Scheidungsgesetzes bedeutet, das Nein hat es bestätigt, d. h. das Nein im Referendum bedeutete auch weiterhin ein Ja zur Möglichkeit der Scheidung in Italien.

52 Giuseppe Lazzati (1909–1986), Mitglied des Verfassungsgebenden Versammlung (1946–1948) sowie der Abgeordnetenkammer (1948–1953), Rektor der katholischen Universität Mailand (1958–1983).

53 Giovanni Battista Franzoni (1928–2017), Benediktiner, Abt von Sankt Paul vor den Mauern (1964–1973) in Rom, 1976 wurde er von Papst Paul VI. laisiert, nachdem er zuvor nach einer Phase der Suspendierung das geistliche Amt niedergelegt hatte. Franzoni war in den 1970er-Jahren in Italien sehr bekannt, insbesondere wegen seiner Nähe zur KPI.

zent für die Beibehaltung des bestehenden Gesetzes zur Scheidung entscheiden. »Das ist ein großer Sieg der Freiheit, der Vernunft und des Rechts, ein Sieg des Italiens, das sich verändert hat, und das vorwärtsgehen will und kann«, kommentiert Berlinguer im ersten Moment, fassungslos und glücklich.

Weder Berlinguer noch den anderen Führern der KPI gelingt es jedoch, die außerordentliche Neuheit dieses Ergebnisses in seiner Tiefe zu erfassen. Gewiss, sie stellen fest, dass der klassische Antikommunismus, den Fanfani vergeblich wiederzubeleben versuchte, ausgedient hat. Sie stellen auch fest, dass die alten Vorstellungen von der Rückständigkeit der »südländischen Massen« nicht mehr gültig sind, wenn sogar Sizilien mehrheitlich für das Nein stimmte. Aber die Parteispitze der KPI hat aufgrund ihrer Kultur Schwierigkeiten, allgemeinere Analysen darüber, wie die italienische Gesellschaft aus dem Referendum hervorgeht, vorzunehmen und die Veränderung in den Denk- und Verhaltensweisen zu verstehen, die von der Mehrheit der Wählerschaft zum Ausdruck gebracht wird.

Andererseits ist dieser unerwartete Sieg für Berlinguer eine Anregung, über ein Thema nachzudenken, das später für ihn zentral werden wird, nämlich das der Frauen. Er spricht darüber schon am Abend des Sieges, den er mit Familienangehörigen und wenigen Freunden feiern will, unter ihnen Tatò und dessen Frau Giglia Tedesco. »Wenn ich falschlag zu glauben, dass das Gesetz zur Scheidung der öffentlichen Meinung nicht standhalten würde, dann deshalb, weil ich die Frauen unterschätzt habe. Wir sollen uns bewusst machen, dass sie heute eine treibende Kraft sind.«[54]

Die Freude der Sieger wird von einer plötzlichen Tragödie unterbrochen. Am 28. Mai 1974 explodiert in Brescia auf der Piazza della Loggia während einer antifaschistischen Demonstration, zu der von den Gewerkschaften aufgerufen wurde, eine Bombe. Es ist wie bei den Bomben auf der Piazza Fontana in Mailand. Sobald sich das Land weiter nach links bewegt, plant jemand blinde Massaker und versucht, unter den Leuten Panik zu erzeugen. Wie es 1969 und wie es auch in Folge der Fall sein wird, zumindest unmittelbar danach sind die Ergebnisse das genaue Gegenteil. Am Tag danach steht Italien aufgrund eines großen Generalstreiks still. Viele trauern um die jungen Lehrer und Gewerkschafter, die auf dieser Piazza in Brescia ermordet wurden. Das Foto eines Überlebenden in Jeans, der sich über blutbeschmierte Spruchbänder beugt, welche die Toten auf den Boden fallen haben lassen, den Kopf mit einer Hand auf der Stirn abgestützt in einer Geste der absoluten Verzweiflung, wird zu

54 Giglia Tedesco, persönliche Mitteilung an die Autorin.

einem Symbol. »Das sind Menschen, die für das Nein gestimmt haben. Auch deshalb sind sie zur Zielscheibe geworden«, sagt Berlinguer, während er, begleitet von Nilde Iotti, Cossutta und Pajetta, gemeinsam mit einer riesigen und wütenden Menschenmenge den acht Särgen Richtung Friedhof folgt. Für das Volk der Linken dauerte das Fest des 12. Mai nur kurz an. Für Berlinguer ist dieses Massaker die Bestätigung seiner Überzeugung: Nur ein Kompromiss zwischen den verschiedenen politischen Kräften kann das Land retten.

Der wirtschaftliche Kompromiss

Der Sieg beim Referendum und die Bedeutung, die ihm zugeschrieben werden kann, eröffnen eine Debatte unter den kommunistischen Parteiführern, die viele der nachfolgenden Entwicklungen vorwegnimmt. Trotz der Wende des 12. Mai und der Ausbreitung des wiederkehrenden Traums von einer vereinigten Linken denkt praktisch niemand in der Parteispitze der KPI – am wenigsten Berlinguer –, dass das Treffen mit der DC zur Diskussion gestellt werden kann. Die Slogans, die von den Massen der Streikenden gerufen werden – »Wir sind schon vereinigt, aber gegen die DC« –, wie auch die Ansätze, die von De Martino und anderen Sozialisten entwickelt werden, werden nicht überdacht. Dass ein Teil der Katholiken mit dem laizistischen Block gestimmt hat, ist für Berlinguer die Bestätigung, dass eine kämpferische Öffnung gegenüber der DC sehr gute Ergebnisse bringt. Aber wie soll man sich nach dem Sieg verhalten? Hier beginnen die Positionen auseinanderzugehen. Der DC, die aus dem 12. Mai erschüttert und übel zugerichtet hervorgegangen ist, soll man gemäß Ingrao keinen Moment der Ruhe lassen. An den Wahlurnen waren die katholischen Massen der DC gegenüber zu einem großen Teil ungehorsam: An diesem Punkt muss man ansetzen. Das ist die alte Idee von der Spaltung der katholischen Partei, indem man den fortschrittlichen Teil mitreißt, um gemeinsam mit der Arbeiterbewegung zu kämpfen. Der unruhigere Teil der Gewerkschaften teilt diesen Ansatz.

Die gegenteilige Position nimmt die Parteirechte ein. Für die Parteiführer, die sich um Amendola sammeln, ist jetzt im Gegensatz zur Position der Ingrao-Anhänger die Stunde der Mäßigung gekommen, vor allem auf wirtschaftlichem Gebiet. Die Ölkrise hat sie überzeugt, dass die KPI angesichts einer Wirtschaft, die immer mehr in Schwierigkeiten ist, und angesichts einer galoppierenden Inflation Position beziehen muss. Und tatsächlich schlug Amendola kurz zuvor erneut den »Pakt der Produzenten« vor, das heißt ein Bündnis zwischen der Arbeiterklasse und den Unternehmerschichten für einen gemeinsamen Kampf gegen Verschwendung, Schmarotzertum und Klientelismus. Der »wirtschaftliche Kompromiss« rief sofort großes Interesse bei den Unternehmern hervor. Umberto Agnelli,[55] der in Bologna öffentlich mit Amendola darüber diskutierte, beschrieb die Ergebnisse der Diskussion als »übereinstimmend«. Von diesem Moment an verhalten sich die Parteiführer, die für Anhänger von Amendola gehalten werden, von Giorgio Napolitano bis Eugenio Peggio, von Gerardo Chiaromonte bis zu Napoleone Colajanni, auf eine ziemlich einheitliche Weise und entwickeln in Artikeln, Aufsätzen und auf Tagungen im Voraus jenes Gerüst, das während der Phase der »nationalen Solidarität« zur Wirtschaftspolitik der KPI werden wird.

Zwischen diesen zwei gegensätzlichen Positionen nimmt Berlinguer die eines Vermittlers ein, wie man während der Vorbereitungen auf den XIV. Parteikongress sehen wird. Seine Linie zur Wirtschaftspolitik unterscheidet sich in der Tat nicht viel von jener, die von Amendola vorgeschlagen wird. Aber sein Konzept des historischen Kompromisses ist weiterhin ein andersartiges und komplexeres. Es ist mehr auf politische und ideologische Aspekte ausgerichtet.

Andreottis Gesinnungswechsel

Nachdem das Referendum am 12. Mai 1974 aus Sicht der italienischen Linken zu einem 18. April 1948 im umgekehrten Sinne geworden ist, ist die gesamte DC erschüttert und orientierungslos. Kurz zuvor brachen zwei Skandale aus, in die sie involviert war: jener der Schmiergelder aus der Erdölindustrie und jener der schwarzen Kassen von Montedison.[56] In Artikeln und Aufsätzen wird die DC immer mehr als die Partei der Korruption und der Misswirtschaft beschrieben, als Partei der »Herrenrasse«[57] eines Eugenio Cefis,[58] als Partei der

55 Umberto Agnelli (1934–2004), leitete ab 1968 die internationalen Geschäfte des FIAT-Konzerns, von 1970 bis 1976 war er FIAT-Vorstandschef, zudem hatte er von 2003 bis zu seinem Tod die Präsidentschaft bei FIAT inne, ab 1980 führte er die Agnelli-Familienholding Exor, 1976 wurde er für die Christdemokraten in den Senat des italienischen Parlaments gewählt, von 1955 bis 1967 Präsident des Fußballklubs Juventus Turin, anschließend bis zu seinem Tod Ehrenpräsident.

56 Montedison war in den 1970er-Jahren der größte italienische Chemiekonzern. Die staatliche Eni und zwei andere Staatsholdings hielten rund 20 Prozent der Anteile des Mammutkonzerns, der seine Zentrale in Mailand hatte.

57 Eugenio Scalfari/Guiseppe Turani: *Razza padrona. Storia della borghesia di stato* (*Herrenrasse. Geschichte der staatlichen Bourgeoisie*), Milano 1974.

58 Eugenio Cefis (1921–2004), 1967 bis 1971 Präsident von ENI, 1971 bis 1977 Präsident von Montedison, in dieser Funktion wird er in dem Buch *Razza padrona* (*Herrenrasse*) als machthungrigster Vertreter der »staatlichen Bourgeoisie« beschrieben, während des Krieges hatte

Schmarotzerschichten. Dies in einem Text gut beschrieben, der zu dieser Zeit überall diskutiert wird: *Dinamica delle classi sociali in Italia*[59] von Paolo Sylos Labini, der unter anderem, obwohl kein Kommunist, ein persönlicher Freund von Berlinguer ist.

Die DC fühlt sich von nicht gerade extremistisch eingestellten Klassen feindlich umzingelt. Sie spürt, dass die Stimmung sich gerade zu ihren Ungunsten ändert. Selbst Fanfani ist sich dessen bewusst und willigt daher zu einem Geheimtreffen mit Berlinguer in Grottaferrata im gemütlichen Haus von dessen alter Tante Ines ein. Nachdem sie zur Witwe des 1971 in Rom verstorbenen Ehemannes Stefano Siglienti wurde, führt sie weiterhin einen Salon, der häufig von den Protagonisten der laizistischen und radikalen Finanzwelt besucht wird, was für ihren geliebten Neffen Enrico sehr nützlich ist.

Das Treffen, auf das weitere folgen werden, zeichnet sich nicht gerade durch Momente besonderer Freundlichkeit aus, auch wenn Fanfani seinem Gegner später eines seiner Gemälde, ein kleines, einfaches Quadrat von bescheidener Ausführung, als Geschenk schicken wird, wobei sich Enrico immer weigern wird, dieses an die Wand zu hängen.[60] Dieses Abendessen ist trotzdem ein Zeichen der Öffnung vonseiten Fanfanis, auch wenn er öffentlich weiterhin ständig Flüche gegen die KPI und den historischen Kompromiss ausspricht.

Aber es ist Giulio Andreotti, der Mann von Mitte-rechts, der sich auf einen skrupellosen Gesinnungswechsel vorbereitet. Plötzlich wird auf seine Initiative hin der Chef des Geheimdienstes, General Vito Miceli, der seit Längerem dunkler Machenschaften verdächtigt wird, unter Anklage gestellt. Und genau das wurde seit Langem von der Öffentlichkeit und der demokratischen Presse vergeblich gefordert. Es ist eine geschickte Geste, die Andreotti einen progressiven Anstrich gibt und sich als eine ausgezeichnete Investition erweist. Inzwischen herrscht die Überzeugung vor, dass ohne die Einwilligung der KPI nicht regiert werden kann.

Die Regierung Rumor stürzt und an Rumors Stelle wird Aldo Moro zum Ministerpräsidenten ernannt. Der große Gesprächspartner Berlinguers bildet eine Zweiparteienregierung mit den Republikanern von Ugo La Malfa, der seinerseits am Dialog mit den Kommunisten interessiert ist, speziell nach dem

---

er sich 1943 den Partisanen auf katholischer Seite angeschlossen, mittlerweile in höchste Funktion in der Wirtschaft aufgestiegen, galt er als spendabler Förderer der DC. Cefis soll auch in die Gründung der Loge P2 verwickelt gewesen sein.

59 Dt.: »Dynamik der gesellschaftlichen Klassen in Italien«.

60 Sergio Siglienti, persönliche Mitteilung an die Autorin.

Vorschlag des wirtschaftlichen Kompromisses. Die Regierung Moro scheint eine Übergangsregierung zu neuen Mehrheiten zu sein.

Paradoxerweise können die Kommunisten auf die Entscheidungen dieser Regierung mehr Einfluss ausüben als auf jene, die zwischen 1976 und 1979 auf einer offensichtlichen Übereinkunft zwischen DC und KPI basieren werden. Auch wenn im Moment nur wenige davon wissen, so geschehen jetzt viele Dinge eben deshalb, weil sie zuvor von der KPI gefordert wurden. Als ein Beispiel dafür genügt das geheime Gespräch, das zwischen Berlinguer, begleitet von Alessandro Natta, und dem neuen Ministerpräsidenten stattfindet, nachdem in Mailand bei der x-ten Auseinandersetzung zwei junge Männer der extremen Linken, Varalli und Zibecchi,[61] ermordet wurden.

Berlinguer beginnt das Gespräch und stellt fest, dass die Exzesse der Polizei in Mailand nicht länger hinnehmbar seien und es daher notwendig sei, einen Wechsel der Einsatzkräfte durchzuführen. Moro blickt ihn mit betrübter Miene an. »Aber was willst Du in einem Land machen, in dem sogar der Chef des Geheimdienstes im Gefängnis landet?«, antwortet er Bezug nehmend auf die jüngste Verhaftung Micelis verweist. Alessandro Natta berichtet: »Enrico starrte ihn einen Moment lang in Stille an. ›Dir ist bewusst, dass alles zusammenbrechen würde, wenn es uns Kommunisten nicht gäbe?‹ sagt er ihm. Und Moro antwortete: ›Das weiß auch ich gut.‹«[62] Obwohl er kein Versprechen gab, lässt Moro im Laufe weniger Wochen die Einsatzkräfte auswechseln, wie es Enrico forderte.

»Feierlich und universal«

Im Zuge der politischen Laufbahn und auch im persönlichen Leben Berlinguers ist die Vorbereitung auf den XIV. Parteikongress und die Wahl einer neuen Führungsgruppe, die den historischen Kompromiss in die Praxis umsetzen soll, ein entscheidender Moment. Als er am 8. März 1975 vom Podium des römischen Kongresszentrums Eur herab seinen Bericht vor einer Unzahl von Radio- und Fernsehmikrofonen aus aller Welt vorträgt, wie man es noch nie zuvor bei einem Parteikongress der KPI gesehen hat, ist Berlinguer 53 Jahre alt. Er ist gerade dabei zu einer der populärsten Persönlichkeiten des Landes zu werden. Auf seinen Schultern lastet eine große Verantwortung, nämlich die Partei nach

61 Claudio Varalli (1957–1975) und Giannino Zibecchi (1947–1975), zwei Studenten und linke politische Aktivisten, wurden im Zuge verschärfter Zusammenstöße zwischen Neofaschisten und der außerparlamentarischen Linken in Mailand im April 1975 getötet.

62 Alessandro Natta, persönliche Mitteilung an die Autorin.

dem Erfolg zu stärken und eine Strategie zu definieren, mittels derer ein Vorschlag für eine Regierungsbildung unterbreitet werden kann. Das ist keine einfache Aufgabe, die ihn in einer langen Nachdenkphase beschäftigte. Die daraus entstandenen Ergebnisse sind in einem 150 Seiten langen Bericht zusammengefasst, der die Thesen ersetzt, die gewöhnlich kommunistische Parteikongresse vorbereiten.[63] In der »roten« Liturgie bedeutet dies, dass das Prestige des Generalsekretärs ihren Höhepunkt erreicht hat.

Der Text wird vom Verlag Einaudi in der Reihe »Nuovo Politecnico« mit dem Titel *La proposta comunista*[64] veröffentlicht und wird praktisch ein Bestseller. Aber viele der Sympathisanten, die den Text eilig kaufen und diese typische Prosa eines Parteidokuments lesen, verspüren eine erste, leichte Enttäuschung. In diesem Text, den Berlinguer persönlich verfassen wollte, um die Synthese zwischen den verschiedenen Positionen in der Parteispitze besser zu beschreiben, gibt es etwas, das nicht überzeugt.

Wie auch der aufmerksame und fast immer KPI-kritisch eingestellte Politikwissenschaftler Giorgio Galli festhält, fehlt die Feststellung, dass das Machtsystem der DC aufgrund der jüngsten Ereignisse in die Krise geraten ist. Dies ist der Grund, warum der Vorschlag des »Kompromisses« in demselben defensiven Ton formuliert ist wie vor eineinhalb Jahren, damals jedoch unter dem Eindruck des Schocks des chilenischen Putsches und einer viel kompakteren und feinseligeren DC. Erfüllt von der Sorge, zum »Wohle des Landes« zu handeln, scheint Berlinguer überzeugt, dass die DC früher oder später dasselbe wollen wird, und entwickelt keine entsprechende Angriffsstrategie.

Die große Wende des Scheidungsreferendums beschreibt er in einer ziemlich vereinfachten Art und Weise als »eine Auseinandersetzung, welche die Aufmerksamkeit und Energie von viel drängenderen und realeren Problemen ablenkte.« Diese Probleme sind die explodierende Energiekrise nach dem Jom-Kippur-Krieg im Oktober 1973 im Nahen Osten, die Inflation, der fehlende Wiederaufschwung. »Man kann aus der Krise nicht ohne eine Periode der harten Anstrengung des gesamten Volkes gelangen«, schreibt Berlinguer, wobei er unmittelbar danach erklärt: »Harte Anstrengung bedeutet, dass man mehr produzieren und nicht verschwenden, aber auch jede Ressource sparen und gut verwenden muss.« Ferner müssen »bestimmte Gewohnheiten geändert werden, um nach Wegen für eine bessere Lebensweise zu suchen.« Ebenso

63 Enrico Berlinguer: *Per uscire dalla crisi, per preparare un'Italia nuova* (*Um aus der Krise herauszukommen, um ein neues Italien vorzubereiten*), in: *La questione comunista* (*Die kommunistische Frage*).

64 Dt.: »Der kommunistische Vorschlag«.

müssen die nach wie vor protestierenden Lehrenden und Studierenden »zu Strenge und Disziplin im Studium« zurückfinden.

Um diese Feststellungen nach links hin auszugleichen, schlägt Berlinguer vor, dass die »harte Anstrengung« ihre Gegenleistungen haben muss. Und bei dieser Gelegenheit spricht er zum ersten Mal von »Elementen des Sozialismus«, die in der Gesellschaft mittels einer Serie von Reformen einzuführen sind. Auf diese Weise wird der historische Kompromiss eine neue Etappe der »demokratischen und antifaschistischen Revolution« prägen und der Eintritt der KPI in die Regierung wird so per se »eine deutliche Anhebung der Qualität in der Politik und in den Methoden der politischen Führung« darstellen.

Das sind ziemlich allgemeine Feststellungen. Was den wirtschaftlichen Vorschlag betrifft, so ähnelt er stark jenem, den Amendola konkret vorgestellt hatte. Auf dieser Basis erfolgt die Übereinstimmung mit dem rechten Parteiflügel. Die Zeitungen beschreiben Berlinguers Rede als »feierlich und universal«, im Publikum der Delegierten gibt es »keine Bärte, Blue-Jeans, roten Krawatten und Aufmachungen von Guerilleros. Nicht einmal Tücher der Partisanen sind zu sehen«. Damit vermitteln die Medienberichte auch optisch eine auffällige Vorstellung von der gemäßigten Ausrichtung.[65]

»Gallo« ist nicht dabei

Der Präsident der Partei, Luigi Longo, ist sich wohl der Tragweite der Wende bewusst. Der Partisan »Gallo«, so Luigi Longos Deckname in der *Resistenza*, ist sehr verärgert. Schon zu dem Zeitpunkt, als der Ausdruck »historischer Kompromiss« formuliert worden ist, kritisierte er diesen.[66] »Er gefällt mir nicht, und ich weiß nicht, ob er die Vorstellung gut vermittelt. Das Substantiv »Kompromiss« wurde sicher speziell in der Politik über die Zeit hinweg mit negativen Interpretationen versehen: Damit verbindet nicht nur die Vorstellung von einer Übereinkunft, sondern auch von einem Aufgeben, von einem Verzicht auf einige grundsätzliche Werte«, sagte er in einem aufsehenerregenden Interview. Longo fügte hinzu, dass er die klassische Definition des »historischen Blocks« bevorzuge.

---

65 Carlo Casalegno: *Il volto moderato die comunisti (Das gemäßigte Gesicht der Kommunisten)*, in: La Stampa, 21. März 1973.

66 Enrico Nassi: *Longo: compromesso mi non piace. Preferisco parlare di blocco storico (Longo: Kompromiss gefällt mir nicht. Ich ziehe es vor, von einem historischen Block zu sprechen)*, in: Epoca, 4. November 1973.

Berlinguer war überrascht und verbittert. Laut seinen Nächsten erlebte er Longos Haltung als eine ungerechte Verleugnung. In der kommunistischen Welt, die an Hierarchien und Tradition gebunden ist, stellt der Konflikt mit einem der alten Parteiführer eine ernste, traumatische Angelegenheit dar.

Auch auf dem Parteikongress klingt die Rede des alten Präsidenten wie eine offene Kritik. Longo unterstreicht die Wichtigkeit der Kämpfe und der Basisdemokratie im Vergleich zu den Treffen der Parteispitze. »Wir müssen laut und stark bekräftigen, dass die ›kommunistische Frage‹ genau das Gegenteil von einem demütigenden Betteln um Regierungsämter oder Minister- und Staatssekretärsposten ist«, sagt »Gallo« in seiner langsamen piemontesischen Sprechweise, der mehr Applaus erhält als zuvor der Generalsekretär.

Was den Triumph des historischen Kompromisses trübt und erahnen lässt, dass in den Beziehungen mit der DC Überraschungen und Fallen an der Tagesordnung sind, ist auch das »portugiesische Schlamassel«. Ein böswilliger und schicksalhafter Zufall will es, dass die Militärs in Lissabon, die kurz zuvor in der friedlichen Nelkenrevolution[67] an die Macht kamen, genau während des ersten Tages des Parteikongresses der KPI entscheiden, mit Unterstützung der Kommunisten von Álvaro Cunhal[68] die portugiesischen Christdemokraten in der Folge eines versuchten Putsches von rechts zu verbannen. Fanfani zögert nicht einen Augenblick und beeilt sich, den Chef seiner Delegation, dem stellvertretenden Generalsekretär der DC, Attilio Ruffini, aufzufordern, den Parteikongress der KPI zu verlassen.

Plötzlich ist das Klima der wechselseitigen Höflichkeit und des Augenzwinkerns verschwunden. Für die DC sind die Kommunisten wieder zur totalitären Partei und zu Sklaven Moskaus geworden. Berlinguer traut praktisch seinen Ohren nicht. Fanfanis Verhalten erscheint als Instrumentalisierung, auf die in gleicher Weise reagiert werden muss, auch um den Preis, damit den Dialog zu erschweren.

Entgegen seiner Gewohnheiten bittet Enrico seinen Bruder Giovanni, zu dem er in politischer Hinsicht nur spärliche Beziehungen hat, ihm bei der Vor-

67 Militärputsch am 25. April 1974, angeführt von einer linksgerichteten Armeegruppe gegen die rechtsgerichtete, autoritäre Diktatur in Portugal. Die aufständischen Soldaten steckten sich rote Nelken in die Gewehrläufe, deshalb der Name »Nelkenrevolution«.

68 Álvaro Cunhal (1913–2005), ab 1935 Vorsitzender des kommunistischen Jugendverbandes, ab 1939 Generalsekretär der kommunistischen Partei in der Illegalität, 1949 verhaftet, anschließend bis 1960 in Haft, nach gelungener Flucht dann im Exil, zumeist in Moskau und Prag, von 1961 bis 1992 Vorsitzender der Portugiesischen Kommunistischen Partei (PKP), prosowjetisch, lehnte den Eurokommunismus ebenso wie die Politik von Perestroika und Glasnost unter Gorbatschow ab.

bereitung der Abschlussrede zu helfen. In diesem Moment braucht er keinen vorsichtigen Vermittler wie Bufalini und nicht einmal den unzertrennlichen Tatò, sondern jemanden, der Teil seiner Geschichte ist. Die zwei Berlinguers schließen sich für einen Tag und eine Nacht in einem kleinen Zimmer ein, wie sie es zu Zeiten der abendlichen Diskussionen in Sassari in der Bibliothek des Vaters taten. Sie bringen eine Zusammenfassung der italienischen Geschichte auf Papier, angefangen mit Garibaldi und Cavour,[69] um zu zeigen, wie die Linke in Italien immer auf der Seite der Demokratie stand. Es ist wie ein Eintauchen in eine jugendliche Kultur, in eine nie vergessene familiäre Tradition, die – wie bei anderen Gelegenheiten – Berlinguer in Momenten der Schwierigkeiten wiederfindet.

Während er mit den Zitaten von Giolitti[70] und Machiavelli[71] beschäftigt ist, muss Berlinguer auch die Angriffe des Leiters der sowjetischen Delegation, Andrei Kirilenko, abwehren, der alles Mögliche versucht, damit die Verurteilung der portugiesischen KP nicht so deutlich ausfällt. Kirilenko wird später wutentbrannt nach Moskau zurückfahren, mit einem neuen Anklagepunkt gegenüber dem ketzerischen Berlinguer in der Hand.

Armando Cossutta ist gefallen

Neben den historischen Zitaten und dem Streit mit Fanfani geht der Parteikongress des historischen Kompromisses aufgrund eines Erdbebens in der Führungsgruppe in die Geschichte der KPI ein. Wie ein Blitz aus heiterem Himmel schlägt die Nachricht ein, dass Armando Cossutta, die graue Eminenz, die alles weiß und für alles sorgt, seines Amtes enthoben wurde. Er ist nicht mehr länger der Koordinator, also in der kommunistischen Praxis die Nummer zwei in der Partei. Er ist nicht einmal mehr Teil des Sekretariates. Zurückgestuft auf ein Amt in der zweiten Reihe, verantwortlich gegenüber den lokalen Körperschaften, kam er plötzlich von seiner sicher scheinenden Laufbahn ab. »Armando ist gefallen«, titelt die »Panorama« hämisch und spielt damit auf

69 Camillo Benso Graf von Cavour (1810–1861), Staatsmann und Unternehmer, als Ministerpräsident des Königreichs Sardinien treibt er die Einigung Italiens voran, Architekt der italienischen Verfassung, erster Ministerpräsident des neuen Königreichs Italien.

70 Giovanni Giolitti (1842–1928), liberaler Politiker, mehrfacher italienischer Ministerpräsident zwischen 1892 und 1921, auch Innen- und Finanzminister.

71 Niccolò Machiavelli (1469–1527), Philosoph, Diplomat, Chronist, Schriftsteller und Dichter, vor allem aufgrund seines Hauptwerkes »Il Principe« (»Der Fürst«) gilt er als einer der bedeutendsten Staatsphilosophen der Neuzeit.

ein populäres Lied von Enzo Jannacci[72] an. In einigen Regionalverbänden müssen Versammlungen einberufen werden, um den alarmierten Aktivisten zu erklären, was zum Teufel passiert ist.

Was passierte, ist, dass Berlinguer einmal mehr bewies, dass er gut weiß, wie man mit Macht umgeht. »Bis zum letzten Moment hat praktisch keiner etwas geahnt. Keiner von uns wurde im Voraus informiert, weder Cossutta noch Fernando Di Giulio noch ich, die drei aus dem Sekretariat ausgeschlossenen, obwohl wir sehr unterschiedliche Positionen einnahmen«, erinnert der antisowjetische Carlo Galluzzi. »Natürlich war der Fall von Cossutta, der seit 1969 sogar der Parteikoordinator war, der mit Abstand aufsehenerregendste.«[73] Bei Cossutta musste sich Berlinguer in den vergangenen Jahren auch harten Diskussionen stellen, sowohl in Bezug auf die Strategie des historischen Kompromisses, den Armando, ein Anhänger Longos, sicherlich nur wenig unterstützte, als auch in Bezug auf das Problem der UdSSR.

Nach der Verurteilung der Invasion der Tschechoslowakei hatte Cossutta versucht, mit den Moskowiter Führern wieder gute Beziehungen aufzubauen. Aber der Grund für Cossuttas Zurückstufung und die Entfernung aus dem Sekretariat war nicht nur die UdSSR. Berlinguer war dem Modell von Partei, das sich der Koordinator vorstellte abgeneigt, und er misstraute der immer größeren Machtfülle, die jener ansammelte.

Die Kommentatoren, auch die am besten informierten, sahen damals in dem Wunsch, sich von dem aufdringlichen Cossutta zu befreien, den Schlüssel zur Interpretation all der anderen Veränderungen in der Parteispitze, die von Berlinguer vorgenommen wurden.[74] In Wirklichkeit, wie sich später zeigen wird, ist die wahre Neuheit die Übereinstimmung des Generalsekretärs mit dem Flügel der Amendola-Anhänger, die in seinen Augen geeigneter waren, die Politik der Annäherung an die Regierung zu realisieren. Cossutta wird durch Gerardo Chiaromonte, einen Anhänger Amendolas, als Koordinator ersetzt. Er war einer der allerersten, die den Vorschlag des historischen Kompromisses unterstützten. Chiaromonte schreibt dem historischen Kompromiss darüber

---

72 Vincenzo »Enzo« Jannacci (1935–2013), Sänger und Songtexter, Komponist, Schauspieler, Kabarettist und Arzt, gilt als einer der wichtigsten Künstler Italiens nach dem Zweiten Weltkrieg.

73 Carlo Galluzzi, persönliche Mitteilung an die Autorin.

74 Vittorio Gorresio schreibt in der Biografie *Berlinguer*, Milano 1976, dass der kommunistische Generalsekretär am XIV. Parteikongress »mit dem vorhandenen Apparat aufgeräumt hat, indem er sich mit eigenen Leuten umgeben hat.«

hinaus teilweise die konkrete Bedeutung einer Übereinkunft mit der DC auf der Basis einer gesellschaftlichen Atempause zu.

Der andere Parteiführer, der in dem praktisch komplett erneuerten Sekretariat wieder eine starke Stellung einnimmt, ist Giorgio Napolitano. Berlinguers alter Konkurrent um das Amt des Generalsekretärs wird nun zurückgeholt und an die Spitze der maßgeblichen Arbeitsabteilung gesetzt, die unter anderem die entscheidende Aufgabe innehat, die Beziehungen mit den Gewerkschaften aufrechtzuerhalten und die Wirtschaftspolitik der Partei auszuarbeiten.

Wahrscheinlich um diese Allianz mit Leuten auszugleichen, die, wie er genau weiß, nicht so denken wie er, will Berlinguer drei vertrauenswürdige Personen im Sekretariat haben. Neben Pecchioli – der schon dort war – treten der ehemalige Arbeiter aus Livorno, Renzo Trivelli, und Piero Pieralli ein, seine engsten Mitarbeiter in den Jahren des FGCI. Aber alle drei werden zwei Jahre später ersetzt. Ein anderer neuer Name ist der Mailänder Gianni Cervetti, der nicht so prosowjetisch wie Cossutta eingestellt ist, aber gute Beziehungen mit Moskau hat und russisch spricht. Cervetti wird unter anderem damit beauftragt, den Finanzproblemen nachzugehen: In anderen Worten, die Abkoppelung von den wirtschaftlichen Verbindungen zur UdSSR zu vollziehen. Eine Operation, die drei Jahre erfordern und die Anfang 1978 abgeschlossen wird.[75] In der »L'Unità« wird ein anderer Parteiführer, Aldo Tortorella, der Longo nahesteht, durch seinen Stellvertreter, Luca Pavolini, ersetzt, während der junge Achille Occhetto, dem ein bedeutendes Amt vorausgesagt wurde, wegen des Verdachts auf Linksextremismus in Sizilien zurückgelassen wird.

Was die alte Garde betrifft, so wird sie definitiv beiseitegeschoben. Mit einem scharfen Schnitt wurde das Politbüro abgeschafft, in dem sich die historischen Namen versammelten. Diese stehen ab jetzt mit Ausnahme von Pajetta nur mehr am Spielfeldrand, um von dort die weiteren Entwicklungen zu beobachten.

Es ist eine scheinbar geeinte Gruppe, in Wirklichkeit jedoch ist sie von tiefgreifenden Missverständnissen durchzogen. Schon einen Monat später spürt Berlinguer das Bedürfnis, in einem langen Interview mit der »Rinascita« das Thema der »Elemente des Sozialismus« erneut auf den Tisch zu bringen.

---

75 Gianni Cervetti: *L'oro di Mosca. La verità sui finanziamenti sovietici al PCI raccontata dal diretto protagonista (Das Gold von Moskau. Die Wahrheit über die sowjetische Finanzierung der KPI, erzählt von einem direkten Protagonisten)*, Milano 1999. Laut der Aussage von Cervetti betrugen 1975 die »direkten Zahlungen« vier Millionen Dollar (circa 2,5 Milliarden Lire), übergeben per Hand in der berühmten »Tasche« oder in dem berühmten »Handkoffer«. Offiziell hat die KPI deren Existenz immer abgestritten.

Er versucht, einer perplexen Basis und vielleicht auch seinen eigenen Genossen in der Parteispitze zu erklären, dass das Ziel der KPI darin besteht, Bedingungen für die Entwicklung eines Sozialismus im Westen zu schaffen, auch wenn sie vor Rückschlägen wie in Chile warnt.

XVI. Ein magisches Jahr

»Der Vormarsch der Kommunisten kann nur den Korrupten und Überheblichen Angst machen. Wir wissen wohl, dass die Situation schwierig ist, dass die Probleme kompliziert sind, und einige sind schrecklich. Das alles drängt uns dazu, unser Verantwortungsbewusstsein und den Sinn für die Wirklichkeit zu betonen. Wir werden nicht überheblich werden«, versichert Berlinguer am Abend des 16. Juni 1975 zweihunderttausend Menschen, die auf der Piazza San Giovanni in Rom den unglaublichen Wahlsieg der KPI bei den Regionalwahlen feiern. Im Vergleich zu den Parlamentswahlen von 1972 hat sie zwei Millionen Stimmen und 5 Prozentpunkte dazugewonnen und ist auf 33 Prozent gekommen, womit sie nun der DC auf den Fersen ist, die auf 35 Prozent zurückgefallen ist. »Der Platz ist rot von Hemden, Kokarden, Pullovern, Tüchern, Mützen. Nelken und roten Abzeichen. Im Wind flattern die Zeitungen, dicht bedruckt mit Buchstaben und Titeln: ›Italien geht nach links‹. Es werden Slogans gerufen: ›Es ist höchste Zeit! Es ist höchste Zeit! Die Macht für die, die arbeiten!‹«, berichten die Zeitungen über diesen historischen Abend.[1]

Es ist der aufsehenerregendste Wahlsieg, den die KPI jemals verzeichnet hat. Tagsüber scheint es sogar für einen Moment lang möglich, dass die Kommunisten – gemäß den Teilergebnissen – die DC überholen würden. Berlinguer, der das Auf und Ab der Ergebnisse gemeinsam mit Alessandro Natta verfolgt, lässt sich nicht zur Euphorie hinreißen. »Die Vorstellung, dass wir mit einem Erdrutschsieg gewonnen haben, schien ihn vielmehr zu beunruhigen. ›Wenn wir die DC überholt haben, dann fordern wir sofort vorgezogene Neuwahlen zum Parlament‹, sagte ich zu ihm, ein bisschen im Scherz, ein bisschen wegen der aufkeimenden enthusiastischen Stimmung. Aber nicht einmal bei dieser Gelegenheit wollte Enrico seinen Sinn für Verantwortung, wenn auch nur für einen Augenblick, ablegen. Bei allen Angelegenheiten, welche die Partei betrafen, hatte er sich immer unter extremer Kontrolle, er war der absolute Herr seiner Gefühle«, erinnert Alessandro Natta.[2]

Im Gegenteil: Als sich der Vormarsch abzuzeichnen beginnt, ist Berlinguer besorgt. Er will nicht, dass die Stimmenlawine allzu starke Gegenschläge her-

---

1 Lietta Tornabuoni: *L'anno dei trent'anni (Das Jahr der dreißig Jahre)*, in: Vittorio Gorresio/Giampaolo Pansa/Lietta Tormabuoni (Hg.): *Trent'anni dopo (Dreißig Jahre später)*, Milano 1976.

2 Alessandro Natta, persönliche Mitteilung an die Autorin.

vorruft und der Dialog mit der DC infrage gestellt wird. Der amerikanischen Wochenzeitung »Time«, die ihn interviewt, erklärt er umgehend, dass »die grundsätzliche Bedeutung dieser Wahlergebnisse in der Niederlage des Antikommunismus besteht.«

Aber er fügt auch hinzu: »Wir wollen eine positive Beziehung zwischen allen demokratischen politischen Kräften herstellen, die im Volk verwurzelt sind. Die Schaffung dieser Atmosphäre ist das Wesen des historischen Kompromisses.«[3] Den Sieg bei den Regionalwahlen interpretiert Berlinguer, wie den bei dem Scheidungsreferendum im Jahr zuvor, als ein Ergebnis seines Vorschlags und als eine Ermutigung, den eingeschlagenen Weg weiterzuverfolgen. Und er kritisiert diejenigen scharf, die das anders sehen.

In Wirklichkeit sind viele innerhalb und außerhalb der Partei der Meinung, dass die Wahl vom 15. Juni 1975, bei der die KPI zusammen mit der PSI (Sozialistische Partei) auf 45 Prozent der Stimmen kommt, zeigt, dass das Land eine Alternative will und es das Ende des Machtmonopols der DC wünscht. Auch wenn Cossutta in seinem neuen Amt als Verantwortlicher für die lokalen Körperschaften das Motto einer breiten Übereinstimmung propagiert, also, wo immer möglich, Bündnisse mit allen verfassungsgebenden Parteien, einschließlich der DC, einzugehen, färbt sich Italien in Wirklichkeit aufgrund des Votums de facto rot.

Linke Koalitionen sichern sich die Kontrolle über zwei neue Regionen, Piemont und Ligurien, und über die Mehrheit der großen Städte. Neapel, Florenz, Genua und Turin haben einen kommunistischen Bürgermeister. Die KPI war weit davon entfernt, einen Sieg solchen Ausmaßes zu erwarten. In vielen Städten wurden daher Personen auf den ersten Platz der KPI-Liste gesetzt, die für tatsächliche Ausübung des Amtes des Bürgermeisters gar nicht vorgesehen waren. In Turin zum Beispiel hat sich niemand vorgestellt, dass der Journalist Diego Novelli, Nummer eins in bürokratischer Routine, einer der populärsten Bürgermeister der neuen »roten« Stadtregierungen werden würde. Und dasselbe passiert in Neapel mit Maurizio Valenzi. Aber nicht einmal nach diesem Sieg legt Berlinguer den Fokus auf die neu entstandene politische Situation. Also werden keine neuen Strategien vorbereitet. Der bisherige Weg wird ohne Nachbesserungen und Anpassungen in dieselbe Richtung weitergegangen.

---

3 Enrico Berlinguer: *La grande avanzata comunista (Der große kommunistische Vorstoß)*, in: Antonio Tatò (Hg.): *Conversazioni con Berlinguer (Gespräche mit Berlinguer)*, Roma 1984.

Pasolinis Asche

Auch wenn er sich darüber sicherlich nicht bewusst ist, tritt Berlinguer gerade in sein goldenes Jahr ein, das genau von den Regionalwahlen 1975 bis zu den Parlamentswahlen 1976 reicht. In dieser Phase glücken für den kommunistischen Generalsekretär auch die Entscheidungen, die am weitesten vom klassischen Stil der KPI entfernt sind, wie etwa jene, das moralische Erbe einer unangenehmen Person wie Pier Paolo Pasolini auf sich zu nehmen. Für rechtschaffene Leute war dessen Tod skandalös, schlimmer als sein Leben und seine Filme. Zumindest nach der offiziellen Version wurde er von einem Straßenjungen, den er im Auto nahe der Bahnhofstation aufgelesen hatte, erschlagen. Am Tag seiner Ermordung, dem 2. November 1975, erschien am Eingangstor der Parteizentrale der KPI eine blonde Frau mittleren Alters, Laura Betti.[4] »Pasolini war ein Kommunist. Ihr habt ihn vor vielen Jahren aufgrund eines bigotten Moralismus ausgeschlossen. Jetzt, wo er umgebracht wurde, müsst ihr sein Gedächtnis übernehmen. Pasolini hat das Anrecht auf ein Begräbnis vonseiten der Partei«, sagt sie. Das war eine gewichtige Anfrage. Berlinguer, der Italien für nicht reif hielt, sich für das Recht auf Scheidung zu entscheiden, und der zu diesem Zeitpunkt mit den Katholiken gerade über ein neues Gesetz zur Abtreibung verhandelt, macht keinen Schritt zurück. Die KPI wird beauftragt, ein öffentliches Begräbnis auszurichten, und nicht nur Alberto Moravia,[5] sondern auch Aldo Tortorella, der neue Abteilungsleiter für kulturelle Angelegenheiten, hält eine Trauerrede.

»Getötet durch dieselbe Gewalt, deren tieferliegende Ursachen er selbst bezeugt hatte«, betitelte die »L'Unità« einen Artikel, der eine ganze Seite umfasst. Für den Dichter und Autor des Gedichtbandes *Gramsci's Asche*,[6] der seine Homosexualität und seinen rebellischen Katholizismus allen gegenüber offen aussprach, wird ein Trauerzimmer im Haus der Kultur in Rom eingerichtet. Vor seinem Tod drückte Pasolini sein Vertrauen in die KPI als der einzigen sauberen Kraft in Italien aus. Laura Betti erinnert: »Berlinguer kam um zwei Uhr nach-

---

4 Laura Betti (1927–2004), Schauspielerin und Sängerin, spielte u. a. in Filmen von Pier Paolo Pasolini, Federico Fellini und Bernardo Bertolucci. Nach Pasolinis Tod verwaltete sie dessen Nachlass als Direktorin der Stiftung *Fondo Pier Paolo Pasolini*.

5 Alberto Moravia (1907–1990), Schriftsteller (Romane, Erzählungen, zahlreiche davon wurden auch verfilmt), von 1984 bis 1989 für die KPI Mitglied des Europäischen Parlaments.

6 Nach einem Vorabdruck in der von Alberto Moravia herausgegebenen Zeitschrift »Nuovi Argomenti« erscheint im Juli 1957 die Erstausgabe von *Le ceneri di Gramsci* (*Gramsci's Asche*) bei Grazanti.

mittags, um sich von Pasolini, mit dem er sein Leben lang nur einige formale Kontakte hatte, zu verabschieden. Er sagte keine banalen Höflichkeitsfloskeln, sondern verharrte einige Minuten in absoluter Stille vor dem Sarg. Niemals werde ich die Intensität seines Gesichtsausdruckes vergessen. Es war, als ob er ihm klar geworden wäre, dass auch er etwas verloren hatte.«[7] Berlinguers Entscheidung hat nicht nur keine Kritik hervorgerufen, im Gegenteil: Sie hat ein Tabu gebrochen. Das Fernsehen bringt erstmals Debatten und Sendungen zum Thema Homosexualität und männliche Prostitution. Der Begriff »anders« scheint eine Bedeutung angenommen zu haben, die weniger Missbilligung enthält.

Der Erfolg der »Operation Pasolini« ist nur eines der vielen Anzeichen für die Aura, die Berlinguer umgibt. Er scheint die Gabe zu haben, nur Zustimmung und Billigung für alles, was er sagt und tut, zu erhalten. Rund um die Figur des Generalsekretärs der KPI bündeln sich unterschiedliche Erwartungen und Hoffnungen. Auf Berlinguer blickt eine Arbeiterklasse, die durch die Rezession nicht gebrochen wurde und der es vielmehr genau zu Beginn dieses Jahres gelungen ist, dem Präsidenten des Arbeitgeberverbandes, Gianni Agnelli, eine Übereinkunft in Bezug auf den einzigartigen Punkt der Lohn- und Gehaltsanpassung (»Scala mobile«)[8] abzuringen: eine Errungenschaft, die sich erst später als ein wandelndes Pulverfass erweisen wird. Es gibt die Erwartungen einer Mittelklasse, die das Bedürfnis nach einem neuen Raum der Freiheit spürt, und es gibt die Erwartungen eines anderen Teils der Mittelklasse, der von der KPI hingegen Ordnung und eine harte Hand erwartet. Dies zeigen auch unter anderem die demoskopischen Untersuchungen zur »kommunistischen Frage«. Niemals war die italienische Gesellschaft so bereit für tiefgreifende Veränderungen. »Vor allem Veränderung«, titulieren die Zeitschriften des progressiven Bürgertums, während Umfragen darlegen, dass Berlinguer der populärste Politiker des Landes geworden ist. Inzwischen zeigen Karikaturisten wie Giorgio Forattini,[9] die gerade in Italien die alte und vergessene Tradition der poli-

---

7 Laura Betti, persönliche Mitteilung an die Autorin.

8 »Scala mobile« (»gleitende Skala«), ein Instrument der italienischen Lohn- und Gehaltspolitik, eingeführt 1945, das vorsah, dass die Löhne und Gehälter in Form eines gleitenden Skalenmechanismus automatisch zu erhöhen waren, wenn zuvor eine Steigerung der Lebenshaltungskosten gemäß einem bestimmten Verbraucherindex festgestellt wurde. In der erwähnten Vereinbarung von 1975 wurde festgelegt, dass in Hinkunft die Anpassung für alle Arbeitnehmer und Arbeitnehmerinnen einheitlich erfolgen sollte, während zuvor die Erhöhungen je nach Alter und Qualifikation unterschiedlich waren. 1992 wurde die »Scala mobile« abgeschafft.

9 Giorgio Forattini, geboren 1931, Designer und Karikaturist, u. a. für die Tageszeitungen »Paese sera«, »La Repubblica«, »La Stampa«. Praktisch alle wichtigen politischen Persönlichkeiten Italiens zwischen den 1970er-Jahren und den 1990er-Jahren wurden von ihm karikiert, aber

tischen Satire in Bildern erneuern, Berlinguer als einen Arzt, der sich über den im Sterben liegenden Körper von Italien beugt. Sie setzen sogar Enricos Gesicht unter die nationale Zackenkrone und fügen dem Stern Hammer und Sichel hinzu. Auf Tonino Tatòs Tisch häufen sich die Anfragen zu Interviews. Jahre später wird dieser sagen: »Es gab in dieser Zeit nur wenige italienische Journalisten und ausländische Korrespondenten, die mich nicht bestürmten, um ein Exklusivinterview mit dem Generalsekretär der KPI zu bekommen.«

Die Presse will nicht nur wissen, was der historische Kompromiss bedeutet oder was die KPI über das Privateigentum denkt. Zudem versucht sie, Berlinguers Charakter zu verstehen sowie jenes unbekannte, etwas beunruhigende Terrain zu erforschen, das die Persönlichkeit eines kommunistischen Parteiführers darstellt. Berlinguer, dem seine Privatsphäre sehr wichtig ist, unterwirft sich dem ungern, oft entzieht er sich. Als er gefragt wird, was es für ihn bedeutet, Kommunist zu sein, antwortet er trocken: »Ich würde den Titel eines schönen Buches von Giorgio Amendola wiederholen, welches in diesen Tagen veröffentlicht wurde: *Eine Lebensentscheidung*.

Andere Male sind seine Antworten interessanter. »Haben Sie je an ihrem kommunistischen Glauben gezweifelt?«, fragt ihn die Korrespondentin des »Stern«. »Dieser Begriff gefällt mir nicht sehr«, antwortet Berlinguer, »weil er vermuten lässt, dass ein Kommunist, um ein solcher zu sein, eine Art von Dogma annehmen muss. Das ist aber nicht der Fall. Ich glaube, dass ein Kommunist die eigenen Überzeugungen und das eigene Denken ständigen Überprüfungen unterziehen muss, auf der Basis der Analyse der Fakten und der Geschichte. Ein Mensch muss in der Lage sein, auch die eigenen Ideen zu hinterfragen [...], wenn er will, dass die Taten Auswirkungen auf die Fakten haben.«[10] Das sind Worte, in denen man ein weit entferntes Echo der Meinungsänderung nach dem Bruch mit Stalin zu hören scheint.

Seine Berühmtheit erlebt Berlinguer ohne Begeisterung, die Konsequenzen akzeptiert er als eine Pflicht. Sein Cousin Sergio Siglienti erinnert sich: »Enrico wurde noch zurückhaltender. Die Tatsache, dass er überall, wo er hinging, erkannt und gefeiert wurde, brachte ihn in Verlegenheit. Ich glaube, dass er einer der politischen Führer war, die am meisten die Popularität fürchten. Im Gegensatz dazu war er begeistert von den Wahlkundgebungen, von der Be-

auch zu wichtigen politischen Ereignissen (z. B. das Scheidungsreferendum von 1974 oder die Wahl von Barack Obama zum US-Präsidenten in 2008) sowie zu bekannten internationalen Persönlichkeiten (Papst Johannes Paul II.) zeichnete er aufsehenerregende Cartoons.

10 Birgit Kraatz: *Dare al paese una nuova guida politica* (*Dem Land eine politische Führung geben*), in: *La questiona comunista* (*Die kommunistische Frage*).

ziehung mit der anonymen Menge an Aktivisten, bei denen er Übereinstimmung und Leidenschaften auslösen konnte, auch wenn er kein außergewöhnlicher Redner war. Darin zeigte er seinen revolutionären Hintergrund.«

Moros »dritte Phase«

Auch die Unduldsamkeit bei Skandalen des christdemokratischen Regimes, wie dem von Lockheed,[11] trägt dazu bei, Berlinguers Charisma und die Erwartungen an ihn zu steigern. In der progressiven Öffentlichkeit verbreitet sich die Vorstellung, dass man an das Ende der Ersten Republik gekommen sei. Ein Großteil der Presseorgane spricht inzwischen offen vom Zusammenbruch des christdemokratischen Regimes.

Im Juli 1975 können die Journalisten und Vertreter anderer Parteien einer außergewöhnlichen Aufführung live beiwohnen, die mittels einer Kamera für einen geschlossenen Kreis übertragen wurde: Der Prozess, den die Parteispitze der DC während des Nationalen Parteirats[12] seinem Generalsekretär Fanfani machte, der zum Schuldigen für die Niederlage bei den Regionalwahlen und darüber hinaus auch für die Niederlage beim Referendum über die Scheidung erklärt wurde.

Berlinguers Vertrauter Tatò beobachtet schlecht geschützt von einer großen, dunklen Brille das Geschehen und verfolgt es mit einer Mischung aus ehrfürchtigem Flüstern und schmeichelndem Lächeln, das die wichtigen Vertreter der Kommunisten inzwischen überallhin begleitet. Dank ihm verpasst Berlinguer kein Wort von diesen entscheidenden Tagen. Stark berührt liest er die Worte von Aldo Moro der, wie ein 1968er, der einzige Christdemokrat ist, der zeigt, dass er versteht, was gerade vor sich geht. Moro hat erkannt, dass mit dem Wahlergebnis das »Vorurteil, wonach die Kommunistische Partei als eine andersartige Partei angesehen wird«, verschwunden war und die Barrieren gegenüber den Kommunisten aus diesem Grund gerade fallen. »Die Zukunft ist teilweise nicht mehr länger in unseren Händen [...]. Es öffnet sich ein neues Kapitel [...]. Es hat eine dritte, schwierige Phase unserer Geschichte begonnen«, sagt er. Im Großen und Ganzen hat Moro seinen Leuten, wenn auch mit Vor-

---

11 Der US-Konzern Lockheed zahlte 1970/71 beim Verkauf von 14 Flugzeugen vom Typ C-130 »Hercules« an das italienische Verteidigungsministerium hohe Schmiergelder an Parteien und einzelne Politiker.

12 *Il Consiglio nazionale (Nationaler Parteirat)*, höchstes Leitungsgremium der DC zwischen den Parteikongressen.

sicht, mitgeteilt, dass Mitte-links[13] nicht mehr länger eine praktikable Lösung darstellt. Und er hat das Treffen mit den Kommunisten auf die Tagesordnung gesetzt.

Der Garant für diese Entscheidung, deren Umfang noch nicht genau definiert wurde, ist der neue Generalsekretär, der ehemalige Partisan Benigno Zaccagnini.[14] Moro gelang es, ihn an Fanfanis Stelle zu setzen. Zac, wie er bald mit Spitznamen gerufen werden wird, scheint die leibhaftige Verkörperung des Teils der DC zu sein, den Berlinguer als »die mit dem Volk verbundene Seele der DC« beschreibt. Mit seinem unverkennbaren Lächeln eines warmherzigen Mannes aus der Romagna zeigt er eine sogar übertriebene Bescheidenheit. »Ich wünsche mir, so kurz wie möglich im Amt zu bleiben, um jeden Rekord zu brechen«, sagt er unmittelbar nach seiner Wahl in der Löwengrube des Nationalen Parteirates der DC. Er verspricht Reformen und mehr Moral, was sich jedoch umgehend als sehr schwierig erweisen wird. Die DC der Erneuerung scheint eher die DC der Untreue zu sein. Im Laufe weniger Monate revoltiert die Redaktion des »Il Popolo«, dem Parteiorgan der DC. Mehrere Gruppen von Parlamentsabgeordneten ignorieren Zac offen und locken die Regierung in einen Hinterhalt. Die Geschlagenen der Operation Zac, die Fanfani-Anhänger und der Dorotei-Flügel,[15] ziehen seine Ehrlichkeit ins Lächerliche. »Zaccagnini mag ein Gentleman sein, aber mit Gentlemen alleine lässt sich keine Politik machen«, wird auf den Fluren des Palazzo Cenci-Bolognetti, dem Sitz der DC gemurmelt.

In diesem Klima wird Zac im darauffolgenden Jahr auf dem landesweiten Parteikongress der DC nach einem harten Kampf als Generalsekretär bestätigt. Jedoch nur mit 51 Prozent der Delegiertenstimmen, 48 Prozent hingegen sprechen sich für seinen Gegenkandidaten, Arnaldo Forlani, aus. Der neue Generalsekretär hat also fast die Hälfte der DC gegen sich. Es wird sich bald zeigen, welche Gefahren diese Situation in sich birgt. Der durch Lob und voreiligen Beifall getröstete Berlinguer neigt dazu, dies zu unterschätzen. Die Wochenzeitung »Newsweek« schreibt sogar, dass es nicht länger Sinn mache, ein Urteil

---

13 1963 bildeten die DC und die Sozialisten (PSI) die erste Mitte-links-Regierung. Damit begann die zweite Phase in der italienischen Nachkriegsgeschichte. Die erste Phase davor war durch die unangefochtene Vorherrschaft der DC geprägt. Mit der Annäherung zwischen Christdemokraten und Kommunisten sowie der Einbeziehung der KPI in die Regierung sollte in den Vorstellungen von Moro eine »dritte Phase« in der Entwicklung der italienischen Demokratie eingeleitet werden.

14 Näheres zur Person siehe Kapitel: Die italienischen Hauptfiguren in Chiara Valentinis »Enrico Berlinguer« (☛ S. 470).

15 Siehe Fußnote 10 in Kapitel XIV (☛ S. 224).

über den historischen Kompromiss des Generalsekretärs der KPI abzugeben, sondern nur zu fragen, wann und wie er umgesetzt werden wird.

»Arbeitet zusammen mit Hinterlist«

In der Tat werden Voraussetzungen für einige Dinge geschaffen, die Berlinguer zuvor vernachlässigte. Zum ersten Mal seit Beginn seines Triumphzuges trifft er ausgerechnet in der sozialistischen Partei (PSI) auf Misstrauen und der Feindschaft. Diese brachte bereits 1970 erstmals den Vorschlag für ein fortgeschritteneres Gleichgewicht der politischen Kräfte auf den Tisch. Auch wenn wiederholt, fast auf rituelle Weise, bekräftigt wird, dass der historische Kompromiss eine Übereinkunft von drei politischen Kräften sein soll, der kommunistischen, der sozialistischen und der katholischen, wird in Wirklichkeit immer deutlicher, dass es dabei ein privilegiertes Verhältnis zwischen der DC und der KPI gibt. Obwohl die Regierung Moro-La Malfa von den Sozialisten von außen unterstützt wird, während die Kommunisten formell dazu in der Opposition sind, zeigt sich, dass diese Regierung der Partei von Berlinguer Raum und Bedeutung zuspricht. De Martino[16] hingegen nimmt eine zweitrangige Rolle ein und wird auch von der KPI wenig beachtet.

Diese süffisante Haltung gegenüber der zweiten Linkspartei, die man Berlinguer später als eine zentrale Ursache für die Unsicherheit in der Zeit der »nationalen Solidarität« vorwirft, hat tiefergehende Wurzeln. Den Sozialisten hat Berlinguer seit seinen Jugendjahren niemals wirklich vertraut. Sicherlich hat ihn dabei die Einstellung Togliattis beeinflusst. Wie »il Migliore« seinen Leuten in Momenten des Vertrauens sagte und auch durch Taten zeigte: »Wir sollen mit ihnen zusammenarbeiten, natürlich, aber mit einer gewissen Hinterlist.« In diesem Fall wurde Enrico auch von Franco Rodanos Meinung beeinflusst. Dieser war davon überzeugt, dass die Scharnierrolle zwischen Katholiken und Kommunisten aufgrund ihres Erbes der Aktionspartei und darüber hinaus aufgrund ihrer Verbindungen zur Welt der Hochfinanz der Republikanischen Partei zustand. Aber es ist auch seine rigide Vorstellung von der Partei und der Politik, die Berlinguer misstrauisch macht. »Den Christdemokraten kann man etwas mehr vertrauen, weil die zumindest die katholische Kirche im Rücken

16 Francesco De Martino (1907–2002), zu diesem Zeitpunkt Generalsekretär der Sozialistischen Partei (PSI), siehe auch Kapitel: Die italienischen Hauptfiguren in Chiara Valentinis »Enrico Berlinguer« (☛ S. 454 f.).

haben, die haben die katholische Moral«, sagt er mehrmals in privaten Gesprächen.

Der Unmut der Sozialisten gegenüber den Verbündeten, aber auch gegenüber der KPI, platzt plötzlich in einem Artikel heraus, den De Martino am 31. Dezember 1975 am Silvesterabend im »Avanti!«[17] veröffentlicht und der das Ende der Unterstützung der PSI für die Regierungskoalition markiert. Kurze Zeit später beginnt die Regierungskrise, die unvermeidlich zu vorgezogenen Parlamentswahlen führt. Berlinguer ist verärgert, auch weil er davon überzeugt ist, dass es mehr Zeit braucht, um den Anstieg der erzielten Stimmen bei den Regionalwahlen zu konsolidieren. Eine politische Aktion, die er ausschließlich durch Ungeduld und Groll hervorgerufen sieht, verstört ihn, und das versteckt er nicht. Was De Martino betrifft, so hat er mit seiner Initiative eine Lawine in Gang gesetzt. Bei den Wahlen wird die PSI, wenn auch nur wenig, verlieren, und er selbst wird aufgrund einer innerparteilichen Verschwörung vorzeitig in Pension geschickt.

»Berlinguer, wir haben dich gerne«

Am Nachmittag des 18. Mai 1976 steht Berlinguer auf der Piazza in Avezzano,[18] auf einer kleinen roten Bühne, an die Fassade der Kathedrale von San Bartolomeo angelehnt. Betrachtet man den Platz, den die Organisatoren mit Sesseln gefüllt haben, um sofort den Unterschied zu einer gewöhnlichen Wahlversammlung zu markieren, bekommt man eine Vorstellung von der Atmosphäre, in der die kommunistische Wahlkampagne für die vorgezogenen Parlamentswahlen stattfindet. Um den Chef der KPI zu hören, ist das ganze Land festlich eingekleidet. Ein alter Mann mit einem roten Halstuch, der mit den Füßen auf einem Sessel steht, schreit vom Anfang bis zum Ende: »Berlinguer, du bist stark, du bist groß, wir haben Dich gerne!« Hundert der wichtigsten italienischen und ausländischen Journalisten sind anwesend, darüber hinaus eine Reihe von Fotografen und Fernsehkameramännern, die gekommen sind, um mit eigenen Augen das erste Wortgefecht zwischen dem kommunistischen Parteiführer und den Bürgern zu erleben. Das Konzept, das Berlinguer mit seinem alten Freund Trivelli, dem Verantwortlichen für Propaganda, entwickelt hat, besteht darin, zu versuchen, eine etwas weniger bürokratische Wahlversammlung zu machen:

17 »Avanti!« (»Vorwärts!«), Tageszeitung der Sozialistischen Partei Italiens (PSI), herausgegeben von 1896 bis 1993.

18 Gemeinde mit mehr als 42.000 Einwohnern in der Provinz L'Aquila in den Abruzzen, Hauptort der Landschaft Marsica, Sitz des Bistums Avezzano.

So soll mehr Sensibilität für die gesamte Wählerschaft der KPI gezeigt werden, die inzwischen deutlich über ihre traditionellen Wählersegmente hinausgeht. Wie im Rest Italiens gibt es auch in Avezzano viele neue Kommunisten. Und ein neues Mitglied ist auch die sardische Sängerin Maria Carta, eine neue Kandidatin auf der kommunistischen Wahlliste in der Gemeinde von Rom, die bescheiden und verwirrt zuhört, wie sich die Melodien ihres Albums *Ich singe Euch eine wahre Geschichte* in der Menschenmenge verbreiten.

Aber das, was die Stimmung und die Hoffnungen der Wahl vom 20. Juni 1976 zusammenfasst, ist vor allem Berlinguers Dialog mit den Menschen. An diesem lauen Abend in Avezzano bei Sonnenuntergang und Blitzlichtern der Fotografen ist da die Schauspielerin vom Teatro Stabile aus Aquila, die von Enrico erfahren will, ob es wahr ist, dass die KPI an Europa glaubt, und der Professor der Mittelschule, der fragt, ob »der Respekt der Kommunisten für die künstlerische Freiheit« gewährleistet sei. Es gibt den jungen Priester, der Berlinguer seinen Dialog mit der DC, »die immer mehr die Partei des Großbürgertums ist«, vorwirft und die Feministin, die an den großen Demonstrationen der Frauen für die Abtreibung teilnahm und um ein Urteil zu dieser neuen Bewegung bittet. Auf der roten Bühne wechseln sie sich ab und stellen ihre Fragen, ein Emigrant, ein Bauer aus Fucino,[19] ein »demokratischer« Polizist, ein Berichterstatter der »Financial Times«, ein kleiner Industrieller, der kein einziges Wort bei den verschiedenen wirtschaftlichen Tagungen des Zentrums für wirtschaftspolitische Studien (CeSPE) verpasst hat, der aber nicht sicher ist, ob auch Berlinguer auf diese Weise denkt. »Es gab eine große Hoffnung. Es war eine unwiederholbare Atmosphäre«, erinnert Renzo Trivelli. Auch Berlinguer spürt das. An dem traditionellen Essen nach der Veranstaltung, das er sonst für eine Art Folter hält, nimmt er an diesem Abend mit authentischer Freude teil. Er stößt mehrmals auf die Partei an, auf die Wahlen, die er nicht wollte, auf die Zukunft, während die Gruppe der ausländischen Journalisten, von Tatò mühsam hingehalten, vergeblich ein kollektives Interview fordert.

19 Lago Fucino (Fuciner See), nur wenige Kilometer von Avezzano entfernt, bis zu seiner vollständigen Trockenlegung im Jahre 1875 das größte Binnengewässer Mittelitaliens. Heute ist das Fuciner Becken eine der fruchtbarsten landwirtschaftlichen Regionen Italiens.

Unter dem Schutzschirm

Die gesamte kommunistische Wahlkampagne wird von der KPI als eine Partei geführt, die sich um die Beteiligung an der Regierung bewirbt.

Wie schon beim Scheidungsreferendum, aber jetzt in einem viel größeren Ausmaß, näherten sich viele Katholiken der KPI an. Einige von ihnen, darunter der Gewerkschafter Renato Morandina von den ACLI oder auch Dom Franzoni, wurden sogar Mitglieder. Und einige katholische Intellektuelle, von Raniero La Valle[20] über Mario Gozzini[21] bis zu Piero Pratesi,[22] entschieden sich nach einem Seminar dazu, Marxismus und Christentum in Einklang zu bringen und bei den Wahlen als Unabhängige auf den kommunistischen Listen zu kandidieren. Um seinen Übertritt zu erklären, behauptete Pratesi, dass er »in den intensiven und engmaschigen Beziehungen der KPI mit der Gesellschaft, in ihrer gemeinschaftlichen Struktur selbst« die Erfahrungen und Gefühle wiederfand, die der katholischen Bewegung innewohnten, die aber seit Jahren von den Gavas[23] und den Bisaglias[24] zur Seite geschoben wurden. Berlinguer erscheint der Beitrag dieser Kräfte, die sich von den traditionellen Kräften der KPI unterschieden, sehr wichtig: »Wir sind die zweite katholische Partei, und wir sollen die erste werden«, sagte er Jahre zuvor scherzhaft zu Tatò. Jetzt auf der kommunistischen Liste eine beträchtliche Anzahl von Katholiken aufzustellen, sogar elf, und mit ihnen eine Reihe anderer unabhängiger Kandidaten aus dem laizistischen Bereich und dem Sektor der Aktionspartei, von dem Ökonomen Claudio Napoleoni[25] bis zum Vater der proeuropäischen Bewegung, Altiero Spinelli,[26] ist nicht nur ein Einfall, um das Bild der KPI aufzupolieren

---

20 Raniero La Valle, geboren 1931, Journalist, über Jahrzehnte hinweg aktiv in verschiedenen linkskatholischen Initiativen (z. B. »il manifesto per la Sinistra Cristiana« [»Manifest für die christliche Linke«]).

21 Mario Gozzini (1920–1999), Schriftsteller und Journalist, Mitglied des Senates (1976–1987).

22 Piero Pratesi (1925–2000), Journalist, Mitglied des Senats (1976–1983).

23 Antonio Gava (1930–2008), Jurist, Anwalt, christdemokratischer Politiker, Mitglied der Abgeordnetenkammer (1972–1992) und des Senates (1992–1994), hatte mehrere Ministerämter in verschiedenen Regierungen inne, Präsident der Region Neapel (1960–1969).

24 Antonio Bisaglia (1929–1984), christdemokratischer Politiker, Mitglied der Abgeordnetenkammer (1963–1979) und des Senates (1979–1984), Staatssekretär, hatte auch mehrere Ministerämter in verschiedenen Regierungen inne.

25 Claudio Napoleoni (1924–1988), Wirtschaftswissenschaftler an den Universitäten von Ancona und Turin, Mitglied des Senats (1976–1987), Herausgeber der Zeitschrift »La Rivista Trimestrale« (»Die vierteljährliche Zeitschrift«) von 1962 bis 1970 (zusammen mit Franco Rodano).

26 Altiero Spinelli (1907–1986), als junger Kommunist im Widerstand gegen den Faschismus, Haft auf der Gefangeneninsel Ventotene (1927–1943), Mitautor des »Ventotene-Manifestes«, das für den Aufbau eines europäischen Bundesstaates wirbt, in der Nachkriegszeit zunächst

und so fehlende Stimmen zu sammeln. Es ist eine komplexe Operation, die eine Debatte zwischen verschiedenen Meinungen in einer Mischung aus Kontinuität und Innovation eröffnen soll.

Noch aufsehenerregender ist die Position, die Berlinguer in einem seiner Alleingänge in entscheidenden Momenten bei Entscheidungen auf dem Gebiet der internationalen Politik einnimmt. Unter den vielen Interviews, die er im Laufe dieser Wochen entgegen seinen Gewohnheiten gewährt, gibt es eines, das Geschichte schreiben wird. Der Interviewer ist ein Journalist des »Corriere della Sera«, Giampaolo Pansa, bekannt für seine neue Art und Weise, über italienische Politik zu berichten. Pansa ist einer der Wenigen, dem – anstatt eine Liste von Fragen vorzulegen und nachher schriftliche Antworten zu erhalten – ein Gespräch mit dem kommunistischen Generalsekretär ermöglicht wird. Pansa selbst bringt die Beschreibung dieses Treffens auf den Punkt. Er trifft Berlinguer hinter seinem Schreibtisch voller Zettel an, in »dem gewohnten himmelblauen Anzug, der für Anfang Juni, inzwischen ist es bereits sommerlich, etwas beschwerlich wirkt. Die gewohnte rötliche Krawatte. Das gewohnte weiße Hemd. Und dann das Gesicht eines 54-jährigen Mannes, der sich niemals schonte und jetzt etwas erschöpft ist. Mit mitgenommener Miene. Augenringe. Tiefe Falten, fast wie Schnittwunden. Der Bart am Ende des Tages nahezu weiß. Schließlich ein schüchterner Blick, aber nicht ohne Höflichkeit, wenn auch zurückhaltend und verbunden mit einer menschlichen Neugierde, die mir umgehend schmeichelte und in mir ein unmittelbares Gefühl der Sympathie hervorrief.«[27] Am Ende des langen Interviews, das um acht Uhr abends beginnt und drei Stunden dauert, findet Pansa eine brisante Passage in seinen 42 Seiten an Notizen. Auf die Frage, ob er nicht fürchte, dass Moskau ihm nicht dasselbe Ende bereiten würde wie Dubček, antwortet Berlinguer: »Nein, wir befinden uns auf der anderen Seite der Welt.« »Kann also die NATO ein nützlicher Schutzschirm sein, um den Sozialismus in Freiheit aufzubauen?«, beharrt Pansa, auch wenn er nicht wusste, was seinem Gegenüber in Bulgarien passiert war. Und Berlinguer antwortet: »Ich will, dass Italien ›auch‹ deshalb nicht aus der NATO austritt und nicht nur deshalb, weil unser Austritt das internationale Gleichgewicht erschüttern würde. Ich fühle mich hier sicherer, aber ich sehe, dass es auch hier ernsthafte Versuche gibt, unsere Autonomie einzuschränken.«

Distanz zur KPI, europapolitischer Berater von De Gasperi, Gastprofessuren an den Universitäten von Bologna und Rom, Mitglied der Europäischen Kommission (1970–1976), Mitglied des Europäischen Parlaments (1976–1986).

27 Giampaolo Pansa: *Ottobre addio* (*Leb' wohl, Oktober*), Milano 1982.

Als Berlinguer 24 Stunden später mit extremer Aufmerksamkeit den Text noch einmal liest, dabei hier und dort etwas korrigiert und herausstreicht, fügt er den Sätzen in Bezug auf die NATO nur ein Adjektiv hinzu: »*ernsthafte* Versuche«. »Als ich versuchte, ihn an der Korrektur zu hindern, brachte mich Berlinguer lächelnd zum Schweigen. ›Protestieren Sie nicht. Sie haben schon so viel mehr bekommen als die anderen Journalisten, die mich in diesen Tagen aufgesucht haben. Und Sie haben viel bekommen‹«, erinnert Pansa. Das Interview mit Berlinguer löst in der Presse Mitteleuropas einen Wirbel aus. Und auch in der KPI sind die Reaktionen lebhaft. Die »L'Unità«, die wie gewohnt eine Zusammenfassung des Interviews herausgibt, lässt die beanstandeten Sätze weg. Das ist der Kompromiss, der eilig gefunden wurde, um den harten Protesten vonseiten vieler Parteiführer entgegenzutreten, die von der Ungeniertheit des Generalsekretärs schockiert sind. Aber inzwischen ist die Überlegung in der Welt und die KPI hat ein europäischeres Gesicht bekommen.

Auf der Überholspur

Während die radikalere Presse beginnt, die Illusion vom Überholen der DC durch die Kommunisten zu verbreiten und der »Corriere della Sera« besorgt mahnt, dass man gerade vor den wichtigsten Wahlen seit 1948 steht, beginnt die Gegenoffensive, um den triumphalen Vormarsch der KPI einzudämmen. Es war die DC, die diese Wahlen wollte, und jetzt fischt sie in allen möglichen Bereichen, um aufzuholen. In erster Linie gibt es da die Kirche, die gegen jene Katholiken tobt, die auf den »roten« Listen kandidieren. »Verrat und Skandal«, titelt der »L'Osservatore Romano«, während der Vatikan eine an Exkommunikation grenzende Verurteilung ausspricht. Papst Paul VI. persönlich fordert die katholische Welt auf, zugunsten der DC zu mobilisieren.

Um die »Operation Agnelli« zum Scheitern zu bringen, übt inzwischen die DC Druck aus. Als Folge einer von der Republikanischen Partei (PRI) des Ugo La Malfa geschickt geführten Verhandlung sollte auf der republikanischen Liste kein Geringerer als Gianni Agnelli, Rechtsanwalt, Chef von FIAT und Ex-Präsident des italienischen Arbeitgeberverbandes, kandidieren. Es war das Gerücht im Umlauf, dass Agnelli, wenn die Bedingungen für eine Koalition mit den Kommunisten gegeben wären, als Garant für die Welt der Unternehmer und der Finanzwirtschaft in die Regierung gehen würde.[28] Aber die Idee verschwindet schnell. Dafür wird auf der republikanischen Liste seine Schwester Susan-

28 Giglio: *Berlinguer o il potere solitario* (*Berlinguer oder die einsame Macht*), 1982.

na Agnelli, eine Schriftstellerin, kandidieren, während ein anderer Agnelli, Umberto, für die DC kandidieren wird, um die Treue der Familie zu beweisen. »Ich möchte nicht in Italien leben, wenn die Kommunisten an die Macht kommen«, sagt der Rechtsanwalt Agnelli sicherheitshalber in einem Interview mit der BBC, das um die Welt geht und viele Sorgen innerhalb der italienischen Unternehmer ausräumt. Und während aus den Vereinigten Staaten Empfehlungen und Drohungen gegen die Teilnahme der KPI an der Regierung eingehen, beginnen die Christdemokraten aufzuholen. Ein Journalist mit Gespür für Stimmungen, Alberto Ronchey,[29] schreibt seinem Freund Scalfari: »Die DC wird stark abschneiden. Sie mobilisiert gerade alle möglichen Leute, Priester, Geschäftsleute, Händler, das Großbürgertum, das Kleinbürgertum. Sie scheut keine Kosten und verwendet alle möglichen Argumente.«

Der Vormarsch der KPI wird auch durch die Linke gefährdet. Einerseits kandidieren unter dem Namen »Proletarischen Demokratie«[30] bei den Wahlen kleinere Gruppierungen, die noch ein Jahr zuvor bei den Regionalwahlen die Parole ausgegeben haben, für die KPI zu stimmen. Andererseits nimmt an den Wahlen auch Marco Pannella[31] teil, ein Anführer, der mehr als die anderen die Massenmedien für sich nutzen kann und sich als Verteidiger der bürgerlichen Rechte, angefangen bei der Abtreibung, präsentiert.

Ein anderes Element ist inzwischen ins Spiel gekommen, der »rote« Terrorismus. Wie Millionen Italiener auch, lesen sowohl Berlinguer als auch Moro mit einiger Skepsis die ersten, mit einem fünfzackigen Stern unterfertigten Dokumente, in denen die »Roten Brigaden«, eine Gruppierung, deren Namen man zuvor noch nie gehört hat, die »wahren Kommunisten« zum bewaffneten Kampf gegen den Kapitalismus der multinationalen Konzerne aufrufen. Mit ihren Aktionen – wie der Entführung des Richters Mario Sossi aus Genua, der für »schuldig« erachtet wurde, weil er eine Bande von anarchistischen Räubern

29 Alberto Ronchey (1926–2010), Journalist, Essayist, Politiker, u. a. Kulturminister (1992–1994), Mitglied der Republikanischen Partei.

30 Democrazia Proletaria (DP, »Proletarische Demokratie«), linkssozialistische Partei, entstanden Mitte der 1970er-Jahre als Zusammenschluss verschiedener Gruppierungen der revolutionären Neuen Linken (u. a. *Avanguardia Operaia* [*Arbeiteravantgarde*] und *Lotta Continua* [*Ständiger Kampf*]).

31 Giacinto »Marco« Pannella (1930–2016), Jurist, Politiker, während des Studiums Mitglied der Liberalen (PLI), Aktivist auf deren linken Flügel, 1955 Mitbegründer und anschließend der führende Kopf der zunächst außerparlamentarischen Radikalen Partei, die 1976 das erste Mal zu den Parlamentswahlen antrat, Mitglied der Abgeordnetenkammer (1976–1983, 1987–1994), Mitglied des Europäischen Parlaments (1979–1996, 1999–2009) in diversen Fraktionen.

verurteilt hatte – haben die »Roten Brigaden« plötzlich die Aufmerksamkeit der Medien auf sich gezogen.

Aber bald beginnen die »Roten Brigaden« zu schießen. Genau am Vorabend des 20. Juni 1976 ermorden sie mit Maschinengewehren den Richter Francesco Coco und seinen Begleitschutz in einer erschreckenden Aktion in der Art eines Spezialkommandos. »Faschistische Provokateure« wird sie die »L'Unità« über eine längere Zeit hinweg beschreiben, vielleicht weil es zu gefährlich ist, die Ursprünge dieser Gruppe nachzuverfolgen, die aus der 1968er-Bewegung und aus den Mythen der Dritte-Welt-Aktivisten hervorgegangen zu sein scheint.

Dafür beginnt man von rechts die These in Umlauf zu bringen, wonach die »Roten Brigaden« Kinder der KPI seien, um die rechtschaffenen Leute mit der Perspektive eines »roten« Aufstandes zu erschrecken. Mario Segni, erstmals Kandidat auf der christdemokratischen Liste und Sohn des ehemaligen Präsidenten der Republik, gehört in der Wahlkampagne zu denen, die diese Idee am erbittertsten unterstützen. Segni ist ein Cousin entfernten Grades von Berlinguer, mit dem er von Kindheit an in Stintino segelte. Berlinguer, der die »Roten Brigaden« immer sehr hart verurteilt hat, ist fassungslos und kann praktisch nicht glauben, sogar von einem Verwandten angeklagt zu werden, ein geistiger Inspirator der »Roten Brigaden« zu sein. Sein Bruder Giovanni greift ein und bittet Mario Segni mit der für die Familie Berlinguer typischen Offenheit um eine Erklärung. »Wie kannst du öffentlich behaupten, dass Enrico, dass ich selbst, dass wir Mittäter einer Bande von Mördern sind?«, fragt er ihn. Segni antwortet trocken, dass er genau das denke. Vielleicht beginnt Berlinguer schon in dieser Familienepisode zu erahnen, wie hart die politische Auseinandersetzung werden kann, wenn die KPI weiter voranschreitet.

Zwei Sieger

An den Wahlen vom 20. Juni 1976 nimmt praktisch ganz Italien teil, 93,4 Prozent aller Wahlberechtigten. Dank eines Gesetzes, für das auch die KPI gestimmt hat, konnten auch die 18-Jährigen wählen. Enrico Berlinguer, der zum ersten Mal die Wahlergebnisse mit einem geringeren Pessimismus als sonst erwartete, ist zufrieden, dass seine Partei 1,5 Prozentpunkte mehr als bei den Regionalwahlen im vergangenen Jahr bekommt und somit 34,4 Prozent oder 12,5 Millionen an Stimmen erhält. Aber es gibt noch eine andere Überraschung, nämlich die Erholung der DC. Das Aufholen von praktisch 3 Prozent gegenüber dem Rückschlag bei den Regionalwahlen bringt sie auf 38,7 Prozent zurück und lässt jede Hoffnung der Kommunisten auf eine Verkleinerung der DC schwinden. Die alte Strategie der Angst vor den Kommunisten hat doch Früchte getragen.

»Normalerweise gibt es bei den Wahlen einen Sieger, aber dieses Mal gibt es zwei Sieger«, lautet der Kommentar, der die Situation am besten abbildet. Ganz so ist es nicht. Der Zusammenbruch des Regimes der DC fand nicht statt, aber die Tendenzen, die aus den Wahlanalysen hervorgehen, enthalten mehrere Elemente zugunsten Berlinguers. In den großen industriellen Zentren des Nordens, in denen das Leben des Landes pulsiert, hat die KPI mit 4 Prozent Vorsprung vor der gegnerischen Partei die Mehrheit. Zudem erhält die KPI einen beträchtlichen Teil der Stimmen der jungen Wählerschaft (gemäß den Schätzungen von Celso Ghini, dem Statistikexperten in der Parteizentrale, zumindest die Hälfte). Und auch wenn die KPI die DC auf nationaler Ebene nicht überholen konnte, erreichte sie in den großen Städten einschließlich der Hauptstadt, die mit einem Jahr Verspätung für die Erneuerung des Stadtparlaments stimmt, einen Vorsprung, wenn auch nur einen hauchdünnen. Mit großer Sorge vonseiten des Vatikans bekommt Rom bald einen »roten« Bürgermeister, den Kunsthistoriker Giulio Carlo Argan. Neben der traditionellen Wählerschaft bekommt die KPI Stimmen aus großen Gruppen des intellektuellen und professionellen Bürgertums, von Lehrern sowie aus der Welt der Kulturschaffenden und der Medien. Es ist diese berühmte Mittelschicht, die in der Periode von 1972 bis 1976 zu dem großen Wachstum der Kommunisten beitrug und deren Unterstützung Berlinguer immer für fundamental erachtete, um einen Putsch wie in Chile zu vermeiden. In diesen vier Jahren gab es weder eine Jugendrevolution noch eine Wende im Verhalten der Arbeiter. Das kollektive Verhalten hat sich vor allem in der Wahlentscheidung verändert. Wer für die Linke votierte, glaubte, damit einen Weg gefunden zu haben, um die Situation zu verändern. Dadurch wurde das Gewicht, also die Macht der DC verringert und die kommunistische Partei an die Schwelle der Regierung herangetragen. Vielleicht ist dies der glücklichste Moment in der Geschichte der KPI: Die 1968er-Bewegung ist an den Wahlurnen angekommen.

Wenn man die Zeitungen vom Spätsommer und Herbst 1976 durchblättert, scheint man in eine andere Epoche einzutreten. Das goldene Jahr ist plötzlich zu Ende gekommen. Die Loblieder auf Berlinguer und die für die Kommunisten günstigen Umfragen sind verschwunden. Jetzt herrscht Enttäuschung, praktisch ein Groll vor wegen einer erwarteten Wende, die nicht stattfand. »Große Koalitionen, ein Wandel in der politischen Führung des Landes, neue Gesichter. Das waren die Wahlslogans der Kommunisten. Später dann die Entscheidung zur Stimmenthaltung gegenüber einer DC-Regierung. Warum?«, fragen sich verschiedene Kommentatoren und spiegeln dabei einen verbreiteten Gemütszustand wider. Zum ersten Mal erscheint in einer progressiven Zeitung, »L'Espresso«, eine Karikatur, die Berlinguer lächerlich macht, noch dazu auf der Titelseite. Die Autoren sind Pericoli und Pirella, der tödliche Titel lautet: »Die KPI hat ja gesagt«.

Unter allen Entscheidungen, die von Berlinguer in den fünfzehn Jahren seines Sekretariates gefällt wurden, ist jene, welche die Ergebnisse des 20. Juni 1976 mit einer späteren Stimmenthaltung im Parlament quasi verspielt, für die Anhänger der Linken am schwersten zu verstehen. Die KPI wird sich zusammen mit den Sozialisten, Sozialdemokraten und Republikanern gegenüber der neuen Einparteienregierung von Giulio Andreotti der Stimme enthalten. Damit wird die KPI praktisch ohne Gegenleistung eine Regierung unterstützen, die von einem ihrer traditionellen Gegenspieler angeführt wird, der noch in der Wahlkampagne ein Programm vorschlug, das von jenem der Kommunisten sehr weit entfernt war.[32] Warum? Zu dieser Frage mühen sich die Kommentatoren und Essayisten ab. Eine für die Journalisten interessante Antwort darauf kommt von Alessandro Natta, der in dieser Phase Berlinguer besonders nahesteht. »Mit den Ergebnissen des 20. Juni 1976 war es nicht denkbar, eine linke Alternative bilden zu können. Und wir wollten auf keinen Fall, dass sich wieder Mitte-links oder ähnliches bildet. Andererseits war es sehr schwierig, direkt in die Regierung zu gehen. Die italienische Geschichte ist vom Veto gegenüber den Kommunisten geprägt. Das wesentlichste Anliegen Berlinguers ist eben seit der Formulierung des historischen Kompromisses, dass dieses Veto fällt. Nach dem 20. Juni 1976 dachten wir, der Weg nach vorne bestehe darin, einen Prozess in Gang zu setzen, der uns in die Regierung bringen würde«.[33]

Das aus dem Hut gezauberte Kaninchen

Die ursprüngliche Entscheidung Berlinguers, keine eindeutige politische Lösung zu fordern, wurde vom Großteil seiner Führungsgruppe geteilt, wenn auch aus unterschiedlichen Gründen. Paolo Bufalini, der vorsichtige Vermittler, ständig in Kontakt mit den Christdemokraten, entwickelte die Theorie, wonach »34 Prozent zu viel sind, um in Opposition zu bleiben, aber noch zu wenig, um in die Regierung einzutreten.«[34] Der Flügel der Anhänger von Amendola ist besorgt

32 Giuseppe Vacca: *Tra compromesso e solidarietà (Zwischen Kompromiss und Solidarität)*, Roma 1987.

33 Alessandro Natta, persönliche Mitteilung an die Autorin.

34 Renzo Trivelli, persönliche Mitteilung an die Autorin.

über das, was passieren könnte, wenn man es übertreiben würde, während die Linke um Pietro Ingrao aus gegenteiligen Gründen dagegen ist: Man kann nicht mit einer Partei der Korruption und Skandale in die Regierung gehen. Es ist notwendig, dass dafür zunächst einmal eine Übereinstimmung an der Basis hergestellt wird.

Daher ist es nicht nur der DC zu zuschreiben, dass es nach spitzfindigen Verhandlungen zu einer Regierung der Stimmenthaltung kommt. Aldo Moro, der als Ministerpräsident seine Partei in den Wahlkampf führte und dabei den erneuten Aufschwung der DC förderte, profitiert gekonnt vom Zögern seiner Gesprächspartner. In diesen ersten Wochen geizen die Christdemokraten mit öffentlichen Erklärungen. Über Luciano Barca lässt Aldo Moro ausrichten, dass »noch nicht die Bedingungen gegeben sind, um euch in die Regierung zu holen, dass es aber höchste Zeit ist, mit der Diskriminierung Schluss zu machen.«[35] Die Botschaft stößt nicht auf taube Ohren. Und tatsächlich veröffentlicht die Führung der KPI am 23. Juni 1976 ein Dokument, in dem gefordert wird, den Ausschluss der Kommunisten zu beseitigen. In dem Text erscheint kein Vorschlag zur Regierungsbildung. Verhandelt wurde vorerst, dass die Kommunisten erstmals das Anrecht auf die Präsidentschaft der Abgeordnetenkammer haben, während die Präsidentschaft im Senat an Fanfani gehen wird. Berlinguer hält diesen Schritt für wichtig, nicht nur weil er ein erstes Signal darstellt, dass das Veto gefallen ist, sondern auch weil er der Meinung ist, dass damit die KPI vor parlamentarischen Hinterhalten abgesichert sein wird.

In diesen Jahren ist er davon überzeugt, dass es mittels guter Gesetze möglich ist, viele Probleme zu lösen und den Weg für Reformen zu ebnen. Wenn man schon in der Zeit der Regierung Moro-La Malfa damit begonnen hat, denkt Berlinguer, wird das jetzt umso mehr möglich sein. Daher ist er gereizt, als einige in der Parteiführung Einwände erheben, dass man nicht akzeptieren könne, dass Fanfani, der historische Feind, zum Präsidenten des Senates gewählt wird. Berlinguer antwortet mit Härte: Eine große Partei dürfe nicht den Weg der persönlichen Diskriminierung einschlagen.[36]

Die Auswahl des kommunistischen Kandidaten erweist sich als nicht leicht. Den ersten Vorschlag macht Berlinguer mit Giorgio Amendola, der aber entschieden ablehnt. Er führt gesundheitliche Gründe an, aber als wahrscheinlicher gilt, dass er künftige Schwierigkeiten voraussieht. Auch Pajetta schlägt das Angebot aus. Ingrao hingegen akzeptiert. Der Name des alten Protestanführers

35 Luciano Barca, persönliche Mitteilung an die Autorin.
36 Renzo Trivelli, persönliche Mitteilung an die Autorin.

wird von der KPI gebilligt, wenn auch mit gewissem Widerstand. Am 5. Juli 1976 wird Ingrao von allen Parteien innerhalb des Verfassungsbogens gewählt und ersetzt so den Sozialisten Sandro Pertini als Präsident der Abgeordnetenkammer. Kurze Zeit später wird zwischen den Parteien auch ein Abkommen zum Vorsitz der Parlamentsausschüsse erzielt. Sieben Posten gehen an die Kommunisten. Unter den bedeutendsten Namen ist jener von Nilde Iotti für den Verfassungsausschuss der Abgeordnetenkammer und der von Napoleone Colajanni für den Haushaltsausschuss des Senates. Auch diese Entscheidung wird von den kommunistischen Parteiführern als Beweis für ihr neues Prestige empfunden.

Inzwischen zieht Aldo Moro den Namen des Mannes, dem er das Amt des Ministerpräsidenten anvertrauen will, wie ein Kaninchen aus dem Hut des Zauberers. Es handelt sich um Giulio Andreotti, den schlauen Fuchs, wie ihn Berlinguer nennt. Er wurde auch deshalb ausgewählt, weil es mit ihm leichter ist, jene Hälfte der DC von einer Regierung zu überzeugen, in welche die Kommunisten einbezogen sind, von der diese Hälfte jedoch nichts wissen will. Darüber hinaus, so hofft man, wird dies die Verbündeten der NATO beruhigen.

Genossen, enthalten wir uns

Während man die neue Regierung verhandelt, wird von verschiedenen Seiten Druck auf Enrico Berlinguer ausgeübt, in erster Linie von der internationalen Ebene. Die Verhandlungen laufen gerade, als der deutsche Kanzler Helmut Schmidt plötzlich enthüllt, dass es auf dem jüngst, kurz vor den italienischen Wahlen auf Puerto Rico abgehaltenen Weltwirtschaftstreffen, an dem der amerikanischen Präsidenten Ford, Henry Kissinger und verschiedene europäische Politiker, unter ihnen auch Aldo Moro und Mariano Rumor, teilnahmen, nicht nur die bislang der Öffentlichkeit bekanntgewordenen Sitzungen gab. Darüber hinaus wurde auf einem eigenen Geheimtreffen, bei dem die Italiener außen vor bleiben mussten, das Problem des möglichen neuen Gleichgewichts der Regierung in Rom diskutiert. Dabei wurde die Entscheidung getroffen, dass weder ein einziger Dollar noch irgendwelche andere Form der Hilfe, die Italien dringend benötigte, an das Land gegeben werden würde, sollten die Kommunisten in die Regierung eintreten. Für Moro ist es das erste Signal, dass sein Spiel, auch wenn er dabei vorsichtig ist, sich als gefährlich erweisen könnte. Es drängt ihn zu einer noch vorsichtigeren Haltung gegenüber der KPI.

Die Idee der Stimmenthaltung wird auf den Treffen der kommunistischen Delegation mit Andreotti auf den Tisch gebracht. Im Gegensatz zu dem, was man darüber zu wissen glaubte, sind es jedoch die Männer der KPI, die diese Idee auf der Linie des »politischen Kompromisses« entwickeln, von dem Napolitano oft spricht.[37] Natta erinnert sich: »Man brauchte eine konkrete Aktion, die ein Zeichen der Neuheit darstellte. Wir sagten Andreotti, dass man eine Situation schaffen müsse, in der wir der Regierung eine wesentliche Unterstützung geben können, auch ohne ein Teil davon zu sein. Und darauf sagte er: ›Und wie könnte man das machen?‹ ›Du musst ohne eine Mehrheit ins Parlament gehen. So können wir uns der Stimme enthalten, genauso wie die anderen Parteien‹, habe ich ihm geantwortet.«[38]

Wenn man die Sitzungsprotokolle der Führung der KPI aus diesen hektischen Monaten liest, gewinnt man aber den Eindruck, dass es vor allem die Christdemokraten sind, die das Spiel mit Geschick und Erfahrung bestimmen. Es wird sich bald zeigen, dass die Lösung der sogenannten ausschlaggebenden Stimmenthaltung durch die KPI sicherlich auf der Ebene des reinen politischen Manövers gut entworfen ist, den Kommunisten jedoch keine großen Garantien[39] geben wird. Es wird praktisch kein tatsächliches Programm ausverhandelt, kein wirklicher Pakt abgeschlossen. Und dies trotz der Überzeugung, dass gerade eine Entscheidung von historischer Tragweite getroffen wird, wie aus den Protokollen der entscheidenden Sitzung der Parteiführung vom 23. Juli 1976 hervorgeht. Die Protokolle enthalten unter anderem die ungewöhnliche Formulierung, dass »es weder notwendig ist, dieses Treffen öffentlich bekanntzumachen, noch muss dazu eine Mitteilung herausgegeben werden.«[40]

Es ist ein Treffen, das sich über zwei ganze Tage hinzieht, und auf dem Berlinguer seine Leute in Bezug auf den Wert, den ihre Stimmenthaltung hat, beruhigt. »Zum ersten Mal stehen wir vor der Anerkennung, dass sich die Regierungsmehrheit auf der KPI gründen muss. Es ist eine Öffnung, wenn auch gewunden und mit unsicheren sowie mit widersprüchlichen Aspekten. Es ist ein Wendepunkt in den Beziehungen zwischen den Parteien und vor allem mit der DC«, behauptet der Generalsekretär mit Überzeugung. Was die Garantien betrifft, so fügt er hinzu, »die wichtigste bleibt in unseren Händen, weil wir

37 Paolo Franchi: *Giorgio Napolitano. La traversata da Botteghe Oscure al Quirinale* (*Giorgio Napolitano. Der Übergang von der Parteizentrale zum Präsidentenpalast*), Milano 2013.

38 Alessandro Natta, persönliche Mitteilung an die Autorin.

39 Gemeint sind hier fehlende Garantien, die sicherstellen würden, dass die KPI tatsächlich auch auf die Regierungsarbeit Einfluss nehmen könne. Denn es gibt kein Abkommen zwischen DC und KPI über die weitere prozedurale Ausgestaltung ihrer Zusammenarbeit, insbesondere aber auch nicht in Bezug auf ein inhaltliches Regierungsprogramm.

40 Francesco Barbagallo: *Enrico Berlinguer*. Roma 2006.

jeden Moment die Regierung stürzen lassen können, wenn sie ihre Versprechen nicht einhält.«

Vor dem Rubikon

Vielleicht spürt Berlinguer die Schwäche dieser spitzfindigen Entscheidung, dennoch können die Bedenken ausgeräumt werden. Dazu trägt der Umstand bei, dass sich in der sozialistischen Partei (PSI) die Situation plötzlich geändert hat. Nach der Wahlniederlage wurde der bisherige Generalsekretär De Martino durch einen neuen ersetzt, Bettino Craxi. Dieser kam infolge einer Übereinkunft zwischen der von ihm geleiteten autonomistischen Rechten und der Linken aus der Lombardei an die Parteispitze. Die wahren politischen Zusammenhänge dieser innerparteilichen Verschwörung, wie der Vorgang von den Zeitungen beschrieben wird, scheinen noch nicht klar zu sein. Aber es ist schwer, sich vorzustellen, dass sie eine freundlichere Haltung gegenüber der KPI mit sich bringen wird.

Die Entscheidung, welche die kommunistische Führungsgruppe an diesem Vormittag treffen muss, ist von so großer Bedeutung, dass die gesamte Politik der Partei in den folgenden Jahren auf dem Spiel steht. Das Bewusstsein darüber spürt man in den Worten von Alessandro Natta, der die Aufgabe hat, den Bericht zum Thema vorzutragen. Der Professor aus Imperia nutzt ein besonders anspruchsvolles lateinisches Zitat: »Auch jetzt können wir noch umkehren.«[41] »Nichts verpflichtet uns, Genossen. Wir können uns auch entscheiden, diesen Fluss nicht zu überqueren«, will er im Großen und Ganzen sagen. Aber der Einzige, der neben Terracini Einwände erhebt, ist Luigi Longo. Als Berlinguer also auffordert, sich dazu zu äußern, wird der Vorschlag der Stimmenthaltung ohne Schwierigkeiten und ohne dass er zur Abstimmung gestellt werden muss angenommen.[42]

Wie immer in Momenten der Wende erscheint Berlinguer sicher, entschlossen und überzeugt davon, das getan zu haben, das er tun musste. Aus seinen damaligen Schriften sowie aus Zeugnissen ihm nahestehender Personen gab es neben dem Wunsch, die KPI zu legitimieren, einen weiteren Antrieb, der ihn bewegt: das sehr stark ausgeprägte Verantwortungsbewusstsein gegenüber dem Land. Zu Recht oder zu Unrecht, Berlinguer ist überzeugt davon, dass

41 Alessandro Natta, persönliche Mitteilung an die Autorin. Lat.: »Etiam nunc regredi possumus«.

42 Gerardo Chiaromonte: *Le scelte della solidarietà democratica (Die Entscheidungen der demokratischen Solidarität)*, Roma 1986.

Italien sich am Rande des wirtschaftlichen Abgrunds und des politischen Chaos befindet, und dass es nur durch ein Übereinkommen zwischen den zwei größten Parteien gerettet werden kann. Der Parteiführer, der die KPI an die Schwelle zur Regierung brachte, will damit eine Politik unterstützen, welche die sehr hohe Inflation senkt und die versucht, die Institutionen umzugestalten. Berlinguer erweist sich dabei nicht nur als ein Schüler Togliattis und ein Theoretiker des westlichen Sozialismus, zugleich ist er auch ein sardischer Bürgerlicher, hervorgegangen aus den Traditionen des »Risorgimento«, beseelt von einem starken Pflichtgefühl. In der Rede vor der Abgeordnetenkammer am 10. August 1976, in welcher Berlinguer die Stimmenthaltung ankündigt, schimmert diese Haltung bei jedem Schritt durch. »Es gibt etwas Neues im politischen Leben«, sagt Berlinguer. »Das Neue ist der Umstand, wonach »die Verantwortung, dem Land eine Regierung zu geben, unsere Verantwortung ist, die Verantwortung der kommunistischen Partei, obwohl diese Regierung hauptsächlich durch die DC bestimmt wird (da sie noch immer, wenn auch knapp, die Partei der relativen Mehrheit ist).«

Berlinguer ist sich auch bewusst, dass so viel Umsicht auch falsch verstanden werden könnte. Die Rede vom 10. August 1976 vor der Abgeordnetenkammer, in welcher der kommunistische Generalsekretär verspricht, dass die KPI jederzeit die »Kralle der Opposition«[43] anwenden könne, ist einzigartig. Gleichzeitig spürt er dabei das Bedürfnis, die schon im Umlauf befindlichen Einwände zurückzuweisen. Berlinguer ist sich bewusst, dass es als paradox erscheinen kann, mit einem politischen System, »das einen weiteren Schlag erlitten und eine absteigende Bahn eingeschlagen hat«, eine Einparteienregierung der Christdemokraten zu bilden. »Aber die reale Geschichte und das politische Leben schreiten auch entlang von Paradoxien voran.« Und ferner: »Lassen wir den Weisheitskrämern die kleinliche Bemerkung, dass diese Regierung, die nicht genau jene ist, für die wir gekämpft haben [...], unsere Stimmenthaltung nicht hätte erhalten dürfen. Wir sind nicht kleinlich, wir sind nicht von einer besserwisserischen Logik angetrieben. Wir wissen, dass die Veränderungen in der Politik nicht zu den Zeiten und nicht in der Art und Weise stattfinden, die wir uns vornehmen.« Es scheint fast, als wolle er zunächst einmal sich selbst überzeugen.

---

43 Berlinguer hatte sich von Francesco Rodano über Vermittlung durch Tatò überzeugen lassen, diesen Ausdruck einzufügen.

XVII.
Welcher Eurokommunismus

Unter den kommunistischen Parteiführern im Westen war Berlinguer wahrscheinlich derjenige, der das sowjetische Establishment seit jeher mit dem größten Misstrauen betrachtete. Nach und nach entsteht in den bürgerlichen Zeitungen – weit entfernt von den propagandistischen Zerrbildern, die üblicherweise bei der Darstellung von Kommunisten verwendet wurden – der Mythos dieses »eigenartigen Genossen«.[44] Dies steigert aber gleichzeitig das Misstrauen der Männer im Kreml. Schon in den 1960er-Jahren mussten Breschnews Mitarbeiter, von Ponomarjow bis zu Kirilenko und Suslow, mit dem Starrsinn dieses Italieners bürgerlicher Herkunft rechnen, der sich – als er noch nicht Generalsekretär war – erlaubt hatte, in Moskau vor den Vertretern des Weltkommunismus über die nationale Souveränität, sozialistische Demokratie und Freiheit der Kultur zu sprechen. Die wachsende Feindschaft ist auch dem Umstand geschuldet, dass Berlinguer sich in der kommunistischen Welt zu einem wichtigen Bezugspunkt für Unruhe, Dissens oder auch nur für die Neugierde der Reformpolitiker und Häretiker entwickelt hat.

Im September 1972 kommt Michail Gorbatschow, ein Parteiführer aus der Peripherie, der nichts von der gewöhnlichen Düsterkeit und der diplomatischen Vorsicht der offiziellen Repräsentanten der UdSSR an sich hatte, zum landesweiten Festival der »L'Unità« in Turin. Er wurde auf die dritte Stelle der sowjetischen Delegationsliste gesetzt. Begleitet wird er von seiner schönen Frau Raissa, eine Professorin für Soziologie, die nicht müde wird, ständig Fragen zum Leben und zur italienischen Situation zu stellen. Gorbatschow, damals Parteisekretär im Bezirk Stawropol,[45] verstand sich gut mit Adalberto Minucci,[46] dem KPI-Parteisekretär in Turin, und bittet diesen fernab der gewohnten kommunistischen Liturgie um ein Vieraugengespräch mit Enrico Berlinguer. Minucci fragt den späteren Chef der KPdSU etwas erstaunt nach den Hintergründen seiner Anfrage. Dieser antwortet ihm: »Weil er mich auf menschliche Weise mit seinem Mut, den er 1969 in Moskau bewiesen hat, sehr beeindruckt

---

44 Diese Beschreibung kommt in dem Interview in der Wochenzeitschrift »Time« vor, das mit Berlinguer nach den Regionalwahlen von 1975 geführt wurde.

45 Hauptstadt der Region Stawropol im Föderationskreis Nordkaukasus mit knapp 400.000 Einwohnern.

46 Näheres zur Person siehe Kapitel: Die italienischen Hauptfiguren in Chiara Valentinis »Enrico Berlinguer« (☛ S. 461).

hat. In seiner Rede hat er Dinge gesagt, die bis dahin niemals öffentlich zu hören waren.«[47] So findet das erste Gespräch zwischen Berlinguer und dem Mann, der später versuchen wird, das sowjetische System radikal zu transformieren, auf einem Festivalstand im Rauch von Würstchengrills statt. Am Ende wird es in einem Foto verewigt, auf dem neben Enrico und Minucci Gorbatschow und Raissa lächeln, beide noch deutlich jünger und noch nicht vom Gewicht der Macht gezeichnet. Minucci erinnert sich: »Das Gespräch dauerte in etwa eine Stunde, weil auch Berlinguer großes Interesse für diesen so ungewöhnlichen sowjetischen Genossen empfand, der in den Jahren von Chruschtschow geformt wurde und über die Probleme des Sozialismus ohne das gewöhnliche doktrinäre Gedankengut sprach.«

Auch wenn sich Berlinguers Absichten auf der politischen Bühne Italiens nicht immer als treffsicher erwiesen und seine persönlichen Qualitäten ihm manchmal zum Nachteil gereichten, war auf der internationalen Bühne das genaue Gegenteil der Fall.

»Es gibt nur drei politische Führer, die sich hinsichtlich der Originalität ihrer Ideen und hinsichtlich ihrer diplomatischen Fähigkeiten im Europa der Nachkriegszeit auszeichneten: Enrico Berlinguer, Willy Brandt und Olof Palme«, behauptet der englische Historiker Donald Sassoon. Das ist nicht nur seine Meinung. In den 1970er-Jahren versucht Berlinguer das Image des Sozialismus zu erneuern und die Unterschiede innerhalb der »großen roten Familie« hervorzuheben. Er gibt eine Erklärung ab, die schnell berühmt werden wird: »Man soll die Politik einer modernen kommunistischen Partei nicht länger auf der Grundlage ihrer Nähe oder Entfernung zu den Standpunkten der kommunistischen Partei der Sowjetunion betrachten.«[48]

In diesem Geist nahmen Berlinguer und seine damaligen »Außenminister« dieser Jahre, von Sergio Segre bis Giancarlo Pajetta, an den Ritualen und Feierlichkeiten der UdSSR, des alten führenden Landes, teil. Oft nutzten sie diese Gelegenheiten, um ihre neuen Ideen vorzutragen. Dies geschah zum Beispiel auf der internationalen Konferenz der kommunistischen Parteien aus Ost und West 1976 in Ostberlin. Moskau wollte diese Konferenz unbedingt haben, um einen erneuten Versuch zu starten, die führende Rolle gegenüber den undisziplinierten Bruderparteien zurückzuerobern. Schon bei den Vorbereitungen erzielt der Generalsekretär der KPI brillante Ergebnisse. Dank einer geduldigen

47 Adalberto Minucci, persönliche Mitteilung an die Autorin.

48 Enrico Berlinguer: *Ragioniamo di pace e terza Via. Riflessioni sui caratteri della crisi internazionale e del socialismo oggi (Lasst uns über den Frieden und den dritten Weg sprechen. Überlegungen zum Charakter der internationalen Krise und des heutigen Sozialismus)*, in: L'Unità, 21. Februar 1982.

diplomatischen Arbeit überzeugt er den alten Marschall Tito, an diesem Familientreffen teilzunehmen, von dem er sich fast dreißig Jahre ferngehalten hat. Wahrscheinlich ist Tito sehr interessiert an dem immer autonomeren Standpunkt, den Berlinguer gerade gegenüber den beiden Supermächten und ihren politischen Lagern einnimmt. Ein weiteres Ergebnis ist, dass diese eigenartige Bewegung, die den Namen »Eurokommunismus« trägt und in deren Zentrum eben Berlinguer stehen wird, langsam Gestalt annimmt.

Tauwetter im Westen

Das aufsehenerregende Interview mit Giampaolo Pansa über den »Schutzschild der NATO« markiert das Ende eines langen Weges. Noch 1969, als er zum stellvertretenden Generalsekretär gewählt wird, zeigt sich Berlinguer überzeugt von der Notwendigkeit, dass »Italien auch aus innenpolitischen Gründen die NATO verlassen« solle, um das Land von »Bedingungen, die auch eine Bedrohung des Friedens darstellen«, zu befreien. Berlinguers Antiamerikanismus speist sich neben der Tradition seiner Partei aus der Empörung über den Vietnamkrieg. Das kleine asiatische Land stellte für ihn das Bild eines möglichen Kommunismus dar. Von Hô Chí Minh, den er in einem von Bomben zerstörten Hanoi traf, bewahrte er sich einen unvergesslichen Eindruck. Noch viele Jahre später erinnert er, dass »Onkel Hô« sich bei ihm mit einer der ersten Fragen nach möglichen bleibenden Schäden der *Pieta* von Michelangelo erkundigte, die diese durch die Hammerschläge eines Geistesgestörten erlitten hatte. »Er litt mit seinem Volk unter den amerikanischen Bomben und hatte nicht das Interesse für ein Meisterwerk verloren, das, so sagte er, den Vietnamesen genauso wie den Europäern am Herzen lag.« Die Bewunderung, die Berlinguer für ihn spürt, ist auch eine Bewunderung für eine aussterbende Spezies: revolutionäre Führer aus der Dritten Welt, die in der europäischen Kultur aufgewachsen sind, wie eben Hô Chí Minh in Frankreich und Tschu En Lai in Deutschland.

Zu Beginn der 1970er-Jahre trifft sich Berlinguer mehrmals in Paris mit der vietnamesischen Delegation, die mit den Amerikanern verhandelt. Er bekämpft die Parolen extremistischer Grüppchen, die auf den Plätzen die Worte Che Guevara wiederholen und lautstark skandieren: »Zehn, hunderte, tausende Vietnams!« Zugleich werden Verhandlungen mit den »imperialistischen USA« praktisch wie ein Verrat kritisiert.

»Die Vietnamesen wurden uns gegenüber nicht müde zu wiederholen, dass sie diesen Krieg auf keinen Fall gewollt haben und Hô Chí Minh bis zuletzt versucht hatte, eine Übereinkunft mit den Amerikanern zu erreichen, um diesen zu vermeiden«, erzählt er seinen Mitarbeitern. Dies ist ein Beispiel dafür, wie sein Blick auf die Konfrontation mit den »Imperialisten« sich langsam zu verändern beginnt. 1972 nimmt Berlinguer am Kongress in Mailand einen kompromissbereiteren Standpunkt gegenüber der NATO ein. Im Bericht spricht er von »einer langsamen Überwindung, bis hin zur Auflösung der gegenüberstehenden Blöcke.« Schon damals denkt der kommunistische Generalsekretär, dass sich die italienische Außenpolitik in den europäischen Rahmen einbetten und zur Überwindung des Gleichgewichts des Schreckens zwischen den beiden Blöcken NATO und Warschauer Pakt beitragen solle.

Er spielt auch eine wichtige Rolle in der Vermittlung der beiden deutschen Staaten im Prozess der Annäherung: es handelt sich dabei um eine geheime Aktion, die von Sergio Segre mit Longo eingeleitet wurde und bei der Berlinguer Animator und Protagonist war. »Wir arbeiten daran, damit sich neue Beziehungen zwischen Ost und West durchsetzen. Wenn das dann die Ostpolitik von Willy Brandt begünstigt, umso besser«, sagt er. Das Ende des Vietnamkrieges trug dazu bei, eine neue Position im Verhältnis zu den Vereinigten Staaten einzunehmen. Als am 30. April 1975 die letzten amerikanischen Soldaten das kleine Land verlassen, das den USA eine Niederlage beschert hatte, lobt Berlinguer in einem leidenschaftlichen Artikel in der »Rinascita« den »Sieg einfacher Ideen«, die »aber gleichzeitig auch so wichtig und schwierig sind: die nationale Souveränität, die Unabhängigkeit, die Gerechtigkeit, der Frieden.« Und in Bezug auf die Vereinigten Staaten merkt er an: »Es beginnt vielleicht ein Bewusstsein zu entstehen, wonach die USA nicht mehr im Stande sind, ungestraft den Weltpolizisten abzugeben [...]. Vielleicht beginnt ein Gefühl dafür zu entstehen, dass es notwendig ist, den Kurs zu ändern, neue Beziehungen mit der Welt zu schaffen, die sich gerade im Wandel befindet.«[49]

Die langsame Weiterentwicklung der Einstellung der italienischen Kommunisten gegenüber dem westlichen Block beschleunigte sich gerade in den ersten Monaten des Jahres 1975, als Berlinguer seinen Bericht auf der Sitzung des Zentralkomitees hält, das den 14. Parteikongress vorbereitet. Darin bekräftigt er, dass es ihm in der neuen internationalen Situation als wesentlich erscheint, der Existenz »eines strategisch-militärischen Gleichgewichts zwischen den zwei Blöcken mit großer Aufmerksamkeit und einem großen Realismus Rechnung zu tragen.« Aus diesem Grund sei es nicht mehr »realistisch, über den einseitigen Austritt eines einzelnen Landes aus dem einen oder aus dem

49 Enrico Berlinguer: *Il mondo è più libero dopo la vittoria del Vietnam (Die Welt ist nach dem Sieg von Vietnam freier)*, in: Rinascita, 9. Mai 1975.

anderen Militärpakt nachzudenken.« Und »in Bezug auf Italien stellt sich für uns nicht mehr das Problem des Austritts [...] aus der NATO.«[50]

Zum ersten Mal wird die Einhaltung des strategischen Gleichgewichts zwischen Ost und West als Fundament der Entspannung anerkannt. Das ist eine These, die bei dem eher prosowjetisch ausgerichteten Teil der Parteibasis nicht gut ankommt. Aber auch in der Parteispitze ruft sie Dissens hervor. Jedoch wird zu diesen Aussagen, obwohl sie für eine Partei, die seit Jahrzehnten die Vereinigten Staaten als Imperium des Bösen darstellte, so innovativ sind, keine wirkliche Debatte eröffnet.

Berlinguer hingegen arbeitet daran, außerhalb der Partei eine Atmosphäre des Tauwetters zu schaffen. In den Vereinigten Staaten folgt dem Schock über die Niederlage in Vietnam eine unangenehme Entdeckung: Präsident Nixon ließ die demokratischen Gegner auf einem ihrer Treffen im Hotel Watergate ausspionieren. Im neuen Klima, das den Sturz von Nixon begleitet, scheint auch ein Durchbruch für die italienischen Kommunisten möglich zu sein. In einem Interview mit amerikanischen Journalisten nach dem Sieg der KPI bei den Regionalwahlen bittet Berlinguer die Vereinigten Staaten, die Ereignisse in seinem Land besser zu verstehen und weniger einzugreifen. Und er fügt einen Satz hinzu, den er noch vor einigen Jahren nicht aussprechen hätte können: »Es würde mich sehr freuen, nach Amerika zu kommen. Für mich ist das eine komplett neue Welt, die es zu entdecken gilt. Es würde mich sehr freuen, den amerikanischen politischen Entscheidungsträgern zu erklären, worin unsere Politik tatsächlich besteht.« Sein Interesse für die Vereinigten Staaten ist ebenso authentisch wie sein Wunsch, verbesserte Beziehungen mit den USA zu haben. Eben in diesen Tagen schlägt er der »L'Unità« vor, in Washington einen Antrag auf Eröffnung eines Korrespondentenbüros zu stellen. Als die Erlaubnis eintrifft, trifft sich Berlinguer mit Alberto Jacoviello, jenen Journalisten, der für diesen prestigeträchtigen Auftrag ausgewählt wurde. »Bis jetzt haben wir Propaganda gemacht. Ab jetzt versuchen wir, den Lesern die Vereinigten Staaten so zu erklären, wie sie sind«, sagt er zu ihm.

Kein Visum für Napolitano

Die Reaktionen aus Übersee auf die Initiative des »eigenartigen Genossen« Berlinguer sind nicht einheitlich. Zu Beginn des Jahres 1975 erhalten einige führende Persönlichkeiten der KPI, von Eugenio Peggio bis zu Segre, Einladun-

50 Berlinguer: *La grande avanzata comunista (Der große kommunistische Vorstoß)*, 1984.

gen zu Besuchen in den USA, die jedoch im Rahmen von Delegationen stattfinden und damit gegen das alte Einreiseverbot für westliche kommunistische Parteiführer in die USA verstoßen. Und tatsächlich erhält Giorgio Napolitano im März desselben Jahres die Einladung von Stanley Hoffmann, dem Leiter des Center for European Studies in Harvard, mehrere historisch-politische Konferenzen zur KPI zu abzuhalten. Am Vortag der Abreise wird Napolitano vom Professor in einem verzweifelten Telefonat informiert, dass das Außenministerium auf »Anordnung von ganz oben« sein Einreisevisum abgelehnt hat. Später wird man erfahren, dass das Veto von Helmut Sonnenfeldt, der rechten Hand von Außenminister Henry Kissinger, kam. Es werden drei weitere Jahre vergehen, bis der zukünftige Präsident der Republik seine Tour durch die amerikanischen Universitäten machen kann.[51]

Als ob das nicht genug wäre, verkündet im Herbst dieses Jahres John Volpe, der amerikanische Botschafter in Rom, dass sich die Haltung der amerikanischen Regierung gegenüber der KPI nicht ändern werde und die Teilnahme von Kommunisten an der Regierung in einem Land der NATO einen Widerspruch in sich darstelle. Sowohl in Italien als auch in einigen amerikanischen Zeitungen wird vermutet, dass Volpe auf eigene Faust handelt. Sofort informiert ein Pressesprecher des Außenministeriums, dass die Erklärungen des Botschafters der Meinung der gesamten Regierung entsprechen.

Das ist auch die Linie von Präsident Ford und im Besonderen von Kissinger, der ständig daran erinnert, dass die Haltung der Vereinigten Staaten nichts mit den »angemessenen Einstellungen dieser Parteien oder mit dem Grad ihrer Unabhängigkeit« zu tun habe. Wie Kissinger dem britischen Außenminister Anthony Crosland mitteilt: »Die Frage der Hörigkeit der KPI gegenüber Moskau ist nebensächlich. Für den Zusammenhalt des Westens sind Kommunisten wie Berlinguer gefährlicher als der Portugiese Cunhal«, der am meisten prosowjetisch Eingestellte unter den europäischen kommunistischen Führern. »Der wiederholte Rat, den Kissinger denen gab, die zu ihm zum Gespräch kamen, lautet: ›Erweckt die Democrazia Cristiana noch einmal zu neuem Leben und unternehmt alles Mögliche, um zu verhindern, dass die Kommunisten in eine Koalitionsregierung eintreten‹«, berichtet die »New York Times« im November 1975. »Das sind alles Dinge aus einer anderen Zeit«, kommentiert dazu die »L'Unità« mit einem übertriebenen Optimismus.

Es ist nicht klar, inwieweit sich Berlinguer über den Druck bewusst ist, der vonseiten Kissingers und anderen amerikanischen Entscheidungsträgern aus-

51 Franchi, *Giorgio Napolitano*, 2013.

geübt wird, damit er nicht weiter auf seiner Öffnung zur KPI besteht. Ein Druck, über den Moros Frau nach dem tragischen Ende des christdemokratischen Staatsmannes sprechen wird. Es ist eine Tatsache, dass Berlinguer in der Periode zwischen den Regionalwahlen 1975 und den Parlamentswahlen 1976 überzeugt ist, dass es notwendig sei, die Dinge zu beschleunigen, wenn die KPI in die Regierung gehen will. Die vorsichtigen Erklärungen der offiziellen Parteidokumente genügen nicht, man braucht etwas mehr Spektakuläres und Überzeugendes. So entsteht die Feststellung vom »Schutzschirm der NATO«, ein tatsächlicher Durchbruch im Vergleich mit den bis dahin zum Ausdruck gebrachten Positionen. Wahrscheinlich denkt Berlinguer, dass dieses explosive Interview dazu dienen wird, freundschaftlichere Beziehungen mit den USA zu etablieren. In den USA bereitet sich laut den allgemeinen Wahlvorhersagen ein demokratischer Präsident darauf vor, den Republikaner Ford zu ersetzen. Auf der amerikanischen Bühne beginnt sich der Erfolg von Jimmy Carter abzuzeichnen.

Mit Carrillo und Marchais

Während er Schritt für Schritt seine Haltung gegenüber den USA ändert, unterstreicht er zur selben Zeit die Distanz zur UdSSR. Berlinguer arbeitet an einem europäischen Konzept für seine Idee von Kommunismus. Es ist eine diplomatische Anstrengung, im Rahmen derer sich dieses Konzept entwickelt. Der Erste, der dieses mit dem Namen »Eurokommunismus« beschreibt, ist ein Journalist jugoslawischer Herkunft, Frane Barbieri, der zu Beginn der 1970er-Jahre nach Italien kam und sich schnell als einer der besten Kommentatoren zu Fragen des Ostens erwies.

Die offizielle Geburtsstunde des »Eurokommunismus« findet im Juli 1975 in Livorno statt, jene Stadt, in der 54 Jahre zuvor die KPI gegründet wurde. Auf der großen Piazza della Repubblica hält Berlinguer eine Wahlversammlung ab, gemeinsam mit Santiago Carrillo, dem Führer der spanischen kommunistischen Partei, die noch geächtet wird, sich aber schon auf die Zeit nach Franco vorbereitet. Unmittelbar danach unterschreiben die beiden Generalsekretäre eine gemeinsame feierliche Erklärung. Einige Monate später veranstaltet Berlinguer am 17. November in Rom ein ähnliches Treffen mit dem Generalsekretär der französischen Kommunisten, Georges Marchais. Noch bis vor Kurzem war dieser prosowjetisch eingestellt, aber angesichts des gemeinsamen Programms der Linken näherte er sich den Sozialisten von François Mitterrand[52] an und versucht jetzt, seiner Partei ein neues Profil zu geben. Auch dieses Mal entwickeln die beiden Parteiführer eine gemeinsame Erklärung. Der wesentliche Gedanke dieses Dokumentes lautet: Die Entwicklung und die vollständige Umsetzung der Demokratie sind unerlässliche Bedingungen für den Aufbau einer sozialistischen Gesellschaft in den westlichen Ländern, wie übrigens Berlinguer schon seit einiger Zeit argumentiert.

Auf persönlicher Ebene fühlt sich Berlinguer Carrillo viel näher als Marchais. Für die zur Untergrundarbeit gezwungene und vom Franquismus verfolgte kommunistische Partei Spaniens hatte er immer schon eine spezielle Sympathie. Segre erinnert sich, dass Berlinguer in Livorno von Carrillos Ehrlichkeit und von dessen Wunsch, etwas Neues zu schaffen, angezogen wurde. Schwieriger waren hingegen die Beziehungen mit dem Chef der KPF, der auch nach der Wende in Richtung Liberalisierung seine rigiden Einstellungen nicht verlor. Als Berlinguer 1976 zu einer weiteren, gemeinsamen Wahlveranstaltung nach Paris kommt, einer Versammlung am Tor des Pantin, muss er erneut kämpfen, ein Zimmer in einem Hotel im Zentrum zu erhalten, anstatt in der vertrauten Wohnung irgendeines Genossen unterzukommen, auch wenn der Pariser Mai 1968 seit Langem vorbei ist. Im Gegenzug zwingt ihn Marchais ständig zu Mittagessen mit Genossen, bis der Generalsekretär der KPI in Marseille von einer mörderischen, südfranzösischen Fischsuppe vergiftet wird und die Wahlversammlung absagen muss.[53] Auch diese kleinen, alltäglichen Ereignisse können uns ein Bild verschaffen, wie schwierig und prekär der Dialog zwischen den beiden war.

Die lange und komplizierte Vorbereitung der Konferenz der kommunistischen Parteien aus West und Ost 1976 in Ostberlin trug zur Annäherung von Berlinguer an Marchais und Carrillo bei. Trotz der neuen Luft, die bereits zirkulierte, wirkte das von den Ostdeutschen verfasste Vorbereitungsdokument auf Giancarlo Pajetta wie »Deutsch, übersetzt aus dem alten Russisch.« Die Spanier reagierten mit der Veröffentlichung des gesamten Vorbereitungsmaterials. Was den Sekretär der französischen Kommunisten angeht, erklärte dieser mit Härte, dass die »Politik der KPF in Paris und nicht in Moskau ent-

---

52 François Mitterrand (1916–1996), französischer Staatspräsident (1981–1995), ab 1971 Vorsitzender der französischen Sozialisten, zuvor vielfacher Abgeordneter der Nationalversammlung, Senator, Regionalpräsident, Minister und Staatssekretär für mehrere verschiedene Partei (gemäßigt bürgerlich, linksliberal, links). Während der deutschen NS-Besatzung war er sowohl mit dem Vichy-Regierung als auch mit dem Widerstand der Exilregierung von De Gaulle verbunden. Während des Angriffs der deutschen Wehrmacht auf Frankreich wurde er im Juni 1940 verwundet, anschließend kam er in deutsche Kriegsgefangenschaft, wo er als Zwangsarbeiter im Straßenbau eingesetzt wurde.

53 Ugo Baduel, persönliche Mitteilung an die Autorin.

schieden wird«, womit sie sich dem Ansatz der KPI annäherten. Kurz darauf kam es zu dem Treffen in Rom. »Was sonst ist der Sozialismus, wenn nicht die allumfassend verwirklichte Demokratie?«, heißt es in dem Dokument, das Berlinguer und Marchais gemeinsam unterschrieben.

»Lasst Sacharow sprechen«

Das ist für Enrico ein schöner Erfolg. Als er im Februar 1976 die Aufgabe erhält, nach Moskau zu gehen und dort auf der Tribüne des 25. Parteikongresses der KPdSU zu sprechen, ist er nicht nur Generalsekretär der größten kommunistischen Partei des Westens, sondern auf gewisse Weise auch der Repräsentant der neuen eurokommunistischen Richtung. Im Gegensatz zu Marchais und Carrillo, die zu Hause bleiben, auch um sich dem Dissens mit Moskau nicht offen zu stellen, entscheidet sich Berlinguer für den Weg der Klarheit. Breschnew ermüdet das aus fünftausend Parteikadern bestehende Auditorium, die aus allen Republiken der UdSSR zusammengekommen sind, mit einer sechsstündigen Rede, einer Anhäufung aus Dogmatismus und Ablehnung jeder Neuerung, im Besonderen des »Eurokommunismus«, dessen Name er im Übrigen niemals ausspricht. Auf derselben Tribüne bemüht sich Berlinguer in nur fünfzehn Minuten, die ihm zur Verfügung gestellt wurden, zu zeigen, dass die Positionen der westlichen Kommunisten nicht ein Ergebnis des Opportunismus, sondern an die Bedürfnisse der reifen Industriegesellschaften angepasst sind. Als er den »Sozialismus auf italienische Art« skizziert, der sich in »einem demokratischen und pluralistischen System« entwickeln muss, gerät sogar die Simultanübersetzung des Kongresses in eine Krise. Dieses Adjektiv wird mit »vielgestaltig« übersetzt. »Pluralistisch«, wird man später behaupten, existiere in der russischen Sprache nicht.[54]

Die Rede des Generalsekretärs der KPI hat ein weltweites Echo. »Der ›rote‹ Italiener hat seine Unabhängigkeit gezeigt«, schreibt die »New York Times« auf der ersten Seite. Und der »Guardian«: »Die italienische Rebellion erschüttert den Kreml«. Der alte Breschnew war wirklich schockiert und bat darum, den Generalsekretär der KPI allein zu treffen. Berlinguer packt diese wichtige Gelegenheit beim Schopf, um Breschnew vorzuschlagen, irgendeine Geste der Öffnung zu machen. »Was für eine Geste?«, fragt der Chef der Sowjetunion.

---

54 Enrico Berlinguer: *Lottiamo per la costruzione di una società socialista nella libertà, nella democrazia, nella pace (Lasst uns für die Errichtung einer sozialistischen Gesellschaft in Freiheit, Demokratie und Frieden kämpfen)*, in: *La politica internazionale dei comunisti italiani (Die internationale Politik der italienischen Kommunisten)*, Roma 1976.

Enrico erwähnt einen für die Kremlnomenklatura unaussprechlichen Namen, jenen des berühmten Physikers Andrei Sacharow, einer der wichtigsten Köpfe der Opposition, der im Jahr zuvor den Friedensnobelpreis erhielt, dem es aber verboten wurde, diesen anzunehmen. »Was würdet ihr verlieren, ihn sprechen zu lassen?«, sagt Enrico, der versucht, eine Argumentation einzuleiten. Daraus wird nichts, aber diese Episode zeigt, wie Berlinguer Aufmerksamkeit und Respekt selbst dort gewinnt, wo es am wenigsten vorstellbar ist. Und wie er von seinen Ideen auch in den schwierigsten Situationen nicht ablässt.[55]

Der Generalsekretär der KPI macht in Paris bei einer Wahlversammlung beim Tor de Pantin einen weiteren Schritt nach vorne. Unter dem Dach der Schlachthöfe von Villette sprechen Berlinguer und Marchais auf einer von der italienischen und französischen Trikolore umwickelten Bühne zu einer großen Volksmenge, nachdem aus den Lautsprechern die *Marseillaise*[56] und der *L'Inno di Mameli*[57] ertönten. Die Melodie der Internationale, die erst am Ende dieser Wahlversammlung erklingt, vervollständigt das Bild.

Berlinguer beschreibt erneut das Szenarium einer westlichen sozialistischen Gesellschaft, die sich durch Meinungsfreiheit, Pressefreiheit, Pluralität der Parteien und die Möglichkeit zum Machtwechsel in der Führung des Landes auszeichnen muss. Und endlich spricht er zum ersten Mal das Wort »Eurokommunismus« aus. »Weder wir noch ihr habt dieses Wort geprägt. Aber die Tatsache selbst, dass dieses Wort so breit in der internationalen Presse zirkuliert und in verschiedenen Bereichen so viele Hoffnungen und so viele Fragezeichen hervorruft, ist ein klares Zeichen für das Interesse, mit dem auf unsere zwei Parteien geschaut wird«, sagt er. Auch wenn inzwischen das magische Wort ausgesprochen wurde, bleibt ein Misstrauen. Marchais hält seine Rede unmittelbar danach. Er vermeidet es, den Begriff »Eurokommunismus« zu verwenden. Vielleicht auch um nicht allzu viel Verdacht bei den Sowjets zu erregen. Diese befürchten, dass die zwei stärksten kommunistischen Parteien des Westens eine Art von organisatorischem und ideologischem Zentrum, abgetrennt von Moskau, auf die Beine stellen wollen.

---

55 Barbagallo: *Enrico Berlinguer*, 2006. Andrei Sacharow wird 1980 wegen seines Einsatzes für die Menschenrechte verhaftet und nach Gorki verbannt. Er wird erst 1986 befreit, nach dem Aufstieg von Gorbatschow an die Macht, und wird zu einem der intelligentesten Berater. Er wird versuchen, die radikalsten Reformen durchzusetzen. Sein vorzeitiger Tod 1989 ist ein harter Schlag für den neuen Kurs der UdSSR.

56 Nationalhymne der Französischen Republik.

57 Italienische Nationalhymne.

Ein frühzeitiger Sonnenuntergang

All diese Ereignisse lassen Berlinguers internationales Prestige immer weiter ansteigen. Er wird als der wahre Initiator eines neuen Kommunismus auf westliche Art anerkannt. Als der italienische Generalsekretär Ende Juni 1976 auf der Konferenz der europäischen kommunistischen Parteien, die nach vielen Widrigkeiten in Ostberlin stattfindet, das Wort ergreift, wird dies zu einem wahren Triumph. »Einige unserer Gegner behaupten, dass der Sozialismus und der Kommunismus überall gleich sind und gleich sein werden. Das ist nicht wahr, und das gilt nicht einmal für die bürgerlichen Revolutionen und die Gesellschaften, die daraus hervorgegangen sind«,[58] bekräftigt der Generalsekretär der KPI. »Wir haben die Katakomben verlassen«, kommentiert ungestüm Carrillo.

Aber der »Eurokommunismus« wird trotz des großen Aufsehens, das jeden seiner Schritte begleitet, nur ein kurzes Leben haben. Während die Presse auf der ganzen Welt noch seine Entwicklung analysiert und Reportagen und Aufsätze zu seiner Erscheinung dicht aufeinanderfolgen, ist sich Berlinguer schon bewusst, dass sich die Schöpfung des »Eurokommunismus« in keinem guten Zustand befindet. Die Bedingungen, die ihn geschaffen haben, änderten sich sehr schnell. Dies zeigt ein gescheiterter Versuch, mit welchem dem »Eurokommunismus« wieder neuen Schwung verliehen werden soll: Ein Gipfeltreffen der drei Parteiführer, die zum ersten Mal auf bilaterale Treffen verzichten und gemeinsam am 3. März 1977 im Hotel Meliá Castilla in Madrid zusammenkommen.

Das Treffen, das vor allem gegenüber den Sowjets mit der Notwendigkeit begründet wurde, sich den spanischen Kommunisten, die damals noch außerhalb der Legalität agierten, solidarisch zu zeigen, ist von einem erwartungsvollen und geheimnisvollen Klima umgeben. Alle erwarten von einem so feierlichen Treffen wichtige Beschlüsse. Berlinguer, Carrillo und Marchais schließen sich in Gesellschaft ihrer Treuesten – Segre, Azcárate und Kanapa – über mehrere Stunden hinweg in einem Hotelzimmer, dem kleinen Saal Escorial, ein. Hin und wieder kommen einzelne Diskussionsteilnehmer vor die Tür und bieten den wartenden Journalisten unterschiedliche Versionen zum Verlauf der Gespräche an. Am Ende steht daher nur ein kleinster gemeinsamer Nenner:

58 Enrico Berlinguer: *Discorso alla conferenza dei partiti comunisti e operai d'Europa (Rede auf der Konferenz der kommunistischen du Arbeiterparteien von Europa)*, in: *La politica internazionale die comunisti italiani (Die internationale Politik der italienischen Kommunisten)*.

in diesem Zimmer schaffen es die drei Parteiführer des westlichen Kommunismus nicht, sich auf ein Dokument zu verständigen, das für alle gelten könnte. Übrig bleiben nur ein dürres Kommuniqué und viele Indiskretionen über ihre Meinungsverschiedenheiten.

Inzwischen hat jeder der drei Parteiführer einen unterschiedlichen Weg eingeschlagen. Carrillo, unter Druck wegen interner Schwierigkeiten, wollte die polemischen Töne gegen die Sowjets bis zum Äußersten verstärken. Marchais hingegen, beschäftigt mit dem rasanten Aufstieg von Mitterrand, begann schon mit einer Kehrtwendung in Richtung der alten Liebe zur UdSSR. Später wird man sagen, dass Marchais einen von Breschnew selbst verfassten Brief in der Tasche hatte, in dem die Exkommunikation für den Fall angekündigt wurde, dass auf dem Gipfeltreffen ein gemeinsamer Pakt herauskommen sollte: Auf diese Weise hat er Berlinguer und Carrillo die Hände gebunden.

Sergio Segre erinnert sich, dass der Generalsekretär der KPI in Madrid keine großen Hoffnungen mehr hatte. »Er hatte aufgrund des Verhaltens der Franzosen verstanden, dass für sie das eurokommunistische Projekt gerade unterging. Marchais misstraute überdies unseren Beziehungen mit den französischen Sozialisten.«

In Madrid änderte Berlinguer auch seine Meinung zu Carrillo. »Sein antisowjetisches Ungestüm hat ihn nicht überzeugt. Auch wenn Carrillo ständig wiederholte, dass wir dreißig Jahre zum Reifen hatten, und sie erst jetzt begonnen haben. So waren gewisse Übertreibungen unvermeidlich«, sagt Segre.

Die italienische Haltung hat sofort Kontroversen hervorgerufen. »Carrillo durchgefallen, Marchais im Oktober wieder eingeladen, Berlinguer bestanden«, schreibt »il manifesto« in einer Art von Rangliste hinsichtlich der Zustimmung der Sowjets gegenüber den drei eurokommunistischen Parteiführern. Die Geschichte wird später die Aufgabe übernehmen zu zeigen, wie schwierig manchmal die korrekte Interpretation von Geschehnissen ist, während sie gerade stattfinden. Tatsächlich wird nicht nur Marchais, sondern auch Carrillo wieder zur Orthodoxie zurückkehren. Berlinguer hingegen wird sich davon überzeugen, dass der Kommunismus in seiner historischen Verfasstheit nicht reformierbar ist, und dass daher neue Wege gesucht werden müssen.

Nach dem Treffen in Madrid beginnt sich die kommunistische Partei Spanien als Folge von internen Auseinandersetzungen zu spalten. Marchais verbündet sich wieder mit den Sowjets. Der »Eurokommunismus« verschwindet langsam von der Bühne. Auch Berlinguer geht auf Abstand. Die neue Linie in der Außenpolitik der KPI, die sich durchzusetzen beginnt, stellt einen wahren Wendepunkt dar. Diese umfasst den Dialog mit der europäischen Linken, der den Zug in

Richtung Regierung erleichtern soll. Sie umfasst die Aufmerksamkeit für China, dass gerade seinen Kurs radikal ändert, sowie die Reflexion über die Beziehung zwischen dem globalen Norden und Süden. Das sind die Bereiche, in denen Berlinguer in den folgenden Jahren seine größten internationalen Erfolge einsammeln wird.[59] Aber das Scheitern des eurokommunistischen Projekts im Frühling 1977 scheint hingegen als eines der Anzeichen dafür, dass die Politik des Generalsekretärs der KPI nach so vielen Siegen in eine Krise zu geraten droht.

---

59 Diese Meinung ist auch von Donald Sassoon geäußert worden in: ders.: *Oriente e Occidente (Osten und Westen)*, in: *Berlinguer oggi (Berlinguer heute)*, Beilage zur »Rinascita«, 6. Juni 1987.

XVIII.
Und das ist die DC …

Am 15. Januar 1977 liest Berlinguer nacheinander die fein säuberlich geordneten Blätter seiner Rede vor, während er in der Mitte der Bühne des römischen Teatro Eliseo steht, neben Aldo Tortorella, dem Leiter der Kulturabteilung der KPI, der die Veranstaltung organisiert und vorgeschlagen hat. Niemals hat das römische Teatro Eliseo so ein Publikum wie an diesem Tag gesehen.

Im Parkett und in den vier Rängen der Logen versammeln sich Wissenschaftler und Schriftsteller, bekannte Philosophen und unbekannte Universitätsassistenten. Alle sind herbeigekommen, um zu hören, was der Generalsekretär der KPI der Welt der Kultur zu sagen hat. Sicherlich bezeugt diese riesige Zusammenkunft den Konformismus vieler Menschen gegenüber der neuen »roten« Macht. Es gibt aber auch aufrichtige Neugier, den Wunsch zu verstehen, was die kommunistischen Gegenvorschläge sind, angesichts der Enttäuschung über die Regierung des »Nicht-Misstrauens«, wie jemand die Regierung von Giulio Andreotti taufte. Wie sich einer der Anwesenden erinnert, »haben viele von uns an diesem Tag gehofft, in Berlinguers Worten den Beweis zu finden, dass die landesweit ständig ansteigenden Kritiken, das Murren und die Proteste übertrieben waren. Dass die Kommunisten nicht gerade von der DC an die Wand gespielt wurden, sondern im Gegenteil noch ihre Trümpfe in der Hand hatten.«

Was Berlinguer den Vertretern der Kultur zu sagen hat, und was er nur wenig später vor den Arbeitern in Mailand wiederholen wird, ist, dass die Linke verstehen muss, dass sie eine große Chance vor sich hat, »die größte vielleicht […], die sich dem italienischen Volk und seinen ernsthafteren politischen Kräften seit der Entstehung unserer demokratischen Republik darbietet«. Es geht darum, das Erdbeben zur Kenntnis zu nehmen, das gerade das alte Entwicklungsmodell fortreißt. Dieses basierte auf niedrigen Löhnen der Arbeitenden, was allerdings der »heiße Herbst« revolutioniert hat, und auf lächerlichen Rohstoffpreisen, angefangen mit Erdöl, einem Produkt des Kolonialismus, den die Befreiungskämpfe der Völker hinweggefegt haben. Es geht darum, ein Projekt der Veränderung der Gesellschaft auszuarbeiten: um »etwas Neues zu entwickeln, das jedoch den Zeitgeist wiedergibt, also ausgereift, notwendig und daher auch möglich ist.« Im Grunde genommen geht es darum, die wirtschaftliche Krise dafür zu nutzen, ein neues Entwicklungsmodell und neue ethische

Werte durchzusetzen.[1] Das ist die theoretische Ausgestaltung der Idee der ethischen Austerität, der ethischen Strenge und Sparsamkeit, von der Berlinguer schon seit einiger Zeit spricht und die er auch außerhalb des Umfelds der Partei wieder vorschlagen will. Wie er in der Rede im Teatro Eliseo erklärt, »muss die Politik der Austerität darauf abzielen, [...] Gerechtigkeit, Effizienz und Ordnung zu errichten.« Sie muss »eine Bewegung der Massen und der Meinungen gegen Verschwendung« ins Leben rufen können, die grenzenlose Ausweitung des individuellen Konsums bremsen, »der Parasitentum, Privilegien, Verschwendung von Ressourcen und finanzielle Rückschläge verursacht«.

Das sind Ideen, die eine Sensibilität vorwegnehmen, die sich in den 1980er-Jahren entwickeln werden, wenn die Kritik an den Schwierigkeiten der unkontrollierten Entwicklung schnell zum Common Sense wird. Darüber sprach schon in Schweden der sozialdemokratische Ministerpräsident Olof Palme und Willy Brandt in Deutschland, ohne dass jemand schockiert war.[2] Aber im unruhigen Italien der zweiten Hälfte der 1970er-Jahre klingen diese Ideen wie von einem anderen Stern, auch wegen des Echos, das ein schlecht gewählter Begriff wie Austerität hervorruft. Während die Welle an Groll und Angst ansteigt, die von Anfang an das Treffen zwischen den zwei großen antagonistischen Parteien begleitet hat, erscheint der Vorschlag der Austerität als Beweis für den »Verrat« der Kommunisten. Berlinguer wird in den folgenden Jahren oft wiederholen, dass das mangelnde Verständnis für die innovativen Inhalte der Austerität zu einem der schlimmsten Ärgernisse in seinem Leben geworden sei.

Die ersten, die den neuen Vorschlag angreifen, sind einige Intellektuelle aus der libertär-sozialistischen Strömung, die auch die Sorge der Sozialistischen Partei (PSI) von Bettino Craxi widerspiegeln, zwischen »den beiden Kirchen«, der DC und der KPI, zu ersticken, die zusammen auf mehr als 70 Prozent der Stimmen kommen. Einen tödlichen Effekt hat die Kritik des angesehenen Philosophen Norberto Bobbio. »Lieber Berlinguer, nur mit Opfern verändert man die Gesellschaft nicht. Die Austerität ist im Allgemeinen eine Empfehlung der Arbeitgeber. Die Austerität der Armen ist Teil ihres Lebens«, attackiert Bobbio Berlinguer und gewinnt dabei große Sympathien in der Welt der Jugend. Im Großen und Ganzen wird die Austerität nur vom Parteiführer der Republikaner, Ugo La Malfa, offen unterstützt. Das sind nur Anzeichen, die aber der Explosion der 1977-Bewegung um weniger als zwei Monate vorausgehen. In Wirklichkeit

1 Enrico Berlinguer: *Conclusioni al Convegno degli intellettuali (Schlussfolgerungen auf der Tagung der Intellektuellen)*, in: *Enrico Berlinguer. Antologia di scritti e discorsi (Enrico Berlinguer. Eine Anthologie der Schriften und Reden)*, Istituto di studi comunisti Palmiro Togliatti, 1984.

2 Barbagallo: *Enrico Berlinguer*, 2006.

spürte Berlinguer die Notwendigkeit, Gegenleistungen für die Kürzungen und Opfer zu verlangen, die in der wirtschaftlichen Krise Italiens bevorstehen und für welche nicht nur die weniger Wohlhabenden den Preis zahlen sollten.[3]

Die »Opfer« von Amendola

Schon seit Herbst 1976 erscheint Berlinguer der Weg, den er eingeschlagen hat, unsicher und unvorhersehbar. In Bezug auf den historischen Kompromiss, über den ganz Italien diskutierte, herrschte mittlerweile Stillschweigen, noch bevor die Annäherung zwischen DC und KPI Realität wurde. Es hatten sich also keine der großen Diskussionen entwickelt, die in den 1960er-Jahren die Entstehung von Mitte-links begleiteten.

Der zweideutige Beginn der neuen Politik schien auch die Parteibasis verblüfft zu haben. Einen unerwarteten Beweis dafür erhält Berlinguer im September 1976 beim Festival der »L'Unità« in Neapel, dem ersten großen landesweiten Festival der KPI im Süden. Vor einer riesengroßen Menschenmenge, die Neapel noch zuvor nie gesehen hatte, gedachte er Mao Tse-tung, der eben in diesen Tagen gestorben war, und betonte dabei, dass es sein Verdienst war, dass China »aufgehört hatte, ein Kontinent zu sein, der den Grundherren und den Kriegsherren unterworfen ist«. Dafür gab es großen Applaus. Aber später, sobald er auf inneritalienische Angelegenheiten zu sprechen kam und zu erklären begann, warum sich die KPI gegenüber der Regierung Andreotti der Stimme enthielt, überkam die Menschenmenge eine große Stille. Berlinguer kann eine Welle der Spannung und des Misstrauens fast körperlich spüren. Nach dem Ende seiner Rede spricht er darüber mit den Parteiführern, die an seiner Seite stehen. Praktisch alle hatten das gleiche Gefühl.[4]

Die Verblüffung der Basis wurde nicht nur von ideologischen Gründen genährt. Die Einparteienregierung von Giulio Andreotti begann sofort mit einer Politik der Strenge. In der »La Repubblica«, der neuen Tageszeitung des progressiven Bürgertums, spricht Eugenio Scalfari klipp und klar von einem Schlag (»Wenn das Wort nicht gefällt, suchen wir ein anderes, aber die Realität ist so«, schreibt er). Und tatsächlich kennt der italienische Bürger über mehrere Monate hinweg keine Ruhe. Vom Anstieg der Benzin- und Zigarettenpreise über den Anstieg der Post-, Eisenbahn- und Telefontarife bis hin zum Anstieg der

3 Enrico Berlinguer: *La passione non è finita* (*Die Leidenschaft ist nicht zu Ende*), hg. von Miguel Gotor, Torino 2013.

4 Gerardo Chiaromonte: *Le scelte della solidarietà democratica* (*Die Entscheidungen der demokratischen Solidarität*).

Preise für elektrische Energie: Es nimmt kein Ende. Auf Druck des Unternehmerverbandes, der plötzlich zum Angriff übergegangen war, schlägt die Regierung auch eine Veränderung verschiedener Mechanismen der »Scala mobile« vor. Doch darauf reagiert die bis dahin relativ ruhige Arbeiterbasis. Bei FIAT brechen Streiks aus, die nicht von den Gewerkschaften ausgerufen worden waren. Auch die von Adalberto Minucci geführte Turiner KPI unterstützte diese, um nicht übergangen zu werden. Gianni Cervetti wird von Berlinguer schnell nach Turin geschickt, um zu überprüfen, was sich dort gerade abspielt. Er fordert von den Piemonteser Genossen ein gemäßigtes und verantwortungsbewusstes Verhalten. In diesem Moment trifft die Nachricht ein, dass in ganz Italien ähnliche Proteste ausgebrochen sind. So wird Andreotti zu einem Teilrückzug gezwungen.

Trotz der Unzufriedenheit an der Basis und vieler Parteiführer (die »Überreste« einer alten politischen Protestgarde, wie Giorgio Napolitano jene Genossen beschreibt, die sich der allzu exzessiven Politik der Strenge entgegenstellen)[5] werden die Entscheidungen von Andreotti durch die KPI bestätigt, die dem politischen Manöver in gewisser Weise grünes Licht gibt. In einem auf Giorgio Napolitanos Vorschlag hin erstellten Dokument der dritten Kommission des Zentralkomitees wird, wenn auch mit einer gewissen Präzisierung, die Notwendigkeit von »Opfern« anerkannt. Aber die aufsehenerregendste Unterstützung kommt von Amendola. Wie er es bei anderen Gelegenheiten tat, als sich die Stimmung zu erhitzen begann, schaltet Amendola auf Angriff. 1968 beschrieb er die Protestbewegung als »Blei-Barrikaden«. Jetzt unterstützt er mit derselben provokatorischen Kraft die Notwendigkeit, den Konsum einzuschränken und die strenge Verteidigung der gesicherten Arbeitsanstellungen hinter sich zu lassen. Schon diese Äußerungen verursachen eine starke Unzufriedenheit der Linken.

Die wahre Auseinandersetzung bricht aber auf einer dramatischen Sitzung des Zentralkomitees Ende Oktober 1976 aus, und zwar genau auf jener, bei der Berlinguer zum ersten Mal die Idee der Austerität vorschlägt. Der Generalsekretär beendete kurz zuvor den Vortrag seines langen Berichts, den er später in einem Band des Verlagshauses Editori Riuniti veröffentlichen lässt, da er seinem Vorschlag eine große Bedeutung zuschreibt, schon erhebt sich Amendola, um zu sprechen. Er behauptet, dass sich Italien in einer sehr ernsten wirtschaftlichen Lage an der Grenze zur Katastrophe befände, und weist zum Erstaunen vieler

5 Giuseppe Fiori: *Vita di Enrico Berlinguer (Das Leben von Enrico Berlinguer)*, Laterza/Roma/Bari 1989.

seiner Genossen auf die »Lösung ohne Gegenleistungen« hin, deren Gewicht die Arbeiterklasse tragen muss, um tatsächlich zur führenden Klasse zu werden. »Als wir 1943 zu den Waffen griffen, um gegen den Faschismus zu kämpfen, haben wir keine Gegenleistungen gefordert. Von wem hätten wir sie fordern sollen? Die einzige Garantie war unser Kampf. Und so ist es jetzt.«

Gegen diese These wettert Luigi Longo, sein historischer Gegenspieler. Er schwingt sich zum Hüter der kommunistischen Tradition und darüber hinaus der Zustimmung bei den Parlamentswahlen vom 20. Juni 1976 auf. Dabei spricht er ohne Vorsicht und abgeschwächte Formulierungen, die er sich ein Jahr zuvor am Parteikongress noch auferlegt hatte. »Das Maß unserer Glaubwürdigkeit definiert sich durch unsere Fähigkeit, das zu sein, was wir waren und sind, das heißt, unser Image als Kommunisten zu lobpreisen und nicht zu ändern«, sagte der Präsident der KPI, wenig bereit, sich als »Überrest« behandeln zu lassen.

Berlinguer muss sich Mühe geben, in den Schlussfolgerungen zwischen den entgegengesetzten Positionen zu vermitteln, die sich auch in verschiedenen Reden widerspiegelten und die auf die gegenwärtigen Spannungen in der Partei hinwiesen. »Ich habe mich in der Antwort von Berlinguer völlig wiedergefunden«, kommentiert Amendola beim Hinausgehen laut, damit es die verschiedenen Journalisten hören können. In Wirklichkeit erschien in dieser Diskussion – die erste, die explizit in Bezug auf die neue, aber unsichere Regierungsrolle der KPI geführt wurde – Berlinguers Ansatz, sich zumindest in den Absichten, von jenem der Parteirechten von Napolitano und Chiaromonte zu unterscheiden, völlig klar.

Wie schon beim Parteikongress verband der Generalsekretär die Austerität mit der Einführung von »Elementen des Sozialismus«. Und er wird nicht müde zu wiederholen, dass es »den dauerhaften Aufschwung nicht ohne Erneuerung geben wird« und erinnert somit an die Kämpfe, welche die Kommunisten führen mussten. Kurzum, ein Szenario weit entfernt von den »Opfern ohne Gegenleistung«, was allerdings auch wegen der eigenartigen Formulierung den Löwenanteil in den Kommentaren der Presse einnimmt. Dabei verblasst jedoch der Sinn, den Berlinguer seinem Vorschlag der Austerität gab, er wird geradezu auf den Kopf gestellt.

Der Teufel ist ausgebrochen

Mit den Jungen, ihren Hoffnungen und ihren Bedürfnissen beschäftigte sich Berlinguer über viele Jahre hinweg seit den Zeiten des FGCI. Und als er zum Generalsekretär wurde, begann er wieder, die Jugendorganisation aus der Nähe zu verfolgen. In den beiden Wahlen von 1975 und 1976 waren es gerade die Stimmen der Jungen, die wesentlich zum kommunistischen Erfolg beitrugen. Berlinguer hätte also nie erwartet, dass die ersten Schläge gegen die Politik des historischen Kompromisses von den jungen Generationen kommen würden. Die Unduldsamkeit, die nach und nach andere Schichten erfasst, manifestiert sich plötzlich in einer Welt der Jugend, von der Berlinguer möchte, dass sie sich fleißig dem Studium widmet, in der sich allerdings Einstellungen verbreiten, die den Gegenpol zu jeder Form von Austerität bilden.

Noch bevor die Gesellschaft der Erwachsenen Zeit hat, davon Notiz zu nehmen, entstehen in und außerhalb der Universität Gruppierungen, die sich von den Gruppen der 1968er-Bewegung stark unterscheiden. Ihre Führer sprechen in einer vulgären Sprache und oft mit oberflächlichen kulturellen Bezügen von der Notwendigkeit des Kommunismus und von einer Strategie der Wünsche: Interessanterweise vermischen sie dabei egalitäre Werte der Linken mit den freizügigen und konsumistischen der fortgeschrittenen kapitalistischen Gesellschaften. Diese Welt der »Gammler« und »Großstadtindianer«, die sehr bald unter den Einfluss der »bösen Meister« der autonomen Bewegung[6] geraten wird, sieht die KPI als Feind Nummer 1 und als die Schöpferin eines neuen gesellschaftlichen Blocks, bestehend aus »Bürokraten, Reformisten, gespreizt daherredenden Bürgermeistern, Feuilletonisten, die hundert Millionen Lire im Jahr verdienen, Frauen in Pelzmänteln, Kleinunternehmer mit dem ›roten‹ Parteibuch«. So behaupten es die Autonomen in ihren vervielfältigten Heftchen und an den Mikrofonen ihrer freien Radios, von deren Existenz Berlinguer nicht einmal weiß.

So reagiert Berlinguer erstaunt, als ihm am Donnerstag, den 17. Februar 1977 mit einiger Aufregung die Nachricht überbracht wird, dass der Generalsekretär der CGIL, Luciano Lama, der in den Augen des Landes die gewerkschaftliche Einheit verkörpert, von Studenten angegriffen wurde, die zuvor die Universität von Rom besetzt hatten. Lama war dorthin gegangen, um eine Versammlung abzuhalten. Die Slogans, die gegen den Ordnungsdienst der KPI und der Gewerkschaft geschrien wurden (»Die neue Polizei, weg, weg mit ihr«),

6 Die autonome Bewegung spielte in den 1970er-Jahren eine wichtige Rolle in der politischen Landschaft Italiens und bestand aus mehreren linken Gruppen: *Autonomia Operaia (Autonome Arbeiterbewegung)* bildete sich Mitte der 1970er-Jahre und war besonders zwischen 1976 und 1978 aktiv, *Potere Operaia (Arbeitermacht)* und *Lotta Continua (Ständiger Kampf)* hatten sich schon nach Mai 1968 gegründet. Im Konflikt zwischen Autonomen und KPI radikalisierten sich einzelne Gruppen, sprachen sich dann für den bewaffneten Kampf aus und schlossen sich Ende der 1970er-Jahre Terrororganisationen wie z. B. den *Brigate Rosse* (BR/*Rote Brigaden*) an.

verwundern Berlinguer, ebenso der Ton der Schriften und Losungen, welche die Mauern der Universität bedecken (»Liebt er ihn oder liebt er ihn, niemand liebt ihn«, »Lamas sind in Tibet«,[7] »Opfert Ihr doch Euch«).

Es war nicht Berlinguer, der die ziemlich voreilige Entscheidung traf, Lama zu den Autonomen zu schicken, als ob die Anwesenheit eines offiziellen Vertreters der Arbeiterklasse einen wundersamen Effekt auf die Wut der Studenten haben könnte. Die Entscheidung traf der Regionalverband von Rom, der das Sekretariat der KPI darüber informierte.[8] Berlinguer erfuhr wahrscheinlich nicht einmal davon. Aber auf jeden Fall, wie Lama berichtete, »war er genauso wie ich über die Unordnung und die Gewalt besorgt, die sich gerade innerhalb der Universität durchzusetzen begann.«[9] Am Anfang des Jahres 1977 – ein gewaltsames Jahr, in dem Berlinguers Strategie beginnt, ins Wanken zu geraten – zeigen die höchsten Repräsentanten der KPI, dass sie schon den Kontakt mit der Stimmung im Land zu verlieren. Die ständigen Verhandlungen mit der DC isolieren sie immer mehr in einem Palast voller Fallen, von dem sie irgendwann merken, dass sie als die einzigen Wächter übrig geblieben sind.

Wie in anderen Momenten, in denen sich die Entwicklungen anders als erwartet vollziehen, scheint Berlinguer die Sprache verloren zu haben. Lama berichtet mit einer gewissen Bitterkeit, dass er in diesen Tagen keine große Solidarität vom Generalsekretär der KPI erfuhr. Diese sollte sich darauf beschränken, ihn um einen Bericht zu den Ereignissen zu bitten, den Berlinguer mit einem trockenen »geht in Ordnung« kommentierte. »Sicherlich war Berlinguer ein schüchterner, introvertierter, manchmal auch eiskalter Typ. Aber wenn er dir einen Beweis der Zuneigung gab, verstand man, dass er es ernst meinte. Und bei einem Charakter wie seinem konnte man erkennen, dass es noch wertvoller war. An diesem Tag hat er mir nichts gesagt«, berichtet Lama.[10]

Die Bitterkeit ist verständlich, aber Berlinguer scheint nicht gleichgültig oder verärgert über eine gescheiterte politische Initiative zu sein. Der Generalsekretär ist von den Ereignissen erschüttert, bis hin zu dem Punkt, dass er dies auch körperlich spürt. So auch beim Schreiben, als er gerade die Schlussfolgerungen für das Zentralkomitee vorbereitet, das die letzten zwei Tage lang die Jugendrevolte diskutiert hat. Dabei trinkt er einen Whisky mit Wasser, sein

---

7 Wortspiele mit dem Familiennamen von Luciano Lama, »L'ama« kann im Italienischen auch bedeuten: »Er liebt ihn«.

8 Giuseppe Chiarante, persönliche Mitteilung an die Autorin, damals der Leiter der Abteilung Weiterbildung und der Parteischule in der KPI.

9 Lama: *Intervista sul mio partito (Interview über meine Partei)*, 1967.

10 Ebd.

Lieblingsgetränk, und streckt ab und zu die Hand nach einer Schachtel Datteln, das Geschenk einer arabischen Delegation. Am Morgen danach berichtet Tatò den Genossen, die auf Berlinguer warten, dass der Generalsekretär gezwungen ist, aufgrund einer schmerzhaften Kolik im Bett zu bleiben. »Lotta Continua«, die außerparlamentarische Tageszeitung, veröffentlicht eine wilde Karikatur, in der ein leidender Berlinguer von Albträumen gequält wird, die in Form von Datteln auftreten: Großstadt-Datteln, autonome Datteln, Freak-Datteln ...

Die Sorgen von Berlinguer steigen inzwischen durch die Ereignisse von Bologna weiter an.

Die »Saboteure« in Aktion

Francesco Lorusso, ein 24-jähriger Mann und Aktivist von »Lotta Continua«, wird auf der Flucht vor einer Polizeikontrolle von einem Polizisten erschossen. Die Polizei wurde am Morgen des 11. März 1977 vom Rektor der Universität Bologna wegen einer banalen Unruhe gerufen. Die Reaktion der Studenten in Bologna verwandelt die Altstadt in ein Schlachtfeld. Auslagenfenster werden eingeschlagen, Restaurants, in denen gewöhnlich die »roten Machthaber« der Stadt zu Mittag essen, werden zerstört, ein Waffengeschäft wird geplündert. In wenigen Stunden ist Bologna nicht mehr die Stadt, die von der ganzen Welt für ihre umsichtige Art der Verwaltung bewundert wird, sondern ein Ort der dramatischen Gegensätze und des Unbehagens. Für Berlinguer und die anderen kommunistischen Parteiführer ist dies ein gewaltiger Schock. Nach Lama, dem Symbol der Arbeiterklasse, trafen die Jungen ein weiteres »rotes« Symbol, sogar das Schaufenster des italienischen Kommunismus.

Am Tag darauf ruft die Bewegung zu einer landesweiten Demonstration in Rom auf, die wie eine Generalprobe für die Stadtguerilla erscheint. Neben den »Gammlern« und »Großstadtindianern«, die Slogans wie »Der Ringelreihen ist zu Ende, jetzt kommt die Gewalt der Massen« rufen, finden sich Tausende Menschen aus den Vororten, arbeitslose Arbeiter aus dem Süden und prekäre Studenten ein. Viele haben das Gesicht mit roten Tüchern bedeckt und heben die Hand hoch, den Daumen, den Mittel- und Ringfinger jeweils ausgestreckt. Es ist das Zeichen der P38,[11] das traurige Berühmtheit erlangen wird. Berlinguer sieht es zum ersten Mal unter den jungen Leuten, die wie ein großer Strom

---

11 Die Linksterroristen der *Brigate Rosse* (BR/*Rote Brigaden*) haben in ihren Aktionen im März 1977 als Waffe die Pistole *Walther P38* bevorzugt. Die erhobene Hand mit ausgestreckten Daumen, Mittel- und Zeigefinger symbolisiert diese Waffe.

unter den Fenstern der Parteizentrale vorbeiziehen und dann weiter auf die Piazza del Gesù, dem Hauptquartier der DC, gehen, wobei sie Curcio,[12] die Roten Brigaden und den bewaffneten Kampf loben.

Die Geschehnisse an diesem Tag in Rom scheinen eine lebendige Demonstration jener Analyse zu sein, die kurz zuvor Alberto Asor Rosa, einer der besten Intellektuellen der KPI in der »L'Unità« publizierte. Darin behauptete er, dass sich gerade eine »zweite Gesellschaft« der Außenseiter, Arbeitslosen und Hoffnungslosen gegen den historischen Kompromiss mobilisiert. Sie existiere neben der Gesellschaft der abgesicherten Lohnempfänger, zu deren Garanten sich die KPI und die Arbeiterklasse entwickelt haben. Eine Interpretation, die Berlinguer nicht teilte.

Bei einer Diskussion mit dem damaligen Generalsekretär des FGCI, Massimo D'Alema, der besorgt über die Spaltung war, die sich gerade zwischen den jungen Leuten und den historischen politischen Kräften der italienischen Demokratie öffnete, sagt Berlinguer: »Sicherlich haben die Schwierigkeiten, auf die wir bei den jungen Leuten stoßen, auch mit der Politik zu tun, die wir betreiben. Aber diese Politik ist notwendig. Sie erfordert ihren Preis, aber es handelt sich dabei um einen unumgänglichen Weg«.[13]

Infolge der Verhaftung vieler junger Aktivisten der Bewegung und einer Razzia bei den Autonomen, die am 7. April 1977 vom Untersuchungsrichter Pietro Calogero mit Unterstützung der KPI angeordnet wurde, beginnt die paradoxe These von generellen Repressionen, welche die Übereinkunft von DC und den Kommunisten verursachen würde, Gestalt anzunehmen. »Bologna ist wie Prag«, behauptet ein Dokument, das von einigen französischen Intellektuellen ausgearbeitet wurde, unter ihnen Deleuze[14] und Guattari.[15] Bologna wird als Veranstaltungsort für eine »Tagung über die Repression« ausgewählt, welche die Anklage der europäischen Kulturszene gegenüber der KPI bestätigen sollte.

---

12 Renato Curcio, geboren 1941, Gründer und Anführer der *Brigate Rosse* (BR/*Rote Brigaden*), zuvor seit Ende der 1960er-Jahre in mehreren linksradikalen Gruppierungen aktiv, ab Anfang der 1960er-Jahre Student der Soziologie und Philosophie, 1975 und 1976 verhaftet, verurteilt, 1998 entlassen, danach tätig als Schriftsteller, bis heute erfolgte weder Distanzierung von den Aktivitäten der BR noch ein Schuldeingeständnis.

13 Massimo D'Alema: *Il Movimento del '77 e quelle masse giovanile modernamente emarginate* (*Die 1977er-Bewegung und die jugendlichen Massen, auf moderne Weise ausgegrenzt*), in: *Enrico Berlinguer*.

14 Gilles Deleuze (1925–1995), französischer Philosoph, verfasste zahlreiche Schriften über Philosophie, Literatur, Film und Kunst, u. a. mit Félix Guattari.

15 Félix Guattari (1930–1992), französischer Psychiater und Psychoanalytiker.

Mit einem gewissen Hausverstand entscheiden die Kommunisten in Bologna, geführt vom jungen Sekretär Renzo Imbeni und vom Bürgermeister Renato Zangheri, der eine der Lieblingszielscheiben der Autonomen ist (»Lasst uns die Stadt aufmischen«[16] ist der wiederkehrende Slogan), dieser Kampagne einen Dämpfer zu geben, indem sie die Räumlichkeiten für die Tagung zur Verfügung stellen. Die »roten« Kooperativen bemühen sich sogar, allen Gästen zu essen und zu trinken zu geben, für die Übernachtung Campingplätze und für den Transfer Busse zu organisieren.

Aber kurz bevor die autonomen Massen nach Bologna strömen, schlägt Enrico Berlinguer auf seiner Rede beim landesweiten Festival der »L'Unità« in Modena, einer anderen Stadt in der Emilia, einen überhaupt nicht versöhnlichen Ton an. »Die KPI«, sagt er, »wird als Feind, den es zu schlagen gilt, angesehen, sowohl von Almirante, von den Autonomen als auch von den Roten Brigaden.« Und als Hinweis auf die bevorstehende Tagung: »Diese armen Provokateure werden Bologna sicherlich nicht ruinieren!«

»... aber es sind unsere Kinder«

Innerhalb und außerhalb der Partei brachen dazu sofort Streitigkeiten aus. Kurz darauf, bei einer Tagung des Gramsci-Institutes, an der Berlinguer jedoch nicht teilnimmt, nimmt die KPI eine offenere Position gegenüber der Bewegung ein.[17] Aber der schmerzhafteste Protest kommt dieses Mal aus seiner privaten Welt, von seinen eigenen Kindern. 1977 sind drei der vier Kinder in einem Alter, in dem man schon über Politik diskutiert. Bianca, die älteste, ist 18 Jahre alt, Maria 16, Marco 14. Sie alle gehen auf dasselbe klassische Gymnasium, das »Tito Lucrezio Caro«-Gymnasium in Rom. Sie nehmen an den Versammlungen und kollektiven Veranstaltungen wie viele ihrer Gleichaltrigen teil. Ihr Vater achtete immer darauf, sie nicht zu privilegieren. Mit der entscheidenden Hilfe seiner Frau ist es gelungen, sie in einer – alles in allem – normalen Umgebung aufwachsen zu lassen. Aber gleichzeitig schloss er sie aus seinem öffentlichen Leben nicht aus und nahm sie auf seine Touren durch Italien, manchmal auch auf die großen Auslandsreisen mit.

16 »Die Stadt aufmischen« bedeutet auf Italienisch: »*zangheriamo la città*«, also ein Wortspiel mit dem Familiennamen des damaligen Bürgermeisters von Bologna, Renato Zangheri.

17 Auf der Tagung des Gramsci-Institutes ist die Eröffnungsrede von Achille Occhetto gehalten worden. Einige Monate später wird Occhetto einen Bericht auf der Sitzung des Zentralkomitees vortragen, zu den neuen, jugendlichen Bewegungen.

Von klein auf leitete er ihre Lektüre an, auch wenn er niemals versuchte, damit ihre Meinungen zu beeinflussen. Ihre Schulgefährten erinnern sich, dass Berlinguers Kinder mit den Romanen von Balzac[18] oder mit den *Briefen aus dem Kerker*[19] von Gramsci viel vertrauter waren ihre Altersgenossen. Sie wussten alles über Vietnam und Hô Chí Minh, obwohl sie nicht besonders gut in der Schule waren. Keiner von ihnen war überwältigt vom Mythos des berühmten Vaters, aber sein Fremdbild ließ sie sicherlich nicht gleichgültig. Diese recht komplexe Beziehung aus Dialog und Bewunderung ist besonders intensiv mit Maria, seiner Lieblingstochter, ein junges Mädchen von kleiner Statur und mit fast wie gezeichnet erscheinenden Gesichtszügen. Maria ist die Einzige, die, noch bevor sie 14 Jahre alt war, dem FGCI beitrat. Das hielt sie vor der Mutter geheim, die davon überzeugt war, dass man sich in diesem Alter nicht mit Politik beschäftigen sollte. Berlinguer hingegen wusste von dem kleinen Geheimnis und war im Grunde darüber erfreut. Wie bei anderen Gelegenheiten kommt Maria, gemeinsam mit einer Clique von Freunden, auch zu dem Festival in Modena. Zum ersten Mal ist sie mit einer Rede ihres Vaters nicht einverstanden und sagt ihm das mit der gesamten Aggressivität einer enttäuschten Heranwachsenden. Sie wirft ihm vor, allzu streng gewesen zu sein und die jungen Leute nicht zu verstehen.

Noch schlimmer kam es mit Marco, einem schweigsamen Jungen, der gerade die Mittelschule abgeschlossen hatte und schon die väterlichen Entscheidungen anzweifelte. Berlinguer ist von den Ausbrüchen der Aggressivität und vom Schweigen seines einzigen Sohnes vielleicht mehr getroffen als von einem Streitgespräch in der Partei. Als er von Genossen der Leibwache erfährt, dass unter den vielen jungen Leuten auch Marco im Protestzug an der Parteizentrale vorbeimarschiert und mit der Hand die Geste der P38 macht, ist er verblüfft und verstört. Und von da an entwickeln sich seine Reflexionen, die langsam vorankommen, durch große innerliche Gegensätze.

Ohne diese familiären Ereignisse zu kennen, die sich parallel zu den historischen Geschehnissen in der Republik ereignen, kann man die Worte, die Berlinguer ein Jahr später auf dem Festival in Genua aussprechen wird, nicht

18 Honoré de Balzac (1799–1850), französischer Schriftsteller, wird zusammen mit Stendhal und Flaubert als Dreigestirn der großen Realisten angesehen.

19 Antonio Gramsci (1891–1937) schrieb aus den Gefängnissen des faschistischen Italiens zahlreiche Briefe an Familienangehörige, Freunde und politische Mitstreiter. Die *Briefe aus dem Kerker* zählen neben den *Gefängnisheften (Quaderni del carcere)* – Anmerkungen, Betrachtungen und Gedanken über politische Philosophie, Politik im Allgemeinen, Literatur, Intellektuelle und deren gesellschaftliche Funktion und vieles mehr – zu den Hauptwerken Gramscis.

so leicht verstehen: »Manchmal sind wir erschüttert und fassungslos angesichts der jungen Leute. Aber es sind unsere Kinder, es sind Kinder unseres Kampfes für die Freiheit. Wir wollen an der Seite der jungen Leute stehen und den Sinn ihrer Rebellion deuten, auch wenn wir bestimmte Formen davon nicht nachvollziehen können«. Inzwischen war es zur Ermordung von Aldo Moro gekommen, zum Scheitern des Treffens mit der DC.

Der Schiffbruch

Einer der Vorzüge, die Berlinguer von Kindheit an hatte, war der, ein Segelboot steuern zu können. In den Ferien, die er jeden August in Stintino verbrachte, nahm das Steuern eines kleinen Segelbootes einen Großteil der Zeit ein. Als Segler liebte er das Risiko, was ihm von seinem Onkel Ettorino weitergegeben worden war. Es gefiel ihm, auf rauer See ganze Tage lang das Steuer zu halten und dabei zwischen Winden und Strömungen zu manövrieren. Familienangehörige und Freunde erzählten Anekdoten von Ängsten und Ohnmachtsanfällen der Unvorsichtigen, die in dem Glauben an Bord kamen, einen ruhigen Ausflug zu machen, sich stattdessen mitten im Sturm wiederfanden. In diesem von Unglück geprägten Jahr 1977 sieht Berlinguer aufgrund eines tragisch-komischen Unfalls, der von Presse als Schiffbruch dargestellt wird, auch seinen Mythos als Seefahrer infrage gestellt.

In diesem Jahr verzichtete er mit großem Schmerz auf Stintino. Auch wenn die politischen Ereignisse von Auseinandersetzungen und Schwierigkeiten zeugen, steht der Generalsekretär der KPI im Mittelpunkt der Aufmerksamkeit, wird überall von Neugierigen, Chronisten und Fotografen gejagt. Das kleine sardische Dorf ist allzu stark der Öffentlichkeit ausgesetzt. So wählt die Familie Berlinguer für den August eine ziemlich isolierte Ortschaft am Ende einer Bucht auf der Insel Elba: Procchio. An diesem Meer, das er nicht kennt, weit entfernt von seinem Sardinien, ohne die Gruppe der alten Freunde aus Stintino, die sich dort jedes Jahr in den Ferien wiedertreffen, scheint Berlinguer unruhig und gelangweilt. Der einzige Trost sind die Ausflüge am Steuer des Bootes seines Bruders Giovanni, der sich auch auf der Insel Elba aufhält.

Eines Morgens fahren die beiden Berlinguers, zusammen mit Bianca und einem Genossen von der Leibwache, auf eine wegen des Schirokkowindes[20] besonders raue See hinaus. Giovanni Berlinguer erinnert sich: »Irgendwann

---

20 Ein gleichmäßiger, heißer Wüstenwind, der von der Sahara in Richtung Mittelmeer – oft im Frühjahr, frühen Sommer und Herbst – weht.

bemerkten wir, dass der Wind uns auf die hohe See hinausdrückte, und dass mein Boot es nicht mehr schaffte. Wir kehrten zur Küste zurück und banden uns mit einem Seil auf einer Klippe fest, in Erwartung, dass der Wind nachlassen würde.«[21] Aber der Wind lässt nicht nach und die Stunden vergehen. Bianca gelingt es, das Ufer zu erreichen, und läuft in den Ort zurück, um zu erzählen, was passiert ist. Aber noch bevor sie die Ortschaft erreicht, schlägt Berlinguers Leibwache bereits Alarm. Die Polizeidirektion von Livorno ist sofort in Aufruhr. Eifrige Beamte beeilen sich, Francesco Cossiga, ein Cousin Berlinguers und Innenminister, anzurufen, um ihm mitzuteilen, dass der Generalsekretär der KPI auf dem Meer verschwunden sei. Mehrere Schnellboote fahren vergeblich auf die See hinaus, um die Schiffbrüchigen zu suchen.

Ein Alarm zweiten Grades wird ausgelöst, Hubschrauber werden für den Einsatz vorbereitet, während Cossiga die Operation Minute für Minute verfolgt. Der Polizeipräsident von Livorno, ein ziemlich alter Mann, der kein Vertrauen in das Meer hat, ist aufgrund seiner Rolle gezwungen, das Schiff, das die Suche leitet, zu besteigen, und wird seekrank. Inzwischen werden die beiden Berlinguers, die von dem ganzen Chaos nichts ahnen, von einem Fischerboot in den Hafen Portoferraio[22] abgeschleppt. Zufällig hält sich gerade ein Chronist der Livorner Zeitung »Il Telegrafo« dort am Kai auf, und so wird der Vorfall zumindest teilweise bekanntgemacht.

In der Zeitung steht aber nichts von einem ziemlich komischen Missverständnis, sondern von einem Schiffbruch im wahrsten Sinne des Wortes. Berlinguer ist sauer, aber er zieht es vor, die wahren Gegebenheiten des Vorfalls nicht zu erklären. Dafür wird er über eine lange Zeit hinweg in seinen Reden und Artikeln auf den Gebrauch von Meeresbegriffen oder -analogien (»auf offener See navigieren«, »im Sturm steuern« und so weiter), die er zuvor immer in großen Mengen verwendete, verzichten, weil er die Ironie der Gegner fürchtet.

Enrico und der »schlaue Fuchs«

In der ersten Phase der Regierung des »Nicht-Misstrauens« steht Berlinguer nicht im Rampenlicht. Das tägliche Treffen zwischen den verbündeten Antagonisten ist die Aufgabe der Männer, die als Schattenminister der KPI agieren:

---

21 Die Episode ist anhand der Aussage von Giovanni Berlinguer nacherzählt worden.

22 Portoferraio ist eine der sieben Gemeinden der Insel Elba, die zur Region Toskana gehört, zugleich ihre Hauptstadt, ihr wirtschaftliches und kulturelles Zentrum mit rund 12.000 Einwohnern.

Gerardo Chiaromonte, die Nummer zwei der Partei, und Giorgio Napolitano, Leiter der Wirtschaftsabteilung, der sofort durch zahlreiche unpopuläre, von der Regierung verabschiedete Maßnahmen in Schwierigkeiten gebracht wird. Ferner gibt es Luciano Barca, der auf wirtschaftlichem Gebiet eine Position vertritt, die sich teilweise von jener der kommunistischen Rechten unterscheidet, und der auf den Treffen der Parteiführung unweigerlich mit Napolitano zusammenstößt. Aber im Licht der medialen Scheinwerfer agiert Fernando Di Giulio, Vizepräsident der kommunistischen Fraktion in der Abgeordnetenkammer, dem Berlinguer die Rolle des Botschafters bei der Regierung Andreotti übertragen hat. Di Giulios Treffen mit Franco Evangelisti, ein Mann des Vertrauens von Ministerpräsidenten Andreotti, rufen Neid und Irritationen hervor, die Zeitungen sind voller Berichte darüber.[23]

Man weiß jedoch nicht, dass sich Berlinguer und Andreotti im Geheimen oft persönlich sehen. Die Gespräche finden am verdächtigsten Ort statt, nämlich in Tonino Tatòs Haus, wo viele weitere Schlüsseltreffen des italienischen politischen Lebens stattfinden: mit Cossiga, Forlani, Visentini, De Benedetti[24] und Aldo Moro. Um kein Wort zu verpassen, platzierte die römische Filiale der CIA Anfang hier 1976 zahlreiche Abhörgeräte. Aber das wird man erst viel später erfahren.[25]

Die Wohnung von Tatò und Giglia Tedesco[26] in der Via de Nari in der römischen Altstadt ist ziemlich klein. In einer Atmosphäre gegenseitiger Verlegenheit ziehen sich Berlinguer und Andreotti in ein Zimmer zurück, Tatò und Evangelisti in das Zimmer nebenan, während Giglia Tedesco still und leise mit einem Neffen in das Schlafzimmer verschwindet. Der Dialog zwischen den zwei politischen Männern verläuft holprig und zeichnet sich durch lange stille Phasen aus, obwohl Andreotti berühmt dafür ist, ein brillanter Gesprächspartner zu sein. Die zwei Persönlichkeiten könnten nicht verschiedener sein. Berlinguer, auch wenn er nicht naiv ist, neigt dazu, den Worten nur eine einzige Bedeutung zu geben, nämlich die offensichtlichste. Im Wesentlichen handelt er im guten Glauben, beseelt von Loyalität gegenüber dem Gesprächspartner. Er ist bereit

23 Fernando Di Giulio berichtet von seiner Erfahrung in dem Buch von Emanuele Rocco, verfasst als Interview: *Un ministro-ombra si confessa (Ein Schattenminister beichtet)*, Milano 1979.

24 Carlo De Benedetti, geboren 1934, Ingenieur, Unternehmer (Olivetti) und Zeitungsherausgeber (»La Repubblica«, »L'Espresso«).

25 Claudio Gatti: *Le cimici di Enrico (Die Abhörwanzen von Enrico)*, in: »Il Sole 24 ore«, »Domenica«, 10. Oktober 2004.

26 Gigliola »Giglia« Tedesco (1926–2007), Ehefrau von Antonino Tatò, Mitglied des Senats (1968–1994), Präsidentin der Nachfolgeorganisationen der KPI in den 1990er-Jahren.

zum Kompromiss, aber verzichtet nicht auf seinen grundsätzlichen Plan, Schritt für Schritt eine neue Gesellschaft aufzubauen. Sein Gegenüber, Giulio Andreotti, ist die Quintessenz der Hinterzimmerpolitik. Dieser hat als Vertrauensmann der vatikanischen Kurie seine Skrupellosigkeit und Raffinesse verfeinert. Er kennt die Mechanismen der Macht allzu gut und weiß, dass die Kommunisten darauf nicht gut vorbereitet sind. Aber er ist sich auch bewusst, dass er im Moment ihre Unterstützung braucht. Seine Philosophie ist, Zeit zu gewinnen, und dabei so wenig wie möglich nachzugeben.

Bei den ersten Annäherungen gibt es einen gewissen Hauch von Höflichkeit. Andreotti erinnert sich, dass ihm Enrico in der ersten Zeit einen Ausschnitt einer belgischen Tageszeitung gab, in dem Andreotti selbst als »der Mazzarino[27] der DC« beschrieben wurde, »ein alter, schlauer Fuchs, ausgestattet mit der Salbung eines Kardinals«. Aber mit dem Fortschreiten der Gespräche verschlechtert sich die Stimmung. Berlinguer tendiert dazu, alles öffentlich zu machen, was unter vier Augen gesagt wird. Luciano Barca erinnert sich, dass der Generalsekretär der KPI darauf achtete, wenn er eine vertrauliche Besprechung hatte oder sich mit einer Angelegenheit außerhalb von offiziellen Kanälen befasste, später den Inhalt in einer öffentlichen Erklärung publik zu machen. Wenn es keine andere Möglichkeit mehr gab, rief er einen von den politischen Berichterstattern der »L'Unità«, denen er am meisten vertraute, zu sich und schlug ihm Themen für einen Kommentar oder für eine Notiz vor, um so die Beschreibung des Punktes festzuhalten, wohin die Diskussion führte.[28]

Aber in einer eigenartigen, durch die Regierung des »Nicht-Misstrauens« hervorgerufenen Situation ist die Praxis der Klarheit nicht sehr leicht. Sehr bald spürt Berlinguer, dass das »historische Treffen« zwischen den zwei großen Parteien das Risiko birgt, sich in Geheimgesprächen und in verstohlenen Kontakten an der Bar des Hauses der Abgeordnetenkammer[29] zu erschöpfen.[30] Und er tut deshalb alles, um aus der Deckung herauszukommen. Die Formel des »Nicht-Misstrauens« muss einen Raum finden, in dem sie zum Ausdruck gebracht wird. Da die von der Regierung verabschiedeten Maßnahmen zu einem

27 Jules Mazarin, eigentlich Giulio Mazzarino (1602–1661), französischer Diplomat und Kardinal italienischer Abstammung, regierender Minister Frankreichs (1642–1661) als Nachfolger von Kardinal Richelieu, Herzog von Nevers und Rethel (1659–1661).

28 Luciano Barca, persönliche Mitteilung an die Autorin.

29 Der Sitz der Abgeordnetenkammer befindet sich im Palazzo Montecitorio, jener des Senates im Palazzo Madama.

30 Bei einem ihrer letzten Treffen wird Berlinguer selbst diesen Vorwurf an Aldo Moro richten, wie Luciano Barca enthüllt hat.

beträchtlichen Rückgang der Inflation führten, schlägt Berlinguer Andreotti ein Treffen jener Parteien vor, die mittels ihrer Stimmenenthaltung die Existenz der Regierung unterstützen, um einen Reformplan auszuarbeiten. Im Wohnzimmer von Tatòs Haus stellt sich Giulio, der schlaue Fuchs, taub. Also lässt ihm Berlinguer einen Brief des Sekretariats der KPI zukommen, der ein gemeinschaftliches Treffen zur Wirtschaftspolitik fordert. Andreotti, der mit einem weiteren Brief voller Schmeicheleien antwortet, forciert eine Debatte im Parlament und lässt ihr getrennte Gespräche mit Delegationen der verschiedenen Parteien vorangehen. Das war nicht das, was Berlinguer verlangte (ein kollektives Treffen hätte einen gänzlich unterschiedlichen Wert gehabt), aber, wie es bei vielen anderen Gelegenheiten in diesen drei Jahren der Fall sein wird, will er den Bogen nicht überspannen, auch wenn nur ein Teilresultat erreicht wurde.

Mit Vertrauen in Moro

»Bevor wir über das Hauptverfahren der beiden Ex-Minister Gui[31] und Tanassi[32] vor dem Obersten Gerichtshof aufgrund des Lockheed-Skandals abstimmten, haben wir lange nachgedacht. Wir wussten, dass diese Entscheidung die DC erstarren lassen und die gesamte politische Linie, auf der wir uns bewegten, zunichtemachen hätte können. Aber wir waren der Meinung, dass es sich dabei um einen grundsätzlichen Punkt handelte, an dem man keinen Kompromiss machen konnte. Wir sind zu einer Verabredung mit der DC gekommen, um das alte Italien zu erneuern, nicht um es zu verwalten.« Diese vertrauliche Information von Enrico Berlinguer an Eugenio Scalfari zeigt, mit welch großer Umsicht und Sorge sich der kommunistische Generalsekretär in dieser Phase bewegt.[33]

In der öffentlichen Meinung der Linken wurde der Lockheed-Skandal zum Symbol eines Regimes, dessen Untaten nicht mehr toleriert werden können.

---

31 Luigi Gui (1914–2010), christdemokratischer Politiker, Mitglied der Verfassungsgebenden Versammlung, der Abgeordnetenkammer und des Senates, übte mehrere Ministerämter (Unterricht, Gesundheit, Innen, Verteidigung) aus.

32 Mario Tanassi (1916–2007), Generalsekretär der *Sozialdemokratischen Partei/Partito socialista democratico italiano – PSDI* (1964–1966, 1972, 1975/76), Wirtschaftsminister (1968/69), Verteidigungsminister (1970–1974) und Finanzminister (1974), stellvertretender Ministerpräsident (1973/1974).

33 Eugenio Scalfari: *Berlinguer racconta in che modi i comunisti sono arrivati all'appuntamento decisive con la DC (Berlinguer berichtet, auf welche Weise die Kommunisten zur entscheidenden Vereinbarung mit der DC gekommen sind)*, in: La Repubblica, 19. Mai 1977.

Die Anklage der zwei Minister (von denen später nur Tanassi verurteilt werden wird) schien streng zu sein. Dennoch gesteht Berlinguer, vor der Abstimmung gezögert zu haben, auch wenn sie durch die Verteidigung der DC, die von Aldo Moro selbst im Parlament vorgetragen wurde, noch notwendiger wurde. Angesichts eines plötzlich verstummten Parlaments behauptete Moro, dass die DC, der einzige wahre Garant der Freiheit in Italien, es nicht zulassen würde, öffentlich verurteilt zu werden. Nach Moros Rede sprachen verschiedene Kommentatoren vom Ende der Krise der DC sowie über Arroganz und Anmaßung.

Berlinguer erlebt das Ereignis nicht auf diese Weise. Von Moros Selbstverteidigung wurde er zuallererst im Vorhinein informiert.[34] Und auch wenn er so aggressive Töne nicht erwartete, sieht er Moros Rede letztlich als Tribut an die Einheit seiner Partei. Andererseits entwickelte sich mit Moro etwas Ähnliches wie eine Vertrauensbeziehung. An diesem Punkt stimmen alle der engsten Mitarbeiter Berlinguers überein. Vor Andreotti auf der Hut, spürt er jedoch bei Moro, zumindest in dieser Phase, einen grundsätzlichen Gleichklang. Berlinguer ist der Meinung, dass Aldo Moro tatsächlich, wenn auch nach und nach, zu einer Art von Großer Koalition wie jener in Deutschland kommen will. Also dass er zumindest für eine begrenzte Periode die Kommunisten in die Regierung bringen will, um die Blockaden im System zu überwinden.[35] Aus diesem Grund zeigt er Geduld und mangelnde Aggressivität.

Sicherlich, wenn man von den großen, allgemeinen Entwürfen zur alltäglichen Politik übergeht, muss Berlinguer fast widerwillig feststellen, dass Moros Haltung sich doch nicht so sehr von der Andreottis unterscheidet. Wenn es zum Punkt kommt, bremst Moro, schiebt hinaus, versucht, jede Veränderung zu vermeiden. »Wehe, wir verschrecken die Mittelschichten«, sagt er wiederholt zu Barca, wenn es darum geht, die alten Agrarabkommen zu reformieren oder eine gesetzlich festgelegte Miete einzuführen.

In diesen Monaten des Aushandelns und des langsamen, aber unaufhaltsamen Zermürbens des Images der Kommunisten denkt Berlinguer oft an einen Witz von Moro, vorgetragen von Francesco De Martino, dem alten sozialistischen Parteiführer, der mit Mitte-links dasselbe Gezerre erlebte. »Reformen in Italien kann man höchstens einmal alle fünf Jahre machen. Und auch das ist noch zu viel.«[36]

---

34 Luciano Barca, persönliche Mitteilung an die Autorin.

35 Alessandro Natta: *Gli anni e le idee di Enrico Berlinguer (Die Jahre und die Ideen von Enrico Berlinguer)*, in: *Gli anni di Berlinguer (Die Jahre von Berlinguer)*, hg. von Aldo Zanardo, Spezialausgabe von »Critica Marxista«, März–Juni 1985.

36 Francesco De Martino, persönliche Mitteilung an die Autorin.

Berlinguers Enttäuschung über die DC entwickelt sich in den folgenden Monaten, die notwendig waren, um ein »gemeinsames Programm« zwischen den Parteien auf die Beine zu stellen, und dann in dem anschließenden substanziellen Scheitern. Die Ausarbeitung einer programmatischen Übereinkunft zwischen allen Parteien des »Nicht-Misstrauens«, das von der Regierung ins Parlament zur Abstimmung gebracht werden sollte, scheint Berlinguer, Craxi und Ugo La Malfa ein konkreter Schritt vorwärts zu sein im Vergleich zur Stimmenthaltung, der keine inhaltliche Vereinbarung vorausging. Nach mehreren Widerständen stimmt die DC zu, vor allem aufgrund von Moros Rede. Bei dieser Vereinbarung zeigen sich die Kommunisten in einer schwachen Position. Das unter der Führung von Giorgio Napolitano ausgearbeitete »mittelfristige Projekt«, das die Summe der wirtschaftspolitischen Vorschläge der Kommunisten hätte sein sollen, erweist sich als ein zu allgemeiner und zu wenig prägnanter Text.[37] Berlinguer fordert mit einer gewissen Dosis Naivität populäre Maßnahmen wie die der Einführung von politisch festgesetzten Preisen für allgemeine Konsumgüter (Brot, Nudeln, Milch), um ein Klima des Vertrauens unter den Leuten zu erzeugen: Natürlich wird nichts davon realisiert. Inzwischen war jedoch ein abartiger Mechanismus in Gang gesetzt worden, den nur ein Balzac adäquat beschreiben hätte können.

Die Generalsekretäre der Parteien haben begonnen, sich zu treffen. Jeder bestimmt eine Arbeitsgruppe, geleitet von den Stellvertretern: Chiaromonte, Galloni,[38] Claudio Signorile.[39] Noch bevor man sich über Inhalte streitet, gerät man sich über die Arbeitsmethode in die Haare. Die DC will nur die Wirtschaftspolitik in Angriff nehmen, die KPI praktisch das gesamte Programm. Daraus entsteht ein Strudel von Arbeitsgruppen und Kommissionen, geprägt von einer großen Teilnehmerzahl und akademischen Diskussionen über unterschiedlichste Themen. Auch Luigi Longo kommt einmal zu einem dieser Treffen. Das Gespräch kommt auf die Geheimdienste, und Moro fragt die Anwesenden, in welchen Fällen die Dienste in ihren Augen falsche Pässe ausstellen dürften. Longo ergreift plötzlich das Wort. »Damals in der *Resistenza* haben wir Kom-

---

37 Di Giulio/Rocco: *Un ministro-ombra si confessa (Ein Schattenminister beichtet)*, 1979.

38 Giovanni Galloni (1927–2018), Jurist, zu diesem Zeitpunkt stellvertretender Präsident und Generalsekretär der DC, in den 1980er-Jahren Bildungsminister.

39 Claudio Signorile, geboren 1937, zu diesem Zeitpunkt stellvertretender Generalsekretär der PSI (bis 1981), Mitglied der Abgeordnetenkammer (1972–1994), in den 1980er-Jahren Verkehrsminister.

munisten eine große Menge an falschen Pässen produziert. Die Frage ist, wozu man jemanden ins Ausland schicken will«, sagt er, wobei er bei Moro große Verlegenheit auslöst. Alessandro Natta erinnert sich: »Auf diesen Treffen haben wir das Universum zur Diskussion gestellt.«[40]

Nach mühsamen Vermittlungen und Treffen jeder Art entsteht ein Text, der sich durch eine große Anhäufung an Fragen und einen absoluten Mangel an ausgewählten Prioritäten auszeichnet. Berlinguer ist enttäuscht davon. Als er sich Mitte Juli 1977 in der Abgeordnetenkammer zu dieser schwierigen programmatischen Übereinkunft äußert, dessen politische Einleitung er auf Moros Aufforderung hin selbst schreibt, drückt er sich mit einer Entschlossenheit aus, die er seit geraumer Zeit nicht mehr gezeigt hat. »Demjenigen, der uns fragt, ob auch dieses Abkommen im Nichts enden wird, entstellt durch Manöver und Fallen seiner Gegner oder blockiert durch Routine und Aufschub, antworten wir nicht mit kritiklosem Vertrauen, sondern rufen die Bürger auf, wachsam zu sein und einzugreifen.«

Aber es braucht nicht viel, um zu erkennen, dass die ganze Vorbereitungsarbeit reine Zeitverschwendung war. Die Regierung Andreotti setzt ihr kleines Intrigenspiel fort und das von der Presse als ein historisches Ereignis präsentierte Dokument endet in der Schublade. Wie Evangelisti gegenüber Di Giulio unvoreingenommenen erklärt, ist der von der DC in dreißig Jahren aufgebaute Staat nicht in der Lage, Veränderungen vorzunehmen, selbst wenn er es wollte. Die Politik, die Berlinguer fordert, ist mit dem System nicht »in Einklang zu bringen«.

Wojtyła misstraut

Von der DC in Schwierigkeiten gebracht, versucht Berlinguer, dem Dialog mit der katholischen Welt neuen Schwung zu verleihen. Er entwickelt eine Operation, die in den Massenmedien zu Recht ein außerordentliches Echo erfährt, weil sie, wie im Fall des Interviews zum Schutzschirm der NATO, reich an Bedeutung und politischen Konsequenzen ist. Unmittelbar nach den Wahlen von 1976 schrieb Luigi Bettazzi, der Bischof von Ivrea,[41] einen Brief an Berlinguer, in dem er die Hoffnungen des progressiveren Flügels des Klerus, aber auch die Sorgen in Bezug auf die religiöse Freiheit angesichts der Perspektive einer sozialistischen Gesellschaft in Italien zum Ausdruck brachte.

40 Alessandro Natta, persönliche Mitteilung an die Autorin.

41 Nördlich von Turin gelegen, Richtung Aostatal, die Stadt hat heute etwa 23.000 Einwohner.

Berlinguer antwortete nicht sofort. In dieser Phase der extremen Vorsicht, die er nach dem 20. Juni 1976 an den Tag legte, wollte er keine neuen Streitigkeiten mit der Kirchenhierarchie und der DC hervorrufen. Aber jetzt ist die Situation eine ganz andere. Ein Bischof, der sich an den Generalsekretär der KPI wendet, ist eine allzu wichtige Karte, um sie in der Schublade liegen zu lassen.

Die Antwort, die Berlinguer verfasst und in jedem Detail mithilfe Paolo Bufalinis und Franco Rodanos abwägt, ist nicht nur eine Wiederbelebung des Dialogs zwischen Katholiken und Kommunisten im großen Stil, sondern auch eine Zusammenfassung der Garantien, welche die KPI der Kirche anzubieten beabsichtigt, sollte sie demnächst Regierungspartei werden. Abgefasst in Form eines Briefes wird die Antwort zusammen mit dem Schreiben Bettazzis in der »Rinascita« veröffentlicht. Diese Publikation führt zu den höchsten Verkaufszahlen in der Geschichte der kommunistischen Wochenzeitung.[42] Als diese Ausgabe der »Rinascita« in die Zeitungskioske kommt, findet im Vatikan gerade die Weltsynode der Bischöfe statt. Sofort steht die Diskussion zum Dokument des kommunistischen Generalsekretärs im Mittelpunkt. Der generelle Eindruck ist ein sehr positiver, vor allem die Bischöfe aus Lateinamerika und Osteuropa sind positiv beeindruckt von Berlinguers negativem Urteil über die Hindernisse bei der Ausübung der religiösen Praxis in diesen Ländern. Es gibt eine bedeutende Ausnahme: jene des Erzbischofs von Krakau, Karol Wojtyła, der starke Vorbehalte äußert. Das Resultat der Debatte auf der Synode und schwieriger Konsultationen an der Spitze der Kirche ist eine Kolumne, die zehn Tage später im »L'Osservatore Romano« mit dem Titel »Die kommunistische Partei und die Katholiken in Italien« veröffentlicht wird. Obwohl der Artikel sehr vorsichtig verfasst ist, stellt er in gewisser Hinsicht einen ersten Schritt zur Anerkennung der KPI und ihrer Glaubwürdigkeit sowie der Zustimmung zum Konzept des historischen Kompromisses dar. Berlinguer ist sich dessen sofort bewusst. »Die einzigen, die uns gegenüber ziemlich fair auftraten, waren die Männer des Vatikans«, wird er 1979 sagen, wenn er eine Bilanz über die Jahre der »nationalen Solidarität« zieht.

42 Enrico Berlinguer: *Comunisti e cattolici: chiarezza di principi e basi di un intesa* (*Kommunisten und Katholiken: Klarheit der Prinzipien und Grundlagen einer Vereinbarung*), in: Rinascita, 14. Oktober 1977.

Von links überholt

Wenngleich er mit der Kirche den einzigen, unbestreitbaren Erfolg in diesem mühseligen Jahr 1977 erzielt, muss sich Berlinguer inzwischen mit den immer stärker werdenden Kritiken auseinandersetzen, die von links auf ihn zielen. In der Theorie sollte die Regierung Andreotti 90 Prozent der Italiener repräsentieren. In der Realität ist die »nationale Solidarität« wie eine allzu kleine Decke, die – da von allen Seiten an ihr gezogen wird – immer größere Zonen unbedeckt lässt. Im Frühling rebellierten die jungen Leute. Jetzt sind die Arbeiter an der Reihe. Seit die Kommunisten in die Sphäre der Macht eingetreten sind, wurden sie, noch mehr als die Regierung selbst, zur Zielscheibe für die Unzufriedenheit jener Gruppen, die gleichzeitig von der Inflation und den Maßnahmen gegen dieselben betroffen sind.

Viele, auch unter den Verbündeten, spielen bedenkenlos mit diesem Zustand. Mehrere Gewerkschaftsführer überholen die KPI systematisch von links, indem sie die Unzufriedenheit der Arbeitenden wegen der ständig geforderten Opfer und des Vorschlags der Austerität ausnutzen. Unter den Angriffslustigsten befinden sich Pierre Carniti, der Generalsekretär der FIM und später der CISL, und Giorgio Benvenuto, der an der Spitze der UIL keine Gelegenheit auslässt, zu behaupten, dass die Verbindung von Christdemokraten und Kommunisten nicht nur die Freiheit zum Protest einschränkt, sondern auch jene der Meinungsäußerung.[43] Wenn gewisse Entstellungen Mittel zum Zweck sind, so ist das Unbehagen der Arbeiterklasse aber authentisch. Und das ist es, was Bruno Trentin bei verschiedenen Treffen Berlinguer zu erklären versucht. Trentin wirft dem Generalsekretär seiner Partei eine schwache Verhandlungsführung in Bezug auf das programmatische Dokument und vor allem ein Nachgeben im Bereich der Einkommenspolitik sowie der Politik der industriellen Umgestaltung vor. Bruno Trentin erinnert sich: »In diesen Gesprächen, die manchmal sehr angespannt waren, hatte ich den Eindruck, dass ich es mit einem Mann zu tun hatte, der zwischen immer stärker werdenden Widersprüchen gefangen war. Sein Vorschlag der Austerität, der sich deutlich von den von Lama und Amendola geforderten ›Opfern‹ unterschied, wurde nicht verstanden. Viele von uns werteten die Haltung derer, die uns in der Regierung vertraten, als einen ständigen Kompromiss mit Positionen, die unseren eigenen entgegengesetzt waren. Enrico schien gequält von der Vorstellung zu sein, um

43 Sergio Turone: *Storia del sindacato in Italia dal 1943 ad oggi (Geschichte der Gewerkschaften in Italien seit 1943 bis heute)*, Bari 1984.

jeden Preis durchhalten zu müssen und nicht auf halbem Wege stehen zu bleiben.«

In dieser Atmosphäre kommt Berlinguer zu der Überzeugung, dass ein weiteres Aufschieben nicht länger möglich sei. Im Herbst 1977 kam es zu zahlreichen Streiks der Arbeitenden in den verschiedenen Branchen. Der einheitliche Gewerkschaftsverband tritt direkt gegen die Regierung Andreotti auf, und sein Druck zwingt diese, besonders unpopuläre Maßnahmen wie die Häufung der Pensionen zurückzuziehen. Inzwischen ziehen Protestmärsche durch die Städte und rufen dabei bedrohliche Slogans.

Wie bei anderen, entscheidenden Gelegenheiten ergreift Berlinguer eigenständig die Initiative. Am 20. November 1977 beauftragt er Paolo Bufalini und Luciano Barca, Aldo Moro mitzuteilen, dass die KPI nicht mehr länger den Wasserträger zu spielen beabsichtige und man sich vorbereite, die Leitung der Partei zu versammeln, um formell den Eintritt in die Regierung zu fordern. Wenn Moro darüber verwundert ist, gelingt es ihm, das nicht zu zeigen. Er unterhält sich lange mit den zwei Botschaftern, behandelt sie auf familiäre Weise und sagt, dass auch für ihn der einzige Ausweg, den Zusammenbruch Italiens zu vermeiden, in einer fairen und umfassenden Zusammenarbeit seiner Partei mit den Kommunisten besteht. Er erklärt aber auch, dass dies einige Zeit dauern wird. Die DC sei noch nicht reif für diesen Schritt. Natürlich, gibt er zu verstehen, kann man irgendeine Zwischenlösung suchen. Moro bittet Barca und Bufalini, eine öffentliche Stellungnahme dazu möglichst weit hinauszuschieben, um ihm so die Möglichkeit zu geben, sich mit seinen Leuten zu beraten und die Lage zu sondieren. Er verspricht, Berlinguer persönlich zu treffen.[44] Der Generalsekretär der KPI informiert Andreotti über das Geschehene – aufgrund von Loyalität und auch, weil ihm jegliche Form von Geheimverhandlung verhasst ist. Darüber hinaus ist er selbst entschlossen, den »Abkommen an der Bartheke« ein Ende zu bereiten.

Berlinguer ist nicht die Madonna

Inzwischen beginnt die Realität selbst, sich zu beschleunigen. Entscheidend ist die große Demonstration der Metallarbeiter, die Anfang Dezember in Rom organisiert wurde. Wenn einige Parteiführer der KPI ihr Missfallen gegenüber einem Aufmarsch gegen die Regierung zeigen, so ist die Haltung des Generalsekretärs kompromissbereiter. Trentin gegenüber drückt er die Besorgnis da-

---

44 Luciano Barca, persönliche Mitteilung an die Autorin.

rüber aus, dass die Gewerkschaft der Metallarbeiter zu einer unkontrollierbaren Einheit werde, er gibt aber auch zu verstehen, dass er keine Spaltung der KPI von ihrer Arbeiterbasis will. Am 25. November veröffentlicht die »L'Unità« einen anonymen, aber von Berlinguer inspirierten, der Demonstration gegenüber wohlwollenden Artikel. Und am 2. Dezember, als der Strom von 200.000 Metallarbeitern in Blaumannanzügen durch die Straßen der Hauptstadt zieht, die Metallarbeiter dabei ihre Bleitrommeln schlagen und ihre Feindschaft gegenüber Andreotti herausschreien, empfängt Berlinguer in der Parteizentrale mehrere Arbeiterdelegationen, denen er die Solidarität der KPI zusichert. Von dieser Geste bemerkt niemand etwas. Aber am nächsten Tag lacht ganz Italien über eine Karikatur von Giorgio Forattini in »La Repubblica«, die einen Berlinguer im Morgenmantel und in Pantoffel zeigt, der in seinem Wohnzimmer sitzt, Tee trinkt und dabei Gesten des Ärgers über den Protestmarsch der Arbeiter von sich gibt. Es ist eine ungerechte Karikatur des kommunistischen Generalsekretärs, aber sie erfasst einen immer kritischeren Gemütszustand in Bezug auf die KPI, deren unbestrittenes Symbol Berlinguer ist.

Der Wandel in der Stimmung der progressiven Öffentlichkeit verläuft ziemlich schnell, wie man auch an einer kuriosen Nachwirkung dieser Karikatur sieht. Der kommunistische Historiker Paolo Spriano schreibt einen Protestbrief an Scalfaris Zeitung, in dem er anführt, von Forattinis Satire »verletzt und beleidigt« worden zu sein. »Könnt Ihr euch das lebenslange Opfer, die revolutionäre Leidenschaft, die politische und moralische Spannung eines kommunistischen Parteiführers wie Berlinguer vorstellen?«, schreibt er. Sofort klagen verschiedene Kolumnisten und Intellektuelle den Personenkult, der um den Generalsekretär der KPI entstanden sei, und die Unduldsamkeit der Kommunisten gegenüber jeder Form von Kritik an. Es ist Scalfari selbst, der die Auseinandersetzung mit einem Kommentar abschließt, der den bezeichnenden Titel trägt: »Berlinguer ist nicht die Madonna«.

Später wird man sagen, dass es der Protestmarsch der Metallarbeiter gewesen sei, der den Generalsekretär der KPI aufweckte. Aber Berlinguer versuchte, wie man gesehen hat, schon vorher, die Initiative zu ergreifen. Sicherlich haben die Metallarbeiter, und vielleicht sogar Forattini, dazu beigetragen, das Tempo zu beschleunigen. Am 7. Dezember versammelt der Generalsekretär die Leitung der Partei. Er ist gezwungen, mit einer gewissen Bitterkeit festzustellen, dass seine Autorität in der KPI inzwischen nicht mehr unbestritten ist. Die Parteirechte ist gegen ein Entweder-oder und schlägt vor, Geduld zu haben und abzuwarten, um die bisherige Arbeit nicht zu beeinträchtigen. Dafür beginnt Longo, sich wieder Berlinguer anzunähern. Am Ende gelingt es

Berlinguer, seine Linie durchzubringen. Mit einem sofort veröffentlichten Dokument bereitet die KPI der Regierung des »Nicht-Misstrauens« ein Ende.

La Malfa hat es eilig

In dieser Zeit, in der sich bei Berlinguer die politischen und persönlichen Enttäuschungen anhäufen, und während die Männer der DC immer mehr von einem Mechanismus getrieben zu sein scheinen, den nicht einmal sie selbst völlig unter Kontrolle halten können, treffen sich Berlinguer und Ugo La Malfa hingegen oft. Es ist eine Beziehung, die an Freundschaft heranreicht. Wie auch Berlinguer ist der Generalsekretär der Republikanischen Partei eine Persönlichkeit, die mit der politischen Welt Italiens nur wenig gemeinsam hat. Der ehemalige Führer der Aktionspartei, der sehr aktiv in der *Resistenza* war, ist seit Langem davon überzeugt, dass der Ausweg aus einem blockierten politischen System in Italien nur durch eine letztgültige Akzeptanz der Kommunisten zu realisieren sei. Deshalb nahm er die Idee des historischen Kompromisses, den er als einen »unausweichlichen Kompromiss« beschreibt, mit Interesse auf. Während Berlinguer diesen als eine Form der Garantie gegenüber den konservativen Kräften entwickelte, um einen Putsch wie in Chile zu vermeiden, interpretiert La Malfa ihn im Gegensatz dazu als eine Form der Absicherung gegenüber dem Druck der Linken, gegenüber dem Risiko, dass Italien »wie Vietnam werden wird«. Für beide entspricht der historische Kompromiss einem allgemeinen Plan. Er ist also kein zufälliges politisches Spiel, das nur der Verteidigung von Parteiinteressen dient. Dies erzeugt auch auf der menschlichen Ebene einen Strom an Sympathie. Mehrmals geht Berlinguer, begleitet von seinem Getreuen Tatò, von der Parteizentrale der KPI in der Via delle Botteghe Oscure zur Piazza dei Caprettari, dem Sitz der Republikanischen Partei, um sich informell mit La Malfa zu treffen. Es ist ein kurzer Spaziergang. Dabei muss Enrico die Via Caetani überqueren, wo sechs Monate später Moros Leiche gefunden wird.

Ugo La Malfa nahm den Vorschlag der Austerität mit Begeisterung auf, vielleicht auch deshalb, weil er darin Anstöße und Ideen sah, die seiner Kultur nicht fremd waren. Dasselbe Interesse zeigt er im November 1977, als Berlinguer in Moskau anlässlich des 60. Jahrestages der Oktoberrevolution eine neue Lobeshymne auf den Pluralismus und die Demokratie als »historisch universelle Werte« verkündet, »die als Grundlage einer wahren sozialistischen Gesellschaft dienen«. Der Generalsekretär der KPI nutzt die Beharrlichkeit der Sowjets, die ihn bei den Feierlichkeiten in Moskau unbedingt dabeihaben wollen, und hält von einem Podium aus, das von der ganzen Welt beobachtet wird, die entschiedenste Rede über die Notwendigkeit der Demokratie, die je von einem kommunistischen Parteiführer gehalten wurde. In Italien kommt die stärkste Reaktion dazu von La Malfa, der sofort erklärt, dass es inzwischen unmöglich sei, das Recht der KPI auf den Beitritt zur parlamentarischen Mehrheit zu bestreiten. Auch Moro bringt sein Interesse und seine Wertschätzung zum Ausdruck, zuerst privat, später dann, nach der Erklärung La Malfas, in einer aufsehenerregenden Rede in Benevento.[45]

In den zahlreichen Treffen, die La Malfa zu dieser Zeit mit Berlinguer hat, drängt er Berlinguer, sich zu beeilen und auf den Punkt zu kommen. »Es ist jetzt eine gute Gelegenheit, diese doppeldeutige Situation zu Ende kommen zu lassen, eine Regierung einzusetzen, die eure Unterstützung hat«, sagt er zu ihm. Giorgio La Malfa erinnert: »Mein Vater hatte es eilig. Er wollte eine ausdrücklichere Unterstützung durch die KPI auch deshalb, weil auf diese Weise die Kommunisten verbindlichere Verpflichtungen eingehen müssten. Mein Vater diskutierte auch mit Berlinguer über die Möglichkeit, auf Moro als Präsidenten der Republik zu setzen, als Garant für das neue politische Gleichgewicht«.[46]

La Malfas Haltung hilft dem kommunistischen Generalsekretär auch dabei, die eigenen widerwilligen Parteiführer davon zu überzeugen, das »Nicht-Misstrauen« zu beenden. Am 6. Dezember 1977, dem Tag vor der durch Berlinguer einberufenen Versammlung die kommunistische Parteiführung, erklärt La Malfa, dass seine Partei »das Vertrauen in die Regierung bereits zurückgezogen hat«. Es wäre seltsam gewesen, sagte Berlinguer, wenn die Kommunisten nicht das Gleiche gemacht hätten.

45 Hauptstadt in der gleichnamigen Provinz in der Region Kampanien, heute etwa 60.000 Einwohner.

46 Giorgio La Malfa, persönliche Mitteilung an die Autorin.

XIX.
Der rote Renault

Der Januar 1978 – ein Monat, hell erleuchtet von einer kalten Sonne, welche die Römer frösteln lässt – bedeutet für Berlinguer das Wiederaufkommen von Hoffnung. Seit er wieder ins Handeln gekommen ist, scheint ihm erneut alles möglich zu sein. An der plötzlich wieder erwachten Parteibasis beginnen sich die Sektionen wieder zu füllen. Die Tageszeitungen, die zumindest seit einem Jahr voller Artikel über den kommunistischen Katzenjammer und die »Distanz der Massen« sind, zeigen wieder Interesse für die Politik der KPI. Dazu trägt auch Berlinguers großer Erfolg in Moskau bei, der die Rückschläge des »Eurokommunismus« ausgleicht. Gegenüber Genossen wie Ugo Pecchioli, zu denen er größtes Vertrauen hat, bringt er seine Überzeugung zum Ausdruck, dass sich in der DC gerade etwas ändert. Andreotti trat am 16. Januar 1978 zurück und bekam am 19. Januar einen neuen Regierungsauftrag von Präsident Leone. Im Land verbreitet sich ein weiteres Mal der Eindruck, dass man an der Schwelle zu einer Wende sei, auch wenn die Begeisterung von Juni 1976 schon weit zurückliegt.

Auf internationaler Ebene kommt es zu einer plötzlichen Erklärung des Sprechers des US-amerikanischen Präsidenten Jimmy Carter, der verlauten lässt, dass eine kommunistische Beteiligung an der italienischen Regierung mit Missbilligung betrachtet werden würde. Carter widerspricht damit eklatant seiner Linie der Nichteinmischung in die europäische Politik. Wie schon einige Jahre zuvor, tendiert Berlinguer dazu, diese Signale nicht allzu stark zu dramatisieren. Ugo Pecchioli erinnert: »Wir waren, auch aufgrund unserer Informationen, davon überzeugt, dass es der beharrliche Druck des US-amerikanischen Botschafters in Rom, Richard Gardner, war, der diese unglückliche Warnung verursacht hatte.« Der für einen speziellen antikommunistischen Eifer bekannte Gardner war tatsächlich von der Angst besessen, Italien in den Händen der KPI zu sehen. So versuchte er, jenseits seiner Funktion als Botschafter in das politische Leben Italiens einzugreifen.[1] »Er ist ein Überrest aus dem Kalten Krieg, dem es bestimmt ist zu stürzen«, sagte Enrico.

Wenn bis zu diesem Zeitpunkt sowohl Berlinguer als auch Moro hinter den Kulissen blieben, so scheinen die zwei Parteiführer jetzt persönlich die entscheidende Partie spielen zu wollen. Jeder der beiden Protagonisten hat seinen

1 Barbagallo: *Enrico Berlinguer*, 2006.

eigenen Plan. Der klarere ist jener von Berlinguer: die Kommunisten zu legitimieren, indem er sie zumindest für eine bestimmte Zeit in die Regierung bringt. Moros Plan hat weniger deutliche Umrisse. Trotz Berlinguers Vertrauen sind die tatsächlichen Intentionen des Präsidenten der DC nicht ganz eindeutig. Bei dem Unterfangen, das ihn das Leben kosten wird, muss Moro viele Elemente berücksichtigen, von der Feindschaft eines Teils der DC bis hin zum internationalen Druck. Wie weit ist er bereit zu gehen?

Laut Franco Evangelisti »hatte nicht einmal Moro selbst eine klare Vorstellung davon, wie weit er gehen könnte. Noch im Januar 1978 behauptete er, dass niemand im Stande sei, vorherzusagen, was in den nächsten drei Monaten passieren würde. Er konnte sich nicht vorstellen, wie prophetisch seine Worte waren.«[2]

Das ist sicherlich nicht die Art von Gesprächen, die Moro in diesen Tagen mit Berlinguer führt. Im Januar und Februar 1978 haben die beiden Parteiführer zwei vertrauliche Treffen im Haus von Tullio Ancora. Obwohl sie sich nicht sehr oft sahen, ist eine Form von Vertrauen zwischen ihnen entstanden. Im ersten Gespräch ist es Moro, der, entgegen seiner Gewohnheit, die Initiative ergreift. Er sagt zu Beginn, dass er sich der kommunistischen Bedürfnisse bewusst sei, dass man aber die dritte Phase – jene der vollständigen Demokratie – nicht sofort erreichen könne. Eine Übergangsperiode sei notwendig, in der »die KPI für die DC bei der Arbeiterklasse garantiert, und die DC für die KPI bei den Mittelschichten und in den Ländern der Verbündeten bürgt.«[3] Es ist eine klare Rede, die sich deutlich von den vagen Versprechungen unterscheidet, die im November gegenüber Barca und Bufalini gemacht wurden. Aber Berlinguer fordert mehr. Er argumentiert, dass der Zeitpunkt sehr günstig sei, da die Gewerkschaften Druck machen und die Industriellen nach der Rede zur Austerität nicht abgeneigt seien. Moro erwidert: »Ich habe Schwierigkeiten, die ganze DC von der Vereinbarung zu überzeugen. Über zu viele Jahre hinweg haben wir entgegengesetzte Positionen eingenommen. Ihr habt uns angeklagt, und wir haben dasselbe gemacht. Ihr habt gesagt, dass auf eure Machtübernahme unser Untergang folgen würde [...].«

Das Gespräch macht einen gewissen Eindruck auf Berlinguer. Aber die mangelnde Solidarität der säkularen Parteien trägt auch dazu bei, dass er eine Zwischenlösung akzeptiert: Eintritt in die parlamentarische Mehrheit, aber nicht in die Regierungsexekutive. Alessandro Natta, der bei den Verhandlungen

---

2 Franco Evangelisti, persönliche Mitteilung an die Autorin.

3 Die zwei Gespräche zwischen Moro und Berlinguer wurden auf der Basis der Erinnerungen von Luciano Barca und Tullio Ancora aufgezeichnet und sind abgedruckt in: Barbagallo: *Enrico Berlinguer*, 2006.

an der Seite Berlinguers war, erinnert sich: »Wir mussten uns darüber klar werden, dass keiner mit offenen Karten spielte. Vor allem die Sozialisten setzten darauf, selbst in die Regierung einzutreten und uns Kommunisten im Vorzimmer der parlamentarischen Mehrheit sitzen zu lassen. Wenn sie im Gegensatz dazu darauf bestanden hätten, dass auch wir in die Regierung gehen sollten, hätten sie die DC in die Enge getrieben. Aber das hat niemand getan. Zaccagnini sagte uns mehrmals, dass sie über die Möglichkeit nachdenken, Mitte-links wieder zu beleben.«[4] Berlinguers Gefühl, sich in einer schwierigen Phase zu befinden, zeigt sich in seiner Nervosität in diesen Tagen. Sein Bestreben ist es nun, dass die KPI nicht in eine Position der Unterlegenheit gegenüber den anderen Parteien der »nationalen Solidarität« gerät.

Das letzte Pokerspiel

Das Abkommen, das die Kommunisten zu einem Teil der parlamentarischen Mehrheit werden lassen soll, wird am späten Abend des 16. Februar 1978 zwischen Enrico Berlinguer und Aldo Moro abgeschlossen. Die Zeitungen sind voller detaillierter Berichte über die Treffen der verschiedenen Protagonisten, die immer noch um eine Verständigung ringen. Aber niemand – nicht einmal die Männer von Moros Leibwache – weiß, was sich im Wohnzimmer von Tullio Ancora ereignet. Dieses Mal ist es Berlinguer, der zum Angriff übergeht. Jenseits jeder Form von Diplomatie will er von seinem Gesprächspartner wissen, ob er im Lichte der Öffentlichkeit tatsächlich bereit sei, die Leitung des Übergangs von der »schwierigen zur vollständigen Demokratie« zu übernehmen. »Du bist fähig, dies zu erklären, zu vermitteln. Es ist Dir bei Mitte-links gelungen. Versuche es jetzt auf eine ähnliche Weise zu machen«, sagt Berlinguer im Wesentlichen. »Es ist viel schwieriger«, erwidert Moro. »Wärest du bereit«, drängt Berlinguer, »der neuen Regierung vorzustehen?« »Nein, das soll Andreotti tun, der macht das gut. Das Ausland, vor allem die Amerikaner sehen in ihm einen stärkeren Garanten für die Stabilität unseres Landes«, lautet der Kern der Antwort. Das Gespräch ist das offenste und ehrlichste, dass die beiden Persönlichkeiten bisher geführt haben. Hinter den politischen Formulierungen scheinen persönliche Ängste und Hoffnungen durch. Vor allem Berlinguer spricht mit einer Leidenschaft, die schüchternen Menschen eigen ist, wenn sie die Zurückhaltung aufgeben. Die ganze Bitterkeit über die Erniedrigungen, die seine Partei dulden musste, scheint über die Lippen zu kommen. »Es ist höchste Zeit, mit

4 Alessandro Natta, persönliche Mitteilung an die Autorin.

den schleichenden Kompromissen und Abkommen, die an der Bartheke der Abgeordnetenkammer abgeschlossen werden, aufzuhören. Ansonsten werden wir selbst es sein, die den Leuten jede Perspektive, jede Hoffnung nehmen.«

Moro zeigt sich beeindruckt. Er kündigt an, als ob er es in diesem Moment entschieden hätte, dass er persönlich vor der Parlamentsfraktion der DC den Eintritt der Kommunisten in die parlamentarische Mehrheit unterstützen werde. Das Gespräch ist damit beendet. Moro fragt Berlinguer, ob er in Begleitung seiner Leibwache gekommen sei, Enrico verneint. »Aber was, wenn sie Dich entführen? Du musst achtgeben, auch wenn die Vorkehrungen relativ wenig bringen«, lautet Moros beunruhigende Bemerkung. Als er schon an der Tür ist, wird Berlinguer noch einen Augenblick aufgehalten: »Gegeneinander können wir nichts erreichen. Dessen müssen wir uns bewusst sein«, sagt der Präsident der DC zu ihm, nahezu ergriffen.

In seiner Gutgläubigkeit wird Berlinguer erneut überrascht. Bei dem abschließenden Treffen zwischen den beiden Delegationen sehen sich Berlinguer und Moro zum letzten Mal von Angesicht zu Angesicht. Der Parteiführer der DC hat seinen Abgeordneten das Abkommen in drei Sitzungstagen schmackhaft gemacht. Alessandro Natta präsentiert die Forderungen der KPI: Zusammenlegung bestimmter Ministerien, Einschluss einiger unabhängiger Experten als Minister, ausgewählt auf der Basis ihrer fachlichen Kompetenz, und hingegen Ausschluss von Männern, die sich als unzuverlässig gegenüber der Politik der »demokratischen Solidarität« erwiesen haben, von Bisaglia bis Donat-Cattin. Wie Natta erinnert, ist es Moro, der antwortet: »Einige von euren Forderungen sind triftig und berechtigt. Aber es ist schwierig, jetzt darüber zu entscheiden. Das sind alles Fragen, die berücksichtigt werden müssen.« Der Ton scheint offen und kompromissbereit zu sein. Tatsächlich gibt Natta der »L'Unità« ein Interview, in dem er im Voraus bekannt gibt, dass es eine etwas bessere Regierung geben wird.

Die Druckerschwärze des Artikels ist noch frisch, als Andreotti dem Präsidenten der Republik die neue Regierung präsentiert. Für die Kommunisten sieht die Ministerliste sofort trostlos aus. Die Mehrheit der Minister, einschließlich jener, die dem Abkommen mit den Kommunisten gegenüber feindlich eingestellt sind, wurde bestätigt. Kein Experte wurde aufgenommen, und die einzigen Veränderungen sind eine Folge des Machtkampfes zwischen den verschiedenen Strömungen innerhalb der DC. Das einzige Versprechen, das eingehalten wurde, ist der Eintritt der KPI in die parlamentarische Mehrheit. Ugo Pecchioli erinnert: »Berlinguer war wutentbrannt. Selten hat er etwas so übel aufgenommen.«

Im kommunistischen Parteisekretariat sind einige, darunter auch Pajetta, der Meinung, dass man diese Beleidigung nicht akzeptieren könne und dass man die Beziehungen mit der DC abbrechen müsse. Andere scheinen eine gegenteilige Position einzunehmen. Berlinguer findet einen Mittelweg: Die Kommunisten werden am 16. März 1978 nach der Regierungserklärung Andreottis in der Abgeordnetenkammer entscheiden, wie sie abstimmen werden. Es wird vermutet, dass Berlinguer zur Entscheidung tendiert, die Regierung nicht zu unterstützen. Natta ist nicht dieser Meinung: »Auch wenn das letzte Wort noch nicht gesprochen war, würde ich nicht sagen, dass wir uns auf einen Abbruch der Beziehungen vorbereiteten. Aber wir dachten an eine sehr harte, sehr kritische Rede von Berlinguer.«[5]

Am 15. März kommt um Mitternacht plötzlich die letzte Botschaft von Moro. Tullio Ancora ruft Barca zu sich in eine Straße von Rom. Sich auf die Motorhaube seines Autos stützend notiert der kommunistische Vermittler die Worte, die Moro an Berlinguer weiterleiten will. Es handelt sich um einen Appell an die Kommunisten, nicht wieder das Paket zu öffnen, das zu schließen aus verschiedenen Gründen schwierig genug war. Barca nimmt davon Kenntnis, entscheidet aber, den Generalsekretär, »der politische Fragen nicht gerne am Telefon oder in nicht angemessenen Orten besprach«, nicht zu wecken, und behält sich vor, ihm die Botschaft am nächsten Morgen im Parlament zu übermitteln. Aber der nächste Morgen ist der 16. März 1978.

Die 55 Tage der Entführung

Als Berlinguer die unglaubliche Nachricht erhält, dass Aldo Moro entführt wurde und seine Leibwächter mit Maschinengewehren niedergemetzelt wurden, ist seine erste Reaktion, dass es sich dabei um einen politischen Akt handelt, um das Treffen zwischen Christdemokraten und Kommunisten zu beenden. Moro ist der Garant und die treibende Kraft des Zusammenkommens. Wie die parlamentarische Untersuchungskommission feststellen wird, stellen die Entführung und Ermordung Aldo Moros den einschneidendsten Akt der Destabilisierung in der italienischen und europäischen Geschichte nach dem Zweiten Weltkrieg dar.

Angesichts dieses unerwarteten und extrem schwerwiegenden Ereignisses legt der vorsichtige Berlinguer, der noch am Vortag schwierige Entscheidungen aufschob, im Treffen von Entscheidungen die Entschlossenheit und eine Schnel-

5 Alessandro Natta, persönliche Mitteilung an die Autorin.

ligkeit eines wahren politischen Leaders an den Tag. Berlinguer weilt gerade im Büro Alessandro Nattas in der Fraktion der kommunistischen Parlamentarier in der Abgeordnetenkammer, als ihn die Nachricht erreicht. Von dort eilt er zum Sitz des Ministerpräsidenten, wo Chaos herrscht. Minister und Abgeordnete irren verloren in ihren Büros umher. Ugo La Malfa, völlig erschüttert, ruft laut nach der Todesstrafe für die Terroristen.

Der Einzige, der ruhig bleibt, scheint Andreotti zu sein. Berlinguer zögert nicht. Umgehend schlägt er vor, dass sich die Regierung der Abgeordnetenkammer präsentiert und die Reden auf ein Minimum gekürzt werden, um so schnell wie möglich eine vollständig im Amt befindliche Exekutive zu haben. Andreotti und die anderen Vorsitzenden der Parteien akzeptieren. Mithilfe von Natta kürzt Berlinguer seinen vorbereiteten Text und verzichtet auf mehrere polemische Passagen, »ein wenig, um die Diskussion abzukürzen, und ein wenig, um die volle Solidarität für die Regierung aufrechtzuerhalten«, wie er selbst erklären wird.[6] In seiner Rede verzichtet Berlinguer nicht darauf zu unterstreichen, dass diese parlamentarische Mehrheit »sich qualitativ von den vorangegangen der letzten dreißig Jahre unterscheidet, und dass endlich auch die KPI ein Teil dieser von fünf Parteien gebildeten parlamentarischen Mehrheit ist«. Es gibt einen unheimlichen Kontrast zwischen dieser lang ersehnten und mühsam errungenen Legitimierung der KPI und den Umständen, die sie begleiten. Darüber ist sich auch Berlinguer wohl bewusst, während er seine Worte vor einer Reihe von verwirrten und zerstreuten Gesichtern vorliest, die an alles andere denken als an die politische Wende, die sich gerade vollzieht.

In den darauffolgenden Stunden, während die Maschinerie des Staates holprig in Gang gesetzt wird, spürt der Generalsekretär auf dramatische Weise das Unbehagen, in ein Räderwerk hingezogen worden zu sein, dessen Hebel er nicht kontrollieren kann, dessen Funktionieren er aber, zumindest für seinen Teil, garantieren muss. Er befürchtet, dass dieser fragile und verseuchte Staat, mit dessen Irrungen und Wirrungen er inzwischen besser vertraut ist, nicht in der Lage sein wird, dem standzuhalten. Auch dieses Mal erweist er sich als der besorgte Berlinguer, dem das Allgemeinwohl wichtiger ist als der Vorteil der eigenen Partei.

6 Eine genaue Wiedergabe dieser Stunden sowie der 55 Tage der Entführung wurde von Berlinguer selbst im Oktober 1980 getätigt, gegenüber der Untersuchungskommission zur Entführung und Ermordung von Aldo Moro.

In diesem Kontext trifft er die Entscheidung der harten Linie. Berlinguer unterstützte diese im Laufe der 55 Tage der Entführung Moros ohne Zögern,[7] auch da er von Anfang an der Meinung ist, ob zu Recht oder zu Unrecht, dass das Schicksal von Moro besiegelt war. Trotzdem betrifft ihn der menschliche Aspekt des Vorfalls direkt, zum Beispiel als ihn Eleonora Moro in den ersten Tagen der Entführung zu sich ruft. In diesem kleinbürgerlichen Haus, das seinem so ähnlich ist, trifft er eine Frau mit weißen Haaren an, versteinert vor Schmerz, die ihm rät, aufzupassen, weil auch ihm etwas passieren könnte. In diesem Gespräch sagt ihm Eleonora Moro etwas Beunruhigendes: Die Operation gegen ihren Mann sei »von oben« angeordnet worden. Berlinguer fragt nicht nach Erklärungen.[8] Er weiß zu gut, dass die Frau sie ihm nicht geben kann.

Die 55 Tage der Entführung erlebt der Generalsekretär der KPI wie unter Wasser, wobei er praktisch ausschließlich von dem Ereignis um Moro und dem Erdbeben, das es auslöst, eingenommen wird. Sergio Siglienti erinnert: »Diese Zeit war für Enrico die dramatischste innerhalb seines Sekretariates. Es war unmöglich, mit ihm zu sprechen. Er hatte die Beziehungen mit der Außenwelt abgebrochen. Seine ganze Energie konzentrierte er auf dieses einzige Ereignis.« Die zwei Genossen aus der Partei, die ihm am nächsten stehen, sind Ugo Pecchioli, der im ständigen Kontakt mit dem Innenminister Francesco Cossiga steht – eine nicht ganz vertrauenswürdige Quelle, wie sich später zeigen wird –, und Alessandro Natta. Mit ihm vertieft sich die Beziehung in diesen dramatischen Tagen. Berlinguer setzt sich für eine umfassende Mobilisierung in der Partei und in den Fabriken ein, um im Bewusstsein der Menschen eine totale Verurteilung des Terrorismus zu erwirken. Jahre später wird er vor der Kommission, welche die Entführung und Ermordung von Aldo Moro untersucht, für die KPI das Verdienst geltend machen, mit seiner Haltung das Eindringen der Einstellungen der Roten Brigaden in die Arbeiterbewegung verhindert zu haben. Andere Male wird er daran erinnern, dass Italien auch dank der Kommunisten die Tage um die Entführung von Moro durchstand, ohne autoritären Versuchungen nachzugeben und ohne dabei die eigenen Prinzipien aufzugeben.

Je mehr Tage vergehen, desto schwieriger erweist sich die Entscheidung für die harte Linie. Verschiedene Intellektuelle, angefangen mit Leonardo Sciascia, unterstreichen die Absurdität, die Verteidigung eines korrupten Staa-

---

7 Zu den heftigsten Unterstützern der harten Linie gehörte Tonino Tatò, wie auch aus *Promemoria riservato (Persönliche Erinnerung)* von 2./3. April 1978 hervorgeht, abgedruckt in: ders.: *Caro Berlinguer. Note e appunti riservati da Antonio Tatò a Enrico Berlinguer (Lieber Berlinguer. Persönliche Anmerkungen und Notizen von Antonio Tatò an Enrico Berlinguer)*, Torino 2003.

8 Aussage von Berlinguer vor der Moro-Untersuchungskommission.

tes, der im Untergang begriffen ist, über das Leben eines Menschen zu stellen. Aus dem »Volksgefängnis«[9] kommen erschütternde Briefe von Moro, welche die Roten Brigaden, ihrem ausgeklügelten Plan folgend, abwechselnd mit ihren Erklärungen zustellen.

Die Kopie des ersten dieser Briefe, gerichtet an Francesco Cossiga, liest Berlinguer in seinem Büro am Abend des 29. März gemeinsam mit Pecchioli, der die Kopie von Cossiga selbst erhielt, Pietro Ingrao und Gerardo Chiaromonte. Die vier Männer sind berührt. Die Sprache des Briefes ist genauso verworren und anspielungsreich wie die der Reden Moros. Beunruhigt sehen sie, dass Moro entschieden hat, auf das Spiel der Roten Brigaden einzugehen, um sich zu retten. »Das Opfer von Unschuldigen im Namen eines abstrakten Legalitätsprinzips, während ein unbestreitbarer Notstand zu ihrer Rettung führen sollte, ist unzulässig«, schreibt er und bittet darum, befreit zu werden. Ansonsten sieht er das Risiko »zu unangenehmen und gefährlichen Aussagen aufgefordert oder veranlasst zu werden.«[10]

In den folgenden Briefen kämpft er mit jedem Argument für sein Recht auf Leben. Dies ist eine anwachsende, herzzerreißende Anklage gegen die »Männer der DC« und in erster Linie gegen Zaccagnini, den Generalsekretär der DC. »Wenn ihr nicht eingreift, wird eine grauenhafte Seite in der Geschichte Italiens geschrieben werden. Mein Blut würde auf Euch, auf die Partei, auf das Land vergossen werden«, sagt Moros Stimme, die in den Zeitungen und im Fernsehen verbreitet wird.

Auch die KPI bleibt nicht verschont. »Die kommunistische Partei darf nicht vergessen, dass meine dramatische Entführung erfolgte, als man in der Abgeordnetenkammer zusammenkam, um die Regierung einzusetzen, für deren Zustandekommen ich mich so eingesetzt habe«, schreibt der Gefangene. Später beauftragt er Tullio Ancora in einem Brief, Berlinguer davon zu überzeugen, seine Haltung zu ändern. »Ich erhalte von den Kommunisten nach einem langen, gemeinsamen Weg die Todesstrafe.«[11]

Das sind Worte, die auf menschlicher Ebene niemanden unbeeindruckt zurücklassen können, und Berlinguer ist davon erschüttert. Aber zugleich betrübt ihn das eindringliche Flehen eines öffentlichen Mannes um sein Leben.

---

9 Mit diesem Ausdruck bezeichneten die Roten Brigaden das Versteck, in dem sie Aldo Moro gefangen hielten. Diese zynische, sich selbst erhöhende Sprache sollte für ihre Mordaktion einen legitimen Anschein erwecken.

10 Gemeint ist hier: »*unangenehme und gefährliche Aussagen*« aus dem Innenleben des italienischen Staates, seiner Beamten, Parteien und Repräsentanten.

11 Aldo Moro: *Lettere dalla prigionia* (*Briefe aus dem Gefängnis*), hg. von Miguel Gotor, Torino 2008.

»Gramsci schrieb deutlich andere Briefe aus dem Kerker«, sagt er zu seinem Bruder Giovanni.

Mehrere Jahre später antwortet Berlinguer auf einer gemeinsamen Reise Ugo Baduel, dem Berichterstatter der »L'Unità«, der ihn fragt, wie er sich an Moros Stelle verhalten hätte: »Ich glaube sagen zu können, dass ich diese Briefe nicht geschrieben hätte. Wenn man die Verantwortung übernimmt, eine große Partei zu leiten und sich so gegenüber Millionen von Menschen verpflichtet, muss man zum Opfer bereit sein, einschließlich des eigenen Lebens.«[12] Dies ist eine private Aussage, und es ist kein Zufall, dass sie niemals veröffentlicht wurde. Aber man kann sie nicht außer Acht lassen, wenn man Berlinguers Charakterzüge und seine Art und Weise, Politik zu leben, verstehen will.

Der Schatten der P2

In der Regierung, der sie unter solch dramatischen Umständen als Teil ihrer parlamentarischen Mehrheit beigetreten sind, beginnen Berlinguer und seine Genossen Anzeichen von dunklen Machenschaften wahrzunehmen. Ugo Pecchioli erinnert sich: »Vom ersten Tag an waren wir beeindruckt vom Wüten des Richters Infelisi, der mit den Ermittlungen zur Entführung von Moro beauftragt wurde. Wir waren verblüfft über die vielen nutzlosen Maßnahmen, die nur dazu dienten, Panik zu schüren, wie die Mobilisierung der eingezogenen Soldaten und die Blockade rund um Rom. Sicherlich konnten wir damals nicht wissen, dass die Chefs der Geheimdienste, die drei Monate vor der Entführung bestimmt worden waren, Mitglieder der Loge P2 waren.« (Die Namen wurden übrigens der KPI im Voraus eben durch Ugo Pecchioli übermittelt, der sie naiverweise billigte.)

Im Laufe der nächsten Tage verdichten sich die Hinweise auf eine geheime Regie. Das Versteck in der Via Gradoli, in dem Moro vielleicht gefangen gehalten wurde, wird entdeckt, jedoch dringt die Polizei trotz einer Meldung nicht ein. Berlinguer beginnt, auch in Bezug auf das Hin und Her der Briefe, Zweifel zu hegen. Er beginnt den Verdacht zu äußern, dass selbst das Verhalten von Moros Frau von einem geheimen Drahtzieher vorgegeben worden sei.[13]

In der Zwischenzeit erscheinen nicht alle, welche die harte Linie bis zum Äußersten unterstützen, durch klare Gründe motiviert zu sein. Und auf der anderen Seite kommt es zu aufsehenerregenden Aufweichungen wie jener von

---

12 Ugo Baduel, persönliche Mitteilung an die Autorin.

13 Luciano Barca, persönliche Mitteilung an die Autorin.

Bettino Craxi. Am Vormittag des 20. April behauptet der sozialistische Parteiführer auf einem Treffen am Sitz der italienischen Regierung, dass nicht genug für die Rettung von Moros Leben unternommen werde. Und am nächsten Tag schlägt der »L'Avanti!« eine »einseitige Geste« des Staates vor, um die Roten Brigaden dazu zu bewegen, den Gefangenen freizulassen. Berlinguer, alarmiert und empört, erklärt, dass »die harte Linie nicht änderbar ist«. Von diesem Moment an geht die Sozialistische Partei (PSI) ihren Weg auf der Suche nach einer humanitären Lösung, hinter der Berlinguer den Willen der Sozialisten sieht, von der Gelegenheit zu profitieren und ihren politischen Spielraum zu erweitern. Vor der Moro-Untersuchungskommission wird der kommunistische Generalsekretär behaupten, dass Craxi mit seinem Verhalten die Übereinkunft zwischen den fünf Parteien aufgelöst habe. Und dass dieser mitten durch die Regierungsparteien gehende Riss Moro selbst das Leben gekostet habe, weil er den Roten Brigaden »die Hoffnung auf einen Sieg und die Verzweiflung über eine Niederlage« gab.

Nach der Ermordung Moros ist Berlinguer über einen Artikel in der »L'Unità« besorgt, in dem der Chefredakteur Emanuele Macaluso von »heiligen Schreinen der Macht« spricht, die hinter der ganzen Operation stünden. »Pecchioli hat sich bei dem Generalsekretär über meine Bemerkung beschwert, die man so hätte verstehen können, dass ich viele Sachen wüsste. In der Tat wusste ich nichts, aber ich verstand«, sagt Macaluso. »Was wirst du antworten, wenn sie Dich zur Staatsanwaltschaft vorladen? Es besteht das Risiko, dass sie die KPI mithineinziehen«, sagt Enrico. Aber niemand lädt den Chefredakteur der »L'Unità« vor, weder damals noch später.[14]

In den letzten Tagen Aldo Moros passiert noch eine weitere dramatische Meinungsänderung. Während sich die Vorschläge für einen Gefangenenaustausch und für Interventionen internationaler Persönlichkeiten häufen, hegen die Kommunisten den Verdacht, dass sich die DC darauf vorbereite, die harte Linie zu verlassen. Ein Anzeichen dafür war eine verworrene Erklärung von Fanfani, die jegliche Verhandlungen mit den Terroristen dem Bruch der Regierung der nationalen Solidarität unterzuordnen schien. Es wurde gemunkelt, dass die DC im Begriff war, einen offiziellen Kurswechsel bei den Verhandlungen vorzunehmen. Ugo Pecchioli erinnert: »Berlinguer zögerte nicht. Er forderte ein Treffen mit Andreotti und sagte ihm, dass die Kommunisten die

14 Emanuele Macaluso, persönliche Mitteilung an die Autorin, der diese Erinnerung teilweise berichtet in: *50 anni nel Pci (50 Jahre in der KPI)*, 2003.

parlamentarische Mehrheit sofort verlassen würden, wenn die DC irgendwelche Anzeichen zum Nachgeben zeigen würde.«

Die makabre Entdeckung des von Maschinenpistolenschüssen durchlöcherten Körpers von Aldo Moro am 9. Mai kam nicht unerwartet. Die Leiche wurde eingeschlossen im Kofferraum eines roten Renault 4 in der Via Caetani vorgefunden, einer Straße, genau in der Mitte zwischen der Parteizentrale der Kommunisten (Via delle Botteghe Oscure) und jener der Christdemokraten (Piazza del Gesù). »Ein großer demokratischer Führer ist gefallen, grausam ermordet von einer Organisation krimineller Terroristen«, erklärt Berlinguer der Presse. Der Generalsekretär der KPI nimmt an den Begräbnisfeierlichkeiten teil, weil es seine Pflicht ist. Dabei wird ihm klar, dass sich unter den ungerührten Gesichtern der hochdekorierten Uniformträger vielleicht einige verstecken, die zu den wahren Verantwortlichen der Tragödie gehören. Scheinbar haben die Terroristen ihr Ziel verfehlt. Wie nie zuvor tritt die KPI als ein Garant der Ordnung und der Legalität auf, als eine wesentliche Regierungskraft. Aber wie Berlinguer von Anfang spürte, ist die Übereinkunft mit der DC ohne Moro unmöglich. Der Staat hielt stand, aber die »nationale Solidarität« löste sich auf. Der historische Kompromiss begann bereits unterzugehen.

Die Selbstkritik beginnt

Die Ergebnisse einiger Regionalwahlen, die, weniger als eine Woche nach Moros Ermordung, am 14. Mai 1978 stattfinden, sind ein schlechtes Zeichen für Berlinguer. In den Gemeinden mit mehr als fünftausend Einwohnern verliert die KPI deutlich, wobei die Tendenz vom 20. Juni 1976 umgekehrt wird. Weder der Generalsekretär noch die anderen Parteiführer, die ständig mit der Entführung von Moro beschäftigt waren, hatten die Zeit, um auch nur ein Minimum an Wahlkampagne zu führen. Die DC ging zum Angriff über und engagierte sich stark in diesen Wahlen sowie in einigen Befragungen in diesen Monaten.

Berlinguer ist fassungslos, als er erfährt, dass nicht wenige christdemokratische Parteiführer auf Versammlungen die Kommunisten der Mittäterschaft mit dem Terrorismus beschuldigten und als Anstifter zum Aufruhr darstellten. »Das ist die Belohnung, nachdem wir uns ausgeblutet haben, um standzuhalten«, sagt er mit Bitterkeit.

Auch die Parteibasis ist voller Groll. »Seit zwei Jahren sind wir nur damit beschäftigt, Gesetze gegen den Terrorismus zu verabschieden, anstatt die Interessen der Arbeitenden zu verteidigen. Das sind nun die Ergebnisse«, beschweren sich die Aktivisten in den Parteisektionen. Die Stimmung wird noch gereizter, als sich im Februar 1979 in Rom bei einem Treffen der Gewerkschaften eine Wende vollzieht. Das Angebot der »nicht geringen, sondern substanziellen« Opfer, wie Luciano Lama näher ausführt, im Austausch für Reformen und neue Arbeitsplätze, erwies sich in den Fabriken als nicht sehr populär. Berlinguer selbst ist mit dem Angebot nicht einverstanden, weil er es für einen reinen Verzicht hält. »Wenn das Bürgertum sich mit der Arbeiterklasse verbündet, dann ist es immer die Arbeiterklasse, die den Kürzeren zieht«,[15] äußern jetzt die Aktivisten als Schlussfolgerung aus der Niederlage.

Berlinguer ist von der Notwendigkeit überzeugt, die vergangenen zwei Jahre kritisch zu hinterfragen und den Ausstieg aus der parlamentarischen Mehrheit zu vollziehen. Er spricht darüber öffentlich auf einer Versammlung von 120 Provinz- und Regionalsekretären, die ihm im Versammlungssaal im fünften Stock der Parteizentrale mit stockendem Atem zuhören. Berlinguer stellt fest, dass »der schwerwiegendste Fehler, den wir begehen könnten, jener wäre, die Wahlresultate kleinzureden«, denn die Partei will im Gegenteil dazu Klarheit über die Gründe für den Stimmenverlust. Der Generalsekretär nennt als Ursachen die Verwirrung, welche die Partei im wirtschaftlichen Bereich oft zwischen Strenge und Rigorismus erzeugte, sowie ihre Unfähigkeit, in der Öffentlichkeit die innovative Bedeutung der Austerität hervorzuheben. »Mit den Christdemokraten«, sagt er, »waren wir großzügig bis an die Grenzen der Naivität.«

Die Botschaft ist noch mehr an die Partei als an die Regierungsverbündeten gerichtet. Sowohl an die Basis, an die Berlinguer direkt appelliert, als auch an jenen Teil der Führungsgruppe in der Partei, der beginnt, mit Berlinguer in Streit zu geraten.

Pertinis Stunde

Kurz nach den ersten Wahlen gibt es noch einen bedeutenden Wahltermin: die Referenden. Auf Initiative der Radikalen Partei werden die Italiener zu den Wahlurnen gerufen, um zu entscheiden, ob sie zusätzlich zu den Regeln der Parteienfinanzierung auch die Notstandsmaßnahmen zur öffentlichen Ordnung, bekannt unter dem Namen Reale-Gesetz, aufheben wollen. Die Koalitionsparteien rufen mit den Kommunisten in der ersten Reihe zu einem doppelten »Nein« auf, um die Legalität und die Institutionen zu schützen. Für die KPI hat die Entscheidung zugunsten des Reale-Gesetzes einen hohen Preis, da es die Kritik von vielen Intellektuellen und auch von einem Teil der Parteibasis

---

15 Lama: *Intervista sul mio partito* (*Interview mit meiner Partei*), 1967.

nach sich zieht. Diese sehen in dieser Haltung, wie auch im Prozess vom 7. April 1977,[16] den Beweis dafür, dass Berlinguer die Freiheitsrechte nicht verteidigt. Trotzdem stimmen 76 Prozent der Wähler dafür, dass dieses Gesetz erhalten bleibt, während das Gesetz zur Parteienfinanzierung nur eine knappe Mehrheit von 56 Prozent erhält.

Nach Aussage von Giulio Andreotti ist Berlinguer von allen Parteiführern der am meisten Enttäuschte. »Als die Ergebnisse bekannt wurden, beklagte er auf starke Weise die mangelhafte Unterstützung der anderen Parteien, die auf diese Weise die Kommunisten ›im Stich gelassen‹ haben«, schreibt er. Laut Andreotti fordert Berlinguer als Folge dieser Ergebnisse bei den Referenden und in der Hoffnung, angesichts einer progressiven Öffentlichkeit einen politischen Wiederaufschwung zu erreichen, sehr schnell den Rücktritt von Staatspräsident Giovanni Leone.[17]

Seit Monaten steht die Person des Präsidenten im Zentrum von Unterstellungen und Verdächtigungen. Camilla Cederna[18] zeichnete in einem Pamphlet mit riesigem Erfolg ein unbarmherziges Porträt der Gemeinheiten und Missbräuche des Präsidenten, seiner Frau und deren Hof. Die Öffentlichkeit ist besonders schockiert von den Enthüllungen über die Freundschaft von Leone mit den Lefebvre-Brüdern,[19] die in den Lockheed-Skandal verwickelt waren. Der Generalsekretär der KPI denkt, dass ein so umstrittener Präsident in einem Land, in dem der Terrorismus weiter wütet, kein glaubwürdiger Garant für die Institutionen sein kann.

Tatsache ist, dass Leones Abgang von der politischen Bühne der linken Öffentlichkeit endlich ein positives Signal und den Kommunisten etwas Luft gibt. Und die Wahl von Sandro Pertini wird ein weiterer positiver Punkt sein.

Pertini ist ein untypischer Politiker, ein Held der *Resistenza*, »unter den Sozialisten der am wenigsten sozialistische«, wie ihn Ugo La Malfa beschreibt. Sein hohes Alter, 81 Jahre, seine außerordentliche Lebendigkeit und seine Fä-

---

16 Verhaftung vieler junger Aktivisten der 1977er-Bewegung und Razzia bei den Autonomen, die eben am 7. April 1977 vom Untersuchungsrichter Pietro Calogero mit Unterstützung der KPI angeordnet wurde. Vgl. dazu in Kapitel XVIII das Unterkapitel »Die ›Saboteure‹ in Aktion« (☛ S. 302 ff.).

17 Giulio Andreotti: *Visti di vicino (Aus der Nähe betrachtet)*.

18 Camilla Cederna (1911–1997), Schriftstellerin, Herausgeberin, investigative Journalistin.

19 Über die Konten und Briefkastenfirmen von Antonio Lefebvre d'Ovidio (1913–2011) – Anwalt, Geschäftsmann, Gründer der Luxuskreuzfahrtlinie Silversea Cruises – und seinem Bruder Ovidio Lefebvre liefen 1970/71 die Schmiergeldzahlungen des US-Konzerns Lockheed bei einem Rüstungsgeschäft mit dem italienischen Verteidigungsministerium an Parteien und einzelne Politiker.

higkeit, einfach und direkt zu sprechen, lassen ihn sofort zum Symbol einer Politik werden, welche die Leute versteht und den Palastintrigen entflieht. Pertinis Wahl ist der Tatsache geschuldet, dass Bettino Craxi ein Machtwort spricht, das Präsidentenamt für einen Sozialisten beansprucht und dafür einige Kandidaten mit hohem Prestige aufstellt: Norberto Bobbio, Antonio Giolitti, De Martino und Pertini selbst. Die Kommunisten stellen sich sofort hinter ihn. Berlinguer empfindet eine große Wertschätzung für den alten Parlamentarier, der ein Freund seines Vaters war und den er als Kind kennengelernte. Er schätzt ihn auch deshalb, da Pertini einer der wenigen Sozialisten war, der die Front der harten Linie nicht durchbrach, wobei er erklärte, dass er nicht an den Begräbnisfeierlichkeiten von Moro, aber auch nicht an jenen der Republik teilnehmen wolle. Berlinguer weiß, dass er entschieden unabhängig ist, auch gegenüber seinem Parteisekretär Craxi, und dass er an die Notwendigkeit glaubt, die Kommunisten in die Regierung zu bringen.

Aber der Name von Pertini ist auch bei den Christdemokraten willkommen. Laut Andreotti ist er der Einzige, dem es erlaubt ist, »mit der PSI nicht zu brechen und nicht ihren Anordnungen zu unterliegen.«

Paradoxerweise besiegelt die Wahl von Pertini die »demokratische Solidarität«, als diese Formel gerade im Untergang begriffen ist. »Ich werde tun, was in meiner Macht steht, damit sich die nationale Einheit, deren Ausdruck meine Wahl ist, stabilisiert und stärkt«, verspricht der alte Sandro in seiner Rede vor dem Parlament. Aber die Wirklichkeit wird es sich ganz anders verhalten.

»Das hatten sie im Sinn ...«

Trotz der Wahl von Pertini wächst die politische Isolation der Kommunisten und im Besonderen jene ihres Generalsekretärs, der nach der Verteidigung der harten Linie vorgibt, jetzt die Identität der KPI zu verteidigen. Ugo Pecchioli erinnert: »Nach dem Tod von Moro haben alle gegen uns gehetzt.«

Mit den 55 Tagen der Entführung Moros wird die Distanz zu den Sozialisten deutlicher, die mitten in der Entführung den Kongress der Alternative in Turin abhielten. Craxi lässt seinen Genossen von der Parteilinken freie Hand, ein Projekt zu entwickeln, das jenem des historischen Kompromisses entgegengesetzt ist. Wie die engsten Mitarbeiter von Craxi Jahre später enthüllen werden, war es das wahre Ziel des sozialistischen Parteisekretärs, die Übereinkunft zwischen Christdemokraten und Kommunisten zu destabilisieren, um den eigenen politischen Spielraum zu erweitern.

Eine weitere Etappe dieses Plans ist der Aufsatz über Proudhon, dem utopischen französischen Sozialisten des 19. Jahrhunderts, gegen den Marx polemisierte. In diesem Text, der lange Zeit für das »sozialistische Evangelium« gehalten und der im »L'Espresso« mit Craxi als Autor veröffentlicht wird – in Wirklichkeit stammt er jedoch aus der Feder von Luciano Pellicani[20] –, tritt der sozialistische Parteiführer als Liquidator des Marxismus und als Inspirator eines neuen Reformismus auf. Aber nicht nur der Umstand, dass keine Zeile dieses Aufsatzes von ihm verfasst wurde, rief negative Reaktionen hervor. Nicht einmal die Idee, den alten Gegenspieler von Marx wieder auszugraben und ihn in den Mittelpunkt eines neuen sozialistischen Kurses zu stellen, kam von Craxi. Diese Idee stammt von Livio Zanetti, dem Chefredakteur des »L'Espresso«, und Nello Ajello, einem Journalisten dieser Wochenzeitung. Craxi gab lediglich die Druckerlaubnis, als alles schon erledigt war. So konnte er sich als Fahnenträger der Tradition des liberalen Sozialismus präsentieren, die dem autoritären Marxismus entgegengesetzt war, und sich in einen offenen Bruch, auch auf theoretischer Ebene, mit den Kommunisten und ihrer Tradition begeben.[21] Nach der Auseinandersetzung zur harten Linie trennen Berlinguer und Craxi jetzt auch die Streitigkeiten bezüglich der Ideologie.

Aber das größte Problem besteht jetzt mit der DC. Es werden einige große Gesetze verabschiedet, an denen in der vergangenen Legislaturperiode gearbeitet wurde, wie das Gesetz zur fairen Miete und die Gesundheitsreform. Diese beinhalten jedoch so viele Gegensätze und Kompromisse, dass sie von Anfang an im Keim erstickt werden. Andere, ebenfalls wichtige Gesetze verlaufen im Sand. Die Männer, welche die Garanten für die Übereinkunft sein sollten, gehen auf Distanz. Der unsichere Zaccagnini, den Moros Tod mehr als andere traf, erklärt unerwartet auf einer Reise in den Vereinigten Staaten, dass die DC die Zusammenarbeit mit den Kommunisten abbrechen werde, sobald dies möglich sei. »Dies ist, was sie von Anfang an im Sinn hatten«, sagt jetzt Berlinguer mit sehr großer Bitterkeit.[22]

Bevor es zum Bruch kommt, unternimmt Berlinguer einige extreme Versuche, um den Bruch doch noch zu verhindern. So etwa mit dem Brief, den er im Juni an Andreotti schickt und später veröffentlicht. Der Kern des Schreibens besteht aus einer Forderung der KPI, nach Beendigung des Notstandes nicht

---

20 Luigi Luciano Pellicani (1939–2020), Soziologe, Politologe, Journalist.

21 Nello Ajello, persönliche Mitteilung an die Autorin. Diese bescheidene Episode macht den zufälligen Charakter von Craxis Entscheidungen deutlich, weit entfernt von jenem »Projekt«, das ihm lange Zeit zugeschrieben wurde.

22 Luciano Braca, persönliche Mitteilung an die Autorin.

mehr länger auf der Basis von Kompromissen voranzuschreiten und nun das vereinbarte Programm umzusetzen. Ein guter Teil der DC nimmt die Initiative nicht ernst: Sie hält diese für ein propagandistisches Manöver, um die kommunistische Basis bei Laune zu halten. Dasselbe denkt sie über die Rede Berlinguers, die er im September auf dem landesweiten Festival der »L'Unità« in Genua vorträgt. Wie schon zuvor wählte der Generalsekretär die jährliche Gelegenheit des großen Festes, um seine Ideen und seine Vorschläge zum Ausdruck zu bringen, ohne jene Vorsicht, welche die Reden auszeichnen, die in den Entscheidungsgremien kollektiv erarbeitet werden.

Aber dieses Mal, vielleicht mehr als je zuvor, zeigt Enrico einen radikalen Ideenwechsel, der die Begeisterung einer riesigen Menschenmenge hervorruft. In dieser Rede kommen einige Themen auf, die später zentral werden. Berlinguer setzt neue Akzente und betont mit Nachdruck, dass sich die Arbeiterklasse mit den Schichten der Schwächsten verbünden müsse: die Subproletarier und die Enterbten des Südens, aber auch die Frauen und die Jungen. Er gibt zu, dass ein Teil des Protestes der »zweiten Gesellschaft« gegenüber dem Italien der »nationalen Solidarität« berechtigt ist. Und stolz beansprucht er die kommunistische Andersartigkeit. Diese unterscheidet die KPI von Versuchen anderer, den Protest der »zweiten Gesellschaft« zu vereinnahmen. An Craxi gerichtet, ohne ihn jedoch namentlich zu erwähnen, antwortet Berlinguer auf die Offensive, die mit dem Aufsatz über Proudhon vorgetragen worden ist. »Nachdem wir Lenin abgeschworen haben, fordern sie von uns, dies auch bei Marx zu machen [...]. Wenn man in der Geschichte zurückgeht, könnte man vielleicht erkennen, dass die Französische Revolution erfolgreicher gewesen wäre, wenn sie nur die Girondisten[23] gemacht hätten und es die Jakobiner nicht gegeben hätte.« Die Französische Revolution war seit seiner Jugend eines seiner Lieblingsthemen.

Es ist auch sehr bezeichnend, was Berlinguer sagt, wenn er sich von der sozialdemokratischen Erfahrung distanziert. Das Urteil über diese Unterschiedlichkeit war in der Phase der großen Vorsicht im Schatten geblieben. In Genua erinnert Berlinguer, dass sich die Sozialdemokratien historisch betrachtet immer »innerhalb der kapitalistischen Logik und deren System an menschlichen

23 Die Girondisten waren ursprünglich die Abgeordneten aus der Gironde, einer Region im Süden Frankreichs. In der Gesetzgebenden Nationalversammlung 1791/92 – als Frankreich nach der Revolution von 1789 noch eine (konstitutionelle) Monarchie war – hatten sie in vielen Fragen die Mehrheit hinter sich. Nach der Ausrufung der Republik am 20. September 1792 verloren sie im Nationalkonvent langsam ihre Anhänger, während radikalere Kräfte wie die Jakobiner an Macht und Einfluss gewannen. 1793 wurden führende Girondisten verhaftet und hingerichtet.

und moralischen Werten« bewegten und es im Gegensatz dazu das kommunistische Ziel ist, die »Logik des Kapitalismus zu verlassen«, indem man einen davon »andersartigen Weg« sucht, der sowohl über die Erfahrungen des sowjetischen Typs als auch über jene der Sozialdemokratie hinausgeht. Das sind erste Hinweise auf jenen »dritten Weg«, der seine Reflexionen in den 1980er-Jahren zu einem großen Teil prägen wird.

Doppelter Bruch

Die Rede in Genua ruft unterschiedliche Reaktionen hervor. »Bedeutet das, dass wir jetzt die Mittelschichten und die Kleinunternehmer im Stich lassen und uns mit den Subproletariern verbünden sollen?«, fragt verblüfft jener Teil der KPI, der inzwischen die Politik der großen Verständigung angenommen hatte.

Der größte Teil der Christdemokraten zeigt sich gleichgültig, Giulio Andreotti ist jedoch ernsthaft alarmiert. Im Herbst 1978 gibt es anhaltende Auseinandersetzungen mit den Kommunisten, in erster Linie über die Wirtschaftspolitik. Diejenigen, die an den Arbeiten der Kommission, die auf Ersuchen des Finanzministers Filippo Maria Pandolfi einen Dreijahresplan ausarbeiten soll, teilnehmen, spüren die Unvereinbarkeit der Positionen. Die Vertreter der KPI, die auch von den sich ausbreitenden Streiks und der Wut der Gewerkschaftsbasis unter Druck gesetzt werden, fordern, die Löhne und Gehälter an die Produktivität zu koppeln, die nach den berühmten »Opfern« wieder angestiegen ist. Im Gegensatz dazu stellt der Finanzminister, der vom Verband der italienischen Industriellen Confindustria unter Druck steht, die Weichen für eine Politik, die nach dem Bruch zur Wirtschaftspolitik der Regierung werden wird. Dabei schlägt er etwas vor, das für die Linke inakzeptabel ist: die Reduktion des Stundenlohns.

In diesem Klima entscheidet Berlinguer, dass es nur einen möglichen Weg gibt: den Bruch. Die »nationale Solidarität« würde inzwischen lediglich in einer Aufteilung von Posten enden. Nach Moros Tod ist jede Aussicht auf den historischen Kompromiss hinfällig geworden. Ein generelles Bündnis, das eine tiefgreifende gesellschaftliche und politische Veränderung Italiens hätte begleiten können, ist nicht mehr möglich. Gewiss, die Inflation ist zurückgegangen, die Handelsbilanzen mit dem Ausland haben sich verbessert, aber in der Linken besteht die Überzeugung, dass dafür praktisch ausschließlich die Arbeitenden bezahlt haben. Auch Berlinguer ist der Meinung, dass die KPI für den Notstand einen ziemlich hohen Tribut leistete. Seine Sorgen drehen sich in erster Linie erneut um die Partei. Er denkt, dass er sie retten muss, indem er sie an das sichere und vertraute Ufer der Opposition bringt.

Dieses Projekt wird von einem maßgebenden Teil innerhalb der kommunistischen Führungsgruppe nicht geteilt. Die entscheidende Auseinandersetzung findet auf einer dramatischen Sitzung der Parteileitung am 17. Januar 1979 statt.[24] Berlinguer hat im Laufe dieses 12-stündigen Treffens eine sehr genaue Vorstellung im Hinterkopf behalten, nämlich »zu einem Dokument, einer Resolution zu gelangen, die sich für den sofortigen Ausstieg aus der parlamentarischen Mehrheit ausspricht«. »Unter den gegenwärtigen Bedingungen [...] ist der Umstand, dass wir Teil der parlamentarischen Mehrheit sind, kein Vorteil mehr für uns und für unser Land, sondern ein Vorteil für unsere Gegner, für unsere Feinde: Sie brauchen das, um einen Bürgen zu haben für die Politik, die sie betreiben.« Das ist eine Entscheidung, die der Generalsekretär für richtig und notwendig hält, auch um den Preis des Bruchs der Einheit der Führungsgruppe, die er bis jetzt, abgesehen von den Meinungsverschiedenheiten mit den alten historischen Führern, erfolgreich aufrechterhalten konnte.

Wie Natta ausführt, ist die Parteileitung in drei Teile aufgespalten.[25] Neben den Befürwortern zeigen sich Gegner des Bruches, zu denen die Protagonisten der »nationalen Solidarität« gehören, wie Bufalini – ein Freund und seit jeher Berater Berlinguers –, wie Edoardo Perna[26] und vor allem wie Giorgio Napolitano, dem Schlüsselmann der Wirtschaft, der zum Bezugspunkt der internen Opposition werden wird. Aber es gibt auch die Vermittler: Natta selbst und Gerardo Chiaromonte. Diese versuchen auf gewisse Weise eine Rolle anzunehmen, die der Generalsekretär inzwischen nicht mehr ausüben wollte.

In der Diskussion hat Luigi Longos Rede eine spezielle Bedeutung. Der alte Präsident der Partei ist inzwischen ein Mann am Ende seiner Kräfte, sein Körper zur Hälfte gelähmt, aber sein Kopf noch hellwach. Er spricht mit einer leisen Stimme und verteidigt Berlinguers Vorschlag, unterbrochen von Tränen, die ihn vor Ermüdung und Rührung übermannen. Die kommunistische Parteiführung ist beeindruckt. Die Resolution wird angenommen. Aber für Enrico

---

24 Der komplette Bericht dazu ist abgedruckt in *Direzione (Parteileitung)*, Treffen 17. Januar 1979, S. 63-81.

25 *Dai diari inediti di Alessandro Natta. La svolta del 1979 (Aus den unveröffentlichten Tagebüchern von Alessandro Natta. Die Wende von 1979)*, in: Aldo Tortorella, *Berlinguer aveva ragione (Berlinguer hatte recht)*, Roma, März-Juni 1994.

26 Edoardo Perna (1918–1988), Mitglied der Führungsgruppe der KPI bzw. Mitglied des Zentralkomitees (1972–1988), Mitglied des Senates (1963–1983), Leiter der KPI-Fraktion im Senat (1973–1983), Präsident der Provinz von Rom (1956–1958).

bedeutet dies vor allem die Versöhnung mit einem Mann, der ihn vor vielen Jahren in das Sekretariat der KPI geholt hatte.

Am Vormittag des 25. Januar 1979 findet am Sitz des Ministerpräsidenten ein Treffen der Kommunisten mit Andreotti statt. Der Generalsekretär der KPI ergreift das Wort und liest ein Dokument vor, das in einem anklagenden Ton verfasst ist. Es verkündet nicht nur, dass der Verbleib der KPI in der parlamentarischen Mehrheit unmöglich geworden ist, sondern führt mit der für Berlinguer typischen unerbittlichen Eigensinnigkeit alle Gründe an, die zu dieser Entscheidung geführt haben. Ein nicht erfülltes Versprechen nach dem anderem wird aufgezählt. »Vielleicht habt ihr unseren Sinn für Verantwortung mit Nachgiebigkeit verwechselt«, heißt es am Ende. Wenige Tage später überreicht Andreotti dem Präsidenten Sandro Pertini das Rücktrittsschreiben seiner Regierung.

Mit einer praktisch symbolischen Zufälligkeit fällt das Ende der »nationalen Solidarität« mit dem plötzlichen Tod ihres dritten Protagonisten, Ugo La Malfa, zusammen. Der Generalsekretär der Republikanischen Partei war von Pertini mit dem Versuch beauftragt worden, eine von den Kommunisten unterstützte Regierungsmehrheit zu bilden. Jedoch war er mit diesem Unterfangen gescheitert. Für Berlinguer ist dessen Ende, neben dem persönlichen Schmerz, auch die ultimative Bestätigung, dass eine Ära zu Ende gegangen ist.

XX.
Das Jahr der Niederlagen

Von allen Parteikongressen in Berlinguers Leben ist auf dem XV., der am 30. März 1979 in Rom eröffnet wurde, am meisten diskutiert worden. Er findet in unmittelbarer Nähe zu den vorgezogenen Parlamentswahlen statt, die für zwei Monate später vorgesehen sind. Es ist klar, dass es sich dabei um einen Prüfstand für das Urteil der Wähler über die drei Jahre der »demokratischen Solidarität« handelt. Italien erlebt gerade einen undurchsichtigen Moment der Unsicherheiten. Das bisherige politische Gleichgewicht hat sich verschoben und noch ist nicht klar, wie das Zukünftige beschaffen sein wird. Auf politischer Ebene könnte die KPI nicht isolierter sein.

Inzwischen ist Berlinguer direkt ins Visier des Terrorismus geraten. In den Erklärungen der Roten Brigaden nach Moros Ermordung heißt es, dass jetzt die »Berlinguer-Leute«, die Partner des historischen Kompromisses, das anvisierte Ziel sind. Die Drohungen nahmen mit der Ermordung des kommunistischen Arbeiters Guido Rossa in Genua im Januar konkrete Gestalt an. Seine Begräbnisfeierlichkeiten, an denen Berlinguer und Sandro Pertini Seite an Seite zusammen mit einer riesigen Menge an Arbeitern teilnehmen, werden zu einer der größten Demonstration gegen den Terrorismus in der jüngsten italienischen Geschichte. Diese Ereignisse verändern das Leben des kommunistischen Generalsekretärs tiefgreifend. Er ist ab jetzt gezwungen, sich zusammen mit einer zahlenmäßig großen und aufdringlichen Leibwache zu bewegen. Neben der von Alberto Menichelli geleiteten Leibwache der Partei hat er jetzt eine vom Innenministerium gestellte Leibwache, die ihn überall hin mit Sirenengeheul begleitet und in große Verlegenheit bringt.

»Wie lebt man mit all diesen Leibwächtern, immer an seiner Seite?«, fragen ihn die Journalisten. »Ich versuche, wie bisher zu leben. Aber es ist schwieriger geworden. Manchmal verzichte ich darauf, am Abend ins Theater oder ins Kino zu gehen, um die Leibwache nicht zu stören. Denn auch das Leben dieser Männer ist schon ziemlich schwierig«, antwortet Berlinguer, der manchmal den Eindruck hat, praktisch ein Gefangener zu sein.

In den vorbereiteten Dokumenten und in der Arbeit des XV. Parteikongresses scheint das Bemühen der Kommunisten auf, über sich selbst und ihre eigene Identität zu reflektieren. Dieses Mal diskutiert man nicht über den Bericht des Generalsekretärs, sondern wendet sich der Methode der Thesen zu. Das ist ein Zeichen dafür, dass Berlinguer nicht mehr der unumstrittene Leader ist. Im Gegenzug wird die Freiheit der Debatte gestärkt. Die kommunistische Vollversammlung nutzt die Sackgasse, in der sich die KPI gerade befindet, und greift einige wichtige theoretische Punkte auf, etwa die Änderung von Artikel Nummer 5 des Parteistatutes, in dem die KPI als eine Art von Schule des Marxismus und des Leninismus beschrieben wurde. Auch dieser letzte Hinweis auf die Tradition der Dritten kommunistischen Internationale wird beseitigt. Berlinguer will die totale Laizität annehmen und zugleich die Öffnung zu den Katholiken vollenden, über die er im Brief an Monsignore Bettazzi sprach.

Das ist eine Innovation, zu der es viele verschiedene Meinungen gibt, wie es auch bei einer anderen, von den Frauen geforderten Thematik der Fall ist. Nach heftigen Diskussionen gelingt es ihnen, dass der Parteikongress eine Änderung der Thesen annimmt, die eine wirkliche theoretische Wende darstellte. Neben dem klassischen »Widerspruch der Klassen« wird tatsächlich zum ersten Mal der »Widerspruch der Geschlechter« festgehalten. Berlinguer, der aufmerksam verfolgt, was gerade in der Welt der Frauen vor sich geht, gehört zu denen, die für die Veränderung kämpfen. Unter denen, die am eifrigsten dagegen auftreten, ist Paolo Bufalini.

»Ich bin hier, um zuzuhören ...«

Von der Tribüne des Parteikongresses herab betont Berlinguer die positiven Ergebnisse der letzten drei Jahre, darunter der Eintritt der KPI »in verschiedene Schlüsselpositionen der staatlichen und demokratischen Institutionen wie die Präsidentschaft der Abgeordnetenkammer«, die Ankurbelung der wirtschaftlichen Situation, die Verteidigung der Demokratie gegenüber dem terroristischen Angriff, die Wahl Pertinis zum Staatspräsidenten. Das alles, erinnert er, »hat aber den grundsätzlichen Widerspruch nicht beseitigt: den Ausschluss der KPI von der Teilnahme an der Regierung«. Berlinguer schreibt die gesamte Verantwortung dafür der DC zu, aber er ändert deswegen nicht die Losung, die weiterhin in der demokratischen Einheit besteht.

Das, was in dieser Phase für die KPI, aber auch für die Parteien der parlamentarischen Mehrheit zählt, sind die Parlamentswahlen am 4. Juni 1979. Berlinguer fährt, wie gewöhnlich, in ganz Italien von Ort zu Ort, um Wahlversammlungen abzuhalten, aber mit einer für ihn ungewohnten Nervosität. Renzo Trivelli, der neben ihm auf der Bühne auf der Piazza Principale in Bari steht, bemerkt dies, als der Generalsekretär seine Rede mit einem Slogan beendet, der den Aktivisten lieb geworden ist: »Es ist Zeit für Veränderung, die KPI soll regieren.« »Ich machte einen Witz, und Enrico wurde darüber sehr wütend. Wie können wir bei diesen Wahlen erfolgreich bestehen, sagte er mir, wenn nicht einmal wir an das glauben, was wir behaupten?«, erinnert Trivelli.

Trotz seines natürlichen Pessimismus sah Berlinguer solch negative Ergebnisse nicht vorher. Der Verlust ist beträchtlich, eineinhalb Millionen Stimmen weniger, die Hälfte des Stimmenzuwachses von 1976. Die Schlappe ist besonders hart in den peripheren industriellen Gebieten der großen Städte, im Süden, unter den Jungen und bei den legendären Mittelschichten. Auch die DC beklagt Verluste, wenn auch nur kleine. Hingegen schafft die sozialistische Partei (PSI) trotz aller Bemühungen und Überraschungseffekte nicht einmal die Zehnprozentmarke und verfehlt vollständig das Ziel, eine Neugewichtung zwischen den linken Parteien herzustellen. Die Masse der Stimmen geht der KPI in verschiedenen Rinnsalen verloren, in der Stimmenthaltung, ungültigen Stimmen und zu einem kleinen Teil auch an Marco Pannellas Radikale Partei, der mit seiner selbstbewussten Opposition die Zahl seiner Parlamentsabgeordneten von vier auf zwölf steigern kann.

Berlinguer liest immer wieder mit Sorgfalt die Zahlen des Desasters. In Mirafiori[1] verliert er 9 Prozentpunkte, in den Arbeiterviertel von Neapel zwischen zehn und 15, die Zustimmung unter den Jungen reduziert sich um 10 Prozent. Während sich die Auseinandersetzungen häufen und einige Tageszeitungen sogar die Möglichkeit der Ablöse des Generalsekretärs in den Raum stellen, entscheidet sich Berlinguer, an die Basis zu gehen, um mit seinen eigenen Augen zu sehen, was passiert ist. Noch ist keine Woche seit der Wahlschlappe vergangen, da taucht er schon in einer Parteisektion in Palermo auf, in der Sektion »Togliatti«, mit einem Notizblock und einem Stift in der Hand. »Heute Abend soll nicht ich sprechen. Ich bin hier, um zu zuhören. Ihr sollt mir sagen, was passiert ist.« Eine junge Frau vom FGCI ergreift das Wort: »Das Bündnis mit der DC, deren Vertreter hier in Palermo berüchtigt sind, hat die Menschen dazu gebracht, uns mit ihnen auf eine Stufe zu stellen.«

Antworten dieser Art hört Berlinguer in den folgenden Tagen wiederholt auf Treffen, Wahlversammlungen und Kundgebungen.

Die Auseinandersetzung

Was die Parteispitze denkt, wird auf dramatische und ungewöhnliche Weise auf der Sitzung des Zentralkomitees deutlich, die am Abend des 2. Juli 1979 eröffnet wird und mit mehr als hundert Beiträgen vier Tage andauert. Ihr Verlauf gleicht

1 Stadtteil von Turin, in dem sich die FIAT-Werke befinden.

einem Parteikongress. Nach sieben Jahren seines Generalsekretariates muss sich Berlinguer viel Kritik an der generellen Linie der Partei und an denjenigen, die sie umsetzten, anhören. Eben um die Gemüter nach der Wahlschlappe abkühlen zu lassen, zog er es vor, die Sitzung des Zentralkomitees zu verschieben, wie er bei der Eröffnung freimütig zugibt.[2] Aber jetzt will er sich der Situation stellen. Der von ihm gewählte Weg besteht darin zu argumentieren, dass die Linie richtig gewesen sei, aber schlecht umgesetzt wurde. Der Fehler lag weder in der Idee des historischen Kompromisses noch in den Entscheidungen der letzten drei Jahre, sondern »in der Art und Weise, wie diese präsentiert und gelebt wurden«, sagt der Generalsekretär. Er verteidigt auch die stark diskutierte Entscheidung, die parlamentarische Mehrheit zu verlassen, mit harten Worten: »Die Autonomie, die Charakteristika, die Funktion und die Zukunft der Partei mussten vor der Gefahr des Zusammenbruchs bewahrt werden.«

Diejenigen, die sich von dieser Behauptung getroffen fühlen, reagieren auf vorhersehbare Weise. Giorgio Napolitano kritisiert bis zu einem gewissen Grad die Art und Weise, wie die Partei vom Generalsekretär geleitet wird. »Es gibt einen Mangel an Klarheit und Einheit im Sekretariat, und die Partei hatte nicht das Bewusstsein, was auf dem Spiel steht. Das ist es, worüber man diskutieren muss, nicht, ob einzelne wirtschaftliche Maßnahmen mehr oder weniger zweckmäßig sind«, sagt er. Es ist ein sehr angespanntes Treffen, auf dem die KPI versucht, sich wieder eine Identität zu geben und ihre politischen Ideenkraft zu finden, ohne es vollständig zu schaffen. Wie schon bei der Sitzung der Parteileitung, auf welcher der Bruch mit der DC beschlossen wurde, tauchen auch jetzt Ressentiments und persönliche Streitigkeiten auf. »Berlinguer hat sich verteidigt, indem er selbst andere kritisierte«, titelt »il manifesto« und reflektierte dabei Stimmen und Stimmungen, die von der Partei nach außen dringen. Berlinguers Bitterkeit tritt in der abschließenden Wortmeldung offen zutage: »Einige Unterstellungen, mein Bericht diene der Rettung persönlicher Positionen, verdienen es nicht einmal aufgegriffen zu werden. Die Genossen wissen, dass ich persönlich nichts getan habe, um meine Position zu erlangen, und dass ich nichts gemacht habe und auch nichts machen werde, um sie weiterhin zu behalten.«[3] Es ist sehr selten, dass auf einer kommunistischen Vollversammlung auf solch direkte Weise gesprochen wird. Mit der Niederlage verliert Berlinguer

---

2 Enrico Berlinguer: *Il cammino si fa più arduo, accorre correggere errore e dispiegare un più ampio e intelligente disegno di lotta (Der Weg wird mühsamer, es ist nötig, Fehler zu korrigieren und einen breiteren und intelligenteren Plan des Kampfes zu entfalten)*, in: L'Unità, 4. Juli 1979.

3 Enrico Berlinguer: *I capisaldi di una stratgia di rinnovamento (Die Eckpfeiler einer Erneuerungsstrategie)*, in: L'Unità, 7. Juli 1979.

sein etwas abstraktes, nüchternes Image aus den Jahren des historischen Kompromisses und beginnt, zu einer Persönlichkeit zu werden, die vom Volk auch für seine Aufrichtigkeit und seine Utopien geliebt wird.

Kurz nach der Sitzung des Zentralkomitees kommt es zur Veränderung in der Führungsgruppe, die auf dem Kongress noch zurückgehalten worden ist. Dem Generalsekretär gelingt es vor allem zu vermeiden, dass ihm ein Politbüro mit Führern unterschiedlicher Meinungen zur Seite gestellt wird, eine Art von kommissarischer Verwaltung, die ihn praktisch unter Aufsicht gestellt hätte. Am Ende der langen Verhandlungen erreicht er ziemlich tiefgreifende Veränderungen an der Parteispitze. Bufalini und Cervetti, zwei Männer, die mit der Erfahrung der »demokratischen Solidarität« besonders eng verbunden waren, verlassen das Sekretariat, darüber hinaus auch Pajetta, den Berlinguer für einen Gegenspieler aus Prinzip[4] hält, und Luca Pavolini. Napolitano gibt wie auch Luciano Barca die Verantwortlichkeit für den Bereich der Wirtschaft ab und wird durch Chiaromonte ersetzt, der in dieser Phase eine kompromissbereitere Position einnimmt. Minucci, einer der jungen Führer von der Linken, die Enrico sehr nahestehen, tritt in das Sekretariat ein, und Alessandro Natta kehrt zurück. Wenn auch mit großer Vorsicht, versucht der Generalsekretär, das innerparteiliche Gleichgewicht nach links zu verschieben.

Ferien in Jalta

Obwohl er davon überzeugt ist, dass er sich nichts vorzuwerfen hat, wie sich diejenigen, die ihm nahestehen, erinnern, ist Berlinguer nach der Niederlage und der internen Auseinandersetzung erschöpft. In einer Fernsehdiskussion erscheint er »mit geschwollenen Augen als Folge von Überanstrengung, mit Anzeichen von schlaflosen Nächten«, wie ein Reporter anführt. Er leidet an Schwindel, an Hoch- und Niederdruck, an Gleichgewichtsstörungen. In den 57 Jahren seines Lebens hat er niemals seine Gesundheit geschont. Er behielt die seit den Jahren im FGCI entwickelte Gewohnheit des nächtlichen Arbeitens bei, um Reden und Wahlversammlungen, auch weniger wichtige, vorzubereiten. Tagsüber hätte er dafür keine Zeit gehabt. Auf nachdrückliches Drängen gelang es seinem Arzt Francesco Ingrao, seine Tabakdosis auf zwei Packungen an Zigaretten zu reduzieren. Seit die »Turmac«-Zigaretten nicht mehr produziert werden, ist er auf »ms« oder »Rothmans« umgestiegen, worüber er sich ständig beschwert. Aber er raucht weiterhin zu viel.

---

4 Fiori: *Vita di Enrico Berlinguer (Das Leben von Enrico Berlinguer)*, 1989.

In dieser Phase der Ermüdung scheinen ihm die Umstände der Sonderbewachung unerträglich zu sein. Er will mit seiner Frau und den Kindern, die er inzwischen praktisch seit Monaten nicht mehr richtig gesehen hat, für eine gewisse Zeit ausspannen. So kommt es zu der ziemlich überraschenden Entscheidung, Ferien in der UdSSR zu machen, einem Land, in dem er keine Leibwache braucht. Um Missverständnisse zu vermeiden, gibt er dem deutschen Wochenmagazin »Stern« ein Interview, über das den ganzen Sommer gesprochen werden wird. »In welchem Land sehen Sie den Sozialismus realisiert, der Sie am meisten überzeugt?« Und Berlinguer antwortet: »Derzeit in keinem.« Das ist einer dieser trockenen Sätze, die den Weg des Generalsekretärs kennzeichnen und auf den Beginn von neuen Reflexionen hinweisen. Mit dem Krieg zwischen China und Vietnam, mit dem Auftauchen der traurigen Wahrheit über das Kambodscha von Pol Pot, ist auch der Mythos des Sozialismus in der Dritten Welt gerade am Zerfallen, an den Berlinguer, wie Millionen andere Menschen, leidenschaftlich geglaubt hat. Was den realen Sozialismus anbelangt, so hat er sein Urteil schon seit langer Zeit mit Klarheit zum Ausdruck gebracht.

Die Sowjets wählen mit ihrer Liebe zu etwas düsteren Ritualen Jalta als Ort für die Ferien aus, wo im August vor fünfzehn Jahren Palmiro Togliatti starb. Familie Berlinguer verbringt in einem großen Hotel am Schwarzen Meer ziemlich eintönige Ferien. Die Kinder sind erstaunt über die ständigen Besuche von Ponomarjow, der immer schwarz gekleidet ankommt, mit einem Hut im Stil der 1930er-Jahre, und jeden, der es wagt, auf dem Teller etwas übrig zu lassen, mit Blicken durchdringt. In der UdSSR erscheint den Berlinguer Kindern alles düster und unerträglich, einschließlich des Pionierlagers in Artek, in dem Togliatti der Schlaganfall traf. Für sie ist Togliatti eine bleiche Figur aus der Vergangenheit. Und ihr Vater versucht in seiner gewohnten Toleranz nicht einmal, ihre Vorstellung zu ändern.

Der Kompromiss und das Modell

Kurz vor der Abreise nach Jalta schrieb Berlinguer für die »Rinascita« einen Artikel, in dem er zum ersten Mal die Idee vom historischen Kompromiss in die Tradition von Togliatti stellt. Er gibt sich überzeugt, dass die Niederlage der »nationalen Solidarität« nicht das Scheitern des Vorschlags an sich bedeutet.[5] Aber die Formel ist zu überdenken und neu zu interpretieren. Während

5 Enrico Berlinguer: *Il compromesso storico nella fase attuale* (*Der historische Kompromiss in der aktuellen Phase*), in: Rinascita, 24. August 1979.

er bisher dessen praktische Umsetzung kritisiert hat, will er nun dessen theoretische Breite besser klarstellen. Der Kompromiss wird in erster Linie als Kompromiss der Klassen präsentiert. »Das italienische Kapital war nicht im Stande, freiwillig das Gesetz der gesunden Erhaltung (›jeden Tag etwas zu verlieren, um nicht alles zu verlieren‹) für sich selbst anzuwenden, es war nicht im Stande, sich mit der Geschichte zu verbünden.« Die kapitalistische Entwicklung ist nicht quantitativ, sondern qualitativ gescheitert, sagt Berlinguer, indem er ein Lieblingsthema von Ingrao aufgreift und es mit einer höchst aktuellen Sensibilität weiterentwickelt. Auf dem Spiel steht, »wie viel« und »warum« etwas produziert wird. »Nehmen wir als exemplarischen Fall die Energiefrage. Gibt es jemand, der denkt, diese zu lösen, indem man sie ausschließlich in Begriffen der Kilowattleistung und der entsprechenden Erdöltonnen begreift? Oder ist es [...] nicht so, dass eine Politik erforderlich ist, die positive Antworten auf die Fragen über die tatsächliche Verwendung von Energie (und welche Energie benötigt wird) in Bezug auf die Sicherheit, auf die Umweltverschmutzung und den Gesundheitsschutz gibt?«, fragt er sich.

Im Artikel bezieht sich Berlinguer immer wieder auf die Bewegungen, die das Problem der qualitativen Entwicklung auf die Tagesordnung setzen und diese Wirklichkeit als erste erfasst haben. Und an diesem Punkt entsteht innerhalb der KPI eine Auseinandersetzung zwischen einer Regierungskultur und einer Bewegungskultur. Berlinguer wird aufgrund seiner Prägung niemals ein Bewegungsmensch sein. Aber seit einiger Zeit hat er begonnen, die Bewegungen wieder mehr zu schätzen: seit dem Festival in Genua, das so viele Widersprüche ausgelöst hat und bei dem das Klischee von einem Berlinguer, der wieder den sozialen, linken Bewegungen zugeneigt ist, geboren wurde. Ein Klischee, das in den 1980er-Jahren zu einem vorherrschenden Bild von Berlinguer werden sollte.

Der Aufsatz ruft starke Reaktionen hervor. Eugenio Scalfari, einer der öffentlichen Meinungsmacher, die Berlinguer sehr nahestanden, drängt ihn über den ganzen Sommer hinweg mit einer Serie von Kommentaren, in denen er die KPI auffordert, die »systematische Kontinuität« (»continuismo«) ihrer Politik zu bekämpfen, sich für den freien Markt auszusprechen und den demokratischen Zentralismus über Bord zu werfen. Im Aufsatz in der »Rinascita« findet der Chefredakteur der »La Repubblica« sicherlich nicht die Antworten, die er sucht. »Scalfari fordert von uns, dass wir nicht mehr Kommunisten sind. Das ist es, was er von uns will«, sagt Berlinguer zu Tonino Tatò, der ab und zu ein Treffen zwischen den beiden organisiert. Aber auch in der Partei hat der Aufsatz viele Bedenken hervorgerufen.

Amendolas letztes Feuer

Berlinguer und Giorgio Amendola stimmten niemals vollständig miteinander überein, obwohl sie auf dem Parteikongress zum historischen Kompromiss ein Bündnis geschlossen hatten. Jetzt, da der Generalsekretär einen neuen Weg eingeschlagen hat, reift eine Auseinandersetzung heran. Im Herbst 1979 steht Amendola in den letzten Monaten seines Lebens. Sein rundes Gesicht, das vormals Heiterkeit und Optimismus ausstrahlte, hat sich verändert. Ein Werk von Guttuso[6] aus diesen Tagen porträtiert ihn mit eingefallenen Wangen, mit gespenstigen Augen und verkrampften Händen. Es ist das Porträt eines Kämpfers, und das war Amendola sein ganzes Leben lang. Und wie es manchmal vorkommt, unterstreicht das Gefühl des bevorstehenden Endes den Ausdruck seines Charakters. In diesen letzten Monaten finden die Auseinandersetzungen mit Berlinguer kein Ende.

Die Rückkehr in die Opposition erweist sich für die Kommunisten als nicht gerade einfach. Auf gesellschaftlicher Ebene eröffnet FIAT die Feindseligkeiten und gibt plötzlich die Kündigung von 61 Arbeitern bekannt, die verdächtigt wurden, in der Fabrik extremistische Zellen aufgebaut zu haben. In einigen Fällen war die Anklage begründet. Aber diese Episode ist ein Zeichen dafür, dass sich das politische Gleichgewicht im Land gerade im Wandel befindet, dass die Gewerkschaften nicht mehr länger ein heiliges Ungetüm sind und dass inzwischen das Tabu der Kündigung infrage gestellt werden kann. Amendola versteht das sofort und attackiert in der »Rinascita« heftig die KPI und die Gewerkschaft. »Das, was bei FIAT passiert, ist für die gesamte Arbeiterbewegung von Interesse«, sagt Amendola und weist mit Härte auf die begangenen Fehler hin. Obwohl er erneut das Thema der »Opfer ohne Gegenleistungen« aufgreift, scheint er dieses Mal mit seiner Forderung nach Verantwortung und Mäßigung ein anderes Ziel zu verfolgen. Amendola will damit sagen, dass es notwendig ist, dem Extremismus der Fabrikräte und der Linksorientierung eines Teils der KPI und der Gewerkschaft Einhalt zu gebieten, wenn man nicht an Ansehen und Glaubwürdigkeit verlieren will. Er fürchtet, dass sich der Generalsekretär darauf vorbereitet, die Partei nach dem Ende der »nationalen Solidarität« in die Hände ihres linken Flügels zu übergeben, genau in dem Moment, in dem das Bürgertum gerade zum Gegenangriff übergeht. Das will er mit all seiner Kraft versuchen zu verhindern.

---

6 Siehe Fußnote 39 in Kapitel IV (☛ S. 89).

Vielleicht weil er seine Führung selbst zur Diskussion gestellt sieht, antwortet Berlinguer auf einer Wahlversammlung im Teatro Adriano in Rom mit derselben Härte: »Wir können Italien nicht heilen, ohne es zu erneuern. Das ist das einfache ABC des Marxismus.« »Man baut den Sozialismus nicht auf den Ruinen des Landes auf«, widerspricht ihm Amendola auf der Sitzung des Zentralkomitees.

Das Duell wird in Kürze in Zusammenhang mit der Afghanistanaffäre fortgesetzt. Im Dezember 1979 marschiert die UdSSR in das kleine, asiatische Nachbarland ein. Sofort herrscht in der Weltöffentlichkeit die Meinung vor, dass die UdSSR dieses Mal in die Falle gegangen sei wie die Amerikaner in Vietnam. Berlinguer, der schon in den vergangenen Monaten Druck auf die Sowjets ausgeübt hat, ihr Verhalten gegenüber Afghanistan zu ändern, ist überzeugt, dass die KPI sofort die Verurteilung des Einmarsches aussprechen muss. Auch Pajetta und praktisch die gesamte Führungsgruppe ist derselben Meinung. Die Parteileitung billigt ein Dokument, in dem man das erste Mal von einer »Machtpolitik« der UdSSR spricht und den Rückzug ihrer Truppen fordert. Amendola ist hingegen anderer Meinung und verteidigt die Intervention. Jetzt sind die Rollen vertauscht. Auf der innenpolitischen Ebene ist Amendola ein Liberaler, auf der internationalen ein Kommunist des alten Schlags, der in der UdSSR einen idealen Anker sieht. Mit ihm verherrlichen viele Aktivisten in den Fabriken die Rote Armee und behaupten, dass Breschnew zu Recht gegen die »Verräter« interveniert habe. Trotz der »Opfer ohne Gegenleistungen« ist Amendola kein Mann, der den dritten Weg sucht. Und das macht seinen Meinungsdissens noch unversöhnlicher.

Der kämpferische Führer stirbt in den ersten Tagen des Juni 1980, praktisch mit dem Schreibstift in den Händen. Er wurde 73 Jahre alt. Kurz vor seinem Ende gab er der »L'Unità« einen Friedensappell zu Protokoll. Sein Tod trifft die Italiener schwer, die sein Leben und seine Entscheidungen durch seine Bücher kennen und in ihm einen großzügigen und ungestümen Mann sehen, einen Kommunisten, der sich auf gewisse Art und Weise von den anderen unterschied. Was den Tod von Amendola noch dramatischer machte, war der plötzliche Tod seiner Frau Germaine, seine Lebensgefährtin über praktisch 50 Jahre hinweg, die ihn nicht einmal einen Tag überlebte.

Es ist an Berlinguer, auf einer extra dafür aufgebauten Bühne auf der Piazza del Verano – dem Friedhof, auf dem die Gräber der KPI-Führer liegen – die Trauerrede zu halten. Die Rede des Generalsekretärs zu den politischen Ereignissen eines Mannes, mit dem er so oft Meinungsverschiedenheiten hatte, ist voller Respekt, aber zugleich konventionell. Er betont vor allem die unbekannteren Teile im Leben von Amendola, den Antifaschismus, die 1950er-Jahre. Als Berlinguer über die Persönlichkeit des Toten und insbesondere über dessen Beziehung zu seiner Frau spricht, überkommen ihn die Emotionen. »Für uns hat die Tragödie, die zur Tragödie hinzukam, auch die Seite einer traurigen und berührenden Zärtlichkeit. Und sie sendet uns eine Botschaft: das ›glanzvolle Zeugnis von der unbesiegbaren Kraft der Liebe zwischen Mann und Frau‹, wie es geschrieben wurde, ist, wenn sie wahr ist, stärker ist als alle Schwierigkeiten.«[7] Es ist einer der seltenen Momente, in denen Enrico über diese privaten Dinge wie Liebe und Gefühle öffentlich spricht, mit Scham und in einem altmodischen Ton.

»Die Welt fordert Frieden ...«

Mit dem Einmarsch in Afghanistan weiten sich die Differenzen der KPI mit der UdSSR auf die Rüstungsfrage aus. Die neue Regierung unter dem Vorsitz von Francesco Cossiga, einem Cousin Berlinguers, war eine der ersten in Europa, die für die Installierung von Mittelstreckenraketen stimmte. Diese waren als Antwort auf die SS-20-Raketen der UdSSR von der amerikanischen Administration gewollt. In einer Rede vor der Abgeordnetenkammer fordert Berlinguer von den Sowjets, die Herstellung und Installierung der SS-20 im Austausch für eine analoge Suspendierung auf der amerikanischen Seite für sechs Monate zu unterbrechen. Diese Position der gleichen Distanz zu den beiden Großmächten eröffnet der KPI neue Perspektiven. Obwohl die italienischen Parteien seine Position nicht teilen, findet sich Berlinguer in Europa an der Seite einer Schar von Christen, Sozialdemokraten und Pazifisten wieder. Nach den Jahren der »nationalen Solidarität«, in denen manchmal seine Außenpolitik allzu eng mit jener der Regierung verbunden schien, beginnt nun auch hier ein neuer Berlinguer an die Öffentlichkeit zu treten.[8]

Während die Welt gerade auf eine große Eiszeit zusteuert, kehrt der kommunistische Generalsekretär zu einem seiner Themen aus seiner Jugend zurück, nämlich zu jenem des Friedens. Zur Zeit des Kalten Krieges war der FGCI von Berlinguer einer der engagiertesten Vorkämpfer innerhalb der Friedensparti-

7 Enrico Berlinguer: *Attorno a Giorgio Amendola si raccoglie oggi con noi tutta l'Italia democratica* (*Das gesamte demokratische Italien versammelt sich heute mit uns um Giorgio Amendola*), in: L'Unità, 8. Juni 1980.

8 Am 1. Dezember 1977, kurz vor dem Rücktritt der Mehrheit, welche die Regierung Andreotti unterstützte, hatte die KPI für ein Dokument gestimmt, das die volle Zustimmung zur NATO-Politik beinhaltete.

sanen, deren Idee Stalin selbst gehabt soll. Damals gab es für die Linke nur einen Imperialismus, jenen der Amerikaner, der Weltpolizei, den Herrschern über die Atombombe. Jetzt, nach den bewaffneten Auseinandersetzungen zwischen der UdSSR und China, nach der Invasion eines formell unabhängigen Landes wie Afghanistan, ist der sowjetische Imperialismus nicht weniger gefährlich wie jener der Vereinigten Staaten.

Für den Generalsekretär der italienischen Kommunisten besteht nicht nur das Problem, das Schicksal der eigenen Partei von jenem der UdSSR endgültig zu trennen, wie er es Jahre später mit dem »Riss« (*lo strappo*) machen wird, es geht vielmehr auch um die Stärkung einer Politik, die es ermöglicht, sich der Dominanz der beiden Supermächte zu entziehen. In diesem Sinne kehrt Berlinguer praktisch 30 Jahre nach den großen Demonstrationen gegen Atomwaffen und die amerikanischen Basen zum Kampf für den Frieden zurück, den er bis zu seinem Ende fortführen wird. Jetzt sucht er in dieser Schlacht die Unterstützung der Blockfreien[9] und der europäischen Linken, für die er zu einem der Bezugspunkte werden wird.

Auch wenn ihn ein guter Teil der italienischen Presse systematisch angreift und ihn als Außenseiter und Verlierer darstellt, verstärkte Berlinguer mit seinem Einsatz für den Frieden seine internationale Statur, die dazu beitragen wird, aus ihm einen der Protagonisten unserer Zeit zu machen. Die erste Rede zum Friedensthema hält er im Februar 1980 in Florenz. Der Pazifismus ist zu dieser Zeit in Italien noch kein Massenphänomen, aber hier kommt eine riesige Menschenmenge von 200.000 jungen Leuten zusammen, die ihm begeistert applaudiert. Nach den Protesten von 1977 und 1978 bedeutet dieses Treffen eine Versöhnung von Berlinguer mit der Welt der Jungen.

Der verdächtige Cousin

Unter den vielen Verwandten seiner großen sardischen Familie wird sich für Enrico im Laufe seines Lebens Francesco Cossiga als der aufdringlichste erweisen: ein Cousin zweiten Grades entlang der Großväter mütterlicherseits, die Halbgeschwister waren, sechs Jahre jünger als Berlinguer, der Cossiga in

9 Die Bewegung der *Blockfreien Staaten* war eine internationale Organisation von Staaten, die sich im Ost-West-Konflikt nach dem Zweiten Weltkrieg neutral verhielten und keinem der Militärblöcke angehörten. Die Gründung ging zurück auf eine Initiative des jugoslawischen Präsidenten Tito, des ägyptischen Präsidenten Nasser, des indischen Präsidenten Nehru sowie des indonesischen Präsidenten Sukarno. Die Organisation wurde 1961 in ihrer ersten Sitzung in Belgrad gegründet.

seiner ersten Jugendzeit in Sassari nur selten traf. Aber Francesco Cossiga, der die Karriereleiter der DC hochgestiegen ist, erzählte immer, oder gab zumindest zu verstehen, dass es zu dem berühmten Cousin eine familiäre Intimität gab und stellte sie vielleicht bedeutender dar, als diese in Wirklichkeit war. Als Innenminister während Moros Entführung stand Francesco Cossiga in engerem Kontakt mit Ugo Pecchioli, zu dem er ein Vertrauen entwickelt, als mit Berlinguer. Wie bereits erwähnt wurde, stand Pecchioli später dem Generalsekretär nahe. In den fürchterlichen 55 Tagen, welche die Geschichte Italiens ändern werden, zeigte der zukünftige »starke Kritiker« (*»picconatore«*)[10] (der nach Moros Ermordung zurücktreten wird) keinerlei Anzeichen dafür, aufgrund der seltsamen Machenschaften und der zwielichtigen Haltung der Geheimdienstchefs Verdacht geschöpft zu haben. Diese Dienste wurden mit der Ernennung von General Santovito zum Leiter des militärischen Geheimdienstes[11] und der von General Grassini zum Leiter des zivilen Geheimdienstes Anfang 1978 reformiert.[12] Beide wurden von mehreren Seiten kritisiert, ungeeignet zu sein. Es stellte sich heraus, dass sie, wie fast alle Protagonisten dieser Zeit,[13] Mitglieder der Freimaurerloge P2 von Licio Gelli waren.

Es ist schwer zu sagen, was Enrico von diesem Innenminister hielt, der allenfalls spärliche operative Fähigkeiten bewiesen hatte. Unter den zahlreichen Widersprüchlichkeiten und Unklarheiten, die nach und nach ans Tageslicht kamen, gibt es zum Beispiel ein Dokument der Untersuchungskommission, demzufolge Berichte zu Ermittlungen und Treffen, die während der 55 Tage stattfanden, aus den Archiven des Innenministeriums verschwunden waren. »Es bestätigt sich eine Konstante in der ›Affäre Moro‹: Wichtige Beweise für den Umgang mit der Krise wurden den institutionellen, staatlichen Organen entnommen, aber es ist nicht ausgeschlossen, dass andere darüber verfügen und sie verwenden oder damit drohen, dies in einem günstigeren Moment zu tun«, lautet das beunruhigende Urteil des Dokumentes.

---

10 Im Laufe seiner Amtszeit als Staatspräsident (1985–1992) kritisierte Cossiga immer heftiger das aus seiner Sicht erstarrte italienische Parteiensystem. Für seine *esternazioni* (»Äußerungen«) oder eben auch *picconate* (»Schläge mit der Spitzhacke«) war er berüchtigt.

11 *Servizio per le informazioni e la sicurezza militare (Sismi)*, Militärischer Nachrichten- und Sicherheitsdienst, wurde 2007 vom neuen Auslandsnachrichtendienst, *Agenzia informazioni e sicurezza esterna (Aise)*, ersetzt.

12 *Servizio per le informazioni e la sicurezza democratica (Sisde)*, Nachrichten- und Verfassungsschutzdienst, wurde 2007 vom neuen Inlandsnachrichtendienst, *Agenzia informazioni e sicurezza interna (Aisi)*, ersetzt.

13 Giuseppe De Lutiis: *Storia dei servizi segreti in Italia (Geschichte der Geheimdienste in Italien)*, Roma 1984.

Laut Emanuele Macaluso »hatte Cossiga nicht die Fähigkeit, sich der Maschinerie der dunklen Mächte zu widersetzen beziehungsweise diese anzuhalten, angefangen mit der P2, welche die 55 Tage ›begleitet‹ haben, um Moro loszuwerden. Ich glaube, dass er deshalb am Ende zurückgetreten ist.«[14] Was Berlinguer betrifft, so gibt es einen bedeutungsvollen Satz, den er gegenüber der Untersuchungskommission äußerte: »Wir haben nie Einschätzungen und Informationen erhalten, die über diese leider sehr begrenzten oder nicht existierenden Informationen hinausgegangen wären, über welche die Regierungsstellen verfügten und welche sie bereitgestellt haben.« Dies ist gewiss kein Zeugnis der Wertschätzung in einer Angelegenheit, in der so viele Dinge im Dunklen geblieben sind, angefangen mit dem Wissen, wer die Aktionen der Roten Brigaden gefördert und gedeckt hat.[15]

Einige Jahre später findet eine offene Auseinandersetzung zwischen den beiden Cousins statt. Die Nachricht, dass Marco Donat-Cattin, Sohn des stellvertretenden Generalsekretärs der DC, ein Terrorist der »Prima Linea« ist, löst ein riesiges Echo aus.[16] »Prima Linea« ist eine der aggressivsten und wildesten Gruppen, die Italien mit Blut übergießen. Sie übernahm neben vielen weiteren Morden auch die Verantwortung für die Ermordung des Richters Emilio Alessandrini, wobei der junge Donat-Cattin einer der Täter gewesen soll. Alessandrini war einer der Richter im Prozess zum Bombenattentat auf der Piazza Fontana in Mailand. Derjenige, der den jungen Donat-Cattin anklagte, der Kronzeuge Roberto Sandalo, berichtete auch, dass der stellvertretende Generalsekretär Donat-Cattin wusste, was sein Sohn tat und dass er ihm zur Flucht verholfen habe. Aber das ist nicht alles. Der Rat, Marco entkommen zu lassen, kam von Francesco Cossiga, dem Ministerpräsidenten der Regierung, die auf der berühmten antikommunistischen »Präambel« basierte, in welche Craxis Sozialisten eintraten, nachdem mit jeder Form der Zusammenarbeit mit der KPI gebrochen worden war. Die Präambel wurden eben von Carlo Donat-Cattin geschrieben: Darin rief er zu »einer gesunden reaktionären Welle« in Italien

14 Emanuele Macaluso, persönliche Mitteilung an die Autorin.

15 Francesco Barbagallo erinnert in seinem Buch *Enrico Berlinguer*, 2006, an die Behauptung von Steve Pieczenik, 1978 Berater des amerikanischen Außenministers, zu Fragen des Terrorismus und politischer Entführungen. Er wurde nach Rom gerufen, um mit dem Krisenstab von Innenminister Cossiga zusammenzuarbeiten. »Ich glaube, dass die Roten Brigaden unterstützt, nicht einfach manipuliert wurden. Sie handelten eindeutig in Absprache mit jemand anderem. Sie hatten Hilfe von außen. Sie wurden sehr effektiv von außen gesteuert.«

16 Dt.: »Erste Frontlinie«, eine weitere linksterroristische Organisation, die sich Mitte der 1970er-Jahre von der linksextremen Organisation »*Lotta Continua*« (»*Ständiger Kampf*«) abspaltete. Ihre bewaffneten Aktionen (mindestens 101 sind festgehalten) forderten 16 Tote.

auf, das von wirtschaftlicher Krise und Terrorismus erschüttert wurde. »Sie haben die Terroristen unter den Enkelkindern von Karl Marx gesucht und haben einen unter den Kindern von Donat-Cattin gefunden«, kommentierte Giancarlo Pajetta scharf.

Die Öffentlichkeit, empört über diese Serie von Morden, die immer öfter Italien mit Blut überziehen (1979 wurden 36 Ermordete, 262 Verwundete, mehr als 2.000 Attentate registriert), erwartet, dass die Justiz keine Vorzugsbehandlung leistet und das Verhalten des Abgeordneten Donnat-Cattin und des Ministerpräsidenten Cossiga bis zum Ende aufgeklärt wird. Berlinguer vertritt die harte Linie, wonach Cossiga dem Obersten Gerichtshof der Justiz zu übergeben sei, auch wenn damit nicht alle Parteiführer der KPI übereinstimmen und es einigen familiären Druck gibt, sich für Cossiga einzusetzen.[17] Für Berlinguer ist der Umstand, dass Cossiga mit ihm verwandt ist, ein weiterer Grund, streng zu sein. Giulio Andreotti, der ihm bei einem Treffen mit wenig Einfühlungsvermögen sagt: »Aber er ist doch dein Cousin ...« antwortet Berlinguer hart: »Mit Verwandten mag man Lamm essen, aber man macht mit ihnen keine Politik.«

Die beiden versammelten Parlamentskammern weisen nach mehreren Sitzungen die Anzeige beim Obersten Gerichtshof zurück. Schließlich zieht sich der durch den Skandal beschädigte Donat-Cattin vorübergehend aus der Politik zurück. Cossiga hingegen wird noch einige Monate im Amt bleiben, bis er eine Abstimmung zu einem wirtschaftlichen Dekret verlieren wird. Berlinguer wird mit Härte kommentieren, dass »die Regierung nicht nur wegen ihrer exemplarischen Ineffizienz stürzte, sondern auch weil ihre führenden politischen Kräfte nicht von einer nationalen Vision und einem konstruktiven Geist beseelt waren, sondern von einer parteiischen Vision und einem sektiererischen Geist.« In seinen Augen hätte das Urteil nicht negativer ausfallen können.

Berlinguer gegen Lama

Wenn auch der Sieg der Präambel, mit dem die DC die Kommunisten aus der Regierung ausschließen und damit der Politik von Moro ein Ende setzen wollten, und die Wende von Craxi harte Schläge für Berlinguer waren, stellen der Sturz der Regierung Cossiga und die dahinterstehende Strategie eine gelungene Rache dar. Inzwischen konnte Enrico mit der unnachgiebigen Opposition,

---

17 Giuseppe Fiori schreibt in *Vita di Enrico Berlinguer* (*Leben des Enrico Berlinguer*), 1989: »Auch im Hause Berlinguer gibt es ein Unbehagen. Tante Zia ist auf Cossigas Seite, Letizia leidet.«

die er nach seiner Ausgrenzung verfolgte, die traditionellere kommunistische Wählerschaft, die Arbeiter, zurückgewinnen. Die Härte, die ihm viele in dieser Phase vorwarfen – sie beschrieben ihn als eine Art Georges Marchais, der sich zu sehr auf die Kämpfe der Arbeitenden versteifte[18] –, zog ein positives Ergebnis bei den Regionalwahlen im Juni 1980 nach sich, was sich in einem Anstieg der KPI auf 31,5 Prozent der Stimmen manifestierte, 1,5 Prozent mehr als bei den Wahlen ein Jahr zuvor. Berlinguer war gerade von einer triumphalen Reise in die Volksrepublik China zurückgekehrt, als er diesen Teilsieg erzielte. Er war dorthin gefahren, um die zu Ende der 1960er-Jahre unterbrochenen Beziehungen wieder aufzunehmen. Der Besuch wurde dann jedoch zu einer großen internationalen Mission.

In Italien hingegen steht er mit seinen Positionen im Mittelpunkt des Hasses und der Liebe, die ihn bis zu seinem Ende begleiten werden. Im Lande ist die gesellschaftliche Spannung wieder stark angestiegen, auch verschärft durch das bestürzende und mysteriöse Attentat der Neofaschisten am Bahnhof von Bologna am 2. August 1980, das 85 Tote und mehr als 200 Verletzte hinterlässt und über das niemals die volle Wahrheit ans Tageslicht kommen wird.

Inzwischen gingen die Unternehmer zum Gegenangriff über. In der Mainstreampresse ist das vorherrschende Thema die Sanierung der Unternehmen, die sich angeblich aufgrund der steigenden Arbeitskosten in einer Krise befinden. Berlinguer findet mit den Spitzen der Gewerkschaften keine Übereinstimmung, im Besonderen nicht mit Luciano Lama, der wiederum mit Fassungslosigkeit das erlebt, was er für den »kompletten Umsturz der Linie der KPI« hält.[19] Der Auslöser für die Auseinandersetzung zwischen den beiden Führern ist ein Abkommen mit der Regierung Cossiga, demzufolge 0,5 Prozent der Gehälter der Arbeitenden für einen »Fonds der Solidarität« abgezogen werden, den die Gewerkschaften selbst verwalten sollten.

Die Philosophie dieser Operation, die von der CISL vorgeschlagen wurde, orientiert sich vage an der schwedischen Sozialdemokratie. Das Ziel war es, die Gewerkschaften als wirtschaftliches Subjekt einzusetzen. Das Abkommen wird von Lama, Carniti und Benvenuto am Abend des 2. Juli 1980 unterschrieben. Am nächsten Morgen, als sich die Nachricht darüber verbreitet, häufen

---

18 Im Original verwendet die Autorin an dieser Stelle den Begriff »*operaismo*«, eine neomarxistische Strömung und auch eine soziale Bewegung, die in den frühen 1960er-Jahren im industriellen Norditalien entstanden ist. Dabei wird die Arbeit – sowie die Kämpfe um die Arbeit bzw. um deren Gestaltung – als das zentrale Bewegungsmoment der Geschichte verstanden. Der Begriff ist vom italienischen Wort *operaio* (für »Arbeiter«) abgeleitet.

19 Lama: *Intervista sul mio partito* (*Interview über meine Partei*), 1967.

sich die Proteste und in einigen großen Fabriken des Nordens kommt es zu spontanen Arbeitsniederlegungen. Pierre Carniti wird Jahre später in einer Auseinandersetzung mit Berlinguer behaupten, dass die KPI die Verursacherin dieser Protestwelle gewesen sei. Laut den Kommunisten brachen die Demonstrationen hingegen spontan aus.

Beim Treffen mit den Gewerkschaftsführern wirkt Berlinguer sehr entschlossen. Bruno Trentin erinnert: »Er argumentierte scharf, dass das Abkommen ein Betrug sei und dass die Gewerkschaften mit ihrer Zustimmung der Regierung und den Gegnern einen Gefallen erwiesen haben. Er sprach von einer ›gesunden Reaktion der Klasse‹ der Arbeitenden auf die Geschehnisse und er stellte fest, dass die KPI die Führung der Proteste übernehmen musste.«[20] Sowohl Lama als auch Trentin versuchten, ihr Vorgehen mit dem Argument zu verteidigen, dass sich die Gewerkschaften nicht auf die Ausübung einer korporativen Aktivität beschränken dürfen, sondern auch mit den großen Fragen beschäftigen müssen. Auf keinen Fall dürfe man das Gesicht verlieren, indem man von einem bereits abgeschlossenen Abkommen wieder zurücktritt. Aber Berlinguer bleibt unbeugsam und der Pakt wird zurückgewiesen.

»Enrico Berlinguer gegen Luciano Lama. Der Führer der Partei gegen den Führer der Gewerkschaft«, schreiben die Zeitungen und breiten alle Einzelheiten der hitzigen Sitzung der Parteiführung aus, die kurze Zeit später abgehalten wurde. Dabei kam es zu Diskussionen zu der Frage, welche Art der Opposition gegenüber der Regierung zu machen sei und welche Beziehungen mit den Sozialisten aufrechtzuhalten seien. Es zeichnen sich jetzt die großen Themen ab, zu denen von da an und später die kommunistische Parteispitze gespalten bleiben wird. Von diesem Moment an werden Lama und, noch offener, Giorgio Napolitano die bedeutendsten Gegenspieler Berlinguers sein.

Die wahre Geschichte von Mirafiori

Das Bild von Berlinguer als Arbeiterführer, der bereit ist, auf die Barrikaden zu steigen, scheint durch sein Verhalten während des Konfliktes bei FIAT bestätigt, auch wenn das Ereignis mit einiger Verzerrung interpretiert werden wird. Wie Amendola kurz vor seinem Tod ahnte, war die Kündigung der 61 Extremisten nur ein Anzeichen für die Absichten des Turiner Industriekonzerns. Nachdem dieser forderte, 28.000 Arbeiter in Kurzarbeit zu schicken, nutzte FIAT die Gelegenheit eines Verhandlungsabbruchs und verschickte 13.000 Kündigungs-

20 Bruno Trentin, persönliche Mitteilung an die Autorin.

briefe, die vor allem die Facharbeiter betrafen und zur Entlassung praktisch aller Frauen führten, die in den Jahren der Expansion eingestellt wurden. Die Antwort der Gewerkschaft FIM ist in einer Atmosphäre, die an 1968 erinnert, ein unbefristeter Streik und eine harte Blockade der Fabriktore, die Tag und Nacht von zahlreichen Streikposten bewacht werden.

Wie man wenig später sehen wird, war ein beträchtlicher Teil der Beschäftigten von FIAT zu einer Auseinandersetzung von dieser Härte nicht bereit. Selbst die Turiner Kommunisten haben diese Initiative, die sich Tag für Tag als immer riskanter erweist und die Arbeiter isoliert, mehr akzeptiert als gefördert.

Es wurde gesagt, dass die KPI von den Kündigungen, die von einer tatsächlichen Krise bei FIAT und seinen Schwierigkeiten auf den internationalen Märkten verursacht wurden, überrumpelt worden sei. In Wirklichkeit distanziert sich der junge Sekretär der Turiner KPI-Regionalorganisation, Piero Fassino, der damals Berlinguer nahestand, von dem extremistischeren Teil der Gewerkschaft und argumentiert, dass die Krise bei FIAT keine Erfindung sei, dass aber die Anmaßung, diese zu nutzen, um die absolute Macht in der Fabrik wiederherzustellen, inakzeptabel sei. Der Konflikt nimmt sehr bald eine dramatische Wende, als FIAT beschließt, mit harter Faust vorzugehen und die Regierung sich in diejenigen spaltet, die FIAT darin unterstützten, und in jene, die ein Abkommen mit der Gewerkschaft wünschen, wie der Arbeitsminister Foschi. Als das Unternehmen die Vermittlung von Foschi zurückweist, rufen CGIL, CISL und UIL, obwohl sie über die in Turin gewählte Kampfform nicht begeistert sind, einen Generalstreik aus.

Genau am 26. September 1980, unmittelbar vor der regierungsinternen Spaltung zu FIAT, trifft Berlinguer in Turin an, um den Arbeitenden seine Solidarität zu bekunden, die hartnäckig seine Anwesenheit forderten. Er macht eine Tour von einem Fabriktor im Kampf zum Nächsten, wobei er überall von einer großen Menschenmenge empfangen wird: Mirafiori, Rivalta, Lingotto, Lancia di Chivasso. Angelo Azzolina, der Sekretär der kommunistischen Organisation in der Fabrik der Werkstätte von Mirafiori, erinnert sich: »Als Berlinguer ankam, riskierten wir unsere Haut, um ihn aus der Umarmung durch die Menge zu retten. Wir hatten nicht einmal eine Bühne und kein Mikrofon. Er musste hinter einem wackeligen Tisch sprechen, zwischen Frauen und Männern, die aus Rührung ohne Scham weinten.«[21]

---

21 Michele Costa: *Ai cancelli delle FIAT disse una cosa sola. Ma molto importante* (*Vor den Fabriktoren von FIAT sagte er nur eines. Aber etwas sehr Wichtiges*), in: *Enrico Berlinguer*.

Am nächsten Tag erscheinen die Zeitungen mit aufsehenerregenden Schlagzeilen: »Berlinguer ist bereit, die Besetzung von FIAT zu unterstützen«, »Berlinguer stachelt zur Revolte auf«. Gianni Agnelli erklärt, dass die Meinung »derjenigen, die wenig Vertrauen in die Fähigkeit der KPI hatten, in einer demokratischen Gesellschaft zusammenzuleben«, gestärkt wurde. Und der Parteiführer der DC, Flaminio Piccoli, spricht von einer »Berufung der Kommunisten zur Diktatur des Proletariates«. Diese Reaktionen wurden von einem Satz provoziert, den Berlinguer auf seiner Tour zwischen den Fabriktoren äußerte. Er antwortete auf die Frage eines Gewerkschafters der CISL, was er machen würde, wenn die Arbeiter FIAT besetzen würden, dass die Entscheidung über die Formen des Kampfes ausschließlich bei den Arbeitenden liege. Und er fügt hinzu, dass, »wenn es dazukommen sollte, die Verantwortung dafür bei FIAT und der Regierung liege, und die Kommunisten ihren Teil dazu beitragen werden.«[22]

»Aber glaubst du, dass du das Richtige getan hast?«, fragt ihn kurze Zeit später Luciano Lama. »Dies ist ein Moment, in dem man alles aufs Spiel setzen muss, um den Arbeitenden zu beweisen, dass wir an ihrer Seite sind«, antwortet Berlinguer und wiederholt, dass es sicherlich nicht seine Absicht war, auf die Besetzung von FIAT zu drängen. »Ich habe nur gesagt, hätten sie FIAT besetzt, wären wir bei ihnen gewesen.« Auch wenn er öffentlich niemals mehr auf das Thema zurückkommt, beschwert sich Berlinguer privat über die Ungenauigkeiten in den Darstellungen und über die tendenziösen Interpretationen zu dieser Episode. »Zumindest Agnelli und Romiti[23] hätten wissen müssen, was vor sich gegangen ist«, wiederholt er.[24] Seine Bitterkeit wird auch durch das Ende der Ereignisse verstärkt. Noch am Tag seines Besuches in Turin nimmt FIAT die Kündigungen zurück, doch die Starrköpfigkeit der Turiner Gewerkschaften, die Vereinbarung nicht anzunehmen, und der »Marsch der 40.000 Facharbeiter«[25] führen zu einem Ende des Kampfes in einer Art bedingungsloser Kapitulation. Die Ereignisse um FIAT hat sich als eine der schwerwiegendsten Niederlagen der italienischen Gewerkschaftsbewegung erwiesen.

---

22 L'Unità, 27. September 1980.

23 Cesare Romiti (1923–2020), Unternehmer und Verleger, von 1976 bis 1998 tätig bei FIAT, ab 1980 alleiniger Vorstandsvorsitzender.

24 Ugo Baduel, persönliche Mitteilung an die Autorin.

25 Am 14. Oktober 1980 fand in Turin eine gewerkschaftsfeindliche Demonstration statt, an der sich zwischen 30.000 und 40.000 Menschen, darunter viele FIAT-Mitarbeiter und Führungskräfte, beteiligten. Sie forderten, ihre Arbeit wiederaufnehmen zu können und protestierten vor allem gegen die Streikposten, die sie seit 25 Tagen am Betreten der Fabrik hinderten.

XXI.
Berlinguer in Bewegung

Die Nachricht vom Tod Luigi Longos erreicht die Parteizentrale während eines Treffens der Parteiführung, in der es zu einer Auseinandersetzung über die Haltung kommt, die man gegenüber den Sozialisten einnehmen soll, die kurz vor dem Eintritt in die neue Regierung Forlani stehen. Es ist der 16. Oktober 1980. Longos Leidensweg, der von Bruna Conti, seiner zweiten Ehefrau, die er nach dem Ende der Beziehung mit Teresa Noce geheiratet hatte, begleitet wurde, war lang und schmerzvoll. Mit dem Tod Longos endet für die KPI die Ära der Gründerväter, die über 50 Jahre hinweg an der vordersten Linie der Partei standen und diese mitgestalteten. Longo konnte nicht mehr den endgültigen Untergang des historischen Kompromisses erleben, gegen den er praktisch als einziger von Anfang an gekämpft hatte, aber er konnte noch dem Kurswechsel des Bruchs beiwohnen und wurde noch einmal zu einem Protagonisten. Die persönlichen Beziehungen zwischen Longo und Berlinguer, die unterschiedlichen Generationen angehörten und die eine unterschiedliche politische Geschichte hinter sich hatten, waren immer zurückhaltend, vor allem wegen dem Jüngeren der beiden.

Aber für Enrico war dieser alte Genosse etwas mehr als nur einer der älteren Parteiführer der KPI. Das merken die Journalisten, die gekommen waren, um nach einer Stellungnahme zu fragen, und die zum ersten Mal auf einen Berlinguer treffen, der vor lauter Rührung kaum sprechen kann. Auch die Trauerrede, die er auf der Piazza San Giovanni, dem Theater der großen kommunistischen Manifestationen, von der Bühne aus hält, ist ungewöhnlich persönlich beschaffen. Es scheint, als ob Enrico Longo, der ihn nicht mehr hören kann, etwas mitteilen will, das er ihm sicherlich persönlich niemals gesagt hat. Es ist eine Rede, die sich nicht darauf beschränkt, den toten Parteiführer, den Chef der *Resistenza* und »Garibaldi unseres Jahrhunderts«, auf übliche Art zu lobpreisen, vielmehr spricht er über den Menschen Longo, über seine »ebenso tiefe wie schüchterne, versteckte und von Ironie durchdrungene Leidenschaft«, über seine politische Klarsicht, mit der er niemals prahlte und sich eher in Bescheidenheit hüllte.

Jetzt fühlt sich der Generalsekretär in der Führung der Partei, in der die Niederlagen die internen Konflikte verstärken, noch mehr allein. Die Diskussion, die durch den Tod von Longo plötzlich unterbrochen wurde, flammt Anfang November wieder auf. Das Zentralkomitee greift das schwierige Thema der

Beziehung mit den Sozialisten auf. Der Aufstieg von Bettino Craxi ins Machtzentrum der sozialistischen Partei (PSI), nachdem er die lombardische Linke[1] zur Seite geschoben hatte, stellt die ihm gegenüber feindlich eingestellten Kommunisten vor ein neues Problem. Mit immer größerer Energie verfolgt Craxi das Ziel, die PSI zur hegemonialen Kraft der Linken zu machen und damit die Anomalie, welche die KPI darstellt, wieder in die Tradition des westlichen Sozialismus einzugliedern. Und zwar ohne zu berücksichtigen, dass die italienische Linke nicht die französische und er selbst nicht Mitterrand ist.

Als die Parteibasis in der »L'Unità« den Bericht über die zahlreichen Reden auf der Sitzung des Zentralkomitees im November 1980 liest, kann sie feststellen, dass es in der Partei zwei unterschiedliche Wege gibt, die sozialistische Offensive anzugehen. Die Parteirechte hält es für notwendig, die PSI als das zu akzeptieren, wozu sie geworden ist, und dennoch wieder eine Einheit der Linken aufzubauen. Der Flügel, der Berlinguer nähersteht, erklärt hingegen, dass es in der Politik zwar keinen Sinn ergebe, von »Verrat« zu sprechen, es aber notwendig sei, die Reichweite der Wende von Craxi zu verstehen und eine standhafte Haltung dazu einzunehmen. Was die Aktivisten nicht wissen, ist der Umstand, dass Berlinguer, der am letzten Tag vor der Abschlusserklärung von Chiaromonte spricht, sich im letzten Moment entschieden hat einzugreifen, um eine Entwicklung zurechtzurücken, die ihm als allzu wohlwollend gegenüber der PSI erscheint. Zum ersten Mal beschreibt Berlinguer Bettino Craxi auf so ausdrückliche Weise als einen Protagonisten mit einem »ehrgeizigen und auch heimtückischen Plan der gemäßigten Stabilisierung« bis hin zur Verschleierung der Gefahr seiner Loslösung vom »gesamten Spektrum der Linken«. Gegenüber der sozialistischen Frage zeigt sich die KPI viel zerrissener als gegenüber den Christdemokraten. Den Kommentatoren erscheint Berlinguer als der Führer eines »Zentrums«, das von verschiedenen Seiten kritisiert wird.

Inzwischen ging neben der Parteirechten auch Pietro Ingrao zum Angriff über. Seit er nicht mehr Präsident der Abgeordnetenkammer ist, hat er wieder voll die Initiative ergriffen. Der geistige Vater der kommunistischen Linken argumentiert, dass die ganze Diskussion um Craxi nur ein Mittel zu sein scheint, um das wahre Problem zu umgehen, nämlich zu entscheiden, ob die Politik der »nationalen Solidarität« untergegangen ist oder nicht: eine Politik, die er für völlig erschöpft hält. Berlinguer hingegen besteht weiterhin darauf, dass der

1 Benannt nach Riccardo Lombardi (1901–1984), historischer Führer der Sozialistischen Partei Italiens (PSI), Verkehrsminister (1945/46), stellvertretender Vorsitzender der Verfassungsgebenden Versammlung (1946–1948), Mitglied der Abgeordnetenkammer (1948–1983), Chefredakteur der Parteizeitung »Avanti!« (1949/50 und 1963/64).

Vorschlag der KPI zu einer Regierung der »demokratischen Solidarität« mit den Christdemokraten aufrechtbleibt. Aber er fügte eine Bemerkung hinzu: »Diese Parole wird so lange Gültigkeit haben, bis ein anderes Ziel vorgeschlagen wird, das ebenso klar und von gleicher innovativer Reichweite sein wird.«

Die Präzisierung ist einzigartig, auch wenn das nur wenige bemerken. Zu behaupten, dass eine Parole gültig bleibt, solange keine andere gefunden wurde, bedeutet ziemlich ernste Zweifel an deren Gültigkeit zu erheben. In Wirklichkeit ist Berlinguer schon seit geraumer Zeit entschlossen, sich vom historischen Kompromiss zu befreien, der im offenkundigen Widerspruch zu seinen jüngsten Entscheidungen steht, allerdings hat er dafür noch nicht die Mehrheit der Führungsgruppe der Partei auf seiner Seite. Also wartet er auf eine Gelegenheit von außen, die es ihm erlaubt, diese Politik zu realisieren.

»Jetzt liegt es an uns«

Der Kurswechsel erfolgt sehr rasch, nur 20 Tage später. Am 23. November 1980 wird Irpinien[2] von einem Erdbeben erschüttert, das fast 3.000 Tote und etwas weniger als 9.000 Verletzte hinterlässt. In den mit Schlamm verschütteten Dörfern, in denen die Sterbenden unter den Trümmern schreien, zeigt die Regierung ihre ganze Ineffizienz. Dank der Liveberichterstattung im Fernsehen sehen die Italiener mit ihren eigenen Augen die unwahrscheinliche Langsamkeit der Rettungsaktionen. Präsident Sandro Pertini, der als einer der ersten eintraf, zeigt sich erschüttert und prangert das, was er gesehen hat, in einer unvergesslichen Fernsehrede an. »Italiener und Italienerinnen, ich bin gestern aus dem Gebiet zurückgekehrt, das durch die schreckliche Erdbebenkatastrophe zerstört wurde. Ich habe ein Spektakel gesehen, das ich niemals vergessen werde. Ganze Dörfer dem Erdboden gleichgemacht, die Verzweiflung der Überlebenden. Und auch nach 48 Stunden war die nötige Hilfe noch nicht angekommen.«

Noch nie hat ein Präsident der Republik solch schwerwiegende Vorwürfe vorgetragen. Berlinguer sieht die Fernsehnachrichten in seinem Büro in der Parteizentrale, zusammen mit einigen Mitgliedern des Sekretariates, unter ihnen Adalberto Minucci. Sofort entbrennt eine leidenschaftliche Diskussion. »Berlinguer sagte, dass das, was Pertini anprangerte, unserer Kritik an der Regierung einen großen Wert verleihe, uns stelle sich aber zugleich das Problem,

2 Eine Hügel- und Gebirgslandschaft in der Region Kampanien. Sie erstreckt sich östlich der Stadt Avellino in der gleichnamigen Provinz.

darüber hinaus zu gehen«, erinnert Minucci. In dem sich daraus entwickelnden Dialog wird festgestellt, dass an dieser Stelle die Kommunisten signalisieren müssen, die DC als führende Regierungspartei abzulösen. »Wir müssen uns der Herausforderung stellen. Daran führt kein Weg vorbei. Wir müssen eine demokratische Alternative zu diesem System vorschlagen«, lautet die Schlussfolgerung des Generalsekretärs.

So entsteht in diesem Klima der kollektiven Emotionen, zwischen einem Telefonat mit Pertini und einem weiteren mit den kommunistischen Parteiführern aus dem Erdbebengebiet, die neue Formel. Berlinguer nutzt den Moment einer großen, weit verbreiteten Emotion, um das durchzusetzen, was er schon länger im Sinn hatte. Er veranlasst, dass die »L'Unità« in einem sehr scharfen Ton gegenüber der Regierung erscheint, und lässt ankündigen, dass er nach Salerno zu einem außerordentlichen Arbeitstreffen anlässlich der Hilfe für die Erdbebenopfer reisen werde. »Eine Erklärung der Schattenregierung«, kommentiert man in Rom. Gleichzeitig beauftragt Berlinguer Alessandro Natta, ein außerordentliches Treffen der Parteiführung einzuberufen. Mit der Kälte, die ihn auszeichnet, wenn er eine Entscheidung getroffen hat, widmet der Generalsekretär seinen ehemaligen Bündnispartnern, den Christdemokraten, eine knochentrockene Anklage und bezeichnet sie als rückfällige und unverbesserliche Veruntreuer. Um die Atmosphäre des Notstands zu unterstreichen, legt er, nach den Reden der anderen, statt des üblichen Schlussdokumentes einen Entwurf vor, der im Sekretariat in großer Eile vorbereitet wurde. Am Abend kündigt der Fernsehberichterstatter Emmanuele Rocco auf dem Kanal »Tg2« an: »Der historische Kompromiss ist beendet. Die Parteiführung der KPI ist heute Nachmittag zusammengekommen und hat eine Regierung ohne DC vorgeschlagen, eine Regierung der demokratischen Alternative, gebildet aus ehrlichen und fähigen Männern aus den verschiedenen Parteien oder auch außerhalb der Parteien.«

Der Überraschung ist für die Aktivisten wie auch für die normalen Zuhörer nicht klein. Aber auch viele Mitglieder der Parteiführung sind verwundert, als sie den Vorschlag des Generalsekretärs hören.

Die Schlacht um die »Stütze«

Die Tatsache, dass die zweite »Wende von Salerno«, wie die neue Politik der Alternative zur DC bezeichnet wird, eine Entscheidung im Alleingang war, wie alle großen Entscheidungen seines Sekretariates, vom historischen Kompromiss bis zum »Riss« (*lo strappo*), wird Teil der Legende um Berlinguer als Entscheider werden. »Von der Kursänderung habe ich in der »L'Unità« erst im Nachhinein als beschlossene Sache gelesen, wie die gesamte Führungsgruppe der KPI, glaube ich«, hat zum Beispiel Luciano Lama festgestellt.

Wie sich herausstellte, war dies nicht der Fall. Aber sicherlich wurde die kommunistische Parteispitze von diesem Vorschlag, der auf einem außerordentlichen Treffen in einem so dramatischen Moment präsentiert wurde, überrumpelt. Vielleicht war dies einer der Gründe dafür, warum sich die Diskussion angesichts eines so abrupten Kurswechsels statt auf den eigentlichen Inhalt des von Berlinguer vorgeschlagenen Textes auf ein einzelnes Wort fokussiert, nämlich auf den Begriff »Stütze«. Den Gerüchten zufolge, die umgehend die Runde machten, beharrte vor allem Giorgio Napolitano darauf, nicht zu sagen, dass die KPI die »Stütze« der Regierung der Fähigen und Ehrlichen bilden solle. Man verwendete stattdessen eine umständlichere, wenn auch weniger integrale Formel: Demnach soll die KPI in dieser Regierung die »treibende Kraft und der größte Garant« sein.

In dieser Phase wurde die DC erneut von einer unerbittlichen Welle an Skandalen getroffen: vom Bankrott der Bauherren Caltagirone[3] über den Skandal der Italcasse[4] und dem Rücktritt des Ministers für die Handelsmarine, Franco Evangelisti, bis hin zur unglaublichen Affäre im Erdölhandel, an der sogar die oberste Leitung der Finanzpolizei wie auch verschiedene Minister und Politiker beteiligt waren. In den Nachforschungen über die mysteriöse Ermordung von Mino Pecorelli, einem Journalisten der römischen Unterwelt, der sich auf Erpressungen spezialisiert hatte, tauchten Namen von Persönlichkeiten auf, die Andreotti nahestanden. Zudem wird Antonio Bisaglia, einer der Führer der DC, die an der Regierungspräambel mitschrieben, zum Rücktritt gezwungen. Zum ersten Mal attackieren die Kommunisten gnadenlos ihren alten Verbündeten. »Wenn wir nicht entschlossen mit allen Politikern des Systems der christdemokratischen Machtausübung abrechnen, erwarten uns noch zehn, Hunderte, Tausende Skandale«, mahnt Stefano Rodotà, Jurist und Abgeordneter der Unabhängigen Linken.

Auch die Unduldsamkeit der Parteibasis der KPI mit einer Partei, welche die Jahre Moros und Zaccagninis vergessen zu haben scheint, nimmt besorgniserregende Ausmaße an. Und tatsächlich reagieren die Aktivisten mit Begeisterung. Einige Parteisektionen hängen sogar, wie zu nationalen Festtagen,

---

3 Francesco Gaetano Caltagirone, geboren 1943, einer der führenden Bauunternehmer Italiens.

4 Kreditinstitut der Sparkassen: Untersuchungen der italienischen Nationalbank brachten Unregelmäßigkeiten bei deren Vergabe von Krediten ans Tageslicht, ebenso die Auszahlung von sog. »schwarzen Fonds« an politische Parteien.

die rote Fahne aus. Eine nunmehr veröffentlichte Untersuchung des Zentrums für wirtschaftspolitische Studien (CeSPE), die zwei Jahre zuvor durchgeführt und bislang in der Schublade liegen geblieben war, zeigt, dass die Diskussion und die Teilhabe an der Basis immer mehr ins Stocken geraten waren.

Die Begeisterung für den Vorschlag Berlinguers geht nicht weit über die Schwelle der Parteiensektionen hinaus. Schon am darauffolgenden Tag, nachdem das Dokument der Parteiführung veröffentlicht wurde, ist ein Großteil der Presse empört. Berlinguer wird angeklagt, die Parteien, die durch das Votum des Volkes legitimiert sind, disqualifizierten zu wollen. »Wer wird festlegen, wer die Fähigen und Ehrlichen sind?«, fragen verschiedene Kommentatoren. Tonino Tatò erinnert sich: »Berlinguer las diese Reaktionen auf Salerno, wohin er sich zu einem Treffen mit den Parteiführern aus dem Erdbebengebiet begeben hatte. Ohne lange darüber nachzudenken, entschied er, umgehend eine Antwort zu geben. Die Berichterstatter von der großen italienischen und ausländischen Presse waren schon vor Ort im Erdbebengebiet. Wir haben sofort eine Pressekonferenz einberufen, die eine der am meist besuchten seit den Zeiten der ›nationalen Solidarität‹ war.«

Kurze Zeit später antwortet der Generalsekretär in einem Interview mit Alfredo Reichlin, dem Chefredakteur der »L'Unità«, vor allem aber greift er an. Die KPI habe nicht nur die »vorhersehbaren Reaktionen« der Gegner erleiden müssen. Die kommunistischen Parteiführer selbst waren allzu sehr damit beschäftigt, »die Elemente der Kontinuität unseres Vorschlags hervorzuheben [...], mehr als jene der Innovation.« Es handelt sich dabei hingegen um ein »klares und radikales Ziel«, das »einen großen politischen Kampf der Massen« erfordert. Das Ziel, wiederholt er für diejenigen, die es nicht verstehen wollen, ist, »die bisherigen Regierungen, die sich auf die DC stützten, durch eine Regierung der demokratischen Alternative zu ersetzen, die sich dann auf die Kommunisten stützt.« Mit seiner gewohnten Beharrlichkeit griff er auch ein Wort wieder auf, das ihm die Parteiführung untersagte, und verwandelt es in ein Verb, nämlich »stützen« an der Stelle von »die Stütze«.[5] Was ihn vor allem interessiert, ist, dass der Sinn des Neuen klar erkenntlich wird: auch wenn es im Moment nicht zu konkreten Ergebnissen zu führen scheint.

5 Im Original verwendet die Autorin das Verb »*imperniare*«, dt. »sich auf etwas stützen«. Das entsprechende Hauptwort lautet »*il perno*«, dt. »die Stütze«, »der Eckpfeiler«.

Gegen die »Machtmaschinen«

Für den Generalsekretär ist Salerno nicht nur eine Wende in Bezug auf die bisherigen politischen Hypothesen. Es markiert auch den Anfang eines Wandels in der Art und Weise zu denken und die Dinge zu beurteilen. Laut Giorgio Napolitano war diese Wende eine Folge des Umstandes, dass Berlinguer die Niederlage der KPI dramatisch erlebte und, gequält davon, verzweifelt nach einem Ausweg suchte. »Er war es, der die Truppen geführt, den Vormarsch geleitet hat. Jetzt musste er den Rückzug rechtfertigen«, erklärt er.

Bruno Trentin liefert eine gegenteilige Interpretation, wobei er sich an eine Konversation aus diesen Monaten mit Berlinguer erinnert, die nicht für die Öffentlichkeit bestimmt war. »Enrico, wie auch ich und so viele andere Kommunisten, spürte ein offensichtliches Gefühl der Befreiung. Er wiederholte, dass das Problem darin bestehe, den Vorschlag der Alternative mit Inhalten zu füllen, dass man aber den Mut haben muss, neue Wege einzuschlagen.«

Es ist gewiss, dass eine Persönlichkeit wie Berlinguer von einer so gequälten Beziehung mit der DC und den anderen Regierungsparteien, von der Wende, deren Zeuge er war, und am meisten von allem durch Moros Tragödie stark beeinflusst wurde. Aber wenn man seine Schriften liest und seine Interviews durchblättert, dann spürt man, dass es da noch etwas mehr gibt. Und das wird Berlinguer, wie auch andere Protagonisten der Linken, dazu bringen, über die tieferen Gründe der voranschreitenden Krise und die Veränderungen in einer immer unsicheren Zeit nachzudenken, wenn auch nicht immer auf lineare Art und Weise.

Durch das Nachdenken über die schwere Wahlschlappe von vor zwei Jahren gelangt er zu der Überzeugung, dass seine unmittelbar danach abgegebene Erklärung, dass der kommunistische Vorschlag schlecht umgesetzt wurde, nicht hinreichend ist. »Nach den Parlamentswahlen von 1979 haben wir eine Niederlage riskiert, die uns in die Knie zwingen konnte. Nicht so sehr wegen des Verlusts an Stimmen, obwohl dieser ein schwerwiegender war, sondern mehr wegen eines anderen Umstands: »Während der Regierungen der nationalen Einheit haben wir die direkte und ständige Beziehung zu den Massen verloren«, sagt er im Juli 1981 in einem berühmten Interview mit Eugenio Scalfari.[6]

---

6 Dieses Interview, sehr oft zitiert, wurde auch als Buch veröffentlicht: *La questione morale. Eugenio Scalfari intervista Enrico Berlinguer (Die moralische Frage. Eugenio Scalfari interviewt Enrico Berlinguer)*, mit einem Vorwort von Luca Telese, Reggio Emilia 2011.

Nach den großen Hoffnungen auf den Wandel scheinen die »Massen« misstrauisch und enttäuscht. Einen ersten Grund dafür sieht Berlinguer in der Krise der öffentlichen Moral. »Die moralische Frage hat sich als die wichtigste nationale Frage herausgestellt«, sagte er in Salerno und behauptet, dass die »Besetzung des Staates durch die Regierungsparteien« aufhören müsse, um mit der Lösung dieses Problems beginnen zu können. Als er mit Scalfari spricht, erscheint das Bild aufgrund der überraschenden Nachrichten zur Loge P2 von Licio Gelli noch düsterer.

Die Kritik an dem Verfall der Parteien steigert sich im Ton. »Die Parteien sind degeneriert, und das ist die Wurzel des Übels in Italien [...]. Die heutigen Parteien sind vor allem Machtmaschinen und Maschinen für ihre Klientel: mit einem geringen oder irreführenden Wissen über das Leben und die Probleme der Menschen, mit wenigen oder vagen Ideen und Programmen, ohne Gefühl und zivilen Leidenschaften. Sie verfolgen alle möglichen, oft widersprüchlichen, manchmal auch zwielichtigen Interessen, die nichts mit den Bedürfnissen der Menschen zu tun haben.«

Als Folge dieser Anklage verbleibt die KPI als einzige gesunde politische Kraft, eine »andere« Partei: nicht um damit eine Überlegenheit zu beanspruchen, wie man ihm vorwerfen wird, sondern weil sie die einzige Kraft ist, die den anderen nicht in »dieser Degeneration« gefolgt ist. Berlinguer erinnert an die »goldenen Brücken«, welche die DC und die anderen Parteien den Kommunisten gebaut hatten, damit diese nicht weiter auf ihre moralische und politische Unnachgiebigkeit bestanden hätten. »Sie haben uns beschworen, ihnen unsere Männer für Banken, Behörden, Staatssekretärsposten zu nennen, damit auch wir am ›Buffet‹ teilnehmen. Wir haben immer mit Nein geantwortet.« Auch deshalb ist die KPI im Stande, stellt Berlinguer fest, einen neuen politischen Weg sowie einen Wandel in der Führung zu gewährleisten und dabei im öffentlichen Interesse zu operieren.

Dieses Mal nimmt die Irritation bei der Parteirechten enorme Ausmaße an. »Die KPI riskiert, in Sektierertum und Maximalismus abzustürzen, Togliattis Erbe zu vergeuden«, sagen sich Napolitano und Chiaromonte in einem dramatischen Telefonat.[7]

Napolitano kommt aus der Deckung, wenn auch auf ziemlich ritualisierte Art und Weise. Die Gelegenheit dafür bietet der unvermeidliche Artikel, in dem jedes Jahr im August an Togliattis Tod erinnert wird. Napolitano nutzt diese, um die offene Haltung von Togliatti gegenüber Mitte-links mit der aktuellen

7 Franchi: *Giorgio Napolitano*, 2013.

harten Linie zu vergleichen und betont das »unermüdliche Beharren auf Einheit« gegenüber der PSI vonseiten des in Jalta verstorbenen Parteiführers. Auch wenn der Artikel sehr vorsichtig und in politischen Codes geschrieben ist, wird er in der Presse prominent aufgegriffen. »Die Sichel streitet«, »Weiche von mir, Napolitano«, lauten einige der Schlagzeilen. Tatsächlich geht es in der Auseinandersetzung um grundsätzliche Fragen. Wie Napolitano selbst erinnert, war das Thema der »Andersartigkeit« ein zentraler Punkt in seiner Meinungsverschiedenheit mit Berlinguer. »Was ich nicht akzeptieren konnte, war die Lobpreisung der Kommunisten als einzige gesunde politische Kraft. Ich hielt es nicht für richtig, die moralische Frage als einen Hebel für die Lobpreisung der KPI zu benutzen. Damit begannen unsere Meinungsverschiedenheiten. Die Anfeindungen gegen die sozialistische Partei waren nur eine logische Konsequenz davon.« Berlinguer, der den Artikel noch während der Ferien in Stintino las, ist darüber sehr verbittert. Er wirft seinerseits privat und öffentlich Napolitano vor, ihn korrigiert zu haben, »wie ein Grundschullehrer einen wenig begabten Schüler.«[8] Auf dem ersten Treffen der Parteiführung nach den Ferien klagt Enrico den zukünftigen Präsidenten der Republik wegen der Methode und des Inhalts des Artikels, den er geschrieben hatte, offen an. »Bezüglich der Methode sagte er mir, dass er es für nicht korrekt hielt, dass ich ihn angriff und dabei Togliatti wie ein Schutzschild benützte. Vielleicht hatte er damit teilweise recht. Aber noch schien in diesen Jahren eine öffentliche Auseinandersetzung eines Mitglieds des Sekretariates mit dem Generalsekretär ein allzu schwerwiegender Schritt zu sein«, sagte Napolitano.

Was den Inhalt betrifft, so streiten sich Berlinguer und Napolitano noch einmal über die sozialistische Frage. War es richtig zu sagen, dass Craxi schon nicht mehr Teil der Linken war? Konnte der Reformismus ein Gebiet sein, auf dem man sich mit der PSI treffen kann? Das waren die Fragen. Laut Adalberto Minucci fand die Diskussion auf einem hohen Niveau statt, sie war eine der besten in der kommunistischen Parteispitze. Aber zwischen den beiden Männern, die seit 40 Jahren trotz unterschiedlicher Meinungen befreundet waren, ist daraufhin definitiv etwas in die Brüche gegangen.

8 Ebd.

Abendessen mit dem Rechtsanwalt (Gianni Agnelli) und dem Ingenieur (Carlo De Benedetti)

Praktisch als Bestätigung der Anschuldigungen Berlinguers erschüttert der Skandal um die Loge P2 die Regierung Forlani und trifft alle Parteien, von denen Vertreter in der einen oder anderen Weise involviert waren, mit Ausnahme der KPI. Dieses Mal sind sich die Christdemokraten bewusst, dass sie angesichts einer beunruhigenden Angelegenheit wie die mit der Loge P2 nicht zur nächsten frontalen Auseinandersetzung mit den Kommunisten übergehen können und wollen ein Zeichen des Wandels anbieten. So ergreift Präsident Pertini sofort die Gelegenheit. Die Bedingungen für eine Regierung der Alternative scheinen ihm nicht gegeben zu sein, aber zumindest kann man die sehr lange Reihe der christdemokratischen Ministerpräsidenten unterbrechen. Deshalb vertraut er das Mandat für das Amt des Ministerpräsidenten zum ersten Mal seit 30 Jahren einem Vertreter der laizistischen Parteien an.

Alles in allem begrüßt Berlinguer die Ankunft von Giovanni Spadolini,[9] Generalsekretär der Republikanischen Partei nach dem Tod von La Malfa, am Sitz des Ministerpräsidenten. Spadolini war mehr ein Intellektueller als ein professioneller Politiker, und darüber hinaus nicht so ein abgrundtiefer Antikommunist wie Forlani mit der »Präambel«. Zu Spadolinis Wahl hatte indirekt auch das Zusammenwirken von politischen Kräften beigetragen, die später im Einvernehmen mit dem Duo Pertini-Spadolini handeln werden. Diese sind gegenüber dem von Berlinguer angeführten Kampf um die moralische Frage sowie gegen die Loge P2 wohlwollend eingestellt. Es sind die Vertreter der laizistischen, aufgeklärten Finanzwelt, von Eugenio Scalfari über Bruno Visentini und Guido Carli, Gouverneur der italienischen Nationalbank, bis hin zu neuen Protagonisten aus der Industriewelt wie Carlo De Benedetti. Mit all diesen Persönlichkeiten führt der kommunistische Generalsekretär häufige Gespräche, oft in sehr herzlicher Atmosphäre.

Einige Jahre zuvor hatte Berlinguer ein nicht gerade überschwängliches Treffen mit Gianni Agnelli, vermittelt von Piero Ottone, dem Chefredakteur des »Corriere della Sera«. »Was denken Sie über das Auto?«, fragte plötzlich der Rechtsanwalt, wahrscheinlich um eine schleppende Konversation wiederzubeleben. Enrico setzte zu einer Strafpredigt gegen die Umweltverschmutzung durch Automotoren an und fordert, dass man sich nicht auf private Autos,

---

9 Näheres zur Person siehe Kapitel: Die italienischen Hauptfiguren in Chiara Valentinis »Enrico Berlinguer« (☛ S. 468).

sondern auf öffentliche Verkehrsmittel stützen müsse, worauf ihn Agnelli perplex ansah. »Diese Kommunisten scheinen mir etwas außerhalb der Welt zu sein«, kommentierte später Agnelli.

Mit Carli und vor allem mit De Benedetti sind die Gespräche lebendiger, unbefangener. Berlinguer und der Ingenieur treffen sich bei Tatò, der inzwischen in ein geräumigeres und komfortableres Haus in der Via dell'Umiltà umgezogen ist. Sie diskutieren, welche Wege der Strenge, der Gerechtigkeit und der Sanierung beschritten werden können.

Die weibliche Freiheit anerkennend

Im Frühling 1981 kehrt Berlinguer, wie zu Zeiten des Scheidungsreferendums, zurück auf die Plätze Italiens und kämpft gegen die Aufhebung eines anderen, mühsam gebilligten und bei unnachgiebigen Katholiken verpönten Gesetzes, nämlich jenem zur Abtreibung. Um dieses Gesetz positiv zu bewerten, brauchte es bei Enrico einige Mühe. Sein Bruder Giovanni erinnert sich, dass Enrico widerwillig war, als das Thema zum ersten Mal aufkam. Auch wenn er der Meinung war, dass man das Übel der illegalen Abtreibungen beseitigen müsse, misstraute er einer gewissen radikalen Kultur, die in seinen Augen die Abtreibung praktisch als ein Mittel der Geburtenkontrolle zu betrachten schien. Diese mangelnde Zustimmung spiegelt sich in den ersten kommunistischen Vorschlägen, die vorsahen, dass eine Kommission aus drei Experten – einem Arzt, einem Psychologen und einem Sozialarbeiter –, praktisch ein kleines Gericht, die endgültige Entscheidung zur Abtreibung zu treffen habe.

Ein anderes Mal findet sich Enrico fast allein innerhalb der KPI-Führung wieder, als er der These widerspricht, dass Abtreibung im Falle einer Missbildung des Fötus erlaubt sein sollte. Die Vorstellung, wonach auf diese Weise die natürliche Selektion wieder auf den Tisch kommen könnte, erscheint ihm inakzeptabel.[10]

Aber die Beharrlichkeit der KPI-Aktivistinnen und der Druck der feministischen Bewegung, die rund um diese Auseinandersetzung stürmisch anwuchs, zerstreut seine Ängste und Sorgen. Dank verschiedener Ereignisse infolge zunehmender Demonstrationen der Frauen auf den Plätzen wurde am 22. Mai 1978 das Gesetz Nr. 194 zum freiwilligen Schwangerschaftsabbruch verabschiedet, ein Beispiel für das aktuelle politische Gleichgewicht und für den Respekt gegenüber der Freiheit der Frau.

---

10 Aldo Tortorella, persönliche Mitteilung an die Autorin.

Trotz seiner ausgezeichneten Wirksamkeit wurde das Gesetz Nr. 194 von jenen, die es bis zuletzt bekämpft hatten, nicht verdaut. Diejenigen, die sich damit nicht damit abfinden können, werfen den laizistischen Kräften sogar vor, dass sie dieses Gesetz in den dramatischen Tagen der Entführung und Ermordung Mors verabschieden wollten und damit praktisch die Führungslosigkeit der DC ausgenutzt haben.

Als der Verfassungsgerichtshof im Februar 1981 die zwei aufhebenden Referenden mit gegensätzlicher Ausrichtung, jenes der Katholiken der Bewegung für das Leben und jenes der Radikalen Partei, das die völlige Liberalisierung fordert, billigt, legt sich erneut Frost über Italien. Sicherlich hat sich das Land in den acht Jahren seit dem letzten Referendum sehr verändert, aber die Katholiken verbreiten immer noch Angst, wenn es um das Thema des Lebens geht. Und dann sind die Umfragewerte, vor allem die vertraulichen, ziemlich schwankend.[11] »Man darf sich keinen Illusionen hingeben. Der Ausgang der Auseinandersetzung ist unsicher. Man muss also bis zuletzt kämpfen«, bekräftigt Berlinguer auf seinen Touren durch Italien, wobei er versucht, einen für dieses Thema wenig sensibilisierten Parteiapparat aufzuwecken. In vielen Regionen, vom Veneto bis Sizilien, wird ihm bewusst, dass tatsächlich nur die Frauen Propaganda betreiben.

Die Welle des »Nein«, welche die katholische Forderung nach Aufhebung des Gesetzes mit 68 Prozent hinwegspülte, 9 Prozentpunkte mehr als beim Referendum über die Scheidung, lässt Berlinguer erleichtert aufatmen. Zu Recht ist er davon überzeugt, dass das Referendum durch die weibliche Wählerschaft entschieden wurde. »Dieser 17. Mai 1981 ist einer der wichtigsten Siege von Frauen für Frauen«, sagt er kurze Zeit später auf dem landesweiten Fest der Frauen in Venedig. Zugleich ist er darüber besorgt, dass dieser Revolution im Verhalten, die ein wesentlicher Bestandteil eines neuen Politikverständnisses sein sollte, nicht genügend Beachtung geschenkt wurde.

Mehr Gramsci, weniger Togliatti

Der Wunsch nach einem Aufbruch in der Partei, wenngleich ihre Strukturen gewahrt bleiben sollen, veranlasst Berlinguer, über Fragen nachzudenken, welche die Linke zur Diskussion gestellt hat. Dies tat er schon am Beginn der

---

11 Die Autorin rief Berlinguer persönlich an, um ihn über die vertrauliche Umfrage eines wichtigen Meinungsforschungsinstitutes zu informieren, die den Betreibern des Referendums einen Sieg vorhersagte. »Versuche das nächste Mal, mir nicht so viele Sorgen zu machen«, sagte Berlinguer nach der Ablehnung des Referendums mit einer gewissen Ironie.

zweiten »Wende von Salerno« in einem langen Interview für die »Critica Marxista« anlässlich des 60. Jahrestages der Gründung der KPI. Berlinguer bemühte sich, der »Andersartigkeit« des italienischen Kommunismus einen Platz zu geben, indem er Marx zitierte: »Wir werden nicht aufhören, eine Gesellschaft der Freien und Gleichen zu bauen, wir werden nicht aufhören, den Kampf der Männer und Frauen für die Erschaffung ihrer Lebensbedingungen zu führen.« Kommunist und Revolutionär in einem Land Westeuropa zu sein, bedeutet, die »vorherrschenden Werte« abzulehnen, im Besonderen den Kampf »jeder gegen jeden«. Diese Ablehnung jedoch, fügte er hinzu, muss in eine »aktive Politik« und in ein »Projekt«[12] verwandelt werden. Und eben dieses Projekt, das der Generalsekretär nun erfolgreich entwickeln möchte, fehlte während der Periode der »nationalen Solidarität«, auch wenn das jetzt mit einer Partei, die offensichtlich in sich gespalten ist, noch schwieriger ist.

Berlinguer wendet sich jetzt zusammen mit Aldo Tortorella aktiv dem Problem der Intellektuellen und der kommunistischen Kultur zu, die als eine »Kultur der Realität« bezeichnet wurde. Zusammen mit Romano Ledda[13] engagiert er sich persönlich bei der Ausarbeitung der Charta für Frieden und Entwicklung, welche die Position der italienischen Kommunisten zu den Beziehungen zwischen dem globalen Norden und dem globalen Süden und zu Themen der internationalen Entspannung neu definiert, wobei ihre Einordnung innerhalb der europäischen Linken hervorgehoben wird.

Zu Beginn der 1980er-Jahre begann die Ära von Ronald Reagan, einem Schauspieler aus Kalifornien, der als US-amerikanischer Präsident auf Jimmy Carter folgte. Der Wind der neuen ökonomischen Rechten, die in Europa bereits Anhänger findet, weht durch die Welt und eine neue Verhärtung zwischen den Supermächten zeichnet sich ab. Angesichts dieser Offensive und der immer offensichtlicher werdenden gesellschaftlichen Veränderungen ergreift ein »neuer« Berlinguer das Wort, der seit der Niederlage ständig reflektiert, wobei in ihm eine weniger politische, man könnte sagen, eine weniger an Togliatti ausgerichtete Vision heranreifte. Jetzt scheint der Einfluss von Gramscis Gedanken zu überwiegen. Seit seiner Jugend hatte Enrico alles gelesen, was er zu ihm finden konnte. In seinem Büro hing immer nur das Porträt von Gramsci,

---

12 Enrico Berlinguer: *Prospettiva di trasformazione e specificità comunista in Italia (Die Perspektive der Veränderung und die kommunistische Besonderheit in Italien)*, interviewt von Aldo Tortorella und Giuseppe Chiarante, in: Critica Marxista, März 1981.

13 Romano Ledda (1930–1987), Journalist, Mitglied des nationalen Sekretariates des FGCI, später des Zentralkomitees der KPI, Vizedirektor (1971–1978) und Co-Direktor (1978–1986) der Zeitschrift »Rinascita«.

nicht aber das von Togliatti, das bei all den anderen Parteiführern der KPI gleich daneben hing. Aber nur in den letzten Jahren seines Lebens scheint Gramscis »kreativer Marxismus« zu einem Instrument seiner Reflexion zu werden.

Dieses Bemühen erscheint in einem Artikel offensichtlich, den Berlinguer Ende 1981 in der »Rinascita« veröffentlicht und der ohne Zweifel zu seinen wichtigsten Schriften zählt.[14] Viele Aktivisten, speziell die Jüngeren, werden den Artikel als eine Art Meilenstein des Gedankengutes der Linken betrachten und ihn auch nach dem Tod des Generalsekretärs in Broschüren und Flugblättern ständig verbreiten. Indem er das Thema der Erneuerung der Politik aufgreift, bringt Berlinguer dieses Mal die Analysen zu seiner Partei auf den Punkt, ohne sich an die alten liturgischen Formen zu halten. Und er versucht, die »neue kommunistische Identität« zu beschreiben, die zunächst einmal die eigenen Wurzeln nicht verleugnen soll, nur weil man denkt, damit würde man mehr aufblühen, denn »es kann keine Erfindung, Fantasie, Schaffung von etwas Neuem geben, wenn man beginnt, sich selbst, die eigene Geschichte und Wirklichkeit zu begraben.«

In einem sehr schlichten und verständlicheren Ton als üblich bemüht er sich, die Weichen dafür zu stellen, eine Art und Weise Politik zu leben, die sich stark von derjenigen unterscheidet, welche die Jahre der Zusammenarbeit mit der DC geprägt hat. Es ist »eine kopernikanische Revolution der Auffassung von Politik« notwendig, sagt Berlinguer. Es ist notwendig, den Eintritt von neuen, bislang von der Politik ausgeschlossenen Subjekten in Betracht zu ziehen, wie die Frauen, die Jungen, die Pazifisten, die Umweltaktivisten, was die Begriffe und die Art und Weise der Politik radikal ändert. Und es ist notwendig, sich mit den Ideen und Forderungen dieser Bewegungen zu beschäftigen. Dabei sind politische Aktionen nicht als eine Technik zu betrachten, um Zustimmung und Macht zu erobern, sondern als eine Anstrengung, die Bedürfnisse und Aspirationen der Frauen und Männer in ihrer Wirklichkeit zu vertreten.

Aldo Tortorella schrieb, dass es einen Faden gab, der Berlinguers Interesse für diese mehrfarbige Welt, für die Ideen und Kulturen, die er selbst für lange Zeit als vorpolitisch betrachtete, zusammenhielt. »Der Faden lag in einer Auffassung von Politik, die den Willen, die Leidenschaften, die Ideen auf die politische Bühne zurückbrachte. Es war eine Aufforderung, die Wirklichkeit

14 Enrico Berlinguer: *Sulle forme nuove della politica e il rinnovamento del PCI (Über neue Formen der Politik und die Erneuerung der KPI)*, in: Rinascita, Dezember 1981.

wieder zu entdecken.«[15] Kurze Zeit zuvor hatte Berlinguer in die Reihen der neuen Protagonisten neben der Arbeiterklasse auch die Techniker und die »intellektuell Arbeitenden« miteingeschlossen, Kategorien, die in den bisherigen traditionellen Analysen ebenfalls unbekannt geblieben waren. Die Gesellschaft wird gesehen als eine Verflechtung von neuen Ausgegrenzten und neuen gesellschaftlichen Rollen, die sich durchsetzen. Der Punkt der Vereinigung soll eben in einer anderen Auffassung von Politik gefunden werden.

Während die Diskussion über die neue Art und Weise, ein Kommunist zu sein, voranschreitet, gelingt es Berlinguer, wenn auch mit Mühe und um den Preis ständiger Auseinandersetzungen, das Sekretariat zu verändern. Es treten Persönlichkeiten ein, die sich seiner Linie näher fühlen. Der plötzliche Tod von Fernando di Giulio bietet die Gelegenheit für Veränderungen. Napolitano verlässt das Sekretariat und ersetzt ihn als Vorsitzenden der kommunistischen Fraktion in der Abgeordnetenkammer. Damit beginnt der Weg, der Napolitano viele Jahre später an die Spitze der Republik bringen wird. Dessen Position als Leiter der Organisationsabteilung wird von Adriana Seroni übernommen, einer großen Verfechterin der sozialen und zivilen Rechte der Frauen. Sie wird gemeinsam mit Alfredo Reichlin, der auf ökonomischem Gebiet eine weniger gemäßigte Linie verfolgt, in das Sekretariat kooptiert. Die Beförderung von Seroni, der ersten Frau in der engeren kommunistischen Parteispitze, ist ein weiteres Zeichen der neuen Sensibilität Berlinguers für die Belange der Frauen. Inzwischen wurde die Vorsitzende der Frauenkommission durch eine junge Frau, Lalla Trupia, die der Frauenbewegung nahesteht, ersetzt. Die Kommission selbst wurde erneuert und verjüngt. Das sind Neuigkeiten, die eine größere Rolle im Leben der KPI als vorgesehen spielen sollten.

Die Stunde des »strappo« (»Riss«)

In der Nacht von 12. auf 13. Dezember 1981 gibt Partei- und Staatschef General Jaruzelski in Polen grünes Licht für den Kriegszustand, verhaftet die Führer der Gewerkschaft Solidarność und errichtet ein Militärregime. Mit diesem Putsch sind die Hoffnungen auf eine demokratische Öffnung und zivile Freiheiten, von der gesamten Welt mit Interesse verfolgt, über Nacht verschwunden. Berlinguer versammelt sofort die in Rom anwesenden Mitglieder der Parteiführung. Der 13. Dezember ist ein Sonntag und viele Mitglieder sind in Italien unterwegs, um Wahlversammlungen abzuhalten. Nach einer Telefon-

15 Aldo Tortorella: *Berlinguer aveva ragione (Berlinguer hatte recht)*, Roma 1994.

umfrage zeigen sich nicht alle mit einer entschiedenen Verurteilung des Kriegszustandes in Polen einverstanden. So vermeidet das erste Kommuniqué aus der Parteizentrale scharfe Töne, obwohl es die Geschehnisse in Polen anprangert, zugleich jedoch auf »extremistische und unverantwortliche Tendenzen« in einem Teil der Opposition gegenüber dem Regime hinweist. Aber selbst mit diesem Kommuniqué ist Armando Cossutta nicht zufrieden. Er nimmt auf einer Versammlung in Ligurien, wo er sich gerade befindet, gegenüber dem Vorgehen von Jaruzelski einen rechtfertigenden Standpunkt ein.

Zwei Tage später soll Berlinguer an der Sendung »Tribuna politica« im ersten italienischen Fernsehprogramm (Rai Uno) teilnehmen. Vor ihm sitzt wie immer eine Reihe mehr oder weniger bekannter Journalisten, unter ihnen Sergio Turone vom »Il Messaggero«, D'Amato vom »Giornale Nuovo«, Peter Nichols von der »Times«. Die Journalisten, die als Erste die Möglichkeit haben, den Generalsekretär der KPI zu den Geschehnissen in Polen zu befragen, erwarten eine lebhafte Sendung. Aber keiner rechnet damit, an einem für die italienischen Kommunisten denkwürdigen Ereignis teilzunehmen.

Vor der Sendung sah Berlinguer die Notizen zu der zu erwartenden Frage über die Entwicklung in Polen durch, die, wie gewöhnlich, Tonino Tatò vorbereitet hatte, aber achtete wohl nicht übermäßig auf diese. Tatò hatte noch vor der Sendung »Tribuna politica« versucht, Berlinguers Positionen abzumildern, und riet ihm, in Bezug auf Polen nicht mechanisch die »Schemata und Kategorien des Westens«[16] zu verwenden. Berlinguer jedoch war im Gegenteil davon überzeugt, dass es angesichts eines Militärputsches solchen Ausmaßes, der sicherlich durchgeführt wurde, um nicht wie damals 1968 die sowjetische Invasion in der Tschechoslowakei zu wiederholen, notwendig sei, viel mehr zu sagen. Die erste Frage ging an den »Giornale Nuovo«: In seiner Antwort darauf spricht Berlinguer Sätze aus, die Cossutta als schwerwiegende »Felsblöcke« bezeichnen wird. »Was in Polen geschehen ist, führt uns zur Schlussfolgerung, dass sich die Antriebskraft zur Erneuerung der Gesellschaft, oder zumindest in einigen der in Osteuropa entstandenen Gesellschaften, gerade erschöpft hat und zu einem Ende gekommen ist. Ich spreche von jener Antriebskraft, die sich über eine lange Zeitstrecke hinweg manifestiert hat, und die ihren Ursprung in der sozialistischen Oktoberrevolution hat, dem größten revolutionären Er-

---

16 Roberto Gualtieri: *Il PCI tra solidarietà nazionale e »alternativa democratica« (Die KPI zwischen nationaler Solidarität und »demokratischer Alternative«)*, in: *L'Italia repubblicana nella crisi degli anni '70* (Das republikanische Italien in der Krise der 1970er-Jahre), vol. IX, Soveria Mannelli 2003.

eignis unserer Epoche. Wir sind heute an einem Punkt angelangt, an dem diese Phase endet.«

Der erste Kommentar kommt von Sergio Turone, dem Journalisten, der mit der nächsten Frage an der Reihe ist und von einer »glücklichen Ketzerei« spricht. Dies ist mehr oder weniger die Interpretation der gesamten italienischen Politik. In der KPI scheinen die Dinge weniger ruhig zu laufen. Auch wenn der Prozess der Entfernung der KPI von der UdSSR beständig war und in zahlreichen Dokumenten der Partei festgelegt wurde, sind Berlinguers Sätze über die Erschöpfung und das Ende der Antriebskraft drastischer und aufsehenerregender als je zuvor. Die Unzufriedenheit der prosowjetischen Kräfte innerhalb der Partei erreicht nur ziemlich bescheidene Ausmaße, die jedoch von den Zeitungen aufgebauscht werden. Vielmehr werfen selbst diejenigen unter den Leitungskadern, die ihm inhaltlich zustimmen, Berlinguer seine Vorliebe für sensationelle Aussagen vor, welche die Partei vor vollendete Tatsachen stellen. Beim Treffen der Parteiführung kritisiert nur Cossutta offen den Generalsekretär. Verschiedene Forderungen nach Unterscheidungen und Vertiefungen der historischen Analyse lassen jedoch vermuten, dass es weitere Missbilligung gibt. Aber die Auseinandersetzung, die viele erwarten, findet nicht statt.

Die KPI ist, auch dank ihres Generalsekretärs, über das hinausgegangen, an was ihre Aktivisten und Mitglieder weiterhin glauben. Berlinguer schlägt vor, dass das Sekretariat eine Resolution vorbereitet, die am Tag vor Silvester veröffentlicht wird. Es handelt sich um ein klassisches Parteidokument, mit langen historischen Analysen, die vor allem von Paolo Bufalini ausgearbeitet wurden. Im Großen und Ganzen wird die Einschätzung des Generalsekretärs bestätigt, wenn auch mit einigen Nuancen, die diese abzuschwächen versuchen.

Einige Tage später ergreift Armando Cossutta in der »L'Unità« das Wort und bekräftigt, dass das Dokument zu Polen, »nicht eine einfache Wende, nicht einen Kurswechsel, sondern einen Riss in unserer historischen Tradition darstellt.« Der Artikel von Cossutta scheint tatsächlich ein Gegendokument zu sein, geschrieben, um all diejenigen zu sammeln, die nicht mit der UdSSR brechen wollen. In einigen Zeitungen wird das Gespenst der Spaltung aufgebracht, welches die Kommunisten am meisten fürchten.

Tatsächlich ist auch bei der Sitzung der Parteiführung am 21. Dezember 1981 Cossutta der Einzige, der offen dem Generalsekretär nicht zustimmt, wobei er die Meinung vertritt, dass »Polen einen belanglosen Zwischenfall darstellt, der aber nicht das Profil der UdSSR als politischer und ideeller Bezugspunkt beeinträchtigt hat.« Aber Cossutta findet einen Verteidiger in einem Mann, den viele fälschlicherweise immer noch als graue Eminenz von Berlinguer ansehen. In »Paese Sera« verurteilt Franco Rodano den »Riss« *(lo strappo)* und vertritt die Meinung, dass der »Riss« *(lo strappo)* nur einen Gefallen für die Parteirechte darstelle, welche die Partei sozialdemokratisieren will.

Diese Missbilligung bereitet Berlinguer Sorge, der auch eine sowjetische »Wühlarbeit« zum Schaden der Partei argwöhnt. Er soll nicht unrecht damit haben, da ausgerechnet die Tageszeitung »Paese Sera« dank einer von Boris Ponomarjow begünstigten Finanzaktion bald in Cossuttas Einflussbereich kommen wird. Ein Dokument, das nach dem Ende der UdSSR in einem Moskauer Archiv auftaucht, bezeichnet diese »als finanzielle Unterstützung der gesunden Kräfte in der KPI«.[17] Der Chefredakteur sollte Rodano werden, der aber in der Zwischenzeit schwer erkrankt war (er wird 1983 sterben). Die Aufgabe sollte nun auf Tatò übergehen, der ein »Freund der UdSSR ist, aber vor allem ein Freund von Berlinguer«, führt das Dokument aus. Es ist eine kuriose Anmerkung zu den Qualen Tatòs, zerrissen zwischen zwei Herren, seinem Chef und Franco Rodano, nach dessen Meinung der Bruch mit der UdSSR für die KPI bedeutet: »Die Partei hat den starken Rückhalt des Giganten aufgegeben.« Etwas später gibt Tatò zu, an dem berühmten Abendessen teilgenommen zu haben, von dem er Berlinguer informierte, der ihn dafür hart tadelte: »Mit der ›Paesa Sera‹ sollen wir nichts mehr gemein haben.« Eine verständliche Reaktion, angesichts dessen, dass ihn die Tageszeitung ständig attackierte.

»Paese Sera« wird allerdings mit der neuen Redaktion wenig Glück haben, und auch wegen interner Streitigkeiten gezwungen sein, zu schließen. Die Fraktion um Cossutta wird aktiv bleiben, finanziert von Moskau bis 1986, bis Gorbatschows neue Sowjetunion den Geldhahn zudreht.[18]

Die Exkommunikation und der dritte Weg

Die Übersetzung des Artikels in der »Prawda«, in dem die italienischen Kommunisten angeklagt werden, sich »gegen die Interessen des Friedens und des Sozialismus« gestellt, »eine direkte Hilfe dem Imperialismus« geleistet und »das verführerische Sakrileg, die USA und die UdSSR auf einer Stufe gleichzu-

17 Valerio Riva: *Oro da Mosca (Gold aus Moskau)*, Milano 1999. Zu den Geschehnissen um »Paese Sera« gibt es auch die Erzählung von Armando Cossutta, der von Tatò zu einem Abendessen im Haus von Franco Rodano eingeladen wurde. Angeblich wurde er dabei beauftragt, Moskau um finanzielle Unterstützung für die Rettung der Tageszeitung zu bitten. Die finanzielle Unterstützung wurde bereitwillig gewährt (Armando Cossutta: *Una storia comunista [Eine kommunistische Geschichte]*, Milano 2004).

18 Cervetti: *L'oro di Mosca (Das Gold von Moskau)*, 1999.

stellen«, begangen zu haben, wird Berlinguer überbracht, während er zusammen mit Tatò zu Gast in Mailand bei seinem Cousin Sergio Siglienti ist. Der gewaltige Artikel scheint Enrico in eine gute Stimmung zu bringen. »Schau, schau, sie haben mich tatsächlich exkommuniziert«, sagt er zu Tatò und fordert die anderen auf, sich beim Abendessen nicht zu verspäten. Die lange Geschichte von Berlinguer mit den Männern aus Moskau scheint ohne Emotionen zu Ende gegangen zu sein.

»Ich habe weder Schmerz noch Verlust gespürt in diesem Geschehen, nichts von all dem. Mehr als die negativen Effekte, die durchaus existieren, habe ich die positiven Auswirkungen gespürt, die Entscheidungsfreiheit, die wir erreicht haben. Die volle Autonomie, auch gegenüber der UdSSR, befreit uns von alten Mythen, von sentimentalen und deshalb unkritischen Positionen«, sagt er in einem Interview zu einem Journalisten.

Der Text, der die sowjetische Exkommunikation nach sich zog, stellt das letzte große theoretische Parteidokument aus dieser Periode dar. Man spricht hier von der »dritten Phase« und dem »dritten Weg«: Diesen Ausdruck benutzte der Generalsekretär bereits auf dem Parteikongress und rief Kritiken unter anderem von Norberto Bobbio hervor. Wenn Sie die demokratische Methode akzeptieren, wählen Sie einen sehr präzisen Weg, der keiner weiteren Ausführungen bedarf. Anderenfalls bedeutet dies, dass die Kommunisten noch unsicher seien, so der Turiner Philosoph sinngemäß. In seinem Text skizziert Berlinguer die gesamte Wegstrecke der kommunistischen Bewegung, um zu zeigen, dass, wenn eine Phase zu ihrem Ende kommt, eine neue beginnt. Die erste war jene Phase des Sozialismus der Wurzeln (Frühsozialismus), dann kam jene, die sich an der sowjetischen Revolution orientierte, und jetzt ist es höchste Zeit, dass »der Sozialismus voranschreitet in den höchstentwickelten kapitalistischen Ländern, angefangen mit Westeuropa.« Diese dritte Phase wird zu einem Synonym für den dritten Weg werden, der eben in Europa zu suchen ist, gemeinsam mit weiteren Kräften der Linken. Berlinguer präzisiert: »Es geht nicht darum, einen Weg zwischen Sozialismus und Kapitalismus zu suchen. Es geht darum, den Kapitalismus in dem Stadium, das wir hier bei uns erreicht haben, zu überwinden [...] und wir einen Sozialismus aufbauen, der sich im Schutz und in der Weiterentwicklung der schon bestehenden demokratischen Freiheiten realisiert.« Das sind Sätze, die vielleicht viele wieder lesen sollten, die auch im neuen Jahrtausend den »Riss« von Enrico Berlinguer immer noch als »widerwillig« und niemals komplett vollzogen beschreiben.

XXII. Mit dem globalen Süden

Eine Macht, die von sich aus behauptet, auf der Arbeiterklasse gegründet zu sein, und die, um zu überleben, gezwungen ist, gegen eben diese Klasse vorzugehen: Das ist einer der Aspekte der polnischen Ereignisse, die Berlinguer am meisten getroffen haben. In den Monaten, die dem Staatsstreich Jaruzelskis vorausgegangen waren, als man eine Invasion der Truppen des Warschauer Paktes befürchtete, ließ Berlinguer den sowjetischen Führern über geheime Kanäle zahlreiche Botschaften zukommen lassen, um sie von der Invasion abzuhalten. Indem er auch sein Prestige als Generalsekretär der KPI einsetzte, bestand er den Moskowitern gegenüber beharrlich darauf, dass sich auf keinen Fall wiederholen dürfe, was in Ungarn und in der Tschechoslowakei passiert war.[1] Und vielleicht trug dieser Druck dazu bei, eine Invasion zu vermeiden. Aber selbst der Staatsstreich erschien als ein Akt, der die Grundlagen des Sozialismus infrage stellte.

Als er die Exkommunikation von Moskau erhält, hatte es der Generalsekretär seit mehr als zweieinhalb Jahren abgelehnt, in die UdSSR zu reisen. Breschnew hat er nicht mehr lebend gesehen. Er reist nur zu seinen Begräbnisfeierlichkeiten Ende 1982 nach Moskau. Während der Phase des Eurokommunismus bemühte er sich, seine Ansprüche direkt und in einer sehr klaren Weise vorzutragen. Aber die letzten Treffen mit Breschnew, 1978 und in den ersten Septembertagen 1979, nach den Ferien in Jalta, zeigten, dass die Spielräume immer enger geworden waren.

Als Berlinguer 1978 im Gespräch mit Breschnew die Absicht der italienischen Kommunisten ankündigte, die Beziehungen mit den Chinesen wiederaufzunehmen, antwortete der Generalsekretär der KPdSU kurz und bündig: »Das ist Euer Bier.« Antonio Rubbi erinnert sich: »Kurz bevor wir weggingen, hat aber Breschnew völlig unerwartet eine heftige Strafpredigt gegen die Chinesen von sich gegeben. Die Botschaft konnte nicht klarer sein.« Eine direkte Auseinandersetzung ereignete sich später, als Berlinguer bei einem Treffen mit Suslow,

1 Antonio Rubbi, der Sergio Segre in der Auslandsabteilung der KPI nach dem Ende der »nationalen Solidarität« ersetzte, persönliche Mitteilung an die Autorin.

Ponomarjow und Sagladin[2] einmal mehr das heikle Problem der »Freiheitsbeschränkungen« und der Dissidenten zur Sprache brachte. Der Dialog war so hitzig, dass nicht einmal Enrico Smirnov, der beste russisch-italienisch Dolmetscher und ein wahrer Experte der KPI, ihnen folgen konnte. Berlinguer, der daran erinnerte, dass repressive Maßnahmen ein negatives Bild des Sozialismus in der Welt vermitteln, antworteten die sowjetischen Führer, dass der Geist seiner Kritik »kein wohlgesonnener mehr war« und dass sie von einem Mann formuliert worden sei, der inzwischen, wie es scheine, zum Gegner übergetreten war. »Die kommunistische Partei Luxemburg ist immer die erste, die Euch recht gibt. Bevorzugt Ihr solche Gesprächspartner?«, antwortete der Generalsekretär der KPI.

Nach Afghanistan, und in endgültiger Weise nach Polen, ist Berlinguer davon überzeugt, dass in den sogenannten sozialistischen Ländern jede Fähigkeit zur Erneuerung in eine Krise geraten war, und dass von dieser Erfahrung kein kreativer Impuls mehr für die Revolution im Westen ausgehen könne. Was das Urteil zur internen Ordnung der UdSSR angeht, ist dieses noch härter: Die sowjetische Krise erscheint ihm eine Folge der autoritären Zentralisierung auf wirtschaftlichem Gebiet sowie der Bürokratisierung, der monolithischen Herrschaft, der Verkrustung der Ideen.

Das ist mehr oder weniger die Kritik, die Jahre später Gorbatschow über das sowjetische System formulieren wird. Und er wird im Gespräch mit den italienischen Parteiführern anerkennen, dass ihn auch die Positionen des Generalsekretärs der KPI dazu gedrängt haben, diesen Weg einzuschlagen.

Aber Berlinguer wird dieser Transformation nicht mehr beiwohnen können. Vielmehr wird er einige Monate vor seinem Tod, auf seiner letzten Reise nach Moskau anlässlich der Begräbnisfeierlichkeiten von Juri Andropow,[3] selbst in kleinen Details einen unerträglichen Eindruck vom sowjetischen System bekommen. In der schmucklosen Säulenhalle im Kreml, wo der Sarg aufgebahrt ist, erfährt Berlinguer, dass der Kranz, den die Delegation der KPI aus Rom mitbrachte, weil in Moskau keine Blumen erhältlich sind, nicht an seinem Bestimmungsort angekommen ist. Niemand kann eine Antwort darauf geben, wo

2 Wadim Sagladin (1927–2006), persönlicher Berater von Leonid Breschnew und Michail Gorbatschow, Leiter der Internationalen Abteilung des ZK der KPdSU (1988–1991), zuvor Erster stellvertretender Leiter (1964–1988), ab 1990 Mitglied des ZK der KPdSU, gilt als der eigentliche Architekt der neuen sowjetischen Außenpolitik unter Gorbatschow.

3 Juri Andropow (1914–1984), Chef des sowjetischen Geheimdienstes KGB (1967–1982), Generalsekretär der KPdSU (1982–1984), Vorsitzender des Präsidiums des Obersten Sowjets/Staatsoberhaupt der UdSSR (1983/84).

er gelandet ist. Etwas später wird sich Berlinguer im Leichenzug Paolo Bufalini und Massimo D'Alema nähern: »Es gibt drei grundlegende Gesetze des Sozialismus. Erstens, die Wahrheit sagt man so selten wie möglich. Zweitens, die Landwirtschaft funktioniert nicht, da man hier nicht einmal einen Strauß Rosen vorfindet. Drittens, es gelingt nie, das Papier von den Karamell-Bonbons abzuziehen«, wird er flüstern. Seine Unduldsamkeit gegenüber den Sowjets hat ein solches Ausmaß angenommen, dass er für diese Reise aus Italien einen Tirolerhut mitgenommen hat, um nicht in Gefahr zu laufen, eine russische Schapkamütze aufsetzen zu müssen.

Die Klammer schließt sich

Die Aussöhnung mit den chinesischen Kommunisten erfolgt kurz vor dem »Riss« *(lo strappo)* und ist ein Beweis dafür, was Berlinguer unter dem versteht, was in der Sprache der KPI als neuer Internationalismus bezeichnet wird: eine Verständigung in gegenseitigem Respekt zwischen unterschiedlichen und oft gegensätzlichen Kommunismen und darüber hinaus zwischen progressiven politischen Kräften.

Der Reise von Berlinguer nach Peking, eine der spektakulärsten Operationen seiner Ostpolitik, ging eine lange diplomatische Arbeit voraus. Für die KPI führt Antonio Rubbi mit Unterstützung von Giancarlo Pajetta die Verhandlungen. Das erste, befangene Treffen von Rubbi mit einem chinesischen Vertreter, Wu Xueqian, dem stellvertretenden Leiter der Auslandsabteilung der chinesischen KP findet Anfang 1979 in Rom statt. Der chinesische Vertreter ist ein Diplomat, misstrauisch und darüber besorgt, die Geschichte der letzten 15 Jahre der Distanz nicht detailgetreu genug wiederzugeben. Aber er gesteht, dass seine Partei sehr daran interessiert sei zu verstehen, »warum die KPI so autonom von den Sowjets und warum sie in ihrem Land so stark ist«. Bei einem zweiten Treffen in Peking sind es die Chinesen selbst, welche die Reise von Berlinguer vorschlagen.[4] Das Angebot ist auch deshalb für die KPI von großem Interesse, weil die Chinesen behaupten, eine Diskussion über Europa als dritte Kraft gegenüber den beiden Supermächten, »die imperialistische und die hegemonistische«, entwickeln zu wollen: Und dies ist eben der Weg, den die KPI eingeschlagen hat.

Die Reise nach China spiegelt genau den Charakter und den Stil des italienischen Generalsekretärs wider. Berlinguer reist am 13. April 1980 mit einer

---

4 Antonio Rubbi, persönliche Mitteilung an die Autorin.

kleinen Delegation, der neben Pajetta und Rubbi sein persönlicher Arzt, Francesco Ingrao, Pietro Ingraos Bruder, angehört. Nicht einmal auf dieser Mission will er auf seine Gewohnheit verzichten, wie ein gewöhnlicher Bürger in der Touristenklasse zu reisen, was unter den Journalisten, die ihm folgen, einiges an Peinlichkeit hervorruft, weil sie gemäß den Gewohnheiten der Zeit in der ersten Klasse reisen. Als die Delegation in Athen umsteigen muss, um in das Flugzeug Bombay-Peking zu gelangen, findet sich Enrico im Autobus eingeengt inmitten einer Menge von indischen Emigranten wieder. »Ihr seid Italiener, was macht Ihr hier?«, fragt ihn in gebrochenem Englisch ein junger indischer Mann, der ihn natürlich nicht erkannt hat. Und Berlinguer antwortet höflich in einem noch schlechteren Englisch: »Wir sind italienische Kommunisten, wir fliegen gerade nach Peking.«

Nach Peking war Berlinguer bisher nur einmal gereist, 1966, unter wenig glücklichen Bedingungen. Jetzt wird er wie ein Staatschef empfangen. Ein interessanter Zufall will es, dass nach der Niederlage der »Viererbande«[5] Hú Yàobāng der neue Generalsekretär der kommunistischen Partei Chinas ist, ein Genosse Berlinguers aus den Zeiten des kommunistischen Weltjugendverbandes. Hú Yàobāng war sein Stellvertreter. Hú Yàobāng, der Berlinguer mit einer beeindruckenden Zeremonie persönlich am Flughafen abholt, stellt fest: »Ich glaube, dass keiner von uns beiden daran interessiert ist, an die kleine Klammer zu erinnern, die in der Vergangenheit eine Spur gezogen hat.« Das gut fünfzehn Jahre andauernde Schweigen als »kleine Klammer« zu beschreiben, erscheint Berlinguer und seinen Begleitern etwas untertrieben zu sein. Sie können sich ein Schmunzeln nicht verkneifen.

Giancarlo Pajetta erinnert: »Die Chinesen hatten ein sehr strenges und umsichtiges Programm zusammengestellt. Aber als wir ankamen, wurde alles umgeworfen. Was immer wir wünschten, wurde umgehend gewährt.«

Die wichtigste Neuerung, welche die Chinesen auf Ersuchen der Italiener in ihr Programm einfügen, ist eine große Abschlusspressekonferenz von Berlinguer

5 Die »Viererbande« war eine Gruppe von Führungskräften (unter ihnen Jiang Qing, Maos Frau) aus dem linken Flügel der kommunistischen Partei Chinas, die vor und kurz nach Maos Tod 1976 große Macht ausübte. Sie hatte maßgeblichen Einfluss auf den Verlauf der Kulturrevolution. Ihre Vertreter wurden Anfang September 1978 verhaftet, 1980 in einem Schauprozess zu langjährigen bzw. lebenslangen Haftstrafen verurteilt. Mit der Bestrafung der »Viererbande« konnte die chinesische Führung Schuldige für die Fehlschläge und Verbrechen der Kulturrevolution verantwortlich machen, ohne die Herrschaft der chinesischen KP an sich infrage zu stellen.

und Deng Xiaoping, dem letzten Überlebenden des »Langen Marsches«,[6] dem wahren Führer Chinas nach Maos Zeiten. Vor Hunderten Journalisten aus allen Ländern bekräftigt der alte Deng: »Wir haben unterschiedliche Meinungen zu vielen Problemen, aber das ist nicht wichtig. Denn wichtig ist, Punkte der Übereinstimmung zu suchen und gemeinsame Anstrengungen zu unternehmen.« Berlinguer drückt sich in seiner Antwort auf ähnliche Weise aus. Der Besuch findet zu einem hitzigen Zeitpunkt statt. Die UdSSR war in Afghanistan einmarschiert, Vietnam hatte Kambodscha angegriffen und China Vietnam. All diese Ereignisse diskutierte der italienische Generalsekretär bei den geheimen Treffen mit Deng, wobei sie manchmal unterschiedlicher Meinung waren. Aber der Geist, in dem die chinesische Mission stattfand, wurde von Giancarlo Pajetta vor der Rückreise mit einem seiner fröhlichen Witze zusammengefasst: »Berlinguer spricht in Peking genauso wie er in Rom und in Moskau spricht.«

Mit der Wiederannäherung an Peking wird Berlinguer zu einem Bezugspunkt für die Blockfreien. Viele beginnen von ihm wie von einem Tito der 1980er-Jahre zu sprechen. »Es wäre wenig seriös von mir, einen Vergleich mit einer derart außerordentlichen Persönlichkeit wie Präsident Tito zu akzeptieren«, sagt er in einem Interview. Das bedeutet allerdings nicht, dass er die Reise nach China nicht für einen großen, auch persönlichen Erfolg hält.

Seit Langem war er nicht mehr so begeistert wie er sich jetzt für China begeistert. Fast alles gefiel ihm, von der Einstellung der Führer bis hin zur Landschaft, vom Essen (mit Ausnahme einer beunruhigenden Schlangensuppe, die er nach kurzem Zögern mit Mühe hinunterschluckte) bis zur Sympathie, mit der so viele Chinesen, welche die Stürme der Kulturrevolution hinter sich hatten, seinen Marxismus außerhalb der Regeln aufgenommen hatten. Drei Jahre später wird er China auswählen, um dort die Ferien mit seiner gesamten Familie zu verbringen. Und dieses Mal wird seine Wahl, im Gegensatz zu jener der UdSSR, auch von den Kindern angenommen werden.

Explosive Ungerechtigkeiten

Berlinguers Interesse für die Dritte Welt ist schon früh erwacht, in den 1950er-Jahren zu Zeiten der Kämpfe vonseiten der anti-kolonialen Bewegungen, und

6 Der »Lange Marsch« ist der zentrale Heldenmythos der kommunistischen Partei Chinas und war ein militärischer Rückzug der kommunistischen Streitkräfte von Oktober 1934 bis Oktober 1935, um sich aus der Einkreisung durch die gegnerische Armee zu befreien. Nur etwa 10 Prozent der 90.000 Mann, die sich auf den »Langen Marsch« in den Westen und Norden Chinas begaben, erreichten ihr Ziel.

blieb ihm immer lebendig. 1975 ist er der erste Generalsekretär der KPI, der eine Reise nach Afrika unternimmt: Guinea, Guinea-Bissau und darüber hinaus Algerien, wohin er öfters zurückkehren wird. In allen Jahren seiner Parteiführung gab es keine feierliche Gelegenheit im Leben der Partei, von den Berichten auf den Parteikongressen bis hin zu den Reden auf den landesweiten Festivals der »L'Unità«, in denen Berlinguer nicht Stellung nimmt zu den Ereignissen in der Dritten Welt und in den Ländern mit neu gewonnener Unabhängigkeit. Die weit entfernten und berührenden Dramen wie Namibia, der Kampf von Mozambique und Angola, die Apartheid in Südafrika und die Haft Nelson Mandelas machen ihn betroffen. Er setzt sich für Mandela ein und beharrt darauf, eine Kampagne zu dessen Befreiung zu organisieren. Er begeistert sich besonders für die palästinensische Frage und ist darüber besorgt, nicht nur weil sie eine Gefahr für die internationale Sicherheit darstellt, sondern auch wegen der Ungerechtigkeit, deren Opfer das kleine Volk ohne Land ist.

Mit Arafat hat er über lange Zeit hinweg ein Einvernehmen. Ihr langes, abenteuerliches Telefongespräch zwischen Rom und dem von den Israelis belagerten Beirut bleibt unvergessen, das der Führer der palästinensischen Befreiungsfront (PLO) selbst wie folgt wiedergegeben hat: »Berlinguer sagte mir: ›Ihr habt den Respekt der ganzen progressiven Menschheit erworben.‹ Ich hörte seine Worte, während die Bomben fielen.«[7] Nachdem Arafat aus dem Libanon vertrieben wurde, verstärkt Berlinguer die Beziehungen noch mehr. Er ist überzeugt davon, dass seine Position die ausgeglichenste ist, die einzige, die einen Ausweg erkennen lässt. Sein einziges Treffen mit Arafat in Rom im September 1982 findet genau zu dem Zeitpunkt statt, als die Flüchtlingslager Sabra und Schatila[8] in Beirut zerstört wurden. Wie es ihm immer wieder angesichts grausamster Unterdrückung passiert, ist Berlinguer darüber tief betroffen. Er übt starken Druck auf Ministerpräsident Spadolini aus, damit dieser den Führer der PLO empfängt, der schon von Präsident Pertini empfangen

---

7 Yassir Arafat: *A Beirut assediata ci sentimmo meno soli (A Beirut assediata ci sentimmo meno soli)*, in: *Enrico Berlinguer*.

8 Zwischen 16. und 18. September 1982 werden mitten im libanesischen Bürgerkrieg im südlichen Stadtgebiet von Beirut die palästinensischen Flüchtlingslager Sabra und Schatila, die zu dieser Zeit von israelischen Soldaten umstellt waren, von etwa 150 libanesischen, maronitisch-katholischen, hauptsächlich falangistischen Milizionären gestürmt. Die Milizionäre verstümmelten, folterten, vergewaltigten und töteten überwiegend Zivilisten, unter ihnen viele Frauen, Kinder und Alte. Die Zahl der Opfer wird je nach Quelle zwischen 460 und 3.000 angegeben. Die israelische Militärführung vor Ort war über die Vorgänge in den Lagern genauestens informiert, ebenso die israelische Regierung. Die israelische Armee unterstützte die Milizen logistisch.

wurde, aber es gelingt ihm nicht, Spadolini davon zu überzeugen. Außerdem beharrt er darauf, dass der Regierungschef eine Friedensmission in den Libanon entsendet. Auf dem landesweiten Festival der »L'Unità« in Tirrenia[9] verwendet er sehr harte Töne: »Wir stehen vor einer solchen Schreckenstat, die Entsetzen und Abscheu hervorruft. Dieses schreckliche Verbrechen erinnert an die Grausamkeiten der Nazis«, sagt er und präzisiert später, dass er gegenüber Antisemitismus »wie gegenüber jeder Form von Rassenhass« feindselig eingestellt sei: »einschließlich jener, von der die aktuelle Regierenden in Israel durchdrungen zu sein scheinen«.[10] Es ist eine Solidarität, die Arafat nie vergaß. Unter den Führern der Weltlinken, die in weniger als zwei Jahren dem Sarg von Berlinguer durch die Straßen von Rom folgen werden, wird Arafat einer der am meisten Ergriffenen sein.

In den Jahren, in denen seine Distanz zur UdSSR heranreifte, war Berlinguer davon überzeugt, dass auf der Weltbühne der »grundlegende Widerspruch«, um die klassische marxistische Sprache zu verwenden, nicht jener zwischen Kapitalismus und Sozialismus sei, sondern jener, der aus der wachsenden Kluft zwischen den industrialisierten Ländern und der Dritten Welt hervorging. »Die dramatischste und explosivste Ungerechtigkeit ist jene, die auf der Kluft in der Entwicklung und in den Lebensbedingungen zwischen den Regionen des Nordens und des Südens des Planeten basiert«, stellt er wiederholt fest.[11] Und er unterstreicht, dass das Problem der Verarmung der Dritten Welt und deren schwindelerregend wachsender Verschuldung verflochten ist mit dem Problem der enormen Ausgaben, die getätigt werden, um die atomare Vorherrschaft aufrechtzuerhalten. Würden diese reduziert oder beseitigt werden, würde die Menschheit nicht nur sicherer leben, sondern es wäre auch endlich möglich, das Drama des Hungers zu überwinden.

Das Thema, das Berlinguer in der Charta für den Frieden und die Entwicklung und in vielen anderen Schriften und Reden in seinen letzten Jahren mit einem breiten internationalen Ansatz aufgegriffen hat, ist die Weiterentwicklung einiger tiefergehender Überzeugungen, die seit seinen Jugendjahren heran-

9 Tirrenia, Ortsteil von Pisa, in der Mitte der toskanischen Küste gelegen.

10 Enrico Berlinguer: *Tutto il mondo civile condanna la politica di sterminio attuata da Begin (Die ganze zivilisierte Welt verurteilt die von Begin betriebene Vernichtungspolitik)*, in: L'Unità, 20. September 1982.

11 Enrico Berlinguer: *Economia, Stato, pace: le proposte del PCI (Wirtschaft, Staat, Frieden: die Vorschläge der KPI)*, in »L'Unità«, 3. März 1983. Diese Ideen wurden auch in dem Bericht von Willy Brandt, Vorsitzender der SPD und der Sozialistischen Internationale, zum Ausdruck gebracht: *Nord-Sud: un programma per la sopravvivenza (Nord-Süd: ein Programm für das Überleben)*, in: Barbagallo: *Enrico Berlinguer*, 2006.

gereift waren. Im lange zurückliegenden 1948 sprach er in einer Rede vor Arbeitern in Turin in einem etwas naiven Ton zum ersten Mal von »dieser alten, auf den Kopf gestellten Welt«, welche die wissenschaftlichen Entdeckungen dazu verwenden könnte, »die Gletscher an den Polen zu schmelzen oder es freiwillig in der Wüste regnen zu lassen« und so das Leben der Menschheit zu verbessern, anstatt daraus die atomare Zerstörung zu entwickeln. Jetzt wird er mit der Autorität eines internationalen politischen Führers nicht müde, die »dunkle Symmetrie« zwischen den Rüstungsausgaben und den Schulden der Dritten Welt anzuklagen. Er greift den von Olof Palme, dem schwedischen Ministerpräsidenten, entwickelten Plan auf und schlägt im Rahmen dessen »Elemente eines weltweiten Wirtschaftsprogramms« vor, an die sich sowohl die westlichen als auch die sozialistischen Länder halten sollten, in einer Vision, die für den Moment utopisch erscheint.

Von Fidel bis zu Sandino

Im Oktober 1981 macht sich Berlinguer auf den Weg zu einer langen Reise nach Lateinamerika: Nicaragua, Mexiko und Kuba, wohin ihn Fidel Castro wiederholt einlädt. Auch dieses Mal reist er mit Begeisterung ab. Ugo Baduel berichtet: »Er war immer glücklich, wenn er in die Dritte Welt reisen musste, egal ob nach Asien oder Lateinamerika. In diesen Ländern, in denen ein dritter Weg möglich war, fühlte er sich wirklich wohl, vielleicht wie in keinem anderen Teil der Welt.«

Diese Reise verstärkt das Bild von Berlinguer als einem Protagonisten der internationalen Bühne, wenn auch aus anderen Gründen als bei der Reise nach China. Mit dem Niedergang der extremen Mythen des Che-Guevara-Kämpfertums verbreitet sich unter den progressiven Intellektuellen ein großes Interesse für den europäischen Marxismus. Namen wie jener von Gramsci kommen vor allem dank jener Katholiken in Umlauf, die versuchen, eine Aussöhnung zwischen nationaler Befreiung und Marxismus herzustellen. Und der italienische Kommunismus von Enrico Berlinguer mit seinem Vorschlag des dritten Weges und mit seiner Aufmerksamkeit gegenüber den Katholiken wird als Bezugspunkt für eine Auseinandersetzung gesehen.

Das alles erscheint offensichtlich in Managua, der Hauptstadt des sandinistischen Nicaraguas, wo Berlinguer eine unerwartete Radikalität vorfindet. In seinen langen Diskussionen mit Jesuiten und Dominikanern, die zugleich auch Mitglieder der Regierung sind, ist er beeindruckt, wenn er sie feststellen hört, dass »Christus die soziale Revolution, also die Nation machen wird.« In ein Heftchen, das er mit Notizen füllt, notiert er eine Aufschrift, die er auf einer

Mauer sieht: »Mit der Jungfrau haben wir die Revolution gemacht, mit der Jungfrau werden wir die Agrarreform machen.«[12] Aber nicht alles, was er sieht, findet seine Zustimmung. Eben in den Tagen seines Besuches in Managua lassen die Sandinisten einige Mitglieder des Industrieverbandes verhaften und schließen eine Tageszeitung der Opposition. Der Generalsekretär der KPI missbilligt klar und deutlich diese Methoden und erklärt dies auch gegenüber den Journalisten.

In Nicaragua ist Berlinguer auch wegen eines kuriosen Zufalls eine Sensation. »Genosse Berlinguer, verzeihen Sie mir, aber wir sind beeindruckt wegen Ihrer Ähnlichkeit mit Sandino«, sagt Staats- und Sandinistenchef Daniel Ortega zu ihm. An diese Ähnlichkeit mit dem legendären Gründer der sandinistischen Befreiungsfront, der von Diktator Somoza ermordet wurde, wird Enrico bei jeder Gelegenheit seines Besuches erinnert. »Das bedeutet, wenn sie mich ermorden, wird sich in Italien eine berlingueranische Befreiungsfront bilden«, sagt Enrico seinen Genossen. Aber er bereut diesen Witz sofort und bittet die Anwesenden, diesen nach der Rückkehr in Italien nicht weiter zu erzählen.

Der intensivste Moment auf der Reise in Lateinamerika ist das Treffen mit Fidel Castro. Schon vom ersten Händedruck am Fuße der Bordleiter am Flughafen an erfasst ihn an einem stickig-schwülen kubanischen Abend eine unerwartete Sympathie. Fidel, gekleidet in einer olivgrünen Uniform, überragt mit seiner Körpergröße Berlinguer, der mager und verschwitzt in einem blauen Anzug dasteht. Der strenge Enrico ist neugierig auf die Offenherzigkeit und die unaufhörliche Vitalität des kubanischen Führers. Und Fidel scheint begeistert von seinem italienischen Gast, der so anders ist als die zahlreichen extremistischen Europäer, die auf Kuba wohnen, und auch so anders als die kommunistischen Führer des Ostens. In den wenigen Tagen seines Besuches taucht er zu jeder Tages- und Nachtzeit in Enricos Hotel auf und befragt ihn zu Italien, zur europäischen Politik, sogar zum antiken Rom. Sobald er von Enricos großer Leidenschaft für das Meer erfährt, organisiert er eine Fischpartie mit Abfahrt um sechs Uhr morgens und versucht den Gast zu überzeugen, dass die Haifische und Barrakudas, von denen das karibische Meer heimgesucht wird, unbedenkliche Tiere seien. Fidel möchte, dass der italienische Generalsekretär alles und alle sehen kann. Eines Abends, als Berlinguer nach Mitternacht in die Redaktion der »Granma«, der Tageszeitung der kommunistischen Partei Kubas, gebracht wird, täuscht er eine leichte Übelkeit vor. »So schlecht ging es mir nicht, ich war nur etwas müde«, erzählt er später amüsiert.

---

12 Renato Sandri: *Da Cuba a Managua, là dove la rivoluzione percorre altre strade* (*Von Kuba nach Managua, wo die Revolution andere Wege geht*), in: *Enrico Berlinguer*.

Enrico ist sehr beeindruckt von der Unbefangenheit, mit der sich Fidel durch die Straßen bewegt, von der Familiarität und von der Sympathie, die ihm die Leute entgegenbringen. »Da liegen Welten zwischen Kuba und den Ländern des Ostens«, kommentiert er.[13]

In den Gesprächen bestätigt Fidel Castro das Bild von einem guten Verbündeten der UdSSR und seiner feindlichen Einstellung gegenüber China, erklärt aber, die Erfahrungen der europäischen kommunistischen Parteien zu respektieren. »Jeder wird gemäß konkreten Bedingungen entscheiden, welchen Weg er gehen wird. Uns, zum Beispiel, wird nicht im Traum die Notwendigkeit eines Parteienpluralismus einfallen ...«[14] Berlinguer verbirgt gewiss nicht, dass es zahlreiche Dinge gibt, die ihn am kubanischen Regime nicht überzeugen. Aber er ist beeindruckt von der Leidenschaft, mit der Fidel ihm die Situation Lateinamerikas erklärt, bedrängt von der drohenden Nähe der Vereinigten Staaten, von den falschen Modellen einer konsumorientierten Zivilisation, die mehr noch als anderswo hier die Kluft zwischen Reichtum und Armut, zwischen Mächtigen und Ausgegrenzten unüberbrückbar macht. Da das Programm der Reise vorsieht, dass die Delegation der KPI auch nach Mexiko geht, sagt Castro zu dem italienischen Generalsekretär: »Geht, schaut Euch um, und dann werden wir wieder über meinen Kontinent sprechen.«

Die Reise nach Mexiko erweist sich als eine Erfahrung innerhalb der Erfahrung. In Mexiko-Stadt sieht er zum ersten Mal mit eigenen Augen das unbeschreibliche Elend einer Metropole der Dritten Welt: unendliche Peripherien, dutzende Kilometer lange Elendsbaracken aus Holz und Blech, Staub, Demütigung. Er fragt sich und diejenigen, die ihn begleiten, welche politische Kräfte jemals das Leben von zehn Millionen elenden Menschen, die sich an einen Betonhaufen klammern, in dem weitere fünf Millionen Menschen leben, erfassen und ihm Sinn und Richtung geben können. Ein Treffen mit den führenden mexikanischen Intellektuellen, die ihn in einem gesteckt vollen Theater mit Fragen zur KPI, zu Gramsci, zum italienischen Marxismus bestürmen, dauert bis in die frühen Morgenstunden. Berlinguer antwortet wie immer allen, ohne sich zu schonen. Als das Treffen endlich zum Schluss kommt, ist es Berlinguer, der seinen Zuhörern eine Frage stellt: »Ich möchte, dass Ihr mir ehrlich sagt, welche Bedeutung für Euch Gramsci hat, angesichts dieses grauenhaften Problems der Millionen Ausgegrenzten und deren realen Leben.«

---

13 Ugo Baduel, persönliche Mitteilung an die Autorin.

14 Barbagallo: *Enrico Berlinguer*, 2006.

Unter dem Eindruck dieses Abends hält er vor dem Parteikongress der mexikanischen KP eine leidenschaftliche Rede über die Beziehungen zwischen dem globalen Norden und Süden, in der er die Statistiken der großen, weltweiten Ungerechtigkeit wiedergibt. 25 Prozent der Weltbevölkerung, konzentriert in den industrialisierten Ländern, verfügen über 80 Prozent des Welteinkommens. Alle anderen, die enormen Massen der Dritten und Vierten Welt, erhalten zusammen gerade einmal 8 Prozent des Weltreichtums.

Nach seiner Rückkehr auf Kuba hat Berlinguer ein neuerliches Treffen mit Castro, das einen ganzen Tag andauert. Nach einem so intensiven Aufenthalt ist die Abreise bitter. Während Castro Berlinguer zum Flughafen begleitet, erhält er die Nachricht, dass am Tag zuvor im Norden von Nicaragua eine Gruppe von Söldnern ein Dorf überfallen, die dortige Grundschule besetzt und einen Lehrer erschossen hat: einen jungen Kubaner, der an der Kampagne zur Alphabetisierung teilnahm. Fidel ist wutentbrannt: »Das also ist ihre Freiheit. Sie haben ihn vor den Kindern auf die Knie gezwungen, dann haben sie ihn ermordet. Uns werden sie nicht in die Knie zwingen.«[15] Das ist das letzte Bild von Südamerika, das in den Augen von Berlinguer lebendig bleibt.

Die europäische Anomalie

Auch die Reise nach Lateinamerika trägt dazu bei, Berlinguer in seiner Überzeugung von der Rolle Europas zu bestärken.

Ihm scheint, dass in einer Welt, die neben dem Gegensatz zwischen Ost und West von jenem zwischen Nord und Süd beherrscht wird, der europäische Kontinent den einzigen Bezugspunkt zur Befreiung der Dritten Welt darstellt. Berlinguer bringt die Überzeugung zum Ausdruck, dass Westeuropa das einzige Laboratorium für einen möglichen dritten Weg sei, basierend auf einer Analyse, die ihn immer weiter von der traditionellen kommunistischen Einstellung entfernt. Den stärksten Grund dafür sieht er in der Natur des europäischen Kapitalismus. Im Gegensatz zum japanischen und amerikanischen Kapitalismus wurde der europäische von innen heraus »bearbeitet« durch die Kämpfe und Errungenschaften einer Arbeiterbewegung, die nicht nur von den Gewerkschaften, sondern auch von den linken – von den sozialistischen und kommunistischen – Parteien verkörpert wurde. In Berlinguers Analyse ist dies die europäische »Anomalie«, die Reagan und die neue Rechte beseitigen wollen, indem sie versuchen, die Amerikanisierung Europas auf verschiedene Art und

---

15 Renato Sandri, in: *Enrico Berlinguer*.

Weise zu fördern. Gegen dieses Projekt kämpft Berlinguer sowohl auf italienischer als auch auf internationaler Ebene bis zu seinem Ende.

Dafür braucht er Verbündete und sucht sie in der europäischen Linken, in enger Verbindung mit der Dritten Welt, wobei er die Beziehungen mit mehreren sozialistischen und sozialdemokratischen Parteien intensiviert. Er geht nach Portugal und Spanien und trifft dort neben den kommunistischen Vertretern auch die sozialistischen Parteiführer Soares und González. Er entwickelt eine enge Beziehung mit dem griechischen Sozialistenchef Papandreou und mit Olof Palme. Er verstärkt den Dialog mit der SPD und im Besonderen mit Willy Brandt, der jetzt auch Vorsitzender der Sozialistischen Internationale ist. Mit ihm hat Berlinguer eine spezielle Verbindung, eine ähnliche Art und Weise Politik zu verstehen, sowohl als Utopie als auch als Traum.

Enrico ist berührt von Brandts Worten, als dieser im Oktober 1981 die Auszeichnung honoris causa von der Universität in Florenz erhält. »Der Fortschritt besteht darin, die Gewissheiten von Zielen und angeblichen Wahrheiten zu hinterfragen und neue, noch nicht beschrittene Wege zu suchen. Wenn alte Überzeugungen eigene Grenzen aufzeigen, muss man also neue Türen öffnen. Der Zweifel leitet also an. Erst durch die Kraft der Negation entsteht das Neue.«

Der Historiker Francesco Barbagallo beobachtet: »Für Berlinguer, der diesen Text unterstrich und unter seinen Papieren aufbewahrte, musste es tröstlich gewesen sein, Brandt von ›neuen Wegen‹ sprechen zu hören, er, der wegen des ›dritten Wegs‹ den bekannten Sarkasmus konkreter Philosophen und moderner Politiker ertragen musste.«[16]

Inzwischen fand Berlinguer einen neuen Bezugspunkt, das Europäische Parlament, dessen Mitglied er Ende 1979 nach den ersten allgemeinen, europäischen Wahlen wurde. Hier fühlt er sich sehr wohl, mehr als im italienischen Parlament. Hier kann er seine Vorliebe für internationale Fragen, die seine tiefgehendsten Leidenschaften sind, zum Ausdruck bringen, Treffen organisieren, diplomatische Kontakte knüpfen. Auch mit François Mitterrand findet der erste Kontakt in Straßburg statt. Das Einvernehmen mit den französischen Sozialisten ist sehr frisch und wird sowohl von den Kommunisten von Georges Marchais in Frankreich als auch von Craxis Sozialisten in Italien mit Misstrauen beobachtet.

Als sich Berlinguer und Mitterrand offiziell im März 1982 in Paris treffen, spitzen sich die Missstimmungen zu. In den Gesprächen mit Mitterrand, der zum Präsidenten der Französischen Republik gewählt wurde, und den franzö-

16 Barbagallo: *Enrico Berlinguer*, 2006.

sischen sozialistischen Parteiführern greift Berlinguer Themen auf, die ihm sehr am Herzen liegen. »Der europäische Kontinent ist eine Kreuzung und eine Grenze zwischen Ost und West und zwischen dem globalen Norden und Süden«, »ein Kontinent, in dem die entscheidenden Zivilisationen für die Geschichte der Menschheit herangereift sind und auf dem das sozialistische Gedankengut ein derart hohes Niveau erreicht hat, das es zu einem großen Protagonisten unserer Zeit machen kann.«

Bei einem Frühstück fragt ein sozialistischer Parteiführer Berlinguer: »Aber welches Europa, Genosse Berlinguer?« Und er antwortet: »Das Europa der Arbeit.« Er fügt hinzu, dass die Linke des alten Kontinentes verstehen muss, dass die Herausforderung der europäischen Einheit ihren tieferliegenden Interessen entspricht.

»Wohin ist der Eurokommunismus geraten?«, will hingegen in diesen Tagen ein Journalist wissen. Die Antwort des italienischen Generalsekretärs beschreibt sehr gut die Evolution seiner Politik. »Das, was als Eurokommunismus beschrieben wurde, ist ein Engagement, ein Streben, eine noch offene Debatte, welche die Gestaltung der gesamten europäischen Linken betrifft, ihre vielschichtige historische Erfahrung, ihre eigenen Wunden, die zu heilen sind. Es gibt nicht das eine Rezept. Es gibt unerforschte Wege, die angesichts der Krise und der Veränderungen in der Welt einzuschlagen sind.«

XXIII. Getrennte Genossen

Nach den ersten beiden Jahren der Präsidentschaft Reagans weht der Wind der neuen Rechten auch in Europa. Die ausgewählte Therapie scheint Erfolg zu haben. Nach der ersten Kampfansage an die Gewerkschaften – die Kündigung von streikenden Fluglotsen – hat die Philosophie der Deregulierung und des freien Marktes, die Lobpreisung des wilden Kapitalismus als Heilmittel gegen die Übel der Wirtschaft immer mehr an Boden gewonnen. Das konkrete Thema der konservativen Revolution, wie der Reaganismus beschrieben wird, ist die Zerrüttung des Wohlfahrtsstaates, der inzwischen als zu teuer erachtet wird, um ihn aufrechtzuerhalten. Sein theoretisches Hinterland wird von einer Reihe begeisterter Soziologen, Philosophen und Ökonomen entwickelt, die das Primat des individuellen Willens und der individuellen Kraft predigen und scheinbar ein neues Paradies aufleuchten lassen. In Europa, das von den Schwierigkeiten der Erfahrungen der sozialdemokratischen Parteien sowie der britischen Labour Party gekennzeichnet ist, werden die Ideen der neokonservativen Revolution noch vor den Vereinigten Staaten von der Engländerin Margret Thatcher mit ihrem egoistischen Freihandel und der eisernen Faust gegenüber den Gewerkschaften angewendet. Aber auch andere gemäßigte Parteien werden davon angezogen.

In Italien scheint sich die DC von Ciriaco De Mita,[1] der im Mai 1982 zum neuen Generalsekretär gewählt wurde, auf einen ähnlichen Weg zu begeben, indem sie ihre linke Strömung, von der er stammt, zugunsten grundlegender neokonservativer Positionen zu beiseiteschiebt, um so den Raum für eine neue Mehrheit zu finden. Im Gegenzug beschließt die industrielle Welt ihrerseits, beruhigt durch das reaganistische Evangelium und darüber hinaus durch die Niederlage der Gewerkschaften in den Ereignissen bei FIAT, in die Offensive zu gehen. Im Juni 1982 kündigt der Industrieverband gemäß den Regularien sechs Monate im Voraus das Abkommen der »Scala mobile« auf und weigert sich, die Verhandlungen über die Arbeitsverträge aufzunehmen. Wie um den Unterschied zwischen Italien und dem Amerika von Reagan zu verdeutlichen, kommt es in den Fabriken zu wellenförmigen Unruhen, welche die Gewerkschaftsspitzen zur Ausrufung eines Generalstreiks drängen. Und die Regierungs-

1 Näheres zur Person siehe Kapitel: Die italienischen Hauptfiguren in Chiara Valentinis »Enrico Berlinguer« (☛ S. 455).

parteien, mit Ausnahme der DC, distanzieren sich von den Positionen des Industrieverbandes.

In diesem Klima der Auseinandersetzungen erhält Berlinguer völlig unerwartet eine Einladung, gemeinsam mit Ciriaco De Mita an einer Tagung des Industrieverbandes über den Wohlfahrtsstaat und die Kürzung der Sozialausgaben teilzunehmen. Nach einer gewissen Unsicherheit nimmt Berlinguer an. Es liegt in seinem Charakter, sich mit allen auseinanderzusetzen, auch mit seinen entschiedensten Gegnern. Aber in diesem Fall spielt vielleicht der Wunsch eine Rolle, auf die Vorwürfe des Sektierertums und der Versteifung in den Positionen zu reagieren, die viele gegen ihn erheben. Das Treffen erweist als ein großes mediales Spektakel, bei dem Berlinguer die Rolle des Protagonisten übernimmt.

Es ist das erste Mal, dass ein Generalsekretär der KPI die Männer des Industrieverbandes trifft. Das Interesse ist enorm. Das »Anfiteatro« im Kongresspalast von Florenz, in dem die Tagung stattfindet, ist gesteckt voll mit mehr als 2.000 Personen, darunter alle Spitzenvertreter der italienischen Industrie, von Romiti über Merloni bis Carlo De Benedetti. Es ist überfüllt mit Kameraleuten und Fotografen.

Als Berlinguer eintrifft, mit gekrümmtem Rücken und ernstem Gesicht, gefolgt von Chiaromonte und Tatò, bricht ein Durcheinander aus. »Meine Herren Fotografen, wir sind auf einer Studientagung, nicht auf einem Spektakel«, schreit der Industrielle Marzotto vergeblich aus dem Büro des Präsidenten des Industrieverbandes. Aber sobald der Leader der Kommunisten zu sprechen beginnt, herrscht absolute Stille. Es ist eine Rede ohne Diplomatie und ohne Gefälligkeiten. »Ich war lange Zeit unentschieden, ob ich zu dieser Tagung kommen soll, denn in meinen Augen ist die Verschärfung der Spannungen zwischen der Unternehmenswelt und der Welt der Arbeit in erster Linie durch die einseitige Initiative des Industrieverbandes verursacht, die mit der Kündigung der »Scala mobile« die Reallöhne reduzieren und die Gewerkschaften in die Knie zwingen will«,[2] spricht Berlinguer deutlich aus und verspricht eine harte Zeit sozialer Konflikte, bringt aber gleichzeitig in beinahe an Ugo La Malfa erinnernden Tönen sein altes Thema der Austerität, der Überwindung des Parasitentums und der Verschwendung wieder auf den Tisch.

Der Eindruck ist sehr stark. Der Applaus ist nicht geringer als der für De Mita, obwohl dieser gekommen ist, um über den freien Markt zu sprechen. Dieses

---

2 Miriam Mafai: *Berlinguer agli industriali: non ci metterete in ginochio (Berlinguer an die Industriellen: Ihr werdet uns nicht in die Knie zwingen)*, in: La Repubblica, 28. November 1982.

gegnerische Publikum ist fast mit Erstaunen von Berlinguers Ernsthaftigkeit und seinem totalen Mangel an Rhetorik beeindruckt. Nur Cesare Romiti wirft ihm etwas vor. »Trotz allen Respekts für den politischen Menschen muss ich daran erinnern, dass der Abgeordnete Berlinguer, als er in Turin war, die Besetzung von FIAT vorgeschlagen hat«, sagt Romiti und provoziert damit eine umgehende Präzisierung des kommunistischen Generalsekretärs in Bezug auf diese Episode.

»Zumindest spricht er klar, er spricht nicht wie ein Politiker. Wir wissen, was wir zu erwarten haben«, kommentiert man auf den Fluren. Es ist ein kurioser Moment des Waffenstillstandes, in dem die Kräfte vor der Auseinandersetzung gemessen werden.

Für Cirillo gibt es keine Standhaftigkeit

Die Missstimmungen, die sich seit der zweiten »Wende von Salerno« um Berlinguer weiter verdichten, explodieren plötzlich wegen eines Missgeschicks der »L'Unità«. Durch eine junge Journalistin, Marina Maresca, die ein explosives Dokument erhält, wird der kommunistischen Tagezeitung eine Falle gestellt. Darin steht geschrieben, dass ein Minister im Amt, Vincenzo Scotti,[3] und ein Unterstaatssekretär, Francesco Patriarca,[4] beide von der DC, den Chef der neuen Camorra, Raffaele Cutolo, im Gefängnis getroffen haben, um die Befreiung des christdemokratischen Stadtrates Ciro Cirillo[5] auszuhandeln, der von den Roten Brigaden entführt worden ist. Die Geschichte von Cirillo ist eine düstere, die auch mehrere Todesfälle zur Folge hat. Aber der Stadtrat, der mehr Glück als Moro hat, erhält seine Freiheit dank eines Lösegelds von drei Milliarden Lire zurück, das unter Mitwirkung der Geheimdienste jeweils zur Hälfte an die Camorristen von Cutolo und an die Roten Brigaden des verdächtigen und allseits präsenten Giovanni Senzani überwiesen wird.

Dies alles ist wahr, wie sich später erweisen wird, aber es wurde dazu eine falsche Nachricht veröffentlicht. Die Unternehmung wurde nicht von Vincen-

3 Vincenzo Scotti, geboren 1933, DC-Politiker, Mitglied der Abgeordnetenkammer (1968–1994), bekleidete verschiedene Ministerämter (Außen, Innen, Kultur, Arbeit, Katastrophenschutz).

4 Francesco Patriarca (1932–2007), DC-Politiker, Unterstaatssekretär für Handelsmarine, auch langjähriges Mitglied des Senates und der Abgeordnetenkammer. Am 14. Juni 2007 wurde er rechtskräftig zu neun Jahren Haft wegen des Verbrechens der externen Beteiligung an einer Mafiavereinigung verurteilt.

5 Ciro Cirillo, DC-Politiker, Stadtrat von Neapel (1980/81), Präsident der Provinz Neapel (1969–1975), Präsident der Region Kampanien (1979/80).

zo Scotti ausgeführt, sondern von dem viel mächtigeren Antonio Gava, den Leiter des politischen Sekretariates des damaligen Generalsekretärs der DC, Flaminio Piccoli, der sogar an der Organisation der Gelder beteiligt war. Die Schuld (und das Unglück) der »L'Unità« war es, einen ähnlichen Knüller veröffentlicht zu haben, ohne all die notwendigen Verifizierung vorgenommen zu haben. Ihr Chefredakteur, Claudio Petruccioli, und ihr Co-Direktor, Marcello Del Bosco, reichen korrekterweise ihren Rücktritt ein, noch bevor die Nachricht öffentlich wird. Das Ereignis wird von der Presse ausführlich behandelt. Manche sehen darin ein Symptom, dass die Ernsthaftigkeit und die Strenge der Kommunisten geringer geworden sind.

Die KPI entschuldigt sich bei Scotti, und die Parteizentrale gibt eine stark selbstkritisch gefärbte Erklärung heraus: »Es ist ein Fehler in der Bewertung und in der Methode passiert. Die Kommunisten zögern nicht einen Moment, das vor der Öffentlichkeit anzuerkennen.«[6] Aber die Geschichte endet hier noch nicht. Tatsächlich wurde publik, dass sowohl Natta als auch Berlinguer selbst, informiert von Chefredakteur Petruccioli, der Veröffentlichung ihre Zustimmung gegeben haben. Darüber hinaus sagte Berlinguer am Telefon zu Claudio Petruccioli, sobald der erste Artikel veröffentlicht worden war, in dem ohne Namen über das Ereignis berichtet wurde: »Ich bin heute enttäuscht. Du hast mir mehr, wichtigeres über den Fall Cirillo erzählt.«[7]

»Ich übernehme meinen Teil der Verantwortung [...]. Wenn die leitenden Organe der Partei der Meinung sind, dass ich der Partei Schaden zufügen würde, wenn ich auf meinem Posten bleibe, dann sollen sie das sagen, und ich kann mein Amt zur Diskussion stellen«, bekräftigt Berlinguer auf einer stürmischen Sitzung der Parteiführung, auf der Pajetta einmal mehr die personenzentrierte Steuerung der Partei durch Berlinguer beklagt. Andere behaupten, dass der »Unfall« eine Folge des wachsenden Sektierertums und der Exzesse aus der Kampagne zur Frage der Moral sei. Rücktritte liegen während des Treffens in der Luft. Ingrao bringt die Diskussion mit dem Argument wieder auf den Boden, dass es »politisch absurd« wäre, jetzt, nach Polen und dem »Riss« *(lo strappo)*, Berlinguer zu ersetzen. Zumindest dieses Mal scheinen sich die Wogen zu beruhigen.[8]

---

6 L'Unità, 20. März 1982.

7 Aus dem unveröffentlichten Tagebuch von Claudio Petruccioli, in dem Notizbuch der entsprechenden Zeitperiode.

8 Treffen der KPI-Parteiführung, 19. März 1982.

»Die Strömungen macht Ihr Euch selbst«

Inzwischen wurde die interne Situation so angespannt, dass der Generalsekretär die Sitzung des Zentralkomitees, welche die Ernennung von Emanuele Macaluso[9] zum Chefredakteur der »L'Unità« bestätigen muss, als Gelegenheit ergreift, um die Auflösung aktueller politischer Probleme anzugehen. Keiner zwang ihn dazu. Aber Berlinguer spürt die Notwendigkeit, das brennende Thema der politischen und kulturellen Isolierung, in welche die KPI zu geraten schien, anzusprechen.

Zu Beginn des Jahres haben die Sozialisten auf einer spektakulären Versammlung, deren Protagonist der stellvertretende Generalsekretär Claudio Martelli war, ein neues Bild des Sozialismus, die Nelke, ins Spiel gebracht. Indem sie die mit dem Artikel zu Proudhon begonnene Operation vorantreiben, stellen sich die Sozialisten als die einzige Partei der Linken dar, die fähig ist, die Veränderungen am Ende des Jahrtausends auf moderne Art und Weise anzugehen. In einem originellen Brief zur Krise des Wohlfahrtsstaates sprachen sie über das Bündnis zwischen Verdiensten und Bedürfnissen, ebenso über die neuen Ausgegrenzten, über die neue Armut, wobei sie dabei die alte Arbeiterklasse in Vergessenheit geraten ließen. Die Haltung, die gegenüber der PSI und gegenüber ihren Veränderungen einzunehmen sei, wird immer mehr zum Anlass von Meinungsverschiedenheiten innerhalb der Führung der KPI, auch wenn oft die Inhalte dieser Auseinandersetzungen den Aktivisten nicht klar und deutlich erklärt werden.[10]

Auf der Sitzung des Zentralkomitees lässt ein Kommunist, der sich rühmt, es nicht mehr als einen halben Tag in der spitzfindigen Hauptstadt Rom aushalten zu können – der Turiner Diego Novelli –, mit einer Offenheit Dampf ab, welche die Parteispitze verblüfft: »Mich hat ein Genosse auf der Straße angehalten und gefragt: Aber wie ist es möglich, dass sich unsere Parteiführer nicht

9 Die Bestellung war ziemlich stark hintertrieben worden. Insbesondere Tonino Tatò tat alles, um sie zu verhindern (Emanuele Macaluso, persönliche Mitteilung an die Autorin).

10 Zu dieser Zeit hatte Craxi um Vermittlung von Eugenio Scalfari gebeten, um Berlinguer einen Vorschlag zu unterbreiten. Im Wesentlichen hätte darin der Generalsekretär der KPI eine Regierung mit Craxi als Ministerpräsident vorschlagen sollen. Die KPI wäre dabei in der Opposition geblieben, hätte aber im Gegenzug dafür eine »Anerkennung ihrer vollen Demokratiefähigkeit« und eine Einigung über einige dringende Punkte des Programms erhalten. Bei einem Treffen im Haus des Verlegers Caracciolo wurde der Vorschlag Tonino Tatò vorgelegt, damit er ihn Berlinguer überbringen möge. Der ist aber, zumindest offiziell, auf ein solch fabulöses Angebot nie eingegangen. Das Ereignis wird von Tatò selbst in *Caro Berlinguer (Lieber Berlinguer)*, 2003, berichtet.

auf den Fluren treffen, dass sie nicht mehr miteinander sprechen können, dass sie sich, um zu diskutieren, in den Zeitungen codierte Botschaften zuschicken?« (Der Anlass dafür war der stark kritisierte Artikel von Giorgio Napolitano in der »Rinascita«.) Dieses Thema ist ein sehr sensibles für Berlinguer, der immer Fraktionsbildungen und Spaltungen fürchtete. Eben in diesen Tagen antwortete Berlinguer einem Genossen aus der Parteiführung, der ihn darauf hinwies, dass diese Prozesse schon unvermeidlich in Gang gekommen waren: »Eine Partei mit Strömungen macht Ihr Euch selbst.«[11]

Der Generalsekretär bemüht sich auch, den Vorschlag des dritten Weges, der für ihn eine moderne Antwort der Linken auf die Veränderungen ist, deutlicher zu machen. Seine Herangehensweise ist jedoch weit von jener der Sozialisten entfernt. Den Verdiensten und Bedürfnissen bei Martelli stellt er ein anderes Wortpaar gegenüber, das Bündnis zwischen Arbeit und Wissen. Aber die Resonanz ist geringer. Berlinguer ist sich bewusst, dass die KPI nicht mehr die Intellektuellen in ihren Reihen hat, die auf der Höhe der Zeit sind und die Botschaften verbreiten können. Auch die Aufmerksamkeit der Massenmedien in Bezug auf seine Person ist geringer geworden. »Es gibt Moden. Wenn eine Partei brillante Ergebnisse erzielt, werden ihre Parteiführer als schön und anziehend beschrieben, aber wenn die Partei verliert, dann werden die Parteiführer plötzlich alt, überholt, ermüdet«, sagt er ironisch. Das ist ein Phänomen, dass ihn vielleicht weniger besorgt als es sollte. Er dachte, dass er der Offensive der Moderaten mit einer Mobilisierung der Partei antworten könnte. In Bezug auf die Themen, die ihm am Herzen liegen, beginnt er ab sofort, für den XVI. Parteikongress die Weichen zu stellen, der in gewisser Hinsicht sein moralisches und politisches Testament darstellen wird.

Die »andere Regierung«

In der gesamten Phase, die von der zweiten »Wende von Salerno« bis zum neuen Parteikongress reicht, bleibt die von Berlinguer vorgelegte demokratische Alternative eine teilweise nebulöse Formel. »Gibt es noch die berühmte Regierungsmehrheit, die sich auf die KPI ›stützt‹?, um einen Begriff zu verwenden, der Napolitano so missfallen hat«, fragt man sich. Nicht genau. Berlinguer verfolgt jetzt mit immer größer werdendem Interesse die europäischen Erfahrungen der linken Alternative, wie die griechische von Andreas Papandreou und vor allem die französische.

11 Aldo Tortorella, persönliche Mitteilung an die Autorin.

Aber da gibt es ein Problem. Während in Frankreich die Führung der linken Alternative an den Sozialisten Mitterrand fällt, obliegt es in Italien der KPI, die Regierung der linken Alternative zu leiten, und das nicht nur wegen der Zahlen, wie Berlinguer feststellt, sondern auch wegen ihrer Politik, wegen der Qualität ihrer Vorschläge, wegen ihrer Aufmerksamkeit auf das Gemeinwohl. Aber es gibt einige, die damit nicht einverstanden sind, auch innerhalb seiner Partei. So etwa Luciano Lama, der bei einem Treffen der Parteiführung die Meinung vertritt, dass »wir uns auf einen Ausweg verpflichten und einen Prozess anbieten müssen, in dem konkrete Inhalte erreicht werden«, um die Alternative zu erreichen. Berlinguer erwidert darauf, wobei er seine Geduld und besonnene Sprache verliert: »Im Klartext, das, was ihr sagt, bedeutet, sich auf den Weg für eine Ministerpräsidentschaft von Craxi zu machen.« Und Lama antwortet verlegen: »Einige unterstützen diesen Ausweg.«[12]

Eine sehr unglückliche Operation, die Berlinguer im Sommer 1982 ausführt und die zum Sturz der ersten Regierung Spadolini führt, trägt zur Verstärkung der Missstimmungen bei. Es ist ein Schachmatt, das auch aus einer gewissen Rigidität von Berlinguer auf dem Gebiet der nationalen Politik hervorgeht. Es sind viele Jahre vergangen, seit Enrico, mit einem Stapel von Zeitungen eng an seine Brust gedrückt und seiner schwarzen Tasche unter dem Arm, Mitglied der Abgeordnetenkammer wurde. Aber gewisse Kungeleien unter der Hand wurden niemals zu seinen Stärken.

Im Sommer 1982 reichen die sozialistischen Minister nach zahlreichen Auseinandersetzungen ihren Rücktritt ein und bringen damit die Regierung zu Fall. Viele sind entschlossen, der PSI Einhalt zu gebieten, die laut und deutlich vorgezogene Parlamentswahlen fordert, aber vor allem den Posten des Ministerpräsidenten im Visier hat. Berlinguer, dem diese Gelegenheit als günstig erscheint, um wieder ins Spiel zu kommen, schlägt Spadolini vor, eine »andere« Regierung zu bilden, eine Regierung des Präsidenten.

Berlinguers Vorschlag an Spadolini ist letztlich die Anwendung der Regeln der Verfassung, die vorsieht, dass der Ministerpräsident seine Minister nach eigenem Ermessen auswählt, anstatt die Nominierungen der verschiedenen Parteien zu akzeptieren. Es ist ein kleiner Unterschied in der Vorgehensweise, die in der Praxis eine Form von Revolution mit sich bringen würde: eine Entmachtung des Parteiensystems, das Berlinguer so scharf kritisierte.

Der Erste, der diesen Vorschlag 1981 vorbringt, ist Bruno Visentini. Berlinguer, daran sehr interessiert, führt mit ihm darüber eine lange Diskussion. Visentinis

---

12 Sitzung der KPI-Parteiführung, 11. März 1982.

These lautet, dass nach dem 20. Juni 1976 die KPI genau diese »andere« Regierung hätte fordern müssen, anstatt sich der Stimme zu enthalten. »Damals haben wir das nicht gemacht. Aber es ist nicht ausgeschlossen, dass wir so etwas in der Zukunft tun können«,[13] antwortet ihm Enrico. Er macht Spadolini in der Tat diesen Vorschlag und bietet dabei die Stimmenthaltung der KPI an.

Diese Gelegenheit wird von jenen beim Schopf gepackt, die zu diesem Zeitpunkt ein Interesse daran haben, sich von den aufdringlichen Sozialisten zu befreien. Dem Vorschlag gegenüber wohlwollend eingestellt ist nicht nur De Mita, sondern auch die laizistische Finanzwelt, die sich um Visentini gruppiert. Scalfari zeigt sich in der »Repubblica« begeistert. »Und so ist Berlinguer auf das Spielfeld zurückgekehrt«, schreibt er. Für den Generalsekretär erweist sich das Spiel als allzu gefährlich. Es explodiert in seinen Händen. Nach langem Hin und Her finden die Parteien der alten Mehrheit wieder eine Übereinstimmung. Und Claudio Martelli prangert in einem Interview diese Operation an: »Berlinguer, De Mita und Pietro Longo[14] waren dabei, ein Abkommen für eine Regierung zu erzielen, die offen gegenüber den Kommunisten gewesen wäre und uns Sozialisten ausgeschlossen hätte. Wir sind von mehreren Seiten gewarnt worden. Präsident Pertini selbst bestätigte die Existenz des Vorschlags, den er für ein Abenteuer hielt.«[15]

Spadolini wird von den Sozialisten gezwungen, eine Regierung zu bilden, die mit der Vorgängerregierung identisch war, eine »Kopie-Regierung«. Die Beziehungen zwischen den Sozialisten und Kommunisten bleiben angespannt und die Proteste der Gemäßigten innerhalb der KPI nehmen zu. »Wie kann man eine Regierung der Experten vorschlagen, die zudem die Sozialisten ausschließt und gleichzeitig die Alternative befürworten«, lautet ein Vorwurf, der von mehreren Seiten kommt.

Blut in Palermo

Berlinguer hatte eben die ersten zehn Jahre seines Sekretariates vollendet, als Pio La Torre ermordet wird. Der kommunistische Regionalsekretär von Sizilien

---

13 Antonio Tatò, persönliche Mitteilung an die Autorin.

14 Pietro Longo, geboren 1935, Generalsekretär der Sozialdemokratischen Partei – PSDI (1978–1985), Mitglied der Abgeordnetenkammer (1968–1972, 1976–1987), Minister der ersten Craxi-Regierung (1983/84), ab 1989 Teil der PSI, 1992 rechtskräftig verurteilt wegen Verwicklung in einen Bestechungsskandal.

15 Chiara Valentini: *Noi non dimenticheremo (Wir werden nicht vergessen)*, in: Panorama, 30. August 1982.

wird gemeinsam mit seinem Fahrer Rosario Di Salvo in einer Straße von Palermo am Vormittag des 30. April 1982 in einer Blutlache gefunden. Zum ersten Mal nach dem Attentat auf Togliatti wurde auf einen nationalen Parteiführer geschossen. Über die Täter gibt es keine Zweifel, es handelt sich um ein Mafiakommando. La Torre war ein Kommunist durch und durch, ein Sohn armer Bauern aus einem Vororteviertel aus Palermo. Seit seiner Jugend war er unter den Protagonisten der Landbesetzungen, wurde verhaftet und saß lange Zeit im Gefängnis. Der Kampf gegen die Mafia bildete die Grundlage seines Lebens, zuerst in Sizilien, später dann in Rom. Als KPI-Vertreter in der Abgeordnetenkammer unterzeichnete er 1976 den Minderheitenbericht in der Antimafiakommission, ein mutiger Akt der Anklage gegen die »hohen Tiere« der sizilianischen DC, Gava, Lima und Ciancimino. Später verfasste er dann mithilfe der beiden jungen und noch wenig bekannten Richter, Giovanni Falcone[16] und Paolo Borsellino,[17] den wichtigsten Text in Bezug auf die Beschlagnahme des Mafiavermögens.

Die Entscheidung, als einfacher Regionalsekretär nach Sizilien zurückzukehren, und damit die Ämter in der Parteispitze der KPI (er war auch ein Teil des Sekretariates) aufzugeben, traf er, weil er davon überzeugt war, sich auf direktere Art und Weise in den Kampf zu begeben: auch wenn er nur zu gut wusste, dass ihm dies das Leben kosten könnte. Auf seinem Sizilien bereitete man in Comiso die Installation der NATO-Raketen vor. Eine Wunde im Herzen des Mittelmeers und eine doppelte Gefahr für Sizilien, weil die Militarisierung der Insel den Kampf gegen die Mafia erschweren würde, davon war er überzeugt. La Torre zog in die Schlacht, indem er große pazifistische Demonstrationen organisierte und gleichzeitig die Partei gegen den neuen mafiösen Terror des internationalen Drogenhandels mobilisierte.

Zu Berlinguer hatte dieser ungestüme Sizilianer, der später kurioserweise in der »Parteigeografie« dem rechten Flügel angehörte, nicht immer eine leichte Beziehung. Aber Enrico schätzte seine Fähigkeit zu führen und die vorbehaltlose Leidenschaft, die sein Handeln charakterisierte. Kurz vor seiner Ermordung rief La Torre Berlinguer an, um ihm mit seiner gewohnten Begeisterung vom

---

16 Giovanni Falcone, geboren 1939, gilt als Symbolfigur des Kampfes gegen die organisierte Kriminalität auf Sizilien. Er wurde am 23. Mai 1992 zusammen mit seiner Ehefrau Francesca Morvillo, Richterin am Jugendgericht, und drei Leibwächtern durch eine Bombe getötet, als er auf dem Weg zu seinem Wochenendhaus bei Palermo war.

17 Paolo Borsellino, geboren 1940, bekannt als »Mafiajäger«. Er wurde am 19. Juli 1992 zusammen mit fünf Personen von seiner Leibwache mit einer Bombe vor dem Haus seiner Mutter, die er gerade besuchen wollte, ermordet.

Marsch der Hunderttausend, den er erfolgreich gegen die Raketenbasis von Comiso organisieren konnte, zu berichten. Berlinguer war erschüttert von der Nachricht über die Ermordung von La Torre und gedachte ihm in Palermo vor einer großen Menge an wütenden Aktivisten.

Dieses neue Drama trägt ebenso wie Moros Tod dazu bei, dass Berlinguer von der tragischen Ineffizienz des Staates und seiner Apparate überzeugt ist. Ein erneuter Beweis dafür ist wenige Monate später, im September, die Ermordung des Generals Carlo Alberto Dalla Chiesa und seiner jungen Frau, die unmittelbar nach der Ermordung La Torres nach Palermo gekommen waren. Der General wurde aufgrund des Notstands, als Folge des Kampfes gegen die Mafias, in seiner Eigenschaft als Sonderpräfekt dorthin geschickt, wie es eben La Torre gefordert hatte, ohne dass ihm jedoch die für diese Aufgaben notwendigen Sondervollmachten übertragen worden wären. Pio La Torre hingegen hatte in einem gedankenklaren Interview erklärt, dass auf Sizilien »eine politische, mafiose Gruppe« in Aktion getreten war, »entschlossen, Politik mit Waffengewalt zu betreiben«, wie es sich tatsächlich ständig zeigte.

Erst nach der Ermordung Dalla Chiesas wird der Gesetzesvorschlag von La Torre über das Mafiavermögen wieder auf den Tisch gebracht und unter dem Namen Rognoni-La Torre angenommen. In das Strafgesetzbuch wird der Artikel 146 (2) eingefügt, der das Verbrechen der kriminellen Vereinigung mafiosen Typs festhält, ein wertvolles Kampfinstrument. Leider wurde dafür ein Preis gezahlt, der für jede Demokratie untragbar ist.

Ich werde nicht für immer Generalsekretär sein

Am 25. Mai 1982 wird Berlinguer 60 Jahre alt. Bufalini, der dazu das rituelle Porträt in der »L'Unità« zeichnet, erinnert auch an die »kräftezehrende Anstrengung« und an die »ständige Anspannung«, welche die Funktion des Leiters der KPI mit sich bringen. Das ist ein Gefühl, das der Generalsekretär intensiv spürt. Enrico ist müde und zum ersten Mal spricht er von der Möglichkeit des Rückzugs. Bei einer Fernsehdiskussion macht er das öffentlich: »Ob ich später noch die Kraft, die Energie haben werde, um weiterhin die Verantwortung auszufüllen, die ich habe, das ist eine Frage, über welche die Führungsorgane sicherlich diskutieren werden und zu der auch ich mein Wort zu sagen habe«, stellt er fest, womit er ein gewisses Staunen hervorruft.

Die Idee vom Rückzug entsteht bei Berlinguer wahrscheinlich aufgrund der derzeitigen Situation der KPI und aufgrund ihrer internen Missstimmungen, die praktisch unbeherrschbar erscheinen. Minucci erinnert sich, dass in der

Parteiführung Berlinguer das Problem seines Rücktritts mehrere Male zur Sprache gebracht hat. Aber selbst wenn die Sackgasse zumindest teilweise überwunden ist, wird er weiterhin mit den ihm Nahestehenden vom Weggehen sprechen. Er spricht darüber zum Beispiel mit seinem Cousin Sergio Siglienti. Dazu gibt es mehrere übereinstimmende Zeugenaussagen. »Er hat mir verschiedene Mal gesagt, dass er an Rücktritt dachte. Ein Teil seiner Zeit hätte er dem Schreiben seiner Memoiren gewidmet, und dabei von den großen Ereignissen erzählt, an denen er teilgenommen hat«, erinnert Sergio Siglienti.[18] Wer weiß, ob er in diesen Memoiren über das Attentat in Bulgarien erzählt hätte ... Wer weiß, ob er offenbart hätte, welche Gefühle er bei all den Treffen im Laufe der Jahre für die Männer aus Moskau hatte ... Ob er eine alte Geschichte erzählt hätte, von der ihm und einigen anderen Longo 1950 auf dem Rückweg aus Moskau berichtete, wo sich Togliatti nach einem Autounfall in Rekonvaleszenz befand. »Ja, es handelte sich eben um einen Unfall«, sagte Longo, bei einem Treffen mit Stalin und den anderen obersten Parteiführern, um sie zu beruhigen. »Wir wissen zu gut, wie diese Unfälle passieren«, sagte der eiskalte Beria und ließ Longo atemlos zurück.

Ugo Baduel nutzt die Gelegenheit einer der langen Reisen, die sie unternahmen, und fragt Berlinguer, ob er im Falle des Rücktritts später das Amt des Parteipräsidenten wie Longo ausüben wolle. »Um Himmels willen, ich denke nicht einmal daran. Ich könnte mir höchstens vorstellen, in der Parteiführung zu bleiben. Und dann würde es mir sehr gefallen, die Arbeit als Abgeordneter zum Europäischen Parlament fortzuführen«, antwortet ihm Enrico.[19]

Warum sollte eine Persönlichkeit mit einem so ausgeprägten Pflichtbewusstsein wie Berlinguer daran denken, das Spielfeld zu verlassen? Laut Adalberto Minucci wollte Enrico mit dieser Geste seiner Partei eine Art Lektion in Sachen Laizismus erteilen. »Ich will der erste Generalsekretär der KPI sein, der sich lebend zurückzieht«, so Berlinguers Worte, an die sich Minucci erinnert. Aber die Bedingung, um zurücktreten zu können, war ein Moment der Ruhe für die Partei und das Land. Aber das sollte nie geschehen.

---

18 Sergio Siglienti, persönliche Mitteilung an die Autorin.

19 Ugo Baduel, persönliche Mitteilung an die Autorin. Auch bei einem Interview mit einer Schriftstellerin antwortete Berlinguer auf die Frage, ob er die Absicht habe, noch lange als Generalsekretär im Amt zu bleiben: »Ich hoffe, nein. Es ist eine beschwerliche Aufgabe.«

In den Monaten, in denen er an den Vorbereitungen für den XVI. Parteikongress, der im März 1983 stattfinden wird, arbeitet, streicht Berlinguer den historischen Kompromiss definitiv aus seinem Wortschatz. Einige Jahre zuvor schrieb ihm sein alter Freund Trivelli auf einem dieser Kärtchen, welche die kommunistischen Parteiführer während der unendlich langen Treffen der Parteispitze untereinander auszutauschen pflegten: »Enrico. Einmal las Giannini einen Artikel in der ›Rinascita‹, der eine breite Analyse der von ihm gegründeten ›Qualunquismo‹-Bewegung[20] wiedergab, und sagte: ›Jesus, all diese Sachen habe ich gemacht.‹ Denkst Du auch manchmal dasselbe über den historischen Kompromiss?« Nach einer kurzen Reflexion schrieb er die Antwort mit seiner ausgeprägten und kantigen Schrift nieder: »Das Durcheinander an Interpretationen und Auslegungen des historischen Kompromisses hatte und hat viele Nachteile. Aber die Kraft dieser Formel lag und liegt auch in dem Umstand, dass jeder ihn auf seine Weise interpretiert.«[21]

Aber jetzt ist er aufgebracht wegen der Verdrehungen, die seines Erachtens dazu passiert sind. »Obwohl ich unzählige Male den Sinn dieser Formel dargestellt und erklärt habe, ist sie bei den großen Massen auf eine verfälschte, verkümmerte, verzerrte Art und Weise angekommen«, sagt Berlinguer in seiner Antwort auf acht Fragen, die ihm Alberto Moravia für die Zeitschrift »Nuovi Argomenti« stellt.[22] Die hauptsächliche Verdrehung besteht für Berlinguer darin, den historischen Kompromiss als ein gegenseitiges Machtabkommen mit der DC präsentiert zu haben. Jetzt will der Generalsekretär noch mehr als in den vorangegangenen Jahren auf Distanz zur DC und zur neoliberalen Richtungsentscheidung von De Mita gehen. Und tatsächlich findet sich im Dokument des Parteitages, ein echtes, kleines Büchlein, mit der Definition der Alternative eine neue Politik. Diese ist nicht mehr nur »gegen das System der christdemokratischen Machtausübung« gerichtet, sondern sie ist endlich eine Alternative zur DC an sich.

In dem sich abzeichnenden Duell zwischen den zwei Protagonisten der 1980er-Jahre, Bettino Craxi und Ciriaco De Mita, führt die Richtungsentscheidung von Berlinguer zu einem Zusammenstoß mit dem christdemokratischen Parteiführer und einem – wenn auch vorsichtigen – Dialog mit dem sozialisti-

20 Dt.: »Jedermann-Bewegung«, vgl. dazu Fußnote 23 in Kapitel III (☛ S. 67).

21 Eine Kopie der zwei Karten ist der Autorin von Renzo Trivelli übergeben worden.

22 *Otto risposte a Moravia (Acht Antworten an Moravia)*, in: *Conversazioni con Berlinguer (Gespräche mit Berlinguer)*.

schen Parteiführer. Diese Vorstellung wird sich nach den Parlamentswahlen im darauffolgenden Jahr und nach der Bildung der Regierung Craxis völlig verändern.

In dieser Vorbereitungsphase des Parteikongresses scheinen Berlinguers Autorität und seine Fähigkeit, die Einheit der Partei aufrechtzuerhalten, an ihre Grenzen gekommen zu sein. Die Meinungsverschiedenheiten gibt es nicht nur mit Lama und Napolitano. Armando Cossutta, der seine Unzufriedenheit seit dem »Riss« (*lo strappo*) nicht verheimlichte, schlägt schwerwiegende Änderungen auf dem Gebiet der internationalen Politik vor. In der Parteizentrale geht neuerlich der Verdacht um, dass bereits die Reihen im Hinblick auf eine zukünftige, von der UdSSR gesteuerte Spaltung gezählt wurden. Aber die von Cossutta vorgeschlagenen Änderungen bekommen nur bescheidene Zustimmung, und der befürchtete Riss in der Struktur der Partei erweist sich als von bescheidener Größe. Das ist der definitive Beweis dafür, dass sich die Partei in den Jahren von Berlinguer veränderte und dass sie auf dem Weg viele der alten Mythen zurückließ.

Der Protest von Ingrao, dem lebenden Symbol der Häresie und der Meinungsverschiedenheiten, gewinnt an Boden, wenngleich er sich inzwischen dem Generalsekretär wieder annähert. Wie schon seit Längerem fordert Ingrao mehr Demokratie im Leben der Partei: im Großen und Ganzen das Ende des demokratischen Zentralismus. Er fordert auch, dass die Parteispitze erklärt, wie sie zu ihren Entscheidungen kommt, und dass die Unterschiedlichkeit an Meinungen öffentlich gemacht wird. Die Änderungsanträge von Ingrao bezüglich der eingeforderten »Transparenz« – ein Begriff, mit dessen Bedeutung Ingrao seiner Zeit voraus ist – erhalten auf der Sitzung des Zentralkomitees nur wenige Stimmen, in der Peripherie der Partei erreichen sie praktisch überall eine große Mehrheit. Getragen von dieser Protestwelle entscheiden mehrere lokale Parteikongresse, dass die Führungsorgane in geheimer Wahl gewählt werden sollen, eine große Neuheit in einer Partei, in der ein großer Teil der Nominierungen immer per Kooptation stattgefunden haben. Berlinguer verfolgt mit einiger Besorgnis das Ergebnis der Wahl, bei der einige bekannte Parteiführer in Mailand und Rom abgewählt werden. Er ist etwas beunruhigt auch in Bezug auf sich selbst (er ist ein Delegierter in Turin). Aber als Bestätigung seiner Popularität innerhalb des kommunistischen Parteivolks erhält er die meisten Stimmen. Anstatt zu sinken, wächst seine Popularität in der Partei nach wie vor.

Auch in diesem Ereignis sieht Berlinguer eine neue Generation heranwachsen, ohne Respekt für alte Regeln, begeistert für neue Dinge, unentschieden über die Zukunft. Sie werden Postkommunisten genannt.

»Berlinguer hat es geschafft«

Die Aufmerksamkeit, die Berlinguer schon seit Längerem den sozialen Bewegungen widmete, findet in der Wirklichkeit eine neue Bestätigung. Zwischen Sommer 1981 und Sommer 1982 wachsen in Europa die Friedensbewegungen stürmisch an, vor allem in den Ländern, die durch die Ankunft der Pershing- und Cruise-Missile-Mittelstreckenraketen bedroht sind. Diese will die NATO als Ausgleich für die SS 20 Raketen der UdSSR aufstellen. Innerhalb einiger Monate entwickeln sich in Europa einige bisher unbekannte Initiativen: von Menschenketten des Komitees für nukleare Abrüstung über Hunderttausende junge Menschen im Bonner Hofgarten, die mit Zustimmung von Willy Brandt in offener Ablehnung der Politik von Kanzler Schmidt demonstrieren, bis hin zur riesigen Demonstration in Brüssel, der größten in der Nachkriegszeit, und auch jener in Rom. Das sind Proteste eines neuen Typs, die neben der Abrüstung auch für die Gewaltlosigkeit, die Kriegsdienstverweigerung sowie den Kampf gegen den Hunger und die Unterentwicklung eintreten. Auch dank dieser eindrucksvollen Bewegungen kommt es in Genf zu Gesprächen zwischen der USA und der UdSSR, die aber keine großen konkreten Resultate erbringen.[23]

In diesem Klima entsteht die innovatorische Rede, die Berlinguer in Mailand auf dem XVI. Parteikongress halten wird. Bei deren Vorbereitung ist er angespannter denn je. Er hat keinen politischen Sieg errungen, die Partei ist gespalten und aufgewühlt. In seinem Bericht nimmt der Kampf für den Frieden einen großen Platz ein, ebenso die sehr klare Weigerung, sich weder mit den USA noch mit der UdSSR und deren Machtpolitik und dem nicht vorhandenen Respekt gegenüber der Autonomie der Völker zu verbünden, wie es sich jüngst in Polen und in Afghanistan auf dramatische Weise zeigte.

Berlinguer reiht die KPI in die Länder der Blockfreien und eben auch in die Bewegungen für den Frieden ein und bringt den Willen zum Ausdruck, neue Wege für eine ausgeglichene Entwicklung in der Welt zu suchen. In einer von Utopien geprägten Sprache legt er »eine vollständige und effektive Demokratie« dar, »damit Freiheit auch zur Befreiung wird, sodass jede Form von Diskriminierung durch Zugang zu Wissen und Kultur ein Ende hat.« Er führt auch einen starken Verweis auf die religiös inspirierten Bewegungen und die Kirchen an, von der calvinistischen, anglikanischen und lutherischen bis hin zur katholischen, in welcher der Papst selbst die »Immoralität des Rüstungswettlaufs« angeprangert hat, »welcher ungeheuerliche Todesinstrumente mit sich bringt«.

---

23 Antonio Rubbi: *Il mondo di Berlinguer* (*Die Welt des Berlinguer*), Roma 1994.

Mit dem Christentum, sagt Berlinguer, »sind neue objektive Bedingungen geschaffen worden, die eine Begegnung auf der Basis tiefgehender Grundlagen, eine gegenseitige Anerkennung von Werten heranreifen hat lassen.« Wie so oft liefert er auch dazu ein konkretes Beispiel, indem er sich an der Seite von sanftmütigen Franziskanerpatres fotografieren lässt, die Reagan und Andropow vorgeschlagen hatten, sich in Assisi zu treffen.

Der Generalsekretär vergisst dabei nicht die konkrete Politik und unternimmt einige Operationen des Ausgleichs, indem er viel Aufmerksamkeit auf das von Ingrao vorgetragene Bedürfnis nach interner Demokratie und Transparenz legt. Auch die Öffnung gegenüber Napolitano ist bedeutend. Wie Napolitano selbst erinnerte, »bedeutete dieser Parteikongress eine teilweise Beilegung unserer Auseinandersetzungen. Die Idee von der Alternative und die Beziehungen mit der PSI waren in realistischen Termini formuliert worden, auch akzeptabel für diejenigen, wie mich, die in der vorangegangenen Periode Meinungsverschiedenheiten hatten.«[24] In der Tat wurde der Dialog mit den Sozialisten zu einem weiteren Thema der Tagesordnung.

Die Polemik richtet sich sowohl gegen De Mita, der den Parteikongress besuchte, ohne auch nur das Wort zu ergreifen, als auch gegen die Regierung Fanfani und ihre »Strenge ohne Gleichheit«. Craxi hingegen hält eine Rede, in der er sich sensibel für die Themen zeigt, die dem kommunistischen Generalsekretär wichtig sind: die Raketen und die Sorge wegen der neokonservativen Welle. In seiner Erwiderung unterstreicht Enrico, dass »die Spannungen zwischen uns und den Sozialisten den Kräften der Rechten und der DC in die Hände spielt.« Aber im Gegensatz zur ausländischen Presse scheint die italienische Presse diese Bemerkung nicht wahrzunehmen. Insgesamt aber endet der Parteikongress, der auf so problematische Weise begann, besser als vorhergesehen.

»Berlinguer hat es geschafft«, kommentieren die Beobachter. Bei den Abstimmungen bleibt nur Cossutta in Opposition. In das Sekretariat treten zwei Männer ein, die Berlinguer sehr nahestehen – Ugo Pecchioli als Koordinator und Aldo Tortorella, zum Ausgleich für Renato Zangheri, den Ex-Bürgermeister von Bologna und den unbesiegbaren Pajetta. Nach einigen Monaten wird auch Achille Occhetto ins Sekretariat berufen. Auch in der Parteiführung, zu der unter anderem auch der nicht einmal 30-jährige Walter Veltroni (er trat der Partei bei, als er erst sechzehn Jahre alt war)[25] gehört, gibt es dieses Mal

---

24 Giorgio Napolitano, persönliche Mitteilung an die Autorin.

25 Walter Veltroni, nach dem Tod des Generalsekretärs wird er darüber »lange Gedanken« in *La sfida interrota (Die unterbrochene Herausforderung)*, Milano 1994, und in dem Dokumentarfilm *Quando c'era Berlinguer (Als Berlinguer hier war)*, 2014, ausführen.

für Berlinguer eine wohlwollende Mehrheit. Das bedeutet nicht, dass Berlinguer in seinem letzten Jahr nicht mit den härtesten Diskussionen und Protesten seiner gesamten Laufbahn als Generalsekretär konfrontiert sein würde.

Ab jetzt wird er den bedeutendsten Teil seiner Zeit für die Friedensdiplomatie verwenden, die als letzte seiner großen zivilen Leidenschaften erscheint. In einem Interview im Januar 1984 wird er einer Journalistin erklären, die ihn fragt, ob er nicht denke, dass ihn sein großes Engagement zu internationalen Fragen von der internen Politik »ablenke«, dass die kollegialen Leitungsorgane ihre Entscheidungen sehr gut treffen können, auch wenn der Generalsekretär abwesend ist. Das ist eine Antwort, die ihm bis vor kurzer Zeit nicht einmal in den Sinn gekommen wäre.

Mit Bettino in der Villa Togliatti

Einer der Aspekte, die die Öffentlichkeit und die Kommentatoren in Berlinguers letzter Phase am meisten begeisterte, betrifft seine kontrastreichen Beziehungen zu Bettino Craxi. Viel wurde über den auch charakterlichen Unterschied zwischen dem schlichten Enrico und diesem neuen Protagonisten der italienischen Politik geschrieben, der die Nelke anstelle von Hammer und Sichel setzte, das politische Spektakel an die Stelle der Strenge von Analysen. Insbesondere nachdem Craxi Ministerpräsident wird, versuchen mehrere Beobachter glaubhaft die Vorstellung von einem vom Erfolg des Generalsekretärs der PSI besessenen und von einem Drang nach Revanche geplagten Berlinguer zu präsentieren. Aber aus seinen Schriften wie auch aus seinen Aktionen geht ein anderes Bild hervor.

Sicherlich hatte Craxi keinerlei charakterliche Eigenschaften, die Berlinguer gefallen konnten. »Mir scheint, er denkt nur an die Macht«, kommentierte er einmal fast mit Erstaunen nach einem Treffen.[26] Aber es gab viele Personen in den römischen Palästen, die ihm nicht gefielen. Das gesamte öffentliche Leben des kommunistischen Generalsekretärs zeigt andererseits, dass in der Politik Sympathie oder Antipathie gegenüber Verbündeten, Gegnern oder selbst gegenüber den eigenen Genossen sein Verhalten nicht bestimmen. Die Personen, auf die er sich stützt oder deren Bündnis er sucht, sind jene, die im Moment denselben Plan verfolgen und für die Linie, die er für die richtige hält, funktional erscheinen. Mit Craxi kommt es kurz nach dem Parteikongress in Frattocchie in der Villa Togliatti zu einem Treffen.

---

26 *Berlinguer, un idea (Berlinguer, eine Vorstellung)*, Anhang zu Panorama, Nr. 949, 25. August 1984.

Nach mehreren vorbereitenden Kontakten treffen sich die beiden Parteiführer in einem Klima der Erwartung und des Geheimnisses, das die Zeitungen von einer Wende in den Beziehungen der Linken, von einem Beginn des Prozesses der Alternative sprechen lässt. In der Tat scheint die Erklärung, die am Tag nach ihrem Treffen veröffentlicht wird, eine neue Aktionseinheit zwischen den beiden Parteien zu skizzieren. Es wird die Solidarität mit den Gewerkschaften unterstrichen, es wird der Wille bestätigt, die Bildung von linken Lokalregierungen überall dorthin auszudehnen, wo es möglich ist. Es gibt auch eine Passage, in der eine gemeinsame Einschätzung zu einem Skandal festgehalten wird, der die »rote« Stadtregierung von Turin erfasst hat und unter den Angeklagten in erster Linie einige sozialistische Verwaltungsbeamte sieht. Im Großen und Ganzen sagt man, dass diejenigen, die Fehler begangen haben, dafür zahlen müssen, aber dass man auch gegenüber den instrumentellen Attacken auf die linken lokalen und regionalen Regierungen wachsam sein müsse.

In Wirklichkeit ist das Treffen in dem Gebäude aus dem frühen 20. Jahrhundert, eingebettet in das Grün eines großen Gartens, das den Namen »Villa Togliatti« wegen der Gewohnheit des alten Generalsekretärs, dort ein paar Tage der Erholung zu verbringen, trägt, alles andere als idyllisch. Wie aus Indiskretionen hervorging, die in der Presse veröffentlicht wurden, gelang es Berlinguer nicht, von seinem Gesprächspartner die Verpflichtung, die ihm am meisten am Herzen lag, zu erhalten, nämlich jene zugunsten der Alternative. Die Sozialisten ihrerseits bekommen kein grünes Licht für vorgezogene Parlamentswahlen, auch wenn diese später das Gegenteil behaupten werden, was von den Kommunisten jedoch umgehend dementiert wird.

Einige Wochen nach dem Treffen in Frattocchie erhält Enrico einen Anruf von Craxi, der ihm unerwarteterweise den Rückzug der sozialistischen Minister aus der Regierung ankündigt. Die Wahlkampagne findet also im Zeichen eines Waffenstillstands zwischen den beiden Parteien der Linken statt, deren Attacken sich auf die DC und De Mita konzentrieren. Berlinguer hofft bis zuletzt, Bettino davon zu überzeugen, sich für die Alternative zu verpflichten. In einem Fernsehinterview beschreibt er ihn als »einen guten Pokerspieler«. Er weiß nicht, dass dieses Kompliment sehr bald auf ihn selbst zurückfallen wird.

Der »Geist von Frattocchie«, vorausgesetzt, er hätte jemals real existiert, löst sich eine Woche vor den Wahlen in Luft auf, als Craxi plötzlich der DC ein großes Bündnis vorschlägt. Die Bedingungen dafür sind der Posten des Ministerpräsidenten für die Sozialisten und ein dreijähriger Vertrag, »wie ihn jeder ernst zu nehmende Professionelle fordern würde.« Bettinos Plan, Ministerpräsident zu werden, hat dieses Mal den richtigen Ansprechpartner gefunden.

Was die Beziehungen mit Craxi betrifft, ist dies der Moment, der Berlinguer am meisten verärgert, weil er sich als Spieler benutzt fühlt. Einige glauben Anzeichen seiner Irritation in Berlinguers Misstrauensrede gegenüber der neuen Regierung zu lesen, die er vor der Abgeordnetenkammer hält. Nach der aufsehenerregenden Niederlage von De Mita (die DC erreichte weniger als 33 Prozent der Stimmen, nur 3 Prozentpunkte mehr als die Kommunisten, und fiel damit auf einen historischen Tiefststand) gelingt es Craxi tatsächlich, Ministerpräsident zu werden, auch wenn er sich nicht des großen Wahlerfolges rühmen kann, den er erwartete. Darüber hinaus ist Berlinguers Rede nicht ausschließlich feindselig gestimmt. Wenn auch das Urteil einer »neozentristischen« Formation, mit dem die neue Regierung gebrandmarkt wird, einer Ohrfeige gleichkommt, erkennt Berlinguer die Neuheit der ersten Ministerpräsidentschaft an, die der PSI (»deren Geschichte so eng mit der unserer Partei verwoben ist«) anvertraut wurde. Aber die Rede enthält auch die Vorhersage, dass Craxi im Sitz des Ministerpräsidenten ein »Gefangener« der DC und ihres konservativen Programms sein wird.

Die Kritik, die Berlinguer am neuen Ministerpräsidenten übt und die neben Craxis Entourage selbst die politische Welt am meisten erstaunt, ist jene, wonach Craxi den Frauen keine Aufmerksamkeit widmete. »Die Leere, die es im Regierungsprogramm zur Frauenfrage gibt, ist schon an sich eine Bestätigung für eine nicht moderne, nicht auf Erneuerung ausgerichtete Haltung, eine Bestätigung für einen Mangel an Willen zum Wandel«, sagt der kommunistische Generalsekretär, womit er mit dieser Passage neuerlich demonstriert, wie weit seine Perspektive einmal mehr von der römischen Politik entfernt ist. Und in der Tat ringen viele in den Fluren der Abgeordnetenkammer um die verborgene Bedeutung einer Aussage, die in ihren Ohren unverständlich klingt.

Der Käfig

Die Ministerpräsidentschaft Craxis entfernt die KPI weit von jedem Plan der Alternative. Sehr bald müssen die unterschiedlichen kommunistischen Seelen eine bittere Überraschung zur Kenntnis nehmen. Zum ersten Mal in der Geschichte der Republik stellt Craxi die Opposition der Linken mit jener der Neofaschisten auf dieselbe Ebene, was nicht einmal Tambroni wagte. Hinter dieser Einschätzung steht eine Unduldsamkeit, die seit längerer Zeit auch in einigen Kreisen der Linken gegenüber dem Begriff des Verfassungsbogens zirkulierte. Von diesem waren seit 1945 und später deren Erben ausgeschlossen. Für die KPI ist diese Veränderung von riesiger Bedeutung. Die »kommunistische

Frage« wird von den Regierungsparteien als eine Form von historischem Relikt, als eine der Ursachen für die nationale Rückständigkeit präsentiert. Und die Andersartigkeit der KPI, die von Berlinguer so stolz präsentiert wurde, wird jetzt gegen ihn verwendet, sie wird zum Synonym für Unzuverlässigkeit und Gefahr.

Unter denen, die über den immer offensichtlicher werdenden Bruch zwischen den beiden Parteien der Linken am meisten besorgt sind, ist Präsident Sandro Pertini, der die Treffen mit Berlinguer intensiviert. In den Palästen der Politik munkelt man, dass Pertini sich immer mehr mit Berlinguer als mit Craxi in Einklang befinde. In den Gesprächen im Präsidentenpalast oder in der Residenz Antonio Maccanicos[27] versucht der alte Präsident, die Gegensätze zu entdramatisieren. »Es muss mir gelingen, die beiden Parteien der Arbeiterbewegung gemeinsam in die Regierung zu bringen. Das ist meine Ambition. Das muss die Krönung meiner Präsidentschaft werden«, wiederholt er oft. Aber diese Aussicht scheint immer weiter in die Ferne zu rücken, je klarer die Bedingungen werden, die De Mita Craxi dafür stellte, die Ministerpräsidentschaft an Craxi zu übertragen: Einschnitt in die »Scala mobile«, die in den vergangenen Monaten nur eingefroren worden war, und die Installation der Mittelstreckenraketen in Comiso auf Sizilien. Laut Berlinguer sind das die zwei Fragen, mit denen die Linke ihr Image und ihre Glaubwürdigkeit aufs Spiel setzt.

27 Antonio Maccanico (1924–2013), Generalsekretär des Präsidenten der Republik (1978–1987), darüber hinaus mehrmals Minister und Mitglied der Abgeordnetenkammer und des Senates, in mehreren Parteien aktiv (1942–1994: Aktionspartei, KPI, Republikanische Partei, 1994–2007: Union der Demokratie, Partei der Demokratischen Linken, Demokratische Partei, Demokratie).

XXIV.
Ideen für die Zukunft

»Abgeordneter Berlinguer, was bewegt Sie zu diesen ständigen Reisen von einer Hauptstadt zur anderen?« »Zunächst einmal die Überzeugung, dass die Gefahr eines Krieges schwerwiegender geworden ist. Aber auch die Überzeugung, dass dieses schreckliche Risiko vermieden werden kann und dass es notwendig ist, dass dazu jeder den Beitrag leistet, der ihm möglich ist. Deshalb versuche ich zu handeln. Ich bin mir der Grenzen unserer Möglichkeiten bewusst. Und doch bin ich genauso entschlossen, das zu tun, was ich kann.« Dieses Interview gibt Berlinguer im Februar 1984. Seit mehreren Monaten widmet er sich überwiegend Fragen des Friedens. Wenn die letzte Auseinandersetzung, die sein Leben charakterisiert, die Kürzung der »Scala mobile«, ein rein inneritalienisches Ereignis ist, so bringt ihn der Einsatz für den Stopp des atomaren Rüstungswettlaufes in der letzten Periode seines Lebens einmal mehr zurück auf die internationale Bühne. Seine diplomatischen Initiativen bei den progressiven Parteien und den blockfreien Ländern sowie seine leidenschaftlichen Reden im Europäischen und italienischen Parlament betreffen nicht nur das konkrete Vorhaben der Installation der Pershing- und Cruise-Missile-Raketen in Europa. Wie viele Menschen in Italien und im Ausland durch seinen Tod begreifen werden, bemüht sich der Generalsekretär der KPI, ein zentrales Thema seiner Zeit, den atomaren Holocaust, aus einer breiteren Perspektive als der eines Parteiführers und fernab von parteipolitischen Entscheidungen anzusprechen. Sein Vorschlag eines dritten Weges, dessen konkrete Ausgestaltung in der Innenpolitik kaum Platz findet, gewinnt auf internationaler Ebene an Boden.

Nachdem Berlinguer mit dem »Riss« (*lo strappo*) und der nachfolgenden Politik das Problem der »Nähe« zur UdSSR angepackt hat, wird er nicht müde, auf allen Rednertribünen zu behaupten, dass sich die zwei Supermächte auf demselben Niveau befinden, eben weil sie Supermächte sind und weil sie über Atomwaffen verfügen. Den anderen Staaten bleibt aber, auch innerhalb ihrer jeweiligen politischen Ausrichtungen, die sehr wichtige Waffe des Dialogs und der Verhandlungen. Und darüber hinaus auch eine weitere große Waffe: die »Diplomatie der Völker«,[1] welche die sensibelsten Kräfte der verschiedenen Länder in Gang setzt.

---

1 Enrico Berlinguer: *Universalismo del movimento per la pace* (*Universalismus der Friedensbewegung*), in: L'Unità, 11. Oktober 1983.

In einem seiner besten Interviews – »Dem Jahr 2000 entgegengehend« –, für das Orwells Buch *1984* der Anlass ist, äußert Enrico seine vertrauensvoll in die Zukunft blickende Vision und behauptet, dass er die totale Abrüstung für realisierbar hält und es notwendig sei, bei den großen Fragen mit der »Utopie der langen Zeithorizonte«[2] zu arbeiten. Er weist den mit der Jahrtausendwende verbundenen Pessimismus, den ihm so viele ständig zuschreiben werden, zurück und stellt fest, dass es in der Gegenwart nicht nur Angst und Beklemmung in Bezug auf die Zukunft gibt, sondern auch »den Willen von Millionen Menschen, es nicht zuzulassen, dass die fundamentalen Fragen ihres Lebens durch andere entschieden werden«. Und wenn unsere Epoche, wie alle Perioden des Wandels, einen Niedergang an Kreativität und Werten mit sich bringen kann, bringt sie allerdings auch »neue Energien, Erkenntnisse, Kräfte« ins Spiel. Also ist laut Berlinguer die von Orwell vorhergesagte Niederlage sicherlich nicht unvermeidlich.[3]

Ziemlich beeindruckend ist Enricos Fähigkeit, die Zukunft vorherzusehen, die er in Bezug auf die digitale Revolution unter Beweis stellt – er, der seine Artikel und seine Reden noch immer selbst mit der Hand schreibt. Die neuen Informationstechnologien können das Feld des Wissens stark erweitern, sie können das Leben der Menschen bereichern. Aber »eine elektronische Demokratie«, die das demokratische Leben ersetzen will, sei unannehmbar, stellt er fest, als würde er damit unsere Gegenwart vorausahnen. »Niemandem wird es jemals gelingen, die natürliche Tendenz des Menschen, miteinander zu diskutieren, sich zu vereinigen, sich zu verbünden, zu unterdrücken.«

In der gesamten Angelegenheit rund um die Installation der Mittelstreckenraketen in Europa bewegt sich Berlinguer entlang der »Utopie der langen Zeithorizonte«. Die Beziehungen zwischen USA und UdSSR brechen 1983 zusammen. Im März kündigt Reagan den Weltraumschutzschirm an, der im Kreml die Alarmglocken schrillen lässt. Unfälle wie der Abschuss eines koreanischen Flugzeugs durch die Sowjetunion oder die Invasion in Grenada durch die USA lassen die Spannungen weiter bis zum Äußersten ansteigen. In Europa spitzt sich die Lage rund um die Mittelstreckenraketen zu, deren Installation in Deutschland und in Italien umgesetzt wurde. Die Sowjets drohen, die in Genf laufenden Verhandlungen zur Abrüstung sofort abzubrechen. Berlinguer kämpft mit aller Kraft gegen diese Aussicht. Am 10. Oktober 1983 teilt er auf einem

2 Ferdinando Adornato: *Verso il Duemila (Dem Jahr 2000 entgegengehend)*, in: L'Unità, 18. Dezember 1983.

3 Adriano Guerra: *La solitudine di Berlinguer (Die Einsamkeit von Berlinguer)*, Roma 2009.

Friedensmarsch in Assisi zum ersten Mal in seinem Leben die Botschaft eines Heiligen: des »verrückten Franziskus«, der zu seiner Zeit in einer radikalen Auseinandersetzung mit der Kirchenhierarchie »die Angemessenheit« des Krieges und der Kreuzzüge sowie die Unterscheidung zwischen »gerechten Kriegen« und »ungerechten Kriegen« infrage stellen konnte.

In Italien stehen bei den großen Friedensdemonstrationen die Kommunisten in der ersten Reihe, in anderen Ländern jedoch sind es Christen und Sozialisten, welche die Protestumzüge anführen. Eben in diesen Tagen stimmt der Parteikongress der SPD praktisch einstimmig gegen die Installierung der Pershingraketen. Trotzdem wird Berlinguer oft als isoliert und überheblich dargestellt, auch innerhalb der KPI. Auf einem Treffen der Parteiführung antwortet er denen, die ihn fragen, wie sich Europa ohne Mittelstreckenraketen verteidigen könne, ohne jede Diplomatie, mit einer Offenheit, die an die Stelle seiner alten Vorsicht getreten ist: »Vielleicht gibt es darin einen Widerspruch. Aber mir scheint der stärkste Widerspruch darin zu bestehen, Kommunist zu sein und sich für Atomwaffen auszusprechen.«[4]

Eine nicht realisierte Reise

Schnell tritt Berlinguers Befürchtung ein. Die deutsche Regierung gibt bekannt, dass ihre Pershing-Mittelstreckenraketen einsatzfähig gemacht werden. Die Sowjets kündigen den Abbruch der Verhandlungen in Genf und die Installation neuer Raketen in Ostdeutschland und in der Tschechoslowakei an. Berlinguer spricht vor der Abgeordnetenkammer und führt dabei die Daten einer Umfrage der Agentur Abacus zu den Verhandlungen in Genf und zu den Mittelstreckenraketen an. Nur 14 Prozent der italienischen Bevölkerung sprechen sich für deren sofortige Installation in Comiso auf Sizilien aus, 31 Prozent für die Aufschiebung der Entscheidung und für weitere Verhandlungen, und die Hälfte der Befragten lehnt die Installation sogar grundsätzlich ab. Aufgrund dieser Zahlen fordert Berlinguer von der Regierung Craxi eine Initiative bei der NATO, um die Einsatzfähigkeit der Mittelstreckenraketen hinauszuschieben, und bei der UdSSR, um mit dem Abbau einiger der bereits installierten Raketen zu beginnen. Auf diese Art und Weise sollen die Verhandlungen in Genf in letzter Minute gerettet werden. Ähnliche Vorschläge werden auch von mehreren sozialdemokratischen Parteien in Europa vorgebracht. Wie ihn

4 Marco Fumagalli, zu dieser Zeit Generalsekretär des FGCI, persönliche Mitteilung an die Autorin.

Berlinguer vor dem Parlament erinnert, war es Craxi selbst, der noch vor seiner Zeit als Ministerpräsident von der Notwendigkeit sprach, die Verhandlungen bis zum Äußersten weiterzuführen. Aber mit De Mita änderten sich viele Dinge. Der Vorschlag des kommunistischen Generalsekretärs wird zurückgewiesen und zu einer einfachen Empfehlung degradiert.

»All diese Ereignisse und Nachrichten sind beängstigend«, sagt Berlinguer auf der Sitzung des Zentralkomitees und weist erneut auf die Notwendigkeit der »Diplomatie der Völker« hin. Er umreißt einen »extremen Vorschlag«: Das ganze Prestige der KPI und ihres Generalsekretärs soll in eine große internationale Initiative investiert werden.[5]

Die Rede vor dem Zentralkomitee hält Berlinguer am 26. November 1983. Zehn Tage später ist er schon auf Reisen in die Länder des Ostens, um zu versuchen, einen Dialog mit dem sowjetischen Block zu eröffnen. Er reist zu einem orthodoxen Partei- und Staatsführer, dem ostdeutschen Honecker, den er von Jugend an kennt, und zu Ceaușescu, der am meisten von den amerikanischen Gegenmaßnahmen betroffen ist. Er fliegt nach Belgrad, das er wegen des Einflusses, den die Jugoslawen unter den neutralen und blockfreien Ländern haben, für wichtig hält, und nach Athen zum sozialistischen Premier Papandreou. Während Berlinguer in Italien oft beschuldigt wird, ein Pazifist durch und durch zu sein, wird er in Ost und West praktisch wie ein Staatschef empfangen. Und die verschiedenen Premiers, die er trifft, zeigen ihre Bereitschaft, vermittelnd tätig zu werden, auch wenn es nicht an Auseinandersetzungen mangelt. Ceaușescu, zum Beispiel, versucht die Gelegenheit zu nutzen, um den italienischen Generalsekretär eine gemeinsame Erklärung unterschreiben zu lassen, die ihn wieder auf die internationale Bühne zurückbringt. Ugo Baduel, der Berlinguer auf all seinen letzten Reisen begleitete, erinnert: »Berlinguer wollte die Gründe dafür nicht hören. ›Das, was Ceaușescu im Sinn hatte, hat nichts mit den Motiven unseres Besuches zu tun.‹« Und tatsächlich wird keine gemeinsame Erklärung veröffentlicht.

Die Reise nach Athen am 30. Januar 1984 ist Berlinguers letzte internationale Mission, auch wenn er in den wenigen ihm verbleibenden Monaten seines Lebens noch zwei Mal ins Ausland reisen wird: am 11. Februar 1984 zu Andropows Begräbnisfeierlichkeiten nach Moskau und am 21. März nach Lüttich, um mit einem Treffen mit italienischen Immigranten die Kampagne für die Wahlen zum Europäischen Parlament zu eröffnen. Aber seine diplomatischen Anstrengungen hören nicht auf. Jetzt ist die geplante Reise in die Vereinigten Staaten

5 Barbagallo: *Enrico Berlinguer*, 2006.

das große Projekt. Der Korrespondent der »L'Unità« in New York, Aniello Coppola, wurde schon lange von mehreren amerikanischen Universitäten dazu gedrängt, eine Konferenzrundreise Berlinguers zu organisieren. Aber die Konferenzen genügen nicht. Man will auch politische Treffen, und zwar nicht nur mit Vertretern der demokratischen Opposition (Senator Ted Kennedy ist scheinbar dazu bereit), sondern auch mit Vertretern der im Amt befindlichen Administration. Fast im Geheimen reist Tonino Tatò dazu in die Vereinigten Staaten. Aber die Organisation einer Reise des obersten Repräsentanten der noch immer stärksten kommunistischen Partei im Westen in das Amerika Reagans erweist sich als noch komplizierter als vorhergesehen, und so bleibt der Besuch in der Schwebe.

Ein Zeichen dieser Vorbereitungsarbeiten wird man im September 1984 wahrnehmen, beim Fest der »L'Unità« in Rom, dem ersten landesweiten kommunistischen Festival ohne Berlinguer. An dieser Veranstaltung werden als Neuigkeit auch zahlreiche amerikanische Gäste teilnehmen. Einige von ihnen sind genau die Männer, die der Generalsekretär der KPI getroffen hätte, wenn er seinen alten Traum eines Besuches in den Vereinigten Staaten hätte realisieren können.

Enrico und die Frauen

»Dieses Jahrhundert hat drei große Revolutionen erlebt: die sowjetische und chinesische, die anti-koloniale Bewegung der 1950er-Jahre und die Frauenbewegung.« Jedes Mal, wenn Berlinguer diese Worte wiederholt, blicken ihn viele seiner Genossen mit einer Mischung aus Verblüffung und Misstrauen an, die er in den letzten Jahren seines Lebens oft hervorrufen kann. Seit er in den 1950er-Jahren einen Lobpreis auf Maria Goretti, das heilige Mädchen, ermordet bei der Verteidigung ihrer Jungfräulichkeit, gesungen und sie als ein Beispiel für die Tugendhaftigkeit der jungen italienischen Frauen angepriesen hatte, ist sicherlich viel Wasser den Tiber hinuntergeflossen.

Über lange Zeit hinweg sprachen die Themen des radikalen Feminismus Berlinguer nicht an. Während der gesamten Phase der Ausdehnung der Frauenbewegung betrachtete er die von den Frauen begrüßte Vorstellung von ihrer organisatorischen Eigenständigkeit gegenüber der männlich dominierten Parteiorganisationsstruktur mit Skepsis, ebenso wie die Radikalität einer importierten amerikanischen Kultur, behaftet mit dem Extremismus des Neuen. Seine ziemlich traditionelle Vorstellung der familiären Rollen und Beziehungen halfen dabei nicht. Im Gegensatz zu vielen Persönlichkeiten der Linken lebt

Berlinguer ein einförmiges Leben ohne Trennungen und neue Beziehungen, die es sogar in Togliattis und Longos Leben gab. Für einen Menschen, der keine privaten Unruhephasen kennt, ist diese Revolution, die sich von allen anderen unterschiedet, sicherlich schwer zu verstehen.

In einer ersten Phase ist sein Urteil über den Feminismus streng. »Die Feministinnen haben einen falschen Schützengraben gewählt. Man kann den Mann nicht gegen die Frau stellen«, sagt er 1972 in einem Interview. Noch für eine Weile nimmt er eine traditionell KPI-kommunistische Position ein, welche die Emanzipation der Frauen aufwertet und den Mangel an Gleichstellung als eine der Auswirkungen des Kapitalismus betrachtet. Eine davon unterschiedliche Haltung scheint in einem langen Interview durch, das er 1976 Carla Ravaioli[6] gibt. Darin kritisiert Berlinguer sich selbst (und die KPI), nicht genug für die Frauen getan zu haben, nicht nur auf der Ebene der gesellschaftlichen Kämpfe, sondern auch im Kampf gegen Vorurteile und Diskriminierung, die es auch innerhalb der Partei gibt. Dem Feminismus gegenüber, den er jetzt mit Neugierde betrachtet, ohne ihn aber vollständig zu verstehen, erhebt er jedoch weiterhin den klassischen Einwand: »Wir können keine Ideologie akzeptieren, welche die Dominanz des Mannes gegenüber der Frau als das grundlegende Charakteristikum der gegenwärtigen Gesellschaft identifiziert.«

Der Einwand fällt von selbst, als Berlinguer nach der Wahlniederlage von 1979 nicht nur über die Politik der KPI, sondern auch über seine eigenen theoretischen Positionen neu nachdenkt. Bei seinem Bemühen, inhaltlich neu anzufangen, trifft Berlinguer auf die Frauenbewegung. Fast auf natürliche Art und Weise werden die Frauen bei der »Erneuerung der Politik« und der Auseinandersetzung mit der »moralischen Frage« zu einem ausschlaggebenden Faktor. Konkret beginnt sich der »Feminist« Berlinguer nach der Kampagne zum Referendum über die Abtreibung abzuzeichnen. In diesen Jahren zeigt Enrico ein besonderes Interesse für jene Strömung des Feminismus, die sich mit der Politik auseinandersetzt. Er bittet beispielsweise darum, genauestens über das »doppelte Engagement« informiert zu werden, das sich in der Basis der KPI und der Gewerkschaften ausgebreitet hat. Giglia Tedesco erinnert: »Er war auch sehr beeindruckt von der Rebellion der Frauen von ›Lotta Continua‹,

---

6 Carla Ravaioli: *Le questione femminile. Intervista con il PCI* (*Die Frauenfrage. Interviews mit der KPI*), Milan 1976. In dem Buch wurden neben Berlinguer einige der wichtigsten Parteiführer der KPI zum selben Thema interviewt. Die Position des Generalsekretärs erscheint ohne Zweifel als die offenste. Carla Ravaioli (1923–2014), Journalistin, Essayistin, schrieb für zahlreiche Zeitschriften und Zeitungen, Mitglied des Senates (1979–1983) als Vertreterin der Unabhängigen Linken auf der Liste der KPI.

welche die Unterdrückung durch ihre Genossen anprangerten und sich entschieden hatten, ›Lotta Continua‹ zu verlassen.«[7] Auch die Nachricht, dass zurzeit fast überall auf der Welt Frauenparteien gegründet werden, welche die Vertretung innerhalb einer »Männer«-Partei ablehnen, macht Berlinguer neugierig. Am Vorabend der Parlamentswahlen 1983, als es darum geht, die Wahllisten aufzustellen, macht er Adriana Seroni, Mitglied der Parteiführung, und Lalla Trupia, Verantwortliche für Frauenfragen in der KPI, sprachlos, als er seine Absicht ankündigt, eine wirklich autonome Gruppe aufzustellen, eine Art unabhängige Linke für Frauen. Der Vorschlag zeugt ein wenig vom Enthusiasmus eines Neulings, der die jüngsten Wenden Berlinguers kennzeichnet. Tatsächlich versuchen die zwei Parteiführerinnen, ihm diesen Vorschlag auszureden. Lalla Trupia erinnert: »Als wir ihm sagten, dass dies angesichts der vorherrschenden Mentalität ein allzu großer Sprung sei und auch viele unserer Wählerinnen damit nicht einverstanden seien, war er enttäuscht. ›Schaut, ob ihr etwas Anderes finden könnt, das in diesem Sinne ist. Eine autonome weibliche Vertretung ist etwas tatsächlich Neues, das wir in dieses politische System einführen können.‹«[8] So entsteht ein eigener Koordinationsausschuss der weiblichen kommunistischen Abgeordneten, der innerhalb der KPI auf großen Widerstand stößt. Es ist nicht das, was Berlinguer erreichen wollte, aber es bietet der Frauengruppe dennoch die Möglichkeit, Gesetze und Abänderungsanträge auf autonome Art und Weise vonseiten der Frauengruppe innerhalb der kommunistischen Parlamentsfraktion vorzuschlagen. Das ist die erste formelle Anerkennung einer eigenständigen Rolle der Frauen innerhalb der Institutionen.

Die andere Revolution

»Was ist die Sache, auf Sie am meisten stolz sind?«, fragte die Autorin dieses Buches Enrico Berlinguer im Sommer 1983. Daraufhin zögert der Generalsekretär der KPI sehr lange, fast in einem plötzlichen Anfall von Widerspenstigkeit. Als die Autorin ihm schon die nächste Frage stellen will, entscheidet er sich zu antworten: »Ich sage das nicht, weil ich gerade mit einer Frau spreche (und deshalb habe ich mit der Antwort so lange gezögert), aber ich glaube, dass ich dem eine sehr große Bedeutung beigemessen habe, was ich für die größte Neuheit halte, die in den letzten zehn Jahren in der italienischen Gesellschaft

7 Giglia Tedesco, persönliche Mitteilung an die Autorin.
8 Lalla Trupia, persönliche Mitteilung an die Autorin.

stattgefunden hat: die Entstehung einer Massenbewegung der Frauen.«[9] Vor allem in seiner letzten Phase bringen ihm die kommunistischen Frauen großes Vertrauen und große Sympathie entgegen und betrachten ihn als »ihren« Parteiführer, genau wie es die Jungen aus dem FGCI aufgrund seines Einsatzes für den Frieden tun.

Es sind Jahre, in denen es in der kommunistischen Partei immer mehr gewählte Frauen in den Vertretungsorganen gibt, in denen man sich allen Themen des Feminismus öffnet und in denen die Feste der kommunistischen Frauen zu bedeutenden Treffen werden. Als schwieriger erweist sich das Unterfangen, die Mentalität der von einer strengen männlichen Tradition gekennzeichneten Partei zu verändern. Berlinguer versucht alles zu tun, was ihm möglich ist. Jahre zuvor erinnerte er Carla Ravaioli mit einer gewissen Skepsis daran, dass ein Generalsekretär kein Wundertäter sei. »Was kann ein politischer Führer schon tun? Reden, schreiben, auffordern ...«

Jetzt hat sich Berlinguer geändert. Er spricht von den Frauen als einer »historisch neuen« Kraft, welche »die Unterdrückung von Jahrhunderten abschüttelt« und deshalb eine außerordentliche Fähigkeit zur Erneuerung in sich trägt. Er behauptet, dass »es die Revolution im Westen nur geben kann, wenn sie auch eine weibliche Revolution sein wird, und wenn es keine weibliche Revolution gibt, wird es auch keine Revolution im Westen geben.« Er stellt die Frauen auf dieselbe Stufe wie das Proletariat mit der Behauptung, dass »diese zur Befreiung der gesamten Menschheit beitragen, indem sie sich selbst befreien.« Es scheint lange her zu sein, dass er behauptete, dass die Frauen nur einer der Verbündeten der Arbeiterklasse sein können.

Das Schicksal will es, dass sich Berlinguers letzte große politische Rede an die Frauen richtet, nämlich auf der Konferenz der kommunistischen Frauen im März 1984. Die Konferenz findet in einem neuen Hotel der Sheraton-Kette am Stadtrand von Rom statt. Der Konferenzsaal, mit Spiegeln und Teppichböden ausgestattet, ist so überfüllt von Teilnehmerinnen, dass nicht alle hineinpassen. Sehr viele sitzen auf dem Boden. Das Treffen ist nur schwierig von einer feministischen Versammlung zu unterscheiden, was ein Zeichen dafür ist, wie stark sich die kommunistischen Aktivistinnen der KPI verändert haben. Es gibt starke Spannungen, es gibt den Wunsch, mit dem Widerstand abzurechnen, den die Partei trotz der Anstrengungen des Generalsekretärs zeigt. »Die weibliche Revolution hat vor Kurzem begonnen. Sie hat ihre Höhen und Tiefen gehabt und wird sie weiterhin haben, auf einem unvorhersehbaren Weg,

9 Chiara Valentini: *Le paure di Berlinguer* (*Die Ängste von Berlinguer*), in: Panorama, Juni 1983.

aber sie wird vorankommen«, behauptet Enrico zuversichtlich. Er zitiert den jungen Marx, gemäß dem »man ausgehend von der Beziehung zwischen Mann und Frau jeden Grad an menschlicher Zivilisation beurteilen kann.« Und er schneidet ein entscheidendes Thema der Frauenbewegung, indem er argumentiert, dass die Emanzipation und die Gleichstellung mit den männlichen Errungenschaften nicht genügen, weil »sie nicht vollständig die Befreiung der Frauen realisieren.«

Als Lalla Trupia in ihrem Bericht behauptet, dass die kommunistischen Frauen das männliche Führungsmodell ablehnen, brandet ein sehr langer Applaus auf. Wenige Stunden später wird Trupia dringend in die Parteizentrale zitiert. »Berlinguer sagte zu mir: ›Kannst Du mir erklären, was Du mit dem Satz vom männlichen Führungsmodell sagen wolltest?‹ Ich antwortete ihm, dass ich damit das Desinteresse und die Verschlossenheit vieler Parteiführer der KPI uns gegenüber unterstrichen habe. Daraufhin sagte er: ›Du hast hundertprozentig Recht. Aber musstest Du ›männliches Führungsmodell‹ sagen? Ich bin auch ein Teil des männlichen Modells der kommunistischen Parteiführung, und trotzdem bin ich auf Eurer Seite.‹«[10] Einen Tag später greift Berlinguer in seiner Rede diese terminologische Frage auf: »Für die Schwierigkeiten, die Unzulänglichkeiten, die Widerstände, auf welche die Genossinnen in der Partei treffen, gibt es eine Erklärung: Es ist ein alter und schwerer Rucksack, an dem viele von uns schwer tragen und den man nicht plötzlich loswerden kann. Es braucht dafür eine Anstrengung: eben, weil es den Machismo gibt.«

Die Nacht des Sankt Valentin

Dass Bettino Craxi per Dekret die »Scala mobile« gekürzt hat, erfährt Berlinguer, als er die Nachricht in verblassten Zeichen auf einem alten, lauten Fernschreiber[11] liest, der im sowjetisch eingerichteten Wohnzimmer von Giulietto Chiesa, Korrespondent der »L'Unità« in Moskau, thront. Er war zu den Begräbnisfeierlichkeiten von Andropow in die sowjetische Hauptstadt gekommen und verbringt nun einen entspannten Abend im Haus des Journalisten, zusammen mit D'Alema und Paolo Bufalini. »Ich werde Berlinguers Reaktion niemals vergessen. ›Das ist eine Ungerechtigkeit, eine Präpotenz, eine Anmaßung.‹ Der Abend nimmt eine jähe Wendung. Er wollte über den Fernschreiber die Schlag-

---

10 Lalla Trupia, persönliche Mitteilung an die Autorin.

11 Telegrafiegerät zur Übermittlung von Nachrichten in Schriftform mittels elektrischer Signale, wurde in den 1990er-Jahren nach und nach als Hauptträger fernschriftlicher Kommunikation von Fax, Internet und Mobilfunk abgelöst.

zeile der »L'Unità« für den nächsten Tag sehen. Dann wollte er ins Hotel zurückkehren und sich auf die Abreise nach Italien vorbereiten«, erzählt Massimo D'Alema.[12] Während der gesamten Auseinandersetzung ist für Berlinguer – neben seinem Pflichtbewusstsein gegenüber der Arbeiterklasse – die Überzeugung grundlegend, gegen diese ungerechte und gefährliche Maßnahme kämpfen zu müssen, auch wegen der Art und Weise, wie sie eingeführt wurde. »Wir leben in einer Zeit«, stellte er auf einer Sitzung des Zentralkomitees fest, »in der man behauptet, dass die Arbeiter als Klasse in dem Maße nicht mehr existieren. Aber die Arbeiter, als menschliche Lebewesen, werden weiterhin für jedes Übel verantwortlich gemacht.«[13]

Auch wenn er manchmal als sektiererischer Arbeiterführer dargestellt wurde, ist sich Berlinguer im Gegenteil der Wirklichkeit der technologischen Revolution sehr wohl bewusst. Beispielsweise diskutiert er darüber oft mit Carlo De Benedetti, einem Industriellen, für den er auf persönlicher Ebene eine beträchtliche Sympathie empfindet, auch wenn später ihre Meinungen offensichtlich auseinandergehen. »Wir sprachen über die wirtschaftliche Situation des Landes, über die Veränderungen, die gerade in der produktiven und professionellen Struktur vor sich gingen. Ich bemühte mich, Berlinguer den Wandel verstehen zu lassen, der gerade die Gesellschaft tiefgreifend verändert. Mit geringem Erfolg, wie ich denke«, erzählt Carlo De Benedetti.[14] In der Tat lässt sich Berlinguer in diesen Diskussionen nicht überzeugen, wonach die Arbeiterklasse inzwischen etwas anderes geworden sei. Er akzeptierte, dass ihr Gewicht zurückging, welches allerdings durch die Verbreiterung der arbeitenden Intellektuellen, Techniker und Forscher ausgeglichen wird: Auch sie sind, wie die Arbeiter, eine »Kraft der Veränderung«. Dies argumentiert er zum Beispiel in dem Interview zu Orwell, wobei er hinzufügt, dass auf die KPI und die Gewerkschaften die Aufgabe wartet, in die Prozesse der Restrukturierung einzugreifen, »um zu vermeiden, dass sie einen wilden Charakter annehmen und mit einem Schaden für die Arbeitenden enden.«

Auch über die Art der Verteidigung der Arbeiterklasse gibt es Meinungsverschiedenheiten zwischen Lama und Berlinguer. Seit Craxi Ministerpräsident ist, werden die Gewerkschaftsspitzen oft zu direkten Diskussionen mit der

---

12 D'Alema: *Il movimento del '77 e quelle masse giovanili modernamente emarginate (Die 1977er-Bewegung und die jugendlichen Massen, auf moderne Weise ausgegrenzt)*.

13 Enrico Berlinguer: *La governabilità é fallita. Il PCI con l'italia che reagisce e lotta per costruire l'alternativa (Die Regierbarkeit ist gescheitert. Die KPI mit dem Italien, das reagiert und für den Aufbau einer Alternative kämpft)*, in: L'Unità, 15. April 1982.

14 Carlo De Benedetti, persönliche Mitteilung an die Autorin.

Regierung eingeladen. Diese nehmen solche Ausmaße an, dass die Basis die Gewerkschaftsspitzen beschuldigt, inzwischen Craxis Steigbügelhalter zu sein. Lama erinnert, dass Berlinguer im Gegensatz dazu eine angriffsbereite Gewerkschaft haben wollte, und auch eine, die bereit war, den Bruch der gewerkschaftlichen Einheit aufs Spiel zu setzen.

Die Ereignisse um die »Scala mobile« scheinen die Gegensätze zwischen den beiden politischen Führern etwas abgemildert zu haben. Während die CISL und die UIL die Kürzung der »Scala mobile« um 8 Prozentpunkte akzeptierten, muss die CGIL nach einigem Zögern, angeblich wegen ihres sozialistischen Flügels, ablehnen. Aufgrund des starken Drucks der Arbeiterbasis und aufgrund der außerordentlich großen Mehrheit der Gewerkschaftsführer in der Peripherie, die gegen das Abkommen sind, wäre eine andere Entscheidung wohl schwierig gewesen. Als die CGIL am 14. Februar in der Nacht des Sankt Valentin ablehnte, erließ Craxi in großer Eile ein Dekret, um den nur von den Vertretern der CISL und der UIL unterschrieben Pakt verbindlich zu machen. Einen Tag darauf wird ganz Italien von wütenden Arbeiterprotestumzügen eingenommen, welche die Plätze und Eisenbahnstationen mit einer Wut besetzen, wie man sie schon lange nicht mehr gesehen hat. Auch die nachdrückliche Kampagne der Unternehmer, der Tageszeitungen und der Regierungsparteien gegen das Niveau der Arbeiterlöhne – als ob alle Übel eines Landes in der Krise von den Arbeitern abhängen würden –, trägt zur Verschärfung der Krise bei. Und dies, obwohl das kürzlich von Finanzminister Bruno Visentini veröffentlichte Weißbuch zum Thema Steuerhinterziehung zeigt, dass die Einkommen der abhängig Beschäftigten am meisten besteuert werden, während die Summe der Steuerhinterziehungen im Jahr 1982 70.000 Milliarden Lire[15] betrug.

»Nach Veröffentlichung dieser Daten aus offiziellen Quellen, Kollegen Abgeordnete, scheint mir das Beharren auf dem Fortbestehen des Dekretes an einen obszönen Akt in der Öffentlichkeit zu grenzen«, wird Berlinguer vor der Abgeordnetenkammer sagen, in einem Ton, der weit von seinem Stil entfernt ist.

Nicht nur Berlinguer ist empört, sondern auch Lama und die kommunistische Rechte sind davon überzeugt, dass man sich in die Auseinandersetzung begeben muss. Es ist leicht zu verstehen, dass Bettino Craxi sich für diesen Vorstoß entschied, um mit der CGIL und vor allem mit der KPI abzurechnen. Dabei verfolgte er die Perspektive, die kommunistischen Partei- und Gewerkschaftsorganisationen zu schwächen. Gemäß seiner Einschätzung sollte die Abrechnung einen deutlichen Stimmenzuwachs zugunsten der Partei der

15 Dies entspricht umgerechnet 36,12 Milliarden Euro.

Nelke mit sich bringen. Ein Projekt, dass sich im Übrigen niemals realisieren wird. Trotz der enormen medialen Unterstützung und der offensichtlichen Karrieresucht wird Craxis Partei niemals mehr als 14 Prozent erreichen, solange Berlinguer am Leben ist.

Der Generalsekretär der KPI bringt seine Gedanken auf einer Sitzung des Zentralkomitees zum Ausdruck, die kurz vor dem Dekret des Sankt Valentin einberufen wurde. Der Punkt, auf den er am meisten beharrt, ist derselbe, der ihn vom ersten Moment an in Alarmbereitschaft gesetzt hat, die Bedrohung der Freiheit. Indem die Regierung per Dekret eingegriffen hat, »verletzt sie jene freie Aushandlung zwischen den Sozialparteien, die eine der grundlegenden Prinzipien der Verfassung darstellt.«[16] Der Generalsekretär schließt nicht aus, dass man trotzdem versuchen könne, »die Dynamik der Lohnentwicklung zu dämpfen«. »Bis zuletzt waren weniger traumatische Hypothesen im Spiel«, die aber nicht akzeptiert wurden, stellt Berlinguer fest, weil das Ziel der Regierung nicht ein wirtschaftliches, sondern ein politisches sei: »Die CGIL und die KPI zu schwächen und zu marginalisieren«.

»Hier sind wir«

In einer Rede vor Arbeitern in Rovereto[17] spricht Berlinguer über den Autoritarismus und die Risiken eines Regimes und bezieht sich dabei auf Craxis autoritären Entscheidungsstil, womit er eine Lawine von Schmähungen aus der PSI wohlgesonnen Umfeldern auf sich zieht. Jemand, der ihm nahestand, erinnert sich an seine Sorgen, in gewissen Fällen sogar an seine Beklemmung. Das Dekret von Sankt Valentin bestätigt seine Furcht, aber ihn deshalb als besessenen Mann darzustellen, wie es manche taten, ist völlig unpassend. In seiner letzten Phase, so erinnert sich sein Bruder Giovanni, ist Berlinguer überzeugt, dass die italienische Politik gerade im Morast versinkt und es notwendig sei, neue Felder zu finden, auf denen man sich behaupten kann: den Frieden, die Verteidigung der Schwächsten. Aber auch die moralische Frage und die Verteidigung der Untersuchungskommission zur P2, die Craxi ununterbrochen angreift, sind Auseinandersetzungen, in die Berlinguer Schwung und Aufrichtigkeit einbringt, die praktisch wie ein Vorzeichen des Endes scheinen. Aber gleichzeitig vergisst er

16 Enrico Berlinguer: *Le iniziative dei comunisti per costruire le condizioni dell'alternativa democratica* (*Die Initiativen der Kommunisten, um Bedingungen für eine demokratische Alternative zu schaffen*), in: L'Unità, 21. Februar 1984.

17 Südlich von Trient, nur wenige Kilometer nordöstlich des Gardasees gelegen (heute etwas mehr als 40.000 Einwohner).

nicht, ein Politiker zu sein. Noch im Mai, im Moment der heftigsten Auseinandersetzung um die »Scala mobile«, äußert er beispielsweise Worte der Wertschätzung für Craxi, der in Lissabon von neuen Verhandlungen zwischen den Supermächten sprach. Und nach seiner Rückkehr von den Reisen quer durch Europa geht er zu Craxi, um dem Ministerpräsidenten davon zu berichten.

In der Schlacht gegen das Dekret, zumindest in der ersten Phase der parlamentarischen Obstruktion, hat Berlinguer die Unterstützung seiner gesamten Partei. Giorgio Napolitano erinnert sich: »Er war der erste, der sofort nach Bekanntwerden der Nachricht des Dekretes ankündigte, dass wir bis zum Äußersten dagegen ankämpfen werden.« Die Woche der Obstruktion in der Abgeordnetenkammer, von Craxi als »schwarze Woche in der Geschichte der Republik« bezeichnet, zeigt eine geschlossene KPI, wie man sie schon seit Langem nicht mehr gesehen hat. Die Taktik der Obstruktion wird eingesetzt, um das Dekret mit einem Verfall der Fristen zum Fall zu bringen. Alle kommunistischen Abgeordneten tragen ohne Ausnahme lange Reden vor, wie es seit den Zeiten des Betrugsgesetzes nicht mehr getan wurde. Berlinguer ist praktisch immer anwesend. Edda Fagni,[18] die in der Abgeordnetenkammer neben ihm saß, berichtet: »Er blieb dort auch bis zwei oder drei Uhr in der Nacht. Oft schien er mir in seinem Abgeordnetensessel gelangweilt, fast verschlossen in sich selbst. In diesen Tagen war er jedoch leidenschaftlich und bereit, sich zu empören, wenn jemand versuchte, unsere Arbeit mit ironischen Witzen zu entwerten.«[19]

Kurz zuvor wohnte Berlinguer mit Genugtuung einer riesigen Arbeiterdemonstration bei, einer Million Menschen, die gegen das Dekret und gegen Craxi durch die Straßen von Rom zogen. Als Generalsekretär konnte Berlinguer nicht direkt am Protestmarsch teilnehmen. Aber er wollte selbst unter die Leute gehen und dabei von einem Gehsteig hinter der Kirche Santa Maria Maggiore[20] aus beobachten, wie sich die unendlich lange Menschenschlange vorwärtsbewegt. Seine Mitarbeiter rieten ihm dazu und erinnerten ihn daran, dass Enrico ein Jahr zuvor in Turin auf der Demonstration der Metallmechaniker seine vorbeiziehenden Arbeiter von einer Ecke aus, auf der Piazza Castello,

---

18 Edda Fagni (1927–1996), Mitglied der Abgeordnetenkammer (1983–1992), zunächst für die KPI, nach deren Auflösung für die »proletarische Demokratie« (DP), Mitglied des Senates (1992–1996) für die »Rifondazione Partito Comunista« (»Neugründung der kommunistischen Partei«), jener Teil der KPI, der mit der Transformation der KPI nach deren Auflösung 1991 in die »Demokratischen Partei der Linken« nicht einverstanden war.

19 Edda Fagni, persönliche Mitteilung an die Autorin.

20 Die größte Marienkirche Roms, liegt auf dem Esquilin-Hügel. Papst Franziskus begibt sich vor und nach jeder Auslandsreise zu der von ihm geschätzten Marienikone in dieser Kirche, um dort für das Gelingen der Reise zu beten bzw. zu danken.

sehen wollte. Aber sobald sich die Nachricht seiner Anwesenheit verbreitete, musste ihn der Ordnungsdienst in Sicherheit bringen. Der Generalsekretär riskierte, von der Begeisterung der Massen überwältigt zu werden. »Wer weiß, ob De Mita so viele Leute trifft«, fragte ihn einer der Journalisten, die beim Rückzug von Berlinguer anwesend waren, Giampaolo Pansa. »Sicherlich nicht die Arbeiter ...«, antwortete Berlinguer lächelnd.

In Rom kommt es zu keinen Zusammenstößen. Von diesem Tag – einem glücklichen Tag für Berlinguer, da er sozusagen eine Entschädigung für die Bitterkeit liefert, die durch den Protestumzug der Metallarbeiter zur Zeit der »nationalen Solidarität« verursacht wurde – bleibt ein berühmtes Foto in Erinnerung. Der Generalsekretär zeigt die Extraausgabe der »L'Unità« mit dem Titel in riesengroßen Buchstaben: »Hier sind wir«, und lächelt verlegen. Für das Volk der Linken wird dieses Foto praktisch zu einem Symbol.

Wird Craxi stürzen?

In dieser Situation der Auseinandersetzung, wie Italien sie schon seit Langem nicht mehr erlebt hat, besucht Berlinguer zusammen mit Chiaromonte den sozialistischen Parteikongress, der in Verona stattfindet. Er wird unter Pfiffen empfangen und von den Delegierten, die ihm »Verräter, Hanswurst, Vollidiot« entgegenschreien, zumindest in Teilen auf organisierte Art und Weise beschimpft. Berlinguer bleibt sitzen, unbewegt, hört sich die Reden an und wird in stoischer Ruhe auch am nächsten Tag zurückkommen. »Wenn ich pfeifen könnte, hätte auch ich gepfiffen«, lautet Craxis arroganter Kommentar. Damit nicht genug, auch mehrere Zeitungen greifen den kommunistischen Generalsekretär an. Einige Vordenker zeichnen von ihm das Bild als einen gefährlichen Aufständischen. Wenn Berlinguer verbittert ist, so gelingt es ihm, dies nicht zu zeigen. »Es hat ihm eine große Freude bereitet, dass nach den Pfiffen viele sozialistische Delegierte zu ihm kamen, ihm die Hand reichten und ihn um Entschuldigung baten«, erinnert Minucci. Was man damals nicht wissen konnte: Sandro Pertini, der sozialistische Präsident der Republik, schrieb Bettino Craxi nach 20 Tagen des Überlegens einen vertraulichen Brief, in trockener und verdrossener Form, der erst 2008 unter seinen Unterlagen auftauchte: »Nein, lieber Bettino, ich hätte auf dem Parteikongress in Verona nicht gepfiffen (obwohl ich pfeifen kann)«.[21]

---

21 Marzio Breda: *Caro Bettino, che errore quei fischi* (*Lieber Bettino, welch ein Fehler, diese Pfiffe*), in: Corriere della Sera, 11. Juni 2008.

Es sollte daran erinnert werden, dass Craxi in diesen Tagen wegen eines Dokuments besonders nervös war, das von der Vorsitzenden der P2-Untersuchungskommission, Tina Anselmi,[22] veröffentlicht wurde und den Finanzminister und Generalsekretär der sozialdemokratischen Partei (PSDI), Pietro Longo, als Mitglied der P2 ausweist und ihn zusammen mit zwei weiteren Ministern seiner Partei zum Rücktritt zwingt. Craxi, der auch schon vorher in Bezug auf P2 sehr kühl blieb, attackiert Anselmi umgehend und lehnt den Rücktritt von Longo ab. Dabei ignoriert er den Umstand, dass dies gar nicht in seinem Machtbereich liegt. Wie später Tonino Maccanino, der Generalsekretär im Präsidentenpalast, enthüllt, wusch ein wütender Pertini Craxi den Kopf und zwang ihn zu einer peinlichen Richtigstellung.[23]

Inzwischen wird in der Schlacht um die Kürzung der »Scala mobile« ein Teilerfolg errungen. Die Frist für das Dekret verstreicht, aber die Regierung präsentiert sofort ein neues Dekret, das jedoch im Prinzip dieselben Einwände hervorruft wie das erste. Aber jetzt tritt die KPI nicht mehr so geschlossen auf. Der rechte Flügel will die Obstruktion nicht mehr fortsetzen, und auch Lama ist dagegen, besorgt wegen der Meinungsunterschiede zwischen den Kommunisten und Sozialisten in seiner Gewerkschaft CGIL. Berlinguer hingegen ist der Meinung, dass man sich nach so einer harten Opposition nicht einfach zurückziehen könne und dass man mit einem siegreichen Bild aus dem Kampf hervorgehen muss.

Am 5. Juni, zwei Tage vor der Wahlversammlung in Padua, findet die letzte Sitzung der Parteiführung statt, an der Berlinguer teilnimmt. Der Generalsekretär bringt die Idee vor, am Ende der parlamentarischen Behandlung des Dekretes zur »Scala mobile« ein aufhebendes Referendum vorzuschlagen, »auch um deutlich das Gefühl zu vermitteln, dass wir alles taten, was möglich war.« Die Meinungen dazu sind gemischt. Chiaromonte hält den Vorschlag für eine gute Sache, so auch Natta, Barca, Macaluso und weitere. Pajetta und Iotti sind dagegen, ebenso Lama und generell der rechte Flügel. Napolitano, der nicht in der Hauptstadt weilte, kam zur Sitzung, als diese schon längst begonnen hatte,

---

22 Tina Anselmi (1927–2016), DC-Politikerin, erste Frau, die in einer italienischen Regierung ein Ministeramt innehatte, Mitglied der Abgeordnetenkammer (1968–1992), Vorsitzende der parlamentarischen Untersuchungskommission zur P2 (Dezember 1981 bis Juli 1987), »[...] schaffte es auf ihre unbeugsame Art, die Loge von Licio Gelli als heimliche Kommandozentrale der Italienischen Republik zu entlarven. Dabei schonte die bekennende Katholikin weder Parteifreunde noch politische Gegner« (Der Spiegel, Nr. 45/2016, S. 141).

23 Chiara Valentini: *E Craxi ebbe un'idea, via Berlinguer (Und Craxi hatte eine Idee, durch Berlinguer)*, in: L'Espresso, 14. Februar 2002.

und versuchte, sich dem Generalsekretär entgegenzustellen. Es ist ihre letzte Auseinandersetzung. »Ich habe einen Antrag auf Aufschiebung gestellt, um eine umgehende Entscheidung zu vermeiden, aber Berlinguer blieb sehr, sehr hart. Wahrscheinlich dachte er, dass uns die Entscheidung für ein Referendum bei den Europawahlen helfen würde, die ja nur wenig später stattfinden sollten«, erinnert sich Napolitano.[24]

Die Kampagne für die Europawahlen, die sich mit den letzten Ereignissen zur »Scala mobile« und mit der Auseinandersetzung über die P2 vermischte, markiert das Ende von Berlinguers Leben. Minucci erinnert: »In diesen Wochen hat er sich noch mehr als sonst üblich engagiert. Er war der Ansicht, dass die Stimmen bei den Europawahlen sehr wichtig sein würden, weil sie in zweifacher Hinsicht bedeutend waren: für das Parlament in Straßburg und für Italien.« Tatsächlich schien es der Regierung bestimmt zu sein, unmittelbar nach den Europawahlen zu stürzen, als Folge wütender Auseinandersetzungen zwischen den verschiedenen Regierungsparteien (Craxi hatte in der Zwischenzeit einen Brief aus seinem Talon hervorgezogen, den er von dem Gefangenen Moro erhalten hatte und welcher wie eine Erpressung der DC klang). Berlinguer, der einige Kontakte mit De Mita und Spadolini hatte, denkt, dass es möglich sei, eine neue politische Phase zu eröffnen, welche »die verloren gegangenen Bedingungen einer demokratischen Normalität und verfassungsmäßigen Korrektheit wiederherstellt« und die KPI wieder ins Spiel bringt.

Wie immer ist Berlinguer kurz vor den Wahlen angespannt, und dieses Mal auch ängstlich. Mehr als normalerweise? Es erscheint willkürlich, dies zu behaupten. In diesen Wochen nahm Alberto Moravia, einer der bedeutendsten italienischen Schriftsteller, das Angebot an, auf der kommunistischen Liste zu kandidieren. Moravia erklärt, dass er mit der KPI nach Straßburg gehen werde, um gegen die Mittelstreckenraketen und den atomaren Terror zu kämpfen. Und später gibt es praktisch die Gewissheit, dass die Regierung Craxi stürzen werde. »Ihr werdet die Ironie des Schicksals sehen. Das Dekret wird angenommen und die Regierung stürzt«, wird Berlinguer auf der Bühne in Padua sagen.

Eine glückliche Pause

»Enrico hat niemals über seinen Tod gesprochen. Er hielt ihn für eine Tatsache des Lebens, der man sich stellen muss, wenn er kommt«, sagte einmal Tonino Tatò. Andere erinnern sich, dass Berlinguer eine physische Lust auf Gefahr

24 Giorgio Napolitano, persönliche Mitteilung an die Autorin.

hatte. Es war fast so, als ob er das Schicksal bei Abenteuern auf der stürmischen See herausfordern wollte. Und je älter und übler zugerichtet die Boote waren, desto zufriedener war er. In seinen letzten Ferien in Stintino am Ende des Sommers 1983, die aufgrund seines vorangegangenen Chinabesuchs nur eine Woche dauerten, scheint er ruhiger, vielleicht auch müder. Er nimmt an einer Bootsregatta teil – Wasserboote, die immer seine bevorzugten waren – und erreicht das Ziel beim Leuchtturm von Stintino als einer der Letzten.[25]

Berlinguer scheint das Bedürfnis zu haben, sich seinen Kindern näher zu fühlen. Es gibt nur wenige Reisen, auf denen Berlinguer nicht zumindest eines seiner Kinder mitnimmt. Oft ist Lauretta, die Kleinste, bei ihm. »Es genügt Papà, lass uns spazieren gehen«, sagt das junge Mädchen zu ihm und versucht, ihn von seiner minutiösen Vorbereitung der Wahlversammlungen abzulenken.

Marco, mit dem sich die Beziehungen stark verbesserten, erscheint oft im Trainingsanzug im zweiten Stock der Parteizentrale. Berlinguer bleibt auch lange und spricht mit dem jungen Burschen, was zuvor nie passierte. Manchmal scheint es seinen Genossen, dass die vielen Einschränkungen, die sein Leben mit sich bringt, ihm allzu beschwerlich geworden sind. Eines Abends, während einer sehr aufreibenden Wahlrundreise auf Sardinien zu Beginn des Jahres 1984, lädt ihn eine Gruppe von jungen Burschen ein, mit in eine Pizzeria zu gehen. Unerwarteterweise sagt Berlinguer das bereits festgelegte Programm ab und bleibt, um sich mit ihnen bis zwei Uhr nachts zu unterhalten. »Welche Sache belastet Sie als Generalsekretär der KPI am meisten?«, fragen sie ihn. Enrico spricht nicht nur von der Einschränkung der persönlichen Freiheit durch die Leibwache, wie er es sonst immer in diesen Fällen tut. Diesen jungen Männern, die im gleichen Alter wie Lauretta sind, versucht er die Last der ständigen und unendlich langen Sitzungen der Partei zu erklären, von denen die Hälfte vermieden werden könnte. Und er sagt auch, wie hart es für einen Mann von fast 62 Jahren ist, niemals über sich selbst verfügen zu können.

Zwischen der hektischen Arbeit in den letzten Tagen seines Lebens gibt es eine heitere Pause. Den Nachmittag des 30. Mai 1984, einem Mittwoch, hält Berlinguer sich frei, um ins Stadion zu gehen und dem Finale des Europapokals der Landesmeister[26] zwischen der AS Roma und dem FC Liverpool beizuwohnen. Fußball ist nach wie vor sein bevorzugtes Vergnügen. Offiziell ist er ein Anhänger von Cagliari, aber diejenigen, die ihm sehr nahestehen, wissen um

---

25 Ugo Baduel: *Il rigore e la concretezza del suo stile (Die Strenge und die Konkretheit seines Stils)*, in: *Enrico Berlinguer*.

26 Vorläufer der heutigen Champions League.

seine Leidenschaft für Juventus. Sergio Siglienti erinnert sich, dass Enrico an diesem 30. Mai 1984 ins Stadion wie zu einem Fest ging und eine kleine Gruppe von Kindern sowie Neffen und Nichten mit sich brachte. »Er lächelte und war angeregt, ohne diese überanstrengte Miene, die ich bei ihm in der letzten Phase oft gesehen habe.« Denselben Eindruck macht er auf Peppino Fiori, einen Senator der Unabhängigen Linken, der Berlinguer am Platz hinter der Tribüne des Olympiastadions trifft. »Seit Langem habe ich ihn nicht in einer so exzellenten Stimmung gesehen«, berichtet Fiori, der sich erinnert, dass sie über Fußball, über Fellini, Berlinguers Lieblingsregisseur, und über Mario Vargas Llosas[27] letzten Roman sprachen. Später kommt die Rede auf Craxi. Berlinguer erzählt lächelnd und sicherlich nicht unzufrieden, dass der Ministerpräsident zu einem Basketballspiel ging und dabei von den Tribünen herab ausgebuht wurde. Während sie auf den Beginn des Spiels warten, nähern sich viele Besucher dem Generalsekretär der KPI und schütteln ihm die Hand. Fiori erinnert sich, dass der generell so zurückhaltende Berlinguer mit einer ungewöhnlichen Offenherzigkeit antwortete, sein Gesicht nahm sogar eine gute Farbe an.[28]

Diese Bühne von Padua

Auch sein Bruder Giovanni, der Enrico wenige Tage zuvor besucht hatte, traf ihn zuversichtlich in einer guten Stimmung an. »Er spielte lange mit dem kleinen Leoparden, den der römische Zoo uns für einige Wochen anvertraute, und genoss die Vorstellung, dass wir ein wildes Tier im Haus hatten«, erinnert er sich.

Berlinguer kommt am Donnerstag, den 7. Juni 1984 in Padua an. Er hat seit zehn Jahren in dieser Stadt in der Region Venetien nicht mehr öffentlich gesprochen, seit den Zeiten der Auseinandersetzung um die Scheidung. Er ist müde, aber nicht mehr als sonst, auch wenn die Kinder ihm dieses Mal den beschwerlichen und anstrengenden Terminkalender vorwerfen. »Papà, du kannst dieses Leben nicht so weiterführen. Du bist schon mehr als 60 Jahre alt.« Er kommt aus Genua, wo er am Abend zuvor eine Wahlversammlung abhielt. Am darauffolgenden Tag soll er in Mailand sein, um für den Sender Canale 5 ein Interview mit dem Journalisten Peter Nichols aufzuzeichnen, am übernächsten Tag in Bologna zu einer weiteren Wahlversammlung, und dann umgehend in

27 Mario Vargas Llosa, geboren 1936, peruanischer Schriftsteller, Journalist und Politiker, ist einer der führenden lateinamerikanischen Romanciers und Essayisten, 2010 mit dem Nobelpreis für Literatur ausgezeichnet.

28 Fiori: *Vita di Enrico Berlinguer* (*Das Leben von Enrico Berlinguer*), 1989.

Catania. Für diese letzte Wahlrundreise ist eine Neuheit vorgesehen, die Verwendung eines Lufttaxis. Berlinguer hätte sich mit seinen Mitarbeitern beinahe gestritten, weil ihm die Kosten von acht Millionen Lire zu hoch erschienen. Es gelang ihnen, Berlinguer davon zu überzeugen, indem sie ihm mit der Rechnung in der Hand zeigten, dass er für sich und seine Begleiter für Fahrkarten, Mittagessen und Hotels mehr ausgegeben hätte. Das Tabu überwunden, schien er sich wie ein Junge über den kleinen Luxus zu freuen.[29]

In Padua arbeitet Berlinguer mit Tonino Tatòs Hilfe fast den ganzen Nachmittag am Text der Rede für die Wahlversammlung. Gegen halb sieben beginnt er schriftlich auf Fragen zu antworten, die ihm Lamberto Sechi, der Chefredakteur der Tageszeitung »Il Mattino di Padova« aus Padua, stellen hat lassen. Nachdem er die ersten Antworten geschrieben hat, muss er unterbrechen: Eine Delegation von Arbeitern aus dem Unternehmen »Galileo« in Padua ist wie geplant eingetroffen. Gegen halb acht geht Berlinguer in die Redaktion des »Il Mattino di Padova«, um Chefredakteur Sechi kurz zu besuchen. Er erklärt ihm, dass er es nicht schaffe, das Interview fertigzustellen und dass er es ihm von Bologna aus zuschicken würde. Um halb zehn steht er auf der Bühne auf der Piazza della Frutta. Wie es seine Gewohnheit ist, nahm Berlinguer vor der Wahlversammlung kein Abendessen zu sich. Beim Hinaufgehen auf die Bühne stolpert er, fängt sich aber sofort wieder.

Es ist ein seltsam kalter und bewölkter Abend, der Himmel durchzogen von Blitzen. Tausende Aktivisten, angereist aus der gesamten Region Venetien, erschaudern in ihrer Sommerkleidung. Auch Lalla Trupia, die Verantwortliche für Frauen in der KPI, wickelt sich in ihren leichten Regenmantel. Sie kandidiert für die Europawahlen und steht gemeinsam mit dem regionalen Parteisekretär, Gianni Pellicani, und mit Pietro Folena, dem städtischen Parteisekretär – ein schöner, blasser junger Mann mit lockigen Haaren –, auf der Bühne. Berlinguer hingegen, der ein kariertes Sakko trägt, hat den ersten Hemdknopf aufgemacht, als ob er freier atmen wollte.

30 Minuten lang geht alles gut. Berlinguer spricht ironisch über die Regierung, oft erhält er Applaus. Aber da gibt es ein erstes Anzeichen an Atemnot. »Wir sind gerade mit einem Moment voller Gefahren für die Institutionen der Republik konfrontiert. Aber gewiss ist, dass ...« Berlinguer wurde blass, der Tonfall seiner Stimme sank, der Satz hört in der Mitte auf. Der Redner dreht sich, mit dem Rücken zum Mikrofon, um ein Glas Wasser zu holen, aber sobald

29 Laura Lilli: *Scandalizzò Moro giocando a palla* (*Er skandalisierte Moro, indem er Ball spielte*), in: La Repubblica, 12. Juni 1984.

er es trinkt, wird er von Husten und Brechreiz gepackt. Der riesige Bildschirm, den die Kommunisten aus Padua hinter der Bühne aufgestellt haben, sendet die Bilder eines entstellten, zusammengezogenen Gesichts auf die Piazza. »Enrico, Enrico«, beginnen die Aktivisten zu skandieren. Jemand schreit: »Es geht ihm schlecht, lasst ihn aufhören!« Aber Berlinguer will um jeden Preis fortfahren. Am nächsten Tag wird das italienische Fernsehen die Bilder des Generalsekretärs der KPI übertragen, der heldenhaft bis zum Ende durchhält und dabei abgehackte Sätze zur P2, zu den Skandalen und zur erkrankten Demokratie ausspricht. Der sich das Gesicht mit einem Tuch bedeckt und unsicher die Stufen der Bühne heruntersteigt, gestützt auf seine Genossen. Es entsteht eine große kollektive Emotion, die über vier Tage hinweg andauern wird, bis zum Morgen des Montags, 11. Juni 1984, als Enrico Berlinguer aufhört zu leben.

Abschied von Berlinguer

Das tatsächliche Leben des kommunistischen Generalsekretärs ist schon kurz nach der Wahlversammlung in Padua zu Ende. Zu Tatò, der ihn praktisch ins Hotel trägt, sagt Berlinguer mit geschwächter Stimme, dass er müde sei und das große Bedürfnis habe zu schlafen. »Ich habe ihm geholfen, sich hinzulegen. Instinktiv habe ich seinen Puls gefühlt und ihm gesagt. ›Du hast einen ganz schön schnellen Puls. Du hast wirklich ein Herz aus Eisen.‹ Er murmelte etwas und ist eingeschlafen.« Während dieser plötzliche Schlaf Tatò beruhigt, ist ein Arzt aus Padua, Professor Lenci, umso beunruhigter. Er war bei der Wahlversammlung anwesend und hatte sofort den Verdacht, dass etwas Ernstes vorgefallen war. Lenci, der vor der Hotelzimmertür wartete, versucht mit allen Mitteln Berlinguer wieder aufzuwecken. Aber alles ist vergeblich. »Verdammt, er ist ins Koma gefallen. Er braucht einen Krankenwagen!«, schreit er zu Tatò. Eine sehr schwere Gehirnblutung hat ihn getroffen. Berlinguer wird in der Neurologischen Klinik in Padua kurz nach Mitternacht operiert. Der Eingriff dauert bis zum Morgengrauen an, aber der Zustand scheint hoffnungslos.

Noch bevor der Generalsekretär in den Operationssaal gebracht wird, kommt der Apparat der KPI in Bewegung. Um 23 Uhr telefoniert Tatò mit Ugo Pecchioli, einem der beiden Mitarbeiter, die im Generalsekretariat für die Koordinierung zuständig sind. Pecchioli versucht, alle führenden Leitungsmitglieder zu erreichen.[30] Kurz darauf, um 23.40 Uhr, gibt er Giovanni Berlinguer Bescheid. Fünf Minuten vor Mitternacht ruft Tatò erneut an, um mitzuteilen, dass die

30 Entnommen aus den persönlichen Notizen von Ugo Pecchioli.

Situation sehr ernst sei. Um halb eins versammelt sich das Notfallteam des Sekretariats der KPI. Anwesend ist auch der Präsident der Kontrollkommission, Alessandro Natta. Man trifft die Entscheidung, eine Sonderausgabe der »L'Unità« herauszubringen, man telefoniert auch mit Francesco Cossiga und Giuliano Amato,[31] um ein Flugzeug zur Verfügung zu haben. Um zwei Uhr ist Pecchioli im Flugzeug zusammen mit Francesco Ingrao, dem persönlichen Arzt von Berlinguer. Inzwischen sind auch Giovanni, Letizia und die Kinder im Zug nach Padua unterwegs.

In den vier Tagen, in denen die lange Agonie des Generalsekretärs der KPI zu Ende geht, ist das italienische politische Leben wie unterbrochen. Bis zu diesem Zeitpunkt wurde Berlinguer in der gemäßigten öffentlichen Meinung als ruchloser, gefährlicher Kommandant betrachtet, jetzt scheint er, der gerade in diesem Zimmer in Padua im Sterben liegt, allen ein unverzichtbarer Protagonist zu sein. Schon am Morgen nach der Operation tritt Sandro Pertini an das Krankenbett von Berlinguer. »Es ist nicht gerecht, was mit Berlinguer passiert ist«, wiederholt er ständig. In sein Zimmer in der Intensivstation kommen – vor seinem bewusstlosen, reglosen Körper, dessen Kopf mit einem Verband eingewickelt ist, mit Infusionsnadeln in seinen Händen, mit zwei Röhrchen in den Nasenlöchern – Genossen und Gegner mit verzerrtem Gesicht, von Pajetta bis Spadolini, von Pietro Ingrao, der auf den Korridoren ohne jede Scham weint, bis zu Claudio Martelli und Luciano Lama. Papst Johannes Paul II schickt den Bischof von Padua, Monsignore Franceschi, ins Krankenhaus, um sich vor Ort zu erkundigen, in vielen italienischen Kirchen betet man für das Leben des kommunistischen Generalsekretärs. Nach Padua kommt auch Bettino Craxi, begleitet von Gianni De Michelis.[32] Dieser Besuch löst bei der Familie von Berlinguer Unruhe aus. Da er negative Reaktionen der Aktivisten, die im Hof des Krankenhauses zusammengekommen sind, fürchtet, hält Giovanni Berlinguer eine kurze Rede, in der er sagt, dass jeder, der kommt, um seine Solidarität auszudrücken, höflich behandelt werden soll. Gegen Craxi wird von

31 Giuliano Amato, geboren 1938, sozialistischer Politiker, Mitglied der Abgeordnetenkammer (1983–1994), Mitglied des Senates (2001–2006), in der Regierung Craxi Unterstaatssekretär (1983–1987) sowie Schatzminister (1987–1989), Ministerpräsident (1992/93 und 2000/2001), in der Regierung Prodi Innenminister (2006–2008), Vizepräsident des Europäischen Konvents (2002/03), seit 2013 Richter am Verfassungsgerichtshof.

32 Gianni De Michelis (1940–2019), sozialistischer Politiker, Mitglied der Abgeordnetenkammer (1974–1994), Industrie- (1980–1983), Arbeits- (1986) und Außenminister (1989–1992), stellvertretender Ministerpräsident (1988/89), Mitglied des Europäischen Parlaments (2004–2009).

den Leuten nicht protestiert. Dafür wird ihm klar gemacht, dass Letizia und die Kinder ihn nicht zu sehen wünschen.[33]

Das ist die einzige verständliche Sturheit in einem Verhalten, das von einer großen Diskretion und Nüchternheit gekennzeichnet ist. Sergio Siglienti erinnert sich: »Letizia erwies sich als sehr stark. Am Morgen des 10. Juni, es war ein Sonntag, versammelte sie die vier Kinder, um ihnen zu sagen, dass es inzwischen keine Hoffnung mehr gab. ›Euer Vater wird sicherlich sterben‹, waren ihre Worte. Lauretta begann zu weinen, und es gelang uns nicht, sie zum Aufhören zu bringen.«[34]

Kurze Zeit später fährt Letizia plötzlich nach Rom ab, begleitet von Marco. Es ist eine Reise, die viele verwundert, auch deshalb, weil der Sohn laut der offiziellen Version eine Prüfung an der Universität ablegen muss. Die Wahrheit ist, dass sie zur Parteizentrale geht, um mitzuteilen, dass es der Wunsch von Berlinguer sei, nicht wie Luigi Longo, Palmiro Togliatti und Giorgio Amendola im Mausoleum von Verano begraben zu werden, sondern am Friedhof von Prima Porta neben dem Grab seines Vaters. Manche wundern sich, aber sie können keine Einwände gegen diese Entscheidung des Generalsekretärs haben, wenigstens im Tod wieder zu einem privaten Bürger auf einem anonymen Friedhof in der Stadtperipherie zu werden.

Als Letizia und Marco am Dienstag um 9.45 Uhr zurückkehren, war genau fünf Minuten zuvor ein Kommuniqué veröffentlicht worden, das bekannt gab, dass Enrico Berlinguers Gehirn keine Lebenszeichen mehr von sich gab.

»Ein Held unserer Zeit«

Sofort nach seinem Tod, und schon in den Tagen seiner Agonie, sind die Zeitungen ohne jede Ausnahme übervoll von Bildern Berlinguers, auch auf den Fernsehschirmen laufen sie ständig, sie sind für die Augen der Italiener allgegenwärtig. Alle möglichen Zeugen sprechen über sein Leben, über die berühmten Treffen und die unbekannten. Man sieht alte Fotos von Berlinguer aus den 1950er-Jahren, ein schöner Mann, fast wie ein Schauspieler aus jener Epoche, der vor den Aktivisten des kommunistischen Jugendverbandes unter dem riesigen Porträt Stalins eine Rede hält. Man sieht den jungen Berlinguer,

---

33 Gemäß dem Zeugnis von Alberto Menichelli, der berühmte Leibwächter von Berlinguer, das in dem Dokumentarfilm von Veltroni (*Quando c'era Berlinguer/Als Berlinguer da war*) gezeigt wurde, ist es der Sohn Marco gewesen, der persönlich Craxi entgegentrat und ihn abrupt aufforderte, wegzugehen.

34 Sergio Siglienti, persönliche Mitteilung an die Autorin.

sehr mager mit schmollender Miene, auf den Stränden von Stintino, inmitten einer Reihe von Tanten, und den politischen Führer Berlinguer: 1976 in Moskau zwischen Breschnew und Suslow, mit diesen zwei von sich eingenommenen und mit Medaillen behangenen Sowjetführern, und ihn in der Mitte, in einem grauen Anzug, mit einer nicht perfekt gebundenen Krawatte und struppigen Haaren, wie er später von Forattini gezeichnet wurde. Und Berlinguer aufrecht auf der Rednerbühne des Europäischen Parlaments stehend, der seine Reden hält; und Berlinguer, der zu Fuß in einer Menge von jungen Leuten bei einem Friedensmarsch geht.

Es gibt keinen Kolumnisten, Schriftsteller oder Kulturschaffenden, der nicht seine persönliche Erinnerung an Berlinguer hat. Giorgio Bocca beschreibt eine Wahlversammlung von Enrico auf dem Platz San Giovanni, auf der er zufällig vor Jahren anwesend war und über diesen »harten Italiener staunte, der auf eine gewisse Weise spürte, dass es notwendig ist, anti-italienisch zu sein«, der Worte aussprechen konnte, »wie Ehrlichkeit, Verdienst, Moral, ohne die Zuhörer gleich an eine Predigt denken zu lassen, oder an eine Theaterszene, an eine Posse oder an ein Melodrama.« Einige äußern unerwartete Meinungen, wie Alberto Moravia, der von seinen jüngsten Treffen mit Berlinguer im Zuge dessen europäischer Kandidatur erzählt, wonach »ihn die Menschen mehr interessiert hätten als die Ideen«. Manche übertreiben wie Carlo Bo,[35] der Berlinguer mit Don Mazzolari vergleicht, einem Priester mit der Ausstrahlung eines Heiligen, der 25 Jahre zuvor auf identische Weise bei einer Predigt starb.

An den Generalsekretär der KPI wird auch von Gegnern gedacht, wie etwa von Indro Montanelli[36] (»Es ist wahr, dass er vielleicht Fehler begangen hat, aber niemals eine Unehrlichkeit oder eine Niedertracht«) sowie von Ciriaco

---

35 Carlo Bo (1911–2001), Professor für französische Literatur und ein bedeutender italienischer Literaturkritiker, ab 1984 Mitglied des Senats (*auf Lebenszeit*, ernannt durch Präsident Sandro Pertini), zunächst fraktionslos, dann Teil der Fraktion der DC, später der *Partito Popolare Italiano* und *La Margherita*.

36 Indro Montanelli (1909–2001), Journalist (»Corriere della Sera«, »Il Giornale«), Schriftsteller und Historiker, eine der zentralen Figuren des italienischen Journalismus in der zweiten Hälfte des 20. Jahrhunderts, in den 1970er-Jahren warnte er als strammer Anti-Kommunist vor einer Machtbeteiligung der KPI, 1977 wurde er Opfer eines Anschlages der terroristischen Roten Brigaden. Er nahm als Freiwilliger am Abessinienkrieg teil, er »kaufte« sich dort für 350 Lire u. a. ein ungefähr 12 Jahre altes Mädchen. Die erniedrigende Beschreibung dieses Mädchens durch Indro Montanelli sowie seine uneinsichtige Wahrnehmung seiner Beziehung mit ihr, die auf der Macht und Gewalt eines Besatzers beruhte, wurden im Juni 2020 von Aktivisten der Mailänder Studentenschaft im Zuge der weltweiten Proteste gegen die Ermordung von George Floyd durch einen US-Polizisten wieder aufgegriffen. Seine Statue in Mailand wurde beschmiert und mit der Aufschrift »Rassist, Vergewaltiger« versehen.

De Mita im »Il Popolo« (»Wir erweisen einem Führer die Ehre, der für seine Ideen kämpfte, aber auch jene der Anderen respektierte«) und von seinem Freund aus der Jugendzeit, Italo Calvino (»Seine Geschichte zeigt jene unserer Generation, eine Geschichte, die aus dem Bewusstsein über die schreckliche Realität und gleichzeitig aus der Ablehnung jeder Mythologie hervorging«).

Das damals in Italien etwas noch nie Dagewesenes geschah, das sich noch heute schwerlich beschreiben lässt, war schon vor den Begräbnisfeierlichkeiten klar. Diese sollten die eindrucksvollsten in der Geschichte der Republik werden, die vom Fernsehen live noch umfangreicher und mit größerer Anteilnahme als bei Aldo Moros Beerdigung übertragen wurden. Das ganze politische, italienische Leben steht still. Die Wahlveranstaltungen für die Europawahlen sind unterbrochen. Die Parteimitglieder der KPI oder auch diejenigen, die mit der »L'Unità« in den Händen unterwegs sind, werden von Personen angehalten, die erfahren wollen, dass sie ein Syndrom einer sehr starken kollektiven Emotion erleben. Während Berlinguer es zu Lebzeiten liebte, auf leisen Sohlen daherzukommen, ist sein Tod der spektakulärste, der jemals einem politischen Führer widerfahren ist. Der Sarg, der mit dem Flugzeug des Präsidenten der Republik in Rom eintrifft, die Unmengen von Menschen, die geballte Fäuste in die Luft recken, ein Symbol, das Enrico nie mochte und sich hier mit dem Kreuzzeichen abwechselt, die politischen Entscheidungsträger, die plötzlich jeden Antagonismus zum Führer der Opposition verloren zu haben scheinen, das sind Bilder, die bis heute nicht ganz begreifbar sind.

Togliattis Begräbnisfeierlichkeiten, die Enttäuschungen und der Stolz einer Generation von Kommunisten, die sich um seinen Sarg versammelte, inspirierten vielleicht den besten Film der Brüder Taviani, sie waren Inspiration für das berühmte Gemälde von Gattuso.

Nichts von all dem geschieht bei Berlinguers Begräbnisfeierlichkeiten, die viel grandioser waren, gefolgt von normalen Leuten, nicht nur von Aktivisten. Was von diesem unwiederholbaren Ereignis, das Rom für einen Tag, den 13. Juni 1984, verwandelte, übrig geblieben ist, sind Fotos, Filme und Erinnerungsfetzen: der Leichenzug, der sich wegen der übermäßigen Menschenmenge nicht in Bewegung setzen konnte, und die schmerzliche Ungeduld seines Bruder Giovanni. Ein 9-jähriges Kind, das zu Regisseur Scola sagt, dass es an diesem Nachmittag hier sei, weil es »seit jeher ein Kommunist« sei. Die dreihundert Quadratmeter große Bühne, auf der Piazza San Giovanni von mehr als Hundert Zimmerleuten errichtet, auf der sich unter der brennenden Sonne viele Menschen einfinden, die Berlinguers Leben gekreuzt hatten: Pajetta, der die Trauerrede hält, Nilde Iotti mit einem hellblauen Tuch auf den Haaren und Arafat, eingewickelt im Kufiya-Kopftuch, die eurokommunistischen Genossen Marchais und Carrillo; Ministerpräsident Craxi, der von der Menschenmenge ausgepfiffen wird, und Sandro Pertini, der lautstark bejubelt wird; sein Cousin Francesco Cossiga und Tonino Tatò und Natta und Fanfani und Pecchioli und Gorbatschow und Tochter Lauretta, deren Mutter Letizia vergeblich versuchte, sie in ihrem Schluchzen zu trösten ...

Viele Mythen scheinen mit dieser Massenansammlung von eineinhalb Millionen Menschen in sich zusammenzufallen, vom Antikommunismus bis zur Seriosität, die der KPI immer zugeschrieben wurde. Mit »Ciao Enrico« war die »L'Unità« betitelt, und sehr viele Transparente zeugten von einem ähnlichen Stil. »Enrico, wir haben dich gern« ist das häufigste.

Vier Tage später, bei den Europawahlen der finale Paukenschlag: Zum ersten Mal in ihrer Geschichte überholt die KPI, wenn auch nur mit wenigen Dezimalpunkten, die Christdemokraten (DC). Dass dieses Überholmanöver, das immer ein Traum Berlinguers war, der Emotion um seinen Tod herum zuzuschreiben war, zeigt die Tatsache, dass nur wenig später, bei den sardischen Wahlen, alles wieder zur Normalität zurückkehrte.

Während die Politik also wieder schnell ihren gewohnten Lauf nimmt, verschwindet die Betroffenheit über Berlinguers Tod über Wochen und Monate hinweg nicht. Auch Bekannte von Berlinguer, oft sogar einfache Aktivisten, erhalten rührende Briefe, als wäre ein von ihnen geliebter Mensch gestorben. »Ich bin so traurig, so zutiefst betrübt über den Tod dieses Menschen, der mich auf dem Festival der ›Humanité‹[37] mit seiner bescheidenen Fröhlichkeit berührt hat, dass ich das sofort einem Italiener mitteilen wollte«, schreibt ein Aktivist der kommunistischen Partei Frankreichs an Ettore Scola.[38] Eine andere dieser Karten wurde von Paolo Sylos Labini, einem Ökonom und Ferienfreund Enricos in Stintino, aufbewahrt. Ihm schreibt ein bekannter englischer Akademiker, der weder ein Kommunist ist noch jemals in seinem Leben Berlinguer traf: »Es ist ein Held unserer Zeit gestorben.« Für einen Menschen, dem es jenseits seiner Rolle als Führer einer großen Partei gelungen ist, um sich herum so viel Leidenschaft, so viel Hoffnung zu sammeln, ist das vielleicht der glücklichste Nachruf.

37 »L'Humanité« (»Die Menschheit«) war das Zentralorgan der Kommunistischen Partei Frankreichs (KPF).

38 Ettore Scola (1931–2016), Filmregisseur und Drehbuchautor, der »politischste Filmemacher« Italiens, wie der »Corriere della Sera« in dessen Nachruf auf ihn schrieb. In den 1970er-Jahren wurde er zum »legitimen Erbe von Rossellini, de Sica und Fellini« erhoben.

Die lange Geschichte einer Biografie

von Chiara Valentini

Die Geschichte hinter den Biografien von Enrico Berlinguer, die ich im Laufe der Jahre veröffentlicht habe, ist ziemlich vielschichtig und verdient es vielleicht, erzählt zu werden. Die erste dieser Arbeiten, versehen mit dem einfachen Titel *Berlinguer* (Oscar Mondadori, Milano 1989), war das Ergebnis einer leidenschaftlichen journalistischen und historischen Recherche, die ich nach dem Tod meines Protagonisten und in einer Atmosphäre der Rührung, die diesen begleitete, durchgeführt habe. Obwohl es damals schwierig war, Zugang zu den Dokumenten zu bekommen, gab es von denjenigen, die Berlinguers Leben gekreuzt hatten, eine große Bereitschaft zu erzählen und persönliche Mitteilungen abzugeben. Dank der wertvollen Aussagen von kommunistischen Parteiführern – viele von ihnen sind später gestorben – konnte ich in jenen geheimen Ort eintreten, den damals die Parteispitze der KPI seit Togliattis Zeiten bildete. Es handelte sich zunächst um Paolo Bufalini, Alessandro Natta und Luciano Barca. Ferner befragte ich Nilde Iotti und Enricos Bruder, Giovanni Berlinguer, Giancarlo Pajetta und Antonio Giolitti, Aldo Tortorella und Luigi Pintor, Emanuele Macaluso, Adalberto Minucci und viele andere, innerhalb und außerhalb der Partei. Giorgio Napolitano gewährte mir ein klares und aufrichtiges Interview, auch über seine Meinungsverschiedenheiten mit Enrico.

Damals standen der historische Kompromiss und »die nationale Solidarität« im Zentrum der Diskussionen, ob diese ein großer Plan oder ein großer Fehler waren, je nach Standpunkt des Betrachters. Weniger Interesse gab es jedoch für den »neuen« Berlinguer, für den Berlinguer der Bewegungen und der »kopernikanischen Wende« der italienischen Politik, der im Gegensatz dazu bei mir eine Leidenschaft weckte, die mich dazu verleitete, eine vielleicht etwas zu entschiedene Zäsur zwischen den beiden Teilen der Geschichte vorzunehmen. Ein für mich bei den Recherchen wertvoller Aspekt war die Entdeckung des privaten Berlinguer, von der Kindheit an, gezeichnet durch ein familiäres Drama, bis hin zur Jugend im Protest. Alte Aktivisten aus Sassari haben mir über Tage hinweg Erinnerungen an das »Bürgersöhnchen« erzählt, das nach seiner Entscheidung für die Kommunisten eine Gruppe von jungen, rebellischen Männern leitete und allzu sehr das Pokerspiel liebte. Verwandte wie die einzigartige Tante Ines und ihr Sohn Sergio brachten mir mit Intelligenz und Ironie die Welt dieser großbürgerlichen Familie näher, ebenso die jugendlichen

Lieben Enricos, seine Leidenschaften und seinen Widerwillen. »Es ist eine Biografie, die trotz der Strenge einer historischen Nacherzählung den Rhythmus und den Gang eines Romans hat«, schrieben Rezensenten des Buches mit einer gewissen Großzügigkeit.

Die nächste Biografie, *Berlinguer, l'eredità difficile* (*Berlinguer, ein schwieriges Erbe*) (Editori Riuniti, Roma 1997), wurde in einem völlig anderen Umfeld veröffentlicht. Die KPI gab es schon nicht mehr, und die Wende von Achille Occhetto hinterließ bei den Erben einen heftigen Konflikt. Als 1996 mit dem Sieg des Olivenbaum-Wahlbündnisses[1] die PDS[2] in die Regierung kam, passierte etwas Unerwartetes. Bei einigen Parteiführern begann eine Form von posthumem Prozess gegen Berlinguer, gegen seine Ideen und seine Politik, als ob die Abrechnung mit der Vergangenheit notwendig wäre, um die Zukunft aufzubauen. Berlinguer wurde alles Mögliche vorgeworfen. Dass er mit dem historischen Kompromiss einen Zusammenbruch der Demokratie provoziert hätte. Dass er mit dem Beharren auf der moralischen Frage die Grundlage einer Anti-Parteien-Kultur geliefert hätte, die später die neue Rechte begünstigt hätte. Dass er die Gegenposition zur »Modernität« von Craxi eingenommen habe, was ein Fehler gewesen sei. Miriam Mafai, eine bekannte Journalistin, langjährige kommunistische Aktivistin und dann Abgeordnete der PDS, die schon nicht mehr unter uns weilt, veröffentlichte ein Pamphlet *Dimenticare Berlinguer*/*Berlinguer vergessen*, in dem sie behauptete, dass für die Erben der KPI der Moment gekommen wäre, den Vater zu ermorden und mit der Nostalgie Schluss zu machen. Diese Positionen fanden große Zustimmung. Es kam jenseits von politischen Zugehörigkeiten zu Diskussionen und Auseinandersetzungen. Auch meine Biografie, manchmal ungenau zitiert, wurde dabei zum Thema. So habe ich zugestimmt, diese noch einmal zu publizieren, in einer gekürzten Version ohne Fußnoten, jedoch eingeleitet von einem langen Vor-

---

1 In den ersten Monaten des Jahres 1995 fanden sich auf Initiative des parteilosen (ehemals christdemokratischen) Wirtschaftsprofessors Romano Prodi (später Ministerpräsident von 1996 bis 1998 und von 2006 bis 2008 sowie von 1999 bis 2004 Präsident der Europäischen Kommission) mehrere Parteien der politischen Mitte und gemäßigten Linken zusammen, um eine Wiederwahl Berlusconis, der seit 1994 als Ministerpräsident regierte, zu verhindern. Das Bündnis wählte den Olivenbaum als ihr Symbol. Aus diesem Wahlbündnis ging 2007 der *Partito Democratico* (*Demokratische Partei*) hervor, siehe nächste Fußnote.

2 *PDS – Partito Democratico della Sinistra* (*Partei der Demokratischen Linken*), die größte politische Organisation, die 1991 aus der Transformation der KPI hervorging, 1998 schloss sich die PDS mit einigen kleineren Linksgruppierungen zur den *Democratici della Sinistra* (*Demokraten der Linken*) zusammen, 2007 fusionierten diese mit weiteren Parteien des Mitte-links-Spektrums zum *Partito Democratico* (*Demokratische Partei*), bis heute die größte und bedeutendste Mitte-links-Partei Italiens.

wort, mit dem ich versuchte, wieder von den Fakten auszugehen und die Wahrheit nach Möglichkeit wieder ein Stück weit herzustellen.

Heute, 30 Jahre nach dem Tod Berlinguers, nachdem »kurzsichtige und kurzlebige Interessen«, wie Tochter Bianca beklagte, zu den Akten gelegt wurden, besteht die Hoffnung, dass dieser »eigenartige Kommunist« (diese Zuschreibung kam vonseiten der US-amerikanischen Presse) in einem Raum der Geschichte eingeordnet werden kann, wenn auch in jenen der jüngsten Zeitgeschichte. In diesen Jahren wurde es möglich, öffentlichen Zugang zu grundlegenden Akten wie den Protokollen der Sitzungen der Parteiführung der KPI zu erhalten, eine Fundgrube an Informationen zu politischen auch internationalen Ereignissen sowie zu Entscheidungen und Auseinandersetzungen in der Parteispitze (zum Beispiel befand sich Berlinguer in den 1980er-Jahren nicht nur einmal in der Minderheit).

Zwei Geschichten berührten mich speziell. Jene von 1956, als Berlinguer als Jüngster von allen bei einer dramatischen Sitzung der Parteiführung zur sowjetischen Repression in Budapest als Einziger den Mut hatte, den Chef der Gewerkschaft CGIL, Giuseppe Di Vittorio, zu verteidigen, der von Togliatti angeklagt worden war, den ungarischen Aufständischen recht gegeben zu haben. Die andere Episode ereignete sich 1976, als Enrico nach seiner aufsehenerregenden Rede vor dem XXV. Parteikongress der KPdSU zu einem persönlichen Gespräch mit Breschnew zitiert wurde und die Sache des Friedensnobelpreisträgers Sacharow, der Kopf der sowjetischen Dissidenten und daher für Moskau ein unaussprechlicher Name, unterstützte. Aus den sowjetischen Archiven wurden nach dem Ende der UdSSR weitere Dokumente veröffentlicht, auch wenn sie nicht immer vertrauenswürdig sind. Mit diesen Materialien arbeiteten bedeutende Historiker, von Francesco Barbagallo bis Silvio Pons. Dokumente aus den amerikanischen und englischen Archiven zeigen, dass die Geheimdienste eine nicht unbedeutende Rolle dabei spielten, die italienischen Kommunisten von der Regierungsbeteiligung auszuschließen und Italien eine »beschränkte Souveränität« aufzuerlegen. Ein Zeuge, Emanuele Macaluso, der aus Gründen der Opportunität schwieg, enthüllte das Attentat, das Berlinguer 1973 in Bulgarien zufällig überlebte, als er gerade die Artikel zum historischen Kompromiss schrieb: Es war nicht schwierig, darin die Handschrift der UdSSR zu erkennen.

Auch eine bedeutende Persönlichkeit im Leben Berlinguers, sein persönlicher Sekretär und »Mädchen für alles«, Tonino Tatò, erschien nach dem »Riss« (*lo strappo*) in einem anderen Licht, hin- und hergerissen zwischen seiner Nähe zu Moskau und seiner Loyalität zu Enrico. Der fast zwanghafte Anticraxismus, den man Berlinguer zugeschrieben hatte, wird erneut in Tatòs im Jahr 2003 publizierten Buch *Caro Berlinguer. Note und Appunti riservati* (*Lieber Berlinguer. Persönliche Anmerkungen und Notizen*) deutlich. Darin können wir sehen, dass die bittersten Urteile über Craxi nicht von Berlinguer, sondern von seinem persönlichen Sekretär gefällt wurden.

Das sind einige von vielen Informationen und Enthüllungen, die es mir erlaubten, diese Biografie zu überarbeiten, sie zu korrigieren und zu vertiefen, ohne die vielschichtige Gesamtstruktur zu verändern.

Ich hoffe, nicht einer allzu großen Sympathie für meine Figur angeklagt zu werden – ein häufiger Fehler von Biografien –, wenn ich sage, dass mit diesen neuen Elementen die Figur des Enrico Berlinguer sowohl auf menschlicher als auch auf politischer Ebene mit einem noch herausragenderen und zugleich noch gequälteren Profil hervorgeht, als wir ihn bisher gekannt haben.

Leben und Wirken Enrico Berlinguers sowie wichtige politische Ereignisse in Italien und international – eine Übersicht (1922–1984)

von Klaus Pumberger

Leben und Wirken von Enrico Berlinguer	Jahr
25. Mai: Geburt (Sassari, Sardinien), beide Eltern entstammen großbürgerlichen, antifaschistischen Familien, Vater: Mario Berlinguer, Rechtsanwalt, Journalist, Politiker; Mutter: Mariuccia Loriga, Tochter einer Wissenschaftlerdynastie.	1922
Geburt von Bruder Giovanni	1924
	1926
	1929
	1935
Familiäres Drama: Tod der Mutter Mariuccia nach langer, schwerer Krankheit (epidemische Gehirnhautentzündung).	1936
Erste Kontakte und Beziehungen mit kommunistisch gesinnten Arbeitern.	1937
	1939
Beginn des Jurastudiums an der Universität Sassari.	1940
Beitritt zur kommunistischen Partei (KPI), zusammen mit mehreren Aktivisten Aufbau einer kommunistischen Jugendorganisation in Sassari.	1943
Januar: Aktive Teilnahmen an den »Brotaufständen« in Sassari, anschließend Verhaftung und Gefängnisaufenthalt, Freilassung nach 100 Tagen, dann Leiter der kommunistischen Jugendbewegung in der Provinz Sassari. Sommer: Erstes Treffen mit Palmiro Togliatti in Salerno. Herbst: In Rom tätig in der Parteiführung als stellvertretender Vorsitzender im Jugendausschuss der KPI, Berlinguer setzt sein Studium nicht fort.	1944
Ab Frühsommer im Auftrag der Parteiführung in Mailand zum Aufbau der Jugendarbeit.	1945
Rückkehr nach Rom, Generalsekretär der überparteilichen, zugleich kommunistisch dominierten Jugendfront, Mitglied im ZK der KPI. Erste Reise in die Sowjetunion, Leiter einer italienischen Jugenddelegation.	1946
	1947

Jahr	Wichtige politische Ereignisse – Italien und *international*
1922	Machtübernahme durch die Faschisten, ihr Führer (»Il Duce«) Benito Mussolini wird von König Vittorio Emanuele II. zum Ministerpräsidenten ernannt.
1924	Ermordung des sozialistischen Abgeordneten Giacomo Matteotti, die verbliebene Opposition (auch der Abgeordnete Mario Berlinguer) zieht geschlossen aus dem Parlament.
1926	Endgültige Etablierung der faschistischen Diktatur.
1929	Abschluss der sog. »Lateranverträge« zwischen Vatikan und italienischem Staat.
1935	Abessinienkrieg: Die italienische Armee erobert das Land, schwere Kriegsverbrechen (u. a. Giftgaseinsatz). Annäherung zwischen faschistischem Italien und NS-Deutschland.
1936	Massiver Einsatz italienischer Soldaten im Spanischen Bürgerkrieg (bis 1939). *»Moskauer Prozesse« (bis 1938) gegen führende Partei- und Staatsfunktionäre.*
1937	*»Großer Terror« Stalins (bis November 1938): 1,5 Millionen Menschen werden verhaftet, rund die Hälfte davon ermordet.*
1939	*Überfall auf Polen durch die Deutsche Wehrmacht, Beginn des Zweiten Weltkriegs; wenige Tage zuvor Abschluss des Hitler-Stalin-Paktes.*
1940	Eintritt Italiens in den Zweiten Weltkrieg auf der Seite von NS-Deutschland.
1943	Juli: Landung alliierter Truppen auf Sizilien, Mussolini wird abgesetzt und verhaftet. September: Waffenstillstand, Mittel- und Norditalien werden von NS-Deutschland besetzt, der befreite Mussolini errichtet einen Marionettenstaat, die sog. Italienische Sozialrepublik (RSI). Bildung einer breiten Widerstandsbewegung (»Resistenza«).
1944	Rückkehr von Palmiro Togliatti (Generalsekretär der KPI) aus dem Moskauer Exil, er proklamiert die »Wende von Salerno«, die Kommunisten treten in die Regierung ein.
1945	25. April: Italien ist landesweit befreit, es bildet sich ein Nationalrat (»Consulta nazionale«) – provisorische gesetzgebende Versammlung (Mitglied u. a. Mario Berlinguer).
1946	2 Juni: Referendum: Italien wird Republik. Bei den Wahlen zur Verfassungsgebenden Versammlung werden die Kommunisten (18,9 %) nur drittstärkste Kraft hinter den Christdemokraten (35,2 %) und den Sozialisten (20,7 %).
1947	Der christdemokratische Ministerpräsident Alice De Gasperi beendet einseitig die Zusammenarbeit mit den Kommunisten, die KPI verlässt die Regierung, infolgedessen starke gesellschaftliche Spannungen, brutale Polizeieinsätze gegen Streiks und Demonstrationen. 22. Dezember: Verabschiedung der Verfassung mit Zustimmung der Kommunisten.

Leben und Wirken von Enrico Berlinguer	Jahr
Mitglied der Leitung der KPI.	1948
Generalsekretär des kommunistischen Jugendverbandes FGCI.	1949
Präsident des kommunistischen Weltjugendverbandes (bis 1953), erste Differenzen mit den Sowjets.	1950
Berlinguer schreibt zu Stalins Tod: »Wir haben unseren Größten Freund verloren«.	1953
Berlinguer ist in der Parteispitze der einzige Fürsprecher Guiseppe Di Vittorios (Chef der kommunistisch dominierten Gewerkschaft CGIL), der die Aufständischen in Ungarn unterstützt. Ablöse als Generalsekretär des FGCI, das erste Mal seit 1948 ist Berlinguer nicht mehr Mitglied der Parteiführung.	1956
Heirat mit Letizia Laurenti, Nicht-Kommunistin, katholisch, Tochter eines hohen Beamten im Senat. Berlinguer wird abgeschoben: Zunächst Leiter der Parteischule in Frattocchie. Ab Herbst stellvertretender Regionalsekretär in Sardinien.	1957
Mitglied des Sekretariates (bis 1966) in der Parteiführung.	1958
Geburt von Tochter Bianca.	1959
Leiter der Organisationsabteilung der KPI.	1960
Geburt von Sohn Marco. Führende Mitarbeit an einem parteiinternen Dokument (»Glorreiche Oktoberrevolution«), erstmals offene Kritik an der Sowjetunion, Verpflichtung zur Anerkennung demokratischer Spielregeln und Selbstkritik.	1961
Leiter des Sekretariates in der Parteizentrale.	1962
Geburt von Tochter Maria Stella. Mitglied des Politbüros der KPI.	1963
Erfolgreicher Einsatz Berlinguers für die umgehende Veröffentlichung des »Memorandums von Jalta«, Leiter der KPI-Delegation zur Vorbereitung einer Konferenz aller kommunistischen Parteien, Feststellung von »verschiedenen Standpunkten zwischen der KPdSU und der KPI«.	1964

Jahr	Wichtige politische Ereignisse – Italien und *international*
1948	18. April: Parlamentswahlen: Schwere Niederlage des linken Lagers, Volksfront (Kommunisten und Sozialisten) bei 31 %, die Christdemokraten (DC) bei 48 %. Togliatti überlebt Attentat, infolgedessen massive Protestwelle, wieder brutale Polizeieinsätze. *Tito propagiert für Jugoslawien eigenständigen Weg zum Sozialismus.* *»Berlin-Blockade« durch die Sowjetunion.*
1949	
1950	
1953	Parlamentswahlen: Die DC und ihre Bündnispartner verfehlen knapp die Mehrheit, damit kommt ein zuvor beschlossenes Gesetz, das vorsah, künftig mit einer hauchdünnen Stimmenmehrheit bei Wahlen die Verfassung ohne Referendum ändern zu können (von der KPI als »Betrugsgesetz« tituliert) nicht zur Anwendung. *Tod Stalins, Nachfolger wird Nikita Chruschtschow; Aufstand in Ost-Berlin und in anderen Städten der DDR, Niederschlagung durch die Rote Armee.*
1956	*Geheimrede Chruschtschows am XX. Parteitag der KPdSU enthüllt Verbrechen Stalins.* *Aufstand der Arbeiter in Posen (Polen). Aufstand in Ungarn, Niederschlagung durch die Rote Armee.*
1957	
1958	
1959	*Zerwürfnis zwischen der Sowjetunion und China, Spaltung im Weltkommunismus.*
1960	
1961	*Treffen von US-Präsident Kennedy und Chruschtschow in Wien; wenige Wochen später Bau der »Berliner Mauer«.*
1962	*»Kuba-Krise«.* *Reformbewegung in der Katholischen Kirche: Zweites Vatikanische Konzil (bis 1965).*
1963	Erste Mitte-links-Regierung aus Christdemokraten und Sozialisten.
1964	Tod von Palmiro Togliatti, kurz zuvor verfasst dieser das »Memorandum von Jalta«, in dem er den italienischen Weg zum Sozialismus sowie die Autonomie innerhalb der kommunistischen Weltbewegung bekräftigt. Nachfolger von Togliatti wird Luigi Longo. *Chruschtschow wird abgesetzt, Nachfolger wird Leonid Breschnew.*

Leben und Wirken von Enrico Berlinguer	Jahr
Reise nach China und Vietnam. Berlinguer nimmt in parteiinternen Auseinandersetzungen eine Mitte-Position ein, lehnt jedoch eine »Hexenjagd« linker Kritiker ab. Parteikongress: Ausscheiden Berlinguers aus Parteispitze und Sekretariat, ab jetzt Sekretär der Region Latium.	1966
Mitglied der Abgeordnetenkammer des Parlamentes in Rom.	1968
Stellvertretender Generalsekretär der KPI. Berlinguer verurteilt in Moskau auf der Konferenz aller Arbeiter- und kommunistischen Parteien die Konzeption des einzigen Modells einer sozialistischen Gesellschaft sowie der beschränkten nationalen Souveränität, der italienische Weg zum Sozialismus basiere auf Demokratie und Pluralismus, großes Echo in der internationalen Öffentlichkeit: »Der Samen des Zweifels ist gesät« (Le Monde). Tod von Vater Mario Berlinguer.	1969
Geburt von Tochter Laura.	1970
Generalsekretär der KPI.	1972
Vorschlag für einen »historischen Kompromiss« zwischen Christdemokraten und Kommunisten. Attentat (Autounfall) in Sofia auf Berlinguer, der ohne gröbere Verletzungen überlebt, zwei Schwerverletzte, ein Toter.	1973
	1974
Reise nach Afrika: Guinea, Guinea-Bissau und Algerien. Berlinguer erklärt in einem Interview: »Ein Kommunist muss die eigenen Überzeugungen und das eigene Denken ständigen Überprüfungen unterziehen, auf der Basis der Analyse der Fakten und der Geschichte. Ein Mensch muss in der Lage sein, auch die eigenen Ideen zu hinterfragen […], wenn er will, dass die Taten Auswirkungen auf die Fakten haben.«	1975

ahr	Wichtige politische Ereignisse – Italien und *international*
966	
968	Formierung einer bedeutenden extremen Linken außerhalb der KPI. Mai: Parlamentswahlen. Zugewinne für die KPI auf fast 27 %. *»Pariser Mai«, »Prager Frühling«, Intervention durch die Warschauer-Pakt-Truppen.* KPI verurteilt entschieden den Einmarsch.
969	»Heißer Herbst«: Streikwellen insbesondere in den norditalienischen Industriezentren. 12. Dezember: Bombenattentat in Mailand, Beginn der »bleiernen Jahre«. Ausschluss der parteiinternen linken Kritiker und Dissidenten um »il manifesto«. *Militärische Zwischenfälle an der Grenze zwischen China und der Sowjetunion.*
970	Parlament beschließt neues »Statut der Arbeitnehmer:innen« (»Statuto dei Lavoratori«), das den Arbeitnehmer:innen und ihren gewerkschaftlichen Vertretungen mehr Rechte einbringt. Erstmals Wahlen zu Regionalparlamenten, enttäuschende Ergebnisse für die KPI. Beide Kammern des Parlaments beschließen erstmals das Recht auf Scheidung. *Streiks der Arbeiter und gewaltsame Auseinandersetzungen in Danzig und Stettin (Polen).* *Beginn der Entspannungspolitik zwischen Ost und West.*
972	
973	*Militärputsch in Chile gegen den demokratisch gewählten linken Präsidenten Allende.*
974	12. Mai: Landesweites Referendum: Scheidungsgesetz wird bestätigt. 28. Mai: Bombenattentat in Brescia.
975	Regional- und Kommunalwahlen: Herausragender Erfolg der KPI (33 %, zwei Millionen Stimmen und 5 % mehr als bei den letzten Parlamentswahlen 1972), zahlreiche Regionen und Großstädte werden ab jetzt »rot« regiert. Armando Cossutta, der bisherige, prosowjetische stellvertretende Generalsekretär, wird aus dem Sekretariat abgeschoben. 2. November: Ermordung des Filmregisseurs und Dichters Pier Paolo Pasolini. *Abschluss der Konferenz für Sicherheit und Zusammenarbeit in Europa (KSZE) in Helsinki, Anerkennung der Unverletzlichkeit der Grenzen sowie der Menschenrechte.* *Friedensnobelpreis für den sowjetischen Regimekritiker und Physiker (»Vater der sowjetischen Wasserstoffbombe«) Andrei Sacharow.*

Leben und Wirken von Enrico Berlinguer	Jahr
Berlinguer spricht sich für die Zusammenarbeit mit der DC aus. Auf einer Kundgebung in Paris spricht Berlinguer das erste Mal öffentlich den Begriff »Eurokommunismus« aus. Auf der Konferenz aller Arbeiter- und kommunistischen Parteien in Ost-Berlin äußert Berlinguer »unerhörte Wahrheiten« (Wolf Biermann), seine Rede vor dem XXV. Parteitag der KPdSU erzielt weltweites Echo: »Die italienische Rebellion erschüttert den Kreml« (The Guardian).	1976
Berlinguer erneuert seinen Vorschlag von der »Austerität« für ein neues Entwicklungsmodell der Gesellschaft, die geringe bzw. ablehnende Resonanz – sowohl parteiintern als auch generell auf Seite der Linken – auf die innovativen Inhalte dieses Konzepts wird zu einem der schlimmsten Ärgernisse in seinem politischen Leben. Briefwechsel zwischen Berlinguer und Bischof Luigi Bettazzi über das Verhältnis zwischen Kommunisten und Katholiken erregt landesweites Aufsehen. Berlinguer erklärt in einer Rede zum 60. Jahrestag der Oktoberrevolution in Moskau »Pluralismus und Demokratie als universelle Werte«. Berlinguer sucht verstärkt die Kontakte mit der gesamten demokratischen europäischen Linken, insbesondere mit der Sozialistischen Internationale (SI).	1977
Berlinguer verlangt eine institutionell verfasste und inhaltlich abgestimmte Zusammenarbeit mit der DC.	1978
Mitglied des ersten gewählten Europäischen Parlamentes. Erste innerparteiliche Zweifel an der Führungsposition Berlinguers.	1979
Berlinguer unterstützt offensiv die Streikenden bei FIAT. Auseinandersetzungen mit dem Führer der kommunistisch dominierten Gewerkschaft CGIL, Luciano Lama. Berlinguer erklärt den »historischen Kompromiss« für gescheitert und fordert eine »demokratische Alternative«, eine Regierung der »Fähigen und Ehrlichen«. Reise nach China.	1980
Berlinguer erklärt »moralische Frage« zur »wichtigsten nationalen Frage« und wendet sich den neuen sozialen Bewegungen (Frauen, Umwelt, Frieden) zu. Berlinguer vollzieht den »Riss« von der KPdSU und der Sowjetunion: »Eine neue Phase hat begonnen«. Reise nach Lateinamerika: Nicaragua, Mexiko und Kuba.	1981
Berlinguers Führungsposition ist in der KPI nicht mehr unumstritten.	1982

Jahr	Wichtige politische Ereignisse – Italien und *international*
1976	Parlamentswahlen: Erneuter Wahlerfolg der KPI (mehr als 34% der Stimmen), zahlreiche unabhängige Kandidaten auf der kommunistischen Wahlliste, DC bleibt stimmenstärkste Partei, wenngleich sie in Bezug auf eine mögliche Zusammenarbeit mit den Kommunisten gespalten bleibt, erstmals wird jedoch eine von der DC geführte Minderheitsregierung durch die Kommunisten (KPI) toleriert. Erstmals ein KPI-Repräsentant (Pietro Ingrao) Präsident der Abgeordnetenkammer. Erste Attentate der linksterroristischen »Roten Brigaden«. *Ausweisung des systemkritischen Liedermachers Wolf Biermann aus der DDR.*
1977	Autonome, linksextreme Jugend- und Studentenbewegung protestiert landesweit gegen die Politik der von den Kommunisten unterstützten DC-Minderheitsregierung, ebenso die Gewerkschaften der Metallarbeiter in Rom. *Scheitern des politischen Projektes »Eurokommunismus« nach internen Auseinandersetzungen der spanischen und dem Rückzug der französischen Kommunisten.*
1978	KPI wird zum ersten Mal in der Nachkriegsgeschichte Teil der parlamentarischen Mehrheit einer von der DC geführten Minderheitsregierung. Entführung und Ermordung Aldo Moros (Parteiführer der DC) durch die »Roten Brigaden« bedeuten das Ende der Hoffnungen auf den »historischen Kompromiss«. Gesetz stellt Abtreibung straffrei. *Wahl von Kardinal Wojtyla, Erzbischof von Krakau, zum Papst Johannes Paul II.*
1979	Die KPI kündigt die Zusammenarbeit mit der DC und verlässt die parlamentarische Mehrheit; Parlamentswahlen: Schlappe für die KPI (weniger als 30%). *»NATO-Doppelbeschluss«: US-amerikanische Mittelstreckenraketen sollen als Antwort auf die sowjetischen SS-20 aufgestellt werden.* *Triumphale Polen-Reise von Johannes Paul II.* *Einmarsch der Sowjetunion in Afghanistan.* KPI verurteilt den Einmarsch.
1980	Streik bei FIAT gegen Massenkündigungen bricht zusammen. 2. August: Bombenattentat am Bahnhof von Bologna. *Streikwellen in Polen, Gründung der unabhängigen Gewerkschaft »Solidarność«.*
1981	17. Mai: Referendum zur Aufhebung des Abtreibungsgesetzes scheitert deutlich. *Ausrufung des Kriegszustandes in Polen.*
1982	Innerparteiliche Spannungen nehmen zu, z. B. in Bezug auf das Verhältnis der KPI zur Sozialistischen Partei (PSI).

Leben und Wirken von Enrico Berlinguer	Jahr
Berlinguer scheitert mit dem Vorstoß, einer Gruppe unabhängiger Vertreterinnen der Frauenbewegung Plätze auf der KPI-Liste zu reservieren. Engagement in der Friedensbewegung gegen Mittelstreckenraketen in Europa, Vermittlungsreisen nach Ost-Berlin, Belgrad, Bukarest und Athen.	1983
Berlinguer stellt sich an die Spitze des Kampfes gegen die beabsichtigten Einschnitte bei der »Scala mobile«, sein Vorschlag, dagegen ein aufhebendes Referendum einzuleiten, bleibt parteiintern umstritten. Teils organisierte Pfiffe für Berlinguer am Parteikongress der Sozialisten (PSI). 7. Juni: Berlinguer erleidet während einer Kundgebung in Padua für die Wahlen zum Europäischen Parlament einen Gehirnschlag, bringt die Rede noch zu Ende und fällt nach der Ankunft im Hotel ins Koma. 11. Juni: Berlinguers Tod wird bekanntgegeben, landesweite Trauer. 13. Juni: Begräbnisfeierlichkeiten in Rom, an denen mehr als 1,5 Millionen Menschen, Staatspräsident Pertini, höchste Vertreter der italienischen Politik und zahlreiche ausländische Ehrengäste teilnehmen. 17. Juni: Wahlen zum Europäischen Parlament, auf mehr als 719.000 abgegebenen Stimmzettel erscheint der Name »Berlinguer«. Kein anderer Kandidat bzw. keine andere Kandidatin erhält mehr Vorzugsstimmen.	1984

Jahr	Wichtige politische Ereignisse – Italien und *international*
1983	Parlamentswahlen: KPI konsolidiert sich (30 %), die DC erreicht ihren historischen Tiefststand (33 %), mit Bettino Craxi wird zum ersten Mal seit 1945 ein Sozialist das Amt des Ministerpräsidenten übernehmen.
1984	Ministerpräsident Craxi will per Dekret starke Einschnitte in die »Scala mobile« (automatische Anpassung der Löhne und Gehälter entsprechend dem Anstieg der Lebenshaltungskosten, seit 1975 einheitlich für alle Arbeitnehmer:innen) durchsetzen, massive Gegenproteste und Großdemonstration in Rom mit mehr als eine Million Teilnehmenden (24. März) vonseiten der KPI und der Gewerkschaften. 17. Juni – Wahlen zum Europäischen Parlament: Die KPI landet mit fast 11.715.000 Stimmen (33,32 %) unter dem Eindruck des Todes und der Begräbnisfeierlichkeiten von Berlinguer sowie der damit einhergehenden landesweiten Trauer zum ersten – und zugleich zum letzten – Mal knapp vor der DC (32,96 %).

Die italienischen Hauptfiguren in Chiara Valentinis »Enrico Berlinguer«[3]

von Klaus Pumberger

Die nachfolgenden Kurzbeschreibungen berücksichtigen im Wesentlichen die politisch aktive Zeit Berlinguers (1943–1984). Angeführt werden dabei, soweit verfügbar, öffentliche Ämter, Funktionen in Parteien und Gewerkschaften, inhaltliche Positionen und das Verhältnis zu Berlinguer.

Alicata, Mario (1918–1966)

Für die KPI Mitglied der Abgeordnetenkammer (1948–1966).

Nach vorangegangener Mitgliedschaft in den faschistischen Universitätsgruppen *(Gruppi Universitari Fascisti)*[4] aktive Beteiligung in der römischen *Resistenza*, ab 1946 Mitglied des ZK der KPI, Alicata und Enrico Berlinguer sind zu diesem Zeitpunkt im ZK die einzigen Vertreter der jüngeren Generation. Ab 1948 regionaler Sekretär in Kalabrien, ab 1955 Leiter der Kulturkommission, ab 1956 Mitglied der Parteiführung, 1964 Eintritt in das Sekretariat der Parteispitze der KPI, Konkurrent Luigi Longos als Generalsekretär in der Nachfolge Togliattis nach dessen Tod (1964). Tritt vor allem 1966 mit großer Härte gegen die linken parteiinternen Strömungen um Pietro Ingrao auf (obwohl die beiden ursprünglich aus den Zeiten der römischen *Resistenza* eine persönliche Freundschaft verband). Alicata drängt auf den Ausschluss von Ingrao und seinen Anhängern aus allen wichtigen Funktionen und Ämtern (»Klima der Hexenjagd«). Berlinguer nimmt für Alicata in diesen Auseinandersetzungen allzu

3 Wenn nicht anders angeführt, sind die in diesem Kapitel verwendeten Zitate aus dem Buch von Chiara Valentini »Enrico Berlinguer« entnommen.

4 Die Aufnahme in die faschistischen Universitätsgruppen war für die Studierenden Italiens während des Faschismus de facto obligatorisch. Die konkrete Bedeutung der Mitgliedschaft in einer faschistischen Organisation ist daher im Einzelfall zu prüfen. Zugleich wurde die Verwicklung der italienischen Gesellschaft in das faschistische Regime jahrzehntelang verdrängt, die *Resistenza* hingegen unhinterfragt zu einem Mythos vom Kampf eines ganzen Volkes gegen Nationalsozialismus und Faschismus stilisiert. Vgl. dazu den Roman von Francesca Melandri: *Alle außer mir* (2017) oder Hans Woller: Mussolini. *Der erste Faschist* (2016). Daher wurde bei allen Personen, für die Angaben über politische Aktivitäten vor 1945 gemacht werden, Mitgliedschaften in faschistischen Organisationen, sofern gegeben, angeführt. Enrico Berlinguer selbst hat sich durch geschickt vorgetragene juristische Winkelzüge der Mitgliedschaft in den faschistischen Universitätsgruppen entzogen. Vgl. Kapitel I, Unterkapitel »Ohne Vorbilder« (☛ S. 27 ff.).

kompromissbereite Positionen ein (»Diesem Berlinguer fehlt es völlig an Entschlossenheit!«), der Ablöse als Chefredakteur der »L'Unità« kommt sein plötzlicher Tod zuvor, die Trauerrede hält Pietro Ingrao.

Amendola, Giorgio (1907–1980)
Für die KPI Mitglied der Verfassungsgebenden Versammlung (1946–1948), der Abgeordnetenkammer (1948–1980) und des Europäischen Parlaments (1979/80).

Aktiv in der *Resistenza* im Generalkommando der Garibaldi-Brigaden (zusammen mit Longo, Secchia und Pajetta). Innerhalb der KPI ist er wichtigster Bezugspunkt des rechten Parteiflügels, befürwortet ihre reformistische Ausrichtung und enge Zusammenarbeit mit den Sozialisten (PSI), übernimmt nach dem Sturz Secchias im Sekretariat der Parteisitze der KPI die Leitung der Abteilung Organisation. 1956 kritisiert er offen das Zögern und Schweigen Togliattis nach der Rede Chruschtschows am XX. Parteitag der KPdSU, sein Eintreten für radikale Erneuerung und für die durchgreifende Ablöse vieler Funktionäre von ihren Parteiämtern führt zu großen parteiinternen Spannungen. 1960 muss er sein Amt niederlegen, Nachfolger wird Enrico Berlinguer, die beiden gestalten zusammen mit Bufalini 1961 ein aufsehenerregendes Dokument (»Glorreiche Oktoberrevolution«), in dem die KPI das erste Mal offen die Sowjetunion kritisiert, Selbstkritik übt und sich zur Einhaltung demokratischer Spielregel verpflichtet, zuvor forderte Amendola, dass sich zu verschiedenen Fragen parteiintern »Mehrheiten und Minderheiten bilden können«. Ein Konkurrent Berlinguers als Generalsekretär in der Nachfolge Longos. Die Konzeption des »historischen Kompromisses« sieht er skeptisch, zugleich unterstützt er die Politik der »nationalen Solidarität«,[5] will auch daran festhalten, als Berlinguer diese für gescheitert erklärt, Ende der 1970er-Jahre verstärkt sich der Meinungsdissens zwischen den beiden, »auf der innenpolitischen Ebene ist Amendola ein Liberaler, auf der internationalen ein Kommunist des alten Schlags, der in der UdSSR einen idealen Anker sieht«. Die Trauerrede nach seinem doppelt tragischen Tod – ein Tag nach ihm stirbt seine Frau Germaine – hält Enrico Berlinguer.

Andreotti, Giulio (1919–2013)
Persönlicher Sekretär des ersten christdemokratischen Ministerpräsidenten, Alcide De Gasperi, nach 1945. Mitglied der Verfassungsgebenden Versammlung (1946–1948), der Abgeordnetenkammer (1948–1991) und des Senates (ab 1991,

5 Siehe Fußnote 14 in Kapitel XII (☛ S. 198).

auf Lebenszeit), mehrfacher Minister (Außen, Innen, Finanzen, Verteidigung, Industrie und Handel und Handwerk) und Ministerpräsident.

Andreotti ist, obwohl kein parteiinterner Reformer und kein überzeugter Anhänger einer Verständigung zwischen DC und Kommunisten, Ministerpräsident jener beiden DC-Minderheitsregierungen der »nationalen Solidarität« (1976–1979), die von den Kommunisten unterstützt werden, er soll als Garant für Sicherheit und Stabilität den skeptischen, parteiinternen Flügel der DC und das Ausland (USA bzw. NATO) beruhigen. In dieser Periode finden immer wieder vertrauliche Gespräche zwischen Berlinguer und Andreotti statt.

In den 1990er-Jahren kommt es zu Gerichtsverfahren, in denen er der Verwicklung mit der Mafia und der Anstiftung zum Mord beschuldigt wird. Er wird zum Teil freigesprochen, zum Teil werden Verfahren wegen Verjährung eingestellt.

Baduel, Ugo (1934–1989)

Aufgewachsen in einem profaschistischen Umfeld gilt er als junger Mann als ein junger Hoffnungsträger des linken Flügels der DC, schließt sich dann aber der Gruppe katholischer Kommunisten um Francesco Rodano an. 1960 Beitritt zur KPI, Mitstreiter der Parteilinken um Pietro Ingrao. Als Journalist schreibt er regelmäßig Reportagen in der »L'Unità« und schon kurz nach der Wahl Enrico Berlinguers 1972 zum Generalsekretär der KPI gehört er zu dessen engsten persönlichen Umfeld. Baduel gilt als Berlinguers persönlicher Berichterstatter und begleitet diesen auch auf dessen Reisen nach Osteuropa und Lateinamerika.

Barca, Luciano (1920–2012)

Für die KPI Mitglied der Abgeordnetenkammer (1963–1987), stellvertretender Vorsitzender der kommunistischen Fraktion in der Kammer (1965–1970), Mitglied des Senates (1987–1992).

Aktiv in der *Resistenza*, zunächst Mitglied der »Partei der christlichen Linken«, dann der KPI, ab 1956 Mitglied des ZK der KPI, 1960 Eintritt in das Sekretariat der Parteispitze der KPI. Als Journalist schreibt er für die »Rinascita« und die »L'Unità«. Er zählt in den 1960er-Jahren zu den Anhängern des linken Flügels um die Pietro Ingrao. In den 1970er-Jahren wird er, Spezialist für Wirtschaftsfragen, zu einem der wichtigsten Berater von Berlinguer. Barca glaubt an den Dialog mit der DC und den Katholiken, unterstützt daher die Konzeption des »historischen Kompromisses« und ist für Berlinguer Mittelsmann im Kontakt zu Moro. Nach dem Scheitern der Politik der »nationalen

Solidarität« muss er im Sekretariat die Verantwortlichkeit für Wirtschaftsfragen abgeben.

Berlinguer, Bianca (* 1959)
Die älteste Tochter von Enrico Berlinguer und Letizia Laurenti.

Bekannte Fernsehjournalistin, von 2009 bis 2016 Chefredakteurin des TG3, ein Nachrichtensender im Rahmen der öffentlich-rechtlichen Rundfunkanstalt RAI 3. Seit 2016 leitet sie auf RAI 3 die wöchentliche Diskussionssendung *Cartabianca*.

Berlinguer, Giovanni (1924–2015)
Für die KPI und ihre Nachfolgeorganisationen Mitglied der Abgeordnetenkammer (1972–1983), des Senates (1983–1992) und des Europäischen Parlaments (2004–2009).

Bruder von Enrico Berlinguer, Arzt, Universitätsprofessor und in den 1950er-Jahren Generalsekretär der internationalen kommunistisch dominierten Studentenunion. Zwischen den beiden Brüdern gibt es nur spärliche Beziehungen der politischen Zusammenarbeit, in schwierigen Momenten jedoch intensiviert Enrico Berlinguer die Kontakte mit seinem Bruder und familiäre Traditionen.

Berlinguer, Laura (* 1970)
Die jüngste Tochter von Enrico Berlinguer und Letizia Laurenti.

»Politjournalistin in der Mediaset-Gruppe, Mutter, eher sardisch als römisch, Leidenschaft für Design« (Selbstbeschreibung auf Twitter).

Berlinguer, Marco (* 1963)
Sohn von Enrico Berlinguer und Letizia Laurenti.

Politischer Aktivist (*Transform! Italia*), Netzwerker und Journalist, Mitarbeiter des Institutes für Regierungs- & Public Policy an der Autonomen Universität Barcelona.

Berlinguer, Maria (* 1961)
Die zweitälteste Tochter von Enrico Berlinguer und Letizia Laurenti, laut Chiara Valentini Enricos »Lieblingstochter«. Sie arbeitet wie ihre Schwestern Bianca und Laura als Journalistin, heute in »La Stampa«, zuvor bei »La Repubblica«.

Berlinguer, Mario (1891–1969)
Vater von Enrico Berlinguer.

Journalist, Rechtsanwalt, 1924 Mitglied der Abgeordnetenkammer für die liberaldemokratische Allianz. Er nimmt am »Aventino«[6] teil, 1943 Beitritt zur Aktionspartei,[7] 1945 Mitglied des Nationalrates (nicht gewählte, provisorische gesetzgebende Versammlung), Mitglied des Senates (1948–1953) und Mitglied der Abgeordnetenkammer (1953–1968) für die Sozialisten (PSI).

Bufalini, Paolo (1915–2001)
Für die KPI Mitglied des Senates (1963–1992), stellvertretender Vorsitzender der kommunistischen Fraktion im Senat.

Aktiv als Partisan in einer Garibaldi-Brigade, die in Jugoslawien Teil der Tito-Partisanen ist. Im Zuge dessen Gefangennahme durch die deutschen NS-Besatzer, Deportation in mehrere KZ in Deutschland und im heutigen Österreich. 1949 regionaler Sekretär der KPI in den Abruzzen, dann stellvertretender regionaler Sekretär in Sizilien (1950–1957), ab 1951 Mitglied des ZK der KPI, 1956 Eintritt in das Sekretariat der Parteispitze der KPI und regionaler Sekretär in der Provinz Rom (1958–1965).

Zwischen Berlinguer und Bufalini entwickelt sich schnell persönliche Sympathie, ihre beiden Familien verbringen öfters miteinander den Sommerurlaub. In den 1970er-Jahren wird er einer der wichtigsten Berater Berlinguers, insbesondere im Bereich der Außenpolitik, die sich durch eine immer kritischere Position der KPI gegenüber der Sowjetunion auszeichnet. Schon in den 1960er-Jahren war Bufalini mehrmals Teil jener von Berlinguer angeführten KPI-Delegationen, die mit den Sowjets verhandelten. Darüber hinaus ist Bufalini Berlinguers Mittelsmann zum Vatikan. Auch er glaubt an den Dialog mit der DC und den Katholiken und deshalb unterstützt er die Konzeption des »historischen Kompromisses« und die Politik der »nationalen Solidarität«. Nach deren Scheitern muss er 1979 das Sekretariat verlassen. In späteren Jahren teilt er die Sensibilität Berlinguers für die neuen sozialen Bewegungen nicht.

Chiaromonte, Gerardo (1924–1993)
Für die KPI Mitglied des Senates (1968–1993), Vorsitzender der KPI-Fraktion im Senat (1983–1986), Mitglied der Abgeordnetenkammer (1963–1968).

Aktiv in der Mailänder Resistenza, 1947 stellvertretender Regionalsekretär der KPI in Kampanien, ab 1960 Mitglied des ZK der KPI, ab 1962 regionaler Sekretär in Kampanien und Mitglied der nationalen Parteiführung, Koordina-

6 Siehe Fußnote 17 in Kapitel I (☛ S. 20).
7 Siehe Fußnote 48 in Kapitel I (☛ S. 36).

tor des Sekretariates der Parteispitze der KPI (1975–1983), Chefredakteur der »Rinascita« (1972–1975) und der »L'Unità« (1986–1988).

Chiaromonte ist ein Vertreter des rechten Parteiflügels und wichtiger Protagonist bei der Durchsetzung des Konzepts der »nationalen Solidarität« innerhalb der KPI. In dieser Periode ist er die Nummer zwei in der Partei. 1979 wird er nach dem Scheitern der »nationalen Solidarität« dennoch Leiter der Abteilung für Wirtschaft und soziale Probleme. Er will seine guten Beziehungen zu den Sozialisten (PSI) auch in der Periode der Regierung Craxi aufrechterhalten. Zugleich unterstützt er Berlinguer in dessen entschlossener Position in der Auseinandersetzung um die »Scala mobile«.[8]

Cossiga, Francesco (1928–2010)

DC-Politiker, Mitglied der Abgeordnetenkammer (1958–1983), Mitglied und Präsident des Senates (1983–1985), Ministerpräsident (1979/80), Innenminister (1976–1978), Verteidigungsminister (1966–1970), erneutes Mitglied des Senates (ab 1992, auf Lebenszeit), italienischer Staatspräsident (1985–1992).

Cousin von Enrico Berlinguer zweiten Grades, ebenfalls in Sassari aufgewachsen, jedoch bleibt sowohl das persönliche als auch das politische Verhältnis der beiden distanziert. Berlinguer hält Cossiga insbesondere als Innenminister während der Entführung Moros für überfordert und unfähig, sich dieser Herausforderung zu stellen. Als Berlinguer von Andreotti darauf angesprochen wird, er möge doch mehr Nachsicht gegenüber Cossiga üben, schließlich sei er ein Cousin von ihm, antwortet Berlinguer: »Mit Verwandten mag man Lamm essen, aber man macht mit ihnen keine Politik.« Cossiga äußert sich zu Berlinguer im Zuge dessen Begräbnisfeierlichkeiten wie folgt: »Ich weiß nicht, wie es Berlinguer gelungen ist, zugleich echter Kommunist und echter Demokrat zu sein, doch eben dies ist ihm gelungen.«[9]

Cossutta, Armando (1926–2015)

Für die KPI Mitglied des Senats (1972–1994),

Aktiv tätig in der *Resistenza* als Partisan in den Garibaldi-Brigaden, regionaler Sekretär der KPI in Mailand und in der Lombardei und ab 1959 Teil der Parteiführung der KPI. 1964 Eintritt in das Sekretariat der Parteispitze der KPI, ab 1972 stellvertretender Generalsekretär und Koordinator des Sekretariates, kein Unterstützer der Konzeption des »historischen Kompromisses«. 1975 muss

---

8 Siehe Fußnote 8 in Kapitel XVI (☛ S. 263).

9 Hansjakob Stehle: Kommunist und Demokrat, in: Die Zeit, 15. Juni 1984.

er beide Ämter aufgeben und wird auf das unbedeutende Amt des Verantwortlichen gegenüber den regionalen Körperschaften abgeschoben. Ebenfalls Präsident von Ital Tourist, einer italienisch-sowjetischen Reiseagentur, genießt er das Vertrauen Moskaus, das ihn und seine Anhänger »als gesunde Kräfte in der KPI« massiv finanziell unterstützt (1986 wird diese Finanzierung unter Gorbatschow eingestellt). Cossutta gilt als der prominenteste Vertreter des prosowjetischen Flügels innerhalb der KPI, lehnt daher den von Berlinguer vollzogenen »Riss«[10] (*lo strappo*) zwischen der KPI und der Sowjetunion entschieden ab. Er wendet sich auch gegen die »Wende von Bologna« (1990/91), bleibt jedoch damit deutlich in der Minderheit und initiiert mit seinen Mitstreitern die »Partei der kommunistischen Neugründung« (*Partito della Rifondazione Comunista*).

Craxi, Bettino (1934–2000)
Generalsekretär der Sozialistischen Partei Italiens – PSI (1976–1993), erster sozialistischer Ministerpräsident (1983–1987) nach dem Zweiten Weltkrieg, Mitglied der Abgeordnetenkammer (1968–1994) und des Europäischen Parlaments (1979–1983 sowie 1989–1992),

Ab der Mitte der 1970er-Jahre versucht sich Craxi aufseiten der Linken immer mehr als der große Gegenspieler zu Berlinguer zu inszenieren. 1994 Flucht nach Tunesien, während er in Italien wegen Korruption in Abwesenheit zu insgesamt mehr als 28 Jahren Haftstrafe verurteilt wird.

De Gasperi, Alcide (1881–1954)
Nach 1945 erster christdemokratischer Ministerpräsident (bis 1953), vollzieht die Westorientierung Italiens und in Zusammenhang damit den Bruch mit den Kommunisten in der Koalitionsregierung. Infolgedessen kommt es immer wieder zu scharfen Auseinandersetzungen zwischen De Gasperi und dem von Berlinguer geleiteten kommunistischen Jugendverband FGCI.

De Martino, Francesco (1907–2002)
Jurist und Politiker, Generalsekretär der Sozialistischen Partei (PSI/1963 – 1968, 1969 – 1970, 1972 – 1976), stellvertretender Ministerpräsident in den Regierungen Rumor (1968 – 1969, 1970) und Colombo (1970 – 1972).

10 Siehe Fußnote 3 in Kapitel I (☛ S. 16).

In den 1970er-Jahren kandidiert er zweimal erfolglos für das Amt des Staatspräsidenten und wird 1976 nach der Wahlniederlage innerparteilich vom aufstrebenden, machtbewussten Bettino Craxi verdrängt.

De Mita, Ciriaco (* 1928)
Generalsekretär der DC (1982–1989), Mitglied der Abgeordnetenkammer (1963–1994), Mitglied des Europäischen Parlaments (1984–1988, 1999–2004, 2009–2014), 1973/74 Industrieminister, 1974 bis 1976 Minister für Außenhandel, 1976 bis 1979 Minister für den Mezzogiorno, 1988/1989 italienischer Ministerpräsident.

Nach dem Scheitern des »historischen Kompromisses« ist Ciriaco De Mita, der auf die Zusammenarbeit mit Craxis Sozialisten und den weiteren Ausschluss der KPI von der italienischen Regierung setzt, neben Craxi der entscheidende politische Gegenspieler von Enrico Berlinguer.

Di Vittorio, Giuseppe (1892–1957)
Legendärer Gewerkschaftsführer, für die KPI Mitglied der Verfassungsgebenden Versammlung (1946–1948) und der Abgeordnetenkammer (1921–1924 und 1948–1957).

Zunächst als aktiv kämpfender Partisan Teil der *Resistenza*, Generalsekretär der kommunistisch dominierten Gewerkschaft CGIL (1944–1957), Präsident des kommunistisch orientierten Weltgewerkschaftsbundes (1949–1957).

Im Gegensatz zur Parteiführung der KPI stellt er sich 1956 auf die Seite der ungarischen Aufständischen. Als er von Togliatti angeklagt wird, deshalb »gegen die Partei eingestellt zu sein«, ist der junge Enrico Berlinguer der Einzige aus der Parteispitze, der ihn verteidigt.

Fanfani, Amintore (1908–1999)
Generalsekretär der DC (1954–1959 sowie 1973–1975), Mitglied der Verfassungsgebenden Versammlung (1946–1948), Mitglied der Abgeordnetenkammer (1948–1968), Mitglied des Senats (1968–1999, seit 1972 auf Lebenszeit), Präsident des Senats (1968–1973, 1976–1982 und 1985–1987), Ministerpräsident (1954, 1958/59, 1960–1963, 1982/83 und 1987), Außenminister (1958/59, 1962, 1965 und 1966–1968), Präsident der UN-Generalversammlung (1965/66), weitere Ministerämter (Innen, Landwirtschaft, Arbeit).

Bereitet Anfang der 1960er-Jahre die Öffnung der DC nach links hin zu einer Koalition mit den Sozialisten (PSI) vor, lehnt dabei zugleich eine Zusammenarbeit mit den Kommunisten entschieden ab. Als Hardliner und Leiter der jeweiligen Kampagnen – somit in dieser Periode der entscheidende christdemokratische Gegenspieler Berlinguers – wird er parteiintern für das Scheitern beim Scheidungsreferendum (1974) und für die Niederlage bei den Kommunal- und Regionalwahlen (1975) verantwortlich gemacht und muss von seinem Amt als Generalsekretär der DC zurücktreten.

Berlinguer hält Fanfani für ein Symbol der alten, verknöcherten, teils korrupten DC, zugleich kommt es zwischen den beiden zu vertraulichen Gesprächen bei Geheimtreffen am Wohnsitz der Siglientis in Grottaferrata bei Rom. 1976 setzt sich Berlinguer entsprechend den Vereinbarungen zwischen DC und KPI gegen parteiinterne Widerstände für die Wahl Fanfanis zum Senatspräsidenten ein.

Forlani, Arnaldo (* 1925)
Generalsekretär der DC (1989–1992), Ministerpräsident (1980/81), stellvertretender Ministerpräsident in der Regierung Craxi (1983–1987), Außenminister (1976–1979), Verteidigungsminister (1974–1976), Minister für staatliche Beteiligungen (1968/69), Mitglied der Abgeordnetenkammer (1958–1994) und des Europäischen Parlamentes (1989–1994). Auch Forlani gilt Berlinguer als Repräsentant der alten DC, ein »abgrundtiefer Antikommunist«, der sich gegen jede Vereinbarung mit den Kommunisten stellt. Parteiintern bekämpft er die Öffnung Moros in Richtung des »historischen Kompromisses«. Er kandidiert gegen Moros Kandidaten für das Amt des DC-Generalsekretärs, Benigno Zaccagnini, ebenfalls ein Reformer, und unterliegt nur knapp, ein Zeichen, dass die DC in der »kommunistischen Frage« tief gespalten ist. Dennoch wird Forlani in den von der KPI gestützten DC-Minderheitsregierungen der »nationalen Solidarität« Außenminister. Es gibt in dieser Periode mehrere vertrauliche Gespräche zwischen Berlinguer und Forlani.

Galluzzi, Carlo (1919–2000)
Für die KPI Mitglied der Abgeordnetenkammer (1963–1979) und des Europäischen Parlamentes (1976–1989).

Mitglied des Sekretariates der Parteispitze der KPI, verantwortlich für Presse und Propaganda sowie für die Auslandsabteilung. In dieser Funktion begleitet er Berlinguer oft auf Auslandsreisen, insbesondere ist er mehrmals Teil der von Berlinguer geleiteten KPI-Delegationen, die mit den Sowjets verhandeln. Von allen Parteiführern der KPI ist er am stärksten antisowjetisch eingestellt, 1975 muss er die Leitung der Auslandsabteilung abgeben und scheidet zugleich aus dem Sekretariat aus,

Gramsci, Antonio (1891–1937)
Schriftsteller, Journalist, Politiker und marxistischer Philosoph, wie Berlinguer in Sardinien geboren und aufgewachsen. 1921 eine der zentralen Persönlichkeiten bei der Gründung der KPI, später ihr Generalsekretär (1924–1927), Mitglied der Abgeordnetenkammer (1924–1926), im Gefängnis (1926–1935), 1937 gestorben an den Folgen der Haft.

Berlinguer bewundert in seiner Jugend Gramsci mehr als Helden denn als Theoretiker. In den letzten Lebensjahren Berlinguers wird jedoch Gramscis »kreativer Marxismus« immer mehr zu einem wichtigsten Instrument seiner Reflexionen. In seinem Büro hängt im Gegensatz zu vielen anderen Parteiführern der KPI kein Bild von Togliatti, jedoch eines von Gramsci.

Ingrao, Pietro (1915–2015)
Mitglied der Abgeordnetenkammer (1948–1992), Vorsitzender der kommunistischen Fraktion in der Kammer (1968–1972), als erster KPI-Politiker Präsident der Abgeordnetenkammer (1976–1979).

Nach vorangegangener Mitgliedschaft in den faschistischen Universitätsgruppen (*Gruppi Universitari Fascisti*) aktive Beteiligung in der römischen *Resistenza*, Chefredakteur der »L'Unità« (1947–1957), 1956 Eintritt in das Sekretariat der Parteispitze der KPI, wird von Togliatti gefördert und Konkurrent Longos bei der Nachfolge Togliattis als Generalsekretär der KPI nach dessen Tod, in den 1960er-Jahren wird er zur Galionsfigur der linken Strömungen der Partei, fordert mehr innerparteiliche Demokratie, eine Öffnung zu den außerparlamentarischen Bewegungen und eine verstärkte Kritik am Sowjetkommunismus. Der parteirechte Flügel um Amendola und Alicata tritt scharf gegen diese Positionen auf und will Ingrao und seine Anhänger aus allen Ämtern und Funktionen drängen. Berlinguer vertritt eine vermittelnde Position, verwehrt sich gegen Form von interner Hexenjagd, Ingrao behält seine Funktionen, muss jedoch zur Kenntnis nehmen, dass er niemals Generalsekretär der KPI werden kann.

Die Konzeption des »historischen Kompromisses« sieht er skeptisch, dennoch trägt er die Politik der »nationalen Solidarität« mit. Ingrao begrüßt die Neuausrichtung der KPI nach dem Scheitern des »historischen Kompromisses« ausdrücklich. Differenzen zwischen Berlinguer und Ingrao bezüglich innerparteilicher Demokratie und Transparenz bleiben jedoch bestehen, wenngleich sich die politischen Positionen der beiden in den letzten Lebensjahren Berlinguers wieder annähern. »Berlinguer hatte eine große persönliche Wertschätzung für Ingrao, auch wenn es keine wirkliche Freundschaft war. Er dachte, dass Ingrao eine bestimmte Realität von Italien, eine rebellische und unduldsame Seele zum Ausdruck brachte«.

Iotti, Nilde (1920–1999)
Für die KPI Mitglied der Verfassungsgebenden Versammlung (1946–1948) und der Abgeordnetenkammer (1948–1999), als erste Frau Präsidentin der Abgeordnetenkammer (1979–1992), Mitglied des Europäischen Parlamentes (1979–1984).

Nach vorangegangener Mitgliedschaft in der Frauenorganisation der faschistischen Partei aktive Beteiligung in der Mailänder *Resistenza*. Ab 1956 Mitglied des ZK der KPI, ab 1962 in das Sekretariat der Parteispitze der KPI. Sie ist eine enge Mitarbeiterin und die Lebensgefährtin (1946–1964) von Palmiro Togliatti. In der Auseinandersetzung um das Scheidungsrecht (1970–1974) ist sie eine treibende Kraft.

Lama, Luciano (1921–1996)
Bedeutender Gewerkschaftsführer, für die KPI Mitglied der Abgeordnetenkammer (1958–1969) und des Senates (1987–1994), Vizepräsident des Senates (1987–1994).

Aktiv in der *Resistenza* als Partisanenkommandeur in einer Garibaldi-Brigade, 1947 stellvertretender Generalsekretär der kommunistischen dominierten Gewerkschaft CGIL, Generalsekretär der Chemiearbeitergewerkschaft FILCEA innerhalb der CGIL (1952–1957), Generalsekretär der Metallergewerkschaft FIOM innerhalb der CGIL (1957–1961), Generalsekretär der CGIL (1970–1986).

Lama greift die Protestwelle des »heißen Herbstes« (1969) auf und ist ein starker Verfechter der gewerkschaftlichen Einheit und einer unabhängigeren Rolle der Gewerkschaften gegenüber den Parteien, weshalb es immer wieder zu Konflikten mit Berlinguer kommt.

La Malfa, Ugo (1903–1979)
Generalsekretär der Republikanischen Partei (*Partito Repubblicano Italiano*) von 1965 bis 1975, Mitglied der Verfassungsgebenden Versammlung (1946–1948) und der Abgeordnetenkammer, 1945 kurzzeitig Verkehrsminister, 1962 ist er Haushaltsminister im Kabinett von Amintore Fanfani, 1973/1974 Schatzminister im Kabinett von Mariano Rumor, 1974/1975 stellvertretender Ministerpräsident im Kabinett Aldo Moro und 1979 Minister im Kabinett von Giulio Andreotti.

Während des Faschismus im Widerstand als Mitglied der Aktionspartei. Als führender Politiker der Republikanischen Partei unterstützt La Malfa die Konzeption Berlinguers vom »historischen Kompromiss«. Seine Republikanische Partei soll dabei eine Scharnierfunktion zwischen Christdemokraten und Kommunisten einnehmen, hin zur Hochfinanz und zum Industrieverband. Zwischen beiden gibt es dazu eine Reihe vertraulicher Gespräche.

Laurenti, Letizia (1928–2017)
Ehefrau von Enrico Berlinguer, die beiden haben 1957 geheiratet, Tochter einer römischen, gutbürgerlichen Familie, ihr Vater ist ein hoher Beamter im Senat, eine gläubige, wenn auch nicht praktizierende Katholikin. »Sie wird niemals eine Kommunistin werden, vielmehr wird sie Enrico bis zuletzt kritisieren, auch vor Freunden. [...] Wenn über Politik gesprochen wird, sagt sie oft ›Ihr Kommunisten‹ und wirft dabei Enrico einen etwas ironischen Blick zu.«

Longo, Luigi (1900–1980)
Generalsekretär des FGCI (1929), Mitglied der Verfassungsgebenden Versammlung (1946–1948) und der Abgeordnetenkammer (1948–1980).

Aktiv in der *Resistenza* als Partisanenkommandeur (Deckname: »Gallo«),[11] nach der Befreiung Leiter der KPI in Norditalien, Gründer und Leiter der populären kommunistischen Wochenzeitung »Vie Nuove«, Generalsekretär der KPI (1964–1972) nach dem Tode Togliattis. Longo tritt am Ende der 1960er-Jahre für eine vorsichtige Öffnung der KPI gegenüber den neuen Protestbewegungen der Arbeiter und Studenten ein. Förderer von Enrico Berlinguer, den er Ende der 1950er-Jahre zurück ins Sekretariat der KPI holt und mehrmals mit wichtigen internationalen Missionen betraut. Longo sieht in Berlinguer seinen Nachfolger, jedoch stellt er sich später offen gegen den »historischen Kompromiss«. In den letzten Lebensjahren kommt es zu einer Wiederannäherung zwischen Longo und Berlinguer, wenngleich sich ihre Beziehung immer durch Zurückhaltung auszeichnet

Loriga Berlinguer, Mariuccia (1893/1894–1936)[12]
Mutter von Enrico Berlinguer, Cousine der Mutter von Francesco Cossiga.

11 Siehe Fußnote 2 in Kapitel VIII (☛ S. 143).

12 Das genaue Geburtsdatum von Loriga Berlinguer Mariuccia ist mir nicht bekannt. Sie ist mit 42 Jahren gestorben, laut einem Facebook-Eintrag »Enrico Berlinguer« <https://m.facebook.com/54363906809/posts/10151434425931810/>. Also ist sie entweder 1893 oder 1894 geboren.

Nach einer langen schweren Krankheit als Folge einer epidemischen Gehirnhautentzündung stirbt sie am 15. Juni 1936. »Ich habe die abwesenden, verzweifelten Gesichter der beiden Buben nie vergessen«. Mit diesen Worten beschreibt ein Nachhilfelehrer die Reaktion des damals 14-jährigen Enrico Berlinguer und seines Bruders Giovanni auf den Tod ihrer Mutter.

Macaluso, Emanuele (1924–2021)
Für die KPI Mitglied der Abgeordnetenkammer (1963–1976) und des Senates (1976–1992),

Sekretär der kommunistisch dominierten Gewerkschaft CGIL in Sizilien (1947–1956), ab 1956 Regionalsekretär der KPI in Sizilien, ab 1958 Mitglied des ZK der KPI, ab 1960 Mitglied der Parteiführung, 1963 Eintritt in das Sekretariat, Leiter der Abteilung für Organisation, Presse und Propaganda und Chefredakteur der »L'Unità« (1982 – 1986).

Vertrauensvolles Verhältnis zwischen ihm und Enrico Berlinguer, in der Parteiführung ist er der Einzige, dem Berlinguer im Oktober 1973 unmittelbar nach dem Autounfall in Sofia anvertraut (ebenso seiner eigenen Familie), dass es sich dabei um ein Attentat handelte.

Moro, Aldo (1916–1978)
Führender DC-Politiker, Mitglied der Verfassungsgebenden Versammlung (1946–1948) und der Abgeordnetenkammer (1948–1978), Ministerpräsident (1963–1968 sowie 1974–1976), Justizminister (1955–1957), Bildungsminister (1957–1959), Außenminister (1969–1972 sowie 1973/74), führt als Premier 1963 die erste Mitte-links-Regierung zwischen DC und Sozialisten an.

Moro erkennt nach dem Wind von »1968« die Notwendigkeit von gesellschaftlichen Reformen und nach den Wahlniederlagen der DC Mitte der 1970er-Jahre das Erfordernis einer Erneuerung. Er setzt sich gegen starke innerparteiliche und außenpolitische Widerstände für eine Zusammenarbeit der DC mit der KPI ein und unterstützt die Konzeption des »historischen Kompromisses«. Hierzu gibt es mehrere Geheimtreffen zwischen Moro und Berlinguer. Im März 1978, als die KPI zum ersten Mal nach 1945 Teil der parlamentarischen Mehrheit einer von der DC geführten Minderheitsregierung wird, entführen die linksterroristischen »Roten Brigaden« Moro. Nach 55 Tagen wird er im Zentrum Roms ermordet aufgefunden. Ohne diesen Garanten und diese treibende Kraft innerhalb der DC für eine Übereinkunft zwischen Christdemokraten und Kommunisten wird, wie sich bald zeigt, die Regierung der »nationalen Solidarität« zum Scheitern verurteilt sein.

Beide Parteiführer empfanden füreinander Respekt: »Aldo Moro ist der hellste Kopf, den die DC seit De Gasperi gehabt hat« (Berlinguer); »Gegeneinander können wir nichts erreichen. Dessen müssen wir uns bewusst sein« (Moro).

Musu, Marisa (1925–2002)
Wächst in Rom in einer sardischen Familie auf, die Eltern stammen wie Berlinguer aus Sassari, schon als Jugendliche aktiv in der *Resistenza*, so in den *Patriotischen Aktionsgruppen*,[13] sie ist an dem Attentat am 23. März 1944 in Rom in der Via Rasella[14] beteiligt.

Im FGCI gehört sie zum engsten Mitarbeiterkreis von Enrico Berlinguer, sie ist Teil der von Berlinguer geleiteten italienischen Jugenddelegation auf dessen erster Reise im Sommer 1946 in die Sowjetunion. Später wird sie Mitglied im Zentralkomitee der KPI. Als Journalistin arbeitet sie für »Paese Sera« und die »L'Unità«, so ist sie 1968 Korrespondentin in Prag, später auch in Vietnam, Mozambique sowie in Israel und Palästina.

Minucci, Adalberto (1932–2012)
Für die KPI Mitglied der Abgeordnetenkammer (1983–1992), für ihre Nachfolgeorganisation Mitglied des Senates (1992–1994).

Regionaler Sekretär der KPI in Turin (zwischen den 1950er- und den 1980er-Jahren), Chefredakteur der »Rinascita« (1977–1979) und wird von Enrico Berlinguer in seiner Zeit als Generalsekretär 1979 in das Sekretariat geholt.

Er gehört zu den jungen Parteiführern der Linken, die Berlinguer in seiner letzten Lebensphase nahestehen.

Napolitano, Giorgio (* 1925)
Für die KPI und ihre Nachfolgeorganisationen Mitglied der Abgeordnetenkammer (1953–1996), Präsident der Abgeordnetenkammer (1992–1994), Mitglied des Senates (2005/2006 sowie seit 2015, jeweils auf Lebenszeit) und des Europäischen Parlamentes (1989–1992), Innenminister (1996–1998), italienischer Staatspräsident (2006–2015).

Seit 1956 Mitglied des ZK der KPI, regionaler Sekretär der KPI in Neapel (1963–1966), seit 1966 Mitglied des Sekretariates, Koordinator des Sekretariates (1966–1969), Leiter der Abteilung Kulturpolitik der KPI (1969–1975). In der

13 Siehe Fußnote 7 in Kapitel VIII (☛ S. 149).
14 Siehe Fußnote 11 in Kapitel II (☛ S. 41).

Periode der »nationalen Solidarität« Sprecher der KPI gegenüber der Regierung Andreotti in Wirtschafts- und Gewerkschaftsfragen, Schüler von Giorgio Amendola und prominenter Vertreter des rechten, reformistisch ausgerichteten Parteiflügels. Noch 1956 verteidigt er die sowjetische Intervention in Ungarn (wofür er sich 50 Jahre später öffentlich entschuldigen wird). In den 1960er-Jahren übt er immer deutlichere Kritik am Sowjetkommunismus. Napolitano tritt für die Zusammenarbeit mit den Sozialisten (PSI) ein, auch unter Ministerpräsident Craxi, sowie für die Einbindung Italiens in die EU und NATO.

Lange Zeit Gegenspieler und Konkurrent Berlinguers in der Nachfolge Longos als Generalsekretär der KPI.

Natoli, Aldo (1913–2010)
Für die KPI Mitglied der Abgeordnetenkammer (1948–1972).

Aktiv in der *Resistenza* als Teil der Militärorganisation der Nationalen Befreiungskomitees, ab 1946 Sekretär der KPI in Rom, später der Region Latium, seit 1948 Mitglied des ZK der KPI. Er wird in den 1960er-Jahren zu einem der prominentesten Anhänger von Pietro Ingrao, der Galionsfigur des linken Parteiflügels, gehört mit Rossanda, Pintor und anderen zu den Gründungsfiguren der Gruppe »manifesto«, wird mit diesen 1969 aus der KPI ausgeschlossen. In den letzten Lebensjahren Berlinguers erfolgt eine inhaltliche Wiederannäherung zwischen seinen politischen Positionen und jenen der Gruppe »manifesto«.

Natta, Alessandro (1918–2001)
Nachfolger Berlinguers als Generalsekretär der KPI (1984–1988), Mitglied der Abgeordnetenkammer (1948–1992), Vorsitzender der kommunistischen Fraktion (1972–1979), Mitglied des Europäischen Parlamentes (1984–1989).

Nach vorangegangener Mitgliedschaft in den faschistischen Universitätsgruppen (*Gruppi Universitari Fascisti*) aktive Beteiligung in der *Resistenza*, Sekretär der KPI in Ligurien (1950–1955), ab 1956 Mitglied des ZK der KPI, zunächst Leitung der Kommission der Parteischulen (in dieser Phase ist ihm Berlinguer als Leiter der Parteihochschule untergeordnet), dann jener für Presse und Propaganda, Eintritt in das Sekretariat als Stellvertreter Berlinguers (1962), Leiter der Organisation (1966–1969). Natta gehört in dieser Periode zu den Anhängern von Pietro Ingrao, der Galionsfigur des linken Parteiflügels. Zugleich trägt er im ZK den Bericht vor, der den Ausschluss der Aktivist:innen der Gruppe »manifesto« fordert (1969). Konkurrent Berlinguers bei der Nachfolge Longos als Generalsekretär (1969), Leitung der Wochenzeitung »Rinascita« (1970–1972), neuerlicher Eintritt ins Sekretariat (1979–1983).

Eine besondere politische Nähe zwischen Berlinguer und Natta gibt es im Sommer 1976 (erstmalige Unterstützung einer DC-Minderheitsregierung durch die KPI), ferner während der Entführung Moros (März bis Mai 1978) und der Auseinandersetzung um die von der Regierung Craxi beabsichtigen Einschnitte in die »Scala mobile« (Frühjahr 1984).

Occhetto, Achille (* 1936)
Für die KPI und ihre Nachfolgeorganisationen Mitglied der Abgeordnetenkammer (1976–2001), Mitglied des Senates (2001–2006), Mitglied des Europäischen Parlamentes (1994–2009).

Generalsekretär der KPI (1988–1991), vollzieht am Parteikongress 1990 kurz nach dem Fall der Berliner Mauer die »Wende von Bologna« hin zur Auflösung der KPI, Generalsekretär der größten Nachfolgeorganisation (Demokratische Partei der Linken), die aus dieser Transformation der KPI hervorgeht (1991–1994), Generalsekretär des FGCI (1962–1966), Leiter der Abteilung Presse und Propaganda der KPI (1966–1969), regionaler Sekretär der KPI in Sizilien (1969–1976), Eintritt ins Sekretariat der Leitung der KPI (1983).

Pajetta, Giancarlo (1911–1990)
Für die KPI Mitglied der Verfassungsgebenden Versammlung (1946–1948), der Abgeordnetenkammer (1948–1990) und des Europäischen Parlamentes (1979–1989).

Aktiv in der *Resistenza* im Generalkommando der Garibaldi-Brigaden (zusammen mit Longo, Secchia und Amendola), Präsident des Nationalen Befreiungskomitees Oberitalien (1944), Mitglied des Sekretariates der Leitung der KPI (1948–1983). Pajetta zählt zum rechten Parteiflügel um Amendola und Napolitano, ist 1969/70 Chefredakteur der »L'Unità«.

Berlinguer hält ihn für einen »Gegenspieler aus Prinzip«, Pajetta teilt oft nicht die Positionen Berlinguers, ist jedoch loyal, so begleitet er Berlinguer oft auf dessen Auslandsreisen, hält auch die Trauerrede bei den Begräbnisfeierlichkeiten Berlinguers.

Pecchioli, Ugo (1925–1996)
Für die KPI Mitglied des Senates (1972–1994),

Aktiv in der Piemonteser *Resistenza*, ein enger Mitarbeiter und Vertrauter Berlinguers im Führungskreis des FGCI, zuständig für Propaganda und Organisation, Pecchioli bleibt auch ein enger Mitarbeiter Berlinguers, als dieser die Leitung des Sekretariates der KPI übernimmt, zuständig für die Kontakte mit

Polizei und Armee. Während der Entführung Moros hat er direkten Kontakt zu Innenminister Cossiga. Pecchioli bleibt Mitglied des Sekretariates bis knapp vor dem Tod Berlinguers (1983).

Er ist neben Trivelli und Pontecorvo eine der wenigen persönlichen Freunde Berlinguers aus dem inneren Führungskreis der Partei.

Pertini, Sandro (1896–1990)
1945 Generalsekretär der Sozialistischen Partei (PSI), italienischer Staatspräsident (1978–1985), zuvor Präsident der Abgeordnetenkammer (1968–1976), Mitglied des Senats (1948–1953, ab 1985 bis zu seinem Tod) und der Abgeordnetenkammer (1953–1978) sowie der Verfassungsgebenden Versammlung (1946–1948).

Berlinguer kennt Pertini bereits seit seiner Jugend, da schon der Vater Berlinguers mit Pertini befreundet war. Als Präsident der Republik verteidigt Pertini mehrmals Berlinguer und die Kommunisten, auch gegenüber Craxi. »Es muss mir gelingen, die beiden Parteien der Arbeiterbewegung gemeinsam in die Regierung zu bringen.« Zwischen Berlinguer und Pertini entsteht eine persönliche Freundschaft. Dies zeigt sich auch im empathischen Auftreten Pertinis bei den Begräbnisfeierlichkeiten Berlinguers.

Pintor, Luigi (1925–2003)
Für die KPI Mitglied der Abgeordnetenkammer (1968–1972 sowie 1987–1991).

Aufgewachsen auf Sardinien ist er aktiv in der römischen *Resistenza*. Als Journalist der »L'Unità« wendet er sich gegen erstarrtes Denken und bezieht zusehends kritische Positionen gegenüber den realsozialistischen Ländern. Ab 1962 Mitglied des ZK, wird zu einem der prominentesten Anhänger von Pietro Ingrao, der Galionsfigur des linken Parteiflügels Pintor bezieht 1966 auf de Parteikongress stark von der offiziellen Parteilinie abweichende Positionen. Daraufhin wird er aus allen zentralen Parteiorganen ausgeschlossen und auf eine unbedeutende Stelle im Regionalkomitee von Sardinien abgeschoben. Er gehört mit Rossanda, Natoli und anderen zu den Gründungsfiguren der Gruppe »manifesto«, wird mit diesen 1969 aus der KPI ausgeschlossen.

Auch nach diesem Bruch bleibt die »ungezwungene freundschaftliche Beziehung« mit Berlinguer aufrecht.

Pontecorvo, Gillo (1919–2006)
Aktiv in der *Mailänder Resistenza*, enger Weggefährte Berlinguers beim Aufbau der Jugendarbeit in Mailand nach der Befreiung, ebenso in der Leitung der

FGCI, so Chefredakteur der »Pattuglia«, die Tageszeitung des FGCI. Anfang der 1950er-Jahre begann seine Filmkarriere, u. a. »Schlacht um Algier« (Auszeichnung »Goldener Löwe« bei den Filmfestspielen in Venedig 1969).

Neben Trivelli und Pecchioli entwickelte auch zwischen Pontecorvo und Berlinguer eine der wenigen dauerhaften, persönlichen freundschaftlichen Beziehungen aus dem inneren Kreis der Funktionäre der KPI bzw. ihres Jugendverbandes FGCI.

Rodano, Franco (1920–1983)
Während der Besetzung Roms (September 1943–Juni 1944) gründet er mit anderen zunächst die »Bewegung kommunistischer Katholiken«, dann die »Partei der christlichen Linken«. Nach der Befreiung tritt er der KPI bei und wird Berater sowie Freund von Togliatti. Obwohl exkommuniziert, knüpft er Kontakte in den Vatikan und auch zu führenden Vertretern der Wirtschaft. Er versucht auch während Berlinguers Zeit als Generalsekretär die Position des Beraters einzunehmen. Wenngleich Rodano die Konzeption des »historischen Kompromisses« offen unterstützt, bleibt Berlinguer auf Distanz. Es entwickelt sich keine persönliche Freundschaft. Rodano schickt Berlinguer mehrere, seitenlange Aufsätze in Briefform, Berlinguer antwortet in kurzen Nachrichten. Rodano bleibt jedoch immer nahe am tagespolitischen und innerparteilichen Geschehen. Schließlich telefoniert er täglich, manchmal mehrmals, mit Antonino Tatò, dem persönlichen Sekretär von Berlinguer. Wie Tatò lehnt auch Rodano den »Riss« (*lo strappo*) zwischen der KPI und der Sowjetunion ab.

Rossanda, Rossana (1924–2020)
Für die KPI Mitglied der Abgeordnetenkammer (1963–1968).

Aktiv in der Mailänder *Resistenza*, nach der Befreiung Beitritt zur KPI, zunächst Aktivistin der Kulturarbeit in der Mailänder Parteiorganisation. Togliatti holt sie nach Rom und macht sie zur Verantwortlichen für die Kulturpolitik der KPI. Anfangs eher prosowjetisch eingestellt (Schweigen zu den Aufständen in der DDR und in Ungarn), wird sie immer mehr eine parteiinterne Kritikerin sowie des Realsozialismus. Sie wird zu einem der prominentesten Anhänger von Pietro Ingrao, der Galionsfigur des linken Parteiflügels, und gehört mit Pintor, Natoli und anderen zu den Gründungsfiguren der Gruppe »manifesto«. Sie wird mit diesen 1969 aus der KPI ausgeschlossen und gehört zu den Gründerinnen der Tageszeitung »il manifesto«. Sie entwickelt eine rege schriftstellerische Tätigkeit, »Die Tochter des 20. Jahrhunderts«, so der Titel ihrer Autobiografie. Sie wird eine der bedeutendsten Intellektuellen der Linken, mit europäischer Ausstrahlung, und wird auch im deutschsprachigen Raum als eine gewichtige Stimme wahrgenommen.

Scalfari, Eugenio (* 1924)
Für die Sozialistische Partei (PSI) Mitglied der Abgeordnetenkammer (1968–1972).

Schriftsteller, Journalist, Politiker, Chefredakteur des Magazins »L'Espresso« (1963–1968), Gründer der Tageszeitung »La Repubblica« (1976), bis 1996 auch deren Chefredakteur, seither Kolumnist, u. a. veröffentlicht er seit 2011 Zusammenfassungen von seinen regelmäßigen Treffen und Gesprächen mit Papst Franziskus.

Anfang der 1980er-Jahre interviewt er mehrmals Enrico Berlinguer, u. a. zur »moralischen Frage«. Daraus entwickelt sich zwischen den beiden eine persönliche Freundschaft.

Scelba, Mario (1901–1991)
DC-Politiker, mehrfach Innenminister (1947–1953, 1954/55, 1960–1962), Ministerpräsident (1954/55), später Senator, seit 1958 Mitglied des Europäischen Parlaments, von 1969 bis 1971 dessen Präsident.

Die polizeilichen Spezialeinheiten »Celere« in seiner Zeit als Innenminister sind berüchtigt aufgrund ihres massiven Gewalteinsatzes, der unter Streikenden, Demonstranten und Landbesetzern zahlreiche Todesopfer verursacht.

Secchia, Pietro (1903–1973)
Generalsekretär des FGCI (1927–1931), Mitglied der Verfassungsgebenden Versammlung (1946–1948) und des Senates (1948–1973),

Aktiv in der *Resistenza* als ein Anführer der Garibaldi-Angriffsbrigaden, gilt als ein Mann, der »die Revolution erwartete wie eine Person, die jederzeit ankommen muss«. Stellvertretender Generalsekretär der KPI (1948–1955), Leiter der Abteilung Organisation und Propaganda (1946–1954) mit einer strikten Kontrolle über den Parteiapparat, seine verschiedenen Organisationen und seine Funktionäre nach sowjetischem Vorbild. Er baut mit eiserner Hand »eine Partei in der Partei als Parallelmacht« auf. Nach internem Skandal (sein Sekretär war mit der Parteikasse und geheimen Dokumenten verschwunden) wird er auf das Amt des Regionalsekretärs der Lombardei abgeschoben. Später leitet er die Verlagstätigkeit der Partei und engagiert sich auf dem Gebiet der internationalen Politik. Secchia lehnt den »historischen Kompromiss« ab.

Segre, Sergio (* 1926)
Für die KPI Mitglied der Abgeordnetenkammer (1972–1979) und des Europäischen Parlaments (1979–1989).

Journalist, Mitarbeiter der »L'Unità« – Sonderkorrespondent für Deutschland (1952–1957) – und der »Rinascita«, persönlicher Sekretär von Luigi Longo. Ab 1975 Leiter der Auslandsabteilung der KPI, knüpft intensivere Kontakte zur Sozialistischen Internationalen (SI) und deren führenden Repräsentanten, u. a. zu Willy Brandt.

Siglienti, Stefano (1898–1971)/**Siglienti, Sergio** (1926–2020)/**Berlinguer Siglienti, Ines** (1899–199?)[15]
Tante von Enrico Berlinguer, verheiratet mit Stefano Siglienti, Beide sind aktiv in der *Resistenza*, er ist Mitglied der Aktionspartei und Finanzminister in der Regierung Bonomi (1944) sowie Mitglied der provisorischen gesetzgebenden Versammlung (1945), später Präsident des italienischen Bankenverbandes.

Die beiden kümmern sich um Enrico, als er nach Salerno kommt und dann in seiner ersten römischen Zeit. Tante Ines ist bekannt für ihre freitäglichen Salons, in denen ein bunt gemischtes Publikum aus Kultur, Politik und Wirtschaft zusammenkommt, diese Treffen sind wichtig für die »Entwicklung des jungen Enrico Berlinguer, die ihn wieder mit der liberalen Strömung seiner Familie verbinden. Durch diese Treffen wird er im Gegensatz zu anderen zu einem weniger sektiererischen Kommunisten, der eben nicht in einem einzigen Umfeld eingeschlossen ist.« Auch später ist das Anwesen der Siglientis in Grottaferrata bei Rom für Berlinguer ein persönlicher Rückzugsraum, wo zahlreiche Geheimgespräche mit Repräsentanten aus Politik und Wirtschaft stattfinden.

Über ihre Tochter Lina Siglienti lernt Enrico Berlinguer auch seine Frau Letizia Laurenti kennen, mit ihrem Sohn Sergio Siglienti verbindet Enrico von Jugend an eine enge persönliche Freundschaft. Sowohl Stefano als auch Sergio Siglienti, Generaldirektor bzw. CEO und Präsident der Banca Commerciale Italiana (1976–1994), bleiben für Berlinguer wichtige Mittelsmänner zur Welt der Wirtschaft und des Finanzwesens.

---

15 Das genaue Todesdatum von Ines Berlinguer Siglienti ist mir nicht bekannt. Sie muss jedoch nach 1993 gestorben sein, da sie in diesem Jahr dem »Corriere della Sera« noch ein Interview gab.

Spadolini, Giovanni (1925–1994)
Generalsekretär der Republikanischen Partei nach dem Tod La Malfas (1979–1987), Mitglied des Senates (1972–1994), ab Mai 1991 Senator auf Lebenszeit, Präsident des Senates (1987–1994), Minister für Umwelt und Kulturgüter (1974–1976), für öffentliche Bildung (1979) und für Verteidigung (1983–1985), von Juni 1981 bis Dezember 1982 italienischer Ministerpräsident.

Während seiner Regierungszeit zeigt er sich in Gesprächen mit Berlinguer Vorschlägen gegenüber aufgeschlossen, die auf eine Aufhebung des Ausschlusses der KPI von der Regierung abzielen, wenngleich diese jedoch nicht realisiert werden.

Tatò, Tonino (1921–1992)
Gehört zu den Mitbegründern der »Bewegung der kommunistischen Katholiken« (1943) und der »Partei christlichen Linken« (1944/1945), Leiter der Presse- und Studienabteilung der Gewerkschaft CGIL (1949–1968).

Nach der Wahl Enrico Berlinguers zum stellvertretenden Generalsekretär wird er 1969 Leiter der Pressestelle der KPI und sein persönlicher Sekretär (bis zu dessen Tode). Dabei wird er für Enrico Berlinguer zu einem »unverzichtbaren Sprachrohr in der Welt der Mächtigen, in der Welt der Massenmedien. ›Rufen Sie Tatò für mich an‹: in den Jahren des Aufstiegs der Kommunisten [...] werden diese Worte zu einer magischen Formel [...], um mit dem Parteiführer der KPI am Gipfel des Erfolges in Kontakt zu treten. Und Tatò schlägt vor und informiert, wobei er die Gesprächspartner mit der tiefen Überzeugung zurücklässt, mit Berlinguer gesprochen zu haben.«

Nach dem »Riss« (*lo strappo*) gerät er in einen Loyalitätskonflikt: Er steht sowohl weiterhin an der Seite Moskaus als auch an jener Enrico Berlinguers, der eben diesen »Riss« vollzogen hat. Im Konflikt zwischen Kommunisten (KPI) und Sozialisten (PSI) bzw. zwischen den beiden Parteiführern Berlinguer und Craxi greift er aus dem Hintergrund immer wieder eskalationsfördernd ein.

Togliatti, Palmiro (1893–1964)
Für die KPI stellvertretender Ministerpräsident (1944/45), Justizminister (1945/46), Mitglied der Verfassungsgebenden Versammlung (1946–1948) und der Abgeordnetenkammer (1948–1964).

1921 Mitbegründer der KPI, 1923 und 1925 in Haft, 1926 Emigration zunächst nach Deutschland, später dann in die UdSSR. Als Mitglied des Exekutivbüros der kommunistischen Internationale (1934–1938) ist er in den Terror Stalins eingebunden. Generalsekretär der KPI (1926–1934 und 1938–1964), 1944 kehrt er aus dem Exil zurück und verkündet die »Wende von Salerno«: Die KPI sollte sich als »Partei neuen Typs« von der Kader- zur Massenpartei wandeln, Staat und Gesellschaft sollten auf parlamentarischen Weg revolutioniert werden. Kurz vor seinem Tod skizziert er im »Memorandum von Jalta« noch einmal deutlich den italienischen Weg zum Sozialismus, basierend auf Demokratie, Parteienpluralismus, Freiheit von Wissenschaft und Kunst sowie auf voller Autonomie innerhalb der weltweiten kommunistischen Bewegung.

Tortorella, Aldo (* 1926)
Für die KPI Mitglied der Abgeordnetenkammer (1972–1994).

Aktiv in der Mailänder *Resistenza*, übernimmt nach dem Ende des Zweiten Weltkrieges bald wichtige Funktionen innerhalb der KPI, zunächst stellvertretender Chefredakteur der »L'Unità« in Genua, von 1958 bis 1962 in Mailand und von 1970 bis 1975 der landesweiten Ausgabe. Während des Sekretariates von Enrico Berlinguer ist er der Verantwortliche für die Kulturpolitik der KPI, dem »historischen Kompromiss« steht er eher kritisch gegenüber, hingegen nimmt er eine unterstützende Haltung gegenüber dem Vorschlag Berlinguers zur »demokratischen Alternative« und zur »moralischen Frage« ein.

Trentin, Bruno (1926–2007)
Gewerkschaftsführer, für die KPI Mitglied der Abgeordnetenkammer (1962–1972).

Von 1962 bis 1977 Generalsekretär der Metallgewerkschaft FIOM, die dem größten italienischen Gewerkschaftsverband CGIL angehört, stellvertretender Generalsekretär (1958) sowie Generalsekretär der CGIL (1988–1994). Repräsentant des linken Flügels in Partei und Gewerkschaft, setzt sich sowohl für gewerkschaftliche Einheit als auch für die eigenständige Rolle der Gewerkschaften ein, lehnt das gewerkschaftliche Konzept Lenins vom »Transmissionsriemen« der Partei ab, deshalb nimmt er auch 1972 von einer neuerlichen Kandidatur für die Abgeordnetenkammer Abstand. Dem »historischen Kompromiss« sieht er kritisch, deshalb kommt es auch immer wieder zu Konflikten mit Enrico Berlinguer. Trentin ist einer der Hauptorganisatoren der größten Demonstration gegen die Politik der ersten Regierung der »nationalen Solidarität« am 2. Dezember 1977 in Rom.

Trivelli, Renzo (1925–2015)
Für die KPI Mitglied des Europäischen Parlaments (1984–1994),

Fräser aus Livorno, enger Mitstreiter Berlinguers im kommunistischen Jugendverband FGCI, wird 1956 dessen Nachfolger als Generalsekretär des FGCI, Mitglied des Sekretariates der KPI (1979–1981).

Trivelli ist einer der wenigen Genossen, zu denen Enrico Berlinguer neben der politischen Nähe und Verbundenheit auch eine persönliche Freundschaft entwickelt.

Zaccagnini, Benigno (1912–1989)
Gehört zu den Gründern der DC, in der *Resistenza* als aktiver Partisan engagiert, Mitglied der Verfassungsgebenden Versammlung (1946–1948) der Abgeordnetenkammer (1948–1979) und anschließend Mitglied des Senates, ab 1984 Mitglied des Europäischen Parlaments, Sozialminister (1959/60) und Minister für öffentliche Arbeiten (1960–1962).

Zaccagnini wird nach den schweren Niederlagen der DC 1974 im Scheidungsreferendum und 1975 bei den Regionalwahlen von Aldo Moro als neuer Generalsekretär der DC eingesetzt, jedoch von der Partei nur mit knapper Mehrheit bestätigt. Est ein Vertreter des fortschrittlichen Flügels der DC, teilt mit Moro dessen Konzeption einer Übereinkunft mit den Kommunisten. 1980 wird er als Generalsekretär von Flaminio Piccoli, Anführer des konservativen Blocks innerhalb der DC, abgelöst.

In den Augen Berlinguers repräsentiert Zaccagnini die »gute Seele« der DC.

Dank

An dieser Übersetzung haben mehrere Personen mitgewirkt. Insbesondere danke ich Cristiana Dondi und Andrea Bertazzoni für die intensive Zusammenarbeit. Mit großer Ausdauer und getragen von einer gemeinsamen Begeisterung konnten wir unsere Übersetzung zu einem guten Ende bringen.

Cristiana Dondi danke ich darüber hinaus, dass sie das Buch von Chiara Valentini entdeckt und mir nähergebracht hat. Ein besonderer Dank gilt auch Nina Bäuerle. Sie hat unseren Übersetzungstext mit großem sprachlichen Geschick redigiert.

Ein großer Dank gilt der Autorin des Buches, Chiara Valentini. Von Anfang an war unsere Zusammenarbeit eine herzliche. Chiara Valentini hat sowohl den erweiterten Titel für die deutsche Ausgabe als auch die Ergänzungen, die ich ihrem Text hinzugefügt habe, positiv mitgetragen. Bei Unklarheiten in der Übersetzung oder inhaltlichen Zusatzfragen kam meist schon am nächsten Tag ihre Antwort.

Für die kritische und intensive Lektüre einzelner Kapitel des Buches danke ich Hejo Heussen und Raphael Pifko. Für die kritische und intensive Lektüre des gesamten Manuskriptes danke ich besonders zwei Personen: Günther Pallaver und Theo Galambos. Ihm danke ich auch für die Idee und Mithilfe bei der Realisierung der »Zeitschiene« und der Kurzbeschreibungen der italienischen Hauptfiguren.

Günther Pallaver danke ich für den Gedanken, die Übersetzung der Biografie nicht nur als Basistext für meine Arbeiten zu transformatorischen Persönlichkeiten zu verwenden, sondern auch als eigenständiges Buch zu publizieren. Sehr hilfreich waren seine Motivationskünste und die zahlreichen anregenden Gespräche sowie die stets verfügbare Begleitung über den gesamten Entstehungszeitraum des Buches hinweg. Günther Pallaver besorgte auch die Überprüfung der korrekten Wiedergabe von politischen Begriffen, Namen und Organisationen im Deutschen. Ebenso danke ich für seinen kritischen Blick auf die Angabe von historischen Daten, insbesondere auch auf jene der »Zeitschiene« und der Kurzbeschreibungen der italienischen Hauptfiguren.

Für die große Unterstützung und zahlreiche wertvolle Hinweise danke ich Ingrid Bauer, Senad Halilbašič, Hejo Heussen, Fiorella Menini, Raphael Pifko, Hannah Rieger, Christoph Schmidt-Lellek und meiner Frau Theresa Schönberger.

Im Dietz-Verlag danke ich für die enge und unkomplizierte Zusammenarbeit mit Alexander Behrens, Fabian Böker, Barbara Oh und Uwe Optenhögel, die von Beginn an die Idee zu dieser Publikation positiv aufgenommen und dann immer mehr zu ihrer eigenen Sache gemacht haben.

Für die freundliche Bereitschaft zur Unterstützung bei der Drucklegung danke ich dem Institut für historische Sozialforschung (IHSF) und der Arbeiterkammer Wien, insbesondere Renate Anderl, Franz Schuh und Florian Wenninger.

Wien, im Januar 2022 *Klaus Pumberger*

Personenregister

E

F

G

H

I

T

U

V

W

Z

Die Autorin und das Übersetzungsteam

Die Autorin

Chiara Valentini, geboren 1941 in Parma, Studium der Rechtswissenschaften, Mitarbeiterin der Sendung »Panorama« im öffentlich-rechtlichen Rundfunk RAI in den 1970er-Jahren, Journalistin für das Wochenmagazin »L'Espresso« in den 1980er-Jahren, Autorin von mehreren Büchern zu Enrico Berlinguer sowie zu Themen der Frauenbewegung und der Geschichte von Dario Fo.

Das Übersetzungsteam

Klaus Pumberger, geboren 1961 in Braunau am Inn (Oberösterreich), Studium der Politikwissenschaften und Geschichte an den Universitäten Salzburg, Innsbruck und Warschau, Dissertation über die Entstehung von Solidarność (»Solidarität im Streik«), in den 1990er-Jahren Projektleiter der Friedrich-Ebert-Stiftung in den Büros Prag, Bratislava und Warschau. Derzeit ist er tätig als Human Resources Consultant in einem Wiener Industrieunternehmen, ehrenamtlicher Leiter der »Akademie an der Grenze« und freier Autor, zuletzt erschienen: »Worüber wir nicht geredet haben. Arisierung, Verdrängung, Widerstand. Ein Haus und die Geschichte zweier Familien« (StudienVerlag, 2017).

Cristiana Dondi, geboren 1991, lebt und arbeitet in Wien und Parma. Sie lehrt Italienisch an der Universität Wien und ist für internationale Organisationen, Institutionen sowie in der Privatwirtschaft als Konferenzdolmetscherin und Übersetzerin für Italienisch, Deutsch und Englisch u. a. in den Bereichen Sicherheits- und Verteidigungspolitik, Pharmazie und Kunst tätig.

Andrea Bertazzoni, geboren 1991 in Mantua (Mantova), unterrichtet Konferenzdolmetschen für die Sprachkombinationen Deutsch/Italienisch und Russisch/Italienisch in Mailand, Rom und Forlì. Er arbeitet unter anderem für internationale Organisationen, italienische Zeitungen (wie z. B. »La Nazione, Avvenire, Il Fatto Quotidiano«), die Region Lombardei, das Medienunternehmen Mediaset S.p.A., Autonome Provinz Trient, Festivaletteratura, Festival Internazionale, UEFA European Football Association u. a.